हिन्दी साहित्य का अभिनव इतिहास

हिन्दी साहित्य का अभिनव इतिहास

वशिष्ठ अनूप

वाणी प्रकाशन
प्रकाशन के उत्कृष्टतम 62 वर्ष

पेपरबैक पहला संस्करण : 2025

vaniprakashan.com

वाणी प्रकाशन

4695, 21-ए, दरियागंज, नयी दिल्ली-110 002

फ़ोन : + 91 11 23273167, 23275710

शाखाएँ

अशोक राजपथ, पटना-800 004, बिहार

कॉफ़ी हाउस कैम्पस, महात्मा गांधी मार्ग, प्रयागराज-211 001, उत्तर प्रदेश

महात्मा गांधी अन्तरराष्ट्रीय हिन्दी विश्वविद्यालय, वर्धा-442 001, महाराष्ट्र

sales@vaniprakashan.in

vaniprakashan@gmail.com

Hindi Sahitya Ka Abhinav Itihas

by Vashishtha Anoop

ISBN : 978-93-6944-694-0

History of Hindi Literature

मूल्य : ₹ 595

जी.एस. ऑफ़सेट, दिल्ली-110 095 में मुद्रित

वाणी प्रकाशन का लोगो मक़बूल फ़िदा हुसैन की कूची से

प्राक्कथन

साहित्य में हमारी संवेदनाओं की अभिव्यक्ति होती है। वह हमारी भाव-राशि और ज्ञान-राशि का संचित कोश भी होता है। इसके अतिरिक्त वह 'जनसमूह के हृदय का विकास', 'जीवन की आलोचना' और 'समाज का दीपक' भी कहलाता है। इस निरन्तर गतिशील और परिवर्तनशील समाज में सब कुछ निरन्तर बदलता और आगे बढ़ता रहता है। यह बात साहित्य पर भी पूरी तरह लागू होती है। हिन्दी के प्रथम सुव्यवस्थित और वैज्ञानिक ढंग के साहित्येतिहास-लेखक आचार्य रामचन्द्र शुक्ल ने अपने 'हिन्दी साहित्य का इतिहास' के 'क़ाल विभाग' के अन्तर्गत लिखा है कि "जबकि प्रत्येक देश का साहित्य वहाँ की ज़नता की चित्तवृत्ति का संचित प्रतिबिम्ब होता है, तब यह निश्चित है कि जनता की चित्तवृत्ति के परिवर्तन के साथ-साथ साहित्य के स्वरूप में भी परिवर्तन होता चला जाता है। आदि से अन्त तक इन्हीं चित्तवृत्तियों की परम्परा को परखते हुए साहित्य-परम्परा के साथ उनका सामंजस्य दिखाना ही 'साहित्य का इतिहास' कहलाता है। जनता की चित्तवृत्ति बहुत कुछ राजनीतिक, सामाजिक, साम्प्रदायिक तथा धार्मिक परिस्थिति के अनुसार होती है। अतः कारण स्वरूप इन परिस्थितियों का किंचित् दिग्दर्शन भी साथ ही आवश्यक होता है।" इधर साहित्य की प्रत्येक विधा में लगातार नयी रचनाएँ आ रही हैं, यहाँ तक कि नयी-नयी विधाएँ भी स्वीकृत और स्थापित होती जा रही हैं। ऐसे में जिस प्रकार जीवन और समाज की तुलना में शास्त्र और नियम पीछे रह जाते हैं, वैसे ही साहित्य की तुलना में साहित्य का इतिहास भी पीछे रह जाता है और उसे बार-बार लिखने की आवश्यकता महसूस की जाती है। 'हिन्दी साहित्य का अभिनव इतिहास' भी इसी आवश्यकता को ध्यान में रखते हुए लिखा गया है।

यह पुस्तक स्नातक, स्नातकोत्तर और प्रतियोगी परीक्षाओं के पाठ्यक्रमों को ध्यान में रखकर लिखी गयी है। इसमें विषय-वस्तु को परिचयात्मक, प्रवृत्यात्मक और सन्तुलित रूप में सोदाहरण प्रस्तुत किया गया है। इसमें समग्र हिन्दी साहित्य के इतिहास के साथ ही गीत, नवगीत, जनवादी गीत, हिन्दी ग़ज़ल और हिन्दी की जनवादी कविता जैसे नये विषयों को साहित्य के इतिहास में पहली बार व्यवस्थित ढंग से दिया गया है।

—वशिष्ठ अनूप

इस संस्करण के विषय में

इस गतिशील सृष्टि में कुछ भी अपरिवर्तनीय नहीं है। हर चीज़ तेजी के साथ बदल रही है। जैसे-जैसे समय बढ़ रहा है, नये-नये अनुसन्धानों तथ्यों और साक्ष्यों के प्रकाश में साहित्य की भी नयी व्याख्या हो रही है। पुरानी मान्यताएँ कहीं बदल और विस्थापित हो रही हैं तो कहीं नये प्रमाणों से और पुष्ट भी हो रही हैं । आज का समाज जितनी तीव्र गति से बढ़ और बदल रहा है, साहित्य भी उससे कदम मिलाकर चल रहा है। कम्प्यूटर, इंटरनेट और सूचना-संचार के अन्य साधनों ने हमारी गति और बढ़ा दी है। भूमण्डल के किसी भी कोने में होने वाली घटना हमें प्रभावित और संवेदित कर रही है। ये बातें साहित्य की नयी- नयी विधाओं में नये-नये रूपों में व्यक्त हो रही हैं। आज के साहित्य और एक दशक पहले के साहित्य में बहुत फ़र्क आ चुका है। पहले जितना एक शताब्दी में लिखा जाता था, अब एक दशक में लिखा जा रहा है। अत: नयी साहित्यिक उपलब्धियों को साहित्य के इतिहास में अंकित करने की आवश्यकता हमेशा बनी रहती है।

इस पुस्तक में हर विधा की अद्यतन उपलब्धियों को रखा गया है। गीत, ग़ज़ल और जनवादी कविता के साथ बिल्कुल नये विमर्शो—उत्तर-आधुनिकता और साहित्य, दलित-विमर्श और साहित्य, स्त्री-विमर्श और साहित्य तथा आदिवासी विमर्श और साहित्य को भी पहली बार (और साहित्य के इतिहास में भी पहली बार) व्यवस्थित ढंग से मूल्यांकित और प्रस्तुत किया गया है। इस प्रकार यह सही अर्थों में हिन्दी साहित्य का अभिनव इतिहास है। मैं अपने प्रिय विद्यार्थियों और मित्रों के साथ ही वाणी प्रकाशन का हृदय से आभारी हूँ जिन्होंने इस पुस्तक को सुरुचिपूर्ण ढंग से प्रकाशित किया है। सुझावों का सदैव की भाँति स्वागत है।

वशिष्ठ अनूप
अध्यक्ष, हिन्दी विभाग
काशी हिन्दू विश्वविद्यालय
वाराणसी

विषय-क्रम

आधुनिक काल
(काव्य-खण्ड)

आधुनिक काल
(गद्य-खण्ड)

●

'हिन्दी साहित्य का इतिहास' लेखन : संक्षिप्त परिचय

आरम्भिक स्त्रोत-सामग्री

हिन्दी साहित्य का इतिहास लिखने केलिए जिन तथ्यों को आधार बनाया जा सकता है, उनमें मुख्य हैं—रचनाकारों द्वारा अपने बारे में की गयी टिप्पणियाँ, रचनाकारों की मूल कृतियाँ और साहित्यकारों द्वारा अपने समकालीन रचनाकर्मियों की चर्चाएँ। जहाँ तक रचनाकारों द्वारा अपने बारे में की गयी टिप्पणियों की बात है, वह बहुत कम ही हैं। आरम्भिक कवियों ने अपार्थिव दृष्टिकोण एवं आत्मश्लाघा के भय से अपने सम्बन्ध में बहुत कम या नहीं के बराबर लिखा है। इसलिए उससे इतिहास-लेखन में कोई विशेष सहायता नहीं मिलती। इसके बाद रचनाकारों की मूल कृतियाँ मूल आधार का काम करती हैं। इस तरह की उपलब्ध पाण्डुलिपियों के प्रकाशन, अनुपलब्ध की खोज और उनका सम्पादन करने में कुछ संस्थाओं और व्यक्तियों ने उल्लेखनीय काम किया है जिनमें सर्वप्रथम विलियम जोन्स द्वारा स्थापित बँगला की एशियाटिक सोसायटी (1784) ने 600 संस्कृत और हिन्दी के ग्रन्थों का पता लगाया। बाद में इस कार्य को डॉ० ए० टेसिटरी ने आगे बढ़ाया। तत्पश्चात् 1893 में नागरी प्रचारिणी सभा की स्थापना हुई और उसने 1899 ई० से ग्रन्थों की खोज और प्रकाशन-कार्य आरम्भ किया। इस क्षेत्र में नागरी प्रचारिणी सभा की भूमिका विशेष रूप से उल्लेखनीय है। 'बिहार राष्ट्रभाषा परिषद्' की खोज रिपोर्टों ने भी इस कार्य में भरपूर सहयोग किया है। इस दिशा में ख़ुदा बख्श लाइब्रेरी, पटना, राजस्थान के विविध भण्डारों और पुरानी रियासतों के राजकीय पुस्तकालयों से सम्बद्ध लोगों ने भी महत्त्वपूर्ण कार्य किया है।

उपर्युक्त आधारों के बाद प्राचीन कवियों द्वारा किये गये अन्य कवियों की रचनाओं के संग्रह आते हैं जिनका संक्षिप्त परिचय इस प्रकार है—श्री गोकुलनाथजी कृत चौरासी वैष्णवन की वार्ता (1568), इसमें बल्लभाचार्य के शिष्यों का वर्णन है। गोकुलनाथजी कृत दो सौ बावन वैष्णवन की वार्ता, इसमें विट्ठलनाथजी के शिष्यों का वर्णन है। नाभादास कृत भक्तमाल (1585), इसमें 108 छप्पय छन्दों में भक्तों का वर्णन है। गुरु अर्जुन देव द्वारा सम्पादित गुरु ग्रन्थ साहब (1604), इसमें नानक आदि धर्मगुरुओं सहित कबीर आदि 16 सन्तों की बानी है। ध्रुवदासजी कृत भक्त नामावली (1641), इसमें 116 भक्तों का वर्णन है, अन्तिम भक्त नाभादास हैं। तुलसीदास कृत कविमाला, इसमें 75 रचनाओं का परिचय है। कालिदास कृत कालिदास हजारा (1718), इसमें 212 कवियों की हजार रचनाओं का परिचय है। बलदेव कृत सत्कविगिराविलास (1746), इसमें घनानन्द, मतिराम, बिहारी आदि 17 कवियों का परिचय है। सूदन कृत कवि नामावली (1753)। कृष्णानन्द व्यासदेव कृत राग सागरोद्भव एवं राग कल्पद्रुम (1843), इनमें

200 से अधिक कृष्णभक्त कवियों की रचनाओं का संग्रह है। सरदार कवि कृत श्रृंगार-संग्रह (1848), भारतेन्दु कृत सुन्दरी तिलक (1869), आदि। इन संग्रहों से प्राचीन और मध्यकालीन रचनाकारों और उनकी रचनाओं के विषय में विभिन्न सूचनाएँ प्राप्त होती हैं जिनका उपयोग इतिहास-लेखन में किया जा सकता है।

प्रमुख साहित्येतिहास-ग्रन्थ

हिन्दी साहित्य का वास्तविक इतिहास लिखने का प्रयास सर्वप्रथम फ्रांसीसी लेखक **गार्सा द तासी** ने किया। गार्सां द तासी ने फ्रेंच भाषा में **'इस्त्वारदला लितरेत्युर ऐन्दुई ऐन्दुस्तानी'** (इसका हिन्दी अनुवाद 'हिन्दुई तथा हिन्दुस्तानी साहित्य का इतिहास' नाम से डॉ० लक्ष्मीसागर वार्ष्णेय ने किया है।) नामक ग्रन्थ दो भागों में लिखा। इसका पहला भाग 1839 में तथा दूसरा 1847 ई० में प्रकाशित हुआ। इस ग्रन्थ में हिन्दी और उर्दू के अनेक कवियों का विवरण वर्णक्रमानुसार दिया गया है। कवियों के रचना-काल का भी इसमें उल्लेख है। किन्तु हिन्दी के कवियों के साथ उर्दू के कवियों को मिला देना तथा युगीन प्रवृत्तियों का विवेचन न करना इसकी कुछ कमियाँ भी हैं। लेकिन एक विदेशी विद्वान् द्वारा हिन्दी साहित्य का इतिहास लिखना एक बहुत बड़ी बात है। इसीलिए तासी को हिन्दी साहित्य का प्रथम इतिहास-लेखक होने का गौरव प्राप्त है।

इस दिशा में **शिवसिंह सेंगर** कृत **'शिवसिंह सरोज'** (1883) का भी विशिष्ट स्थान है। उन्होंने लगभग एक हजार कवियों का जीवन-चरित्र और उनकी कविताओं के उदाहरण प्रस्तुत किये हैं। इतिहास के रूप में बहुत महत्त्वपूर्ण न होते हुए भी इस पुस्तक का एक महत्त्व है, क्योंकि बाद के इतिहासकारों के लिए इससे अच्छी सामग्री उपलब्ध हो जाती है।

जॉर्ज ग्रियर्सन द्वारा लिखित **'द माडर्न वर्नाक्यूलर लिटरेचर ऑफ हिन्दुस्तान'** का प्रकाशन सन् 1880 ई० में हुआ। लेखक ने इसमें कवियों और लेखकों का समय और क्रम के अनुसार वर्गीकरण करते हुए उनकी प्रवृत्तियों को भी स्पष्ट किया है। इसे सही अर्थों में हिन्दी का पहला इतिहास कहा जा सकता है। उन्होंने इस पुस्तक में हिन्दी साहित्य की भाषा की दृष्टि से क्षेत्र निर्धारित करते हुए स्पष्ट किया कि इसमें न तो संस्कृत-प्राकृत को सम्मिलित किया जा सकता है और न ही अरबी-फारसी मिश्रित उर्दू को। ग्रियर्सन ने अपनी पुस्तक को कालखण्डों में विभक्त करके विभिन्न युगों की प्रवृत्तियों और उस युग की सामाजिक-सांस्कृतिक परिस्थितियों का भी उल्लेख किया है। इसके अतिरिक्त साहित्य को चारण काव्य, धार्मिक काव्य, प्रेम काव्य, दरबारी काव्य आदि रूपों में विभक्त करना व सोलहवीं-सत्रहवीं शताब्दी को (भक्ति काल) स्वर्ण-युग मानना उनकी विशेष उपलब्धि है। आगे के इतिहासकारों ने ग्रियर्सन की पद्धति का संशोधित रूपों में अनुकरण भी किया है।

मिश्र बन्धुओं (शुकदेव बिहारी, श्याम बिहारी, गणेश बिहारी) कृत **'हिन्दी नवरत्न'** (1910) तथा **'मिश्र बन्धु विनोद'** (1913-1934) महत्त्वपूर्ण ग्रन्थ हैं। मिश्र

बन्धु विनोद चार भागों में विभक्त है। इसमें लगभग पाँच हजार कवियों का परिचय है तथा यह कई कालखण्डों में विभक्त है। इसमें कवियों के विवरण के साथ ही साहित्य के विविध पक्षों पर भी पर्याप्त प्रकाश डाला गया है। इसके अतिरिक्त इसमें अनेक अज्ञात कवियों को भी प्रस्तुत किया गया है। हिन्दी साहित्य के इतिहास-लेखन की परम्परा को महत्त्वपूर्ण ढंग से आगे बढ़ाने में मिश्र बन्धुओं का विशेष योगदान है। आचार्य शुक्ल ने स्वयं स्वीकार किया है कि ''कवियों के परिचयात्मक विवरण मैंने प्राय: 'मिश्र बन्धु विनोद' से ही लिये हैं।'' पं० रामनरेश त्रिपाठी कृत 'कविता-कौमुदी' (1917, 1926 तथा बाद के वर्षों में भी), एड्विन ग्रीब्ज कृत 'ए स्केच ऑव हिन्दी लिट्रेचर' (1918), एफ० ई० कृत 'ए हिस्ट्री ऑव हिन्दी लिट्रेचर' (1920) का भी इस क्षेत्र में उल्लेखनीय योगदान है।

हिन्दी साहित्य का इतिहास-लेखन की परम्परा में आचार्य रामचन्द्र शुक्ल का योगदान सर्वाधिक महत्त्वपूर्ण है। उनका 'हिन्दी साहित्य का इतिहास' जिसे उन्होंने 'हिन्दी शब्द सागर' की भूमिका के रूप में लिखा था, का प्रकाशन 1929 में हुआ। अपनी सूक्ष्म और वैज्ञानिक दृष्टि का परिचय देते हुए आचार्य शुक्ल ने इसके काल विभाजन के अन्तर्गत लिखा है—''जबकि प्रत्येक देश का साहित्य वहाँ की जनता की चित्तवृत्ति का संचित प्रतिबिम्ब होता है, तब यह निश्चित है कि जनता की चित्तवृत्ति के परिवर्तन के साथ-साथ साहित्य के स्वरूप में भी परिवर्तन होता चला जाता है। आदि से अन्त तक चित्तवृत्तियों की परम्परा को परखते हुए साहित्य परम्परा के साथ-साथ उनका सामंजस्य दिखाना भी 'साहित्य का इतिहास' कहलाता है। जनता की चित्तवृत्ति बहुत कुछ राजनीतिक, सामाजिक, साम्प्रदायिक तथा धार्मिक परिस्थिति के अनुसार होती है। अत: कारण स्वरूप इन परिस्थितियों का किंचित् दिग्दर्शन भी साथ ही साथ आवश्यक होता है।'' इस प्रकार शुक्लजी ने समाज के साथ-साथ साहित्य के परिवर्तित और विकसित होने की प्रक्रिया को रेखांकित करते हुए एक स्वस्थ दृष्टिकोण का परिचय दिया।

शुक्लजी ने 900 वर्षों के इतिहास को स्पष्ट चार भागों में विभाजित करके और भक्तिकाल को भी सगुण-निर्गुण और फिर दोनों की दो-दो शाखाओं—ज्ञानाश्रयी, प्रेमाश्रयी एवं रामभक्ति शाखा तथा कृष्णभक्ति शाखा में विभक्त करके हिन्दी साहित्य के प्रेमियों एवं पाठकों के लिए अत्यन्त सरल एवं सुविधाजनक रास्ता तैयार कर दिया। शुक्लजी के इतिहास की यह उल्लेखनीय विशेषता है कि उन्होंने रचनाकारों के इतिवृत्त के स्थान पर उनके साहित्यिक मूल्यांकन को अधिक महत्त्व दिया। उन्होंने अपने संक्षिप्त आकार के इतिहास में विभिन्न काव्यधाराओं और कवियों-लेखकों का जितना प्रामाणिक और सारगर्भित विवेचन प्रस्तुत किया है, वह उनकी महानता को प्रमाणित करता है। अनेक कवियों के बारे में उनकी मान्यतायें आज भी अटल हैं।

अपनी अनेक विशेषताओं के बावजूद आचार्य शुक्ल के इतिहास में कुछ असंगतियाँ भी हैं जिनकी चर्चा आवश्यक है। इतिहास-लेखन में शुक्लजी की दृष्टि

युगवादी रही है जिसके कारण उन्होंने प्रत्येक युग की साहित्यिक प्रवृत्तियों को युगविशेष के सन्दर्भ में ही ग्रहण किया। इसलिए उनसे उन तत्त्वों और स्रोतों की उपेक्षा हो गयी जो पूर्व परम्परा से चले आ रहे थे। इसीलिए उन्होंने मध्यकाल की भक्ति को मुस्लिम प्रभाव की उपज और निराशा की देन'घोषित कर दिया। इसी प्रकार आदिकाल के अनेक कवियों की रचनाओं को असाहित्यिक और साम्प्रदायिक कहकर उपेक्षा करना, कबीर की भाषा को सधुक्कड़ी बताना, केशव को हृदयहीन और कठिन काव्य का प्रेम कहना भी ठीक नहीं है। लेकिन यह सब होते हुए भी शुक्लजी की प्रतिभा, विवेचना-शक्ति और उनकी महत्त्वपूर्ण देन को सादर स्वीकार करना पड़ेगा।

साहित्येतिहास-लेखन के क्षेत्र में **आचार्य हजारीप्रसाद द्विवेदी** का प्रवेश एक महत्त्वपूर्ण बात है। उनकी '**हिन्दी साहित्य की भूमिका**' (1940) यद्यपि इतिहास के रूप में नहीं प्रस्तुत है, किन्तु इसमें संकलित लेखों में ऐसे तथ्यों और निष्कर्षों का प्रतिपादन किया गया है जो हिन्दी साहित्य का इतिहास-लेखन की दिशा में नयी सामग्री और नयी दृष्टि प्रदान करते हैं। आचार्य शुक्ल ने इतिहास की व्याख्या जहाँ युगवादी दृष्टि से करते हुए कई काव्य-प्रवृत्तियों को मात्र युगीन प्रभाव से प्रेरित मान लिया था, वहाँ आचार्य द्विवेदी ने परम्परा के महत्त्व को रेखांकित करते हुए अनेक काव्य-प्रवृत्तियों को परम्परा के स्वस्थ विकास के रूप में लक्षित किया। उन्होंने सशक्त स्वरों में कहा कि—"भक्ति आन्दोलन न तो तद्युगीन पराजित हिन्दू जाति की निराशा से उद्वेलित है और न ही इस्लाम की प्रतिक्रिया है, इसका प्रत्यक्ष प्रमाण यह है कि सातवीं-आठवीं शती में जबकि भारत की धरती पर इस्लाम की छाया भी नहीं पड़ी थी, दक्षिण के वैष्णव भक्तों में भक्ति अपने पूर्ण वैभव के साथ विद्यमान थी।" उन्होंने पूर्व मान्यता का खण्डन करते हुए लिखा है—"मैं इस्लाम के महत्त्व को भूल नहीं रहा हूँ, लेकिन जोर देकर कहना चाहता हूँ कि अगर इस्लाम न आया होता तो भी इस साहित्य का बारह आना वैसा ही होता जैसा आज है।" उन्होंने अपने अध्ययन से यह भी प्रमाणित किया कि हिन्दी का सन्त काव्य सिद्धों एवं नाथ पंथियों के साहित्य का सहज विकास है।" प्रेमाख्यानक काव्य को भी उन्होंने कथानक—रूढ़ियों, कथावस्तु-शैली, छन्द आदि की दृष्टि से संस्कृत, प्राकृत और अपभ्रंश की रचनाओं के विकास के रूप में दिखाया। इसी प्रकार जहाँ कई इतिहासकारों ने **तुलसीदास** से तुलना करते हुए सन्तों को अशिक्षित एवं असंस्कृत घोषित करते हुए उनकी अवमानना की, वहीं द्विवेदीजी ने वास्तविकता का उल्लेख करते हुए लिखा है कि—"कभी-कभी हास्यास्पद भाव से कबीरदास को शास्त्रज्ञानहीन, सुनी-सुनायी बातों का गढ़ने वाला आदि कह दिया जाता है, मानो उस युग में जुलाहे, मोची, धुनिये और अन्यान्य नीची कही जाने वाली जातियों के लिए शास्त्र और वेद का दरवाजा खुला था और कबीरदास आदि ने जानबूझकर उसकी अवहेलना की थी।" ऐसे ही उन्होंने इस बात पर भी जोर देते हुए कहा कि "धार्मिक साहित्य होने मात्र से कोई रचना साहित्यिक कोटि से अलग नहीं की जा सकती।"

सन् 1952 में आचार्य द्विवेदी की 'हिन्दी साहित्य : उसका उद्‌भव और विकास' तथा 'हिन्दी साहित्य का आदिकाल' नामक पुस्तकें प्रकाशित हुईं जिनमें उन्होंने अपनी अनेक अनुसन्धानपरक स्थापनाओं से हिन्दी साहित्य के अध्ययन के कई नवीन मार्ग खोल दिये। पूर्ववर्ती साहित्य, संस्कृति और समाज का गहन अध्ययन और गम्भीर अनुशीलन करके उन्होंने जो नये तथ्य प्रस्तुत किये हैं वे हमारी अमूल्य धरोहर हैं। अपनी पैनी दृष्टि और विराट् प्रतिभा से उन्होंने पूर्ववर्ती तमाम मान्यताओं को झकझोर कर उखाड़ फेंका।

डॉ० रामकुमार वर्मा का 'हिन्दी साहित्य का आलोचनात्मक इतिहास' 1938 में प्रकाशित हुआ। इसमें 693 ई० से 1693 ई० तक की अवधि को ही लिया गया है। डॉ० वर्मा ने अपने इतिहास को सात प्रकरणों—सन्धिकाल, चारणकाल, भक्तिकाल की अनुक्रमणिका, भक्तिकाल, प्रेमकाव्य, रामकाव्य, कृष्णकाव्य में विभक्त करते हुए सामान्यतः शुक्लजी के ही वर्गीकरण का किंचित् परिवर्तनों के साथ अनुकरण किया है। इस इतिहास में कवियों का मूल्यांकन और उनके काव्य-सौन्दर्य का वर्णन अत्यन्त कलात्मक ढंग से किया गया है। किन्तु यह इतिहास भक्तिकाल तक ही सीमित है।

नागरी प्रचारिणी सभा द्वारा 16 खण्डों में **'हिन्दी साहित्य का वृहद् इतिहास'** प्रकाशित किया गया है। यह एक अत्यन्त महत्त्वाकांक्षी और प्रशंसनीय प्रयास है।

डॉ० धीरेन्द्र वर्मा द्वारा सम्पादित **'हिन्दी साहित्य'** भी एक उल्लेखनीय इतिहास-ग्रन्थ है, जिसे कई लेखकों ने मिलकर लिखा है। इसी प्रकार कई लेखकों के सामूहिक सहयोग के आधार पर **डॉ० नगेन्द्र** द्वारा सम्पादित **'हिन्दी साहित्य का इतिहास'** एक महत्त्वपूर्ण एवं वृहद् प्रयास है। अपनी प्रामाणिकता और अब तक के उपलब्ध समस्त इतिहासों में अपेक्षाकृत सम्पूर्णता के कारण यह इतिहास साहित्य-प्रेमियों एवं विद्यार्थियों में अत्यधिक लोकप्रिय हुआ है। किन्तु सामूहिक प्रयास होने के कारण लेखन में सर्वत्र एकरूपता नहीं बन पायी है। इसके अलावा कुछ कालखण्डों को अधिक और कुछ को अत्यल्प स्थान मिलने के कारण यह इतिहास-ग्रन्थ कहीं-कहीं असन्तुलित हो गया है। लेकिन इन सबके बावजूद यह इतिहास इसलिए भी अधिक महत्त्वपूर्ण है कि यह सम्पूर्ण और अद्यतन इतिहास की जरूरत की पूर्ति करता है।

उपर्युक्त साहित्येतिहास-ग्रन्थों के अतिरिक्त भी कई इतिहास, शोध-प्रबन्ध तथा समीक्षात्मक ग्रन्थ हैं जिनका इस दिशा में उल्लेखनीय महत्त्व है। ऐसी रचनाओं में डॉ० श्यामसुन्दरदास कृत 'हिन्दी भाषा और साहित्य' (1930), पं० अयोध्यासिंह उपाध्याय कृत 'हिन्दी भाषा और साहित्य का विकास' (1930), डॉ० रमाशंकर शुक्ल रसाल कृत 'हिन्दी साहित्य का इतिहास' (1931), श्री ब्रजरत्न दास कृत 'खड़ी बोली हिन्दी साहित्य का इतिहास' (1941), डॉ० लक्ष्मीसागर वार्ष्णेय कृत 'आधुनिक हिन्दी साहित्य' (1941) और 'हिन्दी साहित्य का इतिहास', डॉ० श्रीकृष्णलाल कृत 'आधुनिक हिन्दी साहित्य का विकास' (1942), डॉ० भगीरथ मिश्र कृत 'हिन्दी-काव्यशास्त्र का

इतिहास और हिन्दी साहित्य का परिचयात्मक इतिहास', डॉ० नगेन्द्र कृत 'रीतिकाव्य की भूमिका', श्री परशुराम चतुर्वेदी कृत 'उत्तरी भारत की सन्त परम्परा', डॉ० रामचन्द्र तिवारी कृत 'हिन्दी का गद्य साहित्य', 'मध्ययुगीन काव्य-साधना', आचार्य विश्वनाथ प्रसाद कृत 'हिन्दी साहित्य का अतीत', श्री चन्द्रकान्त बाली कृत 'पंजाब-प्रान्तीय हिन्दी साहित्य का इतिहास' डॉ० टीकम सिंह तोमर कृत 'हिन्दी-वीर काव्य', डॉ० मोतीलाल मेनरिया कृत 'राजस्थानी भाषा और साहित्य', डॉ० नलिन विलोचन शर्मा कृत 'साहित्य का इतिहास दर्शन', डॉ० गणपतिचन्द्र गुप्त कृत 'हिन्दी साहित्य का वैज्ञानिक इतिहास', डॉ० विश्वनाथ त्रिपाठी कृत 'हिन्दी साहित्य का संक्षिप्त इतिहास', डॉ० बच्चन सिंह कृत 'आधुनिक हिन्दी साहित्य का इतिहास' और 'हिन्दी साहित्य का दूसरा इतिहास', डॉ० रामस्वरूप चतुर्वेदी कृत 'हिन्दी साहित्य और संवेदना का विकास' आदि उल्लेखनीय हैं। इनके अलावा भी इधर कई महत्त्वपूर्ण शोध-प्रबन्ध और आलोचनात्मक पुस्तकें प्रकाशित हुई हैं जिनसे हिन्दी साहित्य के विविध कालखण्डों और पक्षों के विषय में महत्त्वपूर्ण जानकारी प्राप्त होती है।

●

काल-विभाजन एवं नामकरण

साहित्य का विकास मानव-समाज के विकास के साथ अविच्छिन्न रूप से जुड़ा हुआ है। समाज से पैदा होने के कारण समाज के विकास और ह्रास, उत्थान और पतन तथा आरोह और अवरोह का सापेक्षिक प्रभाव साहित्य पर भी पड़ता रहा है। इसलिए साहित्य का इतिहास मानव-समाज के इतिहास के साथ-साथ विकसित होता रहा है। जिस प्रकार सृष्टि के आरम्भ से लेकर मानव-समाज की अब तक की यात्रा एक ही चेतना—उसकी अदम्य जिजीविषा, बेहतर दुनिया के निर्माण की आकांक्षा एवं सत्य, शिव (कल्याण) और सौन्दर्य की स्थापना से प्रेरित है, ठीक उसी प्रकार साहित्य भी इन्हीं मूल्यों की तलाश करता रहा है। इस प्रकार समूचे समाज और साहित्य के विकास में एक ही अन्तर्वर्ती चेतना का सातत्य लक्षित होता है। लेकिन जिस प्रकार अध्ययन की सुविधा की दृष्टि से सामाजिक इतिहास को विभिन्न कालखण्डों में बाँटकर और उनका नामकरण करके देखा जाता है, उसी प्रकार साहित्य के इतिहास को भी विभिन्न कालखण्डों में बाँटना और नामकरण करना आवश्यक हो जाता है। यहाँ प्रश्न उठता है कि इस विभाजन और नामकरण का आधार क्या हो?

समाज के और इसीलिए साहित्य के भी कुछ ऐसे तत्त्व हैं जो आरम्भ से अब तक किसी न किसी रूप में चले आ रहे हैं। लेकिन इन परम्परागत और निरन्तरता वाले तत्त्वों के साथ ही प्रत्येक युग की कुछ अपनी आवश्यकताएँ और समस्याएँ होती हैं, कुछ माँगें होती हैं जो परम्परागत तत्त्वों और मूल्यों के साथ समय-समय पर टकराया करती हैं और इस टकराहट से परम्परागत मूल्यों को प्रभावित तो करती ही हैं, कभी-कभी उन्हें विस्थापित भी कर देती हैं, बदल भी देती हैं। इस प्रकार इस प्रवाह और टकराव के कारण किसी समय में कुछ प्रवृत्तियाँ प्रधान हो जाती हैं और किसी में कुछ। इस रूप में यह परिवर्तन और विकास होता रहता है। इस प्रकार अलग-अलग प्रवृत्तियों की प्रधानता के आधार पर अलग-अलग कालखण्डों का निर्माण होता है। किसी समय में किसी प्रवृत्ति के उतार-चढ़ाव या आदि-अन्त को ध्यान में रखकर उस कालखण्ड को एक साहित्यिक काल या युग माना जाता है। इसी तरह से युग का नामकरण भी युग की प्रधान प्रवृत्तियों के आधार पर होना चाहिए।

नामकरण की सार्थकता इस बात में होती है कि वह नाम उस युग की मूल साहित्यिक चेतना को प्रतिबिम्बित कर सके। विद्वानों ने साहित्यिक प्रवृत्तियों के आधार पर किये गये नामकरण को सर्वोत्तम बताया है किन्तु ऐसा भी होता है कि किसी-किसी युग में एक साथ ही कई प्रवृत्तियाँ गतिशील होती हैं और उनमें से किसी एक के आधार पर नामकरण करने पर शेष का प्रतिनिधित्व नहीं हो पाता। ऐसी स्थिति में कुछ अन्य आधारों का सहारा लेना पड़ता है। जैसे—

◆ समय के आधार पर—आदिकाल, मध्यकाल, आधुनिक काल आदि।

◆ महत्त्वपूर्ण व्यक्तियों के नाम पर—भारतेन्दु युग, द्विवेदी युग, प्रेमचंद युग आदि।

राष्ट्रीय, सामाजिक-सांस्कृतिक घटनाओं के आधार पर—भक्तिकाल, पुनर्जागरण काल, सुधार काल, युद्धोत्तर काल (प्रथम महायुद्ध के बाद का कालखण्ड), स्वातन्त्र्योत्तर काल आदि।

◆ प्रतीकात्मक नामकरण—रीतिकाल, छायावाद आदि।

इसके अलावा कभी-कभी शासक या शासन-व्यवस्था के आधार पर भी नामकरण किया जाता है।

नामकरण करते समय यह कोशिश होनी चाहिए कि इनमें आधारों की एकरूपता बनी रहे। अर्थात् किसी एक पद्धति को अपनाया जाना चाहिए। जैसे यदि प्रवृत्ति के आधार पर नामकरण किया जाय तो सभी युगों का नामकरण इसी आधार पर होना चाहिए। जैसे—वीरगाथा काल, भक्तिकाल, रीतिकाल आदि। लेकिन ऐसा सम्भव नहीं हो पाता और जैसा कि पहले कहा जा चुका है कि ऐसे नामों से कभी-कभी समग्र युगीन प्रवृत्तियों का बोध नहीं होता, जैसे 'वीरगाथा काल' नाम से। क्योंकि 'वीरगाथा काल' कहने पर उस युग की अन्य प्रवृत्तियाँ भक्ति और शृंगार आदि उपेक्षित हो जाती हैं। अतः ऐसी स्थिति में मिश्रित पद्धति या कई आधारों का सहारा लेना पड़ता है। इसीलिए इस नामकरण की समस्या से परेशान होकर प्रसिद्ध साहित्यकार **रैनेवैलक** ने लिखा है कि "इसका अनिवार्य निष्कर्ष यह है कि नामावली राजनीति, साहित्य और कला के शब्दों का गोरखधन्धा मात्र है जिसका औचित्य सिद्ध नहीं किया जा सकता।" इस प्रकार हम देखते हैं कि विभिन्न साहित्यिक युगों का नामकरण एक उलझी हुई समस्या है जिसे किसी एक पद्धति से हल नहीं किया जा सकता और इस तरह से कोई भी नाम किसी भी युग का समग्रता में नेतृत्व नहीं कर पाता। उदाहरण के लिए 'भक्तिकाल' नाम जिस पर कि बहुत कम विवाद है, वह भी उस समय की सारी प्रवृत्तियों का नेतृत्व नहीं करता। क्योंकि उस समय के साहित्य का एक बड़ा हिस्सा शृंगार और वीर आदि प्रवृत्तियों से भी प्रेरित है। अतः कोई भी नाम ऐसा नहीं हो सकता जो सर्वथा निर्विवाद हो। इसलिए सुविधाजनक एवं आसान रास्ता यही है कि जो नाम किसी कालविशेष के लिए चर्चित और लोक स्वीकृत हो गये हैं, उन्हें उसी रूप में स्वीकार कर लेना चाहिए। साथ ही नामकरण करते समय यथासम्भव युगीन प्रवृत्तियों को आधार बनाने की कोशिश की जानी चाहिए।

जैसा कि पहले लिखा जा चुका है कि "किसी प्रवृत्ति के आदि-अन्त या उत्थान-अवसान के आधार पर किसी युग या कालखण्ड का विभाजन किया जाता है।" इस दृष्टि से हिन्दी साहित्य के इतिहास का काल-विभाजन इस प्रकार होगा। नवीनतम खोजों के आधार पर सरहपाद को हिन्दी का आदिकवि स्वीकार कर लेने और उत्तर अपभ्रंश या पुरानी हिन्दी से हिन्दी साहित्य का आरम्भ मान लेने पर हिन्दी साहित्य की शुरुआत आठवीं शताब्दी के मध्य से मानी जा सकती है। तब से लेकर चौदहवीं शती के मध्य तक

(750 ई० से 1350 ई० तक) भारत की सांस्कृतिक चेतना का प्रवाह सामन्तीय और धार्मिक दो धाराओं में होता रहा है। इसके बाद भक्ति का वृहद् आन्दोलन समूचे देश में फैलने लगा और हिन्दीभाषी प्रदेश में हिन्दी के विविध रूपों के माध्यम से उसकी अभिव्यक्ति होने लगी। अत: यहाँ से एक नयी सांस्कृतिक और साहित्यिक चेतना की शुरुआत होती है। इस प्रकार आठवीं शती के मध्य से लेकर चौदहवीं शती के मध्य तक के समय को साहित्य का एक कालखण्ड माना जा सकता है।

चौदहवीं शती के मध्य से साहित्य के इतिहास का दूसरा चरण शुरू होता है। इस युग की सीमा कुछ लोग उन्नीसवीं शती के मध्य तक मानते हैं और कुछ इसे दो खण्डों में विभाजित कर देते हैं—पहला खण्ड—चौदहवीं शताब्दी के मध्य से सत्रहवीं शताब्दी के मध्य तक, और दूसरा खण्ड—सत्रहवीं शताब्दी के मध्य से उन्नीसवीं शताब्दी के मध्य तक। अध्ययन की सुविधा और प्रवृत्तिगत प्रधानता की दृष्टि से दूसरा मत अधिक उपयुक्त है। हालाँकि भक्ति और श्रृंगार की रचनाएँ पूरे मध्य युग में अर्थात् चौदहवीं शती के मध्य से उन्नीसवीं शती के मध्य तक (1350 ई० से 1850 ई० तक) होती रही हैं। किन्तु पूर्व मध्यकाल में जहाँ भक्ति की प्रधानता थी वहीं उत्तर मध्यकाल में श्रृंगार और अलंकरण की प्रवृत्ति प्रधान हो गयी है और इसका प्रभाव काव्य-चेतना और काव्य-रूप दोनों पर पड़ा। अत: चौदहवीं शती के मध्य से सत्रहवीं शती के मध्य तक एक कालखण्ड और सत्रहवीं शती के मध्य से उन्नीसवीं शती के मध्य तक एक दूसरा कालखण्ड माना जाना चाहिए।

सन् 1857 ई० में भारत के इतिहास में एक महत्त्वपूर्ण घटना घटी जिसे हम 1857 के विद्रोह के रूप में जानते हैं। यह विद्रोह राष्ट्रीय चेतना के जागरण का उद्घोष था। इस समय देश की सामाजिक और राजनीतिक चेतना एक नये तरह के जागरण से आन्दोलित हो रही थी और मध्ययुगीन संस्कार—भाग्यवाद एवं अकर्मण्यता की भावना का ह्रास होने लगा था। नये ज्ञान-विज्ञान के सम्पर्क में आकर देश की जनता अपनी आजादी और स्वत्व की प्राप्ति के लिए कसमसाने लगी थी। अत: 1857 या उन्नीसवीं शती के मध्य से एक नये युग की शुरुआत होती है जिसे आधुनिक काल कहा गया है। इस आधुनिक काल में विभिन्न राष्ट्रीय, सांस्कृतिक और सामाजिक आन्दोलनों और सुधारों के कारण समय-समय पर कुछ परिवर्तन होते रहे जिनके परिणामस्वरूप यह काल छोटे-छोटे कई युगों में विभक्त होता रहा।

उपर्युक्त विवेचनोपरान्त विभिन्न विद्वानों द्वारा विभिन्न कालखण्डों के नामकरणों पर विचार कर लेना आवश्यक है। हिन्दी साहित्य के इतिहास का काल-विभाजन एवं नामकरण करने का प्रयास आचार्य रामचन्द्र शुक्ल से पहले भी जॉर्ज ग्रियर्सन और मिश्र बन्धुओं आदि ने किया था किन्तु सर्वप्रथम स्पष्ट विभाजन और नामकरण का श्रेय आचार्य रामचन्द्र शुक्ल को जाता है। शुक्लजी ने हिन्दी साहित्य के इतिहास को चार भागों में विभक्त करके उनका नामकरण इस प्रकार किया है—**(1) वीरगाथाकाल, (2) भक्तिकाल, (3) रीतिकाल, (4) आधुनिककाल**। इसमें उन्होंने ग्रियर्सन और

मिश्र बन्धुओं से भी कुछ सहारा लिया है। इन नामों में से भक्ति काल एवं आधुनिक काल को तो सभी लोगों ने स्वीकार किया है, लेकिन वीरगाथा काल एवं रीति काल के विषय में कुछ आपत्तियाँ रही हैं। वीरगाथा काल के बारे में अनेक आपत्तियाँ उठायी गयी हैं। जैसे—(1) जिन वीरगाथाओं के आधार पर शुक्लजी ने नामकरण किया है उनमें से कुछ अप्राप्य और कुछ बाद की रचनाएँ हैं। (2) उस अवधि में सामन्ती और वीर रचनाओं के साथ प्रचुर मात्रा में धार्मिक और श्रृंगारिक रचनाएँ भी हुई हैं, ऐसी स्थिति में 'वीरगाथा काल' नाम से शेष प्रवृत्तियों का बोध नहीं होता। इसलिए कुछ विद्वानों ने आदिकाल जैसे निर्विशेष नाम को उस काल के लिए अधिक उपयुक्त माना है और उनका यह मानना उचित भी है। आदिकाल मानने वाले विद्वानों में आचार्य हजारीप्रसाद द्विवेदी और डॉ० रमाशंकर शुक्ल रसाल के नाम उल्लेखनीय हैं। इस काल के और भी कई नाम दिये गये हैं जिनकी चर्चा आदिकाल के अन्तर्गत की जायेगी।

रीतिकाल के नामकरण के सन्दर्भ में मतभेद इस रूप में है कि उस काल में रीति-तत्त्व प्रमुख है या श्रृंगार तत्त्व। देखने पर यह दोनों ही प्रवृत्तियाँ पर्याप्त मात्रा में लक्षित होती हैं किन्तु श्रृंगार की प्रवृत्ति प्रधान होते हुए भी उस समय 'रीति' की प्रवृत्ति चूँकि न केवल श्रृंगार में, अपितु वीर एवं भक्तिकाव्यों में समाविष्ट हो गयी थी और उस समय के जीवन का स्वरूप ही बहुत कुछ रीतिबद्ध हो गया था, इसलिए उसका नाम 'रीतिकाल' अधिक उचित है। डॉ० नगेन्द्र ने इसी नाम का समर्थन किया है।

शुक्लजी ने आधुनिक काल को तीन चरणों में विभाजित करके उन्हें प्रथम, द्वितीय और तृतीय उत्थान कहा है। प्रथम और द्वितीय उत्थान के लिए उन्होंने भारतेन्दु और द्विवेदी युग नामकरण का भी संकेत किया है। सामाजिक-सांस्कृतिक और साहित्यिक जागरण को देखते हुए भारतेन्दु युग को नवजागरण काल या पुनर्जागरण काल तथा द्विवेदी युग को जागरण-सुधार और राष्ट्रीय आन्दोलन युग भी कहा जा सकता है। आधुनिककाल के तीसरे चरण की प्रमुख प्रवृत्तियों को ध्यान में रखते हुए 'छायावाद' जो कि प्रतीकात्मक नाम है, उचित है। छायावादी साहित्य के हर क्षेत्र में एक तरह की मुक्ति और स्वाधीनता का भाव लक्षित होता है। अत: इसे 'स्वाधीन चेतना का काव्य' भी कहा जा सकता है। छायावाद के बाद के साहित्य को 'छायावादोत्तर काल' नाम दिया गया है। इसी प्रकार आगे के साहित्य को कुछ लोगों ने स्वातन्त्र्योत्तर साहित्य और साठोत्तर साहित्य भी कहा है और ये नाम एक हद तक प्रयोग में भी हैं। किन्तु छायावाद के बाद का साहित्य विभिन्न छोटे-छोटे साहित्यिक युगों और अलग-अलग प्रवृत्तियों में बँटा हुआ है जिनका बोध इस तरह के कालवाचक नामों से नहीं होता। अतएव समय की दृष्टि से इन नामों को स्वीकार करते हुए भी प्रवृत्ति की दृष्टि से इनका अलग-अलग नामकरण आवश्यक है। इस रूप में क्रमश: प्रगतिवाद, प्रयोगवाद, नयी कविता, आदि नामों का प्रयोग सर्वथा उचित है। सन् '60 और '70 के बीच में एक साथ ही कविता और गद्य दोनों ही क्षेत्रों में कई क्षणजीवी साहित्यिक आन्दोलन सक्रिय रहे हैं, इसलिए इस अवधि के साहित्य को इधर दशकों में बाँटकर देखने

की प्रवृत्ति काम कर रही है जैसे आठवें दशक की कविता, नवें दशक की कविता आदि। लेकिन '67 के नक्सलबाड़ी के सशस्त्र विद्रोह के प्रभाव में लिखे गये व्यापक साहित्य और '75 के आपात्काल की प्रतिक्रिया और दिनोंदिन गहराते राजनीतिक-आर्थिक संकटों की मार झेलती हुई बहुसंख्यक जनता के पक्ष में लिखे गये साहित्य को ध्यान में रखते हुए '70 के बाद के साहित्य को 'जनवादी साहित्य' नाम दिया जा सकता है।

इन सारी बातों को ध्यान में रखते हुए हिन्दी साहित्य के इतिहास का काल-विभाजन एवं नामकरण इस प्रकार किया जा सकता है—

आदिकाल—आठवीं शती के मध्य से चौदहवीं शती के मध्य तक (750-1350 ई०)

भक्तिकाल—चौदहवीं शती के मध्य से सत्रहवीं शती के मध्य तक (1350-1650 ई०)

रीतिकाल—सत्रहवीं शती के मध्य से उन्नीसवीं शती के मध्य तक (1650-1857 ई०)

आधुनिक काल—उन्नीसवीं शती के मध्य से (1857 से) अब तक।

1. भारतेन्दु युग (नवजागरण या पुनर्जागरण काल)	1857 - 1900 ई०
2. द्विवेदी युग (जागरण-सुधार और राष्ट्रीय आन्दोलन-युग)	1900 - 1918 ई०
3. छायावाद युग (स्वाधीन चेतना का काव्य)	1918 - 1936 ई०
4. प्रगतिवाद	1936 - 1943 ई०
5. प्रयोगवाद	1943 - 1950 ई०
6. नयी कविता	1950 - 1960 ई०
7. विविध साहित्य का युग (साठोत्तर-युग)	1960 - 1970 ई०
8. जनवादी साहित्य (समकालीन साहित्य)	1970 - अब तक

इक्कीसवीं सदी में वैश्वीकरण, भूमण्डलीकरण, बाज़ारवाद, नवसाम्राज्यवाद और उत्तर आधुनिकता आदि का प्रभाव भी साहित्य पर पड़ने लगा है। इसके साथ दलित-विमर्श और स्त्री-विमर्श का स्वर भी उभर रहा है।

अन्त में इतना स्पष्ट कर देना आवश्यक है कि यह समस्त विभाजन और नामकरण सुविधा की दृष्टि से है और इसे 'लगभग' ठीक कहा जा सकता है, 'शत प्रतिशत' नहीं, क्योंकि कोई भी साहित्यिक युग न तो किसी निश्चित तिथि से आरम्भ होता है और न ही निश्चित तिथि पर समाप्त होता है।

●

आदिकाल

हिन्दी साहित्य का आरम्भ और हिन्दी साहित्य के अदिकाल के समय-निर्धारण के प्रश्न पर और इसके नामकरण के सवाल पर साहित्य के अध्येताओं में मतैक्य नहीं है। विद्वानों का एक वर्ग इसका आरम्भ सातवीं शती के मध्य से लेकर इसका अन्त चौदहवीं शती के मध्य तक अर्थात् सन् 750 से 1650 तक मानता है। दूसरा वर्ग इस अवधि को लगभग सन् 1000 से 1350 तक मानने के पक्ष में है। पहले मत के मानने वाले विद्वानों में—जॉर्ज ग्रियर्सन, मिश्र बन्धु, पं० राहुल सांकृत्यायन, चन्द्रधर शर्मा गुलेरी, शिवसिंह सेंगर, डॉ० रामकुमार वर्मा आदि और दूसरे मत के पक्षधरों में—आचार्य रामचन्द्र शुक्ल, श्यामसुन्दर दास और डॉ० हजारीप्रसाद द्विवेदी के नाम उल्लेखनीय हैं।

विद्वानों ने इस तथ्य की ओर ध्यान आकृष्ट किया है कि वैसे तो अपभ्रंश अपने मूलरूप में पन्द्रहवीं शताब्दी तक साहित्य की भाषा बनी रही, तथापि आठवीं शताब्दी से ही बोलचाल की भाषा पृथक् होकर उसके समानान्तर साहित्य रचना का माध्यम बन गयी थी। इसी भाषा को कुछ विद्वानों ने 'उत्तर अपभ्रंश' या 'पुरानी हिन्दी' कहा है और कुछ विद्वानों ने 'अवहट्ट' नाम दिया है। गुलेरीजी की स्पष्ट मान्यता है कि 'उत्तर अपभ्रंश' ही 'पुरानी हिन्दी' है। यहाँ उत्तर शब्द काल का बोधक न होकर साहित्यिक अपभ्रंश से इतर बोलचाल की उस भाषा का बोधक है, जो साहित्यिक अपभ्रंश के एक रूप की स्वीकृति के पश्चात् उसके बाद के रूप में स्थापित होती जा रही थी। अपभ्रंश और हिन्दी के विवाद पर डॉ० हजारीप्रसाद द्विवेदी ने विचार करते हुए कहा है कि ''इस प्रकार दसवीं से चौदहवीं शताब्दी तक का काल जिसे हिन्दी का आदिकाल कहते हैं, भाषा की दृष्टि से अपभ्रंश का ही बढ़ाव है। इसी अपभ्रंश के बढ़ाव को कुछ लोग उत्तरकालीन अपभ्रंश कहते हैं और कुछ लोग पुरानी हिन्दी। बारहवीं शताब्दी तक निश्चित रूप से अपभ्रंश भाषा ही पुरानी हिन्दी के रूप में चलती थी, तथापि उसमें नये तत्सम शब्दों का आगमन शुरू हो गया था।'' (हिन्दी साहित्य का आदिकाल, पृ० 21) इस प्रकार द्विवेदीजी की दृष्टि में अपभ्रंश में शब्दों के तद्भव रूपों के प्रयोग की प्रवृत्ति थी किन्तु जब उसमें तत्सम रूपों के प्रयोग की प्रवृत्ति विकसित होने लगी, तब एक नयी काव्य-भाषा का रूप उभरा जिसे हिन्दी कहना चाहिए। 'अवहट्ट' या 'उत्तर अपभ्रंश' में हिन्दी की सभी आरम्भिक प्रवृत्तियाँ एक साथ मिलती हैं, और साहित्यिक अपभ्रंश से जिसका गहरा विद्रोह भी झलकता है। जहाँ तक हिन्दी के प्रथम कवि का सवाल है, इस सन्दर्भ में शिवसिंह सेंगर ने 'पुष्य' या 'पुण्ड' नामक किसी कवि को हिन्दी का प्रथम कवि माना है, किन्तु इस कवि की कोई रचना उपलब्ध नहीं है। डॉ० गणपतिचन्द्र गुप्त ने 'भरतेश्वर बाहुबली रास' के रचयिता 'शालिभद्रसूरि' को हिन्दी का प्रथम कवि माना है, किन्तु उनकी भाषा हिन्दी से बहुत दूर लगती है। 'राहुल' जी ने 'सरहपाद' को हिन्दी का प्रथम कवि माना है। वे 84 सिद्धों में से

एक थे। उनका समय राहुलजी ने सन् 769 निश्चित किया है। अनेक दूसरे विद्वानों ने भी राहुलजी के मत का समर्थन किया है। कारण कि 'सरहपाद' की भाषा हिन्दी के अधिक निकट है—

जह मन पवन न संचरइ, रवि शशि नाह पवेश।
तहि वट चित्त विसाम करु, सरहे कहिअ उवेश॥

आरम्भिक उपलब्ध ग्रन्थ के रूप में जैन आचार्य देवसेन कृत 'श्रावकाचार' का उल्लेख किया जाता है।

इस प्रकार आदिकाल के आरम्भ और अन्त का प्रश्न बहुत कुछ उलझा हुआ-सा है, क्योंकि मूर्धन्य विद्वानों की राय विवाद-ग्रस्त होने के साथ ही अस्पष्ट भी है। जैसे स्वयं शुक्लजी मुंज और भोज के समय 993 ईस्वी से हिन्दी का आरम्भ मानते हैं, किन्तु वीरगाथा-काल को वे अपभ्रंश काव्य और देश भाषा काव्य में विभाजित करके सरहपाद, देवसेन आदि कवियों का परिचय देते हैं और अप्रत्यक्षतः वे स्वयं वीरगाथाकाल से सम्बोधित आदिकाल की सीमा सरहपाद तक पीछे ले जाते हैं। इसी प्रकार आदिकाल की अन्तिम सीमा वे 1318 ई० तक मानते हैं किन्तु विद्यापति को आदिकाल के अन्तर्गत रखा है और विद्यापति का समय लगभग सन् 1350 ई० से 1450 ई० तक है। इस दृष्टि से आदिकाल की अन्तिम सीमा 1460 तक आ जाती है।

नामकरण

आदिकाल के समय के निर्धारण की भाँति ही इसके नामकरण का प्रश्न भी कम विवादास्पद नहीं है। इस विवाद को अत्यधिक जटिल बनाने वाले कारकों में उस अवधि की रचनाओं में अनेक वैविध्यपूर्ण प्रवृत्तियों की मौजूदगी एक प्रधान कारण है। जिन विद्वानों ने इस समस्या को सुलझाने के प्रयत्न किये हैं, उनके विचार इस प्रकार हैं—

हिन्दी साहित्य के काल-विभाजन एवं नामकरण का सर्वप्रथम प्रयास जॉर्ज ग्रियर्सन ने अपनी पुस्तक 'द मार्डन वर्नाक्युलर लिटरेचर ऑफ हिन्दुस्तान' (1888) में किया और आलोच्य काल को 'चारणकाल' कहा। किन्तु अत्यन्त संकुचित होने के कारण यह नाम स्वीकार नहीं किया गया। इससे पूर्व की इस तरह की पुस्तकों—चौरासी वैष्णवन की वार्ता व दो सौ बावन वैष्णवन की वार्ता, गार्सां द तासी द्वारा लिखित 'इस्तवार द ला लितरेत्युर एन्दुई ऐन्दुस्तानी', मौलवी करीमुद्दीन के 'तजकिरा-ई-शुअराई-हिन्दी' तथा शिवसिंह सेंगर के 'शिवसिंह सरोज' में काल-विभाजन एवं नामकरण के प्रश्न पर विचार नहीं किया गया। मिश्र बन्धुओं ने 'मिश्र बन्धु विनोद' में आदिकाल को प्रारम्भिक काल कहा है जो किसी प्रवृत्ति का सूचन न होकर सामान्य संज्ञा है।

आचार्य रामचन्द्र शुक्ल ने इस समय की रचनाओं में वीरगाथा की केन्द्रीय प्रवृत्ति को लक्ष्य करके इसे वीरगाथाकाल के नाम से सम्बोधित किया है। अपने मत की पुष्टि में उनका कहना है कि—"हिन्दी साहित्य का आदिकाल संवत् 1050 से लेकर 1375 तक

अर्थात् महाराज भोज के समय से लेकर हम्मीरदेव के समय के कुछ पीछे तक माना जा सकता है। आदिकाल की इस दीर्घ परम्परा के बीच प्रथमतः 150 वर्ष के भीतर तो रचना की किसी विशेष प्रवृत्ति का निश्चय नहीं हो पाता है—धर्म, नीति, शृंगार, वीर सब प्रकार की रचनाएँ दोहों में मिलती हैं। इस अनिर्दिष्ट लोक-प्रवृत्ति के उपरान्त जब से मुसलमानों की चढ़ाइयों का आरम्भ होता है तब से हम हिन्दी साहित्य की प्रवृत्ति एक विशेष रूप में बँधते हुए पाते हैं। राजाश्रित कवि अपने आश्रयदाता राजाओं के पराक्रमपूर्ण चरितों या गाथाओं का वर्णन करते थे। यही प्रबन्ध परम्परा रासो के नाम से पायी जाती है, जिसे लक्ष्य करके इस काल को 'वीरगाथा काल' कहा है।'' यह नामकरण शुक्लजी ने जनता की चित्तवृत्तियों के साथ कवि की मनोवृत्तियों को आधार बनाकर किया।

शुक्लजी ने आदिकाल की 12 रचनाओं का उल्लेख किया है—

1. विजयपाल रासो - नल्ल सिंह
2. हम्मीर रासो - शारंगधर
3. खुमान रासो - दलपति विजय
4. पृथ्वीराज रासो - चन्दबरदायी
5. बीसलदेव रासो - नरपति नाल्ह
6. जयचन्द प्रकाश - केदार भट्ट
7. जय मयंक जसचन्द्रिका - मधुकर भट्ट
8. परमाल रासो (आल्ह खण्ड) - जगनिक
9. पहेलियाँ - अमीर खुसरो
10. कीर्तिलता - विद्यापति
11. कीर्तिपताका - विद्यापति
12. पदावली - विद्यापति

शुक्लजी द्वारा किया गया यह नामकरण भी अब अनुचित सिद्ध हो चुका है, क्योंकि जिन वीरगाथाओं के आधार पर यह नामकरण किया गया है उनमें से कुछ सन्दिग्ध और अप्राप्य तथा कुछ परवर्ती काल की रचनाएँ हैं। साथ ही उस अवधि में वीर रचनाओं के अलावा प्रचुर मात्रा में धार्मिक और शृंगारिक रचनाएँ हैं, जिनका बोध वीरगाथा नाम से नहीं होता। उस समय के जिस धार्मिक साहित्य को शुक्लजी ने साम्प्रदायिक कह कर छोड़ दिया है, वह हिन्दी साहित्य का अनिवार्य अंग है। डॉ० हजारीप्रसाद द्विवेदी ने सिद्धों, नाथों और जैनों की रचनाओं में नैतिक संयम, चारित्रिक बल और अन्तःशुद्धि की प्रवृत्ति को रेखांकित किया है। अतः वीरगाथाकाल नाम अब अनुपयुक्त हो चुका है। डॉ० रामस्वरूप चतुर्वेदी ने अपनी पुस्तक 'हिन्दी साहित्य और संवेदना का विकास' में 'वीरगाथाकाल' नाम का ही समर्थन किया है।

आदिकालीन साहित्य की प्रवृत्तियों और परिस्थितियों का गहन अध्ययन करके डॉ० हजारीप्रसाद द्विवेदी ने इस युग का नाम 'आदिकाल' निश्चित किया है। द्विवेदीजी न

तो 'वीरगाथाकाल' नाम से सहमत हैं और न ही धार्मिक साहित्य को साम्प्रदायिक कह कर छोड़ देना चाहते हैं। उनकी स्पष्ट मान्यता है कि "धार्मिक साहित्य होने मात्र से कोई रचना साहित्यिक कोटि से अलग नहीं की जा सकती है।" शुक्लजी के तर्क को यदि स्वीकार कर लिया जाय तो समस्त भक्तिकालीन साहित्य को भी धार्मिक काव्य होने के कारण हिन्दी साहित्य से निकाल देना पड़ेगा। डॉ० रमाशंकर शुक्ल 'रसाल' भी आदिकाल नाम का समर्थन करते हैं।

डॉ० रामकुमार वर्मा ने आदिकाल को सन्धिकाल एवं चारणकाल कहा है। इसमें सन्धिकाल भाषा और समय का सूचक है और चारण काल कवियों के वर्ग का बोध कराता है। ये दोनों नाम मिलकर भी किसी स्पष्ट प्रवृत्ति को पुष्ट नहीं करते। पं० राहुल सांकृत्यायन ने आदिकाल को 'सिद्धसामन्तकाल' कहा है, किन्तु यह नाम भी संकुचित अर्थ देता है। आचार्य विश्वनाथप्रसाद मिश्र इसे 'वीर-काव्य' कहना चाहते हैं। यह नाम 'वीरगाथाकाल' जैसा ही है। डॉ० मोहन अवस्थी ने इसे 'आधारकाल' और डॉ० वासुदेव सिंह ने इसको 'उद्‌भवकाल' कहा है। लेकिन ये दोनों नाम आदिकाल के करीब हैं।

अत: इन विवादों को देखते हुए इस काल के लिए 'आदिकाल' जैसा निर्विशेष नाम अधिक उपयुक्त है।

आदिकाल की पृष्ठभूमि

राजनीतिक स्थिति

आदिकाल की राजनीतिक परिस्थितियाँ काफी उथल-पुथल से भरी हुई थीं। वर्धन साम्राज्य के अन्तिम सम्राट् हर्षवर्धन की मृत्यु के बाद (सन् 647) भारत की संगठित सत्ता खण्ड-खण्ड होकर अयिन्त्रित हो गयी। राजपूत आपस में लड़ते हुए इस्लाम साम्राज्य की नींव में समा गये। तत्कालीन सामन्ती जीवन भोग-विलास में डूबा हुआ था। हिन्दू राजा पृथ्वीराज चौहान, जयचन्द, परमर्दि देव आदि लगातार आपस में लड़ते रहे। ऐसी परिस्थितियों में 8वीं शताब्दी से 15वीं शताब्दी तक यवनों, तुर्कों, अरबों और मुगलों के आक्रमण से हिन्दू राजाओं के पैर उखड़ गये और इस्लाम की स्थापना हुई। कुरान और इस्लाम, कर-वसूली और लगान, अधीनता और बलिदान हिन्दुओं की नियति हो गयी। ऐसे में कुछ लोग संसारेतर और आध्यात्मिक जगत् में खोने लगे, कुछ मरते-मरते जीवन का सुख भोग लेना चाहते थे और कुछ ऐसे भी स्वाभिमानी लोग थे जो अपने बाहुबल और तलवार की धार को चमकाकर गौरव के साथ जीना चाहते थे। ये तीनों ही प्रवृत्तियाँ आदिकालीन साहित्य में विपुल रूप से लक्षित होती हैं।

धार्मिक स्थिति

तत्कालीन समाज में धार्मिक स्थिति भी अराजकता से परिपूर्ण थी। तमाम धार्मिक मत आगे बढ़ने की होड़ में आपस में टकराने लगे थे। इस समय वैदिक और पौराणिक धर्म के साथ-साथ जैन धर्म, बौद्ध धर्म, तान्त्रिक मत, सिद्ध एवं नाथ पंथ, शैव, वैष्णव

आदि धर्मों और मतवादों का प्रचलन था। इनकी परस्पर प्रतिद्वन्द्विता के कारण सामान्य जनता भटकाव व भ्रम की स्थिति में थी। अत: राष्ट्रीय शक्ति का ह्रास होता जा रहा था। इस युग के कवियों ने इसी मानसिक स्थिति के अनुरूप खण्डन-मण्डन, हठयोग, वीरता और शृंगार आदि का काव्य लिखा।

सामाजिक स्थिति

उपर्युक्त राजनीतिक एवं धार्मिक स्थितियों का सामाजिक जीवन पर गहरा प्रभाव पड़ रहा था। शासन तन्त्रों एवं धार्मिक मतों के चक्रों से हताश जनता हीनता-बोध से घिर चुकी थी और समाज खेमों में बँट चुका था। आये दिन होने वाले युद्धों में जनता पिसती रहती थी। शिक्षा और शासन व्यवस्था उच्चवर्ग के लोगों के लिए ही सुरक्षित थी। अन्धविश्वासों और आडम्बरों का बोलबाला था। नारी भोग्या मात्र रह गयी थी। वह अपहरण और क्रय-विक्रय की वस्तु बनी जा रही थी। वर्णसंकरता के भय से गोत्र, पिण्ड आदि के प्रतिबन्ध कठोर हो गये थे। स्त्रियों का कार्यक्षेत्र सीमित हो गया था। समाज वर्जनाओं से भरा हुआ था।

सांस्कृतिक स्थिति

आदिकाल के आरम्भ में भारतीय संस्कृति अपने चरम उत्कर्ष पर थी किन्तु जब उसने भक्तिकाल को अपना दायित्व सौंपा, वह ह्रासोन्मुख हो चुकी थी। उस समय तक भारत में मुस्लिम संस्कृति स्थापित होने लगी थी। इस प्रकार आदिकाल दो संस्कृतियों के संक्रमण, संगम एवं ह्रास-विकास की गाथा है। हर्षवर्धन के समय में हिन्दू धर्म और संस्कृति एक राष्ट्रीय आधार प्राप्त कर चुकी थी। संगीत, चित्र, मूर्ति, स्थापत्य आदि कलाओं में जातीय गौरव की भावना व्यक्त हो रही थी। भुबनेश्वर, खजुराहो, पुरी, सोमनाथपुर, बेलोर, कांची, तंजौर आदि अनेक भव्य मन्दिर आदिकालीन स्थापत्य के श्रेष्ठ नमूने हैं। अरब इतिहासकार अलबरूनी भारतीय कथाओं में धार्मिक भावनाओं की ऐसी व्यापक अभिव्यक्ति देखकर चकित रह गया था। उसने लिखा है—"वे (हिन्दू) कला के अत्यन्त उच्च सोपान पर आरोहण कर चुके हैं। हमारे लोग (मुसलमान) जब उन्हें (मन्दिर आदि) देखते हैं तो आश्चर्यचकित रह जाते हैं। वे न तो उनका वर्णन ही कर सकते हैं और न वैसा निर्माण ही कर सकते हैं।"

साहित्यिक परिवेश और प्रवृत्तियाँ

धार्मिकता और लौकिकता का समन्वय

आदिकाल में राजनीतिक, धार्मिक, सामाजिक और सांस्कृतिक स्थितियों में विविधता के कारण साहित्य में भी वैविध्य है। इसलिए इस समय के साहित्य में किसी एक साहित्यिक परम्परा या प्रवृत्ति को रेखांकित नहीं किया जा सकता। इस समय एक साथ ही कई प्रवृत्तियाँ सक्रिय थीं और तात्कालिक साहित्य के स्वरूप-निर्माण में इन सभी का महत्त्व है। इस अवधि में रचना की तीन धारायें स्पष्ट लक्षित होती हैं—प्रथम धारा

संस्कृत साहित्य की थी जो एक परम्परा के साथ विकसित होती आ रही थी। दूसरी धारा का साहित्य प्राकृत एवं अपभ्रंश में लिखा जा रहा था। तीसरी धारा हिन्दी में लिखे जाने वाले साहित्य की थी जो पूरी तरह से लौकिक थी। कुछ विद्वानों ने इस समय के साहित्य को अपभ्रंश साहित्य और भाषा साहित्य में विभाजित करके देखा है। उनकी दृष्टि में अपभ्रंश साहित्य प्रधानत: धार्मिक साहित्य है और भाषा साहित्य लौकिक साहित्य है। इस युग के साहित्य के बारे में यह उल्लेखनीय है कि धार्मिक और लौकिक या ऐहिक तत्त्व यहाँ एक दूसरे में घुले-मिले हैं। धार्मिकता और लौकिकता, वीर और शृंगार, ईश्वरत्व और मनुष्यत्व के एक तरह के समाहार का प्रयत्न यहाँ देखा जा सकता है। श्रीहर्ष, भोज, सोमदेव, भवभूति, जयदेव आदि श्रेष्ठ संस्कृत-कवियों ने इस काल में उच्चकोटि के साहित्य का सृजन किया है। अपभ्रंश साहित्य में जैन धर्म का आश्रय प्राप्त कर कथा काव्यों और मुक्तकों का सृजन हुआ। सिद्ध और नाथ साहित्य उच्चकोटि का साहित्य तो न दे सका परन्तु भाषा के क्षेत्र में उसने भावी भाषा क्रान्ति की सूचना दे दी थी। इस काल के साहित्य में राजा, धर्म और लोक तीनों को अभिव्यक्ति मिली है। लौकिक साहित्य में एक ओर वीरगाथात्मक काव्यों की रचना हुई, दूसरी ओर अमीरखुसरो की मुकरियाँ-पहेलियाँ लिखी गयीं और अब्दुल रहमान कृत 'संदेश रासक' जैसी श्रेष्ठ शृंगारिक रचना भी हुई। यहाँ आदिकाल के धार्मिक और लौकिक साहित्य का परिचय दिया जा रहा है।

धार्मिक साहित्य

(क) जैन साहित्य—जैन धार्मिक साहित्य अपभ्रंश से निकली हुई प्राचीन हिन्दी में है। इस साहित्य का समय ईसा की 8वीं शताब्दी से माना जाता है। इस साहित्य का महत्त्व जैनधर्म-सिद्धान्त के प्रतिपादन के साथ-साथ भाषा विज्ञान की दृष्टि से भी है। जैन ग्रन्थों में सर्वप्रथम स्वयंभू कृत जो 783 ई० के आस-पास विद्यमान थे, 'पउमचरिउ' (पद्मचरित्र) जैन रामायण का उल्लेख मिलता है। वे उच्चकोटि के कवि थे। मन की विविध दशाओं के उन्होंने सुन्दर वर्णन किये हैं। उनके बाद देवसेन का नाम आता है जिन्होंने 'दर्शनसार' और 'श्रावकाचार' नामक रचनाओं का प्रणयन किया था। इसके अलावा इस धारा के प्रमुख रचनाकारों में पुष्पदन्त, धनपाल, शार्ङ्गधर, सोमप्रभसूरि, शालिभद्रसूरि (भरतेश्वरबाहुबलीरास), आसगु (चन्दनबालारास 1200 ई० के लगभग की रचना) चन्द्रमुनि, योगचन्द्र, हेमचन्द्र, मेरुतुंग आदि के नाम आते हैं। हेमचन्द्र कृत 'शब्दानुशासन', पुष्पदन्त कृत 'महापुराण' और 'कुमारपालचरित' तथा मेरुतुंग कृत 'प्रबन्धचिन्तामणि' इस समय की प्रसिद्ध कृतियाँ हैं।

जैन धर्म की दो शाखाएँ थीं—दिगम्बर और श्वेताम्बर। पुरानी हिन्दी में केवल दिगम्बर सम्प्रदाय से सम्बन्धित रचनाएँ ही अधिक पायी जाती हैं। श्वेताम्बर सम्प्रदाय सम्बन्धित रचनाएँ गुजराती में लिखी गयी हैं।

जैन साहित्य मुख्यत: काव्य और व्याकरण से सम्बद्ध है। इसमें शास्त्र, जप-तप,

मूर्ति-पूजा आदि का खण्डन तथा आत्मसंयम, अहिंसा, गुरुमाहात्म्य आदि का विधान किया गया है। जैन कवि देह को नाशवान और इन्द्रिय सुख को निस्सार बताते हुए जरा-मरण से मुक्त अविकारी आत्मा का साक्षात्कार करने का उपदेश देते हैं। जैन साहित्य की कुछ पंक्तियाँ द्रष्टव्य हैं—

प्रिय संगम कउ निद्दड़ी। पियहो परोक्खहों केंव।
मइ बिन्निव बिन्नासिया, निद्द न एंव न तेंव॥

—हेमचन्द्र

(प्रिय के संयोग में नींद कहाँ और प्रिय के परोक्ष में भी क्यों कर आवे। मैं तो दोनों प्रकार से विनष्ट हुई—इस प्रकार नींद न उस प्रकार)

भल्ला हुआ जो मारिया बहिणि महारा कन्तु।
लज्जेजं तु बयंसियहु जे भग्गा घरु अन्तु॥ —हेमचन्द्र

(हे बहन! यह अच्छा हुआ कि मेरा कत युद्ध में मारा गया, यदि वह भागकर घर आ जाता तो मैं अपनी वयस्काओं (सहेलियों) के बीच लज्जित हो जाती।)

(ख) सिद्ध साहित्य—सिद्ध कवियों की परम्परा बौद्ध धर्म के विकृत रूप के अन्तर्गत आती है। बौद्ध धर्म का विकृत रूप वज्रयान सम्प्रदाय के रूप में विकसित हुआ। आरम्भ में इसमें ऐसे देव का अस्तित्व माना गया है जो करुणा का आश्रय है, किन्तु बाद में करुणा का सिद्धान्त रूढ़ि बनकर रह गया और योगी के लिए वे सभी कर्म क्षम्य माने गये जिनमें रत होने से साधारणजन नरकगामी होता है। सिद्धि प्राप्ति के अलावा बज्रयानी साधक असाधारण शक्तियों-वशीकरण आदि के लिए प्रयत्नशील होने लगे तथा पंचमकरादि—मत्स्य, मांस, मद्य, मुद्रा, मैथुन को उचित बताने लगे। इनमें तन्त्र-मन्त्र, जादू-टोना, गुह्य-साधना और कामाचार की प्रधानता होने लगी। ये सिद्ध साधक बिहार से लेकर आसाम तक फैले हुए थे। इनका मुख्य केन्द्र विक्रमशिला एवं नालन्दा नामक प्रसिद्ध विद्यापीठों में था। जब बख्तियार खिलजी ने इन विद्यापीठों को नष्ट किया तब ये सिद्ध तितर-बितर हो गये। सिद्धों की भाषा सन्ध्या-भाषा कही जाती है। उन्होंने ऐसी भाषा का प्रयोग किया जो सांकेतिक थी और दुहरे अर्थ निकलते थे।

सिद्धों की रचनाओं में परमानन्द के अनुभव अर्थात् सिद्ध महासुख की अनुभूति की झलक मिलती है। इस महासुख की प्राप्ति अविद्या से मुक्ति होने पर हो सकती है। करुणा और शून्य के मेल से निर्वाण प्राप्त होता है। योगी के सिर में सहस्रार कमल चक्र होता है। आनन्दावस्था में चित्त इसी चक्र में लीन होता है। इस अवस्था को महानिर्वाण कहते हैं। उनकी दृष्टि में भोगासक्ति निषिद्ध है, भोग नहीं। सिद्धों ने वेद, उपनिषद् ब्राह्मण, जाति-भेद, यज्ञ आदि को अनावश्यक मानते हुए परोपकार, दान, दया आदि का उपदेश दिया है। राहुल सांकृत्यायन ने 84 सिद्धों का उल्लेख किया है, जिनमें सिद्ध सरहपा से यह साहित्य आरम्भ होता है। इनमें—सरहपा, शबरपा, लुइपा, डोम्भिपा, कण्हपा, कुक्कुरिपा, विरपा, गुण्डरिपा, तिलोपा, कामलिपा, मिहिण्डा, कंकणपाद,

जयवापी, धामपा इत्यादि हैं। सिद्ध साहित्य को चर्यागीत और दोहा कोष में विभक्त किया गया है। इनकी रचनाओं के कुछ उदाहरण इस प्रकार हैं—

जोइनि तँइ बिनु खनहि न जीवमि। तो मुह चुम्बि कमल रस पीवमि॥

—गुण्डरिपा

(योगिन! मैं तेरे बिना क्षण भर के लिए जीवित्त नहीं रह सकता। मैं तो तेरे चुम्बन द्वारा कमल-रस का पान किया करता हूँ।)

तो विण तरुणि णिरन्तर णेहे। वोहि कि लब्भइ एण विदेहे॥

—कण्हपा

(ते तरुणि! तेरे प्रति बिना निरन्तर नेह के इस देह द्वारा ज्ञान की प्राप्ति नहीं हो सकती।)

(ग) नाथ साहित्य—नाथपंथ के प्रवर्तक गोरखनाथ थे। कुछ लोग आदिनाथ को इस पंथ का प्रवर्तक मानते हैं तथा उन्हें शिव का अवतार मानते हैं। भारतीय धर्म-साधना के उथल-पुथल के युग में गोरखनाथ ने भारतीय जीवन को उद्‌बुद्ध करने का व्रत लिया था। नाथों की संख्या प्रधानतः नौ मानी जाती है—मत्स्येन्द्रनाथ नागार्जुन, जड़भरत, हरिश्चन्द्र, सत्यनाथ, गोरखनाथ, चर्पट, जलन्धर और मलयार्जुन। किन्तु नाथपंथियों के भी 84 सिद्ध कहे जाते हैं। इस पंथ को गोरखनाथ पंथ, योग सम्प्रदाय, अवधूत सम्प्रदाय आदि नामों से जाना जाता है। भारत के सांस्कृतिक इतिहास में नाथपंथ का विशेष महत्त्व इसलिए है कि जब भारतीय धर्म साधना का रथ वज्रयानियों की विकृत भावधारा के कीचड़ में फँसा हुआ था, तब नाथपंथी साधकों ने उसे जीवन के समतल पर लाने का प्रयास किया। गोरखनाथ इस परम्परा के सर्वप्रथम आचार्य और सिद्ध मत्स्येन्द्रनाथ के शिष्य माने जाते हैं। मत्स्येन्द्रनाथ कौल साधक थे। कौल साधना में साधक का प्रधान कर्त्तव्य जीवशक्ति को जागृत करना है, जो जगत् में व्याप्त है और जो कुण्डलिनी के रूप में मनुष्य के शरीर में स्थित है। नाथपंथियों को कनफटा या दर्शनी साधु भी कहा जाता है। नाथयोगी मेखला, सृंगी, सेली, गुदरी, खप्पर, कर्णमुद्रा, बाघम्बर, झोला आदि चिह्न धारण करते हैं। इस पंथ का प्रचार पूरे देश में था किन्तु उत्तर भारत के राजस्थान एवं पंजाब में इनका प्रसार अधिक था। इनका साहित्य विशुद्ध रूप से साधनात्मक है। इनका प्रभाव मुसलमानों पर भी पड़ा। हिन्दी के परवर्ती सन्त काव्य को नाथपंथी साहित्य ने गहरे रूप से प्रभावित किया। इनमें जन सामान्य की बोली में धार्मिक पाखण्ड, जाति-प्रथा, मूर्ति-पूजा आदि का तीखा खण्डन मिलता है। ये हठयोगी भी कहे जाते हैं। हठयोगियों के 'सिद्ध सिद्धान्त पद्धति' ग्रन्थ के अनुसार 'ह' का अर्थ है 'सूर्य' तथा 'ठ' का अर्थ है 'चन्द'। इन दोनों के योग को ही हठयोग कहते हैं। ये हठयोग की साधना द्वारा शरीर और मन को शुद्ध करके, शून्य में समाधि लगा, ब्रह्म का साक्षात्कार किया करते थे। कबीर आदि कवियों पर इनका विशेष प्रभाव था।

गोरखनाथ द्वारा रचे ग्रन्थों की संख्या चालीस मानी जाती है, किन्तु डॉ० बड़थ्वाल ने केवल चौदह ग्रन्थों को ही प्रामाणिक माना है जिनमें शब्दी, पद, प्राणसंकली, सिष्यादरसन,

आतमबोध, मछीन्द्र-गोरखबोध, ग्यान तिलक आदि हैं। डॉ० बड़थ्वाल ने 'गोरखबानी' नाम से उनकी रचनाओं का संकलन भी किया है। इस धारा के कवियों में चौरंगीनाथ, गोपीनाथ, भरथरी, जलन्ध्रीपाव, चणकरनाथ आदि प्रसिद्ध हैं। नाथपंथियों की भाषा पुरानी पश्चिमी हिन्दी की बोलियों के एक मिश्रित रूप में थी जिसने आगे चलकर सन्त साहित्य की भाषा की नींव डाली। इनकी रचनाओं के उदाहरण इस प्रकार हैं—

नाथ निरंजन आरती गाऊँ, गुरु दयाल अग्यां जो पाऊँ। —गोरखनाथ

(यदि दयाल गुरु की आज्ञा पाऊँ तो मैं परम ब्रह्म निरंजननाथ की आरती गाऊँ)

नौलख पातरि आगे नाचैं, पीछे सहज अखाड़ा।
ऐसे मन लै जोगी खेलैं, तब अन्तरि बसै भंडारा॥ —गोरखनाथ

हँसिबा खेलिबा रंग, काम क्रोध न करिबा संग।
हँसिबा खेलिबा गाइबा गीत, दिढ़कर राषि अपनां चित्त,

(हँसो, खेलो, मस्त रहो किन्तु काम, क्रोध का संग कभी न करो। हँसो, खेलो, गीत गाओ, अपना चित्त दृढ़ रखो।)

तुंबी में तिरलोक समाया, त्रिवेणी रिब चन्दा।
बूझो रे ब्रह्म गियानी अनहद नाथ अभंगा॥

(माया की तुंबी में त्रिलोक, त्रिवेणी (त्रिकुटी) और सूर्य-चन्द्र समाये हुए हैं इसलिए हे ब्रह्मज्ञानियों, अखण्ड अनाहत नाद को समझो)

लौकिक साहित्य

(क) वीरगाथा साहित्य—आदिकाल में धार्मिक साहित्य के अलावा विपुल मात्रा में लौकिक साहित्य भी लिखा गया है, जिनमें एक बड़ी संख्या वीरगाथा साहित्य की है। ये रचनाएँ देशभाषा या पुरानी हिन्दी में लिखी गयी हैं। उस समय की भाषा के लिए दो नाम प्रचलित हैं—डिंगल और पिंगल। अपभ्रंश के अन्तिम काल (ईसा की 10वीं शताब्दी के लगभग) के बाद काव्य-परम्परा के आधार पर हिन्दी दो शाखाओं में विभक्त हो गयी—डिंगल और पिंगल। पश्चिमी राजस्थान में नागर अपभ्रंश से प्रभावित हिन्दी के साहित्यिक रूप का नाम डिंगल है, जो अनियमित और पिंगल से प्राचीन मानी जाती है। डिंगल शब्द की व्युत्पत्ति अनिश्चित है। कुछ विद्वान् उसे 'डीगागल (ऊँची बोली में बात, क्योंकि चारण अपनी कविता उच्चस्वर में पढ़ते थे)' अथवा 'डींग' 'ल' (अर्थात् डींग या अतिशयोक्ति से पूर्ण बात) से मानते हैं। कुछ विद्वान् उसे डिम् गल (डमरू की ध्वनि) अर्थात् वह कविता जो डमरू की ध्वनि की भाँति गले से निकलकर वीरों में वीर रस की सृष्टि करे, के रूप में व्याख्यायित करते हैं। कुछ विद्वान् उसका अर्थ बेडौल मानते हैं। पिंगल मध्य प्रदेश की साहित्यिक ब्रजभाषा का नाम था जिसमें शास्त्रीय नियमों का पालन डिंगल की अपेक्षा अधिक होता था। पिंगल का सम्बन्ध कुछ विद्वानों ने पाँघला, पँगु, लूले या पशु से माना है क्योंकि ब्रजभाषा मन्द-मन्द गति से पढ़ी जाती है। कुछ विद्वानों ने छन्दशास्त्र के प्रणेता पिंगल मुनि से इसका सम्बन्ध जोड़ा है।

आदिकाल का देशभाषा साहित्य डिंगल में मिलता अवश्य है, किन्तु वह अधिकतर स्फुट रूप में है और वह स्तुतिपरक, वीर, भक्ति और श्रृंगार की प्रवृत्तियाँ प्रकट करता है। डिंगल की दो रचनाएँ उल्लेखनीय हैं—श्रीधर कृत 'रणमल छन्द' (1400 ई०) और कल्लोलकवि कृत 'ढोला मारूरा दोहा' (1473 ई०)

आदिकालीन वीरगाथा साहित्य पिंगल में है, किन्तु युद्ध-वर्णनों में डिंगल का प्रयोग लक्षित होता है। वीरगाथात्मक रचनाओं को 'रासो' कहा जाता है। 'रासो' शब्द की व्युत्पत्ति तासी 'राजसूय' से आचार्य शुक्ल 'रसायण' से और कुछ विद्वान् रहस्य से मानते हैं। रासों का मूल शब्द 'रासक' या 'रास' है। प्राचीन राजस्थानी में रास, रासक या रासउ का अर्थ कथा-काव्य है। वीरगाथा साहित्य के प्रमुख 'रासो' काव्य इस प्रकार हैं—खुमाणरासो—दलपति विजय (कुछ लोग इसे ब्रह्म भट्ट कवि की रचना मानते हैं (9वीं शताब्दी), बीसलदेवरासो—नरपतिनाल्ह (इनकी रचना तिथि कुछ लोग 1212 और कुछ 1272 संवत् में मानते हैं) ज्यादातर विद्वान् इसे संवत् 1212 अर्थात् सन् 1155 की रचना मानते हैं। परमालरासो (आल्ह-खण्ड) जगनिक—ये महोबा के राजा परमर्दिदेव के आश्रित थे। हम्मीर रासो—शार्ङ्गधर—अनुपलब्ध। विजयपाल रासो—नल्लसिंह। पृथ्वीराज-रासो—चन्द्रबरदायी—जन्म सन् 1168 ई०। पृथ्वीराजरासो में 69 समय (सर्ग) हैं। रासो का अन्तिम भाग चन्द्र के पुत्र जल्हण ने लिखा है। जयचन्द्र प्रकाश—केदार भट्ट, जयमयंक जसचन्द्रिका—मधुकर भट्ट।

वीरगाथा साहित्य की प्रवृत्तियाँ

रासो काव्य परम्परा

वीरगाथा साहित्य के अन्तर्गत उपलब्ध अधिकांश रचनाओं के साथ रासो शब्द जुड़ा हुआ है। जैसा कि ऊपर बताया गया है, रासो शब्द राजसूय, रसायण, रहस्य, रास या रासक से बना हुआ है। उदाहरण के लिए परमालरासो, हम्मीररासो, विजयपालरासो, पृथ्वीराजरासो इत्यादि सबमें रासो शब्द अनिवार्य रूप से जुड़ा है।

वीर रस की प्रधानता

जैसा कि नाम से ही स्पष्ट है कि वीरगाथा साहित्य में वीर रस की ही प्रधानता होती है। उस समय के कवियों ने कुछ यथार्थ और बहुत कुछ कल्पित कथाओं को आधार बनाकर ऐसी कविताओं की रचना की थी जो किसी के भी मन में ओज और आवेगयुक्त वीर-भाव का संचार कर देती थीं। ऐसे में कभी-कभी बिना पूर्व योजना के अकारण भी लोग लड़ पड़ते थे। परमालरासो के रचनाकार जगनिक की ये पंक्तियाँ इसी प्रकार की हैं—

बारह बरस लौं कूकर जीवै, अरु तेरह लौं जीयैं सियार।
बरस अठारह क्षत्रिय जीवै, आगे जीवन को धिक्कार॥

युद्ध-वर्णन में सजीवता एवं प्रामाणिकता

वीरगाथाकाल के अधिकांश कवि युद्धों में शरीक होते थे। उनकी भूमिका कभी-

कभी कवि के साथ योद्धा की भी होती थी। कुछ कवि अपनी ओजस्वी कविताओं के माध्यम से सैनिकों में वीर रस का संचार करके उन्हें युद्ध के लिए प्रेरित करते थे और जरूरत होने पर हथियार उठाकर संघर्ष भी करते थे। इस कारण उनकी कविताओं में युद्धों का बहुत सजीव और प्रामाणिक चित्रण होता था। कुछ उदाहरण द्रष्टव्य हैं—

बज्जिय घोर निसान रान चौहान चहौं दिसि।
सकल सूर सामन्त, समरि बल जन्त्र–मन्त्र तस॥
उट्ठि राज प्रथिराज बाग लग मनो वीर नट।
कढ़त तेग मन वेग लगत मनो बीज झट्ट घट॥
थकि रहे सूर कौतिग गगन, रगन–मगन भई श्रोन धर।
हदि हरषि जग्गे हुलसी हुरेउ रं नव स्तवर॥

—पृथ्वीराज रासो

युद्ध का वर्णन करते हुए जगनिक ने भी बहुत जीवन्त चित्र उपस्थित किया है—

पैदल के संग पैदल भिड़िगै औ असवारन से असवार।
हौदा के संग हौदा मिलिगै हाथिन अड़ो दाँत से दाँत।

सात कोस लौं चलै सिरोही चारों तरफ चलै तलवार।
पैग–पैग पर पैदल गिरि गये उनके दुदुइ पैग असवार॥

बिसै–बिसै पर हाथी डारैं छोटे पर्वत की उनहारि।
कल्ला कटिगै जिन घोड़न के धरती गिरैं करौंटा खाय।

कटि भुज दंडै रजपूतन की चहरा कटे सिपाहिन क्यार।
कटै भुशंडा जब हाथिन के भुंई में गिरैं भरहरा खाय॥

अतिशयोक्तिपूर्ण वर्णन

आदिकाल के वीर रस से सम्बद्ध रचनाकारों की यह प्रवृत्ति थी कि वे किसी भी बात को सामान्य ढंग से न कहकर उसे बहुत बढ़ा-चढ़ाकर कर अतिरंजनापूर्ण ढंग से कहते थे। अपने आश्रयदाताओं की वीरता का वर्णन करने में अक्सर वे असामान्य बातें करने लगते थे। आल्हा के जन्म के बारे में बताते हुए जगनिक का कथन है—

जा दिन जनम भयो आल्हा के
धरती धँसी अढ़ाई हाथ

इसी प्रकार पृथ्वीराज के युद्ध-कौशल और उनके पराक्रम का वर्णन करते हुए चन्दबरदाई ने अतिशयोक्ति पूर्ण कथन किया है—

उलटी जुराज प्रथिराज बाग
थकि सूर गगन धर धँसत नाग।

शृंगारिकता

वीरगाथा साहित्य के रचनाकारों ने आश्रयदाता राजाओं के मनोरंजन, उनकी विलासिता, भोगेच्छा और रूपासक्ति को ध्यान रखते हुए स्त्रियों और दूसरे राजाओं की

कन्याओं के सौन्दर्य का बहुत अच्छा चित्रण किया है। उस समय अधिकांश युद्ध किसी वास्तविक कारण से न होकर स्त्रियों के कारण हुआ करते थे। किसी भी राजा की स्त्री या पुत्री के रूप की प्रशंसा सुनकर भोगी प्रवृत्ति के राजा उन्हें यह सन्देश देते थे कि इन्हें हमें सौंपो या युद्ध करो। जगनिक ने इस मानसिकता को ध्यान में रखते हुए लिखा है कि— ''जेहि की बिटिया क्वाँरी देखें तेहिं घर जाई धरैं तलवार।'' इन कवियों ने स्त्रियों के सौन्दर्य का नख-शिख वर्णन भी किया है। इनके शृंगार-वर्णन में काव्य मधुर और श्रुति सुखद है। शशिब्रता के सौन्दर्य का वर्णन करते हुए चन्दबरदाई का यह काव्यांश द्रष्टव्य है—

मनहुँ कला ससि भान कला सोलह सो बन्निय।
बाल बैस, ससि ता समीप अम्रित रस पिन्निय॥
विगसि कमल-स्रिग, भ्रमर, बेनु, खंजन, मृग लुट्टिय।
हीर, कीर अरु बिम्ब, मोत, नख-सिख अहि घुट्टिय॥
छत्रपति, गयंद हरि हंस गति बिह बनाय संचै सचिय।
पद्मिनी रूप पद्मावतिय मनहुँ काम-कामिन रचिय॥

× × × ×

कुट्टिल केस सुदेश पौहप रचियत पिक्क सद।
कमल गंध बयसंध हंस गति चलत मंद-मंद।
सेत वस्त्र सोहै सरीर नष स्वाति बुन्द जस।
भमर भमहिं भुल्लहिं सुभाव मकरंद बास रस॥

कवियों का दरबारीपन और आश्रयदाताओं का गुणगान

उस समय के सभी कवि किसी न किसी राजा के दरबार में रहते थे। राजाओं की प्रशस्ति में कविता लिखना ही उनका व्यवसाय था। इसलिए वे अपने राजा की उचित-अनुचित प्रशंसा में लगे रहते थे। उनके कविकर्म पर राजेच्छा प्रभावी रहती थी। इसलिए उनका काव्य किसी बड़े उद्देश्य से प्रेरित न होकर संकीर्ण स्वार्थों से प्रेरित होता था। इसी कारण उनकी कविताओं की प्रामाणिकता भी सन्दिग्ध लगती है।

काव्य-शिल्प

रासो काव्यों की भाषा मूलतः अपभ्रंश है। युद्ध-वर्णन में डिंगल और शृंगार-वर्णन में पिंगल का प्रयोग दिखायी पड़ता है। मैथिली और ब्रजभाषा के हिन्दी शब्दों का भी प्रयोग मिलता है। उस काल की कविताओं में खड़ी बोली का आरम्भिक रूप भी देखा जा सकता है। इन कवियों ने अनेक छन्दों का प्रयोग किया है जिनमें भुजंगप्रयात, दूहा, कवित्त, गाहा, पद्धरी, सोरठी, भुजंगी, कुण्डलिया, त्रोटक, चौपाई, नाराच आदि महत्त्वपूर्ण हैं। शैली की दृष्टि से उस काल में प्रबन्ध काव्य, मुक्तक काव्य और गीति काव्य दिखायी पड़ते हैं।

शृंगारिक साहित्य

आदिकालीन लौकिक साहित्य के अन्तर्गत कुछ ऐसी रचनाएँ प्राप्त हैं जिनमें मानव की शृंगारिक वृत्तियों की रसमय व्यंजना हुई है। ऐसी रचनाओं के अन्तर्गत शुद्ध

रूप से शृंगारिक रचनाओं के अतिरिक्त बहुत सी ऐसी भी कृतियाँ हैं जो धार्मिक साहित्य के दायरे में मानी जाती रही हैं। उदाहरण के लिए जैन कवि आसगु की 1200 ई० के आस-पास की रचना 'चन्दनवाला रास' मूलतः शृंगारिक रचना है। यह 35 छन्दों का एक लघुकाव्य है। इसी प्रकार नरपतिनाल्ह रचित 'बीसलदेवरासो' वीर काव्य न होकर मूलतः प्रेम कथा है जिसमें भोज परमार की बेटी राजमती और अजमेर के चौहान राजा बीसलदेव के विवाह, वियोग, पुनर्मिलन की मार्मिक और सरस कथा प्रस्तुत की गयी है। इसके अलावा घोषित रूप से वीर काव्यों में भी शृंगारिक रचनाएँ भरी पड़ी हैं।

अब्दुल रहमान कृत 'संदेश रासक' एक शुद्ध प्रेम-काव्य है। इसमें विक्रमपुर की एक वियोगिनी की विरह-कथा है। कवि ने उसका नखशिख-वर्णन तथा पति के लिए सन्देश का चित्रण अत्यन्त मार्मिक और सहज भावभूमि पर किया है। कल्लोह कवि कृत 'ढोला मारूरा दोहा' दोहों में रचित एक लोककाव्य है जिसमें ढोला नामक राजकुमार और मारवणी नामक राजकुमारी की प्रेम-कथा का वर्णन है। इन्हीं दोहों की शृंगारिक प्रवृत्ति की एक महत्त्वपूर्ण रचना 'बसन्त विलास' है जिसके रचनाकार का पता नहीं चल सका है। मुल्लादाउद कृत 'चन्दायन' भी इसी कोटि की रचना है जिसमें लोरिक और चन्दा की प्रेम-कथा वर्णित है।

फुटकल साहित्य

आदिकालीन साहित्य के लौकिक साहित्य में कुछ ऐसी रचनाएँ भी मिलती हैं जो न तो वीर भाव से सम्बद्ध हैं और न ही शृंगार से; हालाँकि उनमें कहीं-कहीं शृंगार का पुट अवश्य है। ये रचनाएँ सही अर्थों में लौकिक हैं और जीवन के अनेक रूपों से परिचित कराती हैं। इस तरह के रचनाकारों में **अमीर खुसरो** का नाम विशेष रूप से चर्चित है। अमीर खुसरो का जन्म सन् 1253 में एटा जिले के पटियाली कस्बे में हुआ था। 1325 ई० में उनका देहावसान हुआ था। वे शेख निजामुद्दीन औलिया (1236-1324 ई०) के शिष्य थे। उनका सम्बन्ध गयासुद्दीन बलबन से लेकर अलाउद्दीन और मुबारक शाह तक कई पठान राज-दरबारों से रहा। उन्होंने गुलाम वंश के पतन से लेकर तुगलक वंश के प्रारम्भ होने तक का समय देखा था। कहा जाता है कि वे बड़े विनोदी और सहृदय व्यक्ति थे। जन-जीवन पर उनकी जबर्दस्त पकड़ थी। खुसरो को संगीत का अच्छा ज्ञान था। उन्होंने ब्रजभाषा में गीतों और कव्वालियों की रचना की जो संगीत-प्रेमियों और लोक-जीवन में अब भी प्रचलित और सुरक्षित हैं। इस विषय में डॉ० रामस्वरूप चतुर्वेदी ने लिखा है कि—''खुसरो के यहाँ तो साहित्य और संगीत की ज़रूरतें एक-दूसरे में घुल-मिल गई हैं। अरस्तू ने संगीत को समाज के लिए उपादेय माना है क्योंकि वह धार्मिक उत्तेजनाओं को शमित करता है, और कविता को वह वांछनीय मानता है क्योंकि उसकी दृष्टि में कविता वासनाओं को परिष्कृत करती है। खुसरो ने दोनों को मिला दिया है—साहित्य को और संगीत को, और इसीलिए हिन्दू को और तुरक को।'' (हिन्दी साहित्य और संवेदना का विकास, पृ० 30) खुसरो की रचनाओं की संख्या सौ के लगभग बतायी जाती है। 'खालिकबारी' उनकी प्रसिद्ध कृति है। ये हिन्दी में ग़ज़ल विधा

के भी जन्मदाता हैं। सईद नफ़ीस द्वारा सम्पादित 'दीवान-ए-कामिल' में उनकी 1726 ग़ज़लें संकलित हैं। उनकी ग़ज़लों में फ़ारसी और हिन्दी का अद्भुत संयोग है। प्रेम और विरह की तीव्रानुभूति उनकी ग़ज़लों की ख़ास विशेषता है—

जे हाल मिस्कीं मकुन तग़ाफ़ुल दुराय नैना बनाय बतियाँ।
किताबे हिजराँ न दारम एजाँ नलेहु काहें लगाय छतियाँ।
शबाने हिजराँ दराज़ चूँ ज़ुल्फ़ बरोज़े वसलत चूँ उम्र कोताह
सखी पिया को जो मैं न देखूँ तो कैसे काटूँ अँधेरी रतियाँ।
यकायक अज दिल दो चश्मे जादू बसद फरेवम बबुर्द तसकीं
किसे पड़ी है जो जा सुनादे पियारे पी को हमारी बतियाँ।....

एक दूसरी ग़ज़ल में इनका हिन्दी का रंग और स्पष्ट रूप में प्रकट हुआ है—

जब यार देखा नैन भर दिलकी गई चिन्ता उतर।
ऐसा नहीं कोई अजब राखे उसे समझाय कर।
जब आँख से ओझल भया, तड़पन लगा मेरा जिया
हक्का इलाही क्या किया आँसू चले भरलाय कर।
तू तो हमारा यार है, तुझ पर हमारा प्यार है
तुझ दोस्ती बिसियार है, एक शब मिलो तुम आयकर।

उनकी पहेलियाँ और मुकरियाँ विशेष चर्चित हुईं। आदिकाल में खड़ी बोली को काव्य की भाषा बनाने वाले वे पहले कवि हैं। दो सुखन और उनकी पहेलियाँ भी चर्चित हैं।

पहेली

तरवर से इक तिरिया उतरी उसने बहुत रिझाया।
बाप का उसके नाम जो पूछा, आधा नाम बताया।
आधा नाम पिता पर प्यारा, बूझ पहेली गोरी,
अमीर खुसरो यों कहें, अपना नाम न बोली 'निबोरी'॥

एक थाल मोतिन से भरा। सबके सिर पर औंधा धरा।
चारों ओर वह थाली फिरै। मोती उससे एक न गिरै॥

(आकाश)

दो सुखन

खुसरो रैनि सुहाग की जागी पी के संग।
तन मेरो मन पीउ को, दोऊ भयो इक रंग॥

गोरी सौवे सेज पर, मुख पर डारे केस।
चल खुसरो घर आपने, रैनि भई यहुँ देस॥

खुसरो के समकालीन कवि शेख फरीउद्दीन शंकरगंजी की कविताओं में खड़ी बोली हिन्दी का अच्छा प्रयोग मिलता है—

सजन सकारे जायेंगे, नैन मरेंगे रोय।
विधना ऐसी रैन कर, भोर कभी न होय॥

विद्यापति

विद्यापति हिन्दी साहित्य के महत्त्वपूर्ण रचनाकारों में से हैं। समय की दृष्टि से वे भक्तिकाल के रचनाकार ठहरते हैं। कुछ विद्वानों ने उनकी कविताओं का अध्ययन भक्तिकाल के अन्तर्गत ही किया है। किन्तु रचनाओं की प्रवृत्ति और भाषा की दृष्टि से वे आदिकालीन कवियों के क्रम में आते हैं। विद्यापति का समय लगभग सन् 1350 से 1460 के मध्य माना जाता है। उनका जन्म बिहार के दरभंगा जिले में एक विद्यानुरागी ब्राह्मण परिवार में हुआ था। उन्हें हिन्दी का आदि गीतकार माना जाता है। उन्होंने राधा और कृष्ण के प्रेम की इतनी सरस और कोमल अवतारणा की कि मूलतः शैव होने पर भी उन्हें कृष्णभक्त माना जाता है। उनके द्वारा रचित 'पदावली' की सरसता को देखकर लोक-हृदय और पण्डित-समाज ने उन्हें 'अभिनव जयदेव' और 'मैथिलकोकिल' आदि उपाधियों से विभूषित किया है। उनकी मुख्य ख्याति 'पदावली' के कारण है। 'कीर्तिलता' और 'कीर्तिपताका' भी उनकी चर्चित रचनाएँ हैं।

इनके अतिरिक्त उन्होंने शैवसर्वस्वसार, गंगावाक्यावली, भूपरिक्रमा, पुरुषपरीक्षा आदि संस्कृत-ग्रन्थों की भी रचना की है। उन्होंने अपभ्रंश भाषा में रचित कीर्तिलता और कीर्तिपताका में क्रमशः राजा कीर्तिसिंह और राजा शिवसिंह की वीरता आदि का वर्णन किया है। विद्यापति की पदावली मुख्यतः शृंगारप्रधान है जिसमें राधा और कृष्ण के बहाने प्रेम का वर्णन हुआ है। पदावली के भाव अत्यन्त मार्मिक, प्रौढ़ तथा सशक्त हैं। संयोग के मादक चित्र हों या वियोग के मार्मिक वर्णन-हृदय की तरलता और गहरायी का सम्मिश्रण दोनों अवस्थाओं में समान रूप से विद्यमान है। विद्यापति के बहुत से गीत लोक में रचे-बसे हैं। वयःसन्धि और सौन्दर्य-वर्णन के उनके पद बहुत अच्छे बन पड़े हैं। कुछ उदाहरण प्रस्तुत हैं—

सैसव यौवन दुहुँ मिलि गेल, श्रवनक पथ दुहुँ लोचन लेल।
वचनक चातुर लहु-लहु हास, धरनिय चाँद करे परगास।....

× × × ×

खने-खने नयन कोन अनुसरई, खने-खने बसन धूलि तनु भरई।
खने-खने दसन छटा छुट हास, खने-खने अधर आगे करु बास।
चउकि चले खने, खने चलु मंद, मनमथ पाठ पहिल अनुबन्ध।
हिरदय मुकुल हेरि-हेरि थोर, खने आँचर दए खने होय भोर।
बाला सैसव तारुन भेंट, लखए न पारिअ जेठ कनेठ।

गद्य साहित्य का आरम्भ

आदिकालीन साहित्य मुख्यतः पद्य में लिखा गया है, किन्तु हिन्दी भाषा के गद्य रूप का आरम्भ यहाँ हो चुका था। रोडा कवि कृत 'राउन वेल' (शिलांकित कृति, 10वीं शताब्दी, चम्पू काव्य), दामोदर शर्मा कृत 'उक्ति व्यक्ति प्रकरण' (12वीं शताब्दी, व्याकरण ग्रन्थ), 'वर्णरत्नाकर'—ज्योतिरीश्वर ठाकुर कृत (भाषा मैथिली-हिन्दी—यह शब्दकोष जैसा प्रतीत होता है)। इन ग्रन्थों में गद्य का आरम्भिक रूप दिखलायी पड़ता है।

●

भक्तिकाल (पूर्वमध्यकाल)

भक्तिकाल की पृष्ठभूमि

राजनैतिक स्थिति

विद्वानों ने भक्तिकाल की समय सीमा सन् 1343 से 1643 तक या लगभग सन् 1350 से 1650 तक निर्धारित की है। यह अवधि राजनीतिक, सामाजिक, सांस्कृतिक और साहित्यिक दृष्टि से बहुत उथल-पुथल से भरी रही है। इससे पूर्व आदिकाल में ही भारतीय शासक वर्ग आपसी संघर्षों के कारण पतनोन्मुख हो चुका था। ईसा की दसवीं शताब्दी में ही मुसलमानों का आक्रमण आरम्भ हो गया था। गजनवी ने ईसवी सन् 1025 में गुजरात पर आक्रमण करके सोमनाथ मन्दिर को लूटा था। इसके बाद मुहम्मद गोरी और दूसरे मुस्लिम शासकों द्वारा भारत पर आक्रमण जारी रहा तथा हार-जीत का क्रम चलता रहा। सन् 1525 में बाबर ने हिन्दुस्तान पर आक्रमण किया और यहाँ पर मुगल सल्तनत की नींव डाली। उस समय मेवाड़ ही एक ऐसा राज्य था जो शक्तिशाली था, किन्तु बाबर के आक्रमण से वह भी टूट गया। इस बीच मुगलों से पठानों का संघर्ष चलता रहा और पठान शासक शेरशाह सूरी ने हुमायूँ को पराजित कर दिया। किन्तु उसके उत्तराधिकारी अयोग्य निकले और सत्ता अकबर के हाथ में पहुँच गयी। अकबर योग्य और सहिष्णु था। उसके कौशल के कारण धीरे-धीरे अधिकांश हिन्दू और मुसलमान शासक पराजित होते गये। अकबर का प्रतिरोध महाराणा प्रताप ने किया और वे आजीवन लड़ते रहे। आगे जहाँगीर और शाहजहाँ के समय तक उत्तर भारत में एक प्रकार से राजनीतिक स्थिरता बनी रही। 1658 में औरंगजेब के समय में परिस्थितियाँ बदलीं और इस्लाम का कट्टर रूप सामने आया। उसने हिन्दू जनता के खिलाफ अनेक काम किये। जजिया कर लगाने के साथ ही उसने कई तरह के अत्याचार किये। इस समय मन्दिरों को तोड़ा गया और जबरन धर्म परिवर्तन कराये गये। इन सबके विरुद्ध मराठों, सिक्खों और जाटों ने एकजुट होकर संघर्ष किया। 1739 में नादिरशाह ने दिल्ली को लूटा जिसके फलस्वरूप मुगल सत्ता कमजोर होकर मराठों के हाथ की कठपुतली बन गयी। 1757 और 1761 में अहमदशाह अब्दाली ने मराठों को पराजित किया। 18वीं शताब्दी के मध्य भारत में अंग्रेजी सत्ता की जड़ें जमने लगीं और एक दूसरी व्यवस्था का प्रारम्भ हुआ।

सामाजिक स्थिति

उपर्युक्त राजनीतिक हलचलों के कारण सामाजिक वातावरण भी कोलाहलपूर्ण और अशान्त था। यहाँ की हिन्दू जनता हर प्रकार से शोषित और अपमानित थी। मुसलमानों के रूप में जो नयी जाति आयी थी वह पूर्ववर्ती आक्रान्ताओं से भिन्न थी। इससे पहले आने वाले शक, हूण, मंगोल आदि भारतीय वर्ण-व्यवस्था में अन्तर्भुक्त हो

गये थे, किन्तु इस्लाम के रूप में एक ऐसी जाति आयी थी, जो किसी प्रकार यहाँ के मूल निवासियों से धार्मिक समझौता करने के लिए तैयार नहीं थी। मुसलमानों ने भारतीय जनता को 'हिन्दू' की संज्ञा दी। सत्ता मुस्लिमों के हाथ में होने के कारण वे हिन्दुओं की अपेक्षा अधिक सुविधा-सम्पन्न थे। कुछ हिन्दू अपनी मजबूरियों के कारण मुसलमान बनते जा रहे थे, कुछ को बलपूर्वक मुस्लिम धर्म स्वीकार करने के लिए बाध्य किया जा रहा था। इन स्थितियों में लोगों में अपनी जाति और धर्म के प्रति कट्टरता बढ़ती जा रही थी। छुआ-छूत जैसी संकीर्णताएँ बढ़ रही थीं। स्त्रियों की स्थिति बहुत दयनीय थी। सती-प्रथा, बहुविवाह और पर्दा-प्रथा जैसी कुप्रथाएँ बढ़ रही थीं। मुस्लिम शासक अपने मनोरंजन के लिए हिन्दू कन्याओं को खरीद कर या जबरन अपने घरों में रखने लगे थे। उस समय स्त्रियों को उपहार स्वरूप भी देने की प्रथा थी। सामान्य जनता निर्धन और बेरोजगार थी। किसानों की स्थिति बहुत बुरी थी। तुलसीदास ने कवितावली में उस स्थिति का बहुत मार्मिक चित्र प्रस्तुत किया है—

खेती न किसान को, भिखारी को न भीख, बलि,
बनिक को बनिज न चाकर को चाकरी।
जीविका बिहीन लोग सीद्यमान सोच बस,
कहैं एक एकन सो कहाँ जाईं का करीं॥

धार्मिक-सांस्कृतिक स्थिति

इस्लाम के भारत में आने से पूर्व यहाँ कई प्रकार के धर्म और सम्प्रदाय प्रचलित और प्रतिष्ठित थे। उसमें बौद्ध, जैन और सिद्ध आदि महत्त्वपूर्ण थे। इनके बीच आपसी संघर्ष की स्थिति बनी रहती थी। वैदिक धर्म को मानने वाले ब्राह्मणों और नाथों-सिद्धों के बीच भी विरोध-भाव बना हुआ था। आगे चलकर बौद्ध धर्म हीनयान और महायान में बँट गया। हीनयान की चिन्तन पद्धति पर औपनिषदिक चिन्तन का गहरा प्रभाव था। इसलिए यह कुछ खास लोगों में ही सीमित रहा। महायान या वज्रयान सम्प्रदाय मन्त्रों के कारण सिद्धि प्राप्त करने के कारण 'सिद्ध' कहलाया। इन सिद्धों की संख्या 84 बतायी गयी है। ये सिद्ध साधक साधना के मूल से भटक कर जादू-टोना और चमत्कार प्रदर्शन करके जनता को गुमराह कर रहे थे। इन्होंने साधना के लिए स्त्रियों का सेवन आवश्यक बताया। इनके यहाँ धर्म का सच्चा स्वरूप गौण हो गया था और अन्धविश्वास प्रधान हो गया था। इन सिद्धों के बीच से नाथ सम्प्रदाय का विकास हुआ। गोरखनाथ ने नाथ सम्प्रदाय की स्थापना की थी। 84 सिद्धों में गोरखनाथ भी थे। डॉ० रामकुमार वर्मा के अनुसार महायान से वज्रयान, वज्रयान से हीनयान और सहजयान से नाथ सम्प्रदाय की विकासोन्मुख परम्परा समझनी चाहिए। आचार्य हजारीप्रसाद द्विवेदी नाथों का सम्बन्ध शैवों से जोड़ते हैं। नाथ सम्प्रदाय के आदि नाथ शिव माने जाते हैं। नाथों की संख्या नौ मानी गयी है। नाथ सम्प्रदाय ने हठयोग पर बल दिया। इसमें साधक के लिए शरीर और मन को शुद्ध करके शून्य में ध्यान लगाना आवश्यक माना गया है। क्योंकि इसी अवस्था में ब्रह्म का साक्षात्कार सम्भव है। कबीर पर नाथ

सम्प्रदाय का गहरा प्रभाव लक्षित होता है। उन दिनों इन धर्मों के अतिरिक्त भागवत, कपिल, लोकायतिक, कणाद, पौराणिक, एकेश्वर, सप्ततान्तव, शाब्दिक, पांचरागिक, पाशुपत, कापालिक, शाक्त और गणपत्य मत भी प्रचलित थे। उस समय वैष्णव भक्ति का प्रभाव सर्वाधिक था। विष्णु के विविध अवतारों—राम और कृष्ण का विशेष प्रभाव था। इसी बीच मुस्लिम शासकों के साथ इस्लाम धर्म ने भारत में प्रवेश किया। इस्लाम एकेश्वरवादी धर्म है। इस्लाम को सत्ता का संरक्षण प्राप्त था। वह समय भीषण धार्मिक और सांस्कृतिक द्वन्द्व एवं टकराव का समय था। उस समय उच्च वर्ण धर्म रक्षा की भावना से संकीर्णता और पाखण्ड से ग्रस्त होता जा रहा था। मुसलमानों से सताये जाने के कारण वह अपने से कमजोर निम्न वर्ण के प्रति कठोर हो गया था। निम्न वर्ण की जनता मुसलमानों द्वारा सतायी ही जा रही थी, अपने धर्म के लोगों के द्वारा भी नीच समझी जाती थी और किसी भी प्रकार से सम्मान की अधिकारी नहीं थी। उस समय उनके सामने इस्लाम के रूप में एक ऐसा सम्प्रदाय उपस्थित हुआ था जो समता का सन्देश दे रहा था। वैदिक धर्म की कट्टरता के परिणामस्वरूप हीन और अस्पृश्य समझी जाने लगी जातियों के लिए इस्लाम अधिक अनुकूल और उद्धारक सिद्ध हुआ। इसलिए जहाँ एक तरफ मुसलमानों ने शस्त्रबल और दूसरे प्रलोभनों से धर्म-परिवर्तन कराया वहीं बहुत सी जातियों ने स्वेच्छा से इस्लाम धर्म को स्वीकार कर लिया। आगे चलकर मुस्लिम शासकों ने जन समर्थन प्राप्त करने के लिए अपनी नीतियों में परिवर्तन किया और धीरे-धीरे हिन्दू-मुसलमान एक-दूसरे के निकट आने लगे। वहाँ सांस्कृतिक समन्वय की प्रक्रिया आरम्भ हुई। इस सन्दर्भ में मुक्तिबोध ने लिखा है कि—"प्रारम्भिक सदियों में मुस्लिम तत्त्व विदेशी ही रहे, किन्तु धीरे-धीरे उनका भारतीयकरण होता गया। एक तरफ संकीर्णतावादी प्रवृत्ति, तो दूसरी ओर उदारतावादी प्रवृत्ति, इन दोनों के बीच संघर्ष में उदार आदान-प्रदान ही की विजय होती गयी। इस्लाम के संस्पर्श पाकर जन जेतना जाग उठी। भक्ति का आन्दोलन देशभर में लहराने लगा। पहुँचे हुए साधुओं ने सामान्य मानव धर्म की प्रतिष्ठा करनी चाही। निम्न समझी जाने वाली जातियों में से महान् साधु और कवि उत्पन्न हुए—वे हिन्दू जन-साधारण और मुस्लिम जन-साधारण दोनों के श्रद्धास्पद बने। भारत के इतिहास में पहली बार, निम्न जनता ने अपने आपको प्रस्थापित करने का उद्योग किया। तत्कालीन सांस्कृतिक-सामाजिक समस्याओं को हल करना चाहा। हिन्दू जनता और मुस्लिम जनता आस-पास आ गयी। मानव मात्र की एकता के भाव जाति और धर्म की दीवारें तोड़ने लगे। भारत के इस आध्यात्मिक मानवीय समन्वय युग ने महान् पुरुषों को उत्पन्न किया।" (मुक्तिबोध रचनावली, खण्ड 6, पृ० 512) इस सांस्कृतिक समन्वय ने सूफी और सन्त कवियों को सर्वाधिक प्रभावित किया।

भक्ति काव्यान्दोलन का उद्‌भव और विकास

'भज्' धातु में क्तिन-प्रत्यय लगाने से भक्ति शब्द का निर्माण होता है। इसका अर्थ होता है—'सेवा'। शाण्डिल्य भक्तिसूत्र, नारद भक्तिसूत्र, श्रीमद्‌भागवत, तत्वद्वीप निबन्ध आदि में भक्ति की विशेष रूप से व्याख्या की गयी है। ईश्वर के प्रति अनन्य प्रेम, समर्पण

और सांसारिक वस्तुओं से विरक्ति भक्ति के प्रधान लक्षण हैं। श्रीमद्भागवत में भक्ति के तीन स्वरूप बताये गये हैं—1. विशुद्ध भक्ति, 2. नवधा भक्ति, 3. प्रेमा भक्ति। इनमें प्रेमा भक्ति को श्रेष्ठ माना गया है। रूपगोस्वामी ने 'भक्तिरसामृतसिन्धु' में उत्तमा भक्ति के तीन रूप बताये हैं—1. साधन भक्ति, 2. भाव भक्ति, 3. प्रेमा भक्ति। साधन भक्ति में साधनों का वर्णन है। भाव भक्ति कृष्ण-भक्त प्रसाद से प्राप्त होती है। यह रस-रूप तक नहीं पहुँच सकती है। प्रेमा भक्ति ही रस की स्थिति तक पहुँच सकती है। यही पराभक्ति कही जाती है। यह भक्ति कर्मयोग और ज्ञानयोग से श्रेष्ठ मानी जाती है। भक्ति में अनन्यता का भाव निहित रहता है।

नवधा भक्ति को श्री बल्लभाचार्य ने प्रेम भक्ति का साधन माना है। इसके अन्तर्गत—श्रवण, कीर्तन, स्मरण, पादसेवा, अर्चन, वन्दन, दास्य, संख्य और आत्म निवेदन आते हैं—

श्रवणं कीर्तनं विष्णोः स्मरणं पादसेवनम्।
अर्चनं वन्दनं दास्यं सख्यमात्म निवेदनम्।

हिन्दी साहित्य में भक्ति काल के उद्भव के कारणों पर विद्वानों में मतैक्य नहीं है। आचार्य रामचन्द्र शुक्ल ने अपने हिन्दी साहित्य के इतिहास में भक्ति आन्दोलन के उदय का प्रमुख कारण हिन्दू जाति की हताशा बताते हुए लिखा है कि—''देश में मुसलमानों का राज्य प्रतिष्ठित हो जाने पर हिन्दू जनता के हृदय में गौरव, गर्व और उत्साह के लिए वह अवकाश न रह गया। उसके सामने ही उनके देव मन्दिर गिराये जाते थे, देव-मूर्तियाँ तोड़ी जाती थीं और पूज्य पुरुषों का अपमान होता था और वे कुछ भी नहीं कर सकते थे। ऐसी दशा में अपनी वीरता के गीत न तो गा सकते थे और न बिना लज्जित हुए सुन ही सकते थे। आगे चलकर जब मुस्लिम साम्राज्य दूर तक स्थापित हो गया, तब परस्पर लड़ने वाले स्वतन्त्र राज्य भी नहीं रह गये। इतने भारी उलटफेर से पीछे हिन्दू जन समुदाय पर बहुत दिनों तक उदासी-सी छायी रही। अपने पौरुष से हताश जाति के लिए भगवान् की शक्ति और करुणा की ओर ध्यान ले जाने के अतिरिक्त दूसरा मार्ग ही क्या था?'' (हिन्दी साहित्य का इतिहास, पृ० 43) डॉ० ग्रियर्सन ने भक्ति को ईसाइयत की देन बताते हुए कहा—''बिजली की चमक के समान अचानक इन समस्त धार्मिक मतों के अधिकार के ऊपर एक नयी बात दिखायी दी। कोई हिन्दू यह नहीं जानता था कि यह बात कहाँ से आयी और कोई इसके प्रादुर्भाव का कारण निश्चय नहीं कर सकता।'' (हिन्दी साहित्य, उसका उद्भव और विकास, आचार्य हजारीप्रसाद द्विवेदी, में उद्धृत, पृ० 306)

ग्रियर्सन के अनुसार ईसा की दूसरी-तीसरी शताब्दी में कुछ ईसाई मद्रास में आकर बस गये थे, जिनके प्रभाव से भक्ति का विकास हुआ। कीथ, विलसन तथा वेवर आदि पाश्चात्य विद्वानों की भी यही मान्यता है।

डॉ० रामबली पाण्डेय ने शुक्लजी से असहमति व्यक्त करते हुए लिखा है कि—''जहाँ तक जनता का प्रश्न है, धार्मिक दृष्टि से उसने इस्लाम से कभी हार नहीं मानी।

उसके बहुत से मन्दिर तोड़े गये, किन्तु उसने बार-बार नये मन्दिरों का निर्माण किया और अपनी धार्मिक चेतना बनाये रखी। राजनीतिक आदर्श और आशा भी कभी लुप्त नहीं हुई।" (साहित्यिक निबन्ध, सं०—डॉ० त्रिभुवन सिंह, पृ० 98)

आचार्य हजारीप्रसाद द्विवेदी ने भी आचार्य शुक्ल और ग्रियर्सन की मान्यताओं से असहमति व्यक्त करते हुए कहा कि—"...मैं इस्लाम के महत्त्व को भूला नहीं हूँ लेकिन जोर देकर कहना चाहता हूँ कि अगर इस्लाम न आया होता तो भी इस साहित्य का रूप बारह आना वैसा ही होता जैसा आज है।" (हिन्दी साहित्य, उसका उद्भव और विकास के आरम्भ में उद्धृत)

उन्होंने कहा है कि "मुसलमानों के अत्याचार के कारण यदि भक्ति की भावधारा को उमड़ना था तो पहले उसे सिन्ध में और फिर उसे उत्तर भारत में प्रकट होना चाहिए था, पर हुई वह दक्षिण में। असल बात यह है कि जिस बात को ग्रियर्सन ने 'अचानक बिजली की चमक के समान फैल जाना' लिखा है, वह ऐसा नहीं है। उसके लिए सैकड़ों वर्ष से मेघखण्ड एकत्र हो रहे थे।" (हिन्दी साहित्य, उसका उद्भव और विकास, पृ० 307) द्विवेदीजी ने भक्ति आन्दोलन के पीछे दक्षिण में आलवार भक्तों की भक्ति परम्परा को माना जो ईसा की सातवीं शताब्दी से भी पहले से चली आ रही थी। उन्हीं आलवारों की परम्परा में वैष्णव आचार्य श्रीरामानुजाचार्य का प्रादुर्भाव हुआ था।

यहाँ इस बात की ओर भी ध्यान दिया जाना चाहिए कि शुक्लजी ने जब भक्ति के उदय के कारणों में तात्कालिक परिस्थितियों को प्रमुख रूप से उत्तरदायी माना था तो परम्परा का पूर्णतः निषेध नहीं किया था। इतिहास-ग्रन्थों में उनकी बात को प्रायः अधूरा प्रस्तुत किया जाता है। उन्होंने अपने इतिहास-ग्रन्थ में दक्षिण से उत्तर की ओर आ रही भक्ति की धारा का स्पष्ट उल्लेख किया है—"भक्ति का जो सोता दक्षिण की ओर से धीरे-धीरे उत्तर भारत की ओर पहले से ही आ रहा था। उसे राजनीतिक परिवर्तन के कारण शून्य पड़ते हुए जनता के हृदय-क्षेत्र में फैलने के लिए पूरा स्थान मिला। रामानुजाचार्य (सं० 1073) ने शास्त्रीय पद्धति से जिस सगुण भक्ति का निरूपण किया था उसकी ओर जनता आकर्षित होती चली आ रही थी।" (हिन्दी साहित्य का इतिहास, पृ० 44) आचार्य शुक्ल की इतिहास-दृष्टि मुख्य रूप से युगवादी है किन्तु वह परम्परा को भी स्वीकार करते हैं, किन्तु आचार्य द्विवेदी की दृष्टि मुख्यतः परम्परावादी है।

डॉ० ताराचन्द्र और डॉ० आबिद हुसैन के मतानुसार भक्ति आन्दोलन मुस्लिम संस्कृति के सम्पर्क की देन है और शंकराचार्य, निम्बार्क, रामानुज, रामानन्द, बल्लभाचार्य, आलवार सन्त तथा लिंगायत आदि सम्प्रदायों की दार्शनिक मान्यताओं पर मुस्लिम प्रभाव है।

श्रीमद्भागवत में नारद के प्रश्न करने पर भक्ति का अपने विषय में कथन है—

उत्पन्नं द्रविडे साहं वृद्धि कर्णटके गता।
क्वचित चिन्महाराष्ट्रे गुर्जरे जीर्णतांगता॥

तत्र घोर कलेर्योगात्याखण्डैः खण्डितांगता।
दुर्बलाहं चिरंयाता पुत्राभ्यां सह मन्दताम्॥
वृन्दावनं पुनः प्राप्य नवीनवे सुरूपिणी।
जाताहं युवती सम्यक्प्रष्ठरूपा त साम्प्रतम्॥

अर्थात् मैं द्रविड़ देश में उत्पन्न हुई, कर्नाटक में बढ़ी, महाराष्ट्र में सम्मानित हुई तथा गुर्जर प्रदेश में मुझे बुढ़ापे ने घेर लिया। वहाँ कलयुग के प्रभाव से पाखण्डियों ने मेरा अंग भंग कर दिया। उसी कारण मैं पुत्रों—ज्ञान और वैराग्य के साथ दुर्बल हो गयी। वृन्दावन आने पर मैं पुनः नवयौवन को प्राप्त हुई। इस बात को सन्त कबीर ने अपने ढंग से इस प्रकार कहा—

भक्ति द्राविड़ ऊपजी, लाये रामानन्द।
परगट किया कबीर ने, सात दीप नौ खण्ड॥

उपर्युक्त समस्त उद्धरणों में सन्निहित विचारों का विश्लेषण करने पर हम इस निष्कर्ष पर पहुँचते हैं कि भक्ति आन्दोलन को तत्कालीन परिस्थितियों ने अंशतः भले ही प्रभावित किया हो, किन्तु समग्रतः वह दक्षिण के आलवार भक्तों की परम्परा का विकास ही थी जो आठवीं शताब्दी में शंकराचार्य के अद्वैतवाद और उस अद्वैत से विकसित चार प्रधान मतों—रामानुजाचार्य का बिशिष्टाद्वैत मत, निम्बार्क (बारहवीं शताब्दी) का द्वैताद्वैत मत, विष्णुस्वामी (चौदहवीं शताब्दी) का शुद्धाद्वैत मत तथा मध्वाचार्य (तेरहवी शताब्दी का उत्तरार्द्ध) का अद्वैत मत आदि से पल्लवित-पुष्पित होती हुई और रामानन्द, हरिदास आदि से सेवित होती हुई समूचे उत्तर भारत में फैल गयी। इस प्रकार दक्षिण भारत से बढ़ने वाले इस धार्मिक आन्दोलन ने अखिल भारतीय सांस्कृतिक नवचेतना का रूप ग्रहण कर लिया।

भक्ति काव्य का विभाजन

भक्ति काव्य

- निर्गुण मार्गीधारा
  - ज्ञानश्रयी धारा
  - प्रेमाश्रयी धारा
- सगुण मार्गीधारा
  - कृष्णभक्ति धारा
  - रामभक्ति धारा

●

निर्गुण सन्त काव्य धारा (ज्ञानाश्रयी धारा)

सन्त काव्य के कवियों में कबीर का स्थान सर्वोपरि है। यद्यपि कबीर से पहले जयदेव और महाराष्ट्र के सन्त नामदेव इस तरह की काव्य रचना कर चुके थे, किन्तु हिन्दी में उनकी रचनाएँ कम होने के कारण उत्तर भारत की सन्त परम्परा पर उनका अधिक प्रभाव नहीं पड़ा। भक्तिकाल के आरम्भ में कबीर एक प्रभावशाली रचनाकार के रूप में हमारे सामने आते हैं। अनन्तदास कृत 'कबीर परिचई' के अनुसार वे जन्म से जुलाहे थे, उनका निवास-स्थान काशी था, उनके गुरु रामानन्द थे और सिकन्दर लोदी ने उन्हें अनेक प्रकार से यातना दी थी। कबीर को लम्बी उम्र मिली थी। वे लगभग 120 वर्षों तक जीवित रहे। वे 1398 से 1518 ई० तक विद्यमान थे। कबीर एवं अन्य सन्तों की रचनाओं के दार्शनिक-सांस्कृतिक आधारों में उपनिषद्, शंकराचार्य का अद्वैत दर्शन, नाथ पंथ, इस्लाम धर्म तथा सूफी दर्शन है। निर्गुण भक्ति का मूल तत्त्व है—निर्गुण-सगुण से परे अनादि, अनन्त, अनाम, अज्ञात ब्रह्म का नामजप, मानसिक भक्ति, कर्मकाण्डों और आडम्बरों का विरोध तथा मानव मात्र के प्रति प्रेम। उनका चिन्तन जाति, वर्ण और वर्ग से ऊपर था। उन्होंने हृदय की पवित्रता पर बल दिया।

सन्त कवियों में कबीर सबसे अलग और क्रान्तिकारी तेवर के थे। कबीर के जन्म आदि के विषय में अनेक किंवदन्तियाँ और मत प्रचलित हैं। उन्होंने स्वयं को जुलाहा बताया है—"जाति जुलाहा नाम कबीरा।' अक्षर ज्ञान के परम साधक कबीरदास सामान्य अक्षर ज्ञान से रहित थे। उन्होंने बड़े स्पष्ट शब्दों में कहा है—"मसि कागद छूयो नहीं, कलम कह्यो नहीं हाथ।" कबीर द्वारा रचित 63 ग्रन्थों का उल्लेख मिलता है। कबीर की रचनाओं का संग्रह 'गुरुग्रन्थ साहब' (1605) में और श्यामसुन्दर दास द्वारा सम्पादित 'कबीर ग्रन्थावली' में है। कबीरपंथियों ने उनकी रचनाओं का संग्रह 'बीजक' नाम से किया है जिसके रमैनी, सबद और साखी तीन भाग हैं। इधर श्री अभिलाष दास ने दो भागों में बीजक की बहुत अच्छी व्याख्या प्रस्तुत की है।

कबीर की कविता खुली आँखों से देखे हुए समाज और रोजमर्रा के संघर्षों से उपजी हुई कविता है। इसीलिए उसमें कर्म की ईमानदारी और जीवन का ताप है। "कबीर की कविता एक भरे-पूरे इन्सान की कविता है। उनकी वाणी 'सुरझावनिहारी' ज़रूर है लेकिन उस तरह नहीं जैसे उपदेश सुरझावनहारे होते हैं। ......कबीर की कविता पैगम्बर का इलहाम नहीं, इन्सान की आवाज है। .....वे निस्सन्देह पहुँचे हुए फकीर थे, लेकिन जिस 'घर' तक पहुँचे थे, वहाँ तक पहुँचने के लिए उन्होंने 'लम्बा मारग' तय किया था। उनकी कविता इस लम्बे मार्ग पर आयी चुनौतियों और पहाड़ों की अकथ कहानी है।" (पुरुषोत्तम अग्रवाल, अकथ कहानी प्रेम की, पृ० 187) कबीर के काव्य का आधार स्वानुभूति है। उन्होंने कहा है कि—"तू कहता कागज की लेखी। मैं कहता हूँ आँखिन देखी।" वे स्वभावत: रूढ़िभंजक, जनवादी और विद्रोही कवि थे। कबीर की भाषा और

शैली बड़ी सहज और शक्तिशाली है। उन्होंने ज्ञान, भक्ति, योग, वैराग्य, हठयोग आदि विषयों को बड़े सुबोध रूप में व्यक्त किया है। कबीर तत्युगीन सामाजिक वर्जनाओं और चुनौतियों का जिस दृढ़ता के साथ सामना करते हुए, अपने निर्दिष्ट पथ पर आगे बढ़ते हुए एक सर्वथा नवीन सामाजिकता का निर्माण कर रहे थे, वह उस समय के लिए एक बहुत बड़ी बात थी। आचार्य हजारीप्रसाद द्विवेदी ने कबीर की इन प्रवृत्तियों को रेखांकित करते हुए लिखा है—"जातिगत, कुलगत, धर्मगत, संस्कारगत, विश्वासगत, शास्त्रगत, सम्प्रदायगत, बहुतेरी विशेषताओं के जाल को छिन्न करके ही वह आसन तैयार किया जा सकता है जहाँ एक मनुष्य दूसरे से मनुष्य की हैसियत से मिले। जब तक यह नहीं होता तब तक अशान्ति रहेगी, मारा-मारी रहेगी, हिंसा-प्रतिस्पर्धा रहेगी। कबीरदास ने इस महती साधना का बीज बोया था।" (कबीर, पृ० 193) कबीर ने किसी भी स्थिति में पुरानी पतनशील मान्यताओं के सम्मुख घुटने नहीं टेके और किसी तरह का समझौता नहीं किया।

सन्त कवियों में कबीर के बाद रैदास, धर्मदास, गुरुनानक, दादूदयाल, सुन्दरदास, मलूकदास, अक्षरअनन्य, जम्भदास, सींगा, रज्जब, बाबरी साहिबा, सदना, बेनी, पीपा, लालदास, सेना, धन्ना, अंगद, शेखफरीद, भीषन, वीरभान, निपटनिरंजन, गरीबदास, दूलेनदास, मानी साहब, बुल्ला साहब, सहजोबाई, तुलसीदास तथा निश्चलदासजी इत्यादि के नाम उल्लेखनीय हैं।

प्रवृत्तियाँ

गुरु को महत्त्व

सन्त रचनाकारों ने गुरु को सर्वाधिक महत्त्व दिया है। उनके मन में गुरु के प्रति इतनी श्रद्धा है कि वे गुरु को भगवान् से भी ऊँचा स्थान देते हैं और इसका कारण भी है। गुरु ही शिष्य को जागृत करता है और उसकी बुराइयों को दूर करके उसके मन में ईश्वर के प्रति प्रेम उत्पन्न करता है। गुरु ही उसे साधना का मार्ग बताता है और उसे परमात्मा से जुड़ने के लिए प्रेरित करता है। यह प्रवृत्ति समस्त भक्त कवियों में दिखलायी पड़ती है—

सुख का साथी जगत सब, दुख का नाहीं कोय।
दुख का साथी साइयाँ, दादू सतगुरु सोय॥ —दादूदयाल

गुरु गोविन्द दोऊ खड़े, काके लागूँ पाँव।
बलिहारी गुरु आपनो, जिन गोविन्द दियो बताय॥ —कबीर

गुरु गोविन्द तो एक हैं, दूजा यह आकार।
आप में हि जीवित मरै, तो पावै करतार॥ —कबीर

सुफल जनम मोको गुरु कीना, दुखविसारि सुख अन्तर दीना॥
ज्ञान जान मोको गुरु दीना। राम नाम बिन जीवनहीना॥ —नामदेव

नाम स्मरण

सन्त साधकों ने परमात्मा के नाम के स्मरण और जप पर बल दिया है। नाम का महत्त्व सन्तों, सूफियों और भक्तों सबमें समान रूप से दिखायी पड़ता है। कबीर आदि

सन्त राम नाम को सभी रसायनों में उत्तम मानते हैं। साधक जब आराध्य के नाम में रम जाता है तब एक स्थिति ऐसी आती है कि अजपाजाप होने लगता है। इस रूप में परमात्मा का सान्निध्य प्राप्त करना बहुत आसान हो जाता है। सन्त कवियों ने नाम जप पर बहुत सारी कविताएँ लिखी हैं—

भगति भजन हरि नाव है, दूजा दुःख अपार।
मनसा, वाचा, कर्मणा, कबीर सुमिरन सार॥
निरमल राम नाम गुण गावै।
सो भगता मेरे मन भावै॥
कबीर कहता जात है, सुनता है सब कोइ।
राम कहे भल होइगा, नहिंतो भला न होइ॥ —कबीर

निर्गुणोपासना

सन्त कवियों ने निर्गुण ब्रह्म की उपासना की है। उन्होंने अपने लिए एक नये राम का सृजन किया है। उच्च जातियों के लिए सुरक्षित मन्दिरों में छोटी जातियों से आने वाले सन्तों का प्रवेश निषिद्ध था। अतः उन्होंने ऐसे ईश्वर की कल्पना की जो हर जगह विद्यमान है। कबीर का राम तो विश्व से अतीत है और विश्व में व्याप्त भी है। वह विश्वोत्तीर्ण है और विश्वमय भी है। वह घट-घट में समाया हुआ है। वह अवर्ण है किन्तु सभी वर्ण उसी के हैं। वह अरूप है, किन्तु सभी रूप उसी के हैं। पिण्ड और ब्रह्माण्ड दोनों देश से परिसीमित हैं। वह देश और काल से परे है। उसका न आदि है और न अन्त। वह कुछ अंश में वेदान्त के निर्गुण ब्रह्म से मिलता है। किन्तु वेदान्त का निर्गुण ब्रह्म या ईश्वर ही विश्व में व्याप्त है। कबीर का निर्गुण राम विश्व से परे भी है और विश्व में व्याप्त भी—

सन्तो धोखा कासो कहिये।
गुन में निरगुन, निरगुन में गुन, बाँटि छाँड़ि क्यूँ रहिये।
अजर-अमर कहै सब कोई, अलख न कथणां जाई।
जाति-स्वरूप-वरण नहिं जाके घटि-घटि रह्यो समाई।
प्यंड-ब्रह्माण्ड कहै सब कोई, बाकै आदि अरु अन्त न होई।
प्यंड-ब्रह्माण्ड छाँड़ि जे कहिए, कहै कबीर हरि सोई॥

कबीर और दूसरे निर्गुणिया सन्तों की यह मान्यता थी कि ईश्वर एक परिसीमित शरीर में अवतरित नहीं होता। उन्होंने अवतार के अर्थ में 'सगुण' शब्द का जो संकुचित प्रयोग हो रहा था, उसकी उपासना के विरुद्ध अपना मत प्रकट किया, ईश्वर की उपासना के विरुद्ध नहीं। उन्होंने 'निर्गुण' शब्द का अवतार के विपरीत व्यापक विश्वोत्तीर्ण और विश्वमय ईश्वर के अर्थ में प्रयोग किया है। उनके राम, केशव, गोविन्द, हरि आदि व्यापक ईश्वर के अर्थ में प्रयुक्त हुए हैं, पौराणिक अवतार के अर्थ में नहीं। उन्होंने स्पष्ट शब्दों में कहा है कि—

दशरथ सुत तिहुँ लोक बखाना। राम नाम का मरम है आना।

उनके राम दशरथ-सुत नहीं हैं। वे एक विशिष्ट शरीर में सीमित न रह कर समूचे विश्व में व्याप्त हैं। वे असीम और अनन्त हैं। उन्होंने राम के निर्गुण रूप की भक्ति करने को प्रेरित किया है—

निरगुन राम निरगुन राम जपहु रे भाई, अविगत की गति लखी न जाई।
चारिवेद जाके सुमृत पुरानां, नौ व्याकरनां मरम न जाना।

अपने आराध्य ब्रह्म के बारे में कबीर ने अपने विचार इस प्रकार व्यक्त किये हैं—

पिया मोरा मिलिया सन्त गियानी।
सबमें व्यापक सबकी जाने ऐसा अन्तरजामी

प्रेमभाव की प्रमुखता

सन्त कवियों ने भक्ति के लिए प्रेम को अनिवार्य और समस्त भावों से ऊपर माना है। यह प्रेम ईश्वर-प्राप्ति के लिए भी आवश्यक है और मानवता के कल्याण के लिए भी। प्रेम की आध्यात्मिक व्याख्या करते हुए कहा गया है कि ''अंश का अंशी से, जुज का कुल से मिलने की उत्कट अभिलाषा प्रेम है।'' ईश्वर केवल सत् चित् नहीं है वह आनन्द स्वरूप भी है। ईश्वर में केवल ऐश्वर्य नहीं है, माधुर्य भी है। इसलिए उपनिषदों में उसे 'मधु' कहा गया है। यही माधुर्य जीव को अपनी ओर आकृष्ट करता है। यह आकर्षण और प्रेमभाव सन्तों के साहित्य में सर्वत्र दिखलायी पड़ता है। राम का प्रेम एक प्रकार का अद्भुत रसायन है। वह पीने में बहुत मधुर है। लेकिन इसे पिलाने वाला गुरुरूपी कलाल अहंकाररूपी शीशं माँगता है—

राम रसायन प्रेम रस, पीवत अधिक रसाल।
कबीर पीवण दुलभ है, माँगे सीस कलाल॥

वास्तविक प्रेम की कहानी अनुभूति का विषय है। उसे शब्दों के द्वारा व्यक्त नहीं किया जा सकता—

अकथ कहानी प्रेम की, कछू कही न जाइ।
गूँगे केरी सरकरा, खाये अरु मुसकाइ॥

प्रेम पर कोई प्रतिबन्ध नहीं है। अपने मन के अहंकार को मारकर कोई भी प्रभु का प्रेम प्राप्त कर सकता है—

प्रेम न खेती ऊपजे, प्रेम न हाट बिकाइ।
राजा परजा जिस रुचै, सिर दे सो ले जाइ॥

इस प्रेम के लिए निरन्तरता की आवश्यकता है—

छनहिं चढ़ै छिन ऊतरे, सो-तो प्रेम न होइ।
अघट प्रेम पिंजर बसै, प्रेम कहावै सोइ॥

ईश्वरीय प्रेम में तल्लीनता, समर्पण और तदाकारता का सुन्दर रूप रैदास के गीतों में देखने को मिलता है। एक उदाहरण प्रस्तुत है—

अब कैसे छूटे राम, नाम रट लागी।
प्रभु जी तुम चन्दन हम पानी, जाकी अंग-अंग बास समानी॥

प्रभु जी तुम घन बन हम मोरा, जैसे चितवत चन्द-चकोरा।
प्रभु जी तुम दीपक हम बाती, जाकी जोति बरै दिन-राती।
प्रभु जी तुम मोती हम धागा, जैसे सोने मिलत सुहागा।
प्रभु जी तुम स्वामी हम दासा, ऐसी भक्ति करै रैदासा।

रहस्यवादी दृष्टि

जगत् के नाना रूपों में किसी अज्ञात सत्ता की उपस्थिति का अनुभव और उसके प्रति आकर्षण का भाव रहस्यवाद कहलाता है। आचार्य रामचन्द्र शुक्ल के शब्दों में "साधना के क्षेत्र में जो अद्वैतवाद है, काव्य के क्षेत्र में वही रहस्यवाद है।" रहस्यवाद को परिभाषित हुए डॉ० रामकुमार वर्मा ने लिखा है कि "रहस्यवाद जीवात्मा की उस अन्तर्निहित प्रवृत्ति का प्रकाशन है, जिसमें वह दिव्य और अलौकिक शक्ति से अपना शान्त और निश्छल सम्बन्ध चाहता है। यह सम्बन्ध यहाँ तक बढ़ जाता है कि दोनों में कुछ भी अन्तर नहीं रह जाता है।" डॉ० श्यामसुन्दर दास के अनुसार, "भारतीय रहस्यवाद की विशेषता सर्वात्मवादमूलक होने में है जो भारतीयों की ब्रह्म जिज्ञासा का मूल है। जिज्ञासु जब ज्ञानी की कोटि में पहुँच कर कवि भी होना चाहता है, तो अवश्य ही इस रहस्यवाद की ओर झुकता है। चिन्तन के क्षेत्र का ब्रह्मवाद कविता के क्षेत्र में जाकर कल्पना और भावुकता का आधार पा कर इस रहस्यवाद का रूप पकड़ता है।....वह परमात्मा के साथ सारी सृष्टि का अखण्ड सम्बन्ध देखता है।.....कबीर में इसी रहस्यवाद की प्रधानता है।"

इस प्रकार अधिकांश विचारकों ने दृश्य जगत् में व्याप्त उस अज्ञात और अगोचर असीम सत्ता से रागात्मक सम्बन्ध स्थापित करने की भावना को रहस्यवाद माना है। रहस्यवाद का विषय आत्मा, परमात्मा और दृश्य जगत् है। रहस्यवादी साधना में कवि के मन में पहले अज्ञात सत्ता के प्रति जिज्ञासा का भाव पैदा होता है और वह जागृत होता है, फिर वह आत्म परिष्कार करता है, तब उसे ईश्वर के प्रकाश का अनुभव होता है, फिर विघ्नों की रात आती है और जहाँ जरा-सी विचलन से पुनः पूर्वावस्था में पहुँच जाता है, किन्तु इससे बच जाने पर वह ईश्वर से पूर्ण ऐक्य की स्थिति को प्राप्त कर लेता है।

सन्त साहित्य में, विशेषकर कबीर के साहित्य में कई प्रकार के रहस्यवाद के दर्शन होते हैं। इन्हें हम मुख्य रूप से दो भागों—भावनात्मक और साधनात्मक रहस्यवाद में बाँट सकते हैं। भावनात्मक रहस्यवाद में कवि परमात्मा से भक्त, पत्नी, पुत्र आदि रूपों में सम्बन्ध स्थापित करता है। साधनात्मक रहस्यवाद में हठयोग इत्यादि की प्रक्रियाएँ आती हैं। कुछ उदाहरण द्रष्टव्य हैं—

दुलहिन गावहु मंगलचार,
हम घर आये राजा राम भरतार।
तन रति करि मैं मन रति करिहौं, पाँच तत्व बराती,
राम देव मोरे पाहुने आये मैं जोबन मदमाती।....

× × ×

हरि मेरा पीव माई हरि मेरा पीव,
हरि बिन रहि न सके मेरा जीव।
हरि मेरा पीव–मैं हरि की बहुरिया,
राम बड़े मैं छुटक लहुरिया।

पोथी ज्ञान की उपेक्षा और लोकज्ञान को महत्त्व

ज्ञानश्रयी कवियों ने ज्ञान को महत्त्व दिया। लेकिन उन्होंने शास्त्र की उपेक्षा की और लोकप्रसूत ज्ञान को सर्वोपरि माना। उन्होंने यह अनुभव किया था कि समस्त शास्त्रों में निहित ज्ञान उच्चवर्ग के लिए सुरक्षित है और लोकविरुद्ध है तथा लोक के लिए वर्जित भी है। उन्होंने पोथियाँ पढ़ कर पत्थर की भाँति कठोर हृदय वाले, प्रेम और मानवीय मूल्यों से शून्य पण्डितों की क्रूरता, मिथ्याचरण और स्वार्थवादिता को देखा था, इसलिए कबीर को कहना पड़ा था कि—

तू कहता कागज की लेखी
मैं कहता हूँ आँखिन देखी।

जड़ विद्वानों पर व्यंग्य करते हुए कबीर ने लिखा है कि—

पढ़ि–पढ़ि के पाथर भये, लिखि–लिख भये जु ईंट।
कहै कबीरा प्रेम की, एको छुवै न छींट॥
पोथी पढ़ि–पढ़ि जग मुवा, पंडित भया न कोय।
ढाई आखर प्रेम का, पढ़ै सो पंडित होय॥

धार्मिक पाखण्डों, ऊँच-नीच और वर्ण-व्यवस्था

सन्त कवियों ने तत्कालीन समाज में व्याप्त हर प्रकार के धार्मिक और सामाजिक आडम्बरों और रूढ़ियों का खुले आम और विद्रोही तेवर में विरोध किया। उन्होंने पाखण्ड, जाति–पाँति और खोखली मान्यताओं को स्वीकार नहीं किया। कबीर के साथ ही रैदास, दादू, नामदेव, सदना और सेना इत्यादि अन्य कवियों ने भी इन आडम्बरों को चुनौती दी। इन रचनाकारों ने सन्त कहे जाने पर भी मठाधीश बनकर किसी धर्मपीठ पर बैठकर अपने अनुयायियों को उपदेश नहीं दिया। इस आन्दोलन में ऊँच-नीच, हिन्दू-मुसलमान, सवर्ण-असवर्ण सब भक्ति के समान अधिकारी माने जाते हैं। उस समय शोषण के दो प्रमुख केन्द्र थे—पहला दिल्ली सल्तनत का दमनकारी प्रशासन और दूसरा हिन्दू और मुस्लिम पुरोहित वर्ग की क्रूर व्यवस्था। कबीर ने इन दोनों को नकारा—

जो तू बाभन बाभनी जाया,
तौ आन बाट ह्वै काहें न आया
जो तू तुरक तुरकनी जाया
तौ भीतर खतना क्यूं न कराया॥

अपने को जन्मजात बड़ा मानने वाले ब्राह्मणों को लताड़ते हुए कबीर कहते हैं—

एक बूँद एकै मूल मूतर, एक चाम एक गूदा।
एक जोति से सब उत्पन्ना कौन बाम्हन कौन सूदा॥

कबीर जानते थे कि जिस जनेऊ को पहन कर ब्राह्मण अपने को सबसे बड़ा मानता है, उसे कबीर जैसे जुलाहे तैयार करते हैं—

हम घर सूत तनहि नित ताना, अङ्ग जनेऊ तुम्हारे
तुम तो वेद पढ़हु गायत्री गोविन्द रिदै हमारे॥

उन्हें न कट्टरपंथी हिन्दुओं से भय था न मुल्लाओं से। अपने राम की भाँति वे भी 'ना हिन्दू ना मुसलमान' थे। वे जानते थे कि ये दोनों ही अन्धे हैं और जो खुद अन्धे हों वे दूसरों को क्या रास्ता दिखा सकते हैं—

अरे इन दोउन राह न पाई
हिन्दुन की हिन्दुवाई देखी, तुरकन की तुरकाई।

ढोंगियों की धज्जियाँ उड़ाते हुए उन्होंने लिखा—

मन ना रंगाये-रंगाये जोगी कपड़ा।
आसन मारि मन्दिर में बैठे,
ब्रह्म छाँड़ि पूजन लागे पथरा।
कनवां फड़ाय के जटवा बढ़वले
दाढ़ी बढ़ाय जोगी होय गैले बकरा।

इसी प्रकार मुसलमानों के बाह्याचार पर भी बेबाक टिप्पणी करते हुए उन्होंने कहा—

काजी कौन कतेब बखानें।
पढ़त-पढ़त केते दिन बीते, गति एकौ नाहिं जाने।
हाँ तो तुरक किया करि सुन्नति औरति को का कहिए।
अरध सरीर नारि न छूटे आधा हिन्दू रहिए

व्रत और रोजा, हिन्दुओं और मुसलमानों के मांस-भक्षण पर भी इन कवियों ने अनेक कविताओं में प्रहार किया है—

इनकी मिस्त कहाँ ते होई साँझै मुरगी मारे
वे खस्सी वे गाय कटावैं बादहिं जनम गँवाया। —कबीर

वर्ण-व्यवस्था, धार्मिक पाखण्ड और जीव-हत्या का बड़ा मुखर विरोध सन्त रैदास की कविताओं में भी दिखायी पड़ता है। कुछ उदाहरण देखें—

रविदास ब्राह्मण मत पूजिए, जो होवे गुणहीन।
पूजिए चरण चाण्डाल के, जो होवे गुण परवीन॥
जाति जात में जात है, ज्यों केरन में पात।
रविदास न मानुस जुड़ सकै, जौ लौं जाति न जात॥

देता रहे हजार बरस, मुल्ला चाहे अजान।
रविदास खुदा नहिं मिलि सकइ, जौ लौं मन शैतान॥

हर प्रकार के मांस खाने वाले और गाय की पूजा करने वाले हिन्दुओं, विशेषकर ब्राह्मणों को धिक्कारते हुए दादू का यह आक्रोश बहुत स्वाभाविक है—

बकरा बकरी भेंड़ा खाये काहें गाय बराई।
रकत-मांस सब एके पाँड़े, थू तोरी बभनाई॥

आम आदमी की दीन-दशा का वर्णन

इन कवियों के काव्यों में सामान्य श्रमिक वर्ग के जीवन की विपन्नताओं और उन पर होने वाले अत्याचारों का बहुत प्रामाणिक चित्रण हुआ। उस समय के गरीबों के प्रति किसी के मन में सम्मान और सहानुभूति नहीं थी—

निर्धन आदर कोई न देई
लाख जतन करै औहु चित न धरेई। —कबीर

उस समय एक तरफ सामन्त और जमींदार सुखी थे, दूसरी तरफ किसानों और श्रमिक वर्ग की स्थिति इतनी खराब थी कि वे अपनी आवश्यकताओं की पूर्ति के लिए अपने पुत्र-पुत्रियों को बेचने के लिए विवश हो जाते थे—

को है लरका बेचई, लरकी बेचै कोइ।
साँझा करै कबीर स्यों, हरि संग बनज करेइ॥ —कबीर

गाँव के जमींदार अधिक कर लेने के लिए जमीन को बढ़ा-चढ़ाकर नापते थे और शिकायत करने पर सभी किसानों को मारते थे—

गाँव क ठाकुर खेत कुनेपे, काइथ खरच न पारै।
जोरि जेवरी खेती पसारै, सब मिली मोकों मारें हो राम॥ —कबीर

सन्त कवियों में से अधिकांश छोटी जातियों और निम्न वर्ग से आये थे (इनमें पीपा जो कबीर के समकालीन थे, वे उच्च कुल के चौहान राजपूत थे और गढ़ गागरोन के राजा थे) इसलिए उन्होंने मेहनतकश के जीवन-संघर्षों को देखा और भोगा था। अतः वे एक ऐसे समाज और व्यवस्था की कामना कर रहे थे जिसमें सभी लोग सुखी हों, सबको भरपेट भोजन मिल सके—

ऐसो चाहों राज मैं मिले सभन को अन्न।
छोटे-बड़ो सब सम बसैं, रविदास रहैं प्रसन्न॥ —रैदास

इस प्रकार हम देखते हैं कि सन्त कवियों के साहित्य का धार्मिक महत्त्व होने के साथ-साथ उसका सामाजिक महत्त्व भी है और उसमें समाज के विविध रूपों का बहुत जीवन्त रूप प्रस्तुत हुआ है। इन कवियों की भाषा में अनेक भाषाओं और बोलियों के शब्द घुले-मिले हैं। इसका कारण उनकी भ्रमणशील वृत्ति थी। अलंकारों का प्रयोग उनकी कविताओं में अनायास ही हो गया है। उन्होंने मुख्य रूप से दोहा, चौपाई, कवित्त, सवैया और पदों के माध्यम से अपनी बातें कही हैं।

●

सूफी काव्य (प्रेमाश्रयी धारा)

सूफी काव्य परम्परा का हिन्दी में प्रवर्तन एवं विकास

हिन्दी में सूफी काव्य परम्परा का प्रवर्तन किस कवि के द्वारा हुआ, इस प्रश्न पर विद्वानों में विवाद है। आचार्य रामचन्द्र शुक्ल ने कुतुबन की 'मृगावती' (सन् 1501) से, आचार्य हजारीप्रसाद द्विवेदी ने ईश्वरदास कृत 'सरस्वती कथा' (सन् 1500) से, डॉ० रामकुमार वर्मा ने मुल्लादाउद के 'चन्दायन' (सन् 1379) से और डॉ० गणपतिचन्द्र गुप्त ने असाइत रचित 'हंसावली' (सन् 1370) से इस परम्परा का आरम्भ माना है। समय की प्राथमिकता के अनुसार प्रमुख सूफी रचनाओं का परिचय इस प्रकार है। **हंसावली**—इसके कवि असाइत हैं। इसमें पाटल की राजकुमारी हंसावली की कहानी वर्णित है। कवि ने इस कृति का रचना स्रोत विक्रम एवं वैताल की कथा को बनाया गया है। इसमें ऐसी युवती की कहानी है जो अद्वितीय सुन्दरी थी, किन्तु पूर्व जन्म के संस्कारवश उसने पखवाड़े में पाँच पुरुषों की हत्या का नियम बना रखा था। इसका नायक स्वप्न में नायिका को देखता है और योगी वेश में जाकर उसका वरण करता है। इसकी भाषा गुजराती और राजस्थानी मिश्रित है। **चन्दायन**—चन्दायन के रचनाकार मुल्लादाउद हैं। इसमें चन्दा और लोरिक की कहानी कही गयी है। इसमें प्रथम दर्शन में प्रेम की उत्पत्ति होती है। नाग द्वारा नायिका को डँसा जाता है और गारुड़ी द्वारा उसका उपचार किया जाता है। **लखनसेन पद्मावति कथा**—इसके रचनाकार दामोदर हैं। इसमें नायिका से विवाह करने के लिए नायक को संघर्ष करना पड़ता है। इसमें चौपाई, दोहा और सोरठा छन्द का प्रयोग हुआ है। **मृगावती**—मृगावती कुतुबन की रचना है। इसमें चन्द्रनगर के राजकुमार और कंचनपुर की राजकुमारी मृगावती के प्रेम का वर्णन है। इसकी भाषा अवधी है। **माधवानलकामकन्दला**—इसके कवि गणपति हैं। नायक का नाम माधव और नायिका का नाम कामकन्दला है। कामकन्दला अपूर्व सुन्दरी और कुशल नृत्यांगना थी। **पद्मावत**—पद्मावत सूफी काव्यधारा के सर्वाधिक महत्त्वपूर्ण रचनाकार जायसी (सन् 1470-1545) की सबसे महत्त्पूर्ण कृति है। पद्मावत का आधार ऐतिहासिक और काल्पनिक दोनों है। यह एक अत्यन्त मार्मिक और रोचक प्रेम-कथा है। इसका पूर्वार्ध काल्पनिक है जिसका श्रोत लोककथाओं में है। पूर्वार्ध में पद्मावती के रूप-सौन्दर्य का वर्णन सुनकर उसके प्रेम में पड़ कर रत्नसेन के सिंहल द्वीप जाने तथा पद्मावती से विवाह कर चित्तौड़गढ़ लौट आने की कथा वर्णित है। उत्तरार्ध में राघव चेतन को देशनिकाला की सजा देने, राघव चेतन के अलाउद्दीन खिलजी के दरबार में पहुँचने से लेकर अलाउद्दीन द्वारा चित्तौड़ पर चढ़ायी करने तथा रत्नसेन के बन्दी बनाये जाने, उसकी मुक्ति, देवपाल के साथ द्वन्द्व युद्ध में सांघातिक चोट से मृत्यु, नागमती और पद्मावती के

सती होने तथा चित्तौड़ पर अलाउद्दीन के अधिकार की कथा वर्णित है। इस ग्रन्थ में जायसी ने लौकिक प्रेम-कथा के माध्यम से आध्यात्मिक प्रेम की व्यंजना की है। 'पद्मावत' लोक-संस्कृति का जीवन्त दस्तावेज है। लोक-संस्कृति, परम्पराएँ और स्मृतियाँ इसमें गहरायी के साथ अनुस्यूत हैं। इस प्रेम-कथा में शृंगार का मानसिक पक्ष प्रधान है, शारीरिक पक्ष गौण है। इस विषय में आचार्य रामचन्द्र शुक्ल ने लिखा है कि—जायसी ऐकान्तिक प्रेम की गूढ़ता के बीच-बीच में जीवन के और अंगों के साथ भी उस प्रेम के सम्पर्क का स्वरूप कुछ दिखाते गये हैं, इससे उनकी प्रेम-गाथा पारिवारिक और सामाजिक जीवन से विच्छिन्न होने से बच गयी है। नागमती का विरह-वर्णन पद्मावत का सबसे मार्मिक प्रसंग है जिसमें वेदना का कोमल निर्मल स्वरूप, हिन्दू दाम्पत्य जीवन का मर्मस्पर्शी माधुर्य, चारों ओर फैली हुई प्रकृति के साथ शुद्ध भारतीय हृदय की साहचर्य भावना, भारतीय लोकजीवन का गहरा रंग तथा भाषा का अकृत्रिम प्रवाह देखने योग्य है। इसमें रूपकों और प्रतीकार्थों का भी प्रयोग हुआ है—

तन चितउर मन राजा कीन्हा। हिय सिंहल बुधि पदमिनी चीन्हा॥
गुरू सुवा जेहिं पंथ दिखावा। बिन गुरु जगत को निरगुन पावा॥
नागमती यह दुनिया धन्धा। बाँचा सोई न एहि चित बन्धा॥

अखरावट, मसलानामा, आखिरी कलम और कन्हावत जायसी की अन्य रचनाएँ हैं।

उपर्युक्त कृतियों के अतिरिक्त मंझन कृत 'मधुमालती', कल्लोल कवि कृत 'ढोला मारूरा दूहा', उसमान कृत 'चित्रावली', पुहकर कृत 'रसरतन', शेखनबी कृत 'ज्ञानदीप' और नूरमुहम्मद कृत 'इन्द्रावती' इस परम्परा की उल्लेखनीय रचनाएँ हैं।

प्रवृत्तियाँ

कथावस्तु

सूफी प्रेमाख्यानों में वर्णित कथाओं के मूल स्रोत महाभारत तथा पौराणिक ग्रन्थ, प्राकृत-संस्कृत की परम्परागत कथानक रूढ़ियों, उदयन, विक्रम, रत्नसेन आदि से सम्बन्धित ऐतिहासिक और अर्द्ध ऐतिहासिक गाथाएँ तथा विभिन्न प्रेमी-प्रेमिकाओं की लोक-प्रचलित प्रेम-कथाएँ हैं। इनमें कुछ कथानक रूढ़ियों का प्रयोग हुआ है—नायिका का नाम वती प्रत्यय बाला होना जैसे—मृगांकवती, पद्मावती, शशांकवती, लावण्यवती, हिरण्यवती, आदि। नायक या नायिका का जन्म दैवीय अनुष्ठान से होना। नायिका का किसी न किसी द्वीप की वासिनी होना—मलयद्वीप, सिंहलद्वीप, रत्नद्वीप, स्वर्णद्वीप आदि। स्वप्न दर्शन, चित्र दर्शन, गुणश्रवण आदि के माध्यम से प्रेमोत्पत्ति। नायक का पण्डित, ब्राह्मण, भिक्षु, तपस्वी, योगी आदि के वेश में नायिका की खोज में निकलना। मन्दिर या फुलवारी में नायक-नायिका की प्रथम भेंट। नायिका के संरक्षक से नायक का द्वन्द्व। नायक का एक से अधिक सुन्दरियों से प्रेम एवं विवाह। नायक को किसी मित्र, सिद्ध, योगी, बैताल या देवता की सहायता से सफलता मिलना।

चरित्र-चित्रण

प्रेमाख्यानों के पात्र मुख्यतः दो श्रेणियों के हैं—मानवीय श्रेणी के और मानवेतर श्रेणी के। मानवीय श्रेणी के पात्रों में असुर, बैताल, हंस, तोता और अप्सराएँ आदि आती हैं। इसमें नायक त्यागी, पराक्रमी और बहु-विवाह वाले होते हैं। नायिकाएँ रूपवती, गुणी और सती स्वभाव की होती हैं। जायसी ने पद्मावत में पद्मावती के रूप का बहुत अच्छा चित्रण किया है। नायिका के रूप-वर्णन की दृष्टि से 'मानसरोदक खण्ड' में सरोवर में स्नान करती पद्मावती का यह मनोरम रूप द्रष्टव्य है—

सरवर तीर पद्मिनी आई। खोंपा छोरि केस मुकुलाई॥
ससि मुख अंग मलयगिरि बासा। नागिन झाँपि लीन्ह चहुँ पासा॥
ओनई घटा परी जग छाहाँ। ससि के सरन लीन्ह जनु राहाँ॥
छपि गै दिनहिं भानु कै दासा। लेइ निसि नखत चाँद परगासा॥
भूलि चकोर दीठि मुखलावा। मेघ घटा महँ चन्द देखावा॥
दसन दामिनी कोकिल भाखी। भौंहैं धनुष गगन लेइ राखी॥
नैन खंजन दुई केलि करेहीं। कुच नारंग मधुकर रस लेहीं॥

वस्तु-वर्णन

प्रेमाख्यान काव्यों में वस्तु-वर्णन में स्वभावोक्ति की अपेक्षा अतिशयोक्ति को प्रमुखता दी गयी है। वस्तु-वर्णन के अन्तर्गत सौन्दर्य-चित्रण, घटना, दृश्य, कार्य, पर्व, पनघट, सरोवर, वाटिका, बारहमासा, बारात आदि का विस्तार से वर्णन किया गया है। सरोवर वर्णन का एक उदाहरण देखें—

एक दिवस पून्यो तिथि आई। मानसरोदक चली नहाई॥
पदमावती सब सखी बुलाई। जनु फुलवारि सबै चलि आई॥

रस व्यंजना

प्रेमाख्यान काव्य का मूल भाव प्रणय या रति है। अतः इन्हें शृंगार रस प्रधान कहा जा सकता है। इनके शृंगार की विशेषता यह है कि इन्होंने प्रेम को जीवन का सर्वोपरि तत्व मानते हुए उसके प्रति अत्यन्त उच्च एवं उदात्त दृष्टि का परिचय दिया है पर यह शृंगार गार्हस्थ शृंगार से भिन्न है। सौन्दर्य निरूपण में इन्होंने नायिका के नख-शिख, रूप-रंग, हाव-भाव एवं कलानिपुणता का भी वर्णन किया है। मुख्य रस शृंगार के साथ-साथ उत्साह, विस्मय, क्रोध आदि का भी वर्णन हुआ है। इनके सौन्दर्य-वर्णन में कहीं-कहीं अलौकिकता और ईश्वरीय सौन्दर्य की व्यंजना भी लक्षित होती है—

सरवर रूप विमोहा, हिये हिलोरहि लेइ।
पाँव छुवै मकु पावौं, एहि मिस लहरहि लेइ॥
नयन जो देखा कमल भा, निरमल नीर सरीर।
हँसत जो देखा हंस भा, दसन जोति नग हीर॥

रहस्यवादी दृष्टि

सूफी कवियों ने नायिका के रूप में परमात्मा के रूप के दर्शन किये हैं। उन्हें कभी-कभी नायिका के सौन्दर्य का प्रभाव सारी सृष्टि में दिखायी पड़ने लगता है। जायसी के पद्मावत में पद्मावती के दिव्य सौन्दर्य और उसके तेज से ही संसार के समस्त ज्योतिपुंज प्रकाशित हैं। उसके प्रेमबाणों से सारा संसार विद्ध है। सभी उसके अनुराग में अनुरक्त हैं—

जेहि दिन दसन जोति निरमई। बहुते जोति-जोति वह भई॥
रवि ससि नखत दिपहिं ओहि जोति। रतन पदारथ मानिक मोती॥
जहँ-जहँ बिहँसि सुनावहिं हँसी। तहँ-तहँ छिटकी जोति परिगसी॥

× × × ×

बरुनी का बरनौं इमि बनी। साधे बान जानु दुई अनी॥
उन बानन्ह अस जो को न मारा। बेधि रहा सगरो संसारा॥
गगन नखत जो जाहिं न गने। वे सब बान ओहि के हने॥
धरती बान बेधि सब राखी। साखी ठाढ़ देहिं सब साखी॥

विरह-वर्णन में लोकजीवन की झलक

प्रेमाख्यानों में विरह की प्रधानता और उनमें भारतीय समाज का बहुत यथार्थ चित्रण हुआ है। विशेष करके विरह-वर्णन के दौरान इन कवियों ने बारहमासा का वर्णन करते हुए लोकजीवन की समस्याओं की चर्चा की है। जायसी की नागमती जब अपनी समस्याओं की चर्चा करती है तब वह रानी के आसन से उतर कर एक साधारण स्त्री बन जाती है। उसकी समस्याएँ तमाम भारतीय स्त्रियों की समस्याएँ बन जाती हैं—

तपै लागि अब जेठ असाढ़ी। मोहि पीउ बिनु छाजनि गाढ़ी॥
तन तिनउर भा झूरों खरी। भर बरखा दुख आगर जरी॥
बंध नाहिं औ कंध न कोई। बात न आव कहों का रोई॥
सांठि नाहिं जग बात को पूछा। बिनु जिउ फिरै मंजु तनु छूंछा॥
भई दुहेली टेक बिहूनी। थांभ नाहिं उठ सकै न थूनी॥
बरसै मेह चुवहिं नैनाहा। छपर-छपर होइ रहि बिनु नाहा॥
कोरौं कहां ठाठ नव साजा। तुम बिनु कंत न छाजनि छाजा॥

भारतीय संस्कृति एवं लोकजीवन के तत्त्वों की प्रमुखता

सूफी कवि सांस्कृतिक और धार्मिक स्तर पर अत्यधिक उदार थे। उन्होंने अपने धर्म पर दृढ़ रहते हुए भी भारतीय जनता और विशेष कर हिन्दू जनता के हृदय में बढ़ती हुई दरार और उसके घावों को भरने का महत्त्वपूर्ण कार्य किया। उन्होंने 'रकत की लेई' से समाज को जोड़ने का प्रयत्न किया। उन्होंने भिन्न धर्म, भिन्न संस्कार, भिन्न भाषा तथा भिन्न सामाजिक परम्पराओं के अनुयायी विशाल मानव समूह को निकट लाकर एक-दूसरे को समझने तथा परखने का अवसर प्रदान किया। उनकी इन विशेषताओं को लक्ष्य

करके आचार्य रामचन्द्र शुक्ल ने लिखा है कि—"कुतुबन, जायसी आदि इन प्रेम कहानी के कवियों ने प्रेम का शुद्ध मार्ग दिखाते हुए उन सामान्य जीवन दशाओं को सामने रखा जिनका मनुष्य मात्र के हृदय पर एक-सा प्रभाव दिखायी पड़ता है। हिन्दू हृदय और मुसलमान हृदय आमने-सामने करके अजनबीपन मिटाने वालों में इन्हीं का नाम लेना पड़ेगा। इन्होंने मुसलमान होकर हिन्दुओं की कहानियाँ हिन्दुओं की ही बोली में पूरी सहृदयता से कह कर उनके जीवन की मर्मस्पर्शिनी अवस्थाओं के साथ अपने उदार हृदय का पूर्ण सामञ्जस्य दिखा दिया।" (हिन्दी साहित्य का इतिहास, पृ० 71)

सूफी कवियों का सांस्कृतिक क्षेत्र में सबसे बड़ा महत्त्व है कि उन्होंने प्रेम-कथा के माध्यम से दो भिन्न समुदाय के लोगों में सौहार्द्र, प्रेम और परस्पर विश्वास का वातावरण उत्पन्न किया। इन कवियों की एक विशेषता यह भी है कि इनमें इस्लाम के अनुयायियों जैसी कट्टरता नहीं थी। इस्लाम का आदर करते हुए भी इन्होंने सभी धर्मों के महत्त्व को स्वीकार किया। जायसी कहते हैं कि—

विधना के मारक हैं तेते। सरग नखत तन रोवाँ जेते॥
जे हेरा ते तहवैं पावा। भा सन्तोष समुझि मन भावा॥

इन कवियों पर वेदान्त का प्रभाव भी पर्याप्त दिखायी पड़ता है। अद्वैत वेदान्त के सिद्धान्तों का 'अखरावट' में उल्लेख करते हुए जायसी कहते हैं—

बूँदहि समुद समान यह अचरज कासो कहौं।
जो हेरा सो हेरान मुहमद आपुहि आप महँ।

इस तरह से दार्शनिक स्तर पर मानव मात्र की एकता बताते हुए सूफी कवियों ने हिन्दुओं और मुसलमानों के धार्मिक तथा सामाजिक सह-अस्तित्व का मार्ग प्रशस्त किया—

एक चाक सब पिण्डा गढ़े। भाँति-भाँति के भांडा चढ़े।
तिन्ह सन्तति उपराजा भाँतिन-भाँति कुलीन।
हिन्दू तुरुक दुवो भये अपने-अपने दीन॥

जायसी ने बौद्ध, जैन तथा वैष्णव सम्प्रदायों के अहिंसा सिद्धान्तों को भी अपने काव्य में स्थान दिया है—

छाँड़हु घिउ औ मछरी माँसू। सूखे भोजन करहु गरासू॥

भारतीय समाज में अवतारवादी हिन्दुओं के साथ रहते हुए इस्लाम की मान्यताओं के विपरीत जायसी ने अवतारवाद को एक सीमा तक स्वीकार कर लिया था। उन्होंने पद्मावती के जन्म को अवतार बताते हुए लिखा है—

प्रथम सो जोति गगन निरमई। पुनि सो पिता माथ मनि भई॥
भये दस मास पूरि भै घरी। पद्मावति कन्या औतारी॥

जायसी ने पद्मावती के जन्म को राम के अवतार के रूप में वर्णित किया है—

राम अजुध्या उपजे लखन बतीसों अंग।
रावन राह रूप सब भूले दीपक जैसे पतंग॥

इस प्रकार इस्लामी सत्ता के होते हुए भी हिन्दुत्व के महत्त्व को स्वीकार करना जायसी एवं अन्य सूफी कवियों का उदारतावादी तथा मानवतावादी दृष्टिकोण है। यह सांस्कृतिक समन्वय का एक महत्त्वपूर्ण प्रयास है। इनकी कविताओं में भारतीय मान्यताओं, परम्पराओं और पर्वों-त्यौहारों तथा लोक-विश्वासों एवं सामान्य आदमी के जीवन की समस्याओं का भी बहुत सजीव चित्रण हुआ है। ऐसे वर्णनों में लोकजीवन के प्रति उनकी गहरी रुचि और आत्मीयता के दर्शन होते हैं।

काव्य-रूप

प्रेमाख्यान काव्यों को कुछ लोगों ने मसनवी काव्य माना है। मसनवियों की कथा सर्गों या अध्यायों में विभक्त नहीं होती, सारा काव्य एक ही छन्द में होता है, कथा-आरम्भ ईश्वर-स्तुति, पैगम्बर की वन्दना, तत्कालीन शासक का उल्लेख के साथ होता है। इन आधारों पर इन रचनाओं को मसनवी बताने का प्रयास किया गया है। आचार्य शुक्ल ने इनके अधिकांश रचनाकारों को मुसलमान बताया था। किन्तु आचार्य शुक्ल के समय में इस परम्परा के आठ व्याख्यान ही उपलब्ध हुए थे जिनमें से छः के रचयिता मुस्लिम थे। जबकि अब इस परम्परा से सम्बन्धित तिरपन कवियों की रचनाएँ उपलब्ध हैं जिनमें से छत्तीस हिन्दू हैं। ठीक से देखने पर ये प्रेमाख्यान पूरी तरह से मसनवी काव्य नहीं ठहरते। इनमें भारतीय परम्परा ही अधिक है। अतः ये मसनवी काव्य न होकर कथा काव्य हैं। इनकी शैली इतिवृत्तात्मक और भाषा अभिधाप्रधान है। कहीं-कहीं रूपक और प्रतीकों का भी प्रयोग हुआ है। उदाहरण के लिए पद्मावती की एक सहेली का यह कथन रूपक की विशेषताओं से संयुक्त है—

ए रानी मन देखु विचारी। ऐहि नैहर रहना दिन चारी॥
जब लगि अहै पिता कर राजू। खेलि लेहु जो खेलन आजू॥
पुनि सासुर हम गौनब काली। कित हम कित एह सरवल पाली॥

इन रचनाओं में अन्योक्ति, समासोक्ति और कुछ अन्य अलंकारों के प्रयोग से इनकी कलात्मकता बढ़ गयी है।

कृष्णभक्ति काव्य

हिन्दी साहित्य में कृष्ण काव्य अपनी सहजता और लोकोन्मुखता के कारण सर्वाधिक लोकप्रिय हुआ। इसके पीछे कृष्ण का बहुमुखी और लोकरंजक व्यक्तित्व भी है। मध्यकालीन सगुण भक्ति के आराध्य देवताओं में भगवान् श्रीकृष्ण का स्थान सर्वोपरि है। कृष्ण भारतीय पुराण और इतिहास दोनों में सर्वाधिक वर्णित हुए हैं। जो विद्वान् महाभारत को इतिहास की घटना मानते हैं वे कृष्ण को भारतीय इतिहास का सर्वाधिक प्रभावशाली व्यक्ति ठहराते हैं। महाभारत-युद्ध के सूत्रधार के रूप में उनका बुद्धि कौशल, पराक्रम, पुरुषार्थ और तेजस्वी व्यक्तित्व सर्वत्र व्याप्त है। जो विद्वान् कृष्ण को केवल अध्यात्म-क्षेत्र से सम्बद्ध ब्रह्म, परब्रह्म, नारायण, ईश्वर, विष्णु आदि के रूप में स्वीकार करते हैं, वे कृष्ण को पूर्णावतार होने के कारण सर्वोच्च देवता मानते हैं। उनके मतानुसार कृष्ण वैदिककालीन देवता हैं और महाभारत काल तक उनका निरन्तर विकास हुआ है।

कृष्ण का आरम्भिक रूप 'ऋग्वेद' के अष्टम तथा दशम मण्डल में दृष्टिगोचर होता है जहाँ सूक्तों के रचयिता ऋषि कृष्ण हैं। इसके बाद महाभारत, गीता और पुराणों में कृष्ण का विस्तृत और विविध रूपों में वर्णन किया गया है। पुराणों में नरावतार कृष्ण के दो रूप माने गये हैं—ऐश्वर्यमय कृष्ण और माधुर्यमय कृष्ण। ऐश्वर्यमय-रूप के अन्तर्गत उनकी लोकरक्षण सम्बन्धी लीलाएँ आती हैं जिनके द्वारा वे राक्षसों और दानवों का संहार करते हैं। लोकरंजक रूप उनकी माधुर्य भावना का द्योतक है जिसके लिए वे अपने भक्तों के अनुरंजन के लिए नाना प्रकार की लीलाएँ करते हैं। संस्कृत, प्राकृत तथा अपभ्रंश के काव्यों में भी कृष्ण के अनेक रूपों का वर्णन मिलता है। मध्य युग में कृष्ण-भक्ति का प्रचार ब्रज मण्डल में बड़े उत्साह के साथ हुआ। इस सन्दर्भ में बल्लभ सम्प्रदाय, निम्बार्क सम्प्रदाय, राधाबल्लभ सम्प्रदाय, हरिदासी सम्प्रदाय, गौड़ीय सम्प्रदाय का विशेष योगदान है।

बल्लभाचार्य ने ब्रज मण्डल में जिस कृष्णभक्ति को प्रतिष्ठित किया उसका दार्शनिक आधार शुद्धाद्वैत दर्शन है। साधना और व्यवहार के क्षेत्र में शुद्धाद्वैत दर्शन के साथ जिस भक्ति को स्थान दिया गया, उसका आधार उन्होंने पुष्टिमार्ग को बनाया। भगवत अनुग्रह या कृपा को 'पुष्टि' कहा गया है। इसी प्रक्रिया पर पुष्टि मार्ग की भक्ति अवलम्बित है। पुष्टि मार्ग भगवान् के अनुग्रह का मार्ग है। इस मार्ग के पथिक किसी लौकिक या बाह्य साधन का आश्रय नहीं लेते। बल्लभाचार्य के अनुसार यही सर्वश्रेष्ठ भक्ति मार्ग है। भगवान् के अनुग्रह पर निर्भर होकर भी जो मर्यादानुसार कर्म करते हैं वे मर्यादापुष्ट भक्त कहलाते हैं और जो केवल अनुग्रह या कृपा का अवलम्बन लेते हैं, वे शुद्ध पुष्ट भक्त हैं। पुष्टिमार्गीय भक्ति रागानुका भक्ति है। इसमें किसी प्रकार के साधन या कर्मकाण्ड की आवश्यकता नहीं होती।

कृष्णभक्ति शाखा के कुछ विशिष्ट कवियों को धार्मिक दृष्टिकोण से व्यवस्थित करने के उद्देश्य से बल्लभाचार्य के पुत्र विट्ठलनाथ ने **'अष्टछाप'** की स्थापना की। इसके अन्तर्गत बल्लभाचार्य के चार शिष्य और विट्ठलनाथ के चार शिष्य माने जाते हैं। ये आठ कवि हैं—**सूरदास, कुम्भनदास, परमानन्ददास, कृष्णदास, छीतस्वामी, गोविन्द स्वामी, चतुर्भुजदास** और **नन्ददास**। कृष्णभक्ति शाखा के अन्य कवियों में श्रीभट्ट, हरिव्यासदेव, परशुरामदेव, हितहरिवंश, दामोदरदास, हरिरामव्यास, ध्रुवदास, नेही नागरीदास, स्वामी हरिदास, नागरीदास, गदाधर भट्ट, चन्द्रगोपाल, भगवानदास, मीराबाई (1504-1563 ई०) रसखान, नरोत्तम दास आदि उल्लेखनीय हैं।

कृष्णभक्ति काव्य के रचनाकारों में सूरदास का स्थान सर्वोपरि है। इनका जीवन-वृत्त इनकी अपनी कृतियों से आंशिक रूप में और वाह्यसाक्ष्य के आधार पर अधिक उपलब्ध होता है। सूरदास का जन्म-स्थान दिल्ली के निकट सीही नामक गाँव में बताया जाता है। इनका जन्म-काल 1483 ई० में माना गया है। इनके जन्मान्ध होने या बाद में अन्धत्व प्राप्त करने के विषय में अनेक किंवदन्तियाँ एवं मान्यताएँ फैली हुई हैं। वार्ता ग्रन्थों के अनुसार 1509-1510 के आस-पास उनकी भेंट बल्लभाचार्यजी से हुई और तभी शिष्यत्व ग्रहण किया। तब से वे चन्द्रसरोवर के निकट पारसोली गाँव में रहने लगे थे। वहीं 1585 ई० में उनका देहान्त हुआ। सूरदास द्वारा रचित तीन ग्रन्थ प्रसिद्ध हैं—सूरसागर, सूरसारावली और साहित्यलहरी। इनमें सूरसागर अत्यन्त प्रसिद्ध ग्रन्थ है। उनके काव्य ग्रन्थों में राधाकृष्ण के प्रेम की चर्चा मनोहर और विलक्षण ढंग से हुई है। पूरा काव्य वात्सल्य और श्रृंगार के सुन्दर चित्रण से भरा हुआ है। इनमें मुख्य रूप से कृष्ण के बचपन से किशोरावस्था तक का वर्णन है। सूर का वात्सल्य और श्रृंगार चित्रण अप्रतिम है। आचार्य शुक्ल के शब्दों में, "श्रृंगार और वात्सल्य के क्षेत्र में इस महाकवि ने मानों औरों के लिए कुछ छोड़ा ही नहीं।" आचार्य हजारीप्रसाद द्विवेदी ने लिखा है कि "हमारे जाने हुए साहित्य में इतनी तत्परता, मनोहारिता और सरसता के साथ लिखी हुई बाल-लीला अलभ्य है। बाल कृष्ण की एक-एक चेष्टाओं के चित्रण में कवि कमाल की होशियारी और सूक्ष्म निरीक्षण का परिचय देता है।" सूर के प्रेम के बारे में आचार्य शुक्ल की यह टिप्पणी द्रष्टव्य है कि "सूर प्रेम संयोग के समय सोलह आने संयोगमय हैं और वियोग के समय सोलह आने वियोगमय हैं, क्योंकि उनका हृदय बालक का था जो अपने प्रिय के क्षणिक वियोग में अधीर हो उठता है और क्षणिक सम्मिलन में सब कुछ भूल कर किलकारियाँ मारने लगता है।" उनके कवि व्यक्तित्व को रेखांकित करते हुए शुक्लजी ने लिखा है कि—"जयदेव की देव वाणी की स्निग्ध पीयूष-धारा, जो काल की कठोरता में दब गयी थी अवकाश पाते ही लोक भाषा की सरसता में परिणत होकर मिथिला की अमराइयों में विद्यापति के कोकिल कण्ठ से प्रकट हुई और आगे चलकर ब्रज के करील-कुंजों के बीच फैल मुर्झाये मनों को सींचने लगी। आचार्यों की छाप लगी हुई आठ वीणाएँ श्रीकृष्ण की प्रेमलीला का कीर्तन करने उठीं जिनमें सबसे ऊँची सुरीली और मधुर झन्कार अन्धे कवि सूरदास की वीणा की थी।"

हिन्दी साहित्य में मीरा का स्थान अन्यतम है। उनका जन्म सन् 1508 ई० में और मृत्यु 1558 ई० से 1563 ई० के मध्य हुई थी। उनका जन्म राजस्थान के मेड़ता राज्य के राव रतनसिंह के घर हुआ था। राव दूदा जोधावत इनके दादा थे। मीरा जब 2 वर्ष की थीं तभी उनकी माँ का निधन हो गया था। वीरमदेव इनके बड़े पिता थे जो मेड़ता के शासक थे। मेड़ता का राजपरिवार चित्तौड़ के शासक राणासाँगा का सहयोगी था। मीरा का विवाह तेरह वर्ष की अवस्था में मेवाड़ के राणासाँगा के ज्येष्ठ पुत्र भोजराज से हुआ था। 'मीरा' का राजस्थानी में उच्चारण मीराँ होता है। विद्वानों ने मीरा शब्द को संस्कृत में 'मीरः' का स्त्रीलिंग माना है जिसका अर्थ पृथ्वी, सरस्वती, सरिता आदि होता है। 'बाई' शब्द पश्चिमोत्तर भारत में स्त्रियों के लिए सम्मानार्थ प्रयुक्त होता है। मीरा बचपन से ही कृष्ण-भक्त थीं। उनका वैवाहिक जीवन अत्यन्त सुखमय था, किन्तु विवाह के कुछ वर्षों बाद ही सन् 1522 ई० में उनके पति कुँवर भोजराज की मृत्यु हो गई। वह पति-प्रेम का आदर्श निभाने वाली महिला थीं, किन्तु पति की मृत्यु के पश्चात् तत्कालीन प्रथा के अनुसार उन्होंने पति की चिता के साथ जलकर सती होने से इनकार कर दिया। उन्होंने कहा कि मैंने भगवान् श्रीकृष्ण को अपना पति मान लिया है, अतः सती नहीं होऊँगी। वह अपने को अविनाशी हरि की चिरसुहागिनी मानती थीं। उन्होंने लौकिक बन्धनों और लोक-लाज का परित्याग कर अपने मन को कृष्ण में रमा लिया। वह जोगियों और साधु-सन्तों की संगति में समय बिताने लगीं। राणासाँगा की मृत्यु के पश्चात् उनके उत्तराधिकारी विक्रमाजीत सिंह ने मीरा पर अनेक प्रकार की पाबन्दियाँ लगायीं और अत्याचार किये। उन्हें विष और सर्पदंश से मारने की कोशिश की, किन्तु मीरा पर इनका कोई असर नहीं हुआ। वह कुछ दिनों मायके में रहीं, तीर्थयात्राएँ कीं और पुष्कर-यात्रा से लौटते हुए वृन्दावन चली गयीं। कुछ दिनों वहाँ रहने के बाद द्वारका गयीं और वहीं रणछोड़जी के मन्दिर में भजन-कीर्तन करने लगीं। अपने अन्तिम समय तक वह वहीं रहीं। उनकी रचनाओं की संख्या ग्यारह बतायी जाती है, जिनमें उनके 'स्फुट पद' जो 'मीराबाई की पदावली' के नाम से उपलब्ध हैं, को उनकी प्रामाणिक रचना माना जाता है। नरसीजी का पायरा, राग सोरठ, मलार राग, राग गोविन्द, मीरा की गरबी, रक्मिणी मंगल, नरसी मेहता की हुण्डी आदि रचनाएँ भी उनके नाम से प्रसिद्ध हैं।

पति और पिता की मृत्यु के बाद मीरा को बड़ी प्रताड़ना सहनी पड़ी। उन पर अत्याचार करने वाला उनका देवर महाराजा राणा विक्रमाजीत सिंह था। वह अयोग्य, छिछोर और पतनशील सामन्ती प्रवृत्ति का प्रतिनिधि था। उस समय सामन्ती समाज और उसकी पुरुषवादी मानसिकता किसी स्त्री को और वह भी युवती स्त्री को जोगियों-साधुओं के साथ बैठने की अनुमति नहीं दे सकती थी। लेकिन मीरा ने किसी की परवाह नहीं की। उनके पास प्रेम की शक्ति थी जो मध्यकाल के कवियों की सर्वश्रेष्ठ शक्ति थी। मीरा ने प्रेम की उसी ताकत से ऐसी हुंकार भरी कि सामन्ती व्यवस्था के दुर्गों की मजबूत प्राचीरों में दरारें पड़ गयीं। खोखली मर्यादाओं की बुनियादें हिल गयीं। राणा ने जब उन्हें तरह-तरह

से अपमानित और बदनाम करने की कोशिशें कीं तो उन्होंने कहा कि मुझे यह बदनामी अच्छी लगती है। कोई मेरी निन्दा करे या स्तुति, मैं तो अपनी अनूठी चाल ही चलूँगी।

राणा जी म्हाने या बदनामी लागे मीठी।
कोई निंदो कोई बिंदो मैं चलूँगी चाल अपूठी।

जब उन्हें लोक-लाज और कुल-खानदान की मर्यादा का उपदेश दिया गया तो उन्होंने कहा कि मैंने तो हरि-चरणों पर और सन्तजनों पर अपना तन-मन न्यौछावर कर दिया है। लोक-लाज को मैंने पानी की तरह बहा दिया है। मैं तो हरि-प्रेम में बावली हो चुकी हूँ, जिसे शर्म आती हो वह अपने घर का परदा कर ले—

लोकलाज कुल काण जगत की, दइ बहाय जस पाणी।
अपने घर का परदा कर ले, मैं अबला बौराणी।

मीरा ने राणा (सिसौदिया) की खुलकर आलोचना की जो उस समय में सामान्य बात नहीं थी। उन्होंने कहा कि मैं तो गोविन्द के गुण गाऊँगी। सिसौदिया रूठकर मेरा क्या कर लेगा? बहुत करेगा तो अपना देश रख लेगा। लेकिन हरि रूठ गये तो मैं तो कुम्हला जाऊँगी—

सीसोद्यो रूठ्यो म्हाँरो काई कर लेसी।
म्हें तो गुण गोविन्द का गास्याँ हो भाई॥
राणो जी रूठ्याँ बारो देस रख्यासी।
हरि रूठ्याँ कुम्हलास्याँ, हो भाई।

कृष्ण के प्रति मीरा अपना प्रेम जन्म-जन्म का बताती हैं—'पूर्व जन्म की प्रीत पुराणी, सो क्यूँ छोड़ी जाय'। उन्होंने आँसुओं के जल से सींच-सींच कर प्रेम की बेल को पल्लवित किया है। कृष्ण का रूप उन्हें लुभाता ही नहीं, बावरी भी बना देता है। उस रूप की चर्चा वह बार-बार करती हैं—'हेयाँ बड़ी-बड़ी अँखियन वारो साँवरो मोतन हेरत हँसिके। / भौंह कमान बान बाँके लोचन, मारत हियरे कसिके।' 'म्हा मोहणरो रूप लुभाणी।' 'थारो रूप देख्याँ अटकी।' 'आली री म्हारे णेणाँ बाण पड़ी। / चित्त चढ़ी म्हारे माधुरी मूरत, हिवड़ा अणु गड़ी।' कभी कृष्ण के कारण उन्हें नींद नहीं आती, कभी उनके सपने में आ जाते हैं, कभी कृष्ण को वह मोल ले लेती हैं, कभी कृष्ण के हाथों बिक जाती हैं, कभी उनके आगे नाचकर उन्हें रिझाती हैं, कभी उनके घर जाने की हठ ठानती हैं और अन्ततः घोषणा कर देती हैं कि—'मेरे तो गिरिधर गोपाल दूसरो न कोई।' अद्‌भुत है मीरा का यह प्रेम जिसे कोई भी बाधा रोक नहीं पाती।

मीरा के पदों में मोहन, गिरिधर, स्याम और जोगी आदि के प्रति जो तड़प और मार्मिक पुकार है, उसे पढ़ते-गुनते हुए मन में यह विचार भी कौंधता है कि कहीं ऐसा तो नहीं कि जो पति कुछ दिन साथ रहकर और जीवन का सुख-सौभाग्य देकर सदा के लिए चला गया था, कृष्ण के रूप में वह उसी को देखने-पाने की कोशिश कर रही थीं? उनका पति-प्रेम कृष्ण-प्रेम में समाहित होकर और प्रबल हो गया था? इश्क मजाजी का

इश्क हकीकी में यह परिवर्तन अस्वाभाविक नहीं है। 'कैतो जोगी जग में नाहीं कैर बिसारी मोई। / काइ करूँ कित जाऊँ री सजनी नैण गुमायो रोई॥' जैसी पंक्तियाँ उसी भाव की ओर संकेत करती हैं।

मीरा स्त्री-विमर्श की शुरुआत करने वाली (हिन्दी में) पहली कवयित्री हैं। सूर, नन्ददास, रसखान आदि कवियों के कृष्ण-काव्य से उनकी कविता इस अर्थ में अलग और महत्त्वपूर्ण है कि उन कवियों ने कृष्ण और गोपियों के प्रेम का वर्णन किया है, किन्तु मीरा ने अपने प्रेम का वर्णन किया है। वह पहली रचनाकार हैं जिन्होंने सारी वर्जनाओं को नकारते हुए और जीवन का विषपान करते हुए डंके की चोट पर कहा कि हाँ, मैं प्रेम करती हूँ।

कृष्ण-भक्ति के श्रेष्ठ और सरस कवि **रसखान** का पूरा नाम सैयद इब्राहिम खाँ रसखान था। अध्येताओं ने उनकी जन्म-तिथि सन् 1539 ई० और मृत्यु-तिथि सन् 1618 ई० निश्चित की है। उनका जन्म हरदोई ज़िले के पिहानी में एक सम्पन्न परिवार में हुआ था। कहा जाता है कि ये सैयद अब्दुल गफ़ूर के वंशज थे जिन्हें सम्राट् हुमायूँ से जागीर मिली थी। शेरशाह सूरी द्वारा पीछा करने पर हुमायूँ को कन्नौज के काजी सैयद अब्दुल गफ़ूर ने आश्रय दिया था जिसके उपलक्ष्य में हुमायूँ ने उन्हें हरदोई ज़िले के शाहाबाद में 5000 बीघा जंगल और पाँच गाँव दिये थे। आचार्य शुक्ल ने लिखा है कि रसखान 'पहले एक बनिये के लड़के पर आसक्त थे।' उन्होंने यह भी लिखा है कि 'जिस स्त्री पर ये आसक्त थे वह बहुत मानवती थी और इनका अनादर किया करती थी। एक दिन ये श्रीमद्भागवत का फारसी तर्जुमा पढ़ रहे थे। उसमें गोपियों के अनन्य और अलौकिक प्रेम को पढ़कर इन्हें ध्यान हुआ कि उसी से क्यों न मन लगाया जाय जिस पर इतनी गोपियाँ मरती थीं। इसी बात पर ये वृन्दावन चले आये।' (हिन्दी साहित्य का इतिहास, पृ० 131-132) रसखान की कविता में इस बात का साक्ष्य भी मिलता है—

तोरि मानिनी ते हियो फोरि मानिनी मान।
प्रेमदेव की छबिहि लखि भए मियाँ रसखान॥

उन्होंने विट्ठलनाथजी से वल्लभ सम्प्रदाय में दीक्षा ली थी। वे तुलसीदास के समकालीन थे और 'मूलगुसाईं चरित' में इस बात का उल्लेख है कि गोस्वामीजी ने रामचरितमानस की कथा सबसे पहले रसखान को ही सुनायी थी। कृष्ण के अद्भुत सौन्दर्य का चित्रण और प्रेम की तन्मयता उनकी कविताओं की खास विशेषता है। उन्होंने शुद्ध और प्रवाहपूर्ण ब्रजभाषा का सुन्दर प्रयोग किया है। दानलीला, सुजान रसखान, प्रेम वाटिका और अष्टयाम इनकी प्रसिद्ध कृतियाँ हैं। 'सुजान रसखान' में कवित्त-सवैये, 'प्रेम वाटिका' में 53 दोहे तथा 'दानलीला' में 11 छन्द हैं। 'अष्टयाम' में कृष्ण के जागरण से रात्रि-शयन तक की दिनचर्या का वर्णन है। श्रीकृष्ण के रूप-माधुर्य और प्रेम का सरस गान करने वाले रसखान ने लौकिक प्रेम से अलौकिक प्रेम तक की यात्रा की थी। यहाँ उनके कुछ उदाहरण प्रस्तुत हैं—

ब्रह्म मैं ढूँढ्यो पुरानन गानन, वेदरिचा सुनी चौगुने चायन।
देख्यो सुन्यो कबहूँ न कहूँ वह कैसे सरूप औ कैसे सुभायन॥
टेरत हेरत हारि पर्‌यो, रसखान बतायो न लोग लुगायन।
देख्यो दुरो वह कुंज कुटीर में बैठो पलोटत राधिका पायन॥
जात हुती जमुना जल को मनमोहन घेरि लियो मग आय कै।
मोद भर्‌यो लपटाय गयो पट घूँघट टार दियो चित चाय कै॥
और कहा रसखान कहों मुख चूमत घातन बात बनाय कै।
कौन निभै कुलकानि किये हिये साँवरी मूरत की छवि छाय कै॥
कमल तन्तु सो क्षीणतर, कठिन खड्ग को धार।
अति सूधो टेढ़ो बहुत, प्रेमपंथ अनिबार॥
दो मन इक होते सुन्यो, पै वह प्रेमन आहि।
होइ जबै द्वै तनहुइक, सोई प्रेम कहाहि॥

रहीम (1556-1627 ई०) का पूरा नाम अब्दुर्रहीम खानखाना था। खानखाना उनकी उपाधि थी और रहीम नाम से वे कविता लिखते थे। रहीम के पिता बैरम खाँ तुर्किस्तान के रहने वाले थे। हुमायूँ के यहाँ नौकरी करते हुए उनके विश्वस्त बन गये थे। हुमायूँ की मृत्यु (1556 ई०) के समय अकबर जिसकी उम्र 13 वर्ष थी, को बैरम खाँ ने बादशाह घोषित करवाने के बाद उसकी हर प्रकार से मदद की थी। किन्तु बाद में (1560 ई०) अकबर के मन में बैरम खाँ के प्रभाव से मुक्त होकर सत्ता संचालित करने की इच्छा हुई और उसने बैरम खाँ को हज यात्रा पर जाने का हुक्म देकर उसकी हत्या करवा दी। उस समय रहीम की उम्र चार साल थी। बड़े होकर रहीम अपने पिता की भाँति कुशल योद्धा तो बने ही, विद्वान् और कवि भी बने। वे अकबर के विश्वस्त और उसके नवरत्नों में भी थे। अकबर की मृत्यु के बाद जहाँगीर ने भी उन्हें पहले की ही तरह सम्मान दिया। किन्तु जहाँगीर की पत्नी नूरजहाँ को रहीम का शाहजहाँ से मिलना पसन्द नहीं था। वह अपने दामाद शहरयार को मुगल साम्राज्य का वारिस बनाना चाहती थीं। इस पारिवारिक संघर्ष और साजिशों के कारण उनके दोनों पुत्र और पौत्र मरवा दिये गये और रहीम को कैद कर लिया गया। लगभग 70 साल की उम्र में वे रिहा हुए और उन्हें पुनः खानखाना की पदवी एवं सम्मान वापस मिला। जिस महावत खाँ के षड्यन्त्रों के कारण उन पर दुःखों का पहाड़ टूटा था, उसी के विद्रोह को दबाने के लिए उन्हें भेजा गया और उसे परास्त करके लौटने के कुछ दिनों बाद उनकी मृत्यु हो गयी।

रहीम बहुभाषाविद् थे। उन्हें हिन्दी, संस्कृत, फ़ारसी की अच्छी जानकारी थी। उन्होंने ब्रजभाषा, अवधी, खड़ी बोली और संस्कृत में कविताएँ लिखीं। उनकी कविताओं में भक्ति, नीति और शृंगार की प्रवृत्तियाँ प्रमुख हैं। उन्होंने मुसलमान होकर हिन्दू देवी-देवताओं का स्तुति-गान किया है। कृष्ण, राम, शिव, गंगा आदि पर उनकी सुन्दर कविताएँ उपलब्ध हैं। तत्कालीन कटुता-भरे समाज में उन्होंने अपनी उदार जीवन-शैली और कविताओं के माध्यम से लोगों में प्रेम और सौमनस्य कायम करने की कोशिश की। उनकी सहृदयता, उदारता और

दान की अनेक कहानियाँ प्रसिद्ध हैं। उन्होंने दोहा, बरवै, सवैया और पद शैली में कविताएँ लिखी हैं। 'बरवै नायिका भेद', 'नगर शोभा', 'रहीम दोहावली', 'श्रृंगार सोरठ', 'मदनाष्टक', 'रास पंचाध्याय' उनकी प्रसिद्ध रचनाएँ हैं। उन्होंने अपनी कविताओं के सारे दृष्टान्त प्राचीन भारतीय ग्रन्थों और लोक जीवन से लिये हैं। इसीलिए उन जैसे कवियों के लिए कहा गया है—इन मुसलमान हरिजनन पे कोटिक हिन्दू वारिए।

गोस्वामी तुलसीदास से रहीम के अत्यन्त आत्मीय सम्बन्ध थे। कहा जाता है कि एक बार वे वृन्दावन गये। उन्हें मन्दिर में प्रवेश नहीं मिला तो वे गोविन्ददेव मन्दिर के सामने बैठ गये। वहाँ उन्होंने दो पद गाये और स्वयं गोविन्द ने आकर उन्हें दर्शन और प्रसाद दिया। उनके कुछ उदाहरण प्रस्तुत हैं—

कमलदल नैन की उनमानि।
बिसरत नाहिं सखी मो मन ते मंद-मंद मुसकानि॥
वह दसननि दुति चपला हू ते महा चपल चमकानि।
बसुधा की बसकरी मधुरता सुधा-पगी बतरानि॥
चढ़ी रहे चित उर विसाल की मुकुलमाल थहरानि।
नृत्य समय पीतांबर हू की फहरि फहरि फहरानि॥
अनुदिन श्री वृंदावन ब्रजतें आवन आवन जानि।
अब रहीम चित ते न टरत है सकल स्याम की बानि॥
जो रहीम मन हाथ है, मनसा कहुँ किन जाहिं।
जल में ज्यों छाया परी, काया भीजति नाहिं॥
धूरिधरत नित सीस पै, कहु रहीम केहि काज।
जेहि रज मुनि पत्नी तरी, सो ढूँढत गजराज॥
उरग, तुरग, नारी, नृपति, नीच जाति, हथियार।
रहिमन इन्हें सम्हारिये, पलटत लगे न बार॥
प्रीतम छवि नैनन बसी, पर छवि कहाँ समाय।
भरी सराय रहीम लखि, पथिक आप फिरि जाय॥
वे रहीम नर धन्य हैं, पर उपकारी अंग।
बाँटन वारे को लगे, ज्यों मेहदी को रंग॥
खैर, खून, खाँसी, खुसी, बैर, प्रीति, मदपान।
रहिमन दाबे ना दबैं, जानत सकल जहान॥
कदली, सीप, भुजंग-मुख, स्वाति एक गुन तीन।
जैसी संगति बैठिए, तैसोई फल दीन॥

भोरहिं भोलि कोइलिया, बढ़वति ताप।
धरी एक भरि अलिया! रहु चुपचाप॥
पीतम इक सुमरिनियाँ मोहिं देइ जाहु।
जेहि जपि तोर बिरहवा करब निबाह॥

कृष्णभक्ति काव्य की प्रवृत्तियाँ

लोकरंजकता

कृष्णभक्ति धारा के विस्तृत प्रचार-प्रसार के पीछे मुख्य कारण कृष्ण का लोकरंजक व्यक्तित्व था। निर्गुण कवियों की नीरसता और रामभक्त कवियों के कठोर मर्यादावाद, नैतिकता और नीरस आदर्शवाद से आम जनता का मन ऊब चुका था। उन्हें मनोरंजन के लिए किसी ऐसे अवलम्बन की आवश्यकता थी जिससे उनका मन सरस हो उठे। ऐसे समय में विष्णु के अवतार स्वरूप कृष्ण का आविर्भाव हुआ। आचार्य शुक्ल ने इसे अवसर के अनुकूल मानते हुए लिखा है कि—"जिस प्रकार बंग देश में कृष्ण चैतन्य ने उसी प्रकार उत्तर भारत में बल्लभाचार्यजी ने कृष्ण के प्रेमाभाव की उस आनन्ददायनी कला का दर्शन कराकर, जिसे प्रेम कहते हैं, जीवन में सरसता का संचार किया। दिव्य प्रेम संगीत की धारा में इस लोक का सुखद पक्ष निखर आया और जमती हुई उदासियाँ खिल गयीं।"

निर्गुण ब्रह्म का विरोध

कृष्णभक्त कवियों ने निर्गुण मार्ग को असम्भव, दुरूह और अगम मानते हुए बार-बार उसका तार्किक ढंग से विरोध और खण्डन किया है। कहीं-कहीं उसका उपहास भी किया है—

अवगति गति कुछ कहत न आवे। ....
रूप रेख गुन जाति जुगति बिनु निरालंब कित धावैं।
सब विधि अगम विचारहिं ताते सूर सगुन पद गावैं।

इसी प्रकार उद्धव के ज्ञान योग के प्रवचन सुनकर उसे अपने सीधे-सादे प्रेम मार्ग की अपेक्षा दुर्गम और दुर्बोध जानकर गोपियाँ कहती हैं—

काहें को रोकत मारग सूधो।
सुनहु मधुप निर्गुन कंटक तें राज पंथ क्यों रूँधो।
ताको कहाँ परेखों कीजैं जानत छाँछ न दूधो।
सूर मूर अक्रूर गए लै ब्याज निवेरत ऊधो।

गोपियों का उद्धव को अन्तिम उत्तर है—

बार-बार ये वचन निवारो, भक्ति विरोधी ज्ञान तिहारो।

बाल वर्णन

कृष्ण के मनोरंजक रूप का आरम्भ उनकी बाल्यावस्था से ही हो जाता है। कृष्ण पालने में कभी आँख मूँद कर सोते हुए नन्द-यशोदा और ब्रजवासियों को मुग्ध करते हैं। कभी मिट्टी खाते हैं, कभी खेलते हैं, कभी झगड़ते हैं, कभी माखन चुराते हैं और झूठ बोलते हैं। इस प्रकार की अनेक बालसुलभ चेष्टाएँ सूर एवं अन्य कवियों की रचनाओं में भरी हुई हैं। सूर की इन्हीं विशेषताओं को देखकर आचार्य शुक्ल ने लिखा है कि

"वात्सल्य और शृंगार के क्षेत्रों का जितना अधिक उद्घाटन सूर ने अपनी बन्द आँखों से किया उतना किसी और कवि ने नहीं। इन क्षेत्रों का कोना-कोना वे झाँक आये।" यहाँ वात्सल्य के कुछ उदाहरण द्रष्टव्य हैं—

मैया कबहि बढ़ेगी चोटी।
किती बार मोहिं दूध पियत भई यह अजहूँ है छोटी। —सूरदास
धूरि भरे अति सोभित स्याम जू तैसी बनी सिर सुन्दर चोटी।
खेलत खात फिरैं अंगना, पग पैजनि बाजति पीरी कछोटी।
वा छवि को रसखान बिलोकत वारत काम कला निज कोटी।
काग के भाग बड़े सजनी हरि हाथ सो लै गयो माखन-रोटी॥—रसखान

सौन्दर्य-वर्णन

कृष्ण काव्य में कृष्ण के विविध रूपों का बहुत मनोहारी वर्णन हुआ है। इन कवियों ने कृष्ण के जन्म से लेकर उनकी बाललीलाओं और युवावस्था का बहुत आकर्षक चित्र प्रस्तुत किया है। कृष्ण का सौन्दर्य अपने विविध रूपों में लोगों का मन आकर्षित करता है। कभी वह लड़खड़ाते हुए दो-एक कदम चलते हैं और उनके पैरों के नूपुर बज उठते हैं, कभी अपनी ही छाया को पकड़ने की कोशिश करते हैं। कभी ताली बजाकर नाचते हैं और कभी गायें चराते हैं। कुछ उदाहरण देखें।

1. हरि जू की बात छवि कहौं बरनि।
   सकल सुख को सींव कोटि मनोज सोभा हरनि।
2. कान्ह चलत पग दै-दै धरनी।
   जो मन में अभिलाष करति हो, सो देखति नन्द घरनी।
   रुनुक-झुनुक नूपुर पग बाजत, धुनि अतिही मन हरनी।
   बैठि जात पुनि उठत तुरतहीं सो छवि जाइ न बरनी।
3. देखि सखी अधरनि की लाली।
   मनि मरकत तैं सुभग कलेवर ऐसे हैं बन माली।

प्रेम-वर्णन

वात्सल्य के अतिरिक्त प्रेम ही कृष्ण-कवियों का केन्द्रीय तत्त्व है। प्रेम के जितने वैविध्यपूर्ण चित्र अकेले सूरदास में देखने को मिलते हैं उतने सम्पूर्ण हिन्दी साहित्य में दुर्लभ हैं, "सूर के प्रेम की उत्पत्ति में रूप-लिप्सा और साहचर्य दोनों का योग है। बाल-क्रीड़ा के सखा-सखी आगे चलकर यौवन के सखा-सखी हो जाते हैं। गोपियों ने उद्धव से साफ कहा है—लरिकाई को प्रेम कहौ अलि कैसे छूटे? ......बाल-क्रीड़ा इस प्रकार क्रमशः यौवन क्रीड़ा के रूप में परिणत होती गयी कि सन्धि का पता ही नहीं चलता।" (आचार्य रामचन्द्र शुक्ल) शृंगार के संयोग और वियोग दोनों पक्षों का इन कवियों ने खूब वर्णन किया है। इस दृष्टि से कृष्ण और राधा के प्रथम मिलन का वर्णन बहुत आकर्षक है—

खेलन हरि निकसे ब्रज खोरी।
गये स्याम रवि तनया के तट, अंग लसत चन्दन की खोरी।
औचक ही देखी तहँ राधा, नैन विसाल भाल दिये रोरी।
सूर स्याम देखत ही रीझै, नैन-नैन मिलि रहे ठगोरी।

इसके बाद दोनों का परिचय होता है—

बूझत स्याम कौन तू गोरी।
कहाँ रहत काकी है बेटी, देखी नाहिं कहूँ ब्रज खोरी।
काहें को हम ब्रज तन आवति, खेलति रहति आपनों पौरी।
सुनत रहत श्रवनन नन्द ढोटा, करत रहत माखन दधि चोरी।
तुम्हरो कहा चोरि हम लैहें? खेलन चलौ संग मिलि जोरी।
सूरदास प्रभु रसिक सिरोमनि, बातन भुरई राधिका भोरी।

यही प्रेम गोपियों के जीवन में सहज उल्लास बन कर आता है। इस प्रणय भावना को कृष्णभक्त कवियों ने जीवन के सहज उल्लास और यौवन के सहज आवेग के रूप में नितान्त वर्जनाहीन ढंग से चित्रित किया है। प्रेम का विकास यहाँ कई रूपों में होता है। गाय दुहते हुए कृष्ण की यह शरारत देखने लायक है—

धेनु दुहत अति ही रति बाढ़ी।
एक धार दोहनि पहुँचावत एक धार जहँ प्यारी ठाढ़ी।

इस पर राधा का यह कथन बहुत स्वाभाविक है—

तुम पै कौन दुहावे गैया।
इत चितवत उत धार चलावत, एहि सिखयो है मैया?

इस प्रकार यह प्रेम नित्य प्रति के जीवन में लगातार विकसित होता रहता है। सूर और दूसरे कृष्ण धारा के कवियों ने प्रेम के संयोग-वर्णन का जितना सुन्दर रूप प्रस्तुत किया है उनका वियोग-वर्णन भी उतना ही सजीव और जीवन्त है। सूर का वियोग-वर्णन अत्यन्त मार्मिक, पीड़ादायक और प्रभावशाली है। इनकी कविताओं में वियोग की समस्त दशाओं का चित्रण मिलता है।

वात्सल्य वियोग

संदेसो देवकी सो कहियो।
हौं तो धाय तिहारे सुत की मया करत ही रहियो।

प्रेम वियोग

अति मलीन वृषभानु कुमारी।
हरि श्रम जल भीज्यो उर अंचल तिहिं लालच न धुवावति सारी।

विरह के ऐसे अनेक उदाहरण हैं जो गोपियों की त्रासद स्थितियों का बहुत अच्छा बयान करते हैं, उन्हें स्वप्न में भी विरह से छुटकारा नहीं मिलता—

हमको सपने हूँ में सोच।
जा दिन ते बिछुरे नन्द नन्दन ता दिन ते यह पोच।

मनु गुपाल आये मेरे गृह, हँस करि भुजा गही।
कहा कहौं बैरिन भई निदिया निमिष न एक रही।

भक्ति

कृष्णभक्त कवियों की भक्ति का मेरुदण्ड है पुष्टिमार्गी भक्ति। इसमें भक्त अपना सब कुछ विसर्जित करके अपने आपको भगवान् की शरण में छोड़ देता है। पुष्टिमार्गीय भक्ति को अपनाने के बाद भगवान् स्वयं अपने भक्त का ध्यान रखते हैं। भक्त तो ईश्वर के अनुग्रह पर विश्वास करके बैठा रहता है। इसमें अनुग्रह ही सब कुछ है—

जापर दीनानाथ ढरै।
सोइ कुलीन बड़ौ सुन्दर सोइ जापर कृपा करै।
सूर पतित तरि जाय तनक में जो प्रभु नेक ढरै।

इन कवियों ने प्रेम और विरह के द्वारा सगुण मार्ग से कृष्ण को अपना साध्य माना है। उनके कृष्ण सखा रूप में भी सर्वशक्तिमान परमेश्वर हैं। सख्य भक्ति का दो रूपों में प्रस्फुटन हुआ है—पहले रूप में ग्वाल-बालों के साथ कृष्ण का सखा रूप में विचरण करना और कृष्ण के अतिरिक्त किसी और में ध्यान न रखना वर्णित है। दूसरा रूप है गोपियों का कृष्ण के प्रति प्रेम भाव। इसमें विरहजन्य वेदना के कारण उनकी तल्लीनता की मात्रा अधिक व्यक्त हुई है। एक उदाहरण देखें—

उर में माखन चोर गड़े।
अब कैसहु निकसत नहिं ऊधो, तिरछे ह्वै जु अड़े।

ये कवि कृष्ण के सामने न तो स्वर्ग को कुछ समझते हैं और न ही किसी राजा-महाराजा को। परमानन्ददास ने कृष्ण और ब्रज मण्डल का महत्त्व बताते हुए लिखा है—

कहा करौं बैकुंठहि जाइ।
जहँ नहिं नन्द जहाँ न जसोदा, नहि जहँ गोपी ग्वाल न गाइ।
जहँ नहिं जल जमुना को निर्मल और नहीं कदमन की छाँय।
परमानन्द प्रभु चतुर ग्वालिनी ब्रज रज तजि मेरी जाय बलाय।

इनकी भक्ति में अन्य भक्त रचनाकारों की भाँति दैन्य की प्रवृत्ति भी दिखलायी पड़ती है—

अबकी राखि लेहु भगवान।
हौं अनाथ बैठ्यों द्रुम डरिया पारधि साध्यो बान।

भाषा-शैली

कृष्णभक्त कवियों की भाषा ब्रज है। इनकी शैली मुक्तक और गेय है जिसमें अनेक राग-रागिनियों का प्रयोग हुआ है। इनके मुख्य छन्द पद, दोहा, सवैया और कवित्त हैं। उपमा, उत्प्रेक्षा, रूपक, श्लेश, अनुप्रास और अतिशयोक्ति अलंकारों का प्रयोग अधिक हुआ है।

कृष्ण काव्य में प्रेम का समर्पण और उल्लास तो है लेकिन जीवन के अन्य क्षेत्रों में उसका विस्तार नहीं है। इस काव्य की अन्तर्वस्तु का क्षेत्र सीमित है। इस विषय में आचार्य शुक्ल ने लिखा है कि—"कृष्णभक्ति परम्परा में श्रीकृष्ण की प्रेममयी मूर्ति को ही लेकर प्रेमतत्व की बड़े विस्तार के साथ व्यंजना हुई है, उनके लोकपक्ष का समावेश उसमें नहीं है। इन कृष्णभक्तों के कृष्ण प्रेमोन्मत्त गोपिकाओं से घिरे हुए गोकुल के कृष्ण हैं, बड़े-बड़े भूपालों के बीच लोक व्यवस्था की रक्षा करते हुए द्वारका के श्रीकृष्ण नहीं हैं। कृष्ण के जिस मधुर रूप को लेकर वे भक्त कवि चले हैं, वह हास-विलास की तरंगों से परिपूर्ण अनन्त सौन्दर्य का समुद्र है। उस सार्वभौम प्रेमालम्बन के सम्मुख मनुष्य का हृदय निराले प्रेमलोक में फूला-फूला फिरता है। अतः इन कृष्णभक्त कवियों के सम्बन्ध में यह कह देना आवश्यक है कि वे अपने रंग में मस्त रहने वाले जीव थे, तुलसीदासजी के समान लोकसंग्रह का भाव इनमें न था। समाज किधर जा रहा हैं, इसकी परवाह ये नहीं रखते थे।" (हिन्दी साहित्य का इतिहास, पृ० 112)

●

रामभक्ति काव्य

मर्यादापुरुषोत्तम राम के शील, शक्ति एवं सौन्दर्य से मण्डित अलौकिक व्यक्तित्व के विविध रूपों ने जन-मानस को प्रागैतिहासिक युग से लेकर आधुनिक युग तक आकृष्ट किया है। राम काव्य परम्परा के उद्भव और विकास का अनुशीलन करने वाले विद्वानों के मतानुसार राम उत्तरवैदिक काल के दिव्य पुरुष हैं। ऋग्वेद में राम का उल्लेख प्रतापी यजमान तथा वनवासी के रूप में हुआ है। डॉ० कामिल बुल्के के अनुसार वेदों में राम का तात्पर्य दशरथ-पुत्र राम नहीं, अपितु अन्यान्य व्यक्तियों से है। उपलब्ध प्रमाणों के आधार पर वाल्मीकि रामायण को आदिकाव्य मानकर राम कथा का मूल स्रोत स्वीकार किया जाता है। उसका रचना-काल ग्यारहवीं शताब्दी ई० पूर्व से लेकर तीसरी शताब्दी ई० पूर्व के मध्य माना गया है। 'वाल्मीकि रामायण' की कथा महाभारत में भी अनेक स्थलों पर विविध प्रसंगों में वर्णित है। वाल्मीकि के राम अलौकिक महापुरुष हैं, किन्तु महाभारत में उनका स्वरूप अवतारी है। रामायण की कथा किंचित् परिवर्तनों के साथ संस्कृत, प्राकृत, अपभ्रंश तथा अन्य भारतीय भाषाओं में भी उपलब्ध होती है। अगस्त्य संहिता, राघवीय संहिता, राम रहस्योपनिषद्, आध्यात्म रामायण, आनन्द रामायण, अद्भुत रामायण, भुशुण्डि रामायण, हनुमत संहिता, राघवोल्लास, विष्णु पुराण, वायु पुराण, भागवत पुराण और कूर्मपुराण में भी रामकथा वर्णित है। बौद्ध और जैन ग्रन्थों में भी राम कथा के अनेक उदाहरण प्राप्त होते हैं। भवभूति प्रणीत 'उत्तररामचरित' जिसमें सीता-वनवास की मार्मिक घटना का वर्णन है, इस परम्परा की एक महत्त्वपूर्ण कृति है। राम कथा की परम्परा में बँगला में कृत्तिवासी कृत रामायण, तमिल के महाकवि कम्ब कृत कम्बरामायण, मराठी के सन्त एकनाथ द्वारा प्रणीत भावार्थ रामायण भी उल्लेखनीय है।

हिन्दी साहित्य में जो राम काव्य विकसित हुआ उसके दार्शनिक एवं सैद्धान्तिक आधार रूप में श्री रामानुजाचार्य द्वारा प्रवर्तित श्री सम्प्रदाय और विशिष्टाद्वैत वाद को स्वीकार किया जाता है। श्री सम्प्रदाय में नारायण की उपासना की जाती है, जो कालान्तर में विष्णु से होती हुई राम तक पहुँच गयी। रामानुजाचार्य ने शंकर के अद्वैतवाद का खण्डन करके जीव की स्थिति को सत्य बताया। इनके अनुसार परब्रह्म यानी जीव और अचित् यानि दृश्य जगत् सभी अविनाशी हैं। ब्रह्म स्वतन्त्र है तथा चित् और अचित् उसी पर निर्भर हैं। चित्-अचित् ब्रह्म से निर्मित हैं किन्तु ब्रह्म के समान नहीं हैं। प्रयत्न करने पर ये ब्रह्म में लीन हो सकते हैं, किन्तु उससे अभिन्न नहीं हो सकते। सृष्टि के होने पर वे पुनः ब्रह्म से अलग हो जाते हैं, अद्वैत नहीं हो पाते।

हिन्दी में राम काव्य परम्परा की वास्तविक शुरुआत **स्वामी रामानन्द** से मानी जाती है। इनका समय 1450 से 1525 के बीच माना जाता है। इन्होंने रामावत सम्प्रदाय चलाया था। इन्होंने भक्ति के क्षेत्र में अनेक क्रान्तिकारी परिवर्तन किये और राम की मर्यादा भक्ति

को आदर्श और आचरण की पवित्रता से मण्डित रखते हुए जन साधारण के लिए सुगम बनाया। इनके शिष्यों में निर्गुण सन्त—कबीर, रैदास, धन्ना, पीपा आदि भी थे और कई सगुण राम भक्त भी। इनकी रचना 'आरती कीजै हनुमान लला की....' अत्यधिक प्रसिद्ध है।

'पृथ्वीराजरासो' में दशावतार वर्णन, जो मंगलाचरण के रूप में है, के अन्तर्गत कवि ने राम के अनेक प्रसंगों का विस्तृत एवं सजीव वर्णन किया है। रामकाव्य की परम्परा को आगे बढ़ाने वाले महत्त्वपूर्ण कवियों में रामानन्द के बाद अग्रदास, ईश्वरदास, गोस्वामी तुलसीदास, नाभादास, केशवदास, सेनापति, प्राणचन्द्र चौहान, माधवदास चारण, हृदयराम, नरहरिबारहट, लालदास आदि के नाम उल्लेखनीय हैं।

इन समस्त कवियों में **गोस्वामी तुलसीदास** (सन् 1532-1623) का योगदान सर्वोपरि है। कहा जाता है कि उनके पिता का नाम आत्माराम दूबे और माँ का नाम हुलसी था। इनके जन्म-स्थान के बारे में मतभेद है। कुछ लोग उनका जन्म गोंडा जिले के सूकर क्षेत्र या सोरो में मानते हैं, पर अधिसंख्य लोग उनका जन्म-स्थान बाँदा जिले के राजापुर गाँव को मानते हैं। माता-पिता के द्वारा त्याग दिये जाने के कारण इनका पालन-पोषण मुनिया नाम की दासी तथा बाबा नरहरिदास द्वारा किया गया। नरहरिदास ने उन्हें ज्ञान और भक्ति की शिक्षा दी। उनका विवाह दीनबन्धु पाठक की पुत्री रत्नावली से हुआ था। आचार्य शुक्ल ने अपने इतिहास में इनके 12 ग्रन्थों का उल्लेख किया है—दोहावली, कवित्त रामायण, गीतावली, रामचरितमानस, रामाज्ञा प्रश्नावली, विनयपत्रिका, रामललानहछू, पार्वतीमंगल, जानकीमंगल, बरवैरामायण, वैराग्य संदीपनी, कृष्णगीतावली। तुलसीदास ने अपनी रचनाओं के माध्यम से भक्तिकाव्य को एक आन्दोलन के रूप में बदल दिया। उनका 'रामचरितमानस' न केवल रामकाव्य और भक्तिकाव्य अपितु सम्पूर्ण हिन्दी साहित्य में अन्यतम स्थान रखता है। 'रामचरितमानस' जैसा लोकप्रिय ग्रन्थ दूसरा नहीं लिखा गया। तुलसी की इन कविताओं में उनकी समन्वयवादी दृष्टि सभी का ध्यान आकृष्ट करती रही है। डॉ० हजारीप्रसाद द्विवेदी के शब्दों में—"भारतवर्ष का लोकनायक वही हो सकता है जो समन्वय करने का अपार धैर्य लेकर आया हो। भारतीय जनता में नाना प्रकार की परम्परा विरोधिनी साधनाएँ, जातियाँ, आचार-विचार और पद्धतियाँ प्रचलित हैं। तुलसीदास स्वयं नाना प्रकार के सामाजिक स्तर में रह चुके थे। उनका सारा काव्य समन्वय की विराट् चेष्टा है।" उसमें लोक और शास्त्र का समन्वय, गार्हस्थ्य और वैराग्य का समन्वय, भक्ति और ज्ञान का समन्वय, भाषाओं और संस्कृति का समन्वय, निर्गुण और सगुण का समन्वय, राम और शिव की एकता तथा कृष्ण एवं राम की एकता भी समाहित है।

तुलसी की वाणी ऐसे समाधिस्थ चित्त की अभिव्यक्ति है जिसमें भारतीय समाज, दर्शन, धर्म और कला का अद्भुत् समन्वय है। उसमें 'कान्ता सम्मित' उपदेश के साथ ही 'सद्यः परिनिवृत्ति' की भी क्षमता है। उनके विषय में पाश्चात्य विद्वान स्मिथ ने लिखा है कि—"मध्यकालीन हिन्दी काव्य के द्वन्द्वजालिक उद्यान में तुलसीदास का व्यक्तित्व सबसे ऊँचे वृक्ष के समान है। यद्यपि इनका उल्लेख 'आइने-अकबरी', मुस्लिम इतिहास-ग्रन्थों

तथा उनके आधार पर लिखे गए पाश्चात्य लेखकों की रचनाओं में नहीं है, फिर भी वे अपने युग के सबसे महान् व्यक्ति थे। वे अकबर से भी महान थे। वे अपनी वाणी से कोटि-कोटि जनता के हृदय-सम्राट् बन गये थे।'' तुलसी का साहित्य शक्ति, शील और सौन्दर्य का समुच्चय है।

आचार्य केशवदास (सन् 1555-1617 ई०) रामभक्ति काव्य के दूसरे महत्त्वपूर्ण कवि हैं जिन्होंने राम को केन्द्र में रखकर 'रामचन्द्रिका' नामक प्रबन्ध काव्य की रचना की। वे असाधारण प्रतिभा के आचार्य कवि थे। तमाम विवादों के बावजूद उन्हें रीतिकाल का प्रवर्तक कवि माना जाता है। वे पण्डित कृष्णदत्त के पौत्र और पं० काशीनाथ मिश्र के पुत्र थे तथा ओरछा-नरेश महाराज इन्द्रजीत सिंह उन्हें गुरु-रूप में सम्मान देते थे। रसिक-प्रिया (1591 ई०), रामचन्द्रिका (1601), कविप्रिया (1601 ई०), रतन बावनी (1607 ई०), वीरसिंहदेव चरित (1607 ई०), विज्ञान गीता (1610 ई०), जहाँगीत जस चन्द्रिका (1612 ई०), नखशिख और छन्दमाला उनकी प्रसिद्ध रचनाएँ हैं।

केशवदास ने 'रामचन्द्रिका' लिखकर हिन्दी के सबसे बड़े आलोचक आचार्य रामचन्द्र शुक्ल को कुपित कर दिया था। केशव की इतनी हिम्मत कि उन्होंने शुक्लजी के आदर्श और आराध्य कवि तुलसीदास की परम्परा में खड़े होने का दुस्साहस किया? शुक्लजी ने केशव की कमियाँ दर्ज़ करने में लेखनी तोड़ दी। तमाम श्रेष्ठ रचनाओं के बावजूद उन्होंने केशव को फुटकल कवियों में डाल दिया और उनके विषय में अनेकानेक घोषणाएँ कर डालीं—'केशव को कविहृदय नहीं मिला था। उनमें वह सहृदयता और भावुकता न थी जो एक कवि में होनी चाहिये।' इत्यादि। तारीफ़ की तो केशव के संवादों की। पर वहाँ भी अनेक आरोप लगा डाले। फिर तो उन्हीं आरोपों को दुहराने की परम्परा चल पड़ी। विद्वानों ने केशव की कृतियों को पढ़ने और वास्तविकता को जानने की ज़रूरत नहीं समझी। शुक्लजी ने रामभक्ति परम्परा में तुलसी के अलावा जिन दर्जन भर कवियों की सूची प्रस्तुत की है, आज उनका कोई नाम भी नहीं जानता। केशव की काव्य-पंक्तियों को गलत ढंग से प्रस्तुत कर उनकी गलत व्याख्या की गयी। यहाँ मात्र एक उदाहरण का अवलोकन समीचीन होगा—

एक कहै अमल कमल मुख सीता जू को,
एक कहै चन्द सम आनंद को कन्द री।
होय जो कमल तो रयनि में न सकुचैरी,
चंद जो तो बासर न होत दुति मंदरी।
बासर ही कमल, रजनी ही में चन्द्र, मुख
बासर हू रजनी बिराजै जगबंद री।
देखे मुख भावै अनदेखेई कमलचन्द,
तातै मुख मुझै सखी कमलौ न चन्द री॥ (रामचन्द्रिका)

केशवदास ने सीता के मुख का वर्णन कई छन्दों में किया है। वन-गमन के समय सीता को देखकर पथ की स्त्रियाँ अपने-अपने ढंग से उनका वर्णन करती हैं। किसी को

सीता का मुख कमल के समान तो किसी को चन्द्रमा के समान लगता है। लेकिन ये दोनों दिन या रात में अच्छे लगते हैं जबकि सीता का मुख तो सदैव अच्छा लगता है। इस छन्द की अन्तिम दो पंक्तियों का अर्थ आचार्य शुक्ल ने और पं० कृष्णशंकर शुक्ल ने भी गलत किया है। उनकी दृष्टि में केशव को चन्द्रमा, कमल तथा प्रकृति का सौन्दर्य अच्छा नहीं लगता, जबकि केशवदास यह कह रहे हैं कि जब तक सीता का मुख अनदेखा था तभी तक चन्द्रमा और कमल अच्छे लगते थे। सीता का मुख देख लेने के बाद तो उनका मुख ही अधिक अच्छा लगता है। अतः सीता का मुख तो सीता के मुख के ही समान है, चन्द्रमा या कमल के समान नहीं। स्मरणीय है कि मानस में स्वयंवर के बाद राजा जनक के यहाँ से पत्री लेकर जाने वाला दूत भी दशरथजी से राम और लक्ष्मण की सुन्दरता का वर्णन ऐसे ही करता है—भूप देखि तब बालक दोऊ। अब न आँखि तर आवत कोऊ॥

कहने का तात्पर्य यह है कि इस तरह की आलोचनाओं ने पाठकों और साहित्य का बड़ा अहित किया है। केशव एक बड़े और समर्थ कवि हैं। उन्होंने बँधी हुई कविता को नये-नये विषयों से जोड़ा और नये युग का प्रवर्तन किया। यदि कमियाँ ही ढूँढनी हों, कहीं भी ढूँढी जा सकती हैं। अन्त में केशव की 'कविप्रिया' का एक छन्द देखें जिसमें भोली-भाली नायिका की आँखों में ऐसी लाज लग गयी है जो किसी तरह से निकलती ही नहीं—

पहिले तजि आरस आरसी देखि घरीकु घसे घनसारिहि लै।
पुनि पोंछि गुलाब तिलौंछि फुलेल अँगोछे में आछे अँगोछनि कै।
कहि केसन भेद जुबाद सो माँजि इतै पर आँजे मैं अंजन दै।
बहुरौ दुरि देखौं तो देखौं कहा सखि लाज तो लोचन लागियै है॥

प्रवृत्तियाँ

भक्ति

शंकराचार्य के अद्वैतवाद में भक्ति के सम्यक् प्रसार के निमित्त एक दृढ़ आधार लाने के लिए रामनुजाचार्य ने विशिष्टाद्वैत की स्थापना की और यह कहा कि चित्-विशिष्ट ब्रह्म के ही अंश समस्त संसारी जीव हैं। वे उसी से उत्पन्न होते हैं और उसी में लीन हो जाते हैं। भक्ति के द्वारा जीव को ईश्वर का सामीप्य-लाभ करने का प्रयत्न करना ही सबसे बड़ा पुरुषार्थ है। चौदहवीं पीढ़ी के उपरान्त इसी भक्ति-परम्परा में स्वामी रामानन्द का आविर्भाव हुआ। रामानुज के मतों को तत्वतः मानकर भी रामानन्दजी ने विष्णु के स्थान पर उनके शीलावतार राम को उपास्य देव के रूप में स्वीकार किया। रामभक्त कवियों ने इसी परम्परा का अनुसरण किया। राम की भक्ति निर्गुण और सगुण दोनों रूपों में दिखायी पड़ती है। तुलसीदास मानते हैं कि—

सगुनहिं अगुनहिं नहिं कछु भेदा। गावहिं मुनि पुरान बुध बेदा।

जो निर्गुण है, वह सगुण भी हो जाता है—

हियँ निर्गुण नयनन्हि सगुन, रसना राम सुनाम।
मनहुँ पुरट संपुट लसत, तुलसी ललित ललाम॥

राम इन्द्रिय-रहित होकर भी सगुन जैसा ही व्यवहार करते हैं—

सुनत लखत श्रुति नयन बिनु, रसना बिनु रस लेत।
बास नासिका बिन लहै, परसैं बिना निवृन्त॥

रामभक्त कवियों में एक विशेष बात यह दिखायी पड़ती है कि वे अन्य देवी-देवताओं के प्रति उदार होते हुए भी राम के प्रति एकनिष्ठ भक्ति रखते हैं—

एक भरोसो एक बल, एक आस बिश्वास।
एक राम घनश्याम हित, चातक तुलसीदास॥

यही एकनिष्ठता निम्नलिखित पदों में भी देखी जा सकती है—

जाउँ कहाँ तजि चरन तुम्हारे
काको नाम पतित पावन जग, केहि अति दीन पियारे ?

× × ×

यह बिनती रघुवीर गुसाई।
और आस-बिश्वास-भरोसो, हरो जीव जड़ताई।
चहौं न सुगति, सुमति, संपति, कछु, रिधि-सिधि विपुल बड़ाई।
हेतु रहित अनुराग राम पद बढ़ौ अनुदिन अधिकाई॥

कृष्ण-रूप में राम को देखकर तुलसी की यह उक्ति बहुत प्रसिद्ध है—

का बरनउँ छबि आजु की, भले विराजेउ नाथ।
तुलसी मस्तक तब नवै, धनुष-बान लेहु हाथ॥

तुलसी की कविताओं में हर प्रकार को भक्ति के उदाहरण मिल जाते हैं।

राम की सर्वव्यापकता

तुलसी एवं अन्य रामभक्त कवियों की एक बड़ी विशेषता यह है कि राम हर जगह हर रूप में हैं। राम के ऐसे रूप को प्रस्तुत करके इन कवियों ने एक ओर तो नाथपंथियों के प्रभाव से नष्ट होती हुई जनमानस की विश्वासमयी सामाजिक वृत्तियों को पुनः पल्लवित किया और दूसरी ओर रामकथा के विविध प्रसंगों के माध्यम से राजनीतिक, सामाजिक एवं पारिवारिक जीवन के आदर्शों को जनता के सामने प्रस्तुत कर शृंखलित हिन्दू समाज को पुनः केन्द्रित किया। इनकी भक्ति भावना निर्गुण भक्तों की ज्ञान योगमयी भावना की भाँति रहस्यमयी नहीं है। वह सीधी, सरल और साध्य है। इनके राम कण-कण में व्याप्त हैं। वे सभी के लिए उसी प्रकार सुलभ हैं, जिस प्रकार अन्न और जल—

निगम अगम, साहब सुगम, राम संचिली चाह।
अंबु असन अवलोकियत, सुलभ सबहि जग माँह॥

लोकमंगल की भावना

रामभक्त कवियों की भावना मूलतः लोकमंगल और समाज-कल्याण से प्रेरित है। जिस समय समसामयिक निर्गुण कवि संसार की असारता का वर्णन कर रहे थे और कृष्ण-भक्त कवि अपने आराध्य के मधुर रूप का आलम्बन ग्रहण करके जीवन और जगत् में

व्याप्त नैराश्य को दूर करने का प्रयास कर रहे थे उस समय इन कवियों ने मर्यादापुरुषोत्तम राम के शील, शक्ति और सौन्दर्य से संवलित अद्‌भुत रूप का गुणगान करके लोकमंगल की साधनावस्था का पथ प्रशस्त किया। इनके राम भक्तों और दुःखी जनों के रक्षक और उद्धारक हैं तथा दुष्टों, अत्याचारियों एवं आसुरी शक्तियों के संहारक हैं। तुलसी तो अपनी रचना का उद्देश्य ही गंगा के समान सबका कल्याण करना मानते हैं—

भाषा भनिति भूति भलि सोई।
सुरसरि सम सब कर हित होई॥

लोकमंगल की भावना के कारण ही तुलसी ब्राह्मण और शूद्र को गले मिलवाते हैं—

राम सखा बरबस रिषि भेंटा, जनु महिलुठत सनेह समेटा।

मर्यादावाद

रामभक्ति काव्य में हर क्षेत्र में एक प्रकार की मर्यादा, आदर्श और नैतिकता विद्यमान है। पिता, पुत्र, माँ, पति-पत्नी, भाई, सेवक, राजा, प्रजा सभी की गतिविधियाँ मर्यादा और आदर्श से प्रेरित हैं। ये कवि इस मर्यादा की रक्षा के लिए इतने सतर्क हैं कि सौन्दर्य-वर्णन में भी मर्यादा को विस्मृत नहीं करते। सीता के रूप का वर्णन करते हुए तुलसीदास यह नहीं भूलते कि यह जगत्‌जननी हैं—

चली संग ले सखी सयानी। गावति गीत मनोहर बानी॥
सोह नवल अरु सुन्दर सारी। जगत जननि अतुलित छवि भारी॥

आत्मालोचना एवं दीनता का प्रदर्शन

इन कवियों ने अपनी कमियों की चर्चा की है और आराध्य के सामने अपनी दीनता और असहायता का बार-बार वर्णन किया है—

ऐसी मूढ़ता या मन की
परिहरि रामचरित सुर सरिता आस करत ओसकन की।

× × ×

लाभ कहा मानुष तन पाये
काम बचन मन सपनेहु कबहुँक घटत न काज पराये।....
भय निद्रा मैथुन अहार सबके समान जग जाये।
सुर दुरलभ तनुधरि न भजे हरि, मद अभिमान गवाये॥

× × ×

कबहुँक अम्बु-अवसर पाई।
मेरियो सुधि द्याइबो कछु करुण कथा चलाई।

सगुण-निर्गुण का समन्वय

भक्ति और ज्ञान तथा जीव और ब्रह्म की एकता और समन्वय की भावना रखने वाले तथा नाना पुराण निगमागम सम्मत की घोषणा करने वाले तुलसी के साथ ही दूसरे रामभक्त कवि भी सगुणोपासक होते हुए भी निर्गुण की सत्ता को स्वीकार करते हैं। इतना

ही नहीं, वे भक्ति के लिए दोनों रूपों के ध्यान को अनिवार्य मानते हैं। आराध्य देव के निर्गुण रूप को समझे बिना सगुण भक्ति भी सम्भव नहीं—

हिय निर्गुन, नयनन्हि सगुन, रसना राम सुनाम।
मनहुँ पुरट संपुट लसत, तुलसी ललित ललाम॥
अगुनहिं सगुनहिं नहीं कछु भेदा।
गावाहिं श्रुति पुरान बुध बेदा॥
जो गुन रहित सगुन सोई कैसे।
जल हिम उपल विलग नहिं जैसे॥

इसी प्रकार ये ज्ञान और भक्ति में किसी प्रकार का भेद नहीं स्वीकार करते—

भगतिहिं ज्ञानहिं नहीं कछु भेदा। उभय हरहिं भव-संभव खेदा॥

तुलसी ने ब्रह्म और जीव में भी अभेद माना है। जीव ईश्वर का अंश है। वह नित्य, ज्ञाता, कर्ता, भोक्ता होने के साथ ही ईश्वराधीन है। वह ईश्वर का अंश है, अत: ईश्वर की भाँति ही सत्य, चेतन एवं आनन्दमय है। अपना वास्तविक स्वरूप भूल कर वह माया के वशीभूत हो जाता है और अनेक प्रकार के कष्ट सहता है—

ईश्वर अंस जीव अबिनासी, चेतन अमल सहज सुख रासी।
सो माया बस भयउ गुसाईं, बंध्यो कीर मरकट की नाई॥

श्रृंगारिकता और सौन्दर्य-चित्रण

रामभक्त कवियों ने अपने आराध्य राम और सीता के प्रेम और उनके सौन्दर्य का भी वर्णन किया है। उनके राम शक्ति और शील से संयुक्त होते हुए भी इतने सुन्दर हैं कि उन्हें 'कोटि मनोज लजावन हारे' कहा जाता है। पुष्पवाटिका में उनके रूप का वर्णन करते हुए तुलसीदास ने लिखा है—

सोभा सींव सुभग दोउ बीरा। नील पीत जलजात सरीरा॥
मोर पंख सिर सोहत नीके। गुच्छ बीच बिच कुसुम कली के॥
भाल तिलक श्रमबिन्दु सुहाये। श्रवन सुभग भूषन छवि छाये॥
बिकट भृकुटि कच घूँघर वारे। नव सरोज लोचन रतनारे॥

राम का रूप इतना मनोहर है कि सीता मृग, बिहग और तरुओं के बहाने उन्हें बार-बार देखना चाहती हैं—

देखन मिस मृग बिहग तरु, फिरहि बहोरि-बहोरि।
निरखि-निरखि रघुवीर छबि, बाढ़इ प्रीति न थोरि॥

राम की भाँति ही सीता का सौन्दर्य अलौकिक है। तुलसीदास ने समय-समय पर प्रसंगानुकूल उनके सौन्दर्य का चित्रण किया है। पुष्पवाटिका में सीता दीपशिखा की भाँति सुन्दरता को भी सुन्दर बनाती हुई दिखायी पड़ती हैं—

सुन्दरता कहँ सुन्दर करई। छवि गृह दीपशिखा जिमि बरई॥
पूजन गौरि सखी लै आई। करति प्रकास फिरति फुलवाई॥

तुलसी को दीपशिखा की उपमा कालिदास से मिली थी। कालिदास ने रघुवंश में इन्दुमती के स्वयंवर में इन्दुमती की तुलना दीपशिखा से की थी—

संचारिणी दीपशिखेव रात्रौ यं यं व्यतीयाय पतिवरासा।
नरेन्द्रं मार्गाट्ट इव प्रपेदे विवर्णभावं स स भूमि पालः।

तुलसी ने सीता की सुकुमारता का भी स्थान-स्थान पर वर्णन किया है। वह इतनी कोमल है कि वन के लिए जाती हुई वन मार्ग पर कुछ कदम चलने पर ही थक जाती हैं। कवितावली में उनका यह सुकोमल रूप बहुत आकर्षक लगता है—

पुरतें निकसी रघुवीर बधू, धरि धीर दए मग में पग द्वै।
झलकीं भरि भाल कनीं जल की, पुट सूखि गये मधुराधर वै।
फिर बूझति हैं, चलनों अब केतिक, पर्नकुटी करिहौ कित ह्वै।
तिय की लखि आतुरता पिय की अखियाँ अति चारु चलीं जल च्वै॥

केशव की रामचन्द्रिका में सीता के सौन्दर्य के सामने दमयन्ती, इन्दुमती, रति, कमल, अग्नि, स्वर्ण आदि सभी के सौन्दर्य की कान्ति मलिन पड़ जाती है—

को है दमयन्ती इन्दुमती रति रात-दिन
होहिं न छबीली छवि इन जो सिंगारिये।
केशव लजात जलजात जातवेद ओप
जात रूप बापुरो विरूप सो विचारिये॥

तत्कालीन समाज का चित्रण

तुलसीदास की रचनाओं में तत्कालीन समाज का बहुत सजीव और यथार्थ चित्र प्रस्तुत हुआ है। उस समाज की वर्ण-व्यवस्था और जाति-व्यवस्था के अभिशाप को तुलसी ने स्वयं भोगा था। इसीलिए वे अपने आक्रोश को चुनौतीपूर्ण ढंग से व्यक्त कर सके—

धूत कहौ, अवधूत कहौ, रजपूत कहौ, जुलहा कहौ कोऊ।
काहू की बेटी सो बेटा न व्याहब, काहू की जाति बिगार न सोऊ।
तुलसी सरनाम गुलाम है राम कौ, जाको रुचै सो कहै कछु ओऊ।
माँगि के खैबो मसीद में सोइबो लेबे को एक न देबे को दोऊ।

इन पंक्तियों से तुलसी की साम्प्रदायिक सहिष्णुता पर भी प्रकाश पड़ता है। राम के श्रेष्ठ भक्त तुलसीदास सजातियों द्वारा सताये जाने पर मस्जिद में सो सकते थे। उन्हें मस्जिद से कोई समस्या नहीं थी।

तुलसीदास ने अकाल, भुखमरी, बेरोजगारी, महामारी और दरिद्रता से अभिशप्त समाज का जो कारुणिक चित्र खींचा है, उससे तुलसी की सामाजिक चेतना, यथार्थ भावना और मानवीय चिन्ता का बोध तो होता ही है, उससे यह भी साबित होता है कि वैभव, विलासिता और सौन्दर्योपासना के उस मुगलकाल में आम जनता की स्थिति बहुत बदतर थी। पेट की आग बुझाने के लिए लोग बेटा-बेटी तक बेंच रहे थे—

ऊँच-नीच करम, धरम-अधरम करि,
पेट ही को पचत बेचत बेटा-बेटकी।

तुलसी बुझाई एक राम घनश्याम ही ते,
आगि-बड़वागि ते बड़ी है आग पेट की॥

इसी क्रम में वे समाज की बेरोजगारी और बदहाली का व्यापक चित्र प्रस्तुत करते हुए लिखते हैं—

खेती न किसान को, भिखारी को न भीख,
बलि, बनिक को बनिज न चाकर को चाकरी।
जीविका बिहीन लोग सीद्मान सोचबस,
कहैं एक एकन सौं 'कहाँ जाई का करी'॥
बेदहु पुरान कही, लोकहू बिलोकियत,
साँकरे सबै पे राम रावरे कृपा करीं।
दारिद दसानन दबाई दूनी दीनबन्धु,
दुरित दहन देखि तुलसी हहा करी॥

यह उस मुगलकालीन सामन्ती व्यवस्था में आम आदमी के जीवन का चित्र है, जिस व्यवस्था को कुछ लोग आज भी स्वर्ण युग कहकर आत्मविभोर हो उठते हैं। तुलसी ने उस व्यवस्था द्वारा शोषित आम जनता का जो चित्र खींचा है, उसके प्रकाश में इतिहासकारों और समाजशास्त्रियों को मध्यकाल सम्बन्धी अपने विचारों पर पुनर्विचार करना चाहिये।

शैलीगत वैविध्य

विभिन्न प्रकार के भावों के अनुरूप ही राम काव्य में भिन्न-भिन्न काव्य शैलियों का भी प्रयोग हुआ है। अपने समय में प्रचलित वीरगाथाकाल की छप्पय पद्धति, विद्यापति और सूरदास की गीति पद्धति, कवित्त-सवैया पद्धति, नीति काव्यों की सूक्ति पद्धति, प्रेमाख्यानों की दोहा-चौपाई की प्रबन्ध पद्धति आदि सभी काव्य-शैलियों का सफल प्रयोग इन रचनाओं में देखा जा सकता है। प्रबन्ध-सौष्ठव, चरित्र-चित्रण, प्रकृति वर्णन, अलंकार विधान, भाषा और छन्द प्रयोग की दृष्टि से भी ये कविताएँ महत्त्वपूर्ण हैं। उदाहरण के लिए मीलित अलंकार की सहायता से तुलसीदास द्वारा किया गया सीता के शरीर के रंग का यह वर्णन द्रष्टव्य है—

चंपक हरवा अंग मिलि अधिक सोहाइ।
जानि परै सिय हिवरें जब कुँभिलाइ॥ —बरवै रामायण

इसी प्रकार दृष्टान्त का प्रयोग करते उन्होंने लिखा है—

प्रभु अपने नीचहु आदरहीं।
अगिनि धूम गिरि सिर तनु धरहीं॥

●

रीतिकाल

नामकरण का प्रश्न

रीतिकाल या उत्तर मध्यकाल का समय सन् 1643 से 1857 ई० तक या लगभग सन् 1650 से 1857 तक माना जाता है। इस काल के नामकरण को लेकर विद्वानों में काफी मतभेद रहा है। **जॉर्ज ग्रियर्सन** ने इसे **'रीतिकाव्य'** कहा। **आचार्य रामचन्द्र शुक्ल** ने इसे 'रीतिकाल' कहा है। **मिश्र बन्धुओं** (गणेशबिहारी मिश्र, श्यामबिहारी मिश्र, शुकदेव-बिहारी मिश्र) ने इसे **'अलंकृत काव्य', आचार्य विश्वनाथप्रसाद मिश्र** ने 'शृंगारकाल' और **पं० रमाशंकर शुक्ल 'रसाल'** ने इस काल को 'कलाकाल' कहा है। कुछ लोगों ने रीतिकालीन कविताओं को 'दरबारी काव्य' भी कहा है। आचार्य शुक्ल को 'रीतिकाल' नामकरण की प्रेरणा ग्रियर्सन से मिली थी और आचार्य विश्वनाथप्रसाद मिश्र को 'शृंगारकाल' की प्रेरणा आचार्य रामचन्द्र शुक्ल से। आचार्य शुक्ल ने लिखा है—"वास्तव में शृंगार और वीर इन्हीं दो रसों की कविता इस काल में हुई। प्रधानता शृंगार की रही। इस काव्य को रस के विचार से कोई शृंगारकाल कहे तो कह सकता है।" रीतिकाल के नामकरण के सन्दर्भ में मतभेद इस रूप में भी रहा है कि उस काल में रीति-तत्त्व प्रमुख है या शृंगार-तत्त्व। देखने पर यह दोनों प्रवृत्तियाँ वहाँ पर्याप्त मात्रा में लक्षित होती हैं, किन्तु शृंगार की प्रवृत्ति प्रधान होते हुए भी उस समय के जीवन का स्वरूप भी बहुत कुछ रीतिबद्ध हो गया था, इसलिए उसका नाम 'रीतिकाल' अधिक उचित है। डॉ० नगेन्द्र ने भी इसी नाम का समर्थन किया है। इस काल के लिए दिये गये शेष नाम अलग-अलग प्रवृत्तियों की ओर संकेत करते हैं। उनसे समय काल का प्रतिनिधित्व नहीं होता है।

रीतिकाव्य का प्रवर्तन

नामकरण की भाँति रीतिकाव्य के प्रवर्तक कवि के विषय में भी विद्वानों में मतैक्य नहीं है। कुछ लोग इस परम्परा का आरम्भ आचार्य केशवदास (सन् 1555-1675) से मानने के पक्ष में है और कुछ लोग चिन्तामणि त्रिपाठी (जन्म सन् 1609) से। रीतिकाव्य के कुछ लक्षण भक्तिकाल में ही दिखायी पड़ने लगे थे। कृपाराम की हिततरंगिणी (रचनाकाल सन् 1541) में रसनिरूपण हो चुका था। इसके अतिरिक्त मोहनलाल मिश्र ने 'शृंगारसागर' में और करनेस कवि ने 'कर्णाभरण', 'श्रुतिभूषण' और 'भूपभूषण' नामक अलंकार ग्रन्थों में इस परम्परा की शुरुआत कर दी थी। किन्तु इसे दृढ़ आधार केशवदास से मिला। केशव की 'कविप्रिया', 'रसिकप्रिया', 'छन्दमाला' आदि रचनाओं से रीतिकाव्य को मजबूत आधार मिला। उनकी बहुचर्चित रचना 'रामचन्द्रिका' भी जिसे अधिकांश लोग भक्ति रचना मानते हैं, एक प्रकार से छन्द और अलंकारप्रधान रीतिकाव्य ही है। 'रामचन्द्रिका' में वे साफ-साफ कहते हैं—'रामचन्द्र की चन्द्रिका बरनत हौं बहुछन्द।'

आचार्य रामचन्द्र शुक्ल ने रीतिकाव्य की शुरुआत केशवदास से न मानकर चिन्तामणि से मानी है। उनका कहना है कि—"केशवदासजी ने काव्य के सब अंगों का निरूपण शास्त्रीय पद्धति पर किया। इसमें सन्देह नहीं कि काव्यरीति का सम्यक् समावेश पहले पहल आचार्य केशव ने ही किया। पर हिन्दी में रीतिग्रन्थों की अविरल और अखण्डित परम्परा का प्रवाह केशव की 'कविप्रिया' के प्राय: पचास वर्ष पीछे चला और वह भी एक भिन्न आदर्श को लेकर, केशव के आदर्श को लेकर नहीं।" (हिन्दी साहित्य का इतिहास, पृ० 161) उन्होंने कहा कि "हिन्दी रीतिग्रन्थों की अखण्ड परम्परा चिन्तामणि त्रिपाठी से चली, अत: रीतिकाल का आरम्भ उन्हीं से मानना चाहिए।" (सन्दर्भ, पूर्वोक्त, पृ० 162)

लेकिन शुक्लजी की स्थापनाओं पर गम्भीरता से विचार करने पर कुछ असंगतियाँ दिखायी पड़ती हैं। शुक्लजी ने रीतिकाल का आरम्भ संवत् 1700 से अर्थात् सन् 1643 ई० से माना है। चिन्तामणि कृत 'रसविलास' 1643 ई० से दस वर्ष पूर्व की रचना है। इस प्रकार चिन्तामणि स्वयं रीतिकाल से पहले ठहरते हैं। अत: यदि चिन्तामणि को रीतिकाल का प्रवर्तक मानना है तो रीतिकाल का आरम्भ दस साल पहले से मानना पड़ेगा। इसी प्रकार ग्वाल कवि की 'रसरंग' आदि रचनाएँ 1843 ई० के लगभग 10-15 वर्ष बाद की ठहरती हैं। इस सन्दर्भ में डॉ० महेन्द्र कुमार का यह मत उचित है कि "प्रवृत्ति विशेष की अविच्छिन्न विकास परम्परा के आरम्भ तथा चरम सीमा की समाप्ति सम्बन्धी तिथियों को निर्धारित करते समय उदारता से काम लिया जाए।" (हिन्दी साहित्य का इतिहास, सं० डॉ० नगेन्द्र, पृ० 295) बाबू गुलाब राय और डॉ० जगदीश गुप्त आदि विद्वानों ने तमाम तथ्यों का विश्लेषण करते हुए आचार्य केशवदास को ही रीतिकाव्य का प्रवर्तक माना है।

पृष्ठभूमि

राजनीतिक स्थिति

रीतिकाल का समय राजनीतिक क्षेत्र में मुगलों के ह्रास और पतन का समय था। शाहजहाँ के शासन-काल में मुगल वैभव अपनी चरम सीमा पर था। जहाँगीर ने अपने शासन-काल में राज्य का जो विस्तार किया था, शाहजहाँ ने उसे आगे बढ़ाया। उस समय राजकोष भरा हुआ था। ताजमहल और मयूर आसन का निर्माण हो चुका था। किन्तु सन् 1658 में शाहजहाँ की मृत्यु के बाद उसके पुत्रों में सत्ता-संघर्ष के बाद पतन का आरम्भ हो गया और औरंगजेब के बाद (सन् 1707) शासन-व्यवस्था और ह्रासोन्मुख हो गयी। 1738 में नादिरशाह के आक्रमण ने मुगल साम्राज्य की नींव एकदम हिला दी। रही-सही कमी 1761 ई० में अहमदशाह अब्दाली के आक्रमण ने पूरी कर दी। इस बीच अंग्रेज व्यापारियों ने स्थिति का लाभ उठाते हुए पाँव जमा लिया और सन् 1803 तक पूरी सत्ता उनके हाथ में चली गयी।

सामाजिक स्थिति

तत्कालीन सामाजिक व्यवस्था ठीक नहीं थी। किसानों और श्रमिकों की स्थिति बहुत खराब थी। प्राकृतिक आपदाओं और अत्यधिक करों के कारण उनकी स्थिति बहुत शोचनीय होती जा रही थी। उस पतनशील सामन्ती व्यवस्था में नारी भोग और विलासिता की वस्तु बन कर रह गयी थी। नारी को सम्पत्ति मानकर उसका भोग उनके जीवन का मूल मन्त्र हो गया था। विलासिता के साधनों की तलाश और संग्रह तथा सुरा-सुन्दरी की आराधना अभिजात वर्ग का शगल बन गया था। इसका प्रभाव मध्यवर्ग के जीवन पर भी पड़ रहा था। शिक्षक अपने आदर्श से विचलित होकर काम-कला की शिक्षा देकर अपने कर्म की इतिश्री समझ लेते थे। वेश्याओं का सम्मान था और गृहणियाँ बहुविवाह के कारण उपेक्षित थीं।

साहित्य और कला

भक्तिकाल में स्थापित श्रेष्ठ आदर्श और उच्च मानवीय मूल्य समाप्त हो रहे थे। राजदरबारों का वातावरण विलासितापूर्ण होने के कारण कला और साहित्य पर भी इसका प्रभाव पड़ रहा था। अलंकरण तथा दिखावों के प्रति शासकों की रुचि अधिक थी, जिसके फलस्वरूप कवियों की रुचियाँ भी विकृत हो रही थीं। राजमहलों, रनिवासों, वस्त्राभूषणों, संगीत, नृत्य, चित्रकला, मादक द्रव्यों, हास्य-विनोदपूर्ण दरबारी वातावरण के कारण शासकों और आम आदमी के बीच की दूरी बढ़ती जा रही थी। कवियों को दरबार में सम्मान प्राप्त था। वे अपने आश्रयदाताओं की रुचियों को ध्यान में रखते हुए काव्य-रचना करते थे। भक्तिकाल का 'स्वान्तः सुखाय' अब स्वामिनः सुखाय में बदल गया था।

रीतिकालीन काव्य का वर्गीकरण

इस काल की कविताओं का वर्गीकरण विद्वानों ने कई प्रकार से किया है। आचार्य रामचन्द्र शुक्ल ने इन कवियों को मुख्य रूप से दो भागों में बाँटा है—रीतिग्रन्थकार कवि (रीतिबद्ध कवि) और रीतिकाल के अन्य कवि। रीतिग्रन्थकार कवियों में उन्होंने चिन्तामणि, बेनी, महाराज जसवन्त सिंह, बिहारीलाल, मण्डन, मतिराम, भूषण, कुलपति मिश्र, सुखदेव मिश्र, देव, श्रीपति, भिखारीदास, तोषनिधि, रसलीन, रघुनाथ, दूलह, पद्माकर भट्ट, ग्वाल कवि, प्रतापसाहि आदि 57 कवियों का परिचय दिया है। रीतिकाल के अन्य कवियों (रीतिमुक्त) में उन्होंने उन कवियों को रखा है "जिन्होंने रीतिग्रन्थ न लिखकर दूसरे प्रकार की पुस्तकें लिखी हैं।" शुक्लजी ने ऐसे कवियों में घनानन्द को सर्वश्रेष्ठ माना है। उन्होंने कहा है कि "रसखान, घनानन्द, आलम, ठाकुर आदि जितने प्रेमोन्मत्त कवि हुए हैं, उनमें किसी ने लक्षणबद्ध रचना नहीं की है।"

आचार्य विश्वनाथप्रसाद मिश्र ने रीतिकालीन कवियों को—रीतिबद्ध, रीतिसिद्ध और रीतिमुक्त तीन भागों में विभक्त किया है। उनके अनुसार रीतिबद्ध रचना लक्षणों और उदाहरणों से युक्त होती है, किन्तु **डॉ० नगेन्द्र** ऐसे रचनाकारों को रीतिबद्ध न कहकर

रीतिकार या आचार्य कवि मानते हैं। उनके मत से रीतिकार या आचार्य कवि वे हैं जिन्होंने काव्यशास्त्र की शिक्षा देने के लिए रीतिग्रन्थों का प्रणयन किया। उनके अनुसार रीतिबद्ध कवि वे हैं जिन्होंने रीति ग्रन्थों की रचना न करके काव्य सिद्धान्तों या लक्षणों के अनुसार काव्य-रचना की है। इस प्रकार **आचार्य विश्वनाथप्रसाद मिश्र** जिन कवियों को **रीतिसिद्ध** मानते हैं, डॉ० नगेन्द्र उन्हें रीतिबद्ध मानते हैं। 'हिन्दी साहित्य के वृहद् इतिहास, षष्ठ भाग' में रीतिबद्ध कवियों के प्रसंग में निम्नलिखित कवियों को शामिल किया है— 1. बिहारी, 2. बेनी, 3. कृष्ण कवि, 4. रसनिधि, 5. नृपशम्भु, 6. नेवाज, 7. हठी जी, 8. रामसहायदास, 9. पजनेस, 10. द्विजदेव। इनके अतिरिक्त सेनापति, वृन्द तथा विक्रम को भी इन कवियों में शामिल करने की बात कही गयी है।

डॉ० महेन्द्र कुमार ने रीतिकालीन काव्य को मुक्तव्य काव्य, प्रबन्ध काव्य और नाटक के अन्तर्गत विभाजित करते हुए प्रसिद्ध कवियों की रचनाओं की सूची इस प्रकार प्रस्तुत की है—

(1) मुक्तक काव्य

1. चिन्तामणि : कविकुलकल्पतरु, रसविलास, काव्यविवेक, शृंगारमंजरी, काव्य-प्रकाश, छन्द विचार।
2. मतिराम : रसराज, ललितललाम, सतसई अलंकारपचाशिका, वृत्तकौमुदी।
3. भूषण : (1) शिवराजभूषण, शिवाबावनी, छत्रशालदशक
   (2) अलंकार प्रकाश, छन्दोहृदय प्रकाश।
4. बिहारी : सतसई
5. गोविन्द सिंह : सुनीति प्रकाश, सर्वलोहप्रकाश, प्रेमसुमार्ग, बुद्धिसागर।
6. तोष : सुधानिधि, नखशिख, विनयशतक।
7. रसनिधि : रतनहजारा, विष्णुपदकीर्तन, कवित्त, बारहमासी, गीतिसंग्रह, अरिल्ल, हिंडोला, सतसई।
8. जसवन्त सिंह : अपरोक्ष सिद्धान्त, अनुभव प्रकाश, आनन्दविलास, सिद्धान्तबोध, सिद्धान्तसार, भाषाभूषण, स्फुट छन्द।
9. कुलपति मिश्र : रसरहस्य, नखशिख, युक्तिरंगिणी, दुर्गाभक्तिरंगिणी (चन्द्रिका)।
10. मण्डन : रसरत्नावली, रसविलास, नखशिख, काव्यरत्न, नैनपचीसी, जनकपचीसी।
11. आलम : आलमकेलि
12. बृन्द : सतसई
13. पदुमनदास : काव्यमंजरी
14. करन कवि : साहित्यरस

15. कालीदास त्रिवेदी : कालिदास हजारा, वारवधूविनोद, जंजीराबन्द, राधामाधव-बुधविलन विनोद।

16. लालकवि : विष्णुविलास

17. माखन : श्रीनागपिंगल छन्द-विलास

18. कुमारमणि : रसिकरसाल, रसिकरंजन।

19. देव : भावविलास, भवानीविलास, कुशलविलास, प्रेमचन्द्रिका, जातिविलास, रसविलास, सुजानविनोद, प्रेमतरंग, देवचरित्र, काव्यरसायन, सुखसागर तरंग, देवशक, प्रेमदीपिका, सुमिल-विनोद, राधिकाविलास, नीतिशतक।

20. सूरति मिश्र : अलंकारमाला, रसरत्नमाला, सरसरस, रसग्राहकचन्द्रिका, नख-शिख, काव्यसिद्धान्त, रसरत्नाकर, भक्तिविनोद, श्रृंगारसागर।

21. जोधराज : हम्मीर रासो

22. उदयनाथ कवीन्द्र : रसचन्द्रोदय, विनोद चन्द्रिका, जोगलीला।

23. नृप शम्भु : नायिका भेद, नखशिख।

24. कृष्णभट्टदेव ऋषि : श्रृंगाररसमाधुरी

25. जयकृष्ण भुजंग : पिंगलरूप दीप भाषा

26. श्रीपति : काव्यसरोज, कविकल्पद्रुम, रससागर, अनुप्रासविनोद, विक्रम-विलास, सरोजकलिका, अलंकारगंगा।

27. गोप : रामालंकार, रामचन्द्रभूषण, रामचन्द्राभरण।

28. याकूब खाँ : रसभूषण

29. घनानन्द : सुजानहित प्रबन्ध, कृपाकन्दनिबन्ध, वियोगबेलि, इश्कलता, यमुनायश, प्रीतिपावस, पदावली, प्रकीर्णन छन्द आदि।

30. रसलीन : अंगदर्पण, रसप्रबोध, स्फुट छन्द।

31. सोमनाथ : रसपीयूषनिधि, श्रृंगारविलास, प्रेमपचीसी।

32. दलपतिराय वंशीधर : अलंकार रत्नाकर

33. रसिक सुमति : अलंकार चन्द्रोदय

34. भिखारीदास : काव्यनिर्णय, श्रृंगारनिर्णय, रससारांश, छन्दार्णव पिंगल, छन्द-प्रकाश।

35. कृष्ण कवि : अलंकार कलानिधि, गोविन्दविलास।

36. भूपति : सतसई, कण्ठाभूषण, रसरत्नाकर।

37. रघुनाथ : काव्यकलाधर, रसिकमोहन, रसरहस्य, इश्कमहोत्सव, सभासार

38. दूलह : कविकुलकण्ठाभरण, स्फुट छन्द।

39. हितवृन्दादास : स्फुट पद (अब तक 20,000 पद उपलब्ध हुए हैं।)

40. गिरिधर कविराय : अनेक स्फुट पद
41. गुमान मिश्र : अलंकार दर्पण
42. चन्दन : श्रृंगारसागर, काव्याभरण, कल्लोलतरंगिणी, केशरीप्रकाश, सतसई, पथिकबोध, तत्त्वसंग्रह, नखशिख, प्रज्ञाविलास, पत्रिकाबोध।
43. ब्रजवासी दास : ब्रजविलास
44. बैरीलाल : भाषाभरण
45. शिवनाथ : रसबृष्टि
46. उजियारे : जुगलरसप्रकाश, रसचन्द्रिका।
47. जनराज : कवितारस विनोद
48. सेवादास : नखशिख, रसदर्पण, गीतामहात्म्य, अलबेले लाल जू को नखशिख, राधासुधाशतक, रघुनाथ अलंकार।
49. राम सिंह : अलंकार दर्पण, रससिरोमणि, रसनिवास, रसविनोद।
50. रतन कवि : फतेप्रकाश, अलंकार दर्पण।
51. हठी जी : श्रीराधासुधाशतक
52. बोधा : विरहवारीश इश्कनामा
53. रामसहाय : सतसई, वृत्ततरंगिणी, वाणीभूषण।
54. नन्द किशोर : पिंगलप्रकाश
55. दशरथ : वृत्तविचार
56. रसिकगोविन्द : रसिकगोविन्दानन्दघन, पिंगल, रसिकगोविन्द, युगल-रसमाधुरी, समयप्रबन्ध, लछिमनचन्द्रिका, अष्टदेशभाषा।
57. समनेस : काव्यभूषण, रसिकविलास, पिंगल।
58. जसवन्त सिंह द्वितीय : श्रृंगाररसशिरोमणि
59. पद्माकर : जगद्विनोद, पद्माभरण, गंगालहरी, प्रबोधपचासा, कलि-पच्चीसी, प्रतापसिंह, विरूदावली, स्फुट छन्द।
60. पजनेस : स्फुट छन्द
61. प्रताप सिंह : व्यंग्यार्थकौमुदी, काव्यविलास, जयसिंह प्रकाश, श्रृंगारमंजरी, श्रृंगारशिरोमणि, अलंकारचिन्तामणि, काव्यविनोद जुगल नखशिख
62. बेनीबंदीजन : टिकैतराय प्रकाश, भड़ौवा संग्रह, रसविलास।
63. बेनी 'प्रवीन' : नवरसतरंग, श्रृंगारभूषण, नानाराव प्रकाश।

64. जगतसिंह : साहित्यसुधानिधि
65. गिरिधरदास : रसरत्नाकर, भारतीभूषण, उत्तरार्धनायिकाभेद।
66. दीनदयानगिरि : अन्योक्तिकल्पद्रुम, अनुरागबाग, वैराग्यदिनेश, दृष्टान्त तरंगिणी।
67. अमीरदास : सभामण्डल, वृत्तचन्द्रोदय, ब्रजविलास, सतसई, श्रीकृष्ण साहित्यसिन्धु, शेरसिंह प्रकाश।
68. ग्वाल : यमुनालहरी, भक्तभावन, रसिकानन्द, रसरंग, कृष्ण जू को नखशिख, दूषणदर्पण, राधामाधवमिलन, राधाष्टक, कविहृदय विनोद, कविदर्पण, नेहनिर्वाह, बंसीबीसा, कुब्जाष्टक, षड्ऋतुवर्णन, अलंकारभ्रमभंजन, रसरूप, दृगशतक।
69. चन्द्रशेखर : रसिकविनोद, नखशिख, वृन्दावनशतक, गुरुपंचाशिका, ताजक, माधवी बसन्त हरिमानस विलास।
70. नवीन : रंगतरंग, सुधासर।
71. द्विजदेव : श्रृंगारलतिका, श्रृंगारबत्तीसी, श्रृंगारचालीसी, कविकल्पद्रुम।

प्रबन्ध काव्य

1. चिन्तामणि : रामायण, रामाश्वमेध, कृष्णचरित।
2. गोविन्द सिंह : चण्डीचरित्र
3. मण्डन : जानकी जू का व्याह, पुरन्दरमाया।
4. कुलपति मिश्र : द्रोणपर्व (संग्रामसार)
5. लाल कवि : छत्रप्रकाश
6. सूरति मिश्र : रामचरित, श्रीकृष्ण चरित।
7. श्रीधर : जंगनामा
8. सोमनाथ : पंचाध्यायी, सुजानविलास।
9. रघुनाथ : जगतमोहन
10. गुमान मिश्र : नैषधचरित (काव्यकलानिधि)।
11. सूदन : सुजानचरित
12. रामसिंह : जुगलविलास
13. चन्दन : सीतबसन्त, कृष्णकाव्य।
14. पद्माकर : हिम्मतबहादुर विरुदावली
15. रसिकगोविन्द : रामायण सूचनिका
16. ग्वाल : हम्मीर हठ, विजय विनोद, गोपीपच्चीसी।
17. चन्द्रशेखर बाजपेयी : हम्मीर हठ

नाटक

1. जसवन्त सिंह : प्रबोधचन्द्रोदय नाटक
2. राम : हनुमान नाटक
3. नेवाज : शकुन्तला नाटक
4. सोमनाथ : माधव विनोद नाटक
5. देव : देव माया प्रपंच नाटक
6. ब्रजवासीदास : प्रबोधचन्द्रोदय नाटक (हिन्दी साहित्य का इतिहास, सं० डॉ० नगेन्द्र, पृ० 302-305)

उपर्युक्त विवरणों के आधार पर हम कह सकते हैं कि जिन कवियों ने लक्षण और लक्ष्य ग्रन्थों की रचना की अर्थात् जिन्होंने काव्य और काव्यांगों के लक्षण और उदाहरण दोनों लिखे वे आचार्य कवि हैं और उन्हें **रीतिबद्ध** कवि कहना उचित होगा। जिन कवियों ने लक्षण-ग्रन्थ नहीं लिखे, किन्तु उन्हें काव्य के लक्षणों का ज्ञान था और जिनकी कविताओं में काव्यांगों के उदाहरण स्वयं आ गये हैं वे **रीतिसिद्ध** कवि हैं। ज़िन कवियों ने रीति-परम्परा की मान्यताओं और रूढ़ियों का पालन नहीं किया तथा जिन्होंने राज-रुचि की परवाह न करते हुए अपनी वैयक्तिक अनुभूतियों को स्वच्छन्द ढंग से व्यक्त किया वे **रीतिमुक्त** कवि हैं। अधिकांश विद्वानों ने रीतिसिद्ध कवियों को रीतिबद्ध के अन्तर्गत ही समाहित कर लिया है, अतः मुख्य रूप से रीतिबद्ध और रीतिमुक्त दो प्रकार की काव्य-श्रेणियाँ बनती हैं। फिर भी यहाँ रीतिसिद्ध कवियों का परिचय अलग से दिया जा रहा है। यहाँ **'रीति' शब्द परम्परा परिपाटी, पद्धति, मार्ग, शैली और तौर-तरीके का द्योतक है**। संस्कृत में 'विशिष्ट पद रचना-पद्धति को रीति' कहा गया है।

●

रीतिबद्ध काव्य की सामान्य प्रवृत्तियाँ

सौन्दर्य-चित्रण

सौन्दर्य प्रेम का आधार होता है। रीतिकालीन कविता में सौन्दर्य का चित्रण पर्याप्त मात्रा में दिखायी पड़ता है। इसमें पुरुष (कृष्ण) और स्त्री दोनों का सौन्दर्य है, किन्तु बहुलता नारी-सौन्दर्य की ही है। यहाँ नायिका-भेद के प्रकरणों में नारी के रूप को भोग की सामग्री के रूप में प्रस्तुत किया गया है। ऐसी रचनाओं के स्रोत कामशास्त्र एवं तन्त्रशास्त्र रहे हैं। वात्स्यायन का कामसूत्र, कक्कोक कृत रस रहस्य, कल्याणमल्ल कृत अनंगरंग और ज्योतिरीश्वर कृत पंचनायक आदि कामशास्त्र के ग्रन्थों को इन कवियों ने आधार बनाया है। इन कवियों की नारी विषयक रुचि के बारे में डॉ० हजारीप्रसाद द्विवेदी ने लिखा है, "श्रृंगारकालीन काव्य में नारी कोई व्यक्ति या समाज के संघटन की इकाई नहीं है, बल्कि सब प्रकार की विशेषताओं के बन्धन से यथासम्भव मुक्त विलास का एक उपकरण मात्र है।" इस काल में सौन्दर्य की बहुत सारी अच्छी कविताएँ देखने को मिलती हैं—

कुन्दन को रंग फीको लगै झलकै अति अंगन चारु गुराई।
आँखिन में अलसानि चितौनि में मंजु विलासन की सरसाई।
को बिन मोल बिकात नहीं मतिराम लहै मुसकान मिठाई।
ज्यों-ज्यों निहारिये नेरे ह्वै नैनन त्यों-त्यों खरी निकसै सु निकाई॥

—मतिराम

इन कवियों ने नायिकाओं की आँखों का बहुत अच्छा चित्रण किया है—

चमचमात चंचल नयन, बिच घूँट पट झीन।
मानहुँ सुर सरिता विमल, जल उछरत जुग मीन॥ —बिहारी

अमिय हलाहल मद भरे, स्वेत स्याम रतनार।
जियत-मरत झुकि-झुकि परत, जेहि चितवति एक बार॥ —रसलीन

अज्ञात यौवना नायिका की सहजता और भोलेपन का चित्र निम्नलिखित छन्द में द्रष्टव्य है—

सीख सिखाई न मानति है बरहू बस संग सखीन के आवै।
खेलत खेल नये जल में बिन काम वृथा कत जाम बितावै।
छोड़ कै साथ सहेलिन को रहिकै कहि कौन सवाद दिखावै।
कौन परी यह बानि अरी नित नीर भरी गगरी ढरकावै॥

—प्रताप सिंह

श्रृंगारिकता

श्रृंगारिकता रीतिकाल की केन्द्रीय प्रवृत्ति है। रीति निरूपण की प्रवृत्ति के समान रीतिकालीन कवियों में श्रृंगारिकता की प्रवृत्ति भी खूब रही है। इन कवियों ने श्रृंगार के

विभाव पक्ष में नायक-नायिकाओं के प्रत्येक भेद तथा उद्दीपक सामग्री के प्रत्येक अंग, और अनुभावों के विविध रूपों तथा प्रत्येक संचारी एवं संयोग के भीतर वर्णित हावादिकों और विभाव के भेदोपभेदों सहित विभिन्न कामदशाओं का वर्णन किया है। इन कवियों की शृंगार भावना को नैतिक बन्धनों की छूट तथा आश्रयदाताओं के प्रोत्साहन के कारण अपनी कल्पना के पंख फैलाने का खूब अवसर मिला है। इनकी शृंगार भावना में दमन से उत्पन्न किसी प्रकार की मानसिक ग्रन्थियाँ न होकर शरीर-सुख की वह साधना है जिसमें भोग और विलासिता भरी हुई है। यहाँ प्रेम में एकोन्मुखता के स्थान पर अनेकोन्मुखता है। इन प्रवृत्तियों को देखते हुए डॉ० भगीरथ मिश्र ने लिखा है कि "शृंगारिकता के प्रति उनका दृष्टिकोण मुख्यतः भोगपरक था। इसलिए प्रेम के उच्चतर सोपानों की ओर वे नहीं जा सके। प्रेम की अनन्यता, एकनिष्ठता, त्याग, तपश्चर्या आदि उदात्त पक्ष भी उनकी दृष्टि में बहुत कम आये हैं। उनका विलासोन्मुख जीवन और दर्शन सामान्यतः प्रेम या शृंगार के वाह्य पक्ष, शारीरिक आकर्षण तक ही सीमित रह कर रूप को मादक बनाने वाले उपकरण ही जुटाता रहा" इसके बावजूद रीतिकालीन कवियों में शृंगारिक भावों के अच्छे उदाहरण दिखायी पड़ते हैं। संयोग शृंगार के कुछ उदाहरण प्रस्तुत हैं—

कहत, नटत, रीझत, खिझत, मिलत, खिलत, लजियात।
भरे भौन में करत हैं, नैनन ही सों बात॥ —बिहारी

बतरस लाचल लाल की मुरली धरी लुकाय।
सौंह करै, भौंहन हँसै, दैन कहै, नटि जाय॥ —बिहारी

छिनक उघारत, छिन छुवति, राखत छिनहि छिपाय।
सब दिन पिय खण्डित अधर, दरपन देखति जाय॥ —बिहारी

संयोग-वर्णन के प्रसंग में पद्माकर का एक छन्द बहुत चर्चित है—

फागु की भीर अभीरनि की गहि गोविन्द ले गयी भीतर गोरी।
भाई करी मन की पद्माकर ऊपर नाई अबीर की झोरी।
छोरि पितम्बर कम्मर ते सु विदा दई मीड़ि कपोलन रोरी।
नैन नचाय कही मुसकाय लला पुनि आइयो खेलन होरी॥
—पद्माकर

रीतिकालीन कवियों का वियोग-वर्णन स्वाभाविक न होकर चमत्कारपूर्ण और ऊहात्मक है। इसलिए उनका विरह-वर्णन मार्मिक न होकर हास्यास्पद हो गया है—

इत आवति चलि जात उत, चली छ-सातक हाथ।
चढ़ी हिडोरे सी लगै, लगी उसासन साथ॥
आड़े दै आले बसन, जाड़े हू की रात।
साहस ककै सनेह बस सखी सबै ढिग जात॥ —बिहारी

जहाँ ये कवि चमत्कार प्रदर्शन से बच पाये हैं वहाँ इनका वर्णन सहज और मार्मिक हो गया है—

कागद पर लिखत न बनत, कहत संदेस लजात।
कहियो सब तेरो हियो मेरे हिय की बात॥ —बिहारी

दरबारी संस्कृति

रीतिकाल के अधिकांश कवि दरबारों में रहते थे। राज्याश्रित होने के कारण ये कवि स्वतन्त्र नहीं थे। भक्तिकाल की कविता के उच्च आदर्श और स्वान्तः सुखाय की प्रवृत्ति यहाँ सामन्ती अभिरुचि में ढलकर स्वामिनः सुखाय हो गयी थी। कवि कर्म आजीविका बन गया था। इसलिए प्रत्येक कवि अपने प्रतिद्वन्द्वी से बाजी मार ले जाना चाहता था और अपने आश्रयदाता को येन केन प्रकारेण प्रसन्न करने के लिए प्रयत्नशील रहता था। इस कारण उन्हें अपने काव्यत्व पर विश्वास और स्वाभिमान नहीं रह गया था। इसीलिए भिखारीदास ने लिखा है कि—'आगे के सुकवि रिझिहैं तो कविताई, नतो राधिका कन्हाई सुमिरन को बहानो है।'

इन कवियों की जोड़-तोड़ की प्रवृत्ति पर व्यंग्य करते हुए ठाकुर ने लिखा था कि—ढेल सो बनाय आय मेलत सभा के मध्य, लोगन कवित्त कीबो खेल करि जानो है।

अलंकरण

इस काल की कविता में अलंकरण की प्रवृत्ति सर्वत्र दिखायी पड़ती है। इसी कारण इस काल को अलंकरण काल और कलाकाल कहा गया है। अधिकांश स्थलों पर अलंकार स्वाभाविक रूप से न आकर जबर्दस्ती ठूँसे गये हैं। रीतिकाल की पूर्ववर्ती भक्त कविता में अलंकार आदि स्वभावत: चले आते थे। किन्तु रीतिकालीन कविता में लक्षणों के उदाहरण देने के लिए कवियों ने सायास अलंकारों का प्रयोग किया है। आचार्य केशवदास की यह मान्यता थी कि बिना अलंकारों के कविता वैसे ही अच्छी नहीं लगती जैसे बिना आभूषणों के कोई युवती—

जदपि सुजाति सुलक्षणी, सुबरन सरस सुवृत्त।
भूषन बिनु न बिराजई, कविता बनिता मित्त॥

अलंकरण की दृष्टि से बिहारी का एक दोहा देखें जो असंगति अलंकार का सुन्दर उदाहरण है—

दृग उरझत, टूटत कुटुम्ब, जुरत चतुर चित प्रीति।
परत गाँठ दुरजन हिये, दई नई यह रीति॥

चमत्कार की प्रवृत्ति

दरबारों में रहने के कारण दरबारों की चमक-दमक, राजाओं, राज-परिवारों और दरबारियों की वेश-भूषा तथा रहन-सहन का प्रभाव कवियों के जीवन पर भी पड़ना स्वाभाविक था। वे अपने आश्रयदाताओं को प्रभावित करने के लिए चमत्कार और अतिशयोक्तिपूर्ण कविताएँ लिखने की कोशिश करते थे—

विरह विकल बिनही लिखी, पाती दई पठाय।
आँक बिहीनीयो सुचित, सूने बाँचत जाय॥
पत्रा ही तिथि पाइयत, बा गृह के चहुँपास।
सब दिन पून्यो ही रहत, आनन ओप उजास॥ —बिहारी

समाज की उपेक्षा

दरबारी वृत्ति के कारण तत्कालीन कवियों का सारा ध्यान इस बात पर केन्द्रित रहता था कि राजाओं को किस प्रकार से खुश रखा जाय। इसलिए वे इस प्रयत्न में रहते थे कि आश्रयदाताओं का अधिक से अधिक मनोरंजन कर सकें और उनसे वाहवाही तथा पुरस्कार प्राप्त कर सकें। राज-रुचि प्रधान होने के कारण समाज और जन-रुचि उपेक्षित रह जाती थी। भोग-विलास के अतिरिक्त कोई और भी समस्या हो सकती है इसकी चिन्ता उन कवियों को नहीं थी। फिर भी चूँकि साहित्य अपने युग की संवेदनाओं का प्रतिनिधित्व करता है, इसलिए युगीन समस्याएँ उनके न चाहते हुए भी कहीं न कहीं उनकी कविताओं में झलक ही जाती थीं। इस तरह का एक उदाहरण देखें—

कहति न देवर की कुबत, कुलतिय कलह डराति।
पिंजरगत मंजार ढिग, सुक लौं सूखति जाति॥

इस दोहे में बिहारी ने चरित्रवान स्त्री की उस स्थिति का वर्णन किया है जिस पर देवर की कुदृष्टि है। उसे अपनी मर्यादा की रक्षा भी करनी है और परिवार में कलह न हो इसका भी ध्यान रखना है। ऐसे में उसकी स्थिति उस तोते के समान हो गयी है, जिसके पिंजरे के चारों तरफ बिल्ली घूम रही हो। इसी प्रकार अकबर की वासना से बचने के लिए राय प्रवीन द्वारा कहे गये इस दोहे में भी तत्कालीन भोगवादी सामन्ती समाज का अच्छा चित्र उपस्थित होता है—

विनती रायप्रवीन की, सुनिये साह सुजान।
जूठी पातर खात हैं, बारी, बायस, स्वान॥

भक्ति

रीतिकालीन कविता में भक्ति के दो प्रकार दिखायी पड़ते हैं। पहली भक्ति उन कवियों की कविताओं में है जो दरबारों से जुड़े हुए थे। इनकी कविताओं में भक्ति दिखावे की चीज है। यहाँ भक्त की निष्ठा, समर्पण और तल्लीनता नहीं दिखायी पड़ती। कवियों की दृष्टि आराध्य के गुणों पर न होकर उनके शरीर की चमक पर ही केन्द्रित थी—

मेरी भव बाधा हरौ, राधा नागरि सोय।
जा तन की झाईं परै, स्याम हरित दुति होय॥
तजि तीरथ हरि राधिका, तन द्युति कर अनुराग।
जेहि ब्रज कुंज निकुंज मग, पग-पग होत प्रयाग॥ —बिहारी

भक्ति का दूसरा रूप उन कवियों में दिखलायी पड़ता है, जो भक्ति की निरन्तर गतिशील परम्परा में आते हैं। इन कवियों के यहाँ भक्ति का वास्तविक रूप देखने को मिलता है। ऐसे कवियों में यारी साहब, दरिया साहब, जगजीवनदास, पलटू साहब, शिवनारायण, गुरु तेग बहादुर, नूर मुहम्मद, शेखनिसार, सेनापति, गुरु गोविन्द सिंह, ब्रजवासीदास, गुमान मिश्र और मंचित आदि महत्त्वपूर्ण हैं। एक उदाहरण देखें—

कहति यसोदा कौन बिधि, समझाऊँ अब कान्ह।
भूलि दिखायो चन्द मैं, ताहि कहत हरिखान॥ —ब्रजवासीदास

नीति

इस युग में नीति से सम्बन्धित पर्याप्त और अच्छी कविताएँ दिखलायी पड़ती हैं। इसका कारण यह था कि दरबारों से जुड़े होने के कारण कवि गण राजनीतिक गतिविधियों और दाव-पेंच से भली-भाँति परिचित थे। उन्होंने राज्य और समाज दोनों से जुड़ी हुई बहुत सी बातों को आधार बनाकर नीति की कविताएँ लिखी हैं—

तन्त्री नाद कवित्त रस, सरस राग रतिरंग।
अनबूड़े बूड़े तिरे, जे बूड़े सब अंग॥
स्वारथ सुकृत न श्रम वृथा, देख बिहंग बिचार।
बाज पराये पानि परि, तू पंछीन न मार॥ —बिहारी
बाम्हन सो मरि जाय, हाथ लै मदिरा प्यावै।
पूत वही मरि जाय, जो कुल में दाग लगावै।
अरु बेनियाव राजा मरै, तबै नींद भर सोइये।
बैताल कहै विक्रम सुनो, एते मरे न रोइये॥ —बैताल

वीर

रीतिकाल की गौड़ प्रवृत्तियों में वीर रस की कविताएँ भी मिलती हैं। उस समाज में संघर्ष भी चलता रहता था जिसकी अभिव्यक्ति कुछ कवियों की कविताओं में दिखायी पड़ती है। वीर रस के कवियों में लाल, पद्माकर, सूदन, खुमान, जोधराज, बाँकीदास और भूषण महत्त्वपूर्ण हैं। भूषण का एक छन्द द्रष्टव्य है—

इन्द्र जिमि जम्भ पर, बाड़व सुअम्भ पर,
रावन सदम्भ पर रघुकुल राज हैं।
पौन वारिवाह पर, सम्भु रति नाह पर,
ज्यों सहस्रबाहु पर राम द्विजराज हैं।
दावा द्रुम दण्ड पर, चीता मृग झुण्ड पर,
भूषण वितुण्ड पर जैसे मृगराज हैं।
तेज तम अंश पर, कान्ह जिमि कंस पर,
त्यों मलेच्छ बंस पर सेर सिवराज हैं॥

इस प्रकार हम देखते हैं कि रीतिकालीन कवियों का रचना-संसार समृद्ध और वैविध्यपूर्ण है। तमाम प्रतिकूल युगीन परिस्थितियों और अराजकताओं के बावजूद उस समय काफी महत्त्वपूर्ण कविताएँ भी लिखी गयीं जिनका साहित्यिक महत्त्व आज भी बना हुआ है।

रीतिसिद्ध काव्य

रीतिकाल में रीतिसिद्ध काव्य का मामला बहुत स्पष्ट नहीं है। आचार्य विश्वनाथ-प्रसाद मिश्र ने अपने ग्रन्थ 'हिन्दी साहित्य का अतीत' में रीतिबद्ध और रीतिमुक्त के मध्य में एक तीसरी कवि कोटि प्रस्तुत की जिसे उन्होंने रीतिसिद्ध कहा। लेकिन दूसरे विद्वानों ने रीतिसिद्ध कवियों में से कुछ को रीतिबद्ध और कुछ को रीतिमुक्त के अन्तर्गत रखकर उनका अध्ययन प्रस्तुत किया है। सामान्य रूप से उन कवियों को रीतिसिद्ध कवि कहा गया है जिन्होंने स्वतन्त्र ढंग से लक्षण-ग्रन्थों की रचना नहीं की लेकिन उनकी कविताओं में हर प्रकार के रस, छन्द, अलंकार, नायक, नायिका इत्यादि के उदाहरण मिल जाते हैं। अर्थात् उनकी कविताओं में रीतिकाव्य की अधिकांश मान्यताएँ स्वतः सिद्ध हो जाती हैं। इन कवियों के विषय में हिन्दी साहित्य के इतिहासकारों की दृष्टि बहुत स्पष्ट नहीं है। यहाँ कुछ ऐसे महत्त्वपूर्ण कवियों के काव्य का संक्षिप्त परिचय प्रस्तुत किया जा रहा है जिन्हें रीतिसिद्ध कहा जाता है—

बिहारी

बिहारी को रीतिकाल का सर्वश्रेष्ठ कवि होने का गौरव प्राप्त है। इनका जन्म (सन् 1565-1663) ग्वालियर के पास बसुवा गोविन्दपुर में हुआ था। ये जयपुर के महाराज जयसिंह के दरबार में रहा करते थे। बिहारी ने कोई लक्षण-ग्रन्थ नहीं लिखा था, लेकिन आचार्य शुक्ल ने उन्हें रीतिग्रन्थकार कवियों की कोटि में रखा। इसका कारण बताते हुए उन्होंने लिखा कि "बिहारी ने यद्यपि लक्षण-ग्रन्थ के रूप में अपनी 'सतसई' नहीं लिखी है पर 'नखशिख', 'नायिकाभेद', 'षट्ऋतु' के अन्तर्गत उनके सब शृंगारी दोहे आ जाते हैं और कई टीकाकारों ने दोहों को इस प्रकार के साहित्यिक क्रम के साथ रखा भी है। जैसा की कहा जा चुका है कि दोहों को बनाते समय बिहारी का ध्यान लक्षणों पर अवश्य था। इसीलिए हमने बिहारी को रीतिकाल के फुटकल कवियों में न रख, उक्त काल के प्रतिनिधि कवियों में ही रखा है।" (हिन्दी साहित्य का इतिहास, पृ० 174)

आचार्य शुक्ल के उक्त कथन से प्रेरणा पाकर आचार्य विश्वनाथप्रसाद मिश्र ने 'हिन्दी साहित्य का अतीत' के 'शृंगारकाल' में बिहारी को रीतिसिद्धि कवि कहा। बिहारी एक अत्यन्त प्रतिभाशाली और अनेकायामी चिन्तन के कवि थे। कहा जाता है कि एक बार जब ये राजा के यहाँ पहुँचे तो उन्हें पता चला कि उस समय राजा जयसिंह अपनी नयी रानी के प्रेम में इतने अनुरक्त थे कि राज-काज से विमुख हो गये थे। बिहारी ने एक दोहा लिखकर उनके पास भेजा जिससे उनका मोह भंग हुआ। वह दोहा इस प्रकार है—

नहिं पराग नहिं मधुर मधु, नहिं विकास यहि काल।
अली कली ही सों बँध्यो, आगे कौन हवाल॥

बिहारी की ख्याति का मूल आधार उनकी 'सतसई' है। शृंगार रस के ग्रन्थों में जितनी ख्याति बिहारी सतसई को मिली उतनी किसी और पुस्तक को नहीं। इन्होंने प्रेम

और कला दोनों को महत्त्व दिया और दोनों में सफलता के लिए पूरी तन्मयता और समर्पण को आवश्यक माना—

तन्त्री नाद कवित्त रस, सरस राग रति रंग।
अनबूड़े बूड़े तिरे, जे बूड़े सब अंग॥

बिहारी एक सफल मुक्तकार हैं। मुक्तक कविता के सभी गुण उनके दोहों में उत्कर्ष तक पहुँचे हुए हैं। उनके बारे में एक दोहा बहुत प्रसिद्ध है—

सतसइया के दोहरे, ज्यों नावक के तीर।
देखन में छोटे लगें घाव करैं गम्भीर॥

मुक्तक काव्य के विषय में आचार्य शुक्ल ने लिखा है कि "मुक्तक में प्रबन्ध के समान रस की वह धारा नहीं बहती जिसमें कथा प्रसंग की परिस्थिति में अपने को भूला हुआ पाठक मग्न हो जाता है और हृदय में एक स्थायी प्रभाव ग्रहण करता है। इसमें तो रस के ऐसे छींटे पड़ते हैं जिनसे हृदय कलिका थोड़ी देर के लिए खिल उठती है। यदि प्रबन्ध काव्य एक विस्तृत वनस्थली है तो मुक्तक एक चुना हुआ गुलदस्ता है।....अत: जिस कवि में कल्पना की समाहार शक्ति के साथ भाषा की समाहार शक्ति जितनी ही अधिक होगी, उतना ही वह मुक्तक की रचना में सफल होगा। यह क्षमता बिहारी में पूर्ण रूप से वर्तमान थी। इसी से वे दोहे जैसे छोटे छन्द में इतना रस भर सके हैं।" (हिन्दी साहित्य का इतिहास, पृ० 171) बिहारी के दोहों में मुक्तक काव्य की सभी विशेषताएँ देखी जा सकती हैं।

बिहारी ने अपना सारा जीवन काव्य साधना में ही बिताया है, इसलिए उनका एक-एक दोहा मर्मस्पर्शी है। उनके रूप वर्णन, वय:सन्धि के चित्रण तथा युवावस्था की मधुर झलकें मन को मुग्ध कर लेती है। उन्होंने जीवन का बारीक निरीक्षण किया था। इसलिए उनके वर्णनों में प्रेम की विविध वृत्तियों के प्रामाणिक और सजीव चित्र देखने को मिलते हैं। उनके दोहों में प्रेम के अतिरिक्त भक्ति और नीति तथा जीवन के कुछ दूसरे पक्ष भी मुखरित हुए हैं। यहाँ उनके कुछ बहुचर्चित दोहे प्रस्तुत हैं—

बतरस लालच लाल की, मुरली धरी लुकाइ।
सौंह करै, भौंहनि हँसे, दैन कहै, नटि जाइ॥
कागद पर लिखत न बनत, कहत सँदेस लजात।
कहिहै सब तेरो हियो, मेरे हिय की बात॥
दृग उरझत टूटत कुटुम्ब, जुरत चतुर चित प्रीति।
परति गाँठ दुरजन हिये, दई नई यह रीति॥
अधर परसि मीठी भई, दई हाथ तैं डारि।
लावति दतुवनि ऊखि की, नोखी खिजमत वारि॥

कृष्ण कवि

कृष्ण कवि के बारे में प्रसिद्ध है कि ये बिहारी के पुत्र थे। इन्होंने बिहारी सतसई की टीका लिखी थी। इनकी कविताओं की भाषा सरल और प्रवाहपूर्ण है। इन्होंने

अलंकारों का प्रयोग सायास नहीं किया है। इन्होंने बिहारी के दोहों के आधार पर सवैये लिखे हैं। इनकी रचनाओं में इनकी सहृदयता और रचना-कौशल का सहज प्रमाण प्राप्त होता है—

सीस मुकुट कटि काछनी, कर मुरली उर माल।
यहि बानिक मो मन सदा, बसो बिहारी लाल॥ —बिहारी
छवि सों फबि सीस किरीट बन्यो, रुचिसाल हिए बनमाल लसै।
कर कंजहि मंजु रली मुरली, कछनी कटि चारु प्रभा बरसै॥
कवि कृष्ण कहैं लखि सुन्दर मूरति, यों अभिलाष हिए सरसै।
वह नन्दकिसोर बिहारी सदा यहि बानिक मों हिए मांझ बसै॥

रसनिधि

रसनिधि का पूरा नाम पृथ्वीसिंह था और ये दतिया के एक जमींदार थे। इन्होंने 'रतनहजारा' नामक दोहों का एक संग्रह तैयार किया था। इनके दोहों पर बिहारी का प्रभाव दिखायी पड़ता है। ये शृंगार रस के श्रेष्ठ कवि थे। इनकी कविताओं में फारसी के भाव और शब्द दिखायी पड़ते हैं—

अद्‌भुत गति यहि प्रेम की, बैनन कही न जाय।
दरस भूख लागै दृगन, भूखहिं देत भगाय॥
चतुर चितेरे तुम सबी, लिखत न हिय ठहराय।
कलम छुवत कर आँगुरी कटी कटाछन जाय॥

हठी जी

हठी जी अत्यन्त साहित्य मर्मज्ञ और कला कुशल कवि थे। ये हितहरिवंश की शिष्य परम्परा में थे। 'राधासुधाशतक' इनकी प्रसिद्ध रचना है जिसमें दोहे, कवित्त और सवैये हैं। वैसे तो ये भक्त कवि थे लेकिन इन्होंने कला पक्ष पर भी पूरा ध्यान दिया है। उपमा, रूपक, अनुप्रास, उत्प्रेक्षा आदि अलंकारों का इन्होंने सफल प्रयोग किया है—

कलप लता के किधौं पल्लव नवीन दोऊ,
हरन मंजुता कंज ताके बनिता के हैं।
पावन पतित गुन गावैं मुनि ताके छबि,
छलै सविता के जनताके गुरु ताके हैं।
नवौ निधि ताकै सिद्धता के आदि आलै हठी,
तीनौ लोकता के प्रभुता के प्रभु ताके हैं।
कटै पाप ताकै बढ़ै पुन्य के पताके जिन,
ऐसे पद ताके वृषभानु की सुता के हैं॥

नृपशम्भु

नृपशम्भु या शम्भुराज छत्रपति शिवाजी के पुत्र थे। इनका जन्म 1657 ई० में पुरन्दर में हुआ था। जन्म के दो वर्ष बाद ही इनकी माता का स्वर्गवास हो गया था। इनका

पालन-पोषण इनकी दादी जीजाबाई ने किया था। इन्हें एक बार औरंगजेब ने जब इनकी उम्र नौ वर्ष थी, शिवाजी के साथ कैद कर लिया था; लेकिन बड़ी चतुराई से ये दोनों बन्दीगृह से मुक्त हो गये थे। इन्हें मथुरा में छोड़कर शिवाजी महाराष्ट्र लौट गये। मथुरा में ही इन पर ब्रजभाषा और काव्य का संस्कार पड़ा। शिवाजी की मृत्यु के बाद इन्होंने औरंगजेब से संघर्ष भी किया। अन्त में कैद करके इनकी आँखें निकाल ली गयीं और इनके टुकड़े-टुकड़े कर दिये गये। 'नायिका भेद', 'नखशिख' और 'सातशतक' उनकी प्रसिद्ध कृतियाँ हैं। इनकी कविताएँ काव्यात्मक दृष्टि से उच्चकोटि की हैं—

सासु कह्यो दधि बेंचन को,
सुदई सुखदाई कहाँ ते धौं हाँक री।
मोहि मिले 'नृपशम्भु' गुपाल,
तमाल तरे वह गैल जो साँकरी॥
मो तन ताकि बड़ी अँखियान तें,
काँकरी लै घिरि मो तन धाँकरी॥
काँकरी ओड़ि गई करते पै,
करेजे कहाँ धौं गयी गड़ि काँकरी॥

नेवाज

नेवाज महाराज छत्रसाल के दरबारी कवि थे। मिश्र बन्धुओं के अनुसार वे कान्यकुब्ज तिवारी थे। इन्होंने 'शकुन्तला नाटक' नामक एक काव्य-ग्रन्थ लिखा था। इन्हें संयोग-वर्णन में विशेष सफलता प्राप्त थी। एक उदाहरण द्रष्टव्य है—

आगे तें कीन्हीं लगा लगी लोयन कैसे छिपै अजहूँ जो छिपावति।
तू अनुराग को सौध कियो ब्रज की बनिता सब यों ठहरावति।
कौन सकोच रह्यो है 'नेवाज' जो तू तरसै उनहूँ तरसावति।
बावरि जा पै कलंक लग्यौ तो निसंक है क्यों नहिं अंक लगावति॥

रामसहाय

ये चौबेपुर, बनारस के रहने वाले थे तथा काशी-नरेश महाराजा उदितनारायण सिंह के दरबारी कवि थे। इनका कविता-समय 1803 से 1823 तक था। 'रामसतसई', 'वाणीभूषण', 'वृत्ततरंगिणी' और 'ककहरा' इनकी कृतियाँ हैं। इनकी रचनाओं में माधुर्य और प्रसाद गुण दिखायी पड़ते हैं—

वृन्दावन विहरत फिरै, राधा नन्दकिशोर।
नीरद दामिनि जानि संग, बोलै डोलै मोर॥

पजनेस

पजनेस का जन्म पन्ना में हुआ था। 'नखशिख' और 'मधुप्रिया' इनके दो ग्रन्थ हैं। इनका नखशिख-वर्णन बहुत अच्छा है—

चितवत जाकी ओर चख चकी चौंध कौंधे,
भनि पजनेस मातु किरन खरी सी है।
छबि प्रतिबिम्ब छूट्यो छिति है छपाकर तें,
छाजत छबीली राजै कनक छरी सी है।
कीनौ डर लुरक गुलाब को प्रसून ग्रास,
झुकि झुकि झूमि झूमि झाँकत परी सी है।
आनन अमल अरबिन्द ते अमल अति,
अद्‌भुत अमूल आभा उफन परी सी है॥

बेनी वाजपेयी

बेनी कवि असनी के रहने वाले थे। ये कान्यकुब्ज ब्राह्मण थे। इनके नखशिख और षड्ऋतु सम्बन्धी अनेक छन्द प्राप्त होते हैं। इनकी कविताओं में अलंकारप्रियता और चमत्कार की प्रवृत्तियाँ दिखायी पड़ती हैं। इनका एक बहुचर्चित छन्द प्रस्तुत है—

करि की चुराई चाल सिंह की चुराई लंक,
ससि को चुरायो मुख नासा चोरी कीर की।
पिक को चुरायो बैन मृग को चुरायो नैन,
दसन अनार हाँसी गूजरी गँभीर की।
कहै कवि 'बेनी' बेनी व्याल कु चुराई लीनीं,
रती रती सोभा सब रति के सरीर की।
अब तो कन्हैया जू को चित्त हू चुराई लीनो,
चोरटी है गोरटी या छोरटी अहीर की॥

द्विजदेव

द्विजदेव का पूरा नाम महाराज मानसिंह था। ये अयोध्या के महाराज थे और बहुत अच्छी कविता करते थे। 'श्रृंगारबत्तीसी' और 'श्रृंगारलतिका' इनकी दो प्रसिद्ध कृतियाँ हैं। इन्होंने श्रृंगार रस की बहुत अच्छी कविताएँ लिखी हैं जिनमें भाषा की स्वच्छता और प्रवाहमयता देखने लायक है—

आजु सुभायन ही गई बाग, बिलोकि प्रसून की पाँति रही पगि।
ताहि समय तहँ आए गोपाल, जिन्हें लखि औरो गयो हियरो ठगि।
पै द्विजदेव न जानि पर्‌यो धौं कहा तेहि काल परे अँसुवा जगि।
तू जो कही, सखि! लोनों सरूप सो मो अँखियान को लोनी गई लगि॥

●

रीतिमुक्त काव्य

रीतिमुक्त काव्यधारा साहित्यिक दृष्टि से रीतिकालीन कविता की सर्वाधिक महत्त्वपूर्ण धारा है। इस काव्यधारा में वे कवि आते हैं जिन्होंने रीति परम्परा के साहित्यिक बन्धनों और रूढ़ियों को अनदेखा करके अपने मनोभावों को स्वच्छन्द ढंग से व्यक्त किया है। इसीलिए कुछ विद्वानों ने इस काव्यधारा को स्वच्छन्द काव्यधारा भी कहा है। ये वे कवि हैं जिन्होंने लक्षण-ग्रन्थों की रचना न करके अपनी सहज अनुभूति को प्रवाहमय अभिव्यक्ति दी है। ये स्वानुभूति के उन्मुक्त गायक हैं। आचार्य रामचन्द्र शुक्ल ने इन कवियों को प्रेमोन्मत्त कवि कहा है। इस धारा के कवियों में घनानन्द, ठाकुर बोधा, आलम, द्विजदेव और सम्मन के नाम विशेष रूप से उल्लेखनीय हैं। जिस प्रकार यूरोप में स्वच्छन्दतावादी कवियों ने शास्त्रवाद का विरोध किया, उसी प्रकार इन कवियों ने रूढ़िग्रस्त रीतियों और परम्पराओं का विरोध करते हुए व्यक्तिमन की स्वच्छन्द वृत्तियों को वाणी दी जिसका व्यवस्थित विकास छायावाद में दिखायी पड़ता है। इस धारा की महत्त्वपूर्ण प्रवृत्तियाँ निम्नलिखित हैं—

वैयक्तिकता

रीतिमुक्त कवियों ने रीतिबद्ध कवियों की भाँति प्रेमी-प्रेमिकाओं और नायक-नायिकाओं के प्रेम का वर्णन न करके अपनी निजी प्रेमानुभूति को आत्मपरक शैली में व्यक्त किया है। ये कविताएँ लौकिक प्रेम से प्रेरित हैं। इन सभी कवियों ने अपने व्यक्तिगत जीवन में प्रेम किया था और अपनी इसी भोगी हुई प्रेम-व्यथा को काव्य में व्यक्त करके शान्ति महसूस की थी। इन कवियों ने चमत्कार प्रदर्शन के लिए या शौकिया काव्य-रचना नहीं की थी बल्कि इनके हृदय की घनीभूति वेदना स्वयं कविता बन गयी थी। घनानन्द के विषय में कही गयी यह उक्ति इस धारा के सभी कवियों पर चरितार्थ होती है—

समुझै कविता घनआनन्द की हिय-आँखिन नेह की पीर तकी।

अर्थात् घनानन्द की कविता को वही समझ सकता है जिसने हृदय की आँखों से प्रेम की पीड़ा को देखा हो। अर्थात् जिसने स्वयं प्रेम की पीड़ा को भोगा हो।

परम्परागत रूढ़ियों का निषेध

रीतिमुक्त कवियों ने परम्परागत काव्य की रूढ़ियों को स्वीकार नहीं किया है। वे रूढ़ियाँ काव्य के अन्तर्वस्तु से सम्बन्धित रही हों या बाह्य रूप से। काव्य के समस्त उपादान इनकी कविताओं में सहज ही आ गये हैं, इन्होंने अलंकार आदि को सायास लाने की कोशिश नहीं की है। इनकी कविता इनकी अनुभूतियों की सहज अभिव्यक्ति है। इनका कवि-कर्म किसी राजा के सुख के लिए न होकर स्वान्तः सुखाय और अपने अन्तर्मन का प्रकाशन है। इस सन्दर्भ में घनानन्द ने लिखा है कि—

लोग हैं लागि कवित्त बनावत
मोहिं तो मेरे कवित्त बनावत।

अर्थात् दूसरे कवि लग कर या कोशिश करके कविता करते हैं, लेकिन मेरे कवि व्यक्तित्व का निर्माण मेरी कविता स्वयं करती है। दिन-रात प्रयास करके कविता लिखने वालों पर व्यंग्य करते हुए ठाकुर ने लिखा है कि—

सीखि लीन्हों मीन मृग खंजन कमल नैन,
सीखि लीन्हों जस औ प्रताप को कहानो है।
सीखि लीन्हों कल्पवृक्ष कामधेनु चिन्तामणि,
सीखि लीन्हों मेरु और सुमेरु गिरि आनो है।....
ढेल सो बनाय आय मेलत सभा के बीच,
लोगन कबित्त कीबो खेल करि जानो है॥

अनुभूति की अनिर्वचनीयता

ये सभी कवि गहन अनुभूति और संवेदना से भरे हुए हैं। इनकी अनुभूतियाँ इतनी सशक्त और सघन हैं कि वे कविता में व्यक्त ही नहीं हो पातीं। अभिव्यक्ति के समस्त उपादान इनकी संवेदनाओं को व्यक्त करने में असमर्थ हो जाते हैं। घनानन्द इस बात को बार-बार कहते हैं कि मैं अपनी पीड़ा को व्यक्त नहीं कर पाता। उनकी कुछ काव्य पंक्तियाँ द्रष्टव्य हैं—

जो दुख देखत हौं घनआनँद रैन दिना बिन जान सुतंतर।
जानें वेई दिन-रात बखाने ते जानि परै दिन-रात को अन्तर॥

× × × ×

कहिये केहि भाँति दसा सजनी अति ताती कथा रसनानि दहै।
अरु जो हिय ही मधि घूँटि रहौं तो दुखी जिय क्यों करि ताहि सहै॥

इस विषय में बोधा का एक छन्द बहुत चर्चित है—

कबहूँ मिलिबो, कबहूँ मिलिबो, यह धीरज ही में धरैबो करै।
उरते कढ़ि आवै गरे ते फिरे, मन की मन ही में सिरैबो करै।
कवि बोधा न चाँड़ सरी कबहूँ, नित ही हरवा सो हिरैबो करै।
सहते न बनै कहते न बनै, मन ही मन पीर पिरैबो करै॥

संयोग की अपेक्षा वियोग की प्रधानता

रीतिमुक्त कवियों की कविताओं में संयोग-वर्णन की तुलना में वियोग-वर्णन अधिक दिखायी पड़ता है। इसीलिए आचार्य शुक्ल ने घनानन्द पर लिखते हुए यह कहा था कि उनके भाग्य में संयोग का सुख बदा नहीं था। इन कवियों में जहाँ संयोग के दृश्य आते हैं वहाँ भी वियोग का दुःख लगा रहता है। इस कारण इनकी कविताओं में बहुत मार्मिकता भरी हुई है। घनानन्द कहते हैं—

यह कैसो संयोग न सूझि परै जो वियोग न क्योंहू विछोहत है।

अन्य रीतिमुक्त कवियों के यहाँ भी वियोग ही उनकी केन्द्रीय अभिव्यक्ति है। कुछ उदाहरण प्रस्तुत हैं—

जा थल कीने बिहार अनेकन ता थल काँकरी बैठि चुन्यो करैं।
जा रसना सो करी बहु बातिन ता रसना सो चरित्र गुन्यो करैं।
आलम जौन से कुंजन में करी केलि तहाँ अब सीस धुन्यो करैं।
नैनन में जो सदा रहते तिनकी अब कान कहानी सुन्यो करैं॥ —आलम

कवि ठाकुर वै प्रिय दूरि बसै, हम आँसुन सो तन धोवित हैं।
धनि वै धनि पावस की रतियाँ, पति की छतियाँ लगि सोवति हैं। —ठाकुर

संयोग-वर्णन में सजीवता

वैसे तो रीतिमुक्त कवियों के यहाँ संयोग के चित्र बहुत कम दिखायी देते हैं, किन्तु जहाँ हैं वहाँ बहुत सजीव हैं। इनके संयोग-वर्णन में मांसलता और सम्पूर्णता दिखायी पड़ती है। शायद संयोग की इसी गहनता और हार्दिकता के कारण ही इनका विरह असह्य और दारुण हो गया है। संयोग का एक दृश्य देखें—

रस आरस भोय उठी कछु सोय लगी लसैं पीक पगी पलकैं।
घनआनन्द ओप बढ़ी मुख और सु फैल भवीं सुथरी अलकैं।
अँगराति जँभाति लसैं सब अंग अनंगहि अंग दियै झलकैं।
अधरानि में आधिय बात धरैं लड़कानि की आनि परैं छलकैं॥ —घनानन्द

सौन्दर्य-वर्णन

प्रेम की कविता लिखने वाले सभी कवियों ने अपनी प्रेमिकाओं के सौन्दर्य का वर्णन किया है। यह बात रीतिमुक्त कवियों पर भी लागू होती है। रीतिमुक्त कवियों की विशिष्टता यह है कि उनके रूप-वर्णन में बनावटी प्रसाधनों और जबर्दस्ती लाये गये अलंकारों का प्रयोग नहीं किया गया है। उनकी विशेषता यह भी है कि उनकी नायिकाएँ वस्त्राभूषणों से सौन्दर्ययुक्त नहीं होतीं बल्कि वस्त्राभूषण और सौन्दर्य के साधन उन्हीं के सौन्दर्य से सुन्दर हो जाते हैं। कुछ उदाहरण देखें—

रूप की उलझि आछे आनन पै नई-नई,
तैसी तरुनई तेह-ओपी अरुनई है।
उलटि अनंग रंग की तरंग अंग-अंग,
भूषन बसन भरि आभा फैलि गई है। —घनानन्द

आनन की सुघराई कहा कहौं जैसी बिराजति है जेहि अवसर।
चंद मो मंद मलीन सरोरुह एकहू रंग न दीजिये जौ सर।
नैन अन्यारे तिरीछी चितौन में हेरि गिरै रति प्रीतम को सर।
जान हिये घनआनँद सो हँसी फैलि फबै सु चमेली को चौसर॥

—घनानन्द

बोधा ने भी अपनी प्रेमिका सुभान के सौन्दर्य का वर्णन करते हुए 'इश्कनामा' में लिखा है—

एक सुभान के आनन पै कुरबान जहाँ लगि रूप जहाँ को।
कैयो सतक्रतु की पदवी लुटिये लखि कै मुसकाहट ताको।

प्रेम में एकनिष्ठता और विश्वास

रीतिमुक्त कवियों की सबसे बड़ी विशेषता यह है कि उनका प्रेम एकनिष्ठ है। रीतिबद्ध कवियों की भाँति इनके प्रेम में सौन्दर्य लोलुपता, चंचलता और भ्रमरवृत्ति नहीं है। ये हर परिस्थिति में अपने प्रेम के प्रति एकनिष्ठ और ईमानदार बने रहते हैं। इनके प्रेम की शर्तें भी आसान नहीं हैं। इनकी दृष्टि में प्रेम का मार्ग चुनौती और मुश्किलों से भरा होता है। प्रेम के लिए एकनिष्ठ समर्पण और साहस की भी आवश्यकता होती है। यह बराबर का लेन-देन होता है। यहाँ कोई छोटा-बड़ा नहीं होता। सच्चे प्रेम में कुटिलता और चालाकी काम नहीं करती। प्रेम के रास्ते पर चलना तलवार की धार पर चलने जैसा होता है। इस सन्दर्भ में दो प्रसिद्ध उदाहरण नीचे दिये जा रहे हैं—

अति सूधो सनेह को मारग है जहाँ नेकु सयानप बाँक नहीं।
तहाँ साँचे चलैं तजि आपुनपो झझकैं कपटी जे निसाँक नहीं।
घनआनँद प्यारे सुजान सुनो यहाँ एक ते दूसरो आँक नहीं।
तुम कौन धौ पाटी पढ़े हो कहौ मन लेहु पै देहु छटाँक नहीं॥

—घनानन्द

अति खीन मृनाल के तारहु ते तेहि ऊपर पाँव दे आवनो है।
सुई बेह ते द्वार सकीन तहाँ परतीति को टाँड़ो लदावनो है।
कवि बोधा अनी घनी नेजहु ते, चढ़ि तापै न चित्त डरावनो है।
यह प्रेम को पंथ कराल महा तलवार की धार पे धावनो है॥

—बोधा

इनके प्रेम में ऐन्द्रिय वासना नहीं है। प्रेमी वियोग की व्यथा सह कर भी प्रिय की कुशल चाहता है और अन्तिम साँस तक उसी का स्मरण करता रहता है। साथ ही उसे अपने प्रिय और उसके प्रेम पर प्रगाढ़ विश्वास भी बना रहता है—

रूई दिये रहोगे कहाँ लौ बहरायबे को,
कबहूँ तो मेरी ये पुकार कान खोलिहै। —घनानन्द

उदात्तता और उल्लास

रीतिमुक्त कविता में प्रेम प्रसंगों में प्रिय के प्रति उदात्त भाव दिखलायी पड़ता है। साथ ही ये कवि अपने प्रेम में निरन्तर तल्लीन दिखायी पड़ते हैं। हर समय इनके भीतर का अनुराग इन्हें उत्साहित और उल्लसित रखता है। यह तल्लीनता इन्हें इतना सराबोर कर देती है कि प्रिय का रूप-रंग इन्हें प्रकृति के विविध रूपों में दिखायी पड़ने लगता है और प्रकृति भी जैसे इनके मनोभावों को समझती हुई इनका साथ देती है—

अपने-अपने सुठि गेहन में चढ़े दोऊ सनेह की नाव पै री।
अँगनान में भीजत प्रेम भरे समयो लखि मैं बलि जावँ पै री।
कहैं ठाकुर दोउन की रुचि सो रंग ह्वै उमड़े दोऊ ठाँव पै री।
सखि कारी घटा बरसे बरसाने पै, गोरी घटा नन्द गाँव पै री॥

—ठाकुर

भाषा का नूतन प्रयोग

इन कवियों ने भाषा का नये ढंग से प्रयोग किया है। रीतिबद्ध कवियों की भाषा जहाँ आचार्यत्व और अलंकरण के कारण दबी तथा तमाम बन्धनों से बँधी हुई और जीवन से कटी हुई-सी लगती है वहीं रीतिमुक्त कवियों की भाषा में जीवन का सहज प्रवाह है। यहाँ किसी प्रकार की कृत्रिमता नहीं है। इनकी भाषा में लोक भाषा के मुहावरे और लोकोक्तियों के प्रयोग से एक नये ढंग की जीवन्तता और स्फूर्ति आ गयी है। यहाँ भाषा का लक्षणा और व्यंजना प्रधान रूप दिखायी पड़ता है। घनानन्द की कविताओं में विरोध की वक्रता भी दर्शनीय है—

बदरा बरसैं रितु में घिरि के नित ही अँखियाँ उघरी बरसै।....
सोवत भाग जगै सजनी दिन कोटिक वा रजनी पर वारे।....

इस प्रकार रीतिमुक्त कविता में हमें जीवन का सहज, उन्मुक्त और निश्छल प्रवाह दिखायी पड़ा है।

आधुनिक काल

काव्य-खण्ड

आधुनिक काल की पृष्ठभूमि

(सन् 1857 से अब तक)

सामान्यतया हिन्दी साहित्य के आधुनिक काल का आरम्भ सन् 1843 से माना जाता है। कुछ विद्वानों ने भारतेन्दु के जन्म—1850 और कुछ ने विद्रोह के वर्ष 1857 को यह गौरव प्रदान किया है, और यह उचित भी है, क्योंकि 1857 के गदर के बाद पूरा भारतीय समाज एक नयी चेतना, नये विचारों और स्वाधीन की भावना से परिचित और जागृत होकर नये ढंग से सोचना आरम्भ करता है। साहित्य के क्षेत्र में नये विचारों का प्रवेश भारतेन्दु के रचना-काल 1868 से होता है, इसलिए बीच के समय को आधुनिक काल की पृष्ठभूमि और संक्रमण के रूप में देखा जा सकता है।

'आधुनिक' शब्द 'अधुना' (अब) से बना है और वर्तमान का वाचक है। आधुनिकता सामन्तवाद के पराभव और पूँजीवादी विकास की देन है। राज्य और चर्च के अलगाव के साथ ही आधुनिकता का आरम्भ हुआ। इससे व्यक्ति को गरिमा मिली। 'आधुनिकता का सबसे बड़ा लक्षण है—मनुष्य, समाज और ब्रह्माण्ड के सम्बन्धों को पुनर्परिभाषित करने का प्रयत्न करती चेतना।' (पुरुषोत्तम अग्रवाल, अकथ कहानी प्रेम की, पृ० 86) इसके शाब्दिक अर्थ की दृष्टि से भारतेन्दु काल से लेकर अब तक के साहित्य को 'आधुनिक' कहना उचित नहीं लगता। इसलिए यह स्पष्ट कर देना आवश्यक है कि 'आधुनिक' शब्द यहाँ केवल नवीनता या परिवर्तन का बोधक है। यह शब्द एक तो मध्यकालीन जड़ता, रूढ़िवादिता और एकरसता से पृथकता का वाचक है, दूसरे भौतिकवादी दृष्टिकोण का भी।

युगीन परिदृश्य

किसी भी साहित्य के निर्माण के पीछे दो महत्त्वपूर्ण बातें काम करती हैं—पहली है परम्परा और दूसरी युगीन परिस्थितियाँ, लेकिन इनमें युगीन परिस्थितियों की भूमिका अधिक महत्त्वपूर्ण होती है। युगीन परिस्थितियाँ—ऐतिहासिक, सामाजिक, धार्मिक, आर्थिक, सांस्कृतिक, शैक्षिक इत्यादि स्थितियाँ मिलकर युग की मानसिकता का निर्माण करती हैं और साहित्य इसी युगीन मानसिकता की रचनात्मक अभिव्यक्ति होता है। इसलिए यह आवश्यक है कि आधुनिक कालीन साहित्य पर विचार करने से पहले तत्कालीन परिदृश्य का संक्षिप्त निरीक्षण किया जाये।

ऐतिहासिक स्थिति

दिल्ली के मुगल शासन के क्षीण होने की प्रक्रिया औरंगजेब की मृत्यु के उपरान्त शुरू हो गयी थी। देश के विभिन्न भागों में स्वतन्त्र राज्य बनने लगे थे। अंग्रेज जहाँगीर के समय में ही यहाँ आये थे और उन्होंने क्रमशः बम्बई, मद्रास और कलकत्ता में अपने

व्यापारिक केन्द्र स्थापित कर लिये थे। धीरे-धीरे वे देश की राजनीति में भी भाग लेने लगे और अपना प्रभुत्व बढ़ाते गये। उन्होंने 1747 में प्लासी के युद्ध में सिराजुद्दौला को पराजित किया और सम्पूर्ण बंगाल पर अधिकार कर लिया। सन् 1764 के युद्ध में उसकी रही-सही शक्ति भी समाप्त हो गयी। लेकिन अभी मराठों और सिक्खों को पराजित करना शेष था। इन्हें हराना आसान नहीं था। किन्तु अंग्रेजों की नीति और आपसी फूट के कारण 1803 के युद्ध में मराठे पराजित हो गये और उनकी संघशक्ति समाप्त हो गयी। 1841 में सिक्खों और 1856 में अवध को जीत लेने के बाद समूचा भारत अंग्रेजों के हाथ में आ गया। अंग्रेजों की नीतियों से असन्तुष्ट देशी राजाओं एवं देशभक्त जनसमूह ने एक जुट होकर 1857 ई० में व्यापक विद्रोह किया। इस विद्रोह के परिणामस्वरूप ईस्ट इण्डिया कम्पनी समाप्त हो गयी और समूचा भारतवर्ष ब्रिटिश साम्राज्य का उपनिवेश बन गया। शासन चलाने के लिए यहाँ वायसराय नियुक्त होने लगे। सन् 1885 में कांग्रेस की स्थापना हुई और सन् 1905 में जब बंग-भंग का कानून बना तो देश के भीतर उसके विरोध के लिए क्रान्तिकारी संगठनों का जन्म हुआ।

आर्थिक स्थिति

प्रत्येक समाज की आर्थिक स्थिति उस समाज की रीढ़ होती है। यह आर्थिक स्थिति ही समाज का मूल आधार होती है। समाज की अन्य समूची अधिरचनागत स्थितियाँ इसी के अनुरूप होती हैं। या कह सकते हैं कि समूचे ऊपरी ढाँचे के अन्तर्गत आने वाली—कला, साहित्य, संस्कृति, राजनीति इत्यादि इसी से संचालित होती है। हालाँकि ये ऊपरी वैचारिक स्थितियाँ भी सामाजिक आर्थिक स्थितियों को प्रभावित करती हैं, इसीलिए इनमें परस्पर द्वन्द्वात्मक सम्बन्ध माना जाता है, किन्तु अन्ततः निर्णायक भूमिका आर्थिक स्थिति की ही होती है।

आधुनिक काल से पूर्व प्रत्येक गाँव एक पूर्ण आर्थिक इकाई था। गाँव की आवश्यकताएँ गाँव में ही पूरी हो जाती थीं। लोगों के पेशे जातियों के आधार पर निश्चित थे। गाँव अपनी-अपनी इकाइयों में पूर्ण और असम्बद्ध थे। नगरों में कुछ बहुमूल्य वस्तुओं का निर्माण होता था। जैसे रत्नजड़ित आभूषण, हाथीदाँत की मीनाकारी, बारीक सूती-रेशमी वस्त्रों का निर्माण इत्यादि। इन चीजों की विदेशों में भी ख्याति थी। किन्तु इनकी खपत राजाओं, सामन्तों और श्रेष्ठियों में ही होती थी। अंग्रेजों ने इस देश को अपना व्यापारिक केन्द्र बनाने के लिए इस देश के उद्योग-धन्धों को नष्ट कर दिया। अब यहाँ का कच्चा माल विदेश जाने लगा और वहाँ के बने हुए सामान काफी महँगे दामों पर यहाँ बिकने लगे। यहाँ के कारीगर बेकार होकर भुखमरी के कगार पर खड़े हो गये। अंग्रेजों के माध्यम से जो आर्थिक व्यवस्था आयी वह मुसलमान आक्रमणकारियों से पृथक् थी। मुसलमान सामाजिक विकास की दृष्टि से काफी पिछड़े थे साथ ही रूढ़िग्रस्त होने के कारण उनकी स्थिति पूर्ण सामन्तीय थी। इसलिए वे यहाँ की आर्थिक स्थिति में कोई खास परिवर्तन नहीं कर सके। अंग्रेज सामन्ती व्यवस्था से आगे बढ़कर पूँजीवादी व्यवस्था अपना

चुके थे। सामाजिक विकास की दृष्टि से वे यहाँ के लोगों से एक मंजिल आगे थे इसलिए यहाँ की आर्थिक व्यवस्था को बदलने में उन्हें पर्याप्त सफलता मिली। लेकिन इन सबके पीछे उनका स्वार्थ था। अंग्रेजों ने अपने स्वार्थ के लिए इस देश में तमाम परिवर्तन किये, चौतरफा लूट की और यहाँ के उद्योगों व व्यापार को नष्ट किया। अंग्रेजों ने कई तरह के कानून बनाकर यहाँ के भूमि सम्बन्धों में परिवर्तन किया। सामन्तों जमींदारों के जरिये यहाँ की जनता से तरह-तरह के कर वसूल किये और महाजनी सभ्यता का जाल फैलाया। अनेक प्रकार के करों के साथ ही आये दिन आने वाले अकालों, महामारी और बीमारी का भयानक कष्ट झेलने के लिए जनता अभिशप्त हो गयी थी। इन सारी स्थितियों की चर्चा भारतेन्दु युगीन रचनाओं में पर्याप्त रूप में देखने को मिलती हैं।

यहाँ के ग्रामीण शहरी उद्योग-धन्धों के नष्ट हो जाने के कारण अधिक से अधिक लोग खेती पर निर्भर रहने लगे जिससे गरीबी बढ़ती गयी। नयी अर्थ-व्यवस्था और ऐतिहासिक विकास की अनिवार्य प्रक्रिया के परिणामस्वरूप भारतीय समाज नये विकास की ओर उन्मुख हुआ। धर्म के घेरे में बँधे हुए लोग राष्ट्रोन्मुख हुए। जातियों के टूटने के कारण वर्गीय स्थितियाँ विकसित हुईं।

नयी शिक्षा का सूत्रपात

ब्रिटिश राज्य की स्थापना से पूर्व भारत की शिक्षा प्रणाली पुराने किस्म की थी जिसका लक्ष्य आध्यात्मिक और पारलौकिक था। अंग्रेजों के सम्पर्क होने और उनके ज्ञान-विज्ञान से परिचित होने पर यहाँ के लोगों की मानसिकता और शिक्षा प्रणाली में परिवर्तन हुआ। अंग्रेजी सरकार बनने से पूर्व ईसाई धर्म-प्रचारकों ने अपने धर्म का प्रचार शुरू कर दिया था। बाद में धर्म-प्रचार के लिए अंग्रेजी शिक्षा का माध्यम अपनाया गया। मिशनरियों को अंग्रेजी के माध्यम से धर्म-प्रचार में तो सफलता नहीं मिली, पर इसी बहाने अंग्रेजी शिक्षा देने वाले बहुत से स्कूल-कॉलेज खुल गये। अपने धर्म-प्रचार के लिए मिशनरियों ने भारतीय भाषाओं में गद्य-लेखन भी किया। साथ ही स्त्री शिक्षा-प्रचार में उन्होंने महत्त्वपूर्ण भूमिका निभायी।

आरम्भ में कम्पनी सरकार की इच्छा अंग्रेजी भाषा के प्रचार की नहीं थी, तथापि आगे चलकर उसे इसी भाषा का प्रचार करना पड़ा। राजा राममोहन राय नये ढंग की शिक्षा-प्रणाली के समर्थक थे। उनका विश्वास था कि पुराने ढर्रे की पढ़ाई यदि जारी रही तो देश में किसी प्रकार का सामाजिक सुधार नहीं हो सकेगा। उस समय मैकाले भी अंग्रेजी भाषा का प्रचार और नवीन शिक्षा प्रणाली का विस्तार चाहता था। लेकिन इसके पीछे उसका प्रयोजन था कि भारतीय शिक्षित समाज भी अंग्रेजों की भाँति ही सोचने-समझने लगे। उसकी यह इच्छा फलवती भी हुई। 1844 ई० में लॉर्ड हार्डिंग की घोषणा प्रकाशित हुई, जिसके अनुसार सरकारी नौकरियों के योग्य वही समझे जाने लगे जिन्हें अंग्रेजी शिक्षा मिली हो। यद्यपि ईसाई मिशनरियों ने अंग्रेजी शिक्षा के माध्यम से धर्म-प्रचार करना चाहा था और अंग्रेजों को अपने दफ्तरों के लिए देशी बाबुओं की जरूरत

थी, तथापि इस शिक्षा पद्धति के कारण यहाँ के लोगों को ज्ञान-विज्ञान की जानकारी हुई और कुछ हद तक राष्ट्रीय भावना का उदय भी हुआ।

यातायात के साधन

ब्रिटिश काल के पूर्व भारत का आर्थिक ढाँचा स्थिर था। उस समय जितना विनिमय हो सकता था उसके लिए बैलगाड़ी ही पर्याप्त थी। किन्तु अंग्रेज जब यहाँ आकर व्यापार करने लगे तो उन्हें आवागमन की कठिनाई का सामना करना पड़ा। फलस्वरूप अंग्रेज उद्योगपतियों ने ईस्ट इण्डिया कम्पनी की सरकार से भारत में रेलवे की स्थापना और सड़क निर्माण के लिए अनुरोध किया। अपने लाभ को देखते हुए अंग्रेज सरकार ने भारत में रेल, बस तथा स्टीमशिप का प्रसार किया। अंग्रेजों की इस योजना के पीछे उनका आर्थिक लाभ तो था ही, बाहरी आक्रमणकारियों और आन्तरिक विद्रोहों से अपनी रक्षा का भाव भी था। रेलवे और अच्छी सड़कों के माध्यम से फौजों का एक स्थान से दूसरे स्थान पर पहुँचना आसान हो गया। सन् 1896 ई० में स्वेज नहर के खुल जाने से इंग्लैण्ड और भारत की भौगोलिक दूरी कम हो गयी। यह तो स्पष्ट ही है कि अंग्रेजों ने यह सब हिन्दुस्तान के विकास के लिए नहीं बल्कि, अपने स्वार्थ साधन के लिए किया था। किन्तु उनकी इच्छा से स्वतन्त्र यहाँ के लोगों का भी लाभ हुआ। यहाँ की कृषि में व्यवसायिकता बढ़ी, लोग दूसरे क्षेत्रों के लोगों से मिलने-जुलने लगे, छुआछूत, भेदभाव आदि में कमी आयी तथा लोगों में एकता का भाव पैदा हुआ।

प्रेस और पत्र-पत्रिकाएँ

भारतवर्ष में मुद्रण-यन्त्र स्थापित करने का श्रेय पुर्तगालियों को है। सन् 1550 में उन्होंने दो मुद्रण-यन्त्र मँगवाकर धार्मिक पुस्तकें छापनी आरम्भ कीं। सन् 1674 में ईस्ट इण्डिया कम्पनी द्वारा बम्बई में मुद्रण-कार्य आरम्भ किया गया। अठारहवीं शताब्दी में बम्बई, मद्रास, कलकत्ता, हुगली आदि स्थानों में छापेखाने स्थापित हुए। प्रेस की स्थापना से हिन्दी में पत्रकारिता की उन्नति हुई और अनेक पत्र-पत्रिकाएँ निकलने लगीं। सन् 1821 में राजा राममोहन राय के प्रयास से 'संवाद कौमुदी' नामक साप्ताहिक बँगला पत्र का प्रकाशन हुआ। इसमें तत्कालीन सामाजिक समस्याओं के सम्बन्ध में लेख रहते थे। इसमें सती-प्रथा के विरोध में राजा राममोहन राय के लेख छपते रहे। इसलिए परम्परावादी हिन्दू नाराज भी हुए। इस समय 'समाचार दर्पण', 'दिग्दर्शन', 'ब्रमैनिकल मैगज़ीन', 'जाम-ए-जहाँ-नुमा', 'मीरल-उल-अखबार' एवं 'बॉम्बे-समाचार' इत्यादि निकलने लगे थे। द्वारिकानाथ टैगोर, प्रसन्नकुमार टैगोर तथा राजा राममोहन राय जैसे प्रगतिशील लोगों ने मिलकर 1830 में 'बंगदूत' की शुरुआत की। हिन्दी का पहला पत्र 'उदन्तमार्तण्ड' सन् 1826 में प्रकाशित हुआ। बाद में कलकत्ता से ही 1834 में 'प्रजामित्र' तथा 1854 में हिन्दी का दैनिकपत्र 'समाचार सुधावर्षण' निकलने लगा। आगे चलकर इन पत्र-पत्रिकाओं की संख्या बढ़ती गयी और इसके साथ ही नये विचारों का प्रचार-प्रसार

भी बढ़ता गया। इनसे वैज्ञानिक दृष्टिकोण और राष्ट्रीय भावना का भी विकास हुआ। अंग्रेजों ने प्रेस की स्वतन्त्रता पर बार-बार आक्रमण किये और उनके विरोध में यहाँ के लोगों ने व्यापक संघर्ष भी किया।

भारतीय पुनर्जागरण के लिए प्रेस ने महत्त्वपूर्ण भूमिका निभायी।। पुनर्जागरण के नेताओं ने इस सशक्त माध्यम का पूरा-पूरा लाभ उठाया। इन पत्र-पत्रिकाओं में साहित्यिक रचनाओं का प्रकाशन भी हो रहा था, साथ ही समसामयिक समस्याओं को भी उठाया जा रहा था। ये माध्यम रूढ़ियों पर चोट करते हुए राष्ट्रीय चेतना का निर्माण भी कर रहे थे।

सामाजिक-सांस्कृतिक आन्दोलन

साहित्य के अनेक निर्माता उपादानों में देश की तत्कालीन सामाजिक, धार्मिक, सांस्कृतिक आन्दोलनों की भूमिका विशेष महत्त्वपूर्ण होती है। ईसाई मिशनरियों ने जिस तेजी से अपने धर्म का प्रचार-कार्य आरम्भ किया था, उससे आधुनिक शिक्षा प्राप्त युवक ईसाई धर्म की ओर आकृष्ट होने लगे थे। ईसाई धर्म की उदारता और रूढ़िमुक्तता के कारण भी यहाँ के लोग उससे प्रभावित होने लगे थे। बंगाल में इसकी जबर्दस्त प्रतिक्रिया हुई और 1828 ई० में राजा राममोहन राय ने 'ब्रह्मसमाज' की स्थापना की। इसमें बाहरी उपासना और कर्मकाण्ड को निरर्थक बताते हुए प्रकृति और अन्तर्चेतना को आध्यात्मिक ज्ञान का स्रोत बताया गया। ब्रह्म समाज ने सती-प्रथा एवं अन्य सामाजिक कुरीतियों पर प्रहार किया तथा विधवा-विवाह एवं स्त्री-पुरुष के समान अधिकार का समर्थन किया। आगे चलकर स्वामी दयानन्द सरस्वती ने सन् 1875 में आर्य समाज की स्थापना की। इसमें बाल-विवाह, रूढ़िवादी कर्मकाण्ड और अन्धविश्वास का निषेध किया गया और वैदिक धर्म के पुनरुद्धार पर बल दिया गया। विधवा-विवाह को भी इसमें स्वीकृत मिली। आर्य समाज ने निम्न वर्ग को भी अपने साथ जोड़ा जिससे तमाम लोग धर्म परिवर्तन करने से विरत हो सके। इसके अतिरिक्त प्रार्थना समाज, महाराष्ट्र समाज, थियोसॉफिकल सोसायटी, स्वामी रामकृष्ण परमहंस, स्वामी विवेकानन्द के नव्यवेदान्त, अरबिन्द के वेदान्त दर्शन और गाँधी के अनासक्ति कर्मयोग ने भी समाज को अपने विचारों से प्रभावित किया। इन संस्थाओं और महापुरुषों ने राष्ट्रीय चेतना के प्रसार के साथ ही व्यापक जन-जागरण भी किया। हिन्दी का आधुनिक युग का साहित्य इन्हीं पृष्ठभूमियों से पैदा होकर और इन्हीं से प्रेरणा लेकर आगे बढ़ा।

भारतेन्दु युग और हिन्दी नवजागरण

भारतेन्दु युगीन साहित्य में हमारा साक्षात्कार जिन बदली हुई परिस्थितियों और जागती हुई जनता से होता है, उसके पीछे कई महत्त्वपूर्ण कारण हैं और उनकी एक लम्बी कहानी है। इस कहानी को यदि बहुत पीछे न ले जायें तब भी कम से कम सौ साल पहले से शुरू करना पड़ेगा। हिन्दुस्तान की बदलती हुई ऐतिहासिक राजनीतिक परिस्थितियों के साथ ही साथ यहाँ अंग्रेजों की ताकत भी दिन-ब-दिन बढ़ती गयी और देश की गर्दन में ब्रिटिश हुकूमत का पंजा भी कसता गया। अंग्रेज यहाँ सिर्फ व्यापार करने और शासन करने ही नहीं आये थे, वे यहाँ अपने धर्म और विचारों को भी आरोपित करना चाहते थे। इसीलिए अंग्रेजों के साथ ही यहाँ ईसाई मिशनरियाँ भी सक्रिय हो गयी थीं। ईसाई धर्म-प्रचारकों ने अपने धर्म का प्रचार करते हुए हिन्दुओं और मुसलमानों के धर्मों पर उचित- अनुचित आक्षेप भी किये। साथ ही इन धर्मों की संकीर्णताओं, रूढ़ियों और कुप्रथाओं पर भी आक्रमण किया उस समय हिन्दू धर्म में सती-प्रथा, बाल-हत्या, भ्रूण-हत्या, नर-बलि, बाल-विवाह, पर्दा-प्रथा, छुआ-छूत, बहु-विवाह, नशाखोरी इत्यादि कुप्रथाओं का भयानक चलन था। ईसाई धर्म-प्रचारकों ने इन सारी विकृतियों पर चोट करते हुए सती-दाह, कन्या-वध इत्यादि के सन्दर्भ में क़ानून बनवाकर इनका उच्छेद करवा दिया। ईसाई धर्म के प्रचार से हिन्दू धर्मावलम्बियों में जहाँ एक तरफ क्षोभ पैदा हो रहा था, वहीं दूसरी तरफ अपनी कमजोरियों का ज्ञान भी हो रहा था। इस प्रकार परोक्ष रूप से अंग्रेजों और इन धर्म-प्रचारकों ने हिन्दू-धर्म की विद्रूपताओं का उद्‌घाटन करके यहाँ के लोगों को अपने धर्म पर सोचने और नये तरह से विचार करने को विवश कर दिया।

ईसाई धर्म की तीव्र प्रतिक्रिया हुई और कई महत्त्वपूर्ण चिन्तकों ने धर्म को नयी वैज्ञानिक चेतना के प्रकाश में देखना आरम्भ किया। ब्रह्म समाज, प्रार्थना समाज और आर्य समाज ने पुराने धर्म को नये समाज के अनुरूप ढालने का प्रयास किया। ब्रह्म समाज की स्थापना सन् 1828 में राजा राममोहन राय (1772-1833) ने की। संस्कृत के साथ ही उन्हें अरबी-फारसी का भी अच्छा ज्ञान था। वे महत्त्वपूर्ण यूनानी विचारकों के विचारों से भी परिचित थे। कर्मकाण्ड और अन्ध-विश्वासों का विरोध करने के लिए उन्होंने उपनिषदों का उपयोग किया और मूर्ति-पूजा का विरोध किया। उन्होंने अनेक सामाजिक कुरीतियों पर प्रहार करते हुए सती-प्रथा इत्यादि अमानवीय प्रथाओं का जमकर विरोध किया और विधवा-विवाह का समर्थन किया। ब्रह्म समाज को देवेन्द्रनाथ टैगोर (1817-1905) एवं केशवचन्द्र सेन (1838-1884) ने आगे बढ़ाया। केशवचन्द्र सेन ने शिक्षित समाज को काफी प्रभावित किया। सन् 1867 में उन्होंने प्रार्थना समाज की स्थापना की। इसके उन्नायकों में महादेव गोविन्द रानाडे थे। ये अध्ययनशील और मेधावी थे। ये रूढ़ियों और अन्धविश्वासों से निरन्तर संघर्ष करते रहे। पुराने विचार और संस्थाओं को उसी रूप में पुनः प्रतिष्ठित करने वालों का विरोध करते हुए उन्होंने लिखा कि "मृत अतीत को कभी जीवित नहीं किया ज़ा सकता।" उनके अनुसार समाज जीवित अवयवों का संगठन है जिसमें

परिवर्तन की प्रक्रिया बराबर चलती रहती है। इस प्रक्रिया के बन्द हो जाने पर समाज मुर्दा हो जाएगा। रानाडे ने जाति-पाति का विरोध करते हुए अन्तरजातीय विवाह पर बल दिया।

ब्रह्म समाज के बाद हिन्दू-धर्म और हिन्दी भाषाओं को विकसित करने वालों में स्वामी दयानन्द (1824-1883) का नाम बड़े गौरव के साथ लिया जाता है। उन्होंने 1875 में आर्य समाज की स्थापना की। आर्य समाज ने सामाजिक और धार्मिक विचारों की दुनिया में क्रान्ति मचा दी। इस संस्था ने स्वामी दयानन्द के नेतृत्व में कई मोर्चों पर धावा बोल दिया तथा रूढ़िवादी सनातनियों, ईसाइयों एवं अन्य रूढ़िग्रस्त धार्मिक अन्धविश्वासों का निषेध करते हुए वैदिक धर्म के पुनरुद्धार और विधवा-विवाह पर बल दिया। एक बहुत बड़ा भारतीय समाज इसी के प्रभाव से धर्म-परिवर्तन करने से विमुख हुआ। आर्य समाज ने बुद्धिवादी जीवन-दृष्टि के साथ ही स्वराज्य और जनतन्त्र की भी प्रेरणा दी थी। पुरानी शिक्षा के लिए गुरुकुल और नवीन शिक्षा के लिए दयानन्द ऐंग्लो वर्नाक्यूलर शिक्षण संस्थाओं की स्थापनाएँ दयानन्द की विशेष देन हैं। गद्य की भाषा के परिष्कार में भी इस आन्दोलन की अभूतपूर्व भूमिका है।

थियोसॉफिकल सोसायटी की शुरुआत अमेरिका के न्यूयॉर्क में सन् 1875 में हुई थी। भारत में इसकी नींव 1893 में एनी बेसेण्ट द्वारा पड़ी। इसके आधारभूत सिद्धान्त पाश्चात्य विचार जगत् के थे, किन्तु भारत में यह भारतीय दर्शन और धर्म से भी जुड़ गया। एनी बेसेण्ट ने अपने गतिशील व्यक्तित्व और असाधारण वक्तृत्व-शक्ति के कारण अनेक शिक्षित भारतीयों को आकृष्ट किया। आदर्शों को मूर्तरूप देने के लिए उन्होंने अनेक शिक्षा-संस्थाएँ भी खोलीं। बनारस सेन्ट्रल हिन्दू कॉलेज इसी योजना के अन्तर्गत खोला गया। इस सोसायटी ने राष्ट्रीयता का पोषण करते हुए ईसाइयतप्रधान नवीन शिक्षा को भारतीय हितों के विरुद्ध बताया।

विवेकानन्द के नव्यवेदान्त ने व्यावहारिक और मानवतावादी अद्वैत दर्शन का देश-विदेश में व्यापक प्रचार किया। रामकृष्ण परमहंस के देहावसान के बाद विवेकानन्द ने रामकृष्ण मिशन की स्थापना की थी। रामकृष्ण परमहंस के विषय में कहा जाता है कि इस गरीब, अपढ़, गँवार, रोगी, अर्धमूर्तिपूजक, मित्रहीन हिन्दू भक्त ने बंगाल को बुरी तरह हिला दिया। उनके योग्य शिष्य विवेकानन्द ने उनके विचारों को आगे बढ़ाया। सन् 1893 में विवेकान्द विश्व धर्म संसद में शामिल होने के लिए जब शिकागो गये तब उनकी वक्तृत्व क्षमता से प्रभावित होकर **न्यूयॉर्क हेराल्ड ट्रिब्यून** ने लिखा था, "विश्व धर्म संसद में विवेकानन्द सर्वश्रेष्ठ व्यक्ति थे। उनको सुनने के बाद ऐसा लगता था कि उस महान् देश में धार्मिक मिशनों को भेजना कितनी बड़ी मूर्खता थी।" धार्मिक कार्यों के अतिरिक्त सामाजिक कार्यों में भी उनकी गहरी रुचि थी। उन्होंने जाति, सम्प्रदाय, छुआछूत आदि का लगातार विरोध किया। उन्होंने गरीबों का पक्ष लेते हुए धनिकों को धिक्कारा। विवेकानन्द ने हीनता-ग्रस्त देशवासियों में गौरव का भाव भरकर उन्हें स्वतन्त्रता की ओर प्रेरित किया।

इन नवीन धार्मिक आन्दोलन ने देश की प्रसुप्त शक्ति को धक्का मारकर जगा दिया। इन धर्मों की प्रतिक्रिया में पुराने धर्म के समर्थक उठ खड़े हुए। इस वाद-विवाद में अनेक पुस्तकें लिखीं गयीं, जिससे हिन्दी के गद्य साहित्य का बहुमुखी विकास हुआ। सन्

1885 में इण्डियन नेशनल कांग्रेस की स्थापना हुई जिसने भारतीय चिन्तन-धारा को बहुत अधिक प्रभावित किया। आगे चलकर महात्मा गांधी, लोकमान्य तिलक, लाला लाजपतराय, चन्द्रशेखर आजाद, भगत सिंह, आदि राष्ट्रवादी, सांस्कृतिक एवं क्रान्तिकारी विचारकों और कार्यकर्ताओं ने इस जनजागरण को अपने-अपने ढंग से पुष्ट किया।

इस प्रकार नवीन धार्मिक आन्दोलनों, वैज्ञानिक आविष्कारों, रेल, तार, प्रेस का विकास, नवीन वैज्ञानिक शिक्षा, नवीन आर्थिक संगठन, उद्योग-व्यापार आदि ने नयी दृष्टि पैदा की। इनसे ब्रिटिश हुकूमत का चरित्र भी समझ में आने लगा और लोगों में राष्ट्रीयता एवं जनतान्त्रिक मूल्यों का विकास हुआ। इस बहुमुखी नवजागरण की चेतना ने परम्परावादी संकीर्ण भावों और विचारों की जड़ें हिला दीं। साहित्यकारों ने भी दुनिया को नयी दृष्टि से देखा तथा बहुत दिनों से राजमहलों में कैद कविता ने भी मुक्त गगन में उड़ान भरी। इस नवजागरण की चेतना स्वतन्त्रता प्राप्ति तक के साहित्य में व्यक्त होती रही।

भारतेन्दु युग की शुरुआत उन्नीसवीं शताब्दी के उत्तरार्द्ध से होती है। संसार के इतिहास में उन्नीसवीं शताब्दी के उत्तरार्द्ध का महत्त्वपूर्ण स्थान है। कार्लमार्क्स, डारविन, भारतेन्दु, ईश्वरचन्द विद्यासागर, टॉल्स्टॉय आदि महापुरुषों ने काल के इसी भाग में अपना त्याग और तपस्या का जीवन बिताया था। इन वैज्ञानिकों, समाज-सुधारकों और साहित्यकारों ने मानव-विकास के मार्ग में अड़ी हुई बड़ी-बड़ी शिलाओं को अपने सबल हाथों से ठेलकर एक ओर कर दिया। बाद के लोगों ने आकर उसी मार्ग को पीट-पीटकर बराबर किया और उसको जनसमूह के चलने योग्य बनाया। हिन्दुस्तान में सन् '57 से पहले रीतिकालीन परम्परा का जोर था। यह वह संस्कृति थी जो समाज को निकम्मा बनाये थी, जिससे फायदा उठाकर अंग्रेज दिन-प्रतिदिन अपना राज्य-विस्तार करते चले जा रहे थे। इस परम्परा का मुसलमान राजदरबारों में ज्यादा जोर होना स्वाभाविक था। जब उस साम्राज्य की नीवें हिलने लगीं, यहाँ तक की उसकी ईंट से ईंट बजने लगी तब भी उनके हाथ से वह चैन की बंसी न छूटी। दिल्ली और लखनऊ के दरबारों में रण्डियों, भाँड़ों और शायरों का जमघट लगा रहता था। एक दिन वह महल ढहकर गिर पड़ा, लखनऊ और दिल्ली की बुलबुलें उड़ गयीं और अपने लिए दूर-दूर आशियाने खोजने लगीं। लाखों किसानों का रक्त बहा। महारानी विक्टोरिया का साम्राज्याभिषेक हुआ। नवाबी का अन्त हुआ। लोगों ने एक सुख की साँस ली। रामपुर और हैदराबाद में फिर बुलबुलें चहकने लगीं। (भारतेन्दु युग और हिन्दी भाषा की विकास परम्परा, प्र० सं० 1975, पृ० 122-123) डॉ० रामविलास शर्मा के उपर्युक्त कथन में वे सारी परिस्थितियाँ स्पष्ट होती हैं जिनमें भारतेन्दु और उसके सहयोगी लेखकों को काम करना था।

भारतेन्दु का जन्म 1850 ई० में हुआ था। उनके युग का आरम्भ भारतेन्दु के रचना-काल सन् 1868 में माना गया है। 1850-1868 बीच के वर्षों को संक्रमण काल के रूप में माना जाता है। भारतेन्दु युग हिन्दी नवजागरण का युग है। व्यापक जनजीवन से कटती हुई जो कविता रीतिकाल के दरबारों की रंगीन, चमक-दमक, विलास, मनोरंजन तथा आश्रयदाताओं की झूठी प्रशस्तियों में सिमटकर रह गयी थी, नवजागरण के माहौल में वह एक बार पुनः अपने पंख खोलती है और उभरती हुई जनचेतना से भेंट करती है। भारतेन्दु

और उनके मण्डल के कवि उसे जनता के बीच लाते हैं, जन-जीवन की समस्याओं से जोड़ते हैं और कविता भक्ति आन्दोलन के बाद एक बार फिर से जनता की चित्तवृत्तियों के प्रतिबिम्ब के रूप में पहचानी जाने लगती है। इस नये सन्दर्भ में ही बालकृष्ण भट्ट साहित्य को 'जनसमूह के हृदय के विकास' के रूप में परिभाषित करते हैं।

जीवन के अनुभूत रूप को जीवन्तवाणी देने के साथ ही भारतेन्दु युग के लेखकों ने जीवन को एक खास दिशा की ओर मोड़ने तथा अग्रसर करने की महत्त्वपूर्ण भूमिका का निर्वाह भी किया है। इनकी दृष्टि में साहित्य का लक्ष्य यथार्थ की केवल प्रतिलिपि प्रस्तुत करना नहीं, यथार्थ को बदलना भी है। भारतेन्दु हरिश्चन्द्र साहित्य की इस भूमिका के प्रति उस जमाने के सबसे अधिक सचेत लेखक थे। उन्होंने स्वयं तो इस दृष्टि से सर्जना की ही, अपने युग के अन्य लेखकों को भी इस कार्य के लिए प्रेरित किया। उनमें साहित्य की इस भूमिका के प्रति आस्था तथा समाज के प्रति दायित्व-चेतना कितनी प्रबल थी, इसका अनुमान मई 1979 की 'कवि वचन-सुधा' में प्रकाशित उनकी एक विज्ञप्ति के निम्नलिखित अंश से सहज ही लगाया जा सकता है। ''भारतवर्ष की उन्नति के जो अनेक उपाय महात्मागण आजकल सोच रहे हैं उनमें एक और उपाय होने की आवश्यकता है। इस विषय में बड़े लेख प्रकाश होते हैं, किन्तु जनसाधारण दृष्टिगोचर नहीं होते। इसके लिए मैंने यह सोचा है कि जातीय संगीत की छोटी-छोटी पुस्तकें बनें और वे सारे देश, गाँव-गाँव में साधारण लोगों में प्रकाश की जायँ। यह सब लोग जानते हैं कि जो बात साधारण लोगों में फैलेगी उसी का प्रसार सार्वदेशिक होगा और यह भी विदित है कि जितना शीघ्र ग्राम-गीत फैलते हैं और जितना काव्य को संगीत द्वारा सुनकर चित्त पर प्रभाव होता है, उतना साधारण शिक्षा से नहीं होता।.....इस विषय में जिनको कुछ भी रचना शक्ति है, उनसे सहायता चाहता हूँ कि वे लोग भी इस विषय पर गीत एवं छन्द बनाकर स्वतन्त्र प्रकाश करें या मेरे पास भेज दें, मैं उनको प्रकाश करूँगा और सब लोग अपनी-अपनी मण्डली में गाने वालों को यह पुस्तकें दें।''

इस नवजागरण और जनजागरण से जुड़ी हुई तमाम चिन्ताओं में दो बातें सर्वाधिक महत्त्वपूर्ण थीं—देश की आजादी और स्त्री को पुरुष के बराबर अधिकार। इसके लिए 'स्वत्वनिज भारत गहै' और 'नारीनरसम होहि' का उद्घोष हुआ। भारतेन्दु ने 'बाला बोधिनी' (15 जून 1874) के प्रथम अंक में घोषणा की—

जो हरि सोई राधिका, जो शिव सोई शक्ति,
जो नारी सोई पुरुष, यामे कछु न विभक्ति।

भारतीय जनता की दुर्दशा और अंग्रेजों की लूट एवं अत्याचार का वर्णन भारतेन्दु युग के रचनाकारों ने कविता के अतिरिक्त नाटक, कहानी, निबन्ध, उपन्यास, पत्रकारिता एवं अन्य माध्यमों से भी किया। इस प्रकार नवजागरण की यह परिवर्तनकामी चेतना हर क्षेत्र में प्रवेश कर पुराने विचारों की दुनिया को झकझोर कर जागृत कर रही थी। इसके प्रभावस्वरूप समाज एक नयी सुबह की उम्मीद में करवटें बदलने लगा था।

●

भारतेन्दु युग (1857-1900)
(नवजागरण या पुनर्जागरण काल)

भारतेन्दु युगीन कविता एक संक्रमण के दौर से गुजर रही थी। उस समय परम्परागत रीतिकालीन कविता की नायिका-भेद वाली प्रवृत्तियाँ, शृंगारिकता, भक्ति भावना और प्रकृति चित्रण से सम्बन्धित रचनाएँ लिखी जा रही थीं साथ ही नवीन युग-चेतना से संचालित नये विचारों और मूल्यों को अभिव्यक्त करती हुई जन-जागरण वाली रचनाएँ भी सामने आ रही थीं। जिस प्रकार सामाजिक-आर्थिक क्षेत्र में सामन्ती और पूँजीवादी मूल्यों का टकराव हो रहा था, उसी प्रकार काव्य के क्षेत्र में रीतिवाद और नवजागरण की धाराएँ टकरा रहीं थीं कहीं-कहीं तो दोनों साथ-साथ चल रही थीं। ''भारतेन्दु युग के एक ओर मध्यकालीन दरबारी संस्कृति थी तो दूसरी ओर आम जनता में एक सामाजिक और राजनीतिक आन्दोलन के लिए वातावरण तैयार करना था। साहित्य में देश के बढ़ते असन्तोष को व्यक्त करना भर न था, सदियों से चले आते, समाज की हड्डियों में बसे हुए सामन्ती कुसंस्कारों से भी मोर्चा लेना था'' (डॉ० रामविलास शर्मा, भारतेन्दु युग और हिन्दी भाषा की विकास-परम्परा, प्र०सं० 1975, पृ० 14) भारतेन्दु युग की कविता पर आचार्य हजारीप्रसाद द्विवेदी की यह टिप्पणी ध्यान देने योग्य है। ''भारतेन्दु युग का पूर्ववर्ती काव्य-साहित्य सन्तों की कुटिया से निकलकर राजाओं और रईसों के दरबार में पहुँच गया था, उसमें मनुष्य को प्रत्याहित सुख-सुविधाओं के जंजाल से मुक्त करके शाश्वत देवत्व के पवित्र लोक में जाने की महत्त्वाकांक्षा लुप्त हो चुकी थी। वह मनुष्य को देवता बनाने के पवित्र आसन से च्युत होकर मनोविनोद का साधन हो गया था।....और दूसरी ओर कवियों की दुनिया राजदरबारों की ओर खिंच गयी। भारतेन्दु ने कविता को इन दोनों ही प्रकार की अधोगतियों के पन्थ से उबारा। उन्होंने एक तरफ तो काव्य को फिर से भक्ति की पवित्र मन्दाकिनी में स्नान कराया और दूसरी तरफ उसे दरबारीपन से निकाल कर लोक-जीवन के आमने-सामने खड़ा कर दिया।''

भारतेन्दु युग में पुराने ढंग की कविताएँ भी लिखी जा रही थीं और नये ढंग की भी। पुरानी परिपाटी से जुड़े कवियों में गिरिधर दास, द्विजदेव, सरदार, हनुमान, द्विजकवि, मन्नालाल, नकछेदी तिवारी, भुवनेश, ललित किशोरी, दत्त कवि, कविराज मुरारिदास रघुराज सिंह, रामसनेही इत्यादि उल्लेखनीय हैं। नयी धारा के कवियों में भारतेन्दु, प्रतापनारायण मिश्र, अम्बिकादत्त व्यास, राधाकृष्ण दास, श्रीनिवास दास, राधाचरण गोस्वामी, बदरीनारायण चौधरी 'प्रेमघन', सुधाकर द्विवेदी, बालमुकुन्द गुप्त तथा ठाकुर जगमोहन सिंह विशेष उल्लेखनीय हैं। भारतेन्दु युगीन कविता की प्रवृत्तियाँ निम्नलिखित हैं—

शृंगारिकता

भारतेन्दु युग में पुरानी और नयी दोनों ही काव्य-धाराओं से जुड़े हुए कवियों ने शृंगार की कविताएँ लिखी हैं। इसके पीछे एक कारण तो यह है कि भारतेन्दु युग के पहले की काव्य-धारा घोर शृंगारिक थी और अभी भी जीवित थी। दूसरा कारण यह है कि शृंगारिकता एक ऐसी प्रवृत्ति है जो मानव-मन के सहज स्वभाव से उद्भूत होती है। यह प्रवृत्ति हिन्दी साहित्य के आरम्भिक दिनों से लेकर आदिकाल, भक्तिकाल, रीतिकाल सबसे होती हुई आज भी चली आ रही है। इस प्रवृत्ति के कुछ उदाहरण इस प्रकार हैं—

यह संग में लागिये डोलैं सदा बिन देखे न धीरज आनती हैं।
छिनहूँ जो वियोग परै हरिचंद तो चाल प्रलै कि सुठानती हैं।
बरुनी में थिरैं न झपैं उझपैं पल में न समाइबो जानती हैं।
पिय प्यारे तिहारे निहारे बिना अँखियाँ दुखिया नहिं मानती हैं।

—भारतेन्दु

इस युग के गिल्लाभाई, बेनी, द्विज, हनुमान, गोप, सेवक आदि ने भी शृंगारिक मनोदशाओं के सुन्दर छन्द लिखे हैं। सेवक की ये पंक्तियाँ जिनमें अज्ञात यौवन का चमत्कारपूर्ण चित्रण है, द्रष्टव्य है—

देखिये आनि कछू दिन ते उर से उठे व्याधि के अंकुरवारे।
कीजिये बेगि उपाय न तो दुख पाय हैं आगे भये परभारे।
हो प्रिय सेवक प्रान तुम्हें सुख दे हैं अनोखे विरंचि सँवारे।
वीर अधीर क्यों होत खरी अरी पीर सहेंगे विलोकनि हारे॥ —सेवक

भक्ति-भावना

भारतेन्दु युग में यद्यपि भक्ति-भावना गौण हो गयी थी, तथापि संख्या की दृष्टि से भक्ति की काफी रचनाएँ हुई हैं। इनमें निर्गुण भक्ति और वैष्णव भक्ति के अतिरिक्त कहीं-कहीं ईश्वरभक्ति और देशभक्ति को एक-दूसरे से जोड़ने का प्रयास भी हुआ है। इस युग में रामभक्ति की तुलना में कृष्ण-भक्ति काव्य अधिक है। संसार की नश्वरता पर भारतेन्दु लिखते हैं—

साँझ सबेरे पंछी सब क्या कहते हैं कुछ तेरा है।
हम सब इक दिन उड़ जाएँगे यह दिन चार बसेरा है॥ —भारतेन्दु हरिश्चन्द्र

साधो मनुवाँ अजब दिवाना।
माया मोह जनम के ठगिया तिनके रूप भुलाना॥ —प्रतापनारायण मिश्र

प्रभु हो पुनि भूतल पर अवतरिए।
अपने या प्यारे भारत के पुनि दुखदारिद हरिए॥ —राधाकृष्ण दास

प्रकृति-चित्रण

प्रकृति-चित्रण से सम्बन्धित कविताएँ भारतेन्दु युग में पर्याप्त मात्रा में लिखी गयी हैं। इस समय के कवियों ने होली, बसन्त, पावस, षड्ऋतु आदि से सम्बन्धित अनेक

कविताएँ लिखी हैं। भारतेन्दु ने 'सत्य हरिश्चन्द्र' में गंगा-वर्णन और 'चन्द्रावली नाटिका' में यमुना-वर्णन किया है। प्रतापनारायण मिश्र, प्रेमघन, ठाकुर जगमोहन सिंह इत्यादि ने भी इस तरह की अच्छी कविताएँ लिखी हैं। श्रीधर पाठक की प्रकृति-चित्रण से सम्बन्धित कविताएँ काफी प्रसिद्ध हैं। कुछ उदाहरण देखें—

विमल अंबसुर मुकुरन महं मुख बिम्ब निहारति।
अपनी छवि पै मोहि आप ही तन मन वारति।
यहीं स्वर्ग सुखलोक यहीं सुरकानन सुन्दर।
यहिं अमरन को लोक यहीं कहुँ बसत पुरन्दर।

—कश्मीर सुषमा, श्रीधर पाठक

बरसा सिर पर आ गई, हरी हुई सब भूमिं।
बागों में झूले पड़े, रहे भ्रमरगण झूमि॥ —भारतेन्दु

समस्या-पूर्ति

भारतेन्दु युग में रीतिकालीन काव्य-शैलियों में समस्या-पूर्ति का भी प्रचलन था। उस समय ऐसे अनेक साहित्यिक मंच थे जो कवियों की काव्य-शक्ति की परीक्षा लेने के लिए कठिन से कठिन विषयों पर समस्या-पूर्ति कराते थे। ऐसी प्रतियोगिताओं में कविगण बड़े उत्साह से भाग लेते थे। प्रेमघन द्वारा 'चर्चा चलिबे को चलाइये ना' की पूर्ति बहुत चर्चित है—

बगियान बसन्त बसेरो कियो बसिये तेहि त्यागी तपाइये ना।
दिन काम कुतूहल के जो बने तेहि बीच वियोग बुलाइये ना।
'घन प्रेम' बढ़ाय के प्रेम अहो विथा-बारि वृथा बरसाइये ना।
चित चैत की चाँदनी चाह भरी चरचा चलिबे को चलाइये ना। —प्रेमघन

राजभक्ति और देशभक्ति

भारतेन्दु के समय में दरबारी संस्कृति भी चली आ रही थी। स्वयं भारतेन्दु का पालन-पोषण भी राजभक्ति के माहौल में ही हुआ। रीतिकाल, दरबारी संस्कृति एवं राजभक्ति ये सभी धाराएँ उस समय की कविताओं में लक्षित की जा सकती हैं। भारतेन्दु के दरबार में समस्या-पूर्ति के लिए विषय दिये जाते थे—

पूरी अमी की कटोरिया सी चिर जीवौ सदा विक्टोरिया रानी —भारतेन्दु

ऐसी पंक्तियों की रचना तत्कालीन परिवेश के कारण हुई है। इसी प्रकार अन्य कवियों ने भी ऐसी कविताएँ लिखी हैं—

किय सनाथ थोली भारत की प्रजा अनाथन

—विक्टोरिया के लिए, प्रेमघन

जयति राज राजेश्वरी जय-जय-जय परमेश —अम्बिकादत्त व्यास

किन्तु इस तरह की राजभक्ति एक तरह का छद्म भी थी। यह राजनीतिक चेतना से संचालित थी और इस राजभक्ति के पीछे देशभक्ति भी काम कर रही थी। अनेक रचनाओं

को देखकर तो ऐसा लगता है कि जनता में नवचेतना फैलाने के लिए ही राजभक्ति की आड़ ली गयी थी। 'प्रिन्स ऑफ वेल्स' के स्वागत में भारतेन्दु पुलिस और अदालत की भी चर्चा करते हैं—

पहरू नहि कोउ लखि परै, होय अदालत बन्द।
ऐसी निरुपद्रव करो, राजकुँअर सुखदकन्द॥
अंगरेज राज सुख साज सजे सब भारी।
पै धन विदेश चलि जात यहै अतिख्वारी॥

इसी प्रकार एक पहेली में उन्होंने लिखा था—

भीतर-भीतर सब रस चूसै, बाहर से तन-मन-धन मूसै।
जाहिर बातन में अति तेज, क्यों सखि साजन? नहिं अंग्रेज॥ —भारतेन्दु

इस राजभक्ति और देशभक्ति के अन्तर्विरोध के कारणों की खोज करते हुए डॉ० रामविलास सर्मा ने इसका एक कारण सन् 1857 के विद्रोह के बाद प्रकाशित होने वाले महारानी के घोषणा-पत्र को बतलाया है, जिसने भारतीय जनता के मन में ढेर सारी झूठी आशाएँ जगा दी थीं। डॉ० शर्मा ने लिखा है—"भारतेन्द युग का बहुत सा साहित्य राजभक्ति के भावों से पूर्ण है, उसका यही रहस्य है। विद्रोह से पहले के कम्पनी राज्य की तुलना में लोगों ने महारानी विक्टोरिया के शासन को एक भिन्न वस्तु माना और वे समझे कि उन्हें सभी प्रकार की स्वतन्त्रता इस शासन में सुलभ है। बहुत से लोग इस आनन्द में मगन होकर प्राचीन आर्य वीरता के गीत गुनगुनाने लगे, परन्तु यह तन्द्रा बहुत काल तक न रही। शीघ्र ही अकाल, महामारी, टैक्स, बेकारी आदि साम्राज्यवाद की विभूतियों ने उन्हें जगा दिया।" (भारतेन्दु युग और हिन्दी भाषा की विकास परम्परा, पृ० 1)

राष्ट्रीय चेतना

इस समय की कविताओं में राष्ट्रीय चेतना कूट-कूट कर भरी हुई है। भारतेन्दु युग से पहले भूषण इत्यादि की कविताओं में जो राष्ट्रीयता का स्वर है वह क्षेत्रीयता से ऊपर नहीं उठ सका है। किन्तु भारतेन्दु युगीन कवियों ने इतिहास की जानकारी होने के कारण राष्ट्रीयता के भाव को पूरी भारतीयता से जोड़कर देखा। इन कवियों की राष्ट्रीय भावना कहीं अतीत के गौरववान के रूप में व्यक्त हुई है—'हमारो उत्तम भारत देश' (राधाचरण गोस्वामी) तो कहीं देश-प्रेम, स्वदेशी और कहीं हिन्दी-प्रेम के रूप में। अतीत के गौरव और वर्तमान की त्रासदी से भरी हुई ये पंक्तियाँ देखें—

हाय! वहै भारत भुव भारी। सबहीं बिधि सो भई दुखारी॥
हाय! पंचनद, हा पानीपत! अजहुँ रहे तुम धरनि बिराजत॥
हाय चित्तौर! निलज तू भारी। अजहुँ खरो भारतहि मँझारी॥ —भारतेन्दु

भारतेन्दु ने अपने देश में बनी हुई वस्तुओं के उपयोग पर बल दिया और लोगों को विदेशी वस्तुओं के त्याग के लिए प्रेरित किया। इस युग के अन्य रचनाकारों ने भी विदेशी वस्तुओं के उपयोग पर खेद व्यक्त किया।

मारकीन मखमल बिना, चलत कछू नहिं काम।
परदेशी जुलाहन के, मानहुँ भये गुलाम॥
इतकी रूई सींग अरु, चरमहिं नित लै जाय।
ताहि स्वच्छ करि वस्तु बहु, भेजत इतहिं बनाय॥

यहाँ से अंग्रेज कच्चा माल ले जाते थे और उधर से अपने सामान लाकर उन्हें सौगुने दामों पर बेचते थे। इस युग के कवियों की इच्छा थी कि लोग मशीन और वैज्ञानिक आविष्कारों से परिचित हों तथा उपयोग की सारी वस्तुएँ यहीं बनें—

जान सकै सब कुछ सबहि, विविध कला के भेद।
बनै वस्तु कल की इतै, मिटै दीनता खेद॥

स्वदेशी के साथ ही हिन्दी भाषा के विकास और प्रचार की भी प्रबल आकांक्षा इन कवियों में लक्षित होती है। हिन्दी भाषा के विकास के लिए उस समय अनेक सभाएँ स्थापित की गयी थीं। भारतेन्दु का तो यह मूल मन्त्र ही था—

निज भाषा उन्नति अहै, सब उन्नति को मूल॥
बिनु निज भाषा ज्ञान के, मिटत न हिय को सूल॥

सामाजिक समस्याओं का चित्रण

भारतेन्दु युगीन समाज समस्याओं का पुञ्ज था। उस समाज में अकाल, गरीबी, टैक्स, बेकारी, आलस्य, बाल-विवाह, अनमेल विवाह, भ्रूण-हत्या, मद्यपान, अशिक्षा, अन्धविश्वास, छुआछूत, जाति और धर्मभेद, अभिव्यक्ति पर प्रतिबन्ध, अंग्रेजों और जमींदारों द्वारा लूट जैसी अनेक समस्याएँ बहुत ही भयानक रूप ले चुकी थीं। भारतेन्दु और उनके मण्डल के कवि इन वीभत्स समस्याओं से पीड़ित और चिन्तित थे। उस युग की कविताओं में इन सारी कुप्रवृत्तियों और अत्याचारों का बहुत ही सटीक वर्णन हुआ है। भारत की दुर्दशा देखकर भारतेन्दु ने लिखा था—

रोवहु सब मिलि, आवहु भारत भाई।
हा! हा! भारत दुर्दशा न देखी जाई॥

भाग्य और अभाग्य के बीच पिसती हुई जनता के बारे में उन्होंने लिखा—

भारत में मची है होरी।
इक ओर भाग अभाग, एक दिसि होय रही झकझेरी। —भारतेन्दु

गरीबी— बहुतेरे जन द्वार-द्वार मंगन बनि डोलहिं।
तनिक नाज हित दीन बचत जेहि तेहि ते बोलहिं।
बहुत लोग परदेस भागि अरुभागि न सकहीं।
चोरी चंडाली करि बन्दी गृह पथ तकहीं।

—प्रतापनारायण मिश्र

मँहगाई और टैक्स—

मँहगी और टिकस के मारे हमहिं छुधा पीड़ित तन छाम।
साग पात लौं मिलै न जियभरि लेबो वृथा दूध को नाम॥

—प्रतापनारायण मिश्र

बेकारी—

तीन बुलाए तेरह आवैं, निज निज बिपदा रोई सुनावैं।
आँखौ फूटै भरा न पेट, क्यों सखि सज्जन, नहिं ग्रैजुएट।

—भारतेन्दु

प्रेस ऐक्ट—

निज सुख व्यथा कथा नहिं कहिबे पावत कोउ मुँह खोली।

—प्रेमघन

अकाल—

कोई पात पेड़न के चाबै कोई माटी कोई घास चबाय।
कोई बेटवा बिटिया बेचै अब तो भूख सही नहिं जाय।

—भारतेन्दु

इसी प्रकार अन्य समस्याओं पर भी इन कवियों ने अच्छी कविताएँ लिखी हैं।

व्यंग्य

व्यंग्यधर्मी होना भारतेन्दु युग की कविताओं की एक महत्त्वपूर्ण विशेषता है। अपने समाज में व्याप्त विभिन्न कुप्रवृत्तियों, शोषण, लूट, अन्याय, फैशनपरस्ती, अंग्रेजी शिक्षा, वेश्यागामिता आदि पर इन कवियों ने बड़े ही चुटीले व्यंग्य किये हैं। अंधेर नगरी में चूरन वाले की प्रचार कविता इस दृष्टि से अनूठी है—

चूरन अमले सब जो खावैं, दूनी रिश्वत तुरत पचावैं।
चूरन नाटक वाले खाते, इसकी नकल पचाकर लाते।
चूरन सभी महाजन खाते, जिससे जमा हजम कर जाते।
चूरन खाते लाला लोग, जिनकी अकिल अजीरन रोग।
चूरन खाते एडीटर जात, जिनके पेट पचै नहिं बात।
चूरन साहब लोग जो खाता, सारा हिन्द हजम कर जाता।
चूरन पुलिस वाले खाते, सब कानून हजम कर जाते।

—भारतेन्दु

जनजागरण एवं विद्रोह का आह्वान

भारतेन्दु और उनके सहयोगी साहित्यकारों ने समाज के अन्तर्विरोधों को समझते हुए समाज की प्रतिगामी ताकतों और प्रतिक्रियावादी-पुरातन पंथी मूल्यों का पर्दाफाश किया और जनता को उनके प्रति सचेत किया। इन कवियों की चेतना जहाँ साम्राज्यवाद-विरोधी थी वहीं सामन्तवाद विरोधी भी थी। ये कवि समाज के सड़ियल ढाँचे को बदलना चाहते थे, जिसके कारण लोग गुलाम बने हुए थे। भारतेन्दु ने एक व्याख्यान में यह स्पष्ट घोषणा की थी—"हम इससे बढ़कर क्या कहें कि जैसे तुम्हारे घर में कोई पुरुष व्यभिचार करने आवे तो जिस क्रोध में उसको पकड़कर मारोगे और जहाँ तक तुम्हारे में शक्ति होगी उसका सत्यानाश करोगे, उसी तरह इस समय जो-जो बातें तुम्हारी

उन्नति-पथ का काँटा हों उनकी जड़ खोदकर फेंक दो। कुछ मति डरो। जब तक सौ दो सौ मनुष्य बदनाम न होंगे, जाति से बाहर न निकाल दिये जायेंगे, कैद न होंगे, वरंच जान से ना मारे जाएँगे तब तक कोई देश भी न सुधरेगा।'' इस तरह के जोशीले वक्तव्यों और क्रान्तिकारी कविताओं से इस समय के कवियों ने समाज को जगाया—

पढ़ि कमाय कीन्हो कहा, हरे न देस कलेस।
जैसे कन्ता घर रहे, तैसे रहे विदेस॥ —प्रतापनारायण मिश्र

यहाँ के लोगों की कायरता पर उन्हें धिक्कारते हुए भारतेन्दु ने संघर्ष के लिए प्रेरित किया—

धिक् वह मात-पिता जिन तुम सो कायर पुत्र जन्यो री।
धिक् वह घरी जनम भयो जामैं यह कलंक प्रकट्योरी।
जनमत ही क्यों न मरो री।
उठो-उठो सब कमरन बाँधो शस्त्रन शान धरो री।
विजय निसान बजाइ बावरे आगेइ पाँव दरो री।

स्वतन्त्रता के लिए प्रेरित करते हुए प्रतापनारायण मिश्र ने लिखा—

सब तजि गहौ स्वतन्त्रता, नहिं चुप लातै खाव।
राजा करै सो न्याव है, पासा परै सो दाँव॥

कला पक्ष

काव्य-विषय की भाँति ही भारतेन्दु युगीन कविता के कला पक्ष में भी प्राचीन और नवीन रूपों का मिला-जुला प्रयोग देखने को मिलता है। इस समय की अधिकांश कविताएँ मुक्तक काव्य के रूप में लिखी गयी हैं। प्रबन्ध काव्य की रचना इस युग में बहुत कम हुई हैं। प्रबन्ध काव्य के अन्तर्गत प्रेमघन कृत 'जीर्ण जनपद', हरिनाथ पाठक कृत 'श्री ललित रामायण' तथा अम्बिकादत्त व्यास कृत 'कंसवध' उल्लेखनीय हैं। छन्द के क्षेत्र में कवित्त, घनाक्षरी, सवैया, दोहा, कुण्डली आदि पारम्परिक रूपों के साथ-साथ लावनी, कजरी, बिरहा, आल्हा, रेखता, मल्हार, ठुमरी, ग़ज़ल आदि प्रचलित लोक-छन्दों का प्रयोग उस युग के प्राय: सभी कवियों ने किया है।

भाषा के स्तर पर इन कवियों ने काफी महत्त्वपूर्ण काम किया है। इस युग की प्रधान भाषा यद्यपि परम्परागत ब्रजभाषा ही है, किन्तु इस ब्रजभाषा का स्वरूप यहाँ पर्याप्त बदला हुआ है। इस ब्रजभाषा के साथ ही खड़ी बोली का प्रभाव भी क्रमश: बढ़ता गया है। व्यावहारिकता पर बल होने के कारण इस समय की कविताओं में शब्द-चयन के मामले में काफी उदारता दिखायी पड़ती है जिसके परिणामस्वरूप भोजपुरी, बुन्देलखण्डी, अवधी आदि प्रान्तीय भाषाओं के साथ ही उर्दू अंग्रेजी के प्रचलित शब्दों का प्रयोग भी इनमें देखने को मिलता है। इस युग के कवियों ने खड़ी बोली में भी कविताएँ लिखी हैं लेकिन खड़ी बोली इस युग की प्रतिनिधि काव्यभाषा नहीं बन सकी है। भारतेन्दु युग के अन्तिम वर्षों में हिन्दी में शक्तिशाली भाषा के लक्षण प्रकट होने लगे थे जिन्होंने द्विवेदी युग तक आते-आते एक समर्थ और स्वस्थ स्वरूप धारण कर लिये।

भारतेन्दु युग के प्रतिनिधि कवि

भारतेन्दु हरिश्चन्द्र (सन् 1850-1885)

भारतेन्दु का जन्म काशी के एक सम्पन्न वैश्य कुल में हुआ था। वे मात्र चौंतीस वर्ष और चार महीने जीवित रहे। इनके माता पिता बाबू गोपालचन्द्र 'गिरिधर दास' भी बहुत अच्छे कवि थे। भारतेन्दु युग-प्रवर्तक रचनाकार थे। वे आधुनिक हिन्दी साहित्य के अग्रदूत थे। इनके शौकीन स्वभाव, खुशमिजाजी और दानशीलता की अनेक कहानियाँ प्रसिद्ध हैं। भारतेन्दु यात्रा के भी बहुत शौकीन थे। सिर्फ पन्द्रह साल की अवस्था में ये जगन्नाथ धाम गये थे। इस यात्रा में इनका परिचय बंगाल के नये साहित्य से हुआ। वहाँ की जागृति और नये ढंग की सामाजिक हलचल से ये बहुत प्रभावित हुए और घर लौटकर इन्होंने सिर्फ सत्रह साल की अवस्था में ही 'कवि वचन सुधा' (1868 ई०) नाम की पत्रिका निकाली। सन् 1873 ई० में इन्होंने 'हरिश्चन्द्र मैगज़ीन' नाम की दूसरी पत्रिका निकाली। आठ अंकों के बाद इसका नाम बदलकर 'हरिश्चन्द्र चन्द्रिका' कर दिया गया। परिमार्जित हिन्दी का प्रथम दर्शन इसी पत्रिका में होता है। भारतेन्दु ने स्वयं कहा था कि सन् 1873 ई० से हिन्दी नये चाल में ढली।

भारतेन्दु विभिन्न सामाजिक-साहित्यिक आन्दोलनों के केन्द्रबिन्दु थे। उन्होंने साहित्य की विभिन्न विधाओं में न केवल स्वयं रचना की अपितु अपने युग के रचनाकारों को लगातार प्रेरित भी किया। अनेक विवादों को सुलझाते हुए, अनेक समस्याओं-रूढ़ियों, अन्धविश्वासों, गरीबी, परतन्त्रता इत्यादि के प्रति सचेत और जाग्रत् करते हुए उन्होंने साहित्यकार के कर्मक्षेत्र को व्यापक आधार-भूमि प्रदान की। अनेक आन्दोलनों के संचालक होते हुए भी वे कभी नेता की शक्ल में लोगों के सामने नहीं आये। उन्होंने हमेशा लोगों को मित्रवत् उत्साहित किया। उनके व्याख्यानों, निबन्धों और नाटकों में तत्कालीन समाज का बहुत ही सजीव रूप उपस्थित है। उनकी दृष्टि समाज की प्रत्येक गतिविधि पर थी। 'कविवचनसुधा' और 'हरिश्चन्द्र चन्द्रिका' में प्रकाशित विभिन्न विषयों से सम्बन्धित विज्ञप्तियों को देखकर उनकी जागरूकता और जीवन्तता का सहज ही अनुमान लगाया जा सकता है। 23 मार्च 1874 को स्वदेशी के पक्ष में एक प्रतिज्ञा-पत्र प्रकाशित हुआ था—"हम लोग सर्वान्तर्यामी सब स्थल में वर्तमान सर्वद्रष्टा और नित्य परमेश्वर को साक्षी देकर यह नियम मानते हैं और लिखते हैं कि हम लोग आज के दिन से कोई विलायती कपड़ा नहीं पहिनेंगे....।"

भारतेन्दु की कविता में जो अन्तर्विरोध हैं वे उस युग के उनके संस्कारों के अन्तर्विरोध हैं। उनके एक तरफ मध्ययुगीन दरबारी संस्कृति थी और दूसरी तरफ नवीन चेतना। इन दोनों प्रवृत्तियों के बीच काफी कशमकश होती रही। इसी कारण उनकी कविताओं में पारम्परिक भक्ति, श्रृंगार, समस्या-पूर्ति और राजभक्ति भी है, साथ ही नवीन चेतना से संचालित युगीन विसंगतियों को उद्घाटित करती हुई मुक्तिकामी विचारधारा से लबालब भरी हुई कविताएँ भी हैं। उन्होंने अपने विषय में लिखा था—

कहेंगे सबैही नैन नीर भरि-भरि पाछे,
प्यारे हरिश्चन्द की कहानी रह जाएगी।

इनकी मृत्यु के बाद प्रेमघन ने लिखा था—

मित्र क्यों न रोवै तेरो शत्रु क्यों न हौवै तऊ,
पूरो पशु होवे ना तो क्या मजाल रोवेना?

इसको पढ़कर ज्ञात होता है कि भारतेन्दु को अपने समाज से और समाज को भारतेन्दु से कितना गहरा लगाव था।

रचनाएँ

काव्य—भारतेन्दु की काव्य-कृतियों की संख्या 70 के लगभग हैं। इनमें से 'प्रेम सरोवर', 'प्रेम मालिका', 'वर्षा विनोद', 'गीत गोविन्दानन्द', 'विनय-प्रेम पचासा', 'वेणुगीति', 'प्रेमसरोवर' आदि विशेष चर्चित हैं। 'भारतेन्दु ग्रन्थावली' के प्रथम भाग में उनकी सभी कविताएँ एक जगह उपलब्ध हैं।

नाटक-मौलिक—वैदिकी हिंसा हिंसा न भवति, चन्द्रावली, नाटिका, विषस्य विषमौषधम्, भारत-दुर्दशा, नील देवी, अन्धेर नगरी, प्रेमयोगिनी, सती प्रताप (अधूरा)।

अनुवाद—पाखण्ड, विडम्बन, धनंजय विजय, विद्या सुन्दर, कर्पूरमंजरी, मुद्रा राक्षस, सत्य हरिश्चन्द्र, भारत जननी।

इसके अतिरिक्त इन्होंने अनेक परिहास, प्रहसन, अनुवाद, धर्म-इतिहास सम्बन्धी लेख तथा अनेक व्याख्यानात्मक लेख लिखे हैं। नीचे उनकी कविताओं के कुछ उदाहरण प्रस्तुत हैं।

1. सिसुताई अजौ न गई तनतें तऊ जोबन जोति बटोरे लगी।
सुनि के चरचा हरिचन्द की कान कछूक दे भौंह मरोरे लगी।
बचि सासु जेठानिन सौं, पियतें दुरि घूँघट में दृग जोरे लगी।
दुलही उलही सब अंगन तें, दिन द्वै तै पियूष निचोरे लगी॥

2. डफ बाज्यो भरत भिखारी को।
केसर रंग गुलाल भूलि गयो कोऊ पूछत नहिं पिचकारी को।
बिन धन-अन्न लोग सब व्याकुल, भई कठिन विपत नर नारी को।
(सन् 1866 एवं 1868-69 के भयानक अकाल के सन्दर्भ में)

3. दिया सामने खड़ा तुम्हारी करनी पर सिर धुनता है।
इक दिन मेरी तरह बुझोगे कहता तू नहिं सुनता है॥

प्रतापनारायण मिश्र (1856-1874 ई०)

इनका जन्म बैजेगाँव कजला उन्नाव में हुआ था। इन्हें अंग्रेजी, उर्दू, फारसी एवं संस्कृत का अच्छा ज्ञान था। ये कानपुर से 'ब्राह्मण' नामक मासिक पत्र निकालते थे। हास्य और व्यंग्य से झनझना देने वाली इनकी रचनाएँ बहुत प्रभावशाली होती थीं। उन्होंने गद्य एवं पद्य दोनों में रचनाएँ की हैं। इनकी रचनाओं में समाज-सुधार, हिन्दी प्रचार,

जन-जागरण एवं देश-दशा का सुन्दर वर्णन हुआ है। मिश्रजी ने हिन्दी, हिन्दू, हिन्दुस्तान का स्वर बुलन्द किया था। इन्होंने बात, मनोयोग, वृद्ध, भौं, खुशामद, नारी, आदि विषयों पर निबन्ध लिखे हैं। कवि कौतुक, हठी हम्मीर, कवि प्रसाद आदि उनके प्रसिद्ध नाटक हैं। इनकी कविताओं में प्रेम-पुष्पावली, मन की लहर, लोकोक्ति शतक, 'तृप्यंताम', शृंगार विलास इत्यादि अधिक महत्त्वपूर्ण हैं। इनकी कविता के कुछ उदाहरण नीचे दिये जा रहे हैं—

1. तबहि लख्यो जहँ रह्यो एकदिन कंचन बरसत।
   तहँ चौथाई जन रूखी रोटिहुँ को तरसत॥
2. पढ़ि कमाय कीन्हों कहा, हरे न देस कलेस।
   जैसे कन्ता घर रहे तैसे रहे विदेस॥
3. छोड़ि नागरी सुगुन आगरी उर्दू के रंग राते।
   देसी वस्तु बिहाय विदेसिन सों सर्वस्व ठगाते॥
   मूरख हिन्दू कस न लहैं दुख जिनका यह रंग दीठा।
   घर की खाँड़ खुरखुरी लागे चोरी का गुड़ मीठा॥
4. अभी देखिये क्या दशा देश की हो, बदलता है रंग आसमाँ कैसे-कैसे।
   हैं निर्गन्ध इस भारती वाटिका के, गुलो लाल औ अरगजाँ कैसे-कैसे।
   प्रताप अब तो होटल में निर्लज्जता के, मजे लूटते हैं जवाँ कैसे-कैसे॥

उपाध्याय पं० बदरीनारायण चौधरी 'प्रेमघन' (1855-1922)

इनका जन्म मिर्जापुर में हुआ था। प्रेमघन भारतेन्दु-मण्डल के महत्त्वपूर्ण कवियों में थे। इन्होंने भी गद्य और पद्य दोनों में रचनाएँ की हैं। इनकी कविताएँ पारम्परिक और नये दोनों विषयों पर हैं। इन्होंने 'नागरी नीरद' साप्ताहिक तथा 'आनन्द कादम्बिनी' मासिक के सम्पादन द्वारा तत्कालीन पत्रकारिता को भी नयी दिशा दी थी। इनकी कविताओं में राजभक्ति और राष्ट्रीय चेतना दोनों के दर्शन होते हैं। देश की तत्कालीन स्थितियों पर इन्होंने बड़ी गम्भीर रचनाएँ प्रस्तुत की हैं। 'जीर्ण जनपद', 'आनन्द अरुणोदय', 'हार्दिक हर्षादर्श', 'मयंक महिमा', 'अलौकिक लीला' आदि इनकी महत्त्वपूर्ण काव्य रचनाएँ हैं। इनकी कविताएँ प्रेमघन सर्वस्व के प्रथम भाग में संकलित हैं। इनकी कविताओं के उदाहरण देखें—

1. हिन्दू मुसलिम जैन पारसी, ईसाई सब जात।
   सुखी होंय हिय भरे प्रेमघन, सकल भारती भ्रात॥
2. ढूँढ़त फिरत नौकरी जो नहिं कोउ विधि पावन।
   खेती हू करि सकत न दुखसों जन्म बितावत॥
   चलै कुदारी तिहिकर किमि जो कलम चलायो।
   उठै बसूला, घन तिनसों किमि जिन पढ़ि पायो॥
3. रहै बिलायत जो हरखाय, भारत सों धन रोज कमाय।
   चैन करे जो मजे उड़ाय, तिसका टिक्कस भी छूट जाय॥

ठाकुर जगमोहन सिंह (1857-1899 ई०)

इनका जन्म विजय राघवगढ़ में हुआ था। इनके पिता ठाकुर सरयू सिंह वहाँ के राजा थे जिनका राज्य 1857 के स्वतन्त्रता संग्राम में जब्त कर लिया गया था। इन्होंने विभिन्न पदों पर कार्य करते हुए भी साहित्य-सेवा जारी रखी। ये जब अध्ययन के लिए काशी गये थे तभी इनकी भेंट भारतेन्दु एवं अन्य कवियों से हुई थी। इनकी कविताओं में शृंगार एवं प्रकृति-वर्णन अधिक है। इनकी प्रसिद्ध काव्यकृतियाँ हैं—प्रेमसम्पत्तिलता, श्यामालता, श्याम सरोजिनी और देवयानी। एक सवैया देखिये—

अबतो उर आवत है सजनी, मिलि जाऊँ गरे लगि के छतियाँ।
मन की करि भाँति अनेकन औ मिलि कीजिय री रसकी बतियाँ॥
हम हारि अरी करि कोटि उपाय, लिखी बहु नेह भरी पतियाँ।
जगमोहन मोहनी मूरति के बिना कैसे कटें दुख की रतियाँ॥

अम्बिकादत्त व्यास (1858-1900 ई०)

ये काशी के रहने वाले थे। इन्होंने 'पीयूष-प्रवाह' का सम्पादन किया था। ये संस्कृत और हिन्दी दोनों के अच्छे विद्वान् थे एवं दोनों में साहित्य-रचना भी करते थे। समस्या-पूर्ति में ये सिद्धहस्त थे। 'पावस पचासा' में इन्होंने पावस ऋतु का सुन्दर वर्णन किया है। 'सुकवि सतसई' में कृष्ण की बाल-लीला से सम्बन्धित इनके सात सौ दोहे संकलित हैं। इन्होंने 'कंसवध' नाम से एक प्रबन्ध काव्य भी शुरू किया था किन्तु वह अधूरा रह गया। इनकी काव्य-भाषा ब्रजभाषा है। इनका एक दोहा देखें—

सुमिरत छवि नँदनंद की, बिसरत सब दुखद्वंद।
होत अमंद अनंद हिय, मिलत मनहु सुख कंद॥

बालमुकुन्द गुप्त (1865-1907 ई०)

इनका जन्म हरियाणा के रोहतक जिले के गुड़ियाना गाँव में हुआ था। ये अच्छे कवि, अनुवादक एवं कुशल सम्पादक थे। इन्होंने 'भारत मित्र' का सम्पादन किया था। गद्य की अपेक्षा इन्होंने कविताएँ कम लिखी हैं। हिन्दी-प्रेम और राष्ट्रीयता इनकी कविताओं के मुख्य विषय हैं। इनकी रचनाएँ भारतेन्दु और द्विवेदी-युग को जोड़ने वाली हैं। ये बड़े ज़िन्दा दिल और विनोदी स्वभाव के थे। व्यंग्य और हास्य इनकी कविता की सहज प्रवृत्ति है—

1. हे धनियो क्या दीन जनों की नहिं सुनते हो हाहाकार।
   जिसका मरे पड़ोसी भूखा उसके जीवन को धिक्कार॥
2. पेट भरन हित फिरें हाय कूकुर से दर-दार।
   चाटहिं ताके पैर लपकि, मारहिं जे ठोकर॥
3. भड़क भुला दो भूतकाल की, सजिये वर्तमान के साज।
   फैसन फेर इंडिया भर के, गोरे गाड बनो ब्रजराज॥

बालकृष्ण भट्ट (1844-1914 ई०)

बालकृष्ण भट्ट ने 'हिन्दी प्रदीप' का सम्पादन किया था। इनका अध्ययन बहुत

विशद् था। ये मूलतः गद्य-लेखक थे। इनके निबन्धों में इनकी प्रखरता और स्पष्टवादिता देखने लायक है। इनकी रचनाओं का तेवर इन्हें अपने युग के अन्य रचनाकारों से अलग कर देता है। ये तीखी और झनझना देने वाली भाषा में खरी-खरी सुना देने के लिए प्रसिद्ध हैं। ये भारतेन्दु युग के सबसे समर्थ निबन्धकार हैं।

भारतेन्दुयुगीन अन्य महत्त्वपूर्ण रचनाकारों में राधाचरण गोस्वामी (1808-1925), सुधाकर द्विवेदी (1850-1911), लाला श्रीनिवास दास (1851-87), राधाकृष्ण दास (1865-1907) विशेष महत्त्वपूर्ण हैं। इनके अतिरिक्त रामकृष्ण वर्मा बलवीर, सेवक, लछिराम, सरदार, बेनीद्विज, हनुमान एवं तोताराम, केशवराम भट्ट, मोहनलाल विष्णुलाल पण्ड्या, कार्तिकप्रसाद खत्री आदि के नाम उल्लेखनीय हैं।

(भारतेन्दु-युग के लेखन में सहायक पुस्तकें—भारतेन्दु युग और हिन्दी भाषा की विकास परम्परा : डॉ० रामविलास शर्मा, भारतेन्दु हरिश्चन्द्र और हिन्दी नवजागरण की समस्याएँ : डॉ० रामविलास शर्मा, हिन्दी साहित्य का इतिहास : आचार्य रामचन्द्र शुक्ल, हिन्दी साहित्य का इतिहास : सं० डॉ० नगेन्द्र, में डॉ० बच्चन सिंह और डॉ० सुरेन्द्रचन्द्र गुप्त के लेख, हिन्दी साहित्य का इतिहास : डॉ० लक्ष्मीसागर वार्ष्णेय, हिन्दी साहित्य का परिचयात्मक इतिहास : डॉ० भगीरथ मिश्र, हिन्दी का गद्य-साहित्य : डॉ० रामचन्द्र तिवारी, आधुनिक हिन्दी साहित्य का इतिहास : डॉ० बच्चन सिंह. हिन्दी साहित्य : उसका उद्भव और विकास : आचार्य हजारीप्रसाद द्विवेदी, छायापथ : डॉ० जगदीशप्रसाद श्रीवास्तव और डॉ० रामदेव शुक्ल आदि।)

●

द्विवेदी युग (सन् 1900–1918)
(जागरण सुधार और राष्ट्रीय आन्दोलन युग)

हिन्दी का द्विवेदी युगीन साहित्य भारतेन्दु युगीन साहित्य का विकसित और अगला चरण है। यहाँ पुरानी कविता की कुछ परम्परागत और अप्रासंगिक हो चुकी प्रवृत्तियाँ कमजोर होती हुई तथा नवीन सामाजिक दबाव के परिणामस्वरूप कुछ नयी प्रवृत्तियाँ जुड़ती हुई लक्षित होती हैं। इस युग के साहित्य पर जिन सामाजिक-सांस्कृतिक एवं राष्ट्रीय-अन्तरराष्ट्रीय घटनाओं का विशेष प्रभाव पड़ा उनमें कुछकी शुरुआत तो भारतेन्दु युग में ही हो गयी थी। आर्यसमाज, रामकृष्ण परमहंस, स्वामी विवेकानन्द, स्वामी रामतीर्थ, थियोसॉफिकल सोसाइटी आदि के विचारों के साथ ही लोकमान्य तिलक, महात्मा गाँधी, लाला लाजपतराय, योगी अरविन्द, रमण महर्षि आदि के सांस्कृतिक-राजनीतिक विचारों का भी इस समय तेजी से प्रचार-प्रसार हुआ। तिलक के उग्र राष्ट्रीयतावाद का लोगों पर व्यापक प्रभाव पड़ा। गाँधीजी इस समय राजनीतिक रूप से उभर रहे थे। उनके समाज-सुधार सम्बन्धी क्रिया-कलापों का भी जनता पर तेजी से असर हो रहा था। 1885 ई० में इण्डियन नेशनल कांग्रेस की स्थापना हो चुकी थी। इसके आगे 1905 में बंग-भंग के कारण लोगों में स्वदेशी आन्दोलन और राष्ट्रीय भावना का विकास हुआ। 1904 में रूस-जापान युद्ध में जापान की विजय का पूरे एशियायी समूह और भारत पर भी सकारात्मक और आशावादी असर हुआ। 1914-18 और 1939-45 के प्रथम और द्वितीय महायुद्धों ने भी हिन्दी साहित्य को व्यापक विषय से जुड़ने को विवश किया। इस समय अंग्रेजों की साम्राज्यवादी नीतियों से असन्तुष्ट होने के कारण गाँधीजी ने 1921 में सत्याग्रह का सूत्रपात किया। 1931 में भगतसिंह और उनके साथियों को फाँसी दी गयी। साहित्य के निर्माण-कार्य में सरस्वती पत्रिका 1899 तथा 1893 में स्थापित काशी नागरी प्रचारिणी सभा और 1910 में स्थापित हिन्दी साहित्य सम्मेलन ने महत्त्वपूर्ण भूमिका निभायी।

सरस्वती पत्रिका का आरम्भ सन् 1899 में हुआ। सन् 1903 में इस पत्रिका के सम्पादन का भार आचार्य महावीरप्रसाद द्विवेदी ने ग्रहण किया। इस पत्रिका के माध्यम से द्विवेदीजी ने साहित्य के सर्वांगीण विकास में महत्त्वपूर्ण भूमिका अदा की। उनकी प्रेरणा से गद्य और पद्य दोनों की भाषा खड़ी बोली बनी और भाषा का परिष्कृत एवं परिमार्जित रूप सामने आया। हिन्दी का शब्द-भण्डार समृद्ध हुआ, व्याकरण के नियम स्थिर हुए, विराम-चिह्नों का सही प्रयोग होने लगा और भाषा की अभिव्यक्ति-क्षमता बढ़ी। द्विवेदी युग में काव्य के क्षेत्र में भी ब्रजभाषा का आधिपत्य समाप्त हुआ। हालाँकि कुछ कवि अब भी ब्रजभाषा में कविताएँ लिख रहे थे। द्विवेदीजी ने नायिका-भेद के स्थान पर नये-नये विषयों पर कविता लिखने के लिए लोगों को प्रेरित किया।

इस प्रकार भारतेन्दु युग के साहित्य में यदि हम हिन्दी नवजागरण की पहली मंजिल को देखते हैं तो द्विवेदी युग में हम उसकी दूसरी मंजिल को पहचान सकते हैं। जन-जीवन के यथार्थ के प्रति, राष्ट्रीय-अन्तर्राष्ट्रीय घटनाओं के प्रति जो जागरूकता हमें भारतेन्दु युग के रचनाकारों में दिखायी पड़ती है, द्विवेदी युग में वह और भी विकसित होती है तथा उसमें गुणात्मक वृद्धि होती है। इस युग में ऐसे कवियों की एक पूरी पंक्ति हमारे सामने आती है जो राष्ट्रीय आन्दोलन तथा जनता के जीवन से सीधे प्रेरणा लेते हुए अपनी रचना में मुक्तिकामी राष्ट्र तथा जाति की आकांक्षाओं एवं संघर्षों को चित्रित करते हैं। साहित्य को जो यथार्थवादी जमीन भारतेन्दु युग में प्राप्त हुई वह द्विवेदी युग में और उर्वर होती है और कवियों की एक पीढ़ी सामने आती है जो परम्परागत कविता के साथ-साथ यथार्थवादी दृष्टिकोण से प्रेरित रचनाशीलता के नाते भी अपनी पहचान मजबूत करती है। राष्ट्रीय आन्दोलन को जन-आकांक्षाओं से जोड़ते हुए जनता को सही मुक्ति की दिशा में अग्रसर करने की बात उसके नेताओं से अधिक जन जीवन की पहचान रखने वाले रचनाकारों की सर्जना के माध्यम से सामने आती है और ये राष्ट्र के नेताओं का ध्यान न केवल देश और देश की जनता की वास्तविक स्थिति की ओर आकर्षित करते हैं, उन नेताओं की सोच को ऐसे विचारों से मुखातिब करते हैं जिनके सन्दर्भ में ही देश और देश की जनता की मुक्ति सार्थक बन सकती है। 'झण्डा ऊँचा रहे हमारा' (श्यामलाल गुप्त 'पार्षद') जैसा गीत जो स्वतन्त्रता आन्दोलन में जन-जन की प्रेरणा बनता है, इसी समय रचा जाता है और लोकगीतों की तर्ज पर शहीदों तथा स्वतन्त्रता सेनानियों की निष्ठा का गान करते हुए 'सरपे बाँधे कफनवा हो शहीदों की टोली निकली' (वंशीधर शुक्ल) जैसे गीत इसी समय जन-जन की जबान पर गूँज उठते हैं।

प्रवृत्तियाँ

नैतिकता और आदर्श का आग्रह—द्विवेदी युगीन कविता की एक महत्त्वपूर्ण प्रवृत्ति है उसका नैतिकता और आदर्श का आग्रही होना। इस समय के कवियों ने प्राचीन महत्त्वपूर्ण ग्रन्थों के प्रेरक-प्रसंगों को आधार बनाकर और कहीं-कहीं काल्पनिक कथाओं के माध्यम से नैतिकता और आदर्श का उपदेश दिया है। नैतिकता के इस अतिशय आग्रह के कारण प्रेम कविताओं का बलपूर्वक निषेध भी किया गया है। इस युग की कविताओं में सत्य की विजय, आत्मसम्मान, कर्त्तव्य-पालन आदि मूल्यों के महत्त्व को रेखांकित किया गया है। इस सन्दर्भ में मैथिलीशरण गुप्त के 'साकेत', 'जयद्रथ-वध', 'भारत-भारती', हरिऔध का 'प्रियप्रवास', रामनरेश त्रिपाठी कृत 'मिलन' इत्यादि के नाम उल्लेखनीय हैं। इस तरह के कुछ उदाहरण प्रस्तुत हैं—

केवल मनोरंजन न कवि का कर्म होना चाहिए।
उसमें उचित उपदेश का भी मर्म होना चाहिए।
क्यों आज 'रामचरितमानस' सब कहीं सम्मान्य है?
सत्काव्य-युत उसमें परम आदर्श का प्राधान्य है।

—मैथिलीशरण गुप्त

कुसंग के दुष्परिणाम के बारे में ये पंक्तियाँ द्रष्टव्य हैं—

अतिखल की संगति करने से, जग में मान नहीं रहता है।
लोहे के संग में पड़ने से, घन की भार अनल सहता है॥
सबसे नीति-शास्त्र कहता है, दुष्टसंग दुख का दाता है।
जिस पय में पानी रहता है, वही खूब औटा जाता है॥

—रामचरित उपाध्याय

प्रकृति और प्रेम—इस युग की कविताओं में प्रकृति का सर्वथा नये रूप में चित्रण हुआ है। इन कविताओं में प्रकृति का कहीं इतिवृत्तात्मक वर्णन हुआ है तो कहीं प्रकृति का चेतना-सम्पन्न मानवोचित रूप में चित्रण हुआ है। कवियों ने मानव-मन के भावों का प्रभाव प्रकृति की गतिविधियों में भी लक्षित किया है। इसीलिए 'छायावाद' में प्रकृति का जो सूक्ष्म और संवेदनशील रूप देखने को मिलता है, उसका पूर्वरूप द्विवेदीयुगीन कविताओं में बहुत स्पष्ट रूप से देखा जा सकता है। प्रकृति के प्रत्येक रूप के उदाहरण नीचे दिये जा रहे हैं—

1. दिवस का अवसान समीप था।
गगन था कुछ लोहित हो चला॥
तरु-शिखा पर थी अब राजती।
कमलिनी कुल-वल्लभ की प्रभा॥

—अयोध्यासिंह उपाध्याय 'हरिऔध'

2. इन्द्रवधू आने लगी क्यों निज स्वर्ग विहाय?
नन्हीं दूबों का हृदय निकल पड़ा यह हाय॥

— (साकेत) मैथिलीशरण गुप्त

3. प्रिय की सुधि सी ये सरिताएँ, ये कान कांतार सुसज्जित।

—रामनरेश त्रिपाठी

4. कहीं पे स्वर्गीय कोई बाला सुमंजु वीणा बजा रही है।
सुरों के संगीत की सी कैसी सुरीली गुंजार आ रही है॥

—श्रीधर पाठक

इस युग में नैतिकता का दबाव होने के कारण प्रेम-कविताएँ कम लिखी गयीं इसलिए जो शृंगारिक कविताएँ हैं भी वे बहुत ही मर्यादित और आदर्शवादी भावनाओं से भरी हुई हैं।

गन्ध-विहीन फूल हैं जैसे, चन्द्र चन्द्रिका हीन।
यों ही फीका है मनुष्य का, जीवन प्रेम विहीन॥
प्रेम स्वर्ग है, स्वर्ग प्रेम है, प्रेम अशंक अशोक।
ईश्वर का प्रतिबिम्ब प्रेम है, प्रेम हृदय-आलोक॥

—रामनरेश त्रिपाठी

मैथिलीशरण गुप्त के 'साकेत', हरिऔध के प्रिय-प्रवास एवं रामनरेश त्रिपाठी के 'स्वप्न' इत्यादि प्रबन्ध-काव्यों में प्रेम की बलिदानी चेतना एवं त्याग की उदात्तपूर्ण भावना भरी हुई है।

देश-दशा का वर्णन—द्विवेदी युग में भारतेन्दु युगीन समाज की सारी समस्याएँ कमोबेश मौजूद थीं। देश की जनता एक तरफ साम्राज्यवादी और दूसरी तरफ सामन्ती-पूँजीवादी शोषण का लगातार शिकार हो रही थी। गरीबी, अशिक्षा, जाति-पाँति, छुआछूत, अन्धविश्वास और धनिक वर्गों में फैशनपरस्ती इत्यादि समस्याएँ समाज में छायी हुई थीं। इस समय के कवियों ने इन सारी समस्याओं को काव्य का विषय बनाया। पहले जहाँ ईश्वर, राजा, सामन्त और राजकुमारियाँ काव्य के केन्द्र में थीं उनकी जगह पर सामान्य मानवता की काव्य में प्रतिष्ठा हुई। गुप्तजी की 'किसान', सियारामशरण गुप्तजी की 'अनाथ', सनेहीजी की 'कृषक-क्रन्दन' में किसानों के जीवन का प्रभावशाली वर्णन हुआ है। नाथूराम शर्मा 'शंकर' के 'गर्भरंडा-रहस्य' में जन्म से पहले ही विधवा हो जाने वाली विधवाओं के दुःखद जीवन का बड़ा ही कारुणिक चित्रण हुआ है। ऊँची जातियों द्वारा नीची जातियों पर किये गये अत्याचार का चित्रण इन पंक्तियों में देखें—

आप आँखें खोलकर के देखिए,
आज कितनी जातियाँ हैं सिर-धरी।
पेट में उनके पड़ी दिख जायेंगी,
जातियाँ कितनी सिसकती या मरी॥ —हरिऔध

नारी-शिक्षा पर बल देती हुई निम्नलिखित पंक्तियाँ द्रष्टव्य हैं—

नारी शिक्षा अनादरत जे लोग अनारी।
ते स्वदेश अवनति प्रचंड पातक अधिकारी॥ —सत्यनारायण कविरत्न

द्विवेदी युग के कवियों ने न केवल अपने समाज में व्याप्त असंगतियों का यथार्थांकन किया अपितु वर्गीय विषमताओं को उद्‌घाटित करते हुए अपने जनपक्षीय और समतावादी विचारों का भी परिचय दिया है—

कुछ भूखे मर रहे महातन शीर्ण हुआ है,
कुछ इतना खा गये कि घोर अजीर्ण हुआ है।

—गयाप्रसाद शुक्ल सनेही

करहि कठिन श्रम-नित्य इक, बाँधि पेट श्रमकार।
उपभोगहिं इक चैन सों, पूँजीपति बेकार॥
है जबलौं सम्पत्ति पै, वैयक्तिक अधिकार।
घटे घटाए किमि कहो, बेकारी दुख भार॥ —रामेश्वर करुण

अतीत का गौरव-गान—आलोच्य युग का वर्तमान दुःखद था, इसलिए भारतीय जनमानस चिन्ता और हीन भावना से ग्रस्त था। वर्तमान के निराशाजनक एवं अन्धकारमय होने के कारण भविष्य भी अनिश्चित था। ऐसी परिस्थिति में इस युग के कवियों ने बड़ी श्रद्धा और विश्वास के साथ अपने गौरवशाली अतीत का यशगान करके निराश लोगों के

मन में आशा और उत्साह का भाव भरने की कोशिश की है। 'भारत-भारती' की ये पंक्तियाँ भारतवर्ष की श्रेष्ठता की घोषणा करती हैं—

भू-लोक का गौरव, प्रकृति का पुण्य लीला स्थल कहाँ?
फैला मनोहर गिरि हिमालय और गंगाजल जहाँ।
सम्पूर्ण देशों से अधिक किस देश का उत्कर्ष है?
उसका कि जो ऋषि भूमि है, वह कौन? भारतवर्ष है॥

—मैथिलीशरण गुप्त

'भारत-भारती' में ही गुप्तजी ने अपने भूत, वर्तमान और भविष्य पर विचार करने के लिए प्रेरित करते हुए लिखा—

हम कौन थे, क्या हो गये हैं, और क्या होंगे अभी।
आओ विचारें आज मिलकर ये समस्याएँ सभी॥

—मैथिलीशरण गुप्त

देश के शौर्य कला-कौशल के अभाव पर क्षोभ प्रकट करती हुई ये पंक्तियाँ देखें—

वह वीरता कहाँ हैं गम्भीरता कहाँ है?
वह धीरता हमारी है वह कहाँ बड़ाई?
क्या हो गयीं कलाएँ कौशल सभी हमारे?
किसने शताब्दियों की ली छीन सब कमाई? —ठाकुर गोपाल सिंह

राष्ट्रीय चेतना—द्विवेदी युग के सभी कवि इस बात को महसूस कर रहे थे कि हमारे देश की सारी समस्याओं की जड़ देश की पराधीनता है। इस पराधीनता के कारण जो तमाम दुःख-दर्द पैदा हो गए थे, उनमें सबसे अधिक त्रासद था देश के माथे पर लगा हुआ गुलामी का कलंक। इस कलंक और अपमान को मिटा देने के लिए इस युग के रचनाकारों ने जहाँ एक तरफ लोगों की अनावश्यक सहनशीलता को धिक्कारा, वहीं दूसरी ओर देश की आजादी के लिए अपना सर्वस्व उत्सर्ग कर देने के लिए ओजस्वी स्वरों में उद्घोष किया। कुछ उदाहरण देखें—

1. अधिकार खोकर बैठ रहना यह महा दुष्कर्म है।
न्यायार्थ अपने बन्धु को भी दंड देना धर्म है।

—मैथिलीशरण गुप्त

2. जब तक इस कुतंत्र बन्धन से होंगे हम न स्वतन्त्र।
तब तक सिद्ध न हो सकता है कोई हितकर मन्त्र॥

—रामनरेश त्रिपाठी

3. क्षत्रिय! सुनो अब तो कुयश की कालिमा को मेट दो।
निज देश को जीवन सहित तन मन तथा धन भेंट दो।

—मैथिलीशरण गुप्त

4. मुझे तोड़ लेना वनमाली उस पथ पर देना तुम फेंक।
मातृभूमि पर शीश चढ़ाने जिस पथ जायें वीर अनेक।

—माखनलाल चतुर्वेदी

कलापक्ष—द्विवेदी युगीन कविता में विषय के वैविध्य एवं विस्तार के साथ ही अभिव्यक्ति के माध्यमों में भी विस्तार हुआ है। इस बहुमुखी विकास और विस्तार का सर्वाधिक श्रेय आचार्य महावीर द्विवेदी को जाता है, जिन्होंने अपने लेखों, सम्पादकीय टिप्पणियों और परामर्शों के द्वारा अपने समय के कवियों को लगातार रास्ता दिखाया और उत्साहित किया। इस युग के कवियों ने लगभग सभी काव्य-रूपों का प्रयोग किया है। इन कवियों ने महाकाव्य, खण्डकाव्य, मुक्तक एवं गीत सभी रूपों में रचनाएँ की हैं। अधिकांश कवियों ने धार्मिक, ऐतिहासिक और कुछ काल्पनिक कथाओं का आश्रय लेकर कविताएँ लिखी हैं। प्रिय-प्रवास और साकेत जैसे प्रसिद्ध महाकाव्यों का निर्माण इसी युग में हुआ है। इस युग के महत्त्वपूर्ण काव्यों में 'जयद्रथ-वध', 'रंग में भंग', 'किसान'—मैथिलीशरण गुप्त, 'प्रेम-पथिक' (1913) प्रसाद जी, 'मिलन' (1917) रामनरेश त्रिपाठी, 'गाँधी-गौरव' गोकुलचन्द्र शर्मा, 'मौर्य-विजय' सियारामशरण गुप्त इत्यादि उल्लेखनीय हैं।

काव्य भाषा के क्षेत्र में इस युग में क्रान्तिकारी परिवर्तन हुआ। द्विवेदी-युग में काव्य की मुख्य भाषा खड़ी बोली बन गयी। कुछ लोगों को जो यह सन्देह था कि खड़ी बोली में ब्रजभाषा जैसी सरस कविताएँ नहीं लिखी जा सकतीं, उनका यह सन्देह इस युग की कविताओं को देखकर समाप्त हो गया। जयद्रथ-वध, भारत-भारती, और पंचवटी की लोकप्रियता ने खड़ी बोली का जयघोष कर दिया। इस समय की काव्य-भाषा काफी परिष्कृत और परिमार्जित हो चुकी थी। व्याकरण के नियमों में भी एक व्यवस्था आ गयी थी। किन्तु संस्कृनिष्ठ शब्दावली की प्रधानता एवं विषय के आख्यानपरक होने के कारण द्विवेदी युगीन अधिकांश कविताएँ वर्णनात्मक या इतिवृत्तात्मक हो गयी हैं। इसके विपरीत जहाँ बोल-चाल की सीधी-सादी भाषा का प्रयोग हुआ है वे कविताएँ अधिक प्रभावशाली बन गयी हैं। लेकिन चूँकि यह भाषा के प्रयोग और निर्माण का युग था इसलिए इस तरह की कमियाँ अस्वाभाविक नहीं लगतीं।

इस युग के प्रवर्तक आचार्य महावीरप्रसाद द्विवेदी ने जहाँ भाषा के सम्बन्ध में अपने युगीन रचनाकारों का पथ-प्रदर्शन किया वहीं छन्द के विषय में भी महत्त्वपूर्ण सुझाव दिये। यह आश्चर्य की बात है कि जिस मुक्त छन्द की शुरुआत छायावाद में होती है, आचार्य द्विवेदी ने उस पर बहुत पहले ही सोचना आरम्भ कर दिया था। उन्होंने अपने कवि-कर्त्तव्य शीर्षक लेख के आरम्भ में लिखा है—" 'गद्य और पद्य' दोनों ही में कविता हो सकती है। यह समझना अज्ञानता की पराकाष्ठा है कि जो छन्दोबद्ध है, सभी काव्य है। कविता का लक्षण जहाँ कहीं पाया जाय, चाहे वह गद्य में हो चाहे पद्य में, वही काव्य है।" द्विवेदीयुगीन कविता में पारम्परिक छन्दों के अलावा संस्कृत एवं दूसरी भाषाओं के दोहा, चौपाई, सोरठा, घनाक्षरी, छप्पय, सवैया आदि छन्दों का प्रयोग कम और द्रुतविलम्बित, वंशस्थ, वसन्ततिलका, हरिगीतिका, गीतिका, लावनी इत्यादि छन्दों के साथ ही उर्दू की बह्रों का भी पर्याप्त प्रयोग हुआ है।

द्विवेदी युग के प्रतिनिधि कवि

पं० श्रीधर पाठक (सन् 1859-1928 ई०)

इन्हें संस्कृत का बहुत अच्छा ज्ञान था। फारसी और अंग्रेजी का भी इन्होंने अध्ययन किया था। ये बहुत ही सहृदय और प्रकृति-प्रेमी थे। इन्होंने खड़ी बोली आन्दोलन में सक्रिय भाग लिया था। इनकी रचनाओं में देश-प्रेम, प्रकृति-सौन्दर्य और स्वच्छन्दता का भाव भरा हुआ है। 'छायावाद' का आरम्भिक स्वरूप इनकी कविताओं में देखा जा सकता है। इन्होंने कई महत्त्वपूर्ण पुस्तकों का अनुवाद भी किया है। इनकी रचनाओं में कश्मीर सुषमा, 'वनाष्टक' ऊजड़ग्राम, 'देहरादून', एकांतवासी, भारत गीत, श्रान्त पथिक, जगत सचाईसार और मनोविनोद विशेष उल्लेखनीय हैं।

नाथूराम शर्मा शंकर (1859-1932 ई०)

इन्होंने ब्रजभाषा और खड़ी बोली दोनों में कविताएँ की हैं। श्रीधर पाठक की भाँति ही ये भारतेन्दु और द्विवेदी युग को जोड़ने वाले कवि हैं। आर्यसमाजी विचारधारा में विश्वास होने के कारण इनकी रचनाओं में समाज-सुधार का स्वर प्रधान है। पं० प्रतापनारायण मिश्र से इनका अच्छा सम्बन्ध था। इनकी कविताएँ अपने समय की सभी महत्त्वपूर्ण पत्रिकाओं में छपती रही हैं। 'अनुराग रत्न', 'शंकर-सरोज', 'गर्थरण्डा रहस्य' तथा 'शंकर सर्वस्व' इनके प्रमुख काव्य-संग्रह हैं। इनकी कविताएँ प्रायः अतिशयोक्तिपूर्ण होती थीं—

तेज न रहेगा तेजधारियों का नाम को भी,
मंगल मयंक मंद मंद पड़ जायेंगे।
मीन बिन मारे मर जायेंगे सरोवरों में,
डूब-डूब शंकर सरोज सड़ जायेंगे॥
चौंक-चौंक चारों ओर चौकड़ी भरेंगे मृग,
खंजन खिलाड़ियों के पंख झड़ जायेंगे॥
बोल इन अँखियों की होड़ करने को अब,
विश्व के अड़ीले उपमान उड़ जायेंगे॥

पं० महावीरप्रसाद द्विवेदी (1864-1938 ई०)

इनका जन्म रायबरेली जिले के दौलतपुर गाँव में हुआ था। इन्हें हिन्दी और संस्कृत के अलावा अंग्रेजी, बँगला, मराठी और गुजराती भाषाओं का ज्ञान था। ये युग प्रवर्तक रचनाकार थे। इनके युग का नाम इन्हीं के नाम पर पड़ा। द्विवेदीजी ने खड़ी बोली का परिष्कार एवं अपने युग के रचनाकारों को कई तरह से प्रेरित किया। इन्होंने सरस्वती पत्रिका का कुशल सम्पादन किया। ये दूसरों की रचनाओं को ठीक करने में भी काफी मेहनत करते थे। ये कवि, निबन्धकार, अनुवादक तथा सम्पादकाचार्य थे।

द्विवेदीजी ने अपने समय की सामाजिक-आर्थिक-राजनीतिक स्थिति, अंग्रेजों द्वारा शोषण-दमन, आम जनता की कंगाली और भुखमरी तथा किसानों की निरन्तर बदतर

होती हुई जिन्दगी के बारे में काफी विस्तार से लिखा है। किसानों की स्थिति के बारे में उन्होंने लिखा है कि लगान के अलावा पुलिस, स्कूल, पटवारी, चौकीदार, सिंचाई और सड़कों के लिए भी किसानों से टैक्स लिया जाता है। उन्होंने कहा कि "शायद इसी से 1821 और 1909 के बीच मध्यप्रदेश में कोई 10 लाख से भी अधिक आदमी भूखों मर गये।" इन समस्याओं से लड़ने के लिए द्विवेदीजी ने अपने 'सम्पत्तिशास्त्र' में हर पेशे के लोगों को अपने संगठन या ट्रेड यूनियन बनाने की सलाह दी। हिन्दी भाषा और साहित्य के साथ ही समाज के उत्थान के लिए इन्होंने जो काम किया वह चिरस्मरणीय रहेगा। इनके मौलिक और अनूदित सभी ग्रन्थों की संख्या लगभग 80 है। कवि के रूप में इनको बहुत सफलता नहीं मिली। इनके काव्य संग्रहों में—'काव्य-मंजूषा', 'काव्य-कुञ्ज', 'अबला-विलाप', 'गंगालहरी', 'ऋतुतरंगिणी', 'कुमार संभवसार' आदि उल्लेखनीय हैं। इनके दो उदाहरण देखें।

1. सुरम्यरूपे, रसराशिरंजिते, विचित्र वर्णा भरणे कहाँ गई।
2. तुम्हीं अन्नदाता भारत के सचमुच बैल राज महराज।
   बिना तुम्हारे हो जाते हम दाना-दाना को मोहताज॥

अयोध्यासिंह उपाध्याय 'हरिऔध' (1865-1947 ई०)

इनका जन्म आजमगढ़ जिले के निजामाबाद में हुआ था। इनका 'प्रिय-प्रवास' खड़ी बोली का प्रथम महाकाव्य माना जाता है। प्रिय-प्रवास के कृष्ण समाज-सेवक के रूप में एवं राधा लोक-सेविका के रूप में चित्रित की गयी हैं। इनमें प्रेम का स्वरूप विलासिता का न होकर त्याग और समाज-सेवा से भरा हुआ है। हरिऔधजी ने ब्रजभाषा और खड़ी बोली दोनों में रचनाएँ की हैं, किन्तु खड़ी बोली के विकास में इनकी महत्त्वपूर्ण भूमिका है। इनकी रचनाओं में 'प्रिय-प्रवास', 'वैदेही वनवास', 'पारिजात', 'चोखे चौपदे', 'रसकलस', 'प्रद्यप्रसून', 'बोलचाल', 'काव्योपवन' आदि उल्लेखनीय हैं। 'प्रिय-प्रवास' पर इन्हें हिन्दी का सर्वोत्तम पुरस्कार—मंगलाप्रसाद पारितोषिक प्रदान किया गया था। यहाँ कुछ उदाहरण द्रष्टव्य हैं—

1. प्रिय पति वह मेरा प्राण प्यारा कहाँ है।
   दुख जलनिधि डूबी का सहारा कहाँ है॥
   लखमुख जिसका मैं आज लौं जी सकी हूँ।
   वह हृदय हमारा नैनतारा कहाँ है॥
2. देखकर बाधा विविध, बहुविघ्न घबराते नहीं,
   रह भरोसे भाग के, दुख भोग पछताते नहीं॥
   काम कितना ही कठिन हो किन्तु उकताते नहीं,
   भीड़ में चंचल बने जो वीर दिखलाते नहीं॥
   हो गए एक आन में उनके बुरे दिन भी भले,
   सब जगह सब काल में वे ही मिले फूले-फले॥

राष्ट्रकवि मैथिलीशरण गुप्त (1886-1964 ई०)

मैथिलीशरण गुप्त का जन्म चिरगाँव (झाँसी) में हुआ था। ये द्विवेदी युग के कवियों में सर्वाधिक लोकप्रिय एवं महत्त्वपूर्ण कवि हैं। गुप्तजी ने घर पर ही संस्कृत, बँगला, अंग्रेजी और उर्दू का ज्ञान प्राप्त किया था। आचार्य महावीरप्रसाद द्विवेदी इनके शुभेच्छु एवं मार्गदर्शक थे, जिन्होंने लगातार 'सरस्वती' में इनकी रचनाएँ प्रकाशित करके इन्हें यशस्वी बनाया। गुप्तजी प्रसिद्ध रामभक्त थे। इन्होंने पौराणिक, ऐतिहासिक प्रसंगों का आधार बनाकर और सामाजिक एवं राष्ट्रीय स्थिति को ध्यान में रखकर अत्यन्त सरस और प्रभावशाली कविताएँ लिखी हैं। मुख्य रूप से ये राष्ट्रीय सांस्कृतिक चेतना के कवि थे। इनकी दृष्टि भारतीय जीवन के अतीत, वर्तमान भविष्य तीनों के साथ रागात्मक सम्बन्ध स्थापित करती हुई विस्तृत काव्य फलक प्रस्तुत करती है। ये आदर्शवादी थे और इनका आदर्श युग सापेक्ष था। इनका काव्य मर्यादा एवं संयम की डोर से बँधा हुआ नवजागरण का उद्घोष करने में सर्वथा समर्थ सिद्ध हुआ। गुप्तजी की प्रमुख रचनाएँ इस प्रकार हैं—'रंग में भंग' (1909), 'जयद्रथ-वध' (1910), 'भारत-भारती' (1912), 'पंचवटी' (1925), 'झंकार' (1929), 'साकेत' (1931), 'यशोधरा' (1931), 'द्वापर' (1936), 'जयभारत' (1952), 'विष्णुप्रिया' (1957)। 'सिद्धराज', 'हिडिम्बा', 'पृथ्वीराज' आदि इनकी बाद की रचनाएँ हैं। गुप्तजी ने 'अनघ', 'तिलोत्तमा' और 'चन्द्रहास' नामक तीन छोटे-छोटे पद्यबद्ध रूपक भी लिखे हैं। 'प्लासी का युद्ध', 'मेघनाद-वध', 'वृत्र-संहार' आदि इनके अनूदित काव्य हैं।

गुप्तजी की सर्वाधिक महत्त्वपूर्ण कृति 'साकेत' (1931) महाकाव्य है। 'साकेत' की रचना की भी एक कहानी है। काव्य में कुछ कोमल नारी-चरित्रों की उपेक्षा को देखकर कविवर रवीन्द्रनाथ ने एक लेख लिखा था—'काव्येर उपेक्षिता'। इसमें उन्होंने लिखा था—"हम कह सकते हैं संस्कृत साहित्य में काव्य-यज्ञशाला की प्रान्त भूमि में जो कितनी ही स्त्रियाँ अनादृत होकर खड़ी हैं, उनमें प्रधान स्थान उर्मिला का है। ....हाय, अव्यक्त वेदना देवी उर्मिला, एक बार तुम्हारा उदय प्रात:कालीन तारा की भाँति महाकाल के सुमेर शिखर पर हुआ था। उसके बाद अरुण लोक में तुम्हारे दर्शन नहीं हुए। कहाँ तुम्हारा उदयाचल है और कहाँ अस्ताचल—यह प्रश्न करना भी लोग भूल गये।" इसके कुछ दिनों बाद आचार्य महावीरप्रसाद द्विवेदी ने 'उर्मिला विषयक उदासीनता' पर एक लेख लिखा। जिसमें उन्होंने लिखा था—"खेद की बात है कि उर्मिला का उज्ज्वल चरित्र-चित्र कवियों के द्वारा जो आज तक उसी तरह ढकता आया।" इन लेखों से प्रेरित होकर गुप्तजी 'साकेत' की रचना में लगे। इसकी शुरुआत 1914 में हुई थी।

'साकेत' की रचना में मुख्य प्रेरणा नारी के विषय में बदली हुई नवीन दृष्टि है। इस महाकाव्य की केन्द्र बिन्दु 'उर्मिला' है। काव्य की सारी कथा उसी के चतुर्दिक् घूमती रहती है। चूँकि इसमें अयोध्या में होने वाली घटनाओं का ही वर्णन प्रधान है, इसलिए इसका नाम 'साकेत' रखा गया। कथा का आरम्भ अयोध्या के राजभवन में होने वाले लक्ष्मण-उर्मिला के विनोद से होता है। फिर राम के अभिषेक की तैयारी से लेकर

चित्रकूट में राम-भरत मिलन तक की कथा आठ सर्गों तक चलती है। उसके उपरान्त नवें सर्ग में उर्मिला की वियोगावस्था और उसकी नाना अन्तर्वृत्तियों, मनोदशाओं का अत्यन्त मार्मिक चित्रण है। दसवें सर्ग में उर्मिला सरयू को सम्बोधित करती हुई अपने जन्म से लेकर स्वयंवर तक की कथा स्मृति के रूप में या 'फ्लैशबैक' के रूप में सुनाती है। ग्यारहवें सर्ग में दण्डकारण्य से लेकर लक्ष्मण को शक्ति लगने की घटनाओं का वर्णन है। बारहवें सर्ग में साकेत में युद्ध की तैयारी, लंका में युद्ध, राम का अयोध्या-आगमन और उर्मिला-लक्ष्मण के मिलन का वर्णन है।

'साकेत' में गुप्तजी की दृष्टि गोस्वामीजी की मर्यादावादी दृष्टि से अलग है। 'रामचरितमानस' के राम मर्यादापुरुषोत्तम हैं। किन्तु 'साकेत' के राम भौतिक चेतना में संचालित हैं। वे कहते हैं—

संदेश नहीं मैं यहाँ स्वर्ग का लाया।
इस धरती को ही स्वर्ग बनाने आया।

'साकेत' के राम मानववादी हैं। गुप्तजी लिखते हैं—

राम तुम मानव हो, ईश्वर नहीं हो क्या?
तब मैं निरीश्वर हूँ, ईश्वर क्षमा करें।

गुप्तजी ने पुराने दायरे को तोड़कर अपने पात्रों को सर्वथा नया व्यक्तित्व प्रदान करने की कोशिश की है। इसके अतिरिक्त उनकी दृष्टि उन पात्रों के व्यक्तित्व को उकेरने में ज्यादा रमी है, जो पहले उपेक्षित रहे हैं। ऐसे पात्रों में कैकेयी और उर्मिला प्रमुख हैं।

'साकेत' का नवम सर्ग उसका प्राण है। इस नवम सर्ग का समस्त कलेवर उर्मिला के उच्छ्वासों से बना हुआ है। इसमें विरहाग्नि में संयमित रूप में तपती हुई उर्मिला का परोपकारी और त्याग से भरा हुआ चित्र देखने को मिलता है। किन्तु 'साकेत' में नवम सर्ग में वर्णित उर्मिला के व्यक्तित्व में कुछ अतिशय मर्यादावादी विद्वानों को उसका चारित्रिक आदर्श खण्डित होता हुआ-सा दिखायी पड़ता है। इस तरह का आरोप 'मेरे चपल यौवन बाल' तथा कुछ इसी तरह के अन्य पदों को लेकर बनता है, किन्तु विचारणीय बात यह है कि उर्मिला की ऐसी स्थिति क्यों हुई? इस प्रश्न के समाधान के लिए अतीत में लौटना पड़ेगा। यह वही उर्मिला है जिसने संयोग के सुख को छककर भोगा है। संयोग के दिनों के कुछ संवाद देखें—

उर्मिला तोते को बुला रही है। वह बोल नहीं रहा है, इस पर वह कहती हैं—'रे सुभाष, बोल चुप क्यों हो रहा?' तब तक लक्ष्मण वहाँ आ जाते हैं और कहते हैं कारण मैं बताता हूँ—

नाक का मोती अधर की कान्ति से,
बीज दाड़िम का समझकर भ्रान्ति से।
देखकर सहसा हुआ शुक मौन है,
सोचता है अन्य शुक यह कौन है।

आगे पुनः दोनों के वार्तालाप का बड़ा ही मनोरम दृश्य है—

"धन्य है प्यारी तुम्हारी योग्यता,
मोहिनी सी मूर्ति, मंजु मनोज्ञता।
धन्य जो इस योग्यता के पास हूँ,
किन्तु मैं भी तो तुम्हारा दास हूँ।"
"दास बनने का बहाना किसलिए?
क्या मुझे दासी कहाना इसलिए?"

दोनों के परस्पर एक-दूसरे को पराजित करने की स्पर्धा चलती रहती है—

हार जाते पति कभी, पत्नी कभी,
किन्तु होते वे अधिक हर्षित तभी।
प्रेमियों का प्रेम गीतातीत है,
हार भी जिसमें परस्पर जीत है।

अब स्वस्थ मन से विचार करने की जरूरत है कि जिसका संयोग-सुख ऐसा विराट् है, उसका वियोग-दु:ख कितना दारुण होगा। उर्मिला एक नवयुवती है। उसने जीवन का शारीरिक और मानसिक सुख भोगा है। वह दोनों का मूल्य जानती है। उसमें मानव का एक धड़कता हुआ मांसल हृदय है। जब कभी उसका यौवन मचलने लगता है, तब वह उसे बड़े दुलार से समझाती है—

मेरे चपल यौवन बाल।
अचल अंचल में पड़ा सो, मचल कर मत साल।

जब कभी कामदेव पुष्पबाण लिये उस पर आक्रमण करता है, तब वह दीन होकर उससे प्रार्थना भी करती है और न मानने पर उसे सचेत भी करती है—

मुझे फूल मत मारो,
मैं अबला बाला यह वियोगिनी कुछ तो दशा विचारो।...
नहीं भोगिनी यह मैं कोई जो तुम जाल पसारो।
बल हो तो सिन्दूर बिन्दु यह, यह हर नेत्र निहारो।

इन पंक्तियों में उसका धैर्य, आत्मविश्वास और संयम देखा जा सकता है। विरह के ताप में तपती हुई उर्मिला कभी-कभी अर्द्ध-मूर्च्छित हो जाती है और उसे लगता है कि उसके पियतम उसके समीप आ गये हैं और—

भूल अवधि-सुध प्रिय से कहती जगती हुई कभी 'आओ',
किन्तु कभी सोती तो उठती वह चौंक बोलकर 'जाओ'।

यहाँ आदर्श और कामना में संघर्ष होता है। आदर्श कहता है 'जाओ', कामना कहती है 'आओ'। इसी प्रकार उन्माद की अवस्था में जब लक्ष्मण उसे सामने खड़े जान पड़ते हैं तब उसकी भावना को गहरा आघात पहुँचता है। वह कहती है—

प्रभु नहीं फिरे, क्या तुम्हीं फिरे?
हम गिरे, अहो! तो गिरे, गिरे!

इस तरह के चित्रण मानवोचित और स्वाभाविक हैं। इससे उर्मिला का चारित्रिक

आदर्श और निखर जाता है। एक स्थल पर जिस पर आलोचकों ने सर्वाधिक आक्षेप लगाया है, इस प्रकार है—

सी-सी करती हुई पार्श्व में लखकर जब-जब मुझको,
अपना उपकारी कहते थे, मेरे प्रियतम तुझको।

हेमन्त से उर्मिला का यह कथन संयोग के दिनों के स्मरण प्रसंग में अत्यन्त स्वाभाविक एवं सत्य है। इस सन्दर्भ में 'साकेत : एक अध्ययन' में डॉ० नगेन्द्र की टिप्पणी बहुत महत्त्वपूर्ण है—"आलोचकों का कहना है कि इस श्रृंगार में कामुकता की गन्ध है। किन्तु वास्तव में यह चित्र सर्वथा शरीर-सुख की अभिव्यक्ति करता है। मानव-जीवन में आत्मा का निदर्शन शरीर है और उसकी उपेक्षा करना या तो दम्भ है या प्रकृति-विरोध। साथ ही यह स्पष्ट है कि शरीर सुख की प्रधानता होते हुए भी इसमें मानसिक उल्लास का आभास है और शील-मर्यादा का किसी प्रकार का उल्लंघन नहीं हुआ है। जिस प्रकार शरीर-सुख के बिना दाम्पत्य-जीवन अपूर्ण है, उसी प्रकार इन चित्रों के बिना 'साकेत' का संयोग-वर्णन भी अपूर्ण रह जाता है और उसमें ऐन्द्रियता का अभाव होता।"

साकेत के नवम सर्ग में ऐसे अनेक स्थल हैं जो उर्मिला के उदात्त एवं आदर्श चरित्र का उद्‌घाटन करते हैं। इसमें उर्मिला का विरह-वर्णन जीवन से बाहर की वस्तु नहीं है। उसका प्रतिफलन नित्य प्रति गृहस्थ जीवन में ही हुआ है। ऐसे क्षणों में यदि उसका हृदय चीत्कार कर उठता है तो यह चारित्रिक कमजोरी नहीं, अपितु सहज मानवीय व्यापार है। साकेत की कुछ ऐसी पंक्तियाँ देखें जिनमें विरह में तपती हुई उर्मिला का आदर्श व्यक्तित्व व्यंजित होता है—

1. तरसूँ मुझसी मैं ही, सबसे हरसे हँसे प्रकृति प्यारी।
   सबको सुख होगा तो, मेरी भी आयेगी बारी।
2. सिर माथे तेरा यह दान,
   हे मेरे प्रेरक भगवान।
3. आराध्य युग्म के होने पर
   निस्तब्ध निशा के होने पर
   तुम मुझे करोगे याद कभी
   तो बस फिर मैं पा चुकी सभी।

गीतिकाव्य की दृष्टि से भी 'साकेत' एक उत्कृष्ट काव्य-रचना है। स्वर्गीया महादेवी वर्मा ने गीतिकाव्य को परिभाषित करते हुए लिखा है—"गीतिकाव्य व्यक्तिगत सीमा में तीव्र सुख-दुःखात्मक अनुभूति का वह शब्द रूप है, जो अपनी ध्वन्यात्मकता में गेय हो सके।" विद्वानों ने प्रगीत के जिन तत्त्वों का निर्देश किया है, वे हैं—वैयक्तिकता, आवेश दीप्ति, हार्दिकता, रागात्मकता, संगीतात्मकता, प्रवाह। प्रगीत के जो भेद बताये गये हैं वे हैं—स्तुति गीत, सम्बोधन, गीत, शोकगीत, ध्वन्यार्थ व्यंजक गीत, राष्ट्रीय गीत, प्रेमगीत। 'साकेत' में गीतिकाव्य के ये सभी तत्त्व और सभी प्रकार आसानी से देखे जा सकते हैं। 'साकेत' गुप्तजी के यश का मूलाधार है।

साकेत के बाद की रचनाओं में 'यशोधरा' और 'विष्णु प्रिया' में उर्मिला का ही चरित्र-विस्तार है। इनमें भी नारी के वही संयम, त्याग, तप और साधनामय रूप लक्षित होते हैं। गुप्तजी के नारी-पात्रों का सर्वस्व पति के लिए है। वे वर्णाश्रमधर्मी, कुलवधू, पतिव्रता और परम्परावादी हैं। उनकी सारी साधना पति के ही चारों ओर घूमती हुई लक्षित होती हैं।

गुप्तजी की काव्य-शैली में विविधता है और इस विविधता का कारण है उनकी लम्बी साहित्य-साधना। उन्होंने महाकाव्य, खण्डकाव्य, पद्यनाट्य, प्रगीत और मुक्तक लिखे हैं। अपनी कविताओं में उन्होंने अनेक वार्णिक एवं मात्रिक छन्दों का प्रयोग किया है। गुप्तजी की मुख्य देन खड़ी बोली को काव्योचित संस्कार देने में है। खड़ी बोली की अभिव्यक्ति क्षमता को बढ़ाकर गुप्तजी ने महत्त्वपूर्ण कार्य किया। उनकी भाषा में तराश और मुहावरेदानी कम है। उनकी भाषा स्वच्छ, स्पष्ट, गद्यभाषा के निकट, व्याकरण-सम्मत और संस्कृत की तत्सम शब्दावली से भरी हुई है। उनकी रचनाओं में खड़ी बोली के विकास के सभी रूप क्रमशः मिल जाते हैं।

जगन्नाथदास 'रत्नाकर' (1866-1932 ई०)

'रत्नाकर' जी आरम्भ में उर्दू में रचनाएँ करते थे। बाद में इन्होंने खड़ी बोली और ब्रजभाषा में भी कविताएँ लिखीं। इनकी ख्याति ब्रजभाषा की कविताओं के कारण है। इनके छन्द सेनापति, देव, पद्माकर और घनानन्द से टक्कर लेने वाले हैं। 'उद्धव-शतक' इनके ब्रजभाषा काव्य का उत्कृष्ट नमूना है। 'उद्धव-शतक' का कृष्ण-काव्य और भ्रमरगीत परम्परा में विशिष्ट स्थान है। रत्नाकरजी ने 'बिहारी रत्नाकर' नाम से बिहारी की कविताओं पर टीका लिखी है, जो आज भी महत्त्वपूर्ण है। इन्होंने अनेक ग्रन्थों की रचना की जिनमें 'उद्धव-शतक', 'गंगावतरण', 'भीष्म-प्रतिज्ञा', 'हिंडोला', 'शृंगार लहरी' और 'वीराष्टक' उल्लेखनीय हैं।

> विरह बिथा की कथा अकथ अथाह महा,
> कहत बनै न जो प्रवीन सुकवीन सों,
> कहैं 'रत्नाकर' बुझावन लगेसों कान्ह,
> ऊधो को कहन हेतु ब्रज जुवतीन सों।
> गहबरि आयो भरि भभरि अचानक त्यौं,
> प्रेम पर्‌यो चपल चुचाई पुतरिनसों।
> नेकु कहीं वैननि अनेक कही नैननि सों,
> रही सही सोऊ कहि दीन हिचकीन सों।

रामनरेश त्रिपाठी (1889-1963 ई०)

इनका जन्म जौनपुर जिले के कोइरीपुर गाँव में हुआ था। ये हिन्दी, उर्दू, संस्कृत और अंग्रेजी के अतिरिक्त मराठी और गुजराती भी जानते थे। इनकी कविताओं में राष्ट्रीय भावना प्रधान है। इनकी कविताएँ अत्यन्त सरस और ओजस्वी हैं। इन्होंने आठ भागों में

'कविता कौमुदी' नामक कविता-संग्रह प्रकाशित किया। 'कविता कौमुदी' में भारतीय आर्यभाषाओं के प्रधान कवियों का परिचय तथा उनकी रचनाओं के नमूने दिये गये हैं। इन्होंने 30-32 ग्रन्थों की रचना की है जिनमें मुख्य इस प्रकार हैं—'मिलन' (1917), 'पथिक' (1920), 'मानसी' (1927), 'स्वप्न' (1929) काव्य। 'वीरांगना', 'वीरबाला', 'मारवाड़ी' और 'पिशाचिनी', 'लक्ष्मी'—उपन्यास। 'सुभद्रा', 'जयन्त', 'प्रेमलोक'—नाटक। 'तुलसीदास'—आलोचना। 'मालवीयजी के साथ तीस दिन' इत्यादि।

त्रिपाठीजी की रचनाओं में द्विवेदी युगीन और छायावादी दोनों काव्य-युगों की प्रवृत्तियाँ लक्षित की जा सकती है। 'मिलन', 'पथिक' तथा 'स्वप्न' काल्पनिक कथाओं पर आश्रित राष्ट्रीय भावना से भरे हुए प्रेमाख्यानक काव्य हैं। इनमें व्यक्तिगत सुख को त्यागकर देश के लिए अपना सर्वस्व न्यौछावर करने की प्रेरणा दी गयी है। जगह-जगह पर प्राकृतिक दृश्यों का मनोरम चित्रण भी इनमें देखने लायक है। इनके खण्डकाव्यों में व्यक्तिगत प्रेम और राष्ट्रप्रेम का सुन्दर समन्वय देखने को मिलता है।

अन्य कवि

द्विवेदी-युग के कुछ अन्य महत्त्वपूर्ण कवियों का संक्षिप्त परिचय इस प्रकार है। **लाला भगवानदीन** (1866-1930)—इन्होंने खड़ी बोली और ब्रजभाषा दोनों में कविताएँ की हैं। इनका अध्ययन बहुत विशद था। इन्होंने काशी हिन्दू विश्वविद्यालय में अध्यापन भी किया। इन्हें उर्दू-फारसी का भी अच्छा ज्ञान था। इनकी रचनाओं में 'वीर क्षत्राणी', 'वीर बालक' और 'वीर पंचरत्न' अधिक महत्त्वपूर्ण हैं। इन्होंने रामचन्द्रिका, कविप्रिया, दोहावली, कवितावली, बिहारी सतसई आदि की बहुत अच्छी टीकाएँ भी लिखी हैं। **रायदेवी प्रसाद 'पूर्ण'** (1868-1915)—पूर्णजी आशु कवि थे। सन् 1915 में ये गोरखपुर हिन्दी साहित्य सम्मेलन के सभापति हुए। ये पेशे से वकील थे और कभी-कभी कोर्ट में भी पद्य में बहस करते थे। इन्होंने 'रसिक समाज' की स्थापना की थी। रचनाएँ—'अमल्तास', 'वसंत वियोग', 'स्वदेशी कुण्डल' इत्यादि। **गयाप्रसाद शुक्ल 'सनेही'** (1883-1972)—ये ब्रजभाषा और खड़ी बोली दोनों में रचनाएँ करते थे। इन्हें समस्या-पूर्तियों में बड़ी रुचि थी। इनका खड़ी बोली काव्य एक प्रकार का टकसालीपन लिये हुए हैं। ये 'त्रिशूल' उपनाम से भी कविताएँ लिखते थे। रचनाएँ—'प्रेम पचीसी', 'कृषक क्रन्दन', 'राष्ट्रीय मंत्र', 'राष्ट्रीय वीणा', 'त्रिशूल तरंग', 'संजीवनी' और 'करुणा कादम्बिनी'। **सत्यनारायण कविरत्न** (1880-1918)—इनका जन्म, बाल्यकाल, विवाह और गार्हस्थ्य सब अत्यन्त दुःखद था। इन्हें सादगी बहुत पसन्द थी। आचार्य शुक्ल ने लिखा है कि "इनका जीवन क्या था, जीवन की विषमता का एक छँटा हुआ दृष्टान्त था।" इन्होंने भी ब्रजभाषा और खड़ी बोली दोनों में कविताएँ लिखी हैं। इनका 'भ्रमरदूत' नारी के प्रति एवं देश के प्रति नये विचारों का परिचायक है। **सैयद अमीर अली मीर** (1873-1937)—ये पुलिस विभाग में थे। इनकी रचनाओं में देशभक्ति, समाज-सुधार और धार्मिक समन्वय की भावना मिलती है। **रूपनारायण पाण्डेय** (जन्म 1884)—इन्होंने अत्यन्त सरस और भावुकतापूर्ण

कविताएँ लिखी हैं। मौलिक रचनाओं के अतिरिक्त इन्होंने लगभग सौ ग्रन्थों का अनुवाद किया। इनकी कविताएँ 'पराग' में संकलित हैं। **गिरिधर शर्मा नवरत्न** (1881-1961)—इनकी कविताओं का संग्रह है 'मातृवन्दना'। **रामचरित उपाध्याय** (1872-1938)—ये द्विवेदी युग के एक महत्त्वपूर्ण कवि हैं। शुरू में ये ब्रजभाषा में कविताएँ करते थे। किन्तु आचार्य द्विवेदीजी के सम्पर्क में आने के बाद ये खड़ी बोली में लिखने लगे। ये एक सिद्धहस्त सूक्तिकार हैं। रचनाएँ—'राष्ट्रभारतीय', 'देवदूत', 'देवसभा', 'विचित्र विवाह', 'रामचरित चिन्तामणि'—प्रबन्ध काव्य। **लोचनप्रसाद पाण्डेय** (1886-1959)—इन्हें हिन्दी, संस्कृत, उड़िया और बँगला का अच्छा ज्ञान था। इनकी कविताएँ आनन्द कादम्बिनी, सरस्वती, हिन्दी प्रदीप, इन्दु, मर्यादा, प्रभा, सम्मेलन आदि में छपती रहती थीं। इनकी कविताओं में देश-प्रेम, प्रकृति-चित्रण और उच्च मानवीय भावनाएँ प्राप्त होती हैं। रचनाएँ—'नीति कविता', 'मेवाड़ गाथा', 'पद्य पुष्पांजलि' आदि। 'मृगी दुखमोचन' में इन्होंने एक मृग की अत्यन्त दारुण परिस्थिति का वर्णन सरस भाषा में किया है। **मुकुटधर पाण्डेय** (1895)—ये लोचनप्रसाद पाण्डेय के छोटे भाई हैं। इनका जन्म बालापुर जिला बिलासपुर (म०प्र०) में हुआ था। ये छायावाद के अग्रदूत कहे जाते हैं। इनकी आरम्भिक रचनाएँ विषयप्रधान हैं किन्तु बाद की रचनाओं में काफी कलात्मकता और फैलाव है। इनकी 'पंथी', 'प्रेम बंधन', 'आँसू' आदि कविताओं में प्रेम के सन्दर्भ में रोमैंटिक आदर्श लक्षित होता है। इनके काव्य में प्रकृति प्रेम, भावात्मकता, संवेदना और रहस्यस्यात्मक अनुभूति के दर्शन होते हैं। 'छायावाद' नाम के प्रवर्तन का श्रेय भी उन्हीं को है। इन्होंने 'छायावाद' के सन्दर्भ में जबलपुर से प्रकाशित होने वाली 'श्री शारदा' पत्रिका में तीन लेख लिखे थे। **जगदम्बाप्रसाद हितैषी** (जन्म 1895)—ये खड़ी बोली में उत्कृष्ट कविता करते थे। इनकी खड़ी बोली की कविताओं में ब्रजभाषा जैसा लालित्य और प्रवाह है। ये साहित्य और राजनीति दोनों क्षेत्रों में सक्रिय थे। इन्होंने राष्ट्र और हिन्दी भाषा के लिए सदा संघर्ष किया।

राष्ट्रीय-सांस्कृतिक चेतना के कवि

इस समय के ऐसे अनेक कवि हैं जिन्होंने अपनी रचना-यात्रा द्विवेदी युग के अन्तिम वर्षों में शुरू की थी और छायावाद तथा छायावादोत्तर काल तक रचनारत रहे, किन्तु उनकी रचनाओं का चरित्र द्विवेदी युगीन ही है। अतएव रचनाकाल की दृष्टि से अन्य युगों के दायरे में आने वाले इन कवियों की कविताओं का मूल्यांकन द्विवेदी युग के सातत्य में करना ही उचित है। छायावाद की कालावधि में होती हुई भी इनकी कविताएँ छायावादी नहीं है। इन कविताओं का मूल-चरित्र राष्ट्रीय-सांस्कृतिक है। इनमें से अधिकांश कवि देश के लिए अपना सर्वस्व उत्सर्ग करने और एक हथेली पर अपना सिर लिये हुए दूसरे हाथ से दुश्मन का सिर काट लेने के लिए उद्यत दिखायी पड़ते हैं। ऐसे कवियों में माखनलाल चतुर्वेदी, सियारामशरण गुप्त, बालकृष्ण शर्मा 'नवीन', सुभद्रा कुमारी चौहान, रामधारी सिंह दिनकर , सोहनलाल द्विवेदी, श्यामनारायण पाण्डेय आदि हैं। इन कवियों का परिचय यहाँ दिया जा रहा है।

माखनलाल चतुर्वेदी (1889-1968 ई०)

इन्हें कई भाषाओं का ज्ञान था। आरम्भ में ये अध्यापक थे। इन्होंने 'प्रभा', 'प्रताप' तथा 'कर्मवीर' का सम्पादन किया था। ये एक सजग, संवेदनशील एवं उत्साही व्यक्ति थे। इनका उपनाम 'एक भारतीय आत्मा' था। इन्होंने देश की आजादी की लड़ाई में सक्रिय हिस्सा लिया था। इनकी राजनीतिक सक्रियता के कारण इन्हें बन्दी बनाया गया। इनकी कविताओं में देश के प्रति अटूट प्रेम और आत्मोसर्ग की उत्कट भावना दिखायी पड़ती है। विदेशी सत्ता के सम्मुख अपने स्वाभिमान तथा देशाभिमान की रक्षा के लिए अपने आपको बलि देने और हँसते-हँसते सूली पर चढ़ जाने की जो भावना भगत सिंह जैसे क्रान्तिकारियों में थी, यही भावना माखनलालजी की कविताओं में भी प्रकट होती है। इनकी महत्त्वपूर्ण रचनाएँ हैं—'हिमि किरीटनी', 'हिम तरंगिणी', 'शिशुपाल-वध' (काव्य), 'साहित्य देवता' (गद्य काव्य), 'कृष्णार्जुन युद्ध' (नाटक)।

1. द्वार बलि का खोल चल भूडोल कर दें,
   एक हिमगिरि एक सिर का मोल कर दें,
   मसल कर अपने इरादों सी उठाकर,
   दो हथेली हैं कि पृथ्वी गोल कर दें।
   रक्त है या है नसों में क्षुद्र पानी,
   जाँच कर तू सीस दे-देकर जवानी।
2. चाह नहीं मैं सुरबाला के गहनों में गूँथा जाऊँ।
   चाह नहीं प्रेमी माला में बिंध प्यारी को ललचाऊँ।...
   मुझे तोड़ लेना वनमाली उस पथ पर देना तुम फेंक।
   मातृभूमि पर सीस चढ़ाने जिस पथ जायें वीर अनेक।

आजादी मिलन पर सत्ता की बन्दरबाट पर व्यंग्य करते हुए चतुर्वेदीजी ने लिखा था—

दस वर्षों से शिशु-शासन पर हम बूढ़े चढ़ बैठे ऐसे,
मीठी कुर्सी, मीठे रुपये, मीठे सपने कैसे-कैसे।
इस इक पद पर सौ-सौ टूटें, कहे कबीर सुनो भाई साधो,
अपनी इस अनमोल अकल पर रामराज्य का स्वाँग न बाँधा।

सियारामशरण गुप्त (1895-1963 ई०)

ये मैथिलीशरण गुप्त के छोटे भाई थे। इनकी कविताएँ अत्यन्त सरस एवं प्रभावोत्पादक हैं। इनकी सबसे पहली कविता 'इन्दु' में 1910 में प्रकाशित हुई थी। ये विचारों से गांधीवादी थे। इनकी कविताओं में सत्य, अहिंसा, करुणा, विश्व-बन्धुत्व एवं शान्ति का स्वर प्रधान है। इनकी कुछ कविताएँ प्राचीन भारतीय आख्यानों पर आधारित हैं। उनमें गाँधीवादी मूल्यों की प्रतिष्ठा हुई है। इनके काव्य-विषय और रचना-पद्धति पर द्विवेदी युग का प्रभाव है किन्तु दूसरी ओर छायावादी प्रवृत्तियों का भी असर इनकी कविताओं में

देखा जा सकता है। रचनाएँ—'मौर्य विजय', 'अनाथ', 'आर्द्रा', 'विषाद', 'दूर्वादल', 'आत्मोसर्ग', 'मानुषी', 'नारी-उपन्यास'। 'पुण्य पर्व' (नाटक)। 'झूठ-सच' (निबन्ध)।

बालकृष्ण शर्मा 'नवीन' (1897-1960 ई०)

श्री गणेशशंकर विद्यार्थी और गाँधीजी के सम्पर्क में होने के कारण 'नवीन' जी राजनीति में सक्रिय भागीदारी करते थे और गाँधी-दर्शन से प्रभावित भी थे। अपने लम्बे राजनीतिक जीवन के दौरान इन्हें कई बार जेल भी जाना पड़ा। देश के स्वाधीन होने पर ये लोकसभा और फिर राज्यसभा के सदस्य रहे। कुछ समय तक इन्होंने 'प्रभा' और 'प्रताप' का सम्पादन भी किया। इनकी रचनाओं में आर्य संस्कृति के उज्ज्वल रूप की प्रस्तुति के साथ ही वैयक्तिक प्रेम और राष्ट्र प्रेम का भी सशक्त रूप व्यक्त हुआ है। राजनीतिक सक्रियता के कारण इनकी कविताओं में जीवन की सफलताओं-असफलताओं और दुःख एवं आक्रोश का घोर क्रन्दन और विप्लव भरा हुआ है। इनकी शृंगारिक रचनाओं में एक तरह का फक्कड़पन, मस्ती और स्वच्छन्दता का अभिभाव देखने को मिलता है। रचनाएँ—'उर्मिला', 'कुंकुम', 'अपलक', 'रश्मि रेखा', 'क्वासि' और 'हम विषपायी जनम के।'

> है बलिवेदी, सखे प्रज्वलित माँग रही ईंधन क्षण-क्षण,
> आओ युवक, लगा दो तुम अपने यौवन का ईंधन।
> भस्मसात हो जाने दो ये प्रबल उमंगें जीवन की।
> अरे सुलगने दो बलिवेदी, चढ़ने दो बलि जीवन की।

सुभद्राकुमारी चौहान (1905-1948 ई०)

इनका जन्म प्रयाग जिले के निहालपुर गाँव में हुआ था। 1921 के असहयोग आन्दोलन से प्रभावित होकर इन्होंने अध्ययन छोड़कर राजनीति में भाग लेना शुरू कर दिया। इस कारण इन्हें कई बार जेल भी जाना पड़ा। इनकी कुछ कविताएँ राष्ट्रप्रेम से सम्बन्धित हैं, कुछ पति-प्रेम और कुछ वात्सल्य भाव की। इन्होंने अज्ञात प्रियतम के विरह में आँसू न बहाकर देश की आन पर मिटने वालों की पवित्र स्मृति में आँसू बहाना अधिक पसन्द किया है। इनकी 'झाँसी की रानी', 'वीरों का कैसा हो बसन्त', 'ठुकरा दो या प्यार करो' आदि कविताएँ काफी चर्चित हैं। इनकी कविताएँ 'त्रिधारा' और 'मुकुल' में संकलित हैं। इनकी भाषा-शैली भावों के अनुकूल है। यहाँ इनकी प्रसिद्ध कविता 'वीरों का कैसा हो वसन्त' की कुछ पंक्तियाँ देखें—

> आ रही हिमालय से पुकार,
> है उदधि गरजता बार-बार,
> प्राची, पश्चिम, भू, नभ अपार,
> सब पूछ रहे हैं दिग-दिगन्त,
> वीरों का कैसा हो वसन्त?
> भर रही कोकिला इधर तान,
> मारू बाजे पर उधर तान,
> है रंग और रण का विधान,

मिलने आये हैं आदि-अन्त,
वीरों का कैसा हो वसन्त?
भूषण अथवा कविचन्द नहीं,
बिजली भर दे वह छन्द नहीं,
है कलम बँधी, स्वच्छन्द नहीं,
फिर हमें बतावे कौन? हन्त।
वीरों का कैसा हो वसन्त? (मुकुल से)

रामधारी सिंह दिनकर (23 सितम्बर 1908-24 अप्रैल 1974 ई०)

इनका जन्म सिमरिया जिला मुंगेर में हुआ था। ये कई विभागों में उच्च पदों पर कार्यरत रहे। इन्होंने राज्यसभा के सदस्य, भागलपुर विश्वविद्यालय के उपकुलपति तथा भारत सरकार के हिन्दी-सलाहकार के रूप में भी कार्य किया। दिनकरजी की कविताओं में राष्ट्रीय भावों का हुंकार और शोषकों के प्रति विद्रोह की ललकार के साथ ही प्रेम की गहरी रागात्मकता और सौन्दर्य की मधुर झंकृति की गूँज सुनायी पड़ती है। इनके व्यक्तित्व के समान ही इनकी कविताओं में भी एक तरह की सहजता, लोकोन्मुखता और खुलापन है। गहरी राष्ट्रीय-सांस्कृतिक सम्पृक्ति के साथ सहज भाषा में तात्कालिक सामाजिक परिवेश की विसंगतियों और शोषण-दमन की प्रवृत्तियों के खिलाफ विद्रोही चेतना का आह्वान, दबे-कुचले लोगों के मन में आशा का संचार एवं अपना अधिकार बलपूर्वक छीन लेने में विश्वास दिनकरजी की कविताओं की सामान्य विशेषताएँ हैं। दिनकर के साहित्य पर रवीन्द्रनाथ, इकबाल और इलियट का बहुत गहरा प्रभाव था। इस बात को उन्होंने स्वयं स्वीकार किया है। उन्होंने छायावाद की अस्पष्ट और वायवीय विषय-वस्तु तथा रूप विधानों वाली काव्यरूप-परम्परा से अलग होकर आधुनिक हिन्दी कविता को एक ऐसी ओजमयी भाषा-शैली दी जो पुनरुत्थानशील राष्ट्रीयता की अदम्य प्रेरणाओं को अभिव्यक्त करने में समर्थ हुई। इनकी कविताओं में ललकार और प्यार, हुंकार और झंकार तथा आग और राग दोनों के अद्भुत समन्वय को देखते हुए उनके काव्य को 'दहकते अंगारों पर इन्द्रधनुष की क्रीड़ा' से उपमित किया गया है। पं० माखनलाल चतुर्वेदी ने उनके विषय में लिखा है कि ''युग की वेदना दिनकर की वाणी में अपना सारा इतिहास उड़ेलती है।'' 'उर्वशी' (1961) पर इन्हें 'ज्ञानपीठ' पुरस्कार प्राप्त हुआ था। रचनाएँ—'रेणुका', 'हुंकार', 'रसवन्ती', 'द्वन्द्वगीत', 'कुरुक्षेत्र', 'रश्मिरथी', 'उर्वशी', 'दिल्ली और नीम के पत्ते', 'सूरज का ब्याह', 'नीलकुसुम', 'परशुराम की प्रतीक्षा', 'आत्मा की आँखें', 'इतिहास के आँसू', 'हारे को हरिनाम', आदि काव्य। 'काव्य की भूमिका', 'शुद्ध कविता की खोज', 'संस्कृति के चार अध्याय', 'धर्म', 'नैतिकता' और 'विज्ञान-गद्य।'

1. अमृत गीत रचो कलानिधि,
बुनो कल्पना की जाली।
तिमिर-ज्योति की समर भूमि का,
मैं चारण मैं बैताली। —हुंकार

2. रे रोक युधिष्ठिर को न यहाँ/जाने दे उनको स्वर्ग धीर,
पर, फिरा हमें गाण्डीव-गदा/लौटा दे अर्जुन-भीम वीर।
कह दे शंकर से, आज करें/वे प्रलय नृत्य फिर एक बार।
सारे भारत में गूँज उठे/'हर-हर बम' का फिर महोच्चार।
—हिमालय

3. सदियों की ठण्डी-बुझी राख सुगबुगा उठी,
मिट्टी सोने का ताज पहन इठलाती है;
दो राह समय के रथ का घर्घर नाद सुनो,
सिंहासन खाली करो कि जनता आती है।...
हुंकारों से महलों की नींव उखड़ जाती है,
साँसों के बल से ताज हवा में उड़ता है,
जनता की रोके राह समय में ताव कहाँ?
वह जिधर चाहती, काल उधर ही मुड़ता है। —जनतंत्र का जन्म

4. बाहर साँकल नहीं, जिसे तू खोल हृदय पा जाये,
इस मंदिर का द्वार सदा अंतःपुर से खुलता है।
—उर्वशी (पुरुरवा का उर्वशी से कथन)

4. युवा जननि को देख शान्ति कैसी मन में जगती है!
रूपवती भी सखी! मुझे तो वही प्रिया लगती है,
जो गोदी में लिये क्षीरमुख शिशु को सुला रही हो
अथवा खड़ी प्रसन्न पुत्र का पलना झुला रही हो।
—उर्वशी (रम्या का मेनका से कथन)

सोहनलाल द्विवेदी (1905-1988 ई०)

इन्होंने सरल भाषा में राष्ट्रीय चेतना के सम्पन्न कविताएँ लिखी हैं। इनकी कविताओं में अतीत, वर्तमान और भविष्य तीनों से जुड़ाव लक्षित होता है। रचनाएँ—'भैरवी', 'वासवदत्ता', 'कुणाल', 'चित्रा', 'प्रभावी', 'युगधारा', 'पूजागीत'।

उदयशंकर भट्ट

इनकी कविताओं में युग का स्वर सुनायी पड़ता है। इसके साथ ही अपनी गौरवमयी संस्कृति के प्रति गम्भीर आस्था भी है। इनकी कविताओं में आशा-निराशा दोनों का स्वर है। रचनाएँ—'विसर्जन', 'मानसी', 'अमृत और विष', 'युगदीप', 'यथार्थ', 'एकला चलो रे', 'विजय-पथ'।

श्यामनारायण पाण्डेय

ये वीर रस के कवि थे। इनकी कविताओं में ओज और गम्भीरता है। इन्होंने राष्ट्रीय भावना को वर्णानात्मक शैली में व्यक्त किया है। कवि सम्मेलनों में इनकी कविताओं की धूम मच जाती थी। महाराणा प्रताप के जीवन पर 'हल्दी घाटी' तथा पद्मिनी की जौहर कथा पर आधारित 'जौहर' इनके प्रसिद्ध प्रबन्ध काव्य हैं। इनकी अन्य रचनाएँ हैं—'त्रेता के दो वीर', 'माधव', 'रिमझिम', 'जै हनुमान' इत्यादि।

उपर्युक्त कवियों के अतिरिक्त द्विवेदी युग और द्विवेदी युग के बाद इस परम्परा के कवियों में पुरोहित प्रताप नारायण, अनूप शर्मा, लोकमणि, सत्यशरण रतूड़ी, मन्नन द्विवेदी 'गजपुरी', पार्वती देवी, तोष कुमारी, विजयानन्द त्रिपाठी, जगन्नाथप्रसाद चतुर्वेदी, रामदास गौड़, माधव शुक्ल, शिवाधार पाण्डेय, ठाकुर गोपालशरण सिंह, सेठ गोविन्द दास, कन्हैयालाल पोद्दार, जनार्दनप्रसाद झा द्विज, लक्ष्मीधर वाजपेयी, केदारनाथ मिश्र, 'प्रभात' इत्यादि उल्लेखनीय हैं।

(द्विवेदी युग के लेखन में सहायक पुस्तकें—हिन्दी साहित्य का इतिहास - आचार्य रामचन्द्र शुक्ल, हिन्दी साहित्य का इतिहास - सं० डॉ० नगेन्द्र में डॉ० उमाकान्त का लेख, आधुनिक हिन्दी साहित्य का इतिहास - डॉ० बच्चन सिंह, हिन्दी साहित्य का इतिहास - डॉ० भगीरथ मिश्र, साकेत : एक अध्ययन - डॉ० नगेन्द्र, संचयिता - दिनकर, हिन्दी साहित्य : उसका उद्‌भव और विकास - आचार्य हजारीप्रसाद द्विवेदी, नया पथ, अंक - 10, में डॉ० शिवकुमार मिश्र का लेख आदि।)

●

छायावाद (सन् 1918–1936)
(स्वाधीन चेतना का काव्य)

'छायावाद' हिन्दी कविता के कलात्मक उत्कर्ष का युग है। इसमें एक साथ ही कविता के कथ्य और शिल्प सम्बन्धी सभी परम्परागत मानदण्ड चरमराकर टूट गये थे। इन परिवर्तनों को देखकर पुराने आचार्यों का चौंकना स्वाभाविक था। वे चौंके और इस नयी तरह की रचना-धारा के बारे में उनके जो विचार आये उनमें से अधिकांश अटकलों पर आधारित होने के कारण एकांगी और परस्पर विरोधी हो गये। 'छायावाद' को जिन लोगों ने समझने और समझाने की कोशिश की है, उनमें से कुछ के विचार इस प्रकार हैं—

उपलब्ध साक्ष्यों के आधार पर पता लगता है कि 1920 के आस-पास 'छायावाद' नाम का प्रचलन हो चुका था। सर्वप्रथम मुकुटधर पाण्डेय ने 'श्री शारदा' पत्रिका में 'हिन्दी में छायावाद' शीर्षक से तीन लेख प्रकाशित कराये थे जिनमें उन्होंने 'छायावाद' की विशेषताओं—वैयक्तिकता, स्वातन्त्र्य, रहस्यवादिता, विचित्र प्रकाशन रीत, (वैशिष्ट्य) अस्पष्टता, कल्पनाशीलता आदि का उल्लेख करते हुए इसे भाव प्रकाशन का नया मार्ग कहा है। सरस्वती के जून 1921 के अंग में किन्हीं सुशील कुमार ने अपने संवादात्मक लेख में छायावादी कविता को टैगोर-स्कूल की चित्रकला के समान अस्पष्ट बताया है। आचार्य महावीरप्रसाद द्विवेदी ने 'सुकविकिंकर' नाम से मई 1927 के सरस्वती में 'आजकल के हिन्दी कवि और कविता' शीर्षक लेख में लिखा कि "छायावाद से लोगों का क्या मतलब है, कुछ समझ में नहीं आता। शायद उनका मतलब है कि किसी कविता के भावों की छाया यदि कहीं अन्यत्र जाकर पड़े तो उसे छायावादी कविता कहना चाहिए।" उनके अनुसार अन्योक्ति पद्धति ही छायावाद है।

आगे चलकर आचार्य शुक्ल ने छायावाद और रहस्यवाद को समानार्थी मानते हुए इसमें विषय को गौड़ और शिल्प को प्रमुख माना। उन्होंने 'हिन्दी साहित्य का इतिहास' में लिखा कि "ईसाई सन्तों के छायाभास (फैंटासमाटा) तथा योरोपीय काव्यक्षेत्र में प्रवर्तित आध्यात्मिक प्रतीक वाद (सिंबॉलिज़्म) के अनुकरण पर रची जाने के कारण बँगला में ऐसी कविताएँ 'छायावाद' कही जाने लगी थीं। यह वाद क्या प्रकट हुआ, एक बने-बनाये रास्ते का दरवाजा-सा खुल पड़ा और हिन्दी के कुछ नये कवि उधर एक बारगी झुक पड़े।"[1] शुक्लजी ने अपने विचारों को स्पष्ट करते हुए आगे लिखा है—"छायावाद की कविता की पहली दौड़ तो बंगभाषा की रहस्यात्मक कविताओं के सजीले और कोमल मार्ग पर हुई। पर उन कविताओं की बहुत कुछ गतिविधि अंग्रेजी काव्य खण्डों के अनुवाद द्वारा संघटित देख, अंग्रेजी वाक्यों से परिचित हिन्दी कवि सीधे अंग्रेजी

1. *हिन्दी साहित्य का इतिहास*, पृ० 442

से ही तरह-तरह के लाक्षणिक प्रयोग लेकर उनके ज्यों के त्यों अनुवाद जगह-जगह अपनी रचनाओं में जड़ने लगे।''[1]

इस प्रकार आचार्य शुक्ल ने छायावाद को योरोपीय और बँगला कविताओं की नकल मानते हुए उसे 'ऊटपटाँग चित्र' और गाँव में नया-नया आया ऊँट बताते हुए उसका उपहास किया। बाद में आचार्य हजारीप्रसाद द्विवेदी ने आचार्य शुक्ल के कथन का खण्डन करते हुए स्पष्ट किया कि ''यह भ्रम ही है कि इस प्रकार के काव्यों को बँगला में 'छायावाद' कहा जाता था और वहीं से यह शब्द आया है। 'छायावाद' शब्द केवल चल पड़ने के कारण ही स्वीकारणीय हो सका है, नहीं तो इस श्रेणी की कविता की प्रकृति को प्रकट करने में यह शब्द एकदम असमर्थ है।.....छायावाद एक विशाल सांस्कृतिक चेतना का परिणाम था, ...वह पाश्चात्य प्रभाव नहीं था, कवियों की भीतरी व्याकुलता ने ही नवीन भाषा-शैली में अपने को व्यक्त किया....।''[2] महादेवी वर्मा ने छायावाद को आत्माभिव्यक्ति के लिए मनुष्य के हृदय की अकुलाहट का परिणाम माना।[3] प्रसादजी की दृष्टि में ''कविता के क्षेत्र में पौराणिक युग की किसी घटना अथवा देश-विदेश की सुन्दरी के बाह्य वर्णन से भिन्न जब वेदना के आधार पर स्वानुभूतिमयी अभिव्यक्ति होने लगी तब हिन्दी में उसे छायावाद के नाम से अभिहित किया गया।''[4] ''मोती के भीतर छाया के जैसी तरलता होती है वैसी ही कान्ति की तरलता अंग में लावण्य कही जाती है। इस लावण्य को संस्कृत साहित्य में छाया और विच्छिति के द्वारा कुछ लोगों ने निरूपित किया था।''[5] छायावाद की विशेषताओं को स्पष्ट करते हुए उन्होंने लिखा है—''छाया भारतीय दृष्टि से अनुभूति और अभिव्यक्ति की भंगिमा पर अधिक निर्भर करती है। ध्वन्यात्मकता, लाक्षणिकता, सौन्दर्यमय प्रतीक विधान तथा उपचार के साथ स्वानुभूति की विवृति छायावाद की विशेषताएँ हैं। अपने भीतर से मोती के पानी की तरह आन्तर-स्पर्श करके भाव-समर्पण करने वाली अभिव्यक्ति छाया कान्तिमयी होती है।''[6] ज्ञातव्य है कि जाने-अनजाने शुक्लजी ने भी छाया के महत्त्व को स्वीकार करते हुए लिखा है—''छायावाद का सामान्य अर्थ हुआ प्रस्तुत के स्थान पर उसकी व्यंजना करने वाली छाया के रूप में अप्रस्तुत का कथन।''[7] 'हिन्दी साहित्य : बीसवीं शताब्दी' नाम पुस्तक के 'महादेवी वर्मा' शीर्षक निबन्ध में आचार्य नन्ददुलारे बाजपेयी ने छायावाद की परिभाषा देते हुए कहा कि ''मानव अथवा प्रकृति के सूक्ष्म किन्तु व्यक्त सौन्दर्य में आध्यात्मिक छाया का भान मेरे विचार से छायावाद की एक सर्वमान्य व्याख्या हो सकती है।''

1. *हिन्दी साहित्य का इतिहास*, पृ० 443
2. हजारीप्रसाद द्विवेदी, *हिन्दी साहित्य : उसका उद्‌भव और विकास*, पृ० 511-512
3. *रश्मी अपनी बात*, पृ० 2
4. प्रसाद, *काव्यकला तथा अन्य निबन्ध*, पृ० 123
5. *वही*, पृ० 122-123
6. *वही*, पृ० 128
7. *हिन्दी साहित्य का इतिहास*, पृ० 362

डॉ० रामकुमार वर्मा ने छायावाद को 'हृदय की एक अनुकृति' और डॉ० नगेन्द्र ने इसे 'स्थूल के प्रति सूक्ष्म का विद्रोह' माना है। डॉ० देवराज के अनुसार छायावाद धार्मिक पौराणिक चेतना के विरुद्ध आधुनिक लौकिक चेतना का विद्रोह है।

उपर्युक्त परिभाषाओं के परिप्रेक्ष्य में जो निष्कर्ष सामने आते हैं उनमें दो तरह के विचारों को लक्षित किया जा सकता है। पहले तरह के लोगों में वे विद्वान् हैं जो छायावाद को अस्पष्टता, रहस्यवाद, छायाभास, आध्यात्मिकता, आध्यात्मिक छाया का भान और काव्यशैली या पद्धति विशेष मानते हुए इसे आयातित मानते हैं। हालाँकि योरोपीय और बँगला के प्रभाव को एकदम नकारा नहीं जा सकता है। इस सन्दर्भ में डॉ० जगदीशप्रसाद श्रीवास्तव की यह टिप्पणी महत्त्वपूर्ण है कि "इसकी स्वरूप निर्मित में अंग्रेजी के स्वच्छन्दतावादी आन्दोलन (रोमांटिसिज्म) की महत्त्वपूर्ण भूमिका रही है। यह आन्दोलन पश्चिम में उन्नीसवीं शती के पूर्वार्द्ध तक चलता रहा है। छायावादी कविता उसके प्रायः अस्सी वर्ष बाद अस्तित्व में आयी, क्योंकि अंग्रेजी का पठन-पाठन इसी समय जोरों से होने लगा था। वर्ड्सवर्थ, कॉलरिज, शेली, कीट्स, वायरन, टेनीसन आदि का प्रभाव छायावादी कवियों पर व्यापक रूप में पड़ा।"[1] प्रभाव की बात तो ठीक है किन्तु यदि कोई इन कविताओं को अन्य भाषाओं के कवियों का मात्र अनुवाद मानता है तो यह उचित नहीं है। यहाँ डॉ० कृष्णचन्द्रलाल की यह बात भी ध्यान देने योग्य है कि "छायावाद कवि योरोपीय और बंगीय साहित्य से न तो सर्वथा अपरिचित थे और न अप्रभावित किन्तु छायावादी काव्य में यत्र-तत्र झलक मारने वाली इन छायाओं के आधार पर उसे उनकी नकल घोषित करना दुराग्रह मात्र है। काव्य-रचना के विषय में यह भ्रान्ति होनी ही नहीं चाहिए कि वह अपनी जमीन से भिन्न प्रवृत्ति वाली कविता की नकल करके प्राणवती हो सकती है।"[2]

दूसरी तरफ वे विचारक हैं जो छायावाद को यहाँ की परिस्थितियों की अनिवार्य उपज और विशाल सांस्कृतिक चेतना का परिणाम मानते हैं। इस सन्दर्भ में डॉ० नामवर सिंह कहते हैं कि "छायावाद उस राष्ट्रीय जागरण की काव्यात्मक अभिव्यक्ति है जो एक ओर पुरानी रूढ़ियों से मुक्ति चाहता था और दूसरी ओर विदेशी पराधीनता से।"[3] डॉ० रामविलास शर्मा ने छायावाद के ऐतिहासिक महत्त्व को स्वीकार करते हुए माना है कि "द्विवेदी युग की वैष्णवी श्रद्धा और सशंक नैतिकता के बदले पहले पहल अविश्वास और मानवीय प्रेम और शृंगार के स्वर सुनायी पड़ते हैं,.... नये कवियों ने व्यक्तित्व के पूर्ण विकास के लिए उस सामाजिक स्वाधीनता की माँग की जिसे पिछले युग के सामाजिक बन्धन दबाकर रखना चाहते थे।"[4]

कुल मिलाकर छायावाद उस वैयक्तिक और राष्ट्रीय स्वाधीन चेतना का प्रतीक है जिसमें हर तरह के सामाजिक शास्त्रीय और राष्ट्रीय बन्धनों को तोड़ देने की उद्दाम

1. जगदीशप्रसाद श्रीवास्तव, *पंतकाव्य का विवेचन*, पृ० 63-96
2. *हिन्दी साहित्य, कुछ सन्दर्भ*, पृ० 135
3. नामवर सिंह, *छायावाद*, पृ० 15
4. *नामवर सिंह के आधुनिक साहित्य की प्रवृत्तियाँ में उद्धृत*, पृ० 49

लालसा वेगवती धारा के समान हिलोरें लेती हुई प्रकट हुई हैं। इसमें अपनी पूर्ववर्ती द्विवेदी युगीन काव्यधारा का विकास भी है और उसकी रूढ़ियों के प्रति प्रखर विद्रोह भी। साथ ही एक सीमा तक बँगला और योरोपीय कवियों का प्रेरक प्रभाव भी है। ध्यातव्य है कि छायावादी कविता के बीज तत्त्व श्रीधर पाठक, मैथिलीशरण गुप्त और मुकुटधर पाण्डेय, बदरीनारायण भट्ट इत्यादि कवियों की व्यक्तिनिष्ठ, प्रकृति-प्रेमी और स्वच्छन्दतावादी कविताओं में पहले ही लक्षित कर लिए गये थे, किन्तु छायावाद की वास्तविक शुरुआत प्रसाद के 'कानन-कुसुम' (1913) और 'झरना' (1910-1919 के बीच की महत्त्वपूर्ण कविताओं का संग्रह) में संकलित कविताओं से होती है।

छायावाद की कई महत्त्वपूर्ण प्रवृत्तियाँ हैं और ये प्रवृत्तियाँ छायावादी कविताओं के भीतर से निकलती हैं, इसलिए इन सबका महत्त्व है। किन्तु डॉ० रामस्वरूप चतुर्वेदी ने अपनी पुस्तक 'हिन्दी साहित्य और संवेदना का विकास' में अन्य सारी प्रवृत्तियों को दरकिनार करके छायावाद को सिर्फ 'शक्ति काव्य' के रूप में देखा है। जबकि वास्तविकता यह है कि छायावाद की अधिकांश कविताएँ प्रकृति और प्रेम से सम्बन्धित हैं। इसके साथ ही इसमें वैयक्तिकता भी है और सामाजिकता भी, मिलन का हर्षोल्लास भी है और विरह की मार्मिक वेदना भी, दुःख की विराटता भी है और आनन्द की असीमता भी, अज्ञात सत्ता के नानारूपों के प्रति जिज्ञासा भी है और बहुत कुछ जाना-पहचाना भी है, नारी का मांसल रूप भी है और उसका आदर्शवादी रूप भी, यथार्थ की विभीषिका भी है और कल्पना की रंगीनियाँ भी, पलायन भी है और शक्ति का आह्वान एवं जागरण भी, इनमें से किसी एक के भी अस्तित्व को अनदेखा करना या किसी एक के अस्तित्व को आवश्यकता से अधिक महत्त्व देना किसी भी साहित्यिक युग के प्रति अन्याय करना और एकांगी हो जाना होता है। जिस शक्ति और जागरण को सिद्ध करने के लिए उन्होंने इतना श्रम किया है, उसकी आवश्यकता से अधिक चर्चा अन्य लोगों ने भी की है और यह प्रवृत्ति तो पुनर्जागरण काल से लेकर (उससे पहले मध्यकाल में भी) अब तक के हर साहित्यिक युग में अनिवार्य रूप से है। जिस प्रकार कुछ कविताओं के आधार पर छायावाद को मात्र वायवीय और पलायनवादी कहना उचित नहीं है, उसी प्रकार उसे सिर्फ शक्तिकाव्य मान लेना भी अनुचित है।

छायावादी काव्य की प्रवृत्तियाँ

वैयक्तिकता—छायावादी कवियों ने अपने व्यक्तिगत सुख-दुःख, प्रेम-घृणा आदि भावनाओं को अपने काव्य में खुले आम व्यक्त किया है। इन कवियों ने निर्वैयक्तिकता का आवरण उतार फेंका है। इस तरह की कविताएँ पाठक के साथ तुरन्त आत्मीय सम्बन्ध बना लेती हैं। निराला ने जब यह लिखा था कि 'मैंने मैं शैली अपनायी' तो यह सिर्फ 'मैं शैली' ही न होकर मैं की अभिव्यक्ति भी थी। इस प्रकार वैयक्तिकता की यह अभिव्यक्ति व्यक्ति की मुक्ति और उसकी स्वच्छन्दतावादी मानसिकता से भी जुड़ी हुई है। कुछ उदाहरण देखें—

रो-रोकर सिसक-सिसककर, कहता है मैं करुण कहानी।
तुम सुमन नोचते सुनते, करते जानी अनजानी॥ —जयशंकर प्रसाद
इस तरह मेरे चितेरे हृदय की, वाह्य प्रकृति बनी चमत्कृत चित्र थी।
सरल शैशव की सुखद सुधि सी वहीं, बालिका मेरी मनोरम मित्र थी॥

—पन्त

प्रकृति-प्रेम—छायावादी कवि प्रकृति के प्रति अधिक संवेदनशील हैं। प्रकृति उनके लिए मात्र उद्दीपन या जड़ चीज न होकर संवेदना-सम्पन्न, सचेतन और सप्राण सत्ता है। प्रकृति के हर एक रूप में छायावादी कवियों ने अपने भावों का दर्शन किया है। ये कवि पूरी हार्दिकता और आत्मीयता के साथ प्रकृति से अपने सुख-दुःख की बातें करते हैं। प्रकृति से यह अत्यधिक लगाव इन कवियों की स्वच्छन्दतावादी प्रवृत्ति की परिचायक है। मनुष्य प्रकृति की ओर मानव-निर्मित व्यवस्था से असन्तुष्ट होकर भी जाता है। प्रकृति के पशु-पक्षियों, नदी-नाले, हवा-बादल सबमें इन कवियों को उन्मुक्त और निरंकुश स्वच्छन्दता के दर्शन हुए। महादेवी वर्मा प्रकृति को माँ के रूप में देखती हुई कहती हैं—

दुलरा देना बहला देना, यह तेरा शिशुजग है उदास।

इसी प्रकार पन्त मधुप-बाला से कहते हैं—

सिखा दो ना हे मधुप कुमारि! मुझे भी अपने मीठे गान,
कुसुम के चुने कटोरों से, करा दो ना कुछ-कुछ मधुपान॥

पन्त की इन पंक्तियों में प्रकृति से अतिशय अनुराग का परिचय मिलता है—

छोड़ द्रुमों की मृदु छाया, तोड़ प्रकृति से भी माया,
बाले! तेरे बाल जाल में कैसे उलझा दूँ लोचन?
भूल अभी से इस जग को।

जिज्ञासा और रहस्य-भावना—छायावादी कवि सृष्टि की अपार सत्ता के प्रति जिज्ञासु है, प्रश्नाकुल है। वह अज्ञात सत्ता के नाना रूपों के प्रति आकर्षित है और उसके बारे में सबकुछ जान लेना चाहता है। कुछ लोगों ने छायावादी कविता की इस प्रवृत्ति को देखकर इसे रहस्यवादी कविता भी कहा है। किन्तु यह जानना चाहिए कि रहस्यवाद छायावाद की प्रवृत्ति है, पर्याय नहीं। इस तरह के कुछ उदाहरण देखें—

1. प्रथम रश्मि का आना रंगिणि तूने कैसे पहचाना
कहाँ-कहाँ हे बाल विहंगिनी, पाया तूने यह गाना। —पन्त
2. तोड़ दो यह क्षितिज मैं भी देख लूँ उस ओर क्या है।
—महादेवी वर्मा
3. न जाने नक्षत्रों से कौन, निमन्त्रण देता मुझको मौन। —पन्त

अतिशय कल्पनाशीलता और वायवीयता—वैसे तो कल्पनाशीलता प्रत्येक युग में प्रत्येक कवि में पायी जाती है, किन्तु छायावादी कवि अतिशय कल्पनाशील है। इसके पीछे कारण यह है कि छायावादी कविता में द्विवेदीयुगीन कविता की स्थूल वर्णनात्मकता की प्रतिक्रिया भी हुई है। कल्पना के अतिरेक के कारण ही कल्पना को छायावाद की रीढ़

कहा जाता है। यह कल्पना तत्कालीन परतन्त्रता और समाज के कठोर बन्धनों से मुक्ति का भी प्रतीक है लेकिन कभी-कभी अत्यधिक वायवीय और अनियन्त्रित हो गयी है। फिर भी इस काल्पनिकता के कारण छायावादी कविता में कुछ बहुत अच्छे चित्र उपस्थित हो गये हैं। छाया को देखकर पन्त लिखते हैं—

तरुवर के छायानुवाद सी, उपमा सी, भावुकता सी
अविदित भावकुल भाषा सी, कटी-छँटी नव कविता सी।

दुःख, वेदना और करुणा—छायावादी कविता में वेदना और करुणा का स्वर प्रधान है। इस युग की कविताओं में आँसू, पीड़ा, वेदना, व्यथा, करुणा आदि भावों का प्रबल आवेग देखने को मिलता है। इनकी दृष्टि आत्म परिष्कारवादी थी। छायावादी कवियों ने इन भावों को बहुत महत्त्व दिया है—

1. वियोगी होगा पहला कवि, आह से उपजा होगा गान।
उमड़कर आँखों से चुपचाप, बही होगी कविता अन्जान। —पन्त
2. तुम मानस में बस जाओ, छिप दुःख के अवगुंठन से,
मैं तुम्हें ढूँढ़ने के मिस, परिचित हो लूँ कण-कण से।
—महादेवी वर्मा
3. इस करुणा-कलित हृदय में, अब विकल रागिनी बजती।
क्यों हाहाकार स्वरों में, वेदना असीम गरजती। —प्रसाद
4. क्या अमरों का लोक मिलेगा, तेरी करुणा का उपहार?
रहने दो हे देव अरे यह, मेरा मिटने का अधिकार॥
—महादेवी वर्मा

पलायन और अतीत के प्रति मोह—छायावादी कवि अत्यधिक भावुक है। उसे जीवन की कठोरता और नीरसता अच्छी नहीं लगती। जीवन और समाज की कठिन चुनौतियों का सामना न कर पाने के कारण या तो वह अपने मनोनुकूल काल्पनिक लोक रच लिया करता था या अतीत की मोहक स्मृतियों में डूबकर धरती का दुःख-सुख भूल जाता था। लेकिन यह पलायन एक तरह का विश्राम भी था—

1. ले चल वहाँ भुलावा देकर, मेरे नाविक धीरे-धीरे
जिस निर्जन में सागर लहरी, अम्बर के कानों में गहरी,
निश्छल प्रेम कथा कहती हो, तज कोलाहल की अवनी रे।
—प्रसाद
2. कहाँ आज वह पूर्ण पुरातन, वह सुवर्ण का काल
भूतियों का दिगंत छविजाल, ज्योति चुम्बित जगती का भाल?
—पन्त

नारी के प्रति नवीन दृष्टि—नारी के प्रति छायावादी कवियों की दृष्टि सर्वथा नवीन और प्रगतिशील है। प्राचीन साहित्य में नारी जहाँ माया और पुरुष के पतन का कारण मानी जाती थी या अधिक से अधिक भोग की वस्तु, वहीं छायावादी काव्य में वह

'जननि सखी प्यारी', 'देवि माँ सहचरि प्राण' और पुरुष की प्रेरणा बन गयी। नारी के प्रति इस बदली हुई दृष्टि के पीछे उन्नीसवीं शताब्दी के उत्तरार्द्ध और बीसवीं शताब्दी के आरम्भ में चलाये गये अनेक सामाजिक सुधार सम्बन्धी आन्दोलनों की भी महत्त्वपूर्ण भूमिका रही है जिसके परिणामस्वरूप स्त्री-शिक्षा, स्त्री-जागरण, नारी-मुक्ति आदि की भावना तेज हुई थी। यहाँ नारी सौन्दर्य का पुंज भी है और प्रेरणा-पुंज की। कामायनी की श्रद्धा, निराला की 'तुलसीदास' की रत्नावली ऐसी ही नारियाँ हैं। नारी के विविध रूपों के कुछ उदाहरण देखें—

1. तुम्हारे छूने में था प्राण, संग में पावन गंगा स्नान
तुम्हारी वाणी में कल्याणि, त्रिवेणी की लहरों में गान। —पन्त
2. नारी तुम केवल श्रद्धा हो, विश्वास रजत नग पग तल में,
पीयूष स्रोत सी बहा करो, जीवन के सुन्दर समतल में। —प्रसाद
3. वह तोड़ती पत्थर देखा उसे मैंने इलाहाबाद के पथ पर। —निराला

श्रद्धा 'मनु' को कर्म के लिए प्रेरित करती है—

4. कहा आगंतुक ने सस्नेह—"अरे तुम इतने हुए अधीर!
हार बैठे जीवन का दाँव, जीतते मर कर जिसको वीर।" —प्रसाद

प्रेम और उदात्त सौन्दर्य-दृष्टि—मधुर प्रेम की एक तरल अन्तर्वर्ती धारा समूचे छायावादी काव्य में अनवरत प्रवाहित होती हुई लक्षित होती है। इन कवियों ने प्रेम को अपराध नहीं माना है। सारे सामाजिक निषेधों और रूढ़िग्रस्त मर्यादाओं को चुनौती देते हुए इन कवियों ने अपने प्रेम की स्पष्ट चर्चा की है। इनके प्रेम में कहीं भी जाति, धर्म और ऊँच-नीच का भेदभाव नहीं है। इन कवियों ने नारी के आन्तरिक और बाह्य दोनों रूपों का अत्यन्त जीवन्त और प्रभावशाली चित्रण किया है। यहाँ नारी का शालीन रूप भी है और उद्दाम मांसल रूप भी। इस सौन्दर्य चित्रण के लिए इन कवियों ने प्राकृतिक उपमानों और प्रतीकों का सहारा लिया है। हर तरह के उदाहरण प्रस्तुत हैं—

संयोग—

1. नीरव निशीथ में लतिका सी, तुम कौन आ रही हो, बढ़ती
कोमल बाहें फैलाये सी, आलिंगन का जादू पढ़ती।
—प्रसाद
2. इन्दु पर उस इन्दु मुख पर साथ ही थे पड़े मेरे नयन
जो उदय से लाज से रक्तिम हुए थे —पन्त
3. नायक ने चूमे कपोल, काँप उठी वल्लरी की लड़ी जैसे हिंडोल
—निराला

वियोग—

1. हाय मेरे सामने ही प्रणय का, ग्रन्थि बंधन हो गया वह नव सुमन,
मधुप सा मेरा हृदय लेकर किसी, अन्य मानव का विभूषण हो गया।
—पन्त

2. मादक थी मोहमयी थी, मन बहलाने की क्रीड़ा,
अब हृदय हिला देती है, वह मधुर प्रेम की पीड़ा। —प्रसाद

3. जानकी, हाय उद्धार प्रिया का हो न सका....। —निराला

सौन्दर्य चित्रण—

1. चंचला स्नान कर आवे, चाँदनी पर्व में जैसी
उस पावन तन की शोभा, आलोक मधुर थी वैसी। —प्रसाद

2. कुसुम कानन अंचल में मंद, पवन प्रेरित सौरभ साकार,
रचित परमाणु पराग शरीर, खड़ा हो ले मधु का आधार। —निराला

3. श्याम तन, भर बँखा यौवन, नत नयन, प्रिय कर्मरत मन। —निराला

4. हृदय की अनुकृति बाह्य उदार, एक लम्बी काया उन्मुक्त,
मधु पवन क्रीड़िति ज्यों शिशुसाल, सुशोभित हो सौरभ संयुक्त।
—प्रसाद

सर्वात्मवाद या मानवतावाद—छायावादी कविता में सर्वात्मवादी दृष्टि भी लक्षित होती है। इसमें एक ओर मानववाद की प्रतिष्ठा है, दूसरी ओर प्रकृतिपरक रहस्यवाद भी काम करता है। मानववादी विचार दर्शन, समानता, विश्व-बन्धुत्व आदि उदार जीवन मूल्यों का इनमें पोषण हुआ है। इस पर विवेकानन्द के नव्यवेदान्त और अद्वैतवाद का भी प्रभाव है—

1. एक ही तो असीम उल्लास, विश्व में पाता विविधाभास,
तरल जलनिधि में हरित विलास, शान्त अम्बर में नील विकास।
—पन्त

2. चिरदग्ध दुखी यह वसुधा, आलोक माँगती, तब भी,
तुम तुहिन बरस दो कन-कन, यह पगली सोये अब भी। —प्रसाद

यथार्थवादी दृष्टि और सामाजिक चेतना—यद्यपि छायावादी कविता में प्रकृति, प्रेम, कल्पना, रहस्यवाद इत्यादि प्रकृतियाँ प्रधान हैं, किन्तु इनके समानान्तर एक यथार्थवादी और सामाजिक चेतना-सम्पन्न दृष्टि भी काम करती रहती है। कारण कि कोई भी काव्य धारा अपने सामाजिक सन्दर्भों से कटकर नहीं जी सकती। छायावादी कवियों ने सामाजिक असमानता, गरीबी, धार्मिक रूढ़ियों एवं अन्य विकृतियों पर भी पर्याप्त कविताएँ लिखी हैं—

1. जीर्ण बाहु है शीर्ण शरीर तुझे बुलाता कृषक अधीर,
ऐ विप्लव के वीर! —निराला

2. वे जो युमना के से कछार/पग फटे बिवाई के, उधार
खाये के मुख ज्यों, पिये तेल/चमरौधे जूते से सकेल
निकले, जी लेते, घोर गंध/उन चरणों को मैं यथा अंध,
कल घ्राण-प्राण से रहित व्यक्ति/हो पूँजू ऐसी नहीं शक्ति —निराला

3. ये नाप रहे निज घर का मग, कुछ श्रमजीवी धर डगमग डग,
भारी है जीवन भारी पग। —पन्त

4. अंधकार की गुहा सरीखी उन आँखों से डरता है मन। —पन्त

राष्ट्रीय जागरण, शक्ति और स्वाधीनता—छायावादी काव्य सामाजिक-सांस्कृतिक जागरण एवं राष्ट्रीय स्वाधीनता का काव्य है। उस काल का समाज जगा हुआ समाज है। वह जगा हुआ समाज शक्ति संचित करके अन्यायी-अत्याचारी शासकों से संघर्ष क़रना चाहता है। इसके लिए इस युग के कवियों ने अपने देश के गौरवमय अतीत का वर्णन करके लोगों में उत्साह भरा है और उन्हें जगाते हुए संघर्ष के लिए प्रेरित किया है। इस तरह के विचार प्रसाद, पन्त, निराला एवं महादेवी वर्मा सभी कवियों की कविताओं में व्यक्त हुए हैं।

जागरण—

1. बीती विभावरी जाग री!
अम्बर पनघट में डूबो रही, ताराघट उषा नागरी। —प्रसाद

2. जागो, जागो आया प्रभात, बीती वह बीती अंधरात। —निराला

3. चिर सजग आँखें उनींदी, आज कैसा व्यस्त बाना,
जाग तुझको दूर जाना। —महादेवी

4. जागो फिर एक बार, प्यारे जगाते हुए हारे सब तारे तुम्हें
अरुण पंख तरुण किरण खड़ी खोल रही द्वार। —निराला

देश-प्रेम—

1. अरुण यह मधुमय देश हमारा!
जहाँ पहुँच अनजान क्षितिज को मिलता एक सहारा। —प्रसाद

2. हिमाद्रि तुंग श्रृंग से प्रबुद्ध शुद्ध भारती
स्वयं प्रभा समुज्ज्वला स्वतंत्रता पुकारती-
"अमर्त्यवीर पुत्र हो, दृढ़ प्रतिज्ञ सोच लो,
प्रशस्त पुण्य पंथ है--बढ़े चलो, बढ़े चलो" —प्रसाद

3. शेरों की माँद में, आया है आज स्यार
जागो फिर एक बार —निराला

कलापक्ष

चूँकि कला भावों और विचारों की अभिव्यक्ति का माध्यम होती है, इसलिए भावों और विचारों में परिवर्तन के साथ ही कला के उपादानों—भाषा और शैली में भी परिवर्तन आवश्यक हो जाता है। छायावादी कवियों ने सूक्ष्म और जटिल अनुभूतियों की अभिव्यक्ति के लिए पारम्परिक काव्य-उपादानों को अपर्याप्त समझते हुए उनमें सुधार किये और उन्हें अपने ढंग से संवर्धित करने के साथ ही कुछ अन्य नये उपादान भी विकसित किये। इनका सामान्य परिचय दिया जा रहा है।

स्थूल के प्रति सूक्ष्म का विद्रोह—छायावादी कवियों ने पूर्ववर्ती कविता की इतिवृत्तात्मक वर्णन प्रणाली और उपदेशात्मकता के स्थान पर सूक्ष्मता को अधिक महत्त्व दिया। एक ही विषय पर दोनों युगों के लिए एक-एक उदाहरण देखें—

दिवस का अवसान समीप था, गगन था कुछ लोहित हो चला,
तरुशिखा पर थी अब राजती, कमलिनी कुलवल्लभ की प्रभा। —हरिऔध

दिवसावसान का समय/मेघमय आसमान से उतर रही है
वह सन्ध्या-सुन्दरी परी सी/धीरे-धीरे धीरे। —निराला

प्रतीकात्मकता और सांकेतिकता—छायावादी कवियों ने अपनी बातें सीधे न कहकर प्रतीकों और संकेतों के माध्यम से व्यक्त की हैं। 'प्रतीक' का अर्थ होता है 'चिह्न'। प्रतीक के अन्तर्गत कोई वस्तु, अपने विशिष्ट गुण-धर्म के कारण किसी अन्य वस्तु की बोधक बन जाती है। छायावादी कवियों ने अनेक मोहक, भव्य और उदात्त प्रतीकों का प्रयोग किया है। जैसे—मोती, पर्वत, मेघ, वसन्त, कुसुम, कलिका, कोकिल, आँधी, बिजली, पतझर आदि।

झंझा झकोर गर्जन था, बिजली थी नीरद माला,
पाकर इस शून्य हृदय को, सबने आ डेरा डाला। —प्रसाद

बिम्बात्मकता और चित्रमयता—बिम्ब का सम्बन्ध चित्रमयता से होता है। इसमें ऐन्द्रियता होती है। बिम्ब के माध्यम से किसी वस्तु की आन्तरिक समानता के आधार पर अभिव्यक्ति की जाती है। प्रतीक की भाँति ही बिम्ब में भी व्यंजना का गुण होता है।

है अमा निशा उगलता गगन घन अंधकार,
खो रहा, दिशा का ज्ञान, स्तब्ध है पवनचार,
अप्रतिहत गरज रहा पीछे अम्बुधि विशाल
भूधर ज्यों ध्यान-मग्न, केवल जलती मशाल। —निराला

मानवीयकरण—मानवीकरण में मानवेतर वस्तु या विषय को मानव के रूप में व्यक्त किया जाता है। इसमें निर्जीव प्राकृतिक पदार्थों को भी चेतना-सम्पन्न दिखाया जाता है। निराला की 'सन्ध्या-सुन्दरी', पन्त की 'परिवर्तन', 'नौका बिहार' आदि कविताएँ मानवीकरण का अच्छा उदाहरण हैं—

दो बाहों से दूरस्थ तीर धारा का कृश कोमल शरीर
आलिंगन करने को अधीर।......
माँ के उर पर शिशु सा समीप, सोया धारा में एक दीप। —पन्त

लाक्षणिकता—लाक्षणिकता छायावादी काव्य-भाषा का विशेष गुण है। इसमें शब्द के मुख्य अर्थ का त्याग और उससे सम्बन्धित अन्य अर्थ का ग्रहण होता है—

इस करुणा-कलित हृदय में अब विकल रागिनी बजती। —प्रसाद

मधुर-मधुर हैं उसके दोनों अधर। —निराला

विशेषण-विपर्यय (ट्रांसफर्ड एपीथेट)—इसमें किसी वस्तु के साथ किसी अन्य वस्तु का विशेषण जोड़ दिया जाता है। जैसे—

'चलते चलते राह थक गयी।' —पन्त

और उस मुख पर वह मुस्कान, रक्त किसलय पर ले विश्राम,
अरुण की एक किरण अम्लान, अधिक अलसायी हो अभिराम। —प्रसाद

इसमें अम्लान या म्लान होना फूलों का स्वभाव है, किरण का नहीं, ऐसे ही विश्राम और आलस्य मनुष्य की क्रिया है, किरण की नहीं। थकना भी मनुष्य का स्वभाव है, राह का नहीं।

गीतात्मकता—वैसे तो गीत हिन्दी साहित्य में पहले भी लिखे गये हैं, किन्तु छायावादी गीतों की संरचना नये तरह की है। ये गीत तुकात्मक होने की तुलना में लयात्मक अधिक हैं। सभी छायावादी कवियों ने बहुत ही सुन्दर और वैविध्यपूर्ण गीत लिखे हैं—

मृदु मन्द मन्द मंथर-मंथर, लघुतरणि हंसिनी सी सुन्दर
तिर रही खोल पालों के पर। —पन्त

विस्मृत नभ का कोई कोना, मेरा न कभी अपना होना
उमड़ी कल थी मिट आज चली, मैं नीर भरी दुख बदली। —महादेवी

मुक्त छन्द का आरम्भ—मुक्त छन्द का प्रवर्तन निराला ने किया। इससे पहले आचार्य महावीरप्रसाद द्विवेदी ने अपने लेख 'कवि-कर्त्तव्य' में गद्य में कविता लिखने की सम्भावना का संकेत किया था। किन्तु इसे व्यवहार में उतारने वाले निराला ही हैं। 'परिमल' की भूमिका में निराला ने लिखा था—'मनुष्यों की मुक्ति की तरह कविता की भी मुक्ति होती है। मनुष्यों की मुक्ति कर्मों के बन्धन से छुटकारा पाना है, और कविता की भुक्ति छन्दों के शासन से अलग हो जाना।' 'प्रगल्भ-प्रेम' शीर्षक कविता में उन्होंने कविता का आह्वान करते हुए लिखा है—

अर्द्ध विकच इस हृदय कमल में आ तू,
प्रिये! छोड़कर बंधनमय छंदों की छोटी राह,
गजगामिनी! वह पथ तेरा संकीर्ण,
कण्टकाकीर्ण।

निराला की 'तोड़ती पत्थर', 'जूही की कली', 'सुन्दरीनारी', 'बादलराग', 'कुकुरमुत्ता' आदि कविताएँ मुक्त छन्द की सुन्दर उदाहरण हैं। पन्त ने भी 'नवदृष्टि' में 'छंद के बंध' खुलने की घोषणा की थी।

इसके अतिरिक्त छायावादी कवियों ने अमूर्त उपमानों, अप्रस्तुत विधानों, मुहावरों और लोकोक्तियों, ध्वनि, स्पर्श, रंग आदि का बहुत ही अभिनव प्रयोग किया है।

छायावाद के प्रतिनिधि कवि

जयशंकर प्रसाद (सन् 1889-1937 ई०)

जयशंकर प्रसाद छायावाद के प्रवर्तक और उसे पूर्ण उत्कर्ष प्रदान करने वाले गौरवशाली कवि हैं। इनका जन्म काशी के एक प्रतिष्ठित व्यापारी परिवार में हुआ था। स्वाध्याय और लगन के कारण इन्होंने कई भाषाओं का अच्छा ज्ञान प्राप्त किया था। बचपन में ही पिता और बड़े भाई की मृत्यु के कारण व्यापार और परिवार का सारा भार इन पर आ

पड़ा। पत्नियों के निधन के कारण इन्हें तीन शादियाँ करनी पड़ीं। तीसरी पत्नी से एकमात्र पुत्र रत्नशंकरजी का जन्म हुआ। प्रसादजी का जीवन बड़े ही संघर्ष में व्यतीत हुआ। दुःख-दर्द हमेशा इनके साथ लगे रहे जिसकी अभिव्यक्ति इनकी रचनाओं में देखने को मिलती है।

प्रसादजी ने आरम्भ में 'कलाधार' उपनाम से ब्रजभाषा में कविताएँ लिखीं, किन्तु बाद में ये खड़ी बोली में कविता करने लगे। ये मूलतः प्रेम, मादकता, आनन्द और प्रेरणा के कवि हैं। इनकी प्रतिभा सर्वतोमुखी थी। इन्होंने कविता के अतिरिक्त कहानी, उपन्यास, नाटक और निबन्ध भी लिखे हैं। इनकी रचनाएँ इस प्रकार हैं—**कविता**—उर्वशी, वनमिलन, प्रेमराज्य (1909), अयोध्या का उद्धार, शोकोच्छ्वास (1910), बभ्रूवाहन (1911), कानन कुसुम, प्रेम-पथिक, करुणालय (1913), महाराजा का महत्त्व (1914), झरना (1918), आँसू (1925), लहर (1933), कामायनी (1936)। **नाटक**—राजश्री, विशाख, कामना, अजातशत्रु, जनमेजय का नागयज्ञ, स्कन्दगुप्त, एक घूँट, चन्द्रगुप्त, ध्रुवस्वामिनी। **कहानी**—प्रतिध्वनि, छाया, आँधी, आकाशदीप, इन्द्रजाल। **उपन्यास**—कंकाल, तितली, इरावती। **निबन्ध**—काव्य कला तथा अन्य निबन्ध।

प्रसादजी की आरम्भिक रचनाओं पर द्विवेदी युगीन प्रवृत्तियों का प्रभाव है, किन्तु उनमें द्विवेदी युगीन इतिवृत्तात्मकता के प्रति विद्रोह भी झलकता है। आरम्भ की रचनाओं में संकोच का भाव है लेकिन झरना की कविताओं में विस्तार और प्रौढ़ता के दर्शन होने लगते हैं। वस्तुतः झरना में ही छायावाद की समस्त प्रवृत्तियाँ पहली बार लक्षित होती हैं। प्रसादजी की ख्याति का आरम्भ 1925 से हुआ जब 'आँसू' का प्रकाशन हुआ। आँसू एकस्मृति-काव्य है जिसका आरम्भ मन के गहरे विषाद, अवसाद और हाहाकार से होता है। और अन्त होता है विश्व कल्याण एवं लोकमंगल की भावना से। आँसू का प्रथम संस्करण मुक्तक काव्य के रूप में आया था किन्तु आठ वर्ष बाद प्रकाशित दूसरे संस्करण में कवि ने इसमें चौंसठ छन्द और जोड़ दिये तथा इसके रूप विधान में ऐसे परिवर्तन किये जिससे वह प्रबन्ध-गीति जैसा हो गया। इसमें कवि की मार्मिक वेदना की ऐसी रचनात्मकता यात्रा है जिसमें अतीत की मोहक विरह-वेदना के साथ ही एक समष्टिमूलक जीवन-दर्शन भी काम करता रहता है। आँसू का पहला छन्द है—

इस करुणा कलित हृदय में, अब विकल रागिनी बजती,
क्यों हाहाकार स्वरों में, वेदना असीम गरजती।

इसका अन्तिम छन्द है—

सबका निचोड़ लेकर तुम, सुख सूखे से जीवन में
बरसो प्रभात हिमकन सा, आँसू इस विश्वसदन में।

आँसू के अनेक छन्द ऐसे हैं जो रहस्यवादी लगते हैं किन्तु यह लौकिक प्रेम को उदात्त रूपों में प्रस्तुत करने वाली कृति है। कवि ने विविध प्राकृतिक उपमानों के माध्यम से प्रेम की टीस और सौन्दर्य की सुकुमारता को सघन और सुन्दर अभिव्यक्ति दी है। 'लहर' प्रसाद के कुछ प्रगीतों और चार लम्बी कविताओं का संकलन है। इसमें छायावादी शैली में अनेक प्रतीकों के माध्यम से मानव भावनाओं को व्यक्त किया गया है।

कामायनी—हिन्दी का एक श्रेष्ठ महाकाव्य और प्रसादजी की कीर्ति का गौरवशाली उद्घोष है। इसकी गणना विश्व के शीर्षस्थ महाकाव्यों में होती है। इसकी रचना **पन्द्रह सर्गों**—चिन्ता, आशा, श्रद्धा, काम, वासना, लज्जा, कर्म, ईर्ष्या, इड़ा, स्वप्न, संघर्ष, निर्वेद, दर्शन, रहस्य और आनन्द में हुई है। कामायनी की मूल कथा 'शतपथ ब्राह्मण' की है जिसका संवर्धन ऋग्वेद, छान्दोग्य, ऐतरेय, तैत्तिरीय तथा भागवत महापुराण आदि के आधार पर किया गया है। कथानक प्रलय और उसके बाद आरम्भ होने वाली मानव-सृष्टि से सम्बन्धित है। कामायनी के मुख्य पात्र—मनु, श्रद्धा और इड़ा हैं। ये ऐतिहासिक होते हुए क्रमशः मन, हृदय और बुद्धि के प्रतीक भी हैं। कामायनी की भूमिका में प्रसादजी ने लिखा है—"यह आख्यान इतना प्राचीन है कि इतिहास में रूपक का भी अद्भुत मिश्रण हो गया है। इसलिए मनु, श्रद्धा और इड़ा इत्यादि अपना ऐतिहासिक अस्तित्व रखते हुए सांकेतिक अर्थ की भी अभिव्यक्ति करें तो मुझे कोई आपत्ति नहीं हैं।" कामायनी मनुष्य के बाह्य और आन्तरिक विकास का कथात्मक काव्य है जिसका अन्त शैव दर्शन के प्रभाव स्वरूप आनंदवाद में होता है—

समरस थे जड़ या चेतन सुन्दर साकार बना था,
चेतनता एक विलसती आनन्द अखण्ड घना था।

कामायनी में पौराणिक कथा के सहारे मानव-जीवन के उत्थान-पतन, हार-जीत और ह्रास-विकास की ही क्रमिक कथा कही गयी है। यह मानव संस्कृति के विकास और उसके निरन्तर जटिल, उलझावपूर्ण एवं यान्त्रिक होते हुए जीवन का रोचक आख्यान है जिसमें मन, हृदय और बुद्धि, ज्ञान और क्रिया, अध्यात्मवाद और भौतिकवाद, आत्मा और परमात्मा, सुख और दुःख तथा भोग और त्याग आदि के समन्वय पर बल दिया गया है। अति बौद्धिकता, अति भौतिकता और अति यान्त्रिकता हानिकारक होती है। इसलिए कामायनी में सभी अतियों का निषेध और समन्वय की स्थापना की गयी है। 'कर्म का भोग, भोग का कर्म यही जड़ का चेतन आनंद' में इसी सन्तुलन को रेखांकित किया गया है। कामायनी में रूप-सौन्दर्य और भाव-सौन्दर्य के साथ ही प्रकृति-चित्रण के दृश्य अत्यन्त प्रभावशाली हैं। रूप विधान के अन्य तत्त्वों के साथ ही नाटकीयता के सशक्त प्रयोगों ने कामायनी की रचना में अपूर्व सम्मोहन भर दिया है। चिन्ता, श्रद्धा, लज्जा, काम आदि सर्गों में नाटकीयता के तत्त्व देखने लायक हैं। आँसू और कामायनी के कुछ महत्त्वपूर्ण छन्द यहाँ दिये जा रहे हैं—

चंचला स्नान कर आवे, चंद्रिका पर्व में जैसी,
उस पावन तन की शोभा, आलोक मधुर थी वैसी।
घन में सुन्दर बिजली सी, बिजली में चपल चमक सी,
आँखों में काली पुतली, पुतली में श्याम झलक सी।
प्रतिमा में सजीवता सी बस गयी सुछवि आँखों में,
थी एक लकीर हृदय में जो अलग रही लाखों में।
लावण्य शैल राई सा जिस पर वारी बलिहारी।
उस कमनीयता कला की सुषमा थी प्यारी-प्यारी।

सूनी कुटिया कोने में रजनी भर जलते जाना।
लघु स्नेह भरे दीपक का देखा है फिर बुझ जाना।
सूखी सरिता की शैया, वसुधा की करुण कहानी।
फूलों में लीन न देखी, क्या तुमने मेरी रानी?

—'आँसू' से

हृदय की अनुकृति बाह्य उदार, एक लम्बी काया उन्मुक्त;
मधुवन क्रीड़िति ज्यों शिशुसाल, सुशोभित हो सौरभ संयुक्त।
नील परिधान बीच सुकुमार, खुल रहा मृदुल अध खुला अंग;
खिला हो ज्यों बिजली का फूल, मेघ वन बीच गुलाबी रंग।
कुसुम कानन-अंचल में मंद, पवन प्रेरित सौरभ साकार।
रचित परमाणु पराग शरीर, खड़ा हो ले मधु का आधार।
दुःख की पिछली रजनी बीच, विकसता सुख का नवल प्रभात;
एक परदा यह झीना नील, छिपाये है जिसमें सुख गात।

—'कामायनी' श्रद्धा सर्ग से

सूर्यकान्त त्रिपाठी 'निराला' (सन् 1896-1961 ई०)

निरालाजी का जन्म बंगाल के महिषा दल राज्य के मेदिनीपुर रियासत में हुआ था। इनका पैतृक गाँव गढ़ाकोला (उन्नाव उत्तर प्रदेश) था। इनके पिता पं० रामसहाय तिवारी भाइयों से रुष्ट होकर अपना पैतृक गाँव छोड़कर कलकत्ता चले गये थे। वहाँ वे बंगाल पुलिस में और फिर महिषा दल के राजा के अंगरक्षक के रूप में कार्य करने लगे। निराला का जन्म वहीं हुआ। इनका बचपन का नाम सुर्जकुमार था। इन्हें अंग्रेजी, संस्कृत, बँगला और हिन्दी का विशद ज्ञान था। शास्त्रीय संगीत और चित्रकला में भी इनकी रुचि थी। ये व्यायाम एवं खेलकूद पर भी ध्यान देते थे। निराला की शादी 1911 में हुई। 1914 में पुत्र रामकृष्ण और 1917 में पुत्री सरोज का जन्म हुआ। 1918 में पत्नी का देहान्त हो गया। 1920 में इन्होंने 'मतवाला' का सम्पादन शुरू किया। सरोज का विवाह 1930 और देहावसान 1935 में हुआ। इन्हें जिन्दगी में उपेक्षा, अपमान और सम्मान सब कुछ मिला। 15 अक्टूबर 1961 को इनका देहान्त हुआ। निरालाजी की रचनाएँ इस प्रकार हैं—**काव्य**—परिमल (1930), गीतिका (1936), अनामिका, तुलसीदास (1938), कुकुरमुत्ता (1942), अणिमा (1943), बेला, नये पत्ते (1946), अर्चना (1950), आराधना (1952), गीतकुंज (1954), सान्ध्यकाकली (1969)। **गद्य रचनाएँ**—लिली, सुकुल की बीबी, निरुपमा, अप्सरा, अलका, चोटी की पकड़, कुल्लीभाँट, बिल्लेसुर बकरिहा, चतुरीचमार, चाबुक, चयन, प्रबन्ध-प्रतिमा, प्रबन्ध-पद्य, पंत और पल्लव आदि।

निराला सतत प्रगतिशील, विद्रोही और परिवर्तन के आकांक्षी कवि हैं। उन्हें किसी युग की सीमा में रखकर नहीं देखा जा सकता। इसीलिए मुख्यतः छायावाद के कवि होते हुए भी उन्होंने छायावादी मूल्यों का लगातार अतिक्रमण किया है। निराला ने कभी भी किसी बनी-बनायी लीक या परम्परा का अनुकरण नहीं किया। उन्होंने अपने लिए हमेशा नयी

राहों और नयी कसौटियों का निर्माण किया और जरूरत पड़ने पर अपने द्वारा बनायी गयी कसौटियों को भी उन्होंने बार-बार तोड़ दिया। वे अपनी काव्य-यात्रा में लगातार झटके देते चलते हैं। यही कारण है कि उनके मूल्यांकन के लिए बनायी गयी कसौटियाँ हमेशा छोटी पड़ जाती हैं और निराला हमेशा बड़े साबित होते हैं। सामान्य ढंग से देखने पर उनकी रचनाओं में किसी एक सूत्र या एकतानता के दर्शन नहीं होते किन्तु गम्भीरता से देखने पर उनमें एकसूत्र बहुत स्पष्ट लक्षित होता है और वह है—मानवतावादी सूत्र। निराला मानव जीवन के विशाल रण-क्षेत्र में चल रही परस्पर-विरोधी शक्तियों—मानवीय और अमानवीय शक्तियों के महासमर के उन्मुक्त गायक हैं। उनका जीवन भी तो एक महासमर ही था।

प्रगतिशीलता निराला के व्यक्तित्व का पर्याय थी। यह उल्लेखनीय तथ्य है कि जिन दिनों पन्तजी द्रुमों की मृदु छाया छोड़कर कहीं और जाने को तैयार नहीं थे, प्रसादजी रो-रोकर सिसक-सिसक कर करुण कहानी सुना रहे थे, महादेवी नीरभरी दुःख की बदरी बनकर बरस रही थीं, ठीक उन्हीं दिनों छायावाद के उत्कर्ष काल में निराला 'तोड़ती पत्थर' लिख रहे थे। यह भी महत्त्वपूर्ण बात है कि जिन दिनों छायावाद के अन्य कवि अत्यन्त सूक्ष्म और अशरीरी प्रेम और प्रकृति की कविताएँ लिख रहे थे, निराला ने अपनी पहली कविता 'जूही की कली' (1916) में उद्दाम शारीरिक मांसल प्रेम का वर्णन किया जो तत्कालीन परिवेश में एक विद्रोही और प्रगतिशील कदम था। यह मुक्त छन्द की भी पहली कविता है और प्रकृति के मानवीकरण का भी सुन्दर उदाहरण है—

विजन वन-वल्लरी पर
सोती थी सुहाग भरी स्नेह स्वप्न मग्न
अमल कोमल तनु-तरुणी जूही की कली।
निर्दय उस नायक/निपट निठुराई की
कि झोकों की झड़ियों से/सुन्दर सुकुमार देह सारी झकझोर डाली,
मसल दिये गोरे कपोल गोल......

निराला ने कथ्य और शिल्प दोनों स्तरों पर सार्थक वैविध्य का परिचय दिया है। यह अत्यन्त महत्त्वपूर्ण बात है। उनकी दृष्टि जीवन और जगत् के सभी रूपों पर थी। इसीलिए उन्होंने जहाँ एक तरफ जूही की कली, प्रेयसी, शेफालिका, बाँधो न नाव जैसी प्रेम कविताएँ लिखीं, वहीं विधवा, भिक्षुक, दान, बादलराग, तोड़ी पत्थर, खजोहरा, राजे ने अपनी रखवाली की, देवी सरस्वती, कुकुरमुत्ता आदि विषयों पर भी कविताएँ लिखीं जिनमें सामाजिक असमानता और अन्याय पर कहीं व्यंग्यात्मक और कहीं आक्रोश भरे स्वर में प्रहार किया गया है। उन्होंने सहज चित्रात्मक और बिम्बधर्मी भाषा में प्रकृति-प्रेम सम्बन्धी कविताएँ भी लिखी हैं तथा सघन, गम्भीर और ओजमयी शैली में कई राष्ट्रीय-सांस्कृतिक विचारों से सम्पन्न कविताएँ भी लिखी हैं। उनकी इन्हीं विशेषताओं को लक्षित करके आचार्य शुक्ल ने उन्हें 'बहुवस्तुस्पर्शिनी प्रतिभा' का कवि कहा था।

निराला जितना तोड़ते थे उससे ज्यादा जोड़ते भी थे। मूर्तिभंजन के साथ ही वे नयी मूर्तियों का निर्माण भी करते रहे, पुराने मूल्यों को तोड़ने के साथ ही वह नये मूल्यों की

स्थापना भी करते रहे। जिस तरह कविता की अन्तर्वस्तु के स्तर पर उन्होंने वैविध्य का परिचय दिया उसी प्रकार शिल्प के स्तर पर भी उन्होंने नये-नये प्रयोग किये। एक तरफ उन्होंने हिन्दी और संस्कृत के जटिल छन्दों की समस्त शास्त्रीय मर्यादाओं का निर्वाह करते हुए तथा राग-रागिनियों का प्रयोग करते हुए अनेक सरस गीतों और छन्दबद्ध कविताओं की रचना की, दूसरी तरफ जब उन्हें महसूस हुआ कि आज के जटिल, उलझाव भरे एवं संश्लिष्ट जीवन की चुनौती भरी समस्याओं की अभिव्यक्ति छन्दों में नहीं सम्भव है तब उन्होंने छन्दों से मुक्ति की घोषणा कर दी। छन्दों से यह मुक्ति मानव-मुक्ति और स्वतन्त्रताकामी विचारों से भी जुड़ी हुई है। परिमल की भूमिका में उन्होंने लिखा है कि "मनुष्यों की मुक्ति की तरह कविता की भी मुक्ति होती है। मनुष्यों की मुक्ति कर्मों के बन्धन से छुटकारा पाना है, और कविता की मुक्ति है छन्दों के शासन से अलग हो जाना।" 'प्रगल्भ प्रेम' शीर्षक कविता में उन्होंने कविता, कामिनी का आह्वान करते हुए लिखा है—

आज नहीं है मुझे और कुछ चाह
अर्द्ध विकच इस हृदय कमल में आ तू,
प्रिये! छोड़ कर बंधनमय छन्दों की छोटी राह।
गजगामिनि वह पथ तेरा संकीर्ण,
कंटकाकीर्ण।

इसी प्रकार निराला ने भाषा के स्तर पर भी सतत वैविध्य और नवीनता का परिचय दिया है। 'राम की शक्तिपूजा' और 'तुलसीदास' में अत्यन्त सघन शिल्प विन्यास एवं तत्सम शब्दावली का प्रयोग करते हुए उन्होंने जिस भाषिक आभिजात्य को स्थापित किया था, उसे 'कुकुरमुत्ता' जैसी कविता में एकबारगी झटके के साथ तोड़ दिया। साधारण बोल-चाल के भदेश शब्दों के साथ उर्दू और अंग्रेजी के शब्दों की मिली-जुली भाषा से गठित होने वाली यह कविता न केवल मुक्त छन्द की एक असाधारण रचना है, बल्कि वर्गीय विषमता और सामाजिक चेतना से सम्पृक्त जागरण और बदलाव की जनाकांक्षा को भी व्यक्त कर रही है। यह पूर्व कविताओं की सौन्दर्यप्रियता का एक 'एण्टीक्लाइमेक्स' भी प्रस्तुत करती है। 'राम की शक्तिपूजा' और 'कुकुरमुत्ता' दोनों की पंक्तियों में भाषा का अन्तर देखें—

काँपते हुए किसलय झरते पराग-समुदय,
गाते खग नव-जीवन-परिचय-तरु मलय-वलय
ज्योतिः प्रपात स्वर्गीय-ज्ञात छवि प्रथम स्वीय
जानकी नयन-कमनीय प्रथम कम्पन तुरीय।

—राम की शक्तिपूजा

अबे, सुनबे गुलाब,
भूल मत जो पायी खुशबू, रंगो आब,
खून चूसा खाद का तूने अशिष्ट
डाल पर इतरा रहा है कैपिटलिस्ट!
कितनों को तूने बनाया है गुलाम,
माली कर रखा सहाया जाड़ा-घास....

—कुकुरमुत्ता

सरोज-स्मृति (1935), राम की शक्तिपूजा ((1936) और तुलसीदास (1938) निराला की लम्बी कविताएँ हैं। 'सरोज-स्मृति' निराला की इकलौती बेटी की मृत्यु पर लिखा गया शोक-काव्य है। इस कविता में वैयक्तिकता-निर्वैयक्तिकता का गहरा संघर्ष है। इसमें कवि के जीवन का सारा दुःख-दर्द और गहन आत्मसंघर्ष व्यंग्य और विडम्बना के माध्यम से अत्यन्त सघन रूप में व्यक्त हुआ है। कविता का आरम्भ गीता के रूपक द्वारा होता है और अन्त होता है कर्म-संन्यास में। बीच में सारी कथा इन्हीं दो घटनाओं के बीच में चलती है। कविता में एक तरफ अट्ठारह वर्ष की तरुणाई में बेटी की दुःखद मृत्यु से उत्पन्न करुण भाव-धारा है तो दूसरी तरफ सम्पादकों और कान्यकुब्जों पर व्यंग्य एवं अन्य हास्यमूलक प्रसंग हैं। ये परस्पर-विरोधी स्थितियाँ कविता को एक विडम्बनात्मक रूप देकर संघर्ष की जटिलता को और गहरा कर देती हैं। सरोज की माँ का देहान्त हो गया था। माँ के भी दायित्वों का पालन निराला ने स्वयं किया था—'माँ की कुल शिक्षा मैंने दी, पुष्प-सेज तेरी स्वयं रची।' कविता में कवि के मन की सारी स्मृतियाँ एक-एक कर प्रकट होने लगती हैं। बेटी के लिए कुछ भी न कर पाने की पीड़ा कितनी कारुणिक है—'धन्ये मैं पिता निरर्थक था, कुछ भी तेरे हित कर न सका।' 'अर्थागमोपाय' तो अवश्य मालूम था, लेकिन कवि को पता था कि अर्थागम के लिए शोषण करना पड़ेगा और वह ऐसा कर नहीं सकता था। क्योंकि 'क्षीण का न छीना कभी अन्न।' इसलिए उसे सदैव 'अर्थाभाव' रहा। अर्थागम के लिए शोषण-प्रक्रिया का रहस्य वे अपनी एक ग़ज़ल में भी खोलते हैं—'खुला भेद विजयी कहाए हुए जो/लहू दूसरों का पिये जा रहे हैं।' ऐसे समय में सम्पादकों द्वारा कविताएँ लौटा देने का प्रसंग भी उन्हें याद रहता है।

सरोज बड़ी हो चुकी है। उसके लिए शादी की तलाश चल रही है। लेकिन विवाह में अर्थ के प्रवेश से जो विकृतियाँ पैदा हो गयी हैं, उसे भी निराला भोग रहे थे। ऐसी स्थिति में कान्यकुब्जों पर व्यंग्य करते हुए वे लिखते हैं—'ये कान्यकुब्ज कुल कुलंगार, खाकर पत्तल में करें छेद इनके घर कन्या, अर्थ खेद।' निराला रूढ़ियों और संकीर्णताओं को स्वीकार करने के लिए नैयार नहीं थे। एक पात्र का वर्णन करते हुए वे लिखते हैं—

वे जो यमुना के-से कछार, पद फटे बिवाई के, उधार
खाये के मुख ज्यों, पिये तेल चमरौधे जूते से सकेल
निकले, जी लेते, घोर गंध, इन चरणों को मैं यथा अंध
कल घ्राण-प्राण से रहित व्यक्ति हो पूजूँ, ऐसी नहीं शक्ति।

और अन्त में वे निर्णय देते हैं—'ऐसे शिव से गिरजा विवाह, करने का मुझको नहीं चाह।' उपयुक्त वर मिलने पर सरोज का विवाह होता है। यहाँ मण्डप में बैठी हुई बेटी में स्वर्गीया प्रिया के संक्रमित होते हुए रूप का वर्णन कवि ने बहुत ही खूबसूरत ढंग से किया है।

'सरोज-स्मृति' में निराला ने अपनी बेटी के यौवनागम और उसके सौन्दर्य का जिस तटस्थ भाव से चित्रण किया है, वह अतुलनीय है—

धीरे-धीरे फिर बढ़ा चरण,
बाल्य की केलियों का प्रांगण

कर पार, कुंज-तारुण्य सुघर
आई, लावण्य-भार थर-थर
ज्यों मालकौश नव वीणा पर।

यह ऐतिहासिक तथ्य है कि साहित्य के इतिहास में इससे पूर्व कवियों ने दूसरों की बेटियों के सौन्दर्य का चित्रण किया था, यहाँ पहली बार एक पिता अपनी बेटी के सौन्दर्य का चित्रण कर रहा है। यह काम तलवार की धार पर चलने से भी खतरनाक है।

निराला ने अपने व्यक्तिगत जीवन में अनवरत अनेक कष्टों को सहते हुए भी कभी कविताओं में उनकी चर्चा नहीं की थी, किन्तु इस कविता में वे लिखते हैं—

दुख ही जीवन की कथा रही
क्या कहूँ आज जो नहीं कही।

यहाँ भाषा मौन हो जाती है और निराला कुछ न कहना चाहते हुए भी बहुत कुछ कह देते हैं, किन्तु संकेतों में।

'राम की शक्तिपूजा' न केवल निराला और छायावाद की अपितु, हिन्दी साहित्य की एक अमूल्य रचना है। यह एक लम्बी रचना है जो महाकाव्योचित औदात्य से सम्पन्न है। नाटकीयता का प्रयोग इस कविता को और जीवन्त बना देता है। इस कविता का कथानक बँगला के 'कृत्तिवास' रामायण से लिया गया है, किन्तु निराला ने इसमें आवश्यकतानुसार परिवर्तन किया है। 'राम की शक्तिपूजा' में युद्ध तीन स्तरों पर चलता है—1. राम और रावण के बीच, 2. भारतीय जनता और अंग्रेजी सत्ता के बीच, 3. निराला और सामाजिक चुनौतियों के बीच। यहाँ राम, रावण और युद्ध तीनों प्रतीक हैं। राम का संघर्ष निराला का भी जीवन संघर्ष है और देश की जनता का भी। रावण हीन, असामाजिक और अत्याचारी प्रवृत्तियों का प्रतीक है। 'अमानिशा' राम के जीवन में भी है, निराला के जीवन में भी और समूचा देश भी इस 'अमा निशा' के गहन अन्धकार में घिरा हुआ है। राम, देश तथा निराला सभी पराजित हैं, इसलिए—'स्थिर राघवेन्द्र को हिला रहा फिर-फिर संशय, रह-रह उठता जगजीवन में रावण जय भय।' यह संशय राम का भी है, निराला का भी और देश की जनता का भी। 'खर रुधिर-स्राव' राम के जीवन में भी है, निराला के भी और देश तो लहू-लुहान है ही। 'शक्ति' भी तीनों स्तरों पर अन्यायियों के साथ है। लेकिन कविता का दुःखद पक्ष यह है कि शक्ति का सन्धान करके राम भी जीत जाते हैं, देश भी आज़ाद हो जाता है, किन्तु निराला हार जाते हैं। यह एक भयानक ट्रेजेडी है। कवि की कल्पना-शक्ति की आवश्यकता ऐसी ही जगहों पर होती है। कवि यथार्थ में कल्पना के सहारे मनोनुकूल परिवर्तन कर देता है और वैयक्तिक संघर्ष में हार कर भी सामाजिक-राष्ट्रीय स्तर पर विजय में विश्वास व्यक्त करता है। इसलिए यथार्थ का स्वरूप यथास्थितिवादी और निराशाजनक न होकर गतिशील और परिवर्तनशील हो जाता है।

'राम की शक्तिपूजा' की मुख्य समस्या यह है कि रावण ने शक्ति को अपनी कठोर साधना से अपने पक्ष में कर लिया है। इसलिए राम का सारा पराक्रम और पुरुषार्थ व्यर्थ हो जाता है। यह सोचकर कि 'अन्याय जिधर है उधर शक्ति', राम की आँखों से आँसू की

कुछ बूँदें छलक उठती हैं और अवसाद के ऐसे क्षणों में विदेह के उपवन की सीता की छवि राम के मन में विद्युत् की भाँति कौंध जाती है। इस गहन अन्धकार में जबकि—'है अमानिशा, उगलता गगन घन अन्धकार, खो रहा दिशा का ज्ञान, स्तब्ध है पवन-चार', जानकी की यह स्मृति कितनी कोमल, करुण और वैषम्यपूर्ण है—

ऐसे क्षण अंधकार घन में जैसे विद्युत
जागी पृथ्वी-तनया कुमारिका-छवि, अच्युत
देखते हुए निष्पलक, याद आया उपवन
विदेह का, प्रथम स्नेह का लतान्तराल मिलन
नयनों का नयनों से गोपन-प्रिय सम्भाषण
पलकों का नव पलकों पर प्रथमोत्थान पतन।

किन्तु कुछ क्षण बाद जब राम की तन्द्रा भंग होती है और वे यथार्थ की वास्तविकता से टकराते हैं तब अपने को अवश पाकर वन्दिनी सीता के उन नेत्रों के बारे में सोचने लगते हैं जिनमें राम की ही छवि अंकित है—'लख शंकाकुल हो गये अतुल-बल शेष-नयन/खिंच गये दृगों में सीता के राममय नयन।' फिर राम के यह कहने पर 'मित्रवर, विजय होगी न समर' जाम्बवान परामर्श देते हैं कि 'शक्ति की करो मौलिक कल्पना' और 'आराधन का दृढ़ आराधन से दो उत्तर।' फिर राम शक्ति की आराधना में लग जाते हैं और जब अन्तिम कमल चढ़ाने के लिए हाथ बढ़ाते हैं और वह उन्हें नहीं मिलता, तब वे पुनः हताश होकर सोचने लगते हैं—'धिक् जीवन को जो पाता ही आया विरोध/धिक् साधन जिसके लिए सदा ही किया शोध! जानकी! हाय, उद्धार प्रिया का हो न सका/वह एक और मन रहा राम का जो न थका।' ऐसे समय में राम को अपनी माँ की वह बात याद आती है कि 'कहती थी माता मुझे सदा राजीव नयन' फिर दृढ़ निश्चय करके वे ज्योंही अपनी एक आँख निकालने के लिए उद्यत होते हैं, दुर्गा प्रकट होकर उनका हाथ पकड़ लेती हैं और कहती हैं—"होगी जय, होगी जय, हे पुरुषोत्तम नवीन।" और इसके बाद महाशक्ति राम के बदन में प्रवेश कर जाती हैं।

'तुलसीदास' में निराला ने तुलसीदास के माध्यम से भारतीय परम्परा के गौरवशाली सांस्कृतिक मूल्यों को स्थापित किया है। इसके प्रथम भाग में भारतीय संस्कृति के ह्रास और मुगल संस्कृति के चहुँदिश विकास का वर्णन है। दूसरे भाग में तुलसीदास मित्रों के साथ चित्रकूट भ्रमण के लिए जाते हैं और वहाँ प्रकृति की सात्विक शोभा को देखकर आन्दोलित हो उठते हैं। तीसरे भाग में वे रत्नावली के सम्मोहन में बिना बुलाये ससुराल पहुँच जाते हैं। रत्नावली उन्हें देखकर लज्जित महसूस करती है और कहती है—'धिक्! धाए तुम यों अनाहूत/धो दिया श्रेष्ठ कुलधर्म धूत,/राम के नहीं, काम के सूत कहलाए।' इस फटकार के बाद वे सचेत होते हैं और रत्नावली में शारदा के दर्शन करके सारे द्वन्द्वों, बन्धनों से मुक्त होकर आनन्द का अनुभव करते हैं। 'आनन्द रहा, मिट गये द्वन्द्व, बंधन सब।' इस प्रकार उनके उदात्त संस्कार जाग्रत् हो जाते हैं और वे सामाजिक जीवन को शुद्ध-प्रबुद्ध बनाने के लिए कृत संकल्प हो जाते हैं। 'मानस' के रचयिता तुलसीदास से

अलग निराला के तुलसीदास वर्णाश्रम और सामन्ती मूल्यों का विरोध करते हैं—

चलते फिरते, पर निःसहाय/वे दीन क्षीण, कंकाल काय, ...
वे शेष श्वास, पशु, मूक भाव/पाते प्रहार अब हताश्वास;
सोचते कभी आजन्म ग्रास द्विजगण के/होना ही उनका धर्म परम
वे वर्णाधम, रे द्विज उत्तम/वे चरण चरण बस, वर्णाश्रम रक्षण के।

'तोड़ती पत्थर' निराला की वर्गीय दृष्टि और शोषित समाज के प्रति पक्षधरता को घोषित करने वाली सशक्त रचना है 'इसमें पत्थर तोड़ती हुई युवती का जो रूप प्रस्तुत हुआ है, अपने आप में अनूठा है—'श्याम तन, भर, बँधा यौवन नत नयन, प्रिय कर्मरत मन, गुरु हथौड़ा हाथ, करती बार-बार प्रहार....।' शरीर साँवला है, भरा हुआ यौवन है किन्तु उच्छृंखता नहीं है क्योंकि संयम से बँधा हुआ है, प्रिय कर्म (पत्तर तोड़ना) में मन लगा हुआ है, हाथ में बड़ा-सा हथौड़ा है जिससे वह बार-बार प्रहार करती है। यहाँ सृष्टि की कोमलतम प्राणी एक युवती सृष्टि का सबसे कठोर काम कर रही है, यह कितना बड़ा विरोध है। उसके हथौड़े की चोट पत्थर पर भी पड़ रही है, अट्टालिका पर भी, इस बर्बर समाज पर भी और इसके साथ ही उसका अपना हृदय, उसकी सारी आकांक्षाएँ भी तो टूट रही हैं. कामायनी में एक नारी ने 'शक्तिशाली हो, विजयनी बनो' का मन्त्र दिया था, राम की शक्तिपूजा में एक नारी ने पुरुष को शक्ति प्रदान की थी और यहाँ एक नारी क्रूर सामाजिक व्यवस्था पर हथौड़े बरसा रही है। 'बादल-राग' में भी यही वर्गीय दृष्टिकोण व्यक्त हुआ है। नादात्मक बिम्बों के सहारे बुनी गयी 'बादल राग' एक महत्त्वपूर्ण कविता है। निराला ने कई महत्त्वपूर्ण गीत भी लिखे हैं। उनकी गज़लें भी काफी अच्छी हैं। जीवन के अवसान के दिनों में उन्होंने भक्तिपरक कविताएँ भी लिखी हैं। उनका व्यक्तित्व एवं कृतित्व बहुआयामी था। उनकी इन्हीं विशेषताओं के कारण नया से नया कवि भी निराला को अपना आदर्श मानता है।

सुमित्रानन्दन पन्त (1900-1977 ई०)

कोमल कल्पना, सुकुमार संवेदना और नैसर्गिक सौन्दर्य के कवि पन्त का जन्म अल्मोड़ा से 32 मील उत्तर कौसानी ग्राम में हुआ था। जन्म के कुछ ही घण्टे बाद माँ सरस्वती देवी का देहान्त हो जाने के कारण इनका पालन-पोषण बुआ के हाथों हुआ। बचपन का नाम गोसाईं दत्त था। इनकी आरम्भिक शिक्षा गाँव में हुई। बनारस और इलाहाबाद में इन्होंने अध्ययन किया। कुछ दिनों तक कालाकाँकर राज्य में रहे। इनका बचपन प्रकृति की नैसर्गिक गोद में व्यतीत हुआ। उन्हें 'प्रकृति का सुकुमार कवि' कहा जाता है। उन्होंने लिखा है—'कविता की प्रेरणा मुझे सबसे पहले प्रकृति-निरीक्षण से मिली है, जिसका श्रेय मेरी जन्मभूमि कूर्मांचल प्रदेश को है। कवि-जीवन से पहले भी मुझे याद है, घण्टों एकान्त में बैठा, प्राकृतिक दृश्यों को एकटक देखा करता था, और कोई आकर्षण मेरे भीतर, एक अव्यक्त सौन्दर्य का जाल बुनकर मेरी चेतना को तन्मय कर देता था।..... प्रकृति के साहचर्य ने जहाँ एक ओर सौन्दर्य, स्वप्न और कल्पनाजीवी बनाया, वहीं दूसरी ओर जन-भीरु भी बना दिया।' पन्तजी की रचनाएँ इस प्रकार हैं—

वीणा (1918), ग्रन्थि (1920), पल्लव (1921-26), गुंजन (1926-31), युगान्त (1932-36), युगवाणी (1937-39), ग्राम्या (1939-40), स्वर्ण किरण (1947), वाणी (1957), रश्मि बंध (1958), चितम्बरा (1959), कला और बूढ़ा चाँद (1959), अभिषेकिता (1960), पुरुषोत्तम राम आदि। इनके अतिरिक्त उनके विविध संकलनों से चुनकर कुछ काव्य-संग्रह प्रकाशित किये गये हैं, जैसे—आधुनिक कवि, पल्लविनी, रश्मि-बन्ध, चिदम्बरा, तारापथ आदि। कविता के अतिरिक्त पन्तजी ने कुछ काव्य-रूपक, एक उपन्यास (हार) पाँच कहानियाँ, जीवन-चरित्र और समीक्षाएँ भी लिखी हैं। 1961 में उन्हें अकादमी पुरस्कार और 1971 में ज्ञानपीठ पुरस्कार से सम्मानित किया गया। इनके व्यक्तित्व पर कालिदास, रवीन्द्रनाथ, शेली, कीट्स, वर्ड्सवर्थ, टेनिसन आदि का प्रभाव रहा है। आगे चलकर ये शंकराचार्य, विवेकानन्द, गाँधी, मार्क्स और अरविन्द के विचारों से भी प्रभावित हुए।

पन्तजी छायावादी कवियों में सबसे पहले प्रतिष्ठित हुए। इसलिए उन्हें काव्य-प्रेमियों का सम्मान और पुराने विचारों के आलोचकों का विरोध दोनों ही खूब मिला। निराला ने भी 'पंत और पल्लव' में इन पर जबर्दस्त हमला किया था। पन्त की काव्य-भूमि निरन्तर बदलती रही है। इस बदलाव को ध्यान में रखते हुए इनकी काव्य-यात्रा को मुख्य रूप से तीन चरणों में विभक्त किया जा सकता है। पहला चरण है—आरम्भिक रचनाओं से लेकर युगान्त (1936) तक, जिनमें मुख्य रूप से प्रकृति और प्रेम की कविताएँ हैं। दूसरा चरण है—1936 से 1947 तक। ये कविताएँ गाँधी और मार्क्स के विचारों से प्रभावित होने के कारण मानवतावादी और प्रगतिशील हैं। तीसरा चरण है—1947 के बाद का। इन कविताओं पर अरविन्द-दर्शन का और कहीं-कहीं फ्रायड का भी प्रभाव है। बाद की कविताओं पर प्रयोगवाद और नयी कविता का भी प्रभाव है। इनका समूचा काव्य-विकास अन्तर्मुखता से निरन्तर बहिर्मुख होने का इतिहास है।

पन्त की आरम्भिक रचनाओं में प्रकृति, और प्रेम सौन्दर्य तथा जिज्ञासा-रहस्य का भाव लक्षित होता है जो क्रमशः वीणा, ग्रन्थि, पल्लव और गुंजन तक विकसित होता गया है। इस समय वे प्रकृति के प्रेम में इतने पगे हुए हैं कि युवती के सौन्दर्य की उपेक्षा कर देते हैं—

छोड़ द्रुमों की मृदु छाया/तोड़ प्रकृति से भी माया,
बाले तेरे बाल जान में कैसे उलझा दूँ लोचन?
भूल अभी से इस जग को। —मोह (1918)

किन्तु जैसे-जैसे छायावादी भावुकता कम होती गयी है, उनकी दृष्टि संतुलित होती गयी है। 'मानव' (1935) में वे स्पष्ट कहते हैं—'सुन्दर हैं विहग, सुमन सुन्दर/मानव तुम सबसे सुन्दरम।' 'प्रथम रश्मि' में वे बाल बिहंगिनी से अनेक प्रश्न करते हैं—'प्रथम रश्मि का आना रंगिणि तूने कैसे पहचाना, कहाँ-कहाँ हे बाल बिहंगिनि सीखा तूने यह गान?' 'छाया' को देखकर वे अनेक कल्पनाँ करने लगते हैं। कभी छाया उन्हें 'रतिश्रान्ता ब्रज वनिता-सी लगती है, कभी दमयन्ती-सी, कभी कवियों की गूढ़ कल्पना-

सी, कभी ऋषियों के गम्भीर हृदय-सी और कभी बच्चों के तुतले भय-सी लगती है।' डॉ० बच्चन सिंह ने लिखा है कि यहाँ कल्पना के लदाव के कारण अनुभूति दब गयी है। 'मौन नियन्त्रण' में प्रकृति-प्रेम के साथ ही अरूप-अज्ञात सत्ता के प्रति विस्मय और जिज्ञासा का भी भाव है। 'परिवर्तन', 'नौका विहार' और 'एकतारा' में प्रकृति-चित्रण, जीवन का यथार्थ बोध (विशेषकर परिवर्तन में) और अन्त में दार्शनिक भाव एवं आध्यात्मिक रुझान भी है। नौका विहार में तो प्रकृति का मानवीकरण, कल्पना-शक्ति, अनुभूति और अभिव्यक्ति का अद्‌भुत सामंजस्य है—

सैकत-शय्या पर दुग्ध धवल, तन्वंगी गंगा ग्रीष्म विरल,
लेटी है श्रान्त, क्लान्त निश्चल!......
चाँदी के साँपों सी रलमल, नाचती रश्मियाँ जल में चल।

इन कविताओं में प्रकृति मात्र उद्दीपन या आलम्बन के रूप में न आकर स्वतन्त्र चेतना सम्पन्न सत्ता के रूप में आती है।

1919 में पन्तजी ने 'ग्रन्थि' और 'उच्छ्‌वास' नामक लम्बी कविताओं की रचना की जिनमें कवि की वय: सन्धि युगीन (कैशोर प्रेम और यौवनोचित) अतीन्द्रिय प्रेमानुभूति और आन्तरिक पीड़ा की मार्मिक अभिव्यक्ति हुई है। 'आँसू' कविता भी उच्छ्‌वास का ही उत्तरार्द्ध है। पल्लव में संकलित इस कविता का एक शीर्षक है—'आँसू की बालिका के प्रति।' 'पर्वत प्रदेश में पावस', 'याद', 'भावी पत्नी के प्रति' आदि कविताएँ भी कवि की प्रेमिका की मधुर और वेदनामय स्मृतियों से भरी हुई हैं। इन सारी कविताओं की भाव-भूमि एक ही है।

'ग्रन्थि' एक लम्बी विरह-रचना है। इसकी कथा इस प्रकार है—कवि की नाव एक शाम को ताल में डूब जाती है। जब उसे होश आता है तब एक युवती अपनी गोद में उसका सिर रखकर बैठी हुई दिखायी पड़ती है। वह एक साथ ही दो चाँद देखता है—एक आकाश में और दूसरा अपने पास। कवि उसके सौन्दर्य पर मुग्ध हो जाता है। फिर अपनी झिझक की ग्रन्थि खोलते हुए लिखता है—

लाज की मादक सुरा सी लालिमा
फैल गालों में नवीन गुलाब सी
छलकती थी बाढ़ सी सौन्दर्य की
अधखुले सस्मित गढ़ों के सीप से।

आगे चलकर दोनों एक-दूसरे से प्रेम करने लगते हैं, किन्तु उस लड़की का विवाह किसी और से हो जाता है और कवि आजीवन विरही बना उसे याद किया करता है। पन्त ने उसे याद करते हुए लिखा है—

हाय, मेरे सामने ही प्रणय का/ग्रंथि बंधन हो गया वह नव कुसुम,
मधुप सा मेरा हृदय लेकर किसी/अन्य मानव का विभूषण हो गया।

विरह की यह टीस और तड़प भरी यादें कवि की अनेक कविताओं में झाँकती रहती हैं। 'पल्लव' में पन्त की उत्कृष्ट छायावादी कविताएँ हैं।

'युगान्त' का प्रकाशन छायावाद के चरमोत्कर्ष काल (1936) में हुआ। यहाँ एक युग की समाप्ति और दूसरे युग की शुरुआत होती है। पन्त की रचना-यात्रा का दूसरा चरण भी यहीं से शुरू होता है। ये युगान्त में लिखते हैं—

द्रुत झरो जगत् के जीर्ण पत्र/हे सुस्त ध्वस्त! हे शुष्क-शीर्ण,
हिमपात पीत, मधुवात भीत, /तुम बीतराग, जड़ पुराचीन।

युगान्त, युगवाणी, ग्राम्या आदि में पन्त की प्रगतिशील कविताएँ हैं। इन कविताओं पर गाँधीवाद और मार्क्सवाद का भी प्रभाव है। इन रचनाओं में कवि ने भाषा और शिल्प के पुराने संस्कारों को छोड़कर सरल और सपाट भाषा का प्रयोग किया है। यहाँ अनुभूति की जगह विचारों की प्रधानता है। कलात्मक अलंकरणों की जगह विचारों की सहज अभिव्यक्ति है। पन्त अपनी वाणी से पूछते हैं—

तुम वहन कर सको जन मन में मेरे विचार
वाणी मेरी, चाहिए तुम्हें क्या अलंकार!

चूँकि अब वे जन-मन में अपने विचारों को पहुँचाना चाहते हैं, इसलिए जनता के अनुकूल सादगी तो होनी ही चाहिए, लेकिन इधर की रचनाओं में वे गाँधीवाद की अहिंसा, मार्क्सवाद की क्रान्तिकारी चेतना एवं अध्यात्मवादी दर्शन, सभी को एक में मिलाकर एक ऐसा समन्वयवादी रास्ता निकालना चाहते हैं जिसमें ये सारी बातें गड्डु-मडड् हो जाती हैं—

भूतवाद उस धरा स्वर्ग के लिए मात्र सोपान।
जहाँ आत्म दर्शन अनादि से समाधीन अम्लान।
नहीं जानता, युग विवर्त में होगा कितना जनक्षय
पर मनुष्य को सत्य अहिंसा इष्ट रहेंगे निश्चय।

इस समन्वय की आकांक्षा के कारण ये कविताएँ न तो वैचारिक दृष्टि से उत्कृष्ट हो पाती हैं और न ही काव्य-दृष्टि से। कुछ कविताओं में शोषित वर्ग के प्रति कवि की पक्षधरता अवश्य प्रकट होती है किन्तु उनमें भी वह मार्क्सवादी सिद्धान्तों का काव्यानुवाद ही प्रस्तुत कर पाता है। 'युगवाणी' में 'मार्क्स के प्रति' कविता की ये पंक्तियाँ देखें—

साक्षी है इतिहास आज होने को पुनः युगान्तर
श्रमिकों का शासन होगा अब उत्पादन यंत्रों पर।

'ग्राम्या' में भी गाँव की समस्याओं को दूर से देखकर बौद्धिक सहानुभूति व्यक्त की गयी है।

पन्त की रचना-यात्रा के तीसरे चरण में स्वर्ण किरण, स्वर्ण धूलि, मधुज्वाल आदि कई संग्रह आते हैं जिनमें वे अरविन्द दर्शन से संचालित हैं। अरविन्द मानव को इस मानस से ऊपर उठाकर अधिमानस तक पहुँचाना चाहते हैं, जहाँ पहुँचकर वह पूर्णतर या दिव्य बन जायेगा। पन्त इस दर्शन में जागतिक जीवन के पूर्ण विकास की बात भी जोड़ते हैं और इस विकास के नाम पर वे फ्रायडीय भोग का भी समर्थन करने लगते हैं—

सीप छटा सा उदर, नाभि मुक्ताफल सी स्मिति,

पुष्प-पुलिन जघनों पर, चिरलालसा तरंगित।....
स्वर्ण-वाष्प का घन लटका जघनों के मणिक सर में।.... स्वर्ण किरण

इन विचारों और रचनाओं के सन्दर्भ में डॉ० बच्चन सिंह की यह टिप्पणी बहुत सटीक है कि 'पन्त के काव्य में अरविन्द दर्शन के प्रवेश को किसी अशुभ ग्रह का योग ही समझना चाहिए, आगे चलकर वे प्रयोगवाद और नयी कविता के साथ भी जुड़ते हैं।' 'कला और बूढ़ा चाँद' की ये पंक्तियाँ देखें—

वन फूलों में/मैंने नये स्वप्न रंग दिये/कल देखोगे!
कोकिल कंठ में/नयी झंकार भर दी/कल सुनोगे!

'लोकायतन' उनकी साधना की चरम उपलब्धि है। इसमें वैयक्तिक मुक्ति के विरोध में सामूहिक मुक्ति का समर्थन किया गया है।

पन्त छायावादी काव्य-धारा के विशिष्ट कवि हैं। वे हमेशा गतिशील रहे और समय के साथ सतत नये-नये विचारों को ग्रहण करते रहे, किन्तु उनके काव्य की यह सारी गतिशीलता एवं उनका समूचा विकास निराला जैसा स्वाभाविक न होकर बहुत कुछ ओढ़ा हुआ और कृत्रिम-सा लगता है। इसलिए उनकी वही रचनाएँ अधिक प्रभावशाली और आकर्षक हैं जो छायावाद की अवधि में लिखी गयी हैं। पन्त की पूर्ववर्ती कविताओं मे शिल्प की कलात्मक बारीकियाँ देखने लायक हैं। इसके अतिरिक्त उनके काव्य में जो सांकेतिकता, ध्वन्यात्मकता, चित्रात्मकता, बिम्बदर्शिता और लयात्मकता है, वह हमारी महत्त्वपूर्ण विरासत है।

महादेवी वर्मा (1907-1984 ई०)

छायावादी कवियों में महादेवीजी सबसे अलग हैं। इनका जन्म फर्रूखाबाद में हुआ था। इन्होंने एम०ए० की परीक्षा संस्कृत में उत्तीर्ण की थी। ये प्रयाग महिला विद्यापीठ की प्रधानाचार्य भी थीं। कविता का संस्कार इन्हें अपने नाना और माँ से मिला था। नीहार, रश्मि, नीरजा, सान्ध्य गीत, यामा (पूर्ववर्ती संग्रहों का संकलन) दीपशिखा आदि उनके महत्त्वपूर्ण काव्य संग्रह हैं।

महादेवीजी की रचनाओं में वेदना और करुणा का भाव प्रधान है। पीड़ा, दुःख, व्यथा, विस्मय, जिज्ञासा, प्रणय-निवेदन, अज्ञात सत्ता के प्रति आकर्षण आदि भावनाओं की अभिव्यक्ति इनकी आरम्भ से लेकर अन्त की रचनाओं में होती रही है। दुःख उन्हें बहुत प्रिय है, वे लिखती हैं—"दुःख मेरे निकट जीवन का एक ऐसा काव्य है, जो सारे संसार को एक सूत्र में बाँध रखने की क्षमता रखता है। ....मनुष्य सुख को अकेला भोगना चाहता है, किन्तु दुःख सबको बाँटकर....।" वे आगे लिखती हैं—"मुझे दुःख के दोनों ही रूप प्रिय हैं, एक वह जो मनुष्य के संवेदनशील हृदय को सारे संसार से एक अविच्छिन्न बन्धन में बाँध देता है और दूसरा वह जो काल और सीमा के बन्धन में पड़े हुए असीम चेतना का क्रन्दन है।" उन्हें बौद्ध दर्शन की करुणा भी प्रभावित करती रही है। अपने दुखवाद के विषय में वे 'रश्मि' की भूमिका में लिखती हैं—"सुख और दुःख के धूप-छाहीं डोरों से बुने हुए जीवन

में मुझे दुःख ही गिनते रहना क्यों इतना प्रिय है, यह लोगों के आश्चर्य का कारण है। इस क्यों का उत्तर दे सकना मेरे लिए किसी समस्या को सुलझा डालने से कम नहीं है। संसार साधारणतः जिसे दुःख और अभाव के नाम से जानता है वह मेरे पास नहीं है। जीवन में मुझे बहुत दुलार, बहुत आदर और बहुत मात्रा में सब कुछ मिला है, उस पर पार्थिव दुःख की छाया नहीं पड़ी। कदाचित् यह उसी की प्रतिक्रिया है कि वेदना मुझे इतनी मधुर लगने लगी है।'' महादेवीजी का यह कथन सत्य नहीं लगता। वास्तविकता क्या है, यह तो बहुत स्पष्ट नहीं है किन्तु सुख की प्रतिक्रिया में दुःख को जबर्दस्ती ओढ़ लेने की बात न तो विश्वसनीय लगती है और न ही उचित। सुख से ऊबकर दुःख भोगने की इच्छा कुछ ऐसी ही जैसे रईस लोग रोज-रोज के बढ़िया भोजन से ऊबकर कभी-कभी खिचड़ी या सत्तू के लिए मचलने लगते हैं। याकि जैसे पाश्चात्य देशों के कछ व्यक्ति कम उम्र में ही जीवन के सारे सुख भोग लेने के बाद उनसे ऊबकर अधनंगे होकर इधर-उधर लोटते फिरते हैं। और यदि यही मान लें कि महादेवीजी की रचनाओं में व्यक्त दुःख, सुख की प्रतिक्रिया में न होकर उनके जीवन का वास्तविक दुःख ही है, तब भी प्रश्न यह उठता है कि इस दुःखाभिव्यक्ति का समाज के लिए रचनात्मक उपयोग क्या है? वे अपने दुःख और वेदना में सन्तुष्ट दिखायी पड़ती हैं, इसलिए उससे मुक्ति नहीं चाहती—

> मेरे छोटे जीवन में देना तृप्ति का कण भर,
> रहने दो प्यासी आँखें भरतीं आँसू के सागर। —रश्मि
> मैं नीर भरी दुःख की बदली।.....
> विस्तृत नभ का कोई कोना/! मेरा न कभी अपना होना।
> परिचय इतना इतिहास यही/उमड़ी कल थी मिट आज चली।
>
> —सान्ध्य गीत

महादेवीजी कहीं-कहीं समाज से जुड़ती हुई और समाज के प्रति समर्पित होती हुई-सी लगती हैं। उनका वह दुःखवाद और समाज से जुड़ाव कुछ-कुछ प्रयोगवादी कवियों, विशेषकर अज्ञेय जैसा लगता है। किन्तु अज्ञेय झिझक के साथ ही सही जहाँ कहते हैं 'इसको भी पंक्ति को दे दो', वहीं महादेवीजी की झिझक और उनका संशय बना रहता है। वे प्रकृति जननी से पूछती हैं—'कह दे माँ अब क्या देखूँ खिलती कलियाँ या प्यासे सूखे अधरों को/....तेरा वैभव देखूँ या जीवन का क्रन्दन देखूँ।' यह स्पष्ट है कि अपनी कविताओं में वे प्यासे सूखे अधरों को नहीं देख सकी हैं। अन्ततः वे यही निर्णय करती हैं कि 'यह मन्दिर का दीप इसे नीरव जलने दो।' या 'पंथ रहने दो अपरिचित प्राण रहने दो अकेला।'

महादेवीजी के प्रणय-निवेदन सम्बन्धी गीतों में एक नारी सुलभ संकोच भी है जिसके कारण वे अपने भावों को भाषा की अनेक पर्तों में लपेट कर प्रस्तुत करती हैं। इसीलिए उनकी दोहरी व्याख्या होती है, कभी उन्हें शृंगारी समझा जाता है, कभी रहस्यवादी—

> कैसे कहती हो सपना है/अलि उस मूक मिलन की बात?
> भरे हुए अब तक फूलों में/मेरे आँसू उनके हास!

वे स्वर्गलोक-अमरों के लोक की एकरस और जड़ता से भरे अमरत्व की अपेक्षा मृत्यु और नश्वरता के अधिकार को बनाये रखना चाहती हैं, यह अच्छी बात है क्योंकि कुछ भी करने के लिए मनुष्य बने रहना अनिवार्य है। 'रहने दो हे देव! अरे-यह मेरा मिटने का अधिकार' जैसी पंक्तियाँ इस दृष्टि से महत्त्वपूर्ण हैं। महादेवीजी के गीतों की बहुत प्रशंसा की गयी है। उनके गीतों का शिल्प सचमुच बहुत अच्छा है। आचार्य रामचन्द्र शुक्ल ने लिखा है कि "गीत लिखने में जैसी सफलता महादेवीजी को हुई, वैसी और किसी को नहीं। न तो भाषा का ऐसा स्निग्ध और प्रांजल प्रवाह और कहीं मिलता है, न हृदय की ऐसी भाव भंगी। जगह-जगह ऐसी ढली हुई और अनूठी व्यंजना से भरी हुई पदावली मिलती है कि हृदय खिल उठता है।" (हिन्दी साहित्य का इतिहास, पृ० 487) इस तरह के कुछ उदाहरण देखें—

1. मुखर प्रिय होले बोल!/हठीले हौल हौले बोल!
मर्मर की वंशी में गूँजेगा मधु ऋतु का प्यार।
झर जावेगा कंपित तृण से लघु सपना सुकुमार
एक लघु आँसू बन बेमोल! —नीरजा

2. मैं मतवाली इधर, उधर प्रिय मेरा अलबेला सा है!
मेरी आँखों में ढलकर छवि उसकी मोती बन आई।
उसके घन प्यालों में है विद्युत् सी मेरी परछाई..... —नीरजा

3. वे मुस्काते फूल नहीं / जिनको आता है मुरझाना,
वे तारों के दीप, नहीं / जिनको भाता है बुझ जाना;
वे सूने से नयन, नहीं / जिनमें बनते आँसू मोती,
वह प्राणों की सेज, नहीं / जिसमें बेसुध पीड़ा सोती,...
ऐसा तेरा लोक, वेदना / नहीं, नहीं जिसमें अवसाद
जलना जाना नहीं, नहीं / जिसने जाना मिटने का स्वाद!... —नीहार

4. पंथ रहने दो अपरिचित प्राण रहने दो अकेला
अन्य होंगे चरण हारे
और हैं जो लौटते, दे शूल को संकल्प सारे;
दुखव्रती निर्माण उन्मद / यह अमरता नापते पद
बाँध देंगे अंक संसृति / से तिमिर में स्वर्ण बेला। —दीपशिखा

इसी प्रकार 'मधुर-मधुर मेरे दीपक जल', 'विरह का जल जात जीवन', 'बीन भी हूँ मैं तुम्हारी रागिनी भी हूँ', 'जाग तुझको दूर जाना', 'हे धरा के अमर सुत! तुझको अशेष प्रणाम' आदि गीत अपने माधुर्य और शिल्पगत कसाव के कारण अच्छे बन गये हैं।

महादेवीजी को आधुनिक काल की मीरा कहा गया है किन्तु मीरा की रचनाओं में कृष्ण के प्रति जो एकनिष्ठ निश्छल समर्पण और प्रेम की तन्मयता है, वह महादेवीजी के रहस्यमय धुँधलके में लिपटे गीतों में नहीं है। साथ ही मीराबाई ने तात्कालिक सामन्ती समाज के जकड़न भरे मूल्यों को तोड़ते हुए और राजघराने की ऊँची चट्टानी प्राचीरों का

अतिक्रमण करते हुए जिस तरह से अपनी आवाज बुलन्द की है, वह अपने आप में एक क्रान्तिकारी कदम था। काव्य की अपेक्षा महादेवीजी का गद्य साहित्य अधिक स्पष्ट और महत्त्वपूर्ण है।

(छायावाद के लेखन में सहायक पुस्तकें, छायावाद, डॉ० बच्चन सिंह, आधुनिक साहित्य की प्रवृत्तियाँ - डॉ० नामवर सिंह, हिन्दी साहित्य का इतिहास - आचार्य रामचन्द्र शुक्ल, हिन्दी साहित्य : उसका उद्भव और विकास - डॉ० हजारीप्रसाद द्विवेदी, हिन्दी साहित्य का इतिहास - डॉ० लक्ष्मीसागर वार्ष्णेय, आधुनिक हिन्दी साहित्य का इतिहास - डॉ० बच्चन सिंह, हिन्दी साहित्य का संक्षिप्त इतिहास - विश्वनाथ त्रिपाठी, हिन्दी साहित्य का इतिहास - सं० डॉ० नगेन्द्र, में डॉ० तारक नाथ बाली का आलेख, हिन्दी साहित्य और संवेदना का विकास - डॉ० रामस्वरूप चतुर्वेदी, निराला, आत्महन्ता आस्था - डॉ० दूधनाथ सिंह, पंतकाव्य का विवेचन - डॉ० जगदीश प्रसाद श्रीवास्तव, काव्य कला तथा अन्य निबन्ध - प्रसाद, हिन्दी साहित्य : कुछ सन्दर्भ - डॉ० कृष्णचन्द्र लाल, छायापथ - डॉ० जगदीश प्रसाद श्रीवास्तव, डॉ० रामदेव शुक्ल आदि)।

●

उत्तर छायावादी काव्य (हालावाद)

'उत्तर छायावादी काव्य' और 'छायावादोत्तर काव्य' दोनों दो चीजें हैं। छायावादोत्तर काव्य से तात्पर्य उस काव्य-धारा से है जो छायावाद के बाद विकसित हुई जिसे प्रगति और प्रयोग के नाम से जाना जाता है और जो अपनी प्रवृत्तिगत विशेषताओं के कारण छायावादी कविता से भिन्न है। जबकि 'उत्तर छायावादी काव्य' के अन्तर्गत वे कविताएँ आती हैं जो छायावाद के अवसान काल और बाद के वर्षों में लिखी जाने के बाद भी काव्य और शिल्प के स्तर पर कहीं न कहीं छायावाद से सम्बद्ध रहीं। इन कविताओं में एक तरह की स्वच्छन्दता, प्रेम, मस्ती, मनमौजीपन, दीवानगी, विद्रोह, संशय और नियतिवादिता का स्वर प्रधान है। इस सन्दर्भ में डॉ० रामस्वरूप चतुर्वेदी की राय उल्लेखनीय है कि "इन कवियों की मन:स्थिति कई प्रकार के तत्त्वों से बनी थी। एक ओर लम्बी पराधीनता की निराशा, दूसरी ओर जवानी का अधीरज, बीच में प्रणय स्वाधीनता और मानव-मुक्ति के सपने। इन सबने मिलकर उत्तर छायावादी कवियों में एक खास तरह का नियतिवाद विकसित कर दिया था। भाग्य की व्यक्तिगत अवधारणा में इतिहास की व्यापक शक्ति को जोड़ने पर नियति का रूप बनता है।"

(*हिन्दी साहित्य और संवेदना का विकास,* पृ० 218)

हालावाद से जुड़े कवियों में हरिवंशराय बच्चन, नरेन्द्र शर्मा, बालकृष्ण शर्मा नवीन, रामेश्वर शुक्ल अंचल, भगवतीचरण वर्मा और रामकुमार वर्मा के नाम महत्त्वपूर्ण हैं। इन कवियों की मान्यता है कि जीवन क्षणभंगुर है, इस अवसाद के विस्तार में यदि उल्लास के कुछ क्षण मिल जाते हैं तो उन्हें मस्ती से भोगो। साथ ही ये कवि अपने गम को भूलने के लिए मधु का सहारा लेते हैं क्योंकि और कोई सहारा लक्षित नहीं होता। ये अपनी मादकता, प्रेम या उल्लास की उत्तेजना को तीव्र करने के लिए भी मधुपान करना चाहते हैं।

हरिवंशराय बच्चन (जन्म 27 नवम्बर 1907—निधन 18 जनवरी 2003)— इस धारा के कवियों में सर्वाधिक चर्चित रहे हैं। इनकी अमर कृति मधुशाला (1933) से इन्हें काफी लोकप्रियता प्राप्त हुई। यद्यपि मधुशाला, मधुबाला और मधुकलश पर उमर खयाम की रुबाइयों की गहरी छाप है फिर भी इनका अपना विशेष महत्त्व है। बच्चनजी ने खैयाम की रुबाइयों का हिन्दी अनुवाद भी किया था। इनकी कविताएँ एक तरह की मस्ती और मदहोशी के आलम में डूबी होने के बावजूद जीवन से पूरी तरह विमुख नहीं हैं। यौवन की उद्दाम लालसा और प्रणय के आवेग से भरी होने के बाद भी ये कविताएँ सामाजिक संवेदना और पीड़ा को मुखरित करती चलती हैं। इनकी अन्य रचनाएँ—निशा निमन्त्रण, एकान्त संगीत, आकुल अंतर, विकल विश्व, सतरंगिनी आदि हैं। धार्मिक-साम्प्रदायिक दूरी और जातीय ऊँच-नीच की भावना को कम करने का प्रयास मस्ती के आलम में भी बना रहता है—

मुसलमान और हिन्दू हैं दो
एक मगर उनका प्याला
एक मगर उनका मदिरालय
एक मगर उनकी हाला,
दोनों रहते एक न जब तक
मंदिर-मस्जिद में जाते
बैर कराते मस्जिद-मन्दिर
मेल कराती मधुशाला।

आगे चलकर यह मधुशाला जीवन-सत्य का प्रतीक बन जाती है—

जो हाला मैं चाह रहा था
वह न मिली मुझको हाला
जो प्याला मैं माँग रहा था
वह न मिला मुझको प्याला
जिस साकी के पीछे मैं था
दीवाना साकी न मिला
जिसके पीछे मैं था पागल
हा, न मिली वह मधुशाला।

बच्चन की रचनाओं में आत्मान्वेषण और सत्य की तलाश की एक अनवरत प्रक्रिया जारी रहती है। रसतरंगिनी (1945) में लगता है जैसे उन्हें रास्ता मिल गया है—

है अंधेरी रात पर
दीया जलाना कब मना है
जो बीत गई वह बात गई
नीड़ का निर्माण फिर-फिर
नेह का निर्माण फिर-फिर

नरेन्द्र शर्मा (1913)—मूलतः प्रेम के गायक हैं। उनकी विशेष चर्चा प्रभात फेरी (1938) से हुई। इससे पूर्व उनके दो संग्रह शूलफल (1934) और कर्णफूल (1936) प्रकाशित हो चुके थे। डॉ० बच्चन सिंह की दृष्टि में प्रभातफेरी में 'जोशवादी विध्वंसक गीत' और 'बेहोशवादी प्रेम-गीत' हैं। राजनीति में सक्रिय भागीदारी होने के कारण इनकी रचनाओं में राष्ट्रीय चेतना और सामाजिक संवेदना भी बनी हुई है। 'प्रवासी के गीत' (1939), 'पलाशवन' (1940), 'मिट्टी और फूल' (1942), 'हंसमाला' (1947), 'रक्त चन्दन' (1948), 'अग्निशस्य' (1950), 'कदलीवन' (1953), 'उत्तरजय' (1965) इनके अन्य महत्त्वपूर्ण संग्रह हैं। 'प्रवासी के गीत' की कुछ पंक्तियाँ देखें—

आह अन्तिम रात वह बैठी रही तुम पास मेरे
शीश कंधे पर धरे घन कुंतलों से गात घेरे
क्षीण स्वर में कहा था, 'अब कब मिलोगे।'

रामेश्वर शुक्ल अंचल (1915)—इस धारा के ऐसे कवि हैं जिन्हें अतिशय रूमानी संवेदना के कारण भोगवादी कवि भी कहा गया। इन्होंने स्वच्छन्दतावादी काव्य के अशरीरी प्रेम के विरुद्ध मांसल शरीर प्रेम के प्रति अपनी आसक्ति को व्यक्त किया। यह प्रवृत्ति बच्चन और नरेन्द्र शर्मा में भी है। 'रूप की उद्दाम आसक्ति', 'उद्दाम वासना', 'उद्दाम पीड़ा' और 'उद्दाम जिजीविषा' ने इनके काव्य की प्रकृति का निर्माण किया है। उद्दाम वासना और उत्तेजना इनकी कविताओं में लगातार लक्षित होती है—

एकपल की ही निकटता, लालसा उमड़ी प्रलय सी
एक सूनी सी नजर उफना उठी ज्वाला हृदय की

× × × ×

प्यास का सागर तुम्हारा, स्वप्न सा मधु-स्पर्श नारी
जल रहा परितृप्त अंगों में पिपिसाकुल पुजारी
है तृषा इतनी विपुल, कितना बनूँगा अब विकल मैं
एक पल के ही दरस में, जल उठी तृष्णा अतल में।

मधुलिका (1938), अपराजिता (1939), लाल चूनर (1942), वर्षान्त के बादल (1954), विरामचिह्न (1957) इनके रूमानी और किरण बेला तथा करील इनके प्रगतिशील काव्य-संग्रह हैं।

भगवतीचरण शर्मा (1903-1981)—इनकी रचनाओं में काफी वैविध्यता है। इनकी कविताओं में व्यक्ति-बोध और समाज-बोध का संगम है। व्यक्तिगत सुख-दुःख, हर्ष-विषाद, आशा-निराशा के साथ ही सामाजिक पीड़ा और विद्रोह का स्वर इनकी रचनाओं को एक तरह की शक्ति प्रदान करता है। ललकार और लाचारी दोनों को मिलाने के कारण कविताओं में एक अराजक माहौल पैदा हो जाता है। दीवानगी और उदासी का मिला-जुला स्वर अधिकांश रचनाओं में देखा जा सकता है—

हम दीवानों की क्या हस्ती है, हैं आज यहाँ कल वहाँ चले।
मस्ती का आलम साथ चला, हम धूल उड़ाते जहाँ चले।

× × × ×

उर शंकित है पग डगमग है, तुम मुझसे कितनी दूर प्रिये
एकाकी पन ही अपनापन, हम मिलने से मजबूर प्रिये!

'मधुकण', 'प्रेम संगीत', 'मानव और एकदिन' इनके प्रमुख काव्य-संग्रह हैं।

बालकृष्ण शर्मा नवीन (1897-1960)—इनकी कविताओं में जितनी आवेगमयी अभिव्यक्ति प्रेम और मस्ती की है, ठीक उसी अनुपात में राष्ट्रप्रेम और सामाजिक चेतना की भी। एक ओर ये यथार्थ से विमुख होकर प्रणय और नशे में तल्लीन दिखायी देते हैं, दूसरी ओर ब्रिटिश हुकूमत के विरुद्ध एक तूफानी ललकार और शोषक शक्तियों के प्रति भयानक नफरत और आक्रोश से भरे हुए हैं। इन प्रवृत्तियों के उदाहरण देखें—

हो जान दे ग़र्क नशे में, मत पड़ने दे फ़र्क नशे में
ज्ञान ध्यान पूजा पोथी के फट जाने दे वर्क़ नशे में

ऐसी पिला कि विश्व हो उठे एक बार तो मतवाला
साकी अब कैसा विलम्ब भर-भर ला तन्मयता हाला।

राष्ट्रीय आन्दोलन के दिनों में उन्होंने कवियों से माँग की थी—

कवि कुछ ऐसी तान सुनाओ, जिससे उथल-पुथल मच जाये
एक हिलोर इधर से आये, एक हिलोर उधर से आये।

'कुंकुम', 'रश्मि...', 'अपलक', 'विनोबास्तवन', 'हमविषपायी जनम के', 'उर्मिला' (खण्डकाव्य) आदि उनकी उल्लेखनीय रचनाएँ हैं।

डॉ० रामकुमार वर्मा (1905), रामधारी सिंह दिनकर (1908-1974), गोपाल सिंह नेपाली (11 अगस्त 1911—17 अप्रैल 1963) तथा शिवमंगल सिंह सुमन (5 अगस्त 1915—27 नवम्बर 2002) की भी बहुत सारी रचनाएँ इसी धारा के अन्तर्गत आती हैं। इन कवियों ने जिस मस्ती, मादकता, शराब, साकी, मैखाने और प्रणय-भावना का वर्णन किया है उसमें एक अनिश्चितता एवं अराजकता अवश्य है किन्तु इनमें कहीं न कहीं उन तमाम सारे बन्धनों जिनमें तत्कालीन समाज जकड़ा हुआ था, के प्रति विद्रोह और मुक्ति की आकांक्षा भी है।

प्रगतिवाद

हिन्दी में प्रगतिशील साहित्य की एक लम्बी परम्परा रही है, किन्तु 'प्रगतिवाद' की शुरुआत 'प्रगतिशील लेखक संघ' की स्थापना से होती है। इससे पूर्व गोर्की के नेतृत्व में सोवियत संघ में 'सोवियत लेखक संघ' की स्थापना 1934 में हो चुकी थी और 1935 में अन्तरराष्ट्रीय स्तर पर साम्राज्यवाद और फासिज़्म से संस्कृति की रक्षा हेतु समूचे विश्व के सांस्कृतिक-कर्मियों को संगठित करने के लिए पेरिस में 'संस्कृति की रक्षा के लिए विश्व लेखक अधिवेशन' का आयोजन हुआ जिसमें हेनरी बारबूज, गोर्की, रोमाँ रोलाँ आदि ने महत्त्वपूर्ण भूमिका निभायी। इसमें विश्व के अनेक देशों के प्रगतिशील साहित्यकारों की एक समिति चुनी गयी जिसके अध्यक्ष थे ई०एम० फॉर्स्टर। उक्त घटनाओं से प्रभावित होकर लन्दन में पढ़ रहे भारत के प्रगतिशील छात्रों—मुल्कराज आनन्द, सज्जाद जहीर, डॉ० ज्योति घोष, हीरेन मुखर्जी आदि ने सन् 1935 में वहाँ 'भारतीय प्रगतिशील लेख संघ' का गठन किया।

विश्व स्तर पर हो रही उपर्युक्त गतिविधियों की आँच हिन्दुस्तान में भी पहुँची। इसके लिए सामाजिक-सांस्कृतिक परिस्थितियाँ तो तैयार थीं ही, जरूरत थी उन्हें संगठित रूप देने की। यह कार्य सम्पन्न हुआ। 1936 में सज्जाद जहीर और मुल्कराज आनन्द के सक्रिय प्रयासों से। कथा-सम्राट् प्रेमचंद की अध्यक्षता में 9-10 अप्रैल को लखनऊ में प्रगतिशील लेखक संघ का ऐतिहासिक सम्मेलन हुआ जिसमें प्रेमचंद ने 'साहित्य का उद्देश्य' नामक अपना महत्त्वपूर्ण भाषण पढ़ा। इसमें उन्होंने कहा था कि "हमें सुन्दरता की कसौटी बदलनी होगी। अभी तक यह कसौटी अमीरी और विलासिता के ढंग की थी। हमारा कलाकार अमीरों का पल्ला पकड़े रहना चाहता था। उन्हीं की कद्रदानी पर उसका अस्तित्व अवलम्बित था और उन्हीं के सुख-दुख, आशा-निराशा और प्रतिद्वन्द्विता की व्याख्या उसका उद्देश्य था। उसकी निगाह अन्तःपुर और बँगलों की ओर उठती थी। झोपड़े और खण्डहर उसके ध्यान अधिकारी न थे।" इस भाषण में प्रेमचंदजी ने साहित्य के विस्तृत सरकारों को रेखांकित करते हुए कहा था—"मगर हम साहित्य को केवल मनोरंजन और विलासिता की वस्तु नहीं समझते। हमारी कसौटी पर वही साहित्य खरा उतरेगा, जिसमें उच्च चिन्तन हो, स्वाधीनता का भाव हो, सौन्दर्य का सार हो, सृजन की आत्मा हो, जीवन की सच्चाइयों का प्रकाश हो, जो हममें गति, संघर्ष और बेचैनी पैदा करे, सुलाये नहीं, क्योंकि अब और ज्यादा सोना मृत्यु का लक्षण है।"

सन् 1938 में प्रगतिशील लेखक संघ का दूसरा अधिवेशन कलकत्ता में हुआ। इसमें कवीन्द्र रवीन्द्र ने अध्यक्षता करते हुए जो बातें कहीं उनसे प्रगतिवादी साहित्य के प्रतिमानों की स्पष्ट पहचान हो सकती है—"भारतीय लेखकों का यह कर्त्तव्य है कि भारतीय जीवन में होने वाले परिवर्तनों और देश की प्रगति की स्पिरिट और वैज्ञानिक बुद्धि का अपने साहित्य में प्रकाश करें।..... हमारे संघ का उद्देश्य उन रूढ़िवादी वर्गों से

साहित्य और कलाओं की रक्षा करना होगा जिनके हाथ में वे अब तक घिनौनी बनती जा रही हैं। उन्हें हमें जनता के मन-प्राण के निकट लाना होगा। उन्हें इतना सजीव बनाना होगा कि वे जीवन के यथार्थ को अभिव्यक्त कर सकें और हमें हमारे अभिप्रेत आदर्श तक पहुँचा सकें।....भारत का नया साहित्य तभी सफल और सार्थक होगा जब वह हमारी आज की समस्याओं का हल ढूँढ़ेगा, भूख और दरिद्रता, सामाजिक अवनति और राजनीतिक गुलामी का हल जो भी हमें परमुखापेक्षी, निष्क्रिय और तर्कहीन बनाता है, वह सभी हमारे लिए प्रतिक्रियात्मक है और जो भी हममें आलोचनात्मक प्रवृत्ति जगाता है, जो बुद्धि और तर्क के प्रकाश में संस्थाओं और समस्याओं की समीक्षा करता है, जो भी हमें सक्रिय और परस्पर संगठित करता है, हमें बदलकर समुन्नत करता है, उस सबको हम प्रगत्यात्मक मानते हैं।''

यह वह दौर था जब समूचा विश्व फाँसीवाद के हिंस्र दानवी अत्याचार, नस्लवाद, द्वितीय विश्वयुद्ध के मँडराते खतरे और मानवता के विध्वंस के आसन्न आतंक से आक्रान्त था। इस समय गोर्की के इस गूँजते प्रश्न का कि 'संस्कृति के सर्जको! किस ओर हो तुम?' का सम्मानजनक उत्तर देते हुए फाँसीवाद के विरुद्ध अनेक लेखकों ने अनवरत संघर्ष का रास्ता चुना।

प्रगतिशील लेखक संघ पर कुछ प्रतिक्रियावादी साहित्यकारों ने कीचड़ भी उछाला और उसे विदेशी देन बताया। रामवृक्ष बेनपुरी ने मार्च 1418 के जनवाणी में लिखा कि ''प्रगतिवाद को विदेशों से लाकर हमारे यहाँ रोपा गया। रूस से प्रेरणा मिली, लन्दन में गर्भाधान हुआ और हिन्दुस्तान में पैदा होकर उसका रंग-रूप हिन्दुस्तानी नहीं हुआ।'' लेकिन इतिहास पर नजर डालें तो इस तरह के आरोप बिल्कुल बेबुनियाद और बेनीपुरी जैसे लेखकों के पूर्वाग्रहों के परिणाम लगते हैं। लन्दन में संघ का बनना मात्र एक संयोग था। हमारे देश की तत्कालीन परिस्थितियाँ ऐसे संगठन की माँग कर रही थीं और प्रेमचंद जैसे जनपक्षधर रचनाकार पहले से ही लेखकों को संगठित करने के प्रयास कर रहे थे। तत्कालीन आवश्यकताओं को रेखांकित करते हुए चन्द्रबली सिंह लिखते हैं—''जिस वेग और जितने व्यापक स्तर पर प्रगतिशील लेखक संघ का प्रचार-प्रसार हुआ, वह हमारे साहित्य के इतिहास में भक्तिकाल के बाद सबसे आश्चर्यचकित कर देने वाली घटना थी। उसके पीछे संगठन का कौशल नहीं युग का अपरिहार्य दबाव था।''

प्रगतिशील लेखक संघ हमारे देश के साम्राज्यवाद-सामन्तवाद विरोधी लेखकों के संयुक्त मोर्चे के रूप में गठित और विकसित हुआ। उसके पीछे भारतीय साहित्य की मानवतावादी, राष्ट्रीय और जनवादी परम्परा थी। ''हिन्दी में प्रगतिशील आन्दोलन के पीछे सुदूर अतीत में भक्तिकालीन कवियों के मानवतावाद और भारतीय नवजागरण के दौरान भारतेन्दु हरिश्चन्द्र द्वारा स्थापित राष्ट्रीयता जनवाद और यथार्थवाद है जो भारतीय किसान के चरित्र को सारे अन्तर्विरोध, सुख-दुःख, स्वप्न और साम्राज्यवादी-सामन्ती शोषण और उत्पीड़न से मुक्ति के लिए उसकी बेचैनी और संघर्ष के साथ-साथ उसके और राष्ट्रीय स्वाधीनता आन्दोलन में सक्रिय और उसका नेतृत्व करने वाले विभिन्न वर्गों के प्रतिनिधियों

के बीच एकता और अन्तर्विरोध के जटिल सम्बन्धों को प्रतिबिम्बित करता है।'' (चन्द्रबली सिंह, नयापथ प्रवेशांक, पृ० 50) प्रेमचंद के अतिरिक्त प्रसाद के उपन्यास 'तितली' निराला के 'देवी', 'चतुर चमार' आदि रेखाचित्रों, शुक्लजी की रीतिकालीन परम्परा की विरोधी आलोचना और पढ़ीस की ग्राम जीवन से सम्बन्धित अवधी कविताओं के संग्रह का उल्लेख करते हुए डॉ० रामविलास शर्मा ने लिखा है कि—''ये घटनाएँ सन् '36 से पहले की हैं। तब तक प्रगतिशील लेखक संघ का जन्म न हुआ था। यथार्थवाद का यह विकास अपने आप हो रहा था। यह विकास रीतिकालीन परम्पराओं का विरोध करके और पूँजीवादी यथार्थवादी की सीमाँ लाँघकर हो रहा था। इससे जाहिर होता है कि नये साहित्य का संगठित विकास करने के लिए जमीन तैयार थीं।''

विचारधारा के स्तर पर प्रगतिवाद एक तरह से मार्क्सवाद की ही साहित्यिक अभिव्यक्ति है जिसका आधार है—द्वन्द्वात्मक भौतिकवाद। प्रगतिवादी कवियों ने शोषित वर्ग के दु:ख-दैन्य के चित्रण, शोषकों के घृणित कार्यों का पर्दाफाश, प्रगतिशील मूल्यों-शक्तियों का जय-घोष, जन जागृति, विद्रोह एवं क्रान्ति की प्रेरणा एवं विश्वकल्याण की भावना को अपनी रचनाओं में सार्थक अभिव्यक्ति दी है। निराला, पन्त, प्रेमचंद, दिनकर, नरेन्द्र शर्मा, नागार्जुन, केदारनाथ अग्रवाल, त्रिलोचन, शील, शैलेन्द्र, शिवमंगल सिंह सुमन, रामविलास शर्मा, रामेश्वर शुक्ल अंचल, मुक्तिबोध, शमशेर, बालकृष्ण शर्मा नवीन आदि इस दौर के महत्त्वपूर्ण रचनाकार हैं। प्रगतिवाद की मुख्य प्रवृत्तियाँ निम्नलिखित हैं—

जनसामान्य की गरीबी एवं दु:ख-दर्द का चित्रण

प्रगतिवादी कवियों की दृष्टि काफी व्यापक थी। इसीलिए इन कवियों ने साहित्य को वैयक्तिक स्तर से ऊपर उठाकर विशाल जन समुदाय की आकांक्षाओं से जोड़ा और उनकी गरीबी, बदहाली एवं उनके जीवन के दु:ख-दर्द को अपनी रचनाओं के माध्यम से व्यक्त किया। तत्कालीन समाज में सामान्य जनता की स्थिति कितनी कष्टप्रद थी, इसका अनुमान इन पंक्तियों से लगाया जा सकता है—

1. चाट रहे वे जूठी पत्तल कभी सड़क पर खड़े हुए
   और झपट लेने को उनसे कुत्ते भी हैं अड़े हुए। —निराला
2. बाप बेटा बेंचता है। भूख से बेहाल होकर
   धर्म, धीरज, प्राण खोकर/हो रही अनरीत बर्बर
   राष्ट्र सारा देखता है/बाप बेटा बेंचता है।
   —केदारनाथ अग्रवाल
3. स्वानों को मिलते दूध-वस्त्र भूखे बालक अकुलाते हैं,
   माँ की हड्डी से चिपक, ठिठुर जाड़ों की रात बिताते हैं,
   युवती के लज्जा-वसन बेच जब ब्याज चुकाये जाते हैं,
   मालिक जब तेल-फूलेलों पर पानी सा द्रव्य बहाते हैं
   पापी महलों का अहंकार देता मुझको तब आमन्त्रण। —दिनकर

शोषित वर्ग से सहानुभूति एवं श्रम की महत्ता

प्रगतिवादी कवियों की स्पष्ट मान्यता थी कि समाज शोषक और शोषित दो वर्गों में स्पष्ट रूप से विभाजित है। शोषित वर्ग दिन-रात जी तोड़ श्रम करने के बाद भी भूखा-नंगा रहता है और शोषक-शासक वर्ग बिना कुछ किये सुख और ऐश्वर्य की जिन्दगी जीता है। इन कवियों ने इस शोषित वर्ग के पक्ष में कविताएँ लिखीं जिनमें श्रम के महत्त्व को रेखांकित किया गया है। इस तरह की कविताएँ जहाँ मेहनतकश जनता के प्रति सहानुभूति पैदा करती हैं, वहीं शोषकों के प्रति नफरत भी जगाती हैं। निराला की तोड़ती पत्थर और कुकुरमुत्ता आदि कविताएँ इस तरह की रचना का श्रेष्ठ उदाहरण हैं—

1. वह तोड़ती पत्थर देखा उसे मैंने इलाहाबाद के पथ पर। —निराला
2. हाट धर्मशाला, अदालतें। विद्यालय वेश्यालय सारे,
   होटल, दफ्तर बूचड़खाने। मन्दिर, मस्जिद, हाट, सिनेमा,
   श्रमजीवी की उस हड्डी से टिक हुए हैं
   जिस हड्डी को सभ्य आदमी के समाज ने टेढ़ा करके छोड़ दिया है।
   —केदारनाथ अग्रवाल
3. आरती लिये तू किसे ढूँढ़ता है मूरख,
   मन्दिरों, राजप्रासादों में, तहखानों में?
   देवता कहीं सड़कों पर गिट्टी पर तोड़ रहे,
   देवता मिलेंगे खेतों में खलिहानों में। —दिनकर

यथार्थवादी दृष्टि

इन कवियों की दृष्टि जीवन और जगत् के बारे में पहले से काफी बदली हुई थी। यहाँ तक कि जो कवि पहले छायावाद के दिनों में एक तरह की रोमैन्टिक भाव-भूमि पर कविताएँ लिख रहे थे वे यथार्थ जीवन की ज्वलन्त समस्याओं पर कविताएँ लिखने लगे। पन्त की परवर्ती कविताएँ इसकी खूबसूरत मिसाल हैं। इस समय के रचनाकारों ने जो कविता धरती से कट कर कोमल कल्पना की आकर्षक चित्र वीथियों में उड़ानें भर रही थीं, उसे पुनः यथार्थ की जमीन पर उतार दिया—

1. देख रहा हूँ आज विश्व को मैं ग्रामीण नयन से
   सोच रहा हूँ जटिल जगत पर, जीवन पर जन मन से।
   —पन्त
2. मर्त्य मानव की परी अयि कल्पने
   भूमि को निज स्वर्ग पर ललचा नहीं
   आ न सकते हम तुम्हारे पास तक
   चाह हो तो आ बसो अलका यहीं। —दिनकर

परिवर्तन एवं साम्यवाद की आकांक्षा

प्रगतिवादी कवि आम जनता की बदहाली, शासक वर्ग की क्रूरता, सड़ी-गली अन्यायी व्यवस्था एवं शोषण दमन से क्षुब्ध थे और इसीलिए इसे बदलकर एक ऐसे

समाज का निर्माण करना चाहते थे जिसमें मेहनत करने वाला भूखा न रहे, जहाँ सबको समान अधिकार प्राप्त हों। कोई किसी के साथ जोर-जबरदस्ती न करे। इस तरह के विचारों की कुछ पंक्तियाँ देखें—

1. जाने कब तक घाव भरेंगे इस घायल मानवता के
   जाने कब तक सच्चे होंगे सपने सब की समता के। —नरेन्द्र शर्मा
2. साक्षी है इतिहास आज होने को पुनः युगान्तर
   श्रमिकों का शासन होगा अब उत्पादन यन्त्रों पर। —पन्त
3. हम घर से निकले हैं, गढ़ने, नवचन्द सूर्य, नव-नव अम्बर,
   नव वसुन्धरा, नव जन समाज, नवराज काज, नव काल-प्रहार।
   —बालकृष्ण शर्मा 'नवीन'

राष्ट्रीय चेतना

प्रगतिवादी कवियों ने गुलामी की नारकीय पीड़ा को भोगा था और विदेशी शासन की क्रूरता भरी लूट को करीब से देखा था। गुलामी की जंजीरों में जकड़े हुए देश की अकुलाहटों एवं विवशताओं को इन कवियों ने बड़ी मार्मिक अभिव्यक्ति दी है—

बँधा तूफान हूँ चलना मना है, बँधी उद्दाम निर्झर धार हूँ मैं।
कहूँ क्या, कौन हूँ ? क्या आग मेरी ? बँधी है लेखनी लाचार हूँ मैं।

—दिनकर

लेकिन इन कवियों के मन में इन बन्धनों को तोड़ने की प्रबल आकांक्षा थी और आजादी के लिए वे कोई भी मूल्य चुकाने के लिए तैयार थे—

स्वातंत्र्य उमंगों की तरंग, नर में गौरव की ज्वाला है
स्वातंत्र्य रूह की ग्रीमा में, अनमोल विजय की माला है।
स्वातंत्र्य भाव नर का अदम्य, वह जो चाहे कर सकता है
शासन की कौन विसात, पाँव विधि की लिपि पर धर सकता है।

—दिनकर

अन्तरराष्ट्रीय भावना का विकास

प्रगतिवादी कवियों की दृष्टि वैज्ञानिक थी। वे अध्ययनशील एवं चिन्तनशील थे। वे अपने देश के साथ ही पूरी दुनिया की घटनाओं पर भी नजर रखते थे। वे यह अच्छी तरह जानते थे कि विश्व में कहीं भी यदि कोई बड़ी घटना होती है तो भारत पर भी उसका प्रभाव किसी न किसी रूप में अवश्य पड़ेगा। अमेरिका द्वारा हिरोशिमा और नागासाकी पर परमाणु बम गिराये जाने के बाद एक कवि ने लिखा—

हिरोशिमा का शाप
एक दिन न्यूयॉर्क भी मेरी तरह हो जायेगा।

इसी प्रकार तानाशाही और साम्राज्यवादी शक्तियों के खिलाफ वीरतापूर्वक संघर्ष करती हुई लालसेना की प्रशंसा करते हुए शिवमंगल सिंह सुमन ने लिखा—

तनावक्ष ज्वाला मुखी श्वाँस में भर
लुटेरों की दुनिया पर बनके बवंडर

समय की डगर पर प्रलय के चरण धर
चली जा रही है बढ़ी लाल सेना।

दूसरे विश्वयुद्ध के दौरान रूस का महत्त्व इतना बढ़ गया था कि सोहनलाल द्विवेदी जैसे प्रबल गाँधीवादी कवि को भी लिखना पड़ा—

है आज विश्व की दृष्टि लगी, बस एक तुम्हीं पर रूस देश
तुम हारे तो जग हार गया, तुम जीते तो है विश्व शेष।

शक्ति और संघर्ष पर बल

प्रगतिवादी कवि जनता के दु:ख-दर्द के वास्तविक कारणों को जानते थे। वे जानते थे कि जो लोग आज दु:खी हैं उन्होंने पूर्व जन्म में कोई अपराध नहीं किया है अपितु यहीं इसी लोक में कुछ लोग उनके हक को छीनकर स्वयं ऐश्वर्य भोग कर रहे हैं। इन कवियों की मान्यता थी कि ऐसे अत्याचारियों से संगठित होकर अपना अधिकार बलपूर्वक छीन लेना चाहिए। इन कवियों ने इस विद्रोही चेतना को वाणी देते हुए पर्याप्त कविताएँ लिखी हैं—

1. छीनता हो स्वत्व कोई और तू, त्याग तप से काम ले यह पाप है
   पुण्य है विच्छिन्न कर देना उसे, बढ़ रहा तेरी तरफ जो हाथ है।

   —दिनकर

2. अबकी अगस्त की बारी है, पापों के पारावार सजग!
   बैठे 'विसूवियस' के मुख पर, भोले, अबोध संसार सजग!
   रेशों का रक्त कृशानु, हुआ ओ जुल्मी की तलवार सजग!
   दुनिया के 'नीरों' सावधान! दुनिया के पापी ज़ार सजग!
   जाने किस दिन फुँकार उठें पर-दलित काल-सर्पों के फन!
   झन-झन-झन-झन-झन-झनन-झनन!

   —दिनकर

कला पक्ष

प्रगतिवादी कवियों ने विशाल जनसमुदाय के यथार्थ जीवन और उनकी आशाओं, आकांक्षाओं को अपनी रचना के माध्यम से व्यक्त किया है। ये सभी कवि चूँकि 'कला-कला के लिए' न मानकर 'कला जीवन के लिए' मानते थे, इसलिए इन्होंने अनावश्यक कलात्मक उपादानों का परित्याग करके अत्यन्त सीधी-सहज भाषा में कविताएँ लिखीं हैं। काव्य का उद्देश्य व्यापक हो जाने के कारण पन्त अपनी वाणी से पूछते हैं—

तुम वहन कर सको जन-मन में मेरे विचार
वाणी मेरी चाहिए तुम्हें क्या अलंकार?

प्रगतिवादी कविता की भाषा सामान्यतया अभिधाप्रधान जन भाषा है। इसमें लोकप्रचलित ग्राम्य शब्दों, मुहावरों और लोकोक्तियों की बहुलता है। इस दृष्टि से नागार्जुन की ये पंक्तियाँ द्रष्टव्य हैं—

घुन खाये शहतीरों पर की बारह खड़ी विधाता बाँचे
फटी भीत है, छत चूती है, आले पर बिसतुइया नाचे

बरसा कर बेबस बच्चों पर मिनट-मिनट में पांच तमाचे
इसी तरह से दुखरन मास्टर गढ़ता है आदम के साँचे।

गाँव के नैसर्गिक सौन्दर्य के नाना रूपों का बहुत ही मनोहारी और सजीव चित्रण इन कवियों के यहाँ देखने को मिलता है। केदारनाथ अग्रवाल की इन पंक्तियों में फसलों के रूप की एक झाँकी देखें—

एक बीते के बराबर/यह हरा ठिगना चना
बाँधे मुरैठा शीश पर/छोटे गुलाबी फूल का
सजकर खड़ा है।

प्रगतिवादी कवियों ने छन्दों में कई तरह के नये प्रयोग किये हैं। मुक्त छन्द और प्रचलित छन्दों के साथ इन कवियों ने लोकगीतों की धुनों को भी अपनी कविता में स्थाम दिया है। जिससे उनकी कविताएँ काफी सशक्त और प्रभावशाली बन गयी हैं। केदारनाथ अग्रवाल के एक गीत की कुछ पंक्तियाँ देखें—

माँझी न बजाओ वंशी मेरा मन डोलता
मेरा डोलता है जैसे जल ढोलता
जल का जहाज जैसे हल हल डोलता
माँझी न बजाओ वंशी मेरा प्रन टूटता
मेरा प्रन टूटता है जैसे तृन टूटता
तृन का निवास है जैसे बन-बन टूटता।

प्रगतिवादी काव्यान्दोलन गुलाम देश की शोषित जनता की वाजिब आकांक्षाओं का सार्थक उद्घोष था। आज की जनवादी कविता प्रगतिवादी कविता का ही अगला चरण है।

प्रयोगवाद

1943 में अज्ञेय के सम्पादन में 'तारसप्तक' के प्रकाशन के साथ ही प्रयोगवादी काव्यधारा की शुरुआत मानी जाती है। यद्यपि प्रयोगवाद में जिन प्रयोगों पर जोर दिया गया वे एकदम नये नहीं थे और उनकी शुरुआत छायावाद के भीतर ही हो चुकी थी। निराला इस तरह के लोगों में अग्रणी थे। उनकी 'तोड़ती पत्थर' कविता में तमाम नये प्रयोग देखे जा सकते हैं। 'तारसप्तक' में मुक्तिबोध, नेमिचन्द्र जैन, भारतभूषण अग्रवाल, प्रभाकर माचवे, गिरिजाकुमार माथुर, रामविलास शर्मा और अज्ञेय की कविताएँ संकलित हैं। इन सभी कवियों की विचारधारा एक जैसी नहीं है।

'तारसप्तक' और 'प्रतीक' पत्रिका के माध्यम से आने वाले प्रयोगवादी कवियों की रचनाओं को देखने से ज्ञात होता है कि इन कवियों में कुछ ऐसे हैं जो विचारों से समाजवादी हैं और संस्कारों से व्यक्तिवादी जैसे शमशेर, नरेश मेहता और नेमिचन्द्र जैन। कुछ ऐसे हैं जो विचारों और क्रियाओं दोनों से समाजावादी हैं—जैसे मुक्तिबोध और रामविलास शर्मा। शेष निजी जीवन की गहरी संवेदनाओं को प्राथमिकता देते हैं। आलोचकों ने प्रयोगवाद की चर्चा करते समय इन्हीं कवियों को ध्यान में रखा है। वैचारिक अन्तर्विरोधों के बावजूद इन कवियों में 'नयी राहों के अन्वेषण' और 'प्रयोग' की ललक थी। अज्ञेय ने भूमिका में इसे स्पष्ट करते हुए लिखा है—''ऐसा होते हुए भी वे एकत्र संग्रहीत हैं,........इसका कारण यह है कि वे किसी एक स्कूल के नहीं हैं, किसी मंजिल पर पहुँचे हुए नहीं हैं, अभी राही हैं, राही नहीं, राहों के अन्वेषी। उनमें मतैक्य नहीं है, सभी महत्त्वपूर्ण विषयों पर उनकी राय अलग-अलग है। जीवन के विषय में, समाज और धर्म और राजनीति के विषय में काव्य वस्तु और शैली के, छन्द और तुक के, कवि के दायित्यों के प्रत्येक विषय में आपस में मतभेद हैं। काव्य के प्रति एक अन्वेषी का दृष्टिकोण उन्हें समानता के सूत्र में बाँधता है।'' चूँकि संकलित कवियों ने भी अपने वक्तव्यों में 'प्रयोग वृत्ति' पर बल दिया था, फलतः प्रयोगवाद, शब्द चल निकला। हालाँकि 'प्रयोग' किसी वाद का बोधक नहीं था वह अधिक से अधिक कवि की प्रयोग-धर्मिता और नव्यप्रियता का वाचक हो सकता है। अज्ञेय ने भी प्रयोग की वाद रूपता का निषेध करते हुए 'दूसरा सप्तक' (1951) में कहा—''प्रयोग का कोई वाद नहीं है। हम वादी नहीं रहे, न ही हैं। प्रयोग अपने आपमें इष्ट या साध्य नहीं है। ठीक इसी तरह कविता का भी कोई वाद नहीं है, कविता भी अपने आपमें इष्ट या साध्य नहीं है। अतः हमें प्रयोगवादी कहना उतना ही सार्थक या निरर्थक है जितना हमें कवितावादी कहना।''

काव्य में प्रयोगवाद के आने के पीछे दो महत्त्वपूर्ण कारण हैं। एक तो छायावादी काव्य के अन्दर हो रहे नये प्रयोग के सहज विकास और कुछ छायावादी प्रवृत्तियों के विद्रोह स्वरूप। इन रूप में प्रगतिवाद और प्रयोगवाद दोनों साथ-साथ चलते रहे। 'प्रगति'

और 'प्रयोग' में विभाजक अन्तर यही था कि जहाँ प्रगतिवादियों ने जीवन और समाज की अन्तर्विधियों—शोषण, अन्याय और दमन को रेखांकित करते हुए कथ्य पर विशेष जोर दिया वहीं प्रयोगवादियों ने शिल्प को प्रयोग का विषय बनाया। प्रयोगवाद के पीछे जो दूसरी ताकत काम कर रही थी उसमें कुछ पाश्चात्य चिन्तकों—किर्केगार्ड, हैडिगर, नीत्शे, फिलिप मैरे जैसे अस्तित्व वादियों डी० एच० लारेंस, बर्गसाँ, काफ्का, सार्त्र इत्यादि प्रकृतिवादियों एवं क्षणवादियों तथा फ्रायड इत्यादि मनोविश्लेषणवादियों के नग्न यथार्थ एवं यौन प्रतीकों की बहुत बड़ी भूमिका थी। प्रयोगवादी कविता में जो तमाम ह्रासशील प्रवृत्तियाँ लक्षित होती है जैसे व्यक्तिवाद, अहं, क्षणवाद, दुःखवाद, अतियथार्थवाद, अनास्था, शंका, निराशा, नियतिवाद, अतिशय बौद्धिकता, पराजय बोध, कुण्ठा, निरीहता—ये सभी इन्हीं पाश्चात्य चिन्तकों के प्रभावस्वरूप हैं। चूँकि विकृत व्यवस्था के पोषक भौतिक जगत् की यथार्थ समस्याओं एवं चुनौतियों का सीधा सामना करने का साहस नहीं कर पाते इसलिए वे यथार्थ जगत् से मुँह मोड़कर अन्तर्जगत् में रेखाएँ और त्रिकोण बनाने, खण्डित गद्य के टुकड़ों में अर्थ की लय भरने और आहत अहम् के विस्फोट से कुण्ठा, निराशा और घुटन का धुआँ निकालने में मशगूल हो जाते हैं।

प्रयोगवाद का ही एक दूसरा रूप **नकेनवाद** या **प्रपद्यवाद** है। 'नकेन' बिहार के तीन कवियों—नलिन विलोचन शर्मा, केशरी कुमार और नरेश के नाम के प्रथम अक्षरों से बना है। इन्होंने अज्ञेय के प्रयोगवाद का विरोध करते हुए प्रपद्यवाद शब्द चलाया। वैसे तो यह आन्दोलन अपनी समझ से प्रयोग का विरोधी बनकर आया था किन्तु यह प्रयोगवाद की एक प्रवृत्ति बनकर रह गया। इस धारा की अधिकांश कविताओं में यौन कुण्ठाओं और विकृतियों का चित्रण हुआ है। कुल मिलाकर यदि हम प्रयोगवादी काव्य-धारा का गम्भीरता से अवलोकन करें तो निम्नलिखित प्रवृत्तियाँ लक्षित होती हैं—

वाद विरोध या वाद निरपेक्षता

प्रयोगवादी कवि किसी 'वाद' को नहीं मानते। 'दूसरा सप्तक' की भूमिका में अज्ञेय ने साफ लिखा है—"प्रयोग का कोई वाद नहीं है। हम वादी नहीं रहे, न ही हैं।" अज्ञेय के इस कथन का तात्पर्य सामान्यतया किसी साहित्यिक 'वाद' का निषेध समझा जाता है। "लेकिन वाद का विरोध करते हुए प्रयोगशील कवि राजनीतिक या दार्शनिक किसी भी 'वाद' का निषेध करते हैं, 'वाद' अर्थात् मतवाद या सिस्टम। प्रयोगशील कवि यह मानते हैं कि किसी 'वाद' को मानने से व्यक्तिगत एवं स्वतन्त्र विचार में बाधा पड़ती है क्योंकि विचार की दृष्टि से वाद एक तरह की बन्द विचार-प्रणाली है। प्रयोगशील दृष्टि का सूत्रपात ही इस धारणा से हुआ कि पूर्व निश्चित कोई भी वाद सत्य तक पहुँचने या पहुँचाने में समर्थ नहीं है।" (नामवर सिंह, आधुनिक सात्यि की प्रवृत्तियाँ, पृ० 123) इस तरह के 'वाद' विरोध का मुख्य कारण है इन कवियों का अवसरवाद। जहाँ भी अपना लाभ हो उधर लुढ़क जाने की स्वतन्त्रता ये कवि बनाये रखना चाहते थे।

अस्तित्ववादी दृष्टि

प्रयोगवादी कविता की दूसरी प्रवृत्ति है—उसका अस्तित्ववादी होना। 'अस्तित्ववाद' क्या है ? इसे जानना आवश्यक है। अस्तित्ववाद का उदय प्रथम विश्वयुद्ध के गर्भ से हुआ था। इसके प्रवर्तक थे—किर्केकार्ड, हैडिगर और शोपेन हावर। इसके मुख्य प्रवक्ताओं में कार्लयास्पर्स, ग्रेवियल, मार्सेल, काफ्का और सार्त्र उल्लेखनीय हैं। अस्तित्ववाद उस सारे मानदण्डों का निषेध करता है जो मानवीय व्यक्तित्व की असीमित स्वतन्त्रता पर अंकुश लगाते हैं। इस विचारधारा के अनुसार मानवीय अस्तित्व आत्यन्तिक है, व्यक्ति अपनी संकल्प क्षमता के आधार पर कोई भी पथ चुनने के लिए पूर्णत: स्वाधीन है। मनुष्य ही मूल्यों का आविष्कार है, ईश्वर नहीं, ईश्वर का अस्तित्व तर्क से सिद्ध नहीं हो सकता, पाप भावना एक स्वत: आरोपित निर्णय है, व्यक्ति अपने कामों के लिए किसी भी मनुष्य-सत्ता या संस्था के आगे उत्तरदायी नहीं है, व्यक्ति स्वयं का निर्माता है, उसका अस्तित्व उसी मात्रा में होता है, जितनी मात्रा में वह अनुभव करता है।

कैथोलिक और नास्तिक दोनों प्रकार के अस्तित्ववादियों का सामान्य गुण बताते हुए सार्त्र ने लिखा है 'उनका विश्वास है कि तत्त्व के पहले अस्तित्व है।' दूसरे शब्दों में शुरुआत 'आत्मगत पक्ष से नहीं करनी चाहिए।' सार्त्र ने लिखा है, ''सत्य इसके सिवा कुछ नहीं है कि मैं सोचता हूँ, इसलिए हूँ। उस पर चेतना का निरपेक्ष सत्य है जो अपने को प्राप्त करती है, अपने को प्राप्त करने के इस क्षण के बाहर मनुष्य के सम्बन्ध में जो भी सिद्धान्त प्रतिपादित किया जाता है वह सत्य का हनन करता है।'' सार्त्र के अनुसार यह सिद्धान्त मानव गौरव के अनुकूल है क्योंकि इससे मनुष्य पदार्थ नहीं बन जाता। ''सभी तरह के भौतिकवादी विचारक को बाध्य करते हैं कि वह सभी मनुष्यों को भी पदार्थ समझे अर्थात् उस पूर्व निश्चित प्रतिक्रिया का परिणाम समझे। यदि किसी काम को मैं अच्छा समझता हूँ तो वह मैं ही हूँ जो उसके अच्छे-बुरे होने का निर्णय करता है।'' इस प्रकार मनुष्य परम असामाजिक प्राणी ठहरता है। मजे की बात यह है कि ये लोग बात करते हैं अस्तित्ववाद की लेकिन इनकार करते हैं बाह्य जगत् के अस्तित्व से।

इस अस्तित्ववादी चेतना को प्रयोगवाद के पुरोधा 'अज्ञेय' 'अपने-अपने अजनबी' (1961) में इस प्रकार स्वीकार करते हैं—''दूसरे लोग हमारे नरक हैं : मानवों का साथ-साथ जीना, यह अस्तित्व और यह साहचर्य एक लाचारी है—एक अभिशाप है। हम सब अपने भीतर बन्द और अकेले घुटते रहने को मजबूर हैं। मनुष्य और मनुष्य के बीच कोई प्रेम, संवेदन, सहानुभूति, सह-जीवन और एकात्मीयता का मौलिक सम्बन्ध नहीं है। हम सब निपट अकेले हैं : और साथ रहने को बाध्य हैं। हम सब एक-दूसरे के लिए अजनबी हैं और सबसे बड़ा अजनबी ईश्वर है, जो अन्त तक सूने आकाश में क्रॉस बनकर टँगा रह जाता है। हम स्वतन्त्र नहीं हैं, हम चुन नहीं सकते। कुछ भी किसी के वश का नहीं है।'' इस दर्शन से संचालित जो कविताएँ लिखी गयी उनमें घोर वैयक्तिकता और असामाजिकता भरी हुई है। अज्ञेय की 'नदी के द्वीप' कविता इस प्रवृत्ति का सर्वश्रेष्ठ नमूना है—

किन्तु हम हैं द्वीप/हम धारा नहीं हैं/स्थिर समर्पण है हमारा
द्वीप हैं हम/यह नहीं है शाप/यह अपनी नियति है।
यदि ऐसा कभी हो/यह स्रोतस्विनी ही कर्मनाशा कीर्तिनाशा घोर।
काल प्रवाहिनी बन जाय/तो हमें स्वीकार है वह भी। उसी में रेत होकर
फिर छनेंगे हम/जमेंगे हम/कहीं फिर पैर टेकेंगे।
कहीं फिर भी खड़ा होगा नये व्यक्तित्व का आकार।

—अज्ञेय

वैयक्तिकता के प्रति मोह और सामूहिकता के तिरस्कार की यह भावना धर्मवीर भारती की कविताओं में भी भरपूर विद्यमान है—

आयेगा ऐसा भी दिन.... सामूहिकता भी केवल।
साबित होगी उस दिन छल। अपनी वैयक्तिकता हार
क्या पायेंगे प्रभु, हम क्या पायेंगे? —भारती

सामूहिकता से आक्रान्त होने के कारण सर्वेश्वर आदि कवियों के मन में भी अपनी निजता के ग्रसे जाने की ऐसी काल्पनिक आशंका है जो जाने-अनजाने समय-समय पर व्यक्त हो जाया करती है।

प्रयोगवादी कवि वैयक्तिकता और निर्वैयक्तिकता के बीच में झूलता हुआ-सा नज़र आता है। कभी-कभी उसे लगता है कि समूह से कटकर अकेला नहीं रहा जा सकता। आत्म-समीक्षा के क्षणों में वह स्वीकार करता है कि—

अहं! अन्तर्गुहावासी! स्वरति! क्या मैं चीन्हता कोई न दूजी राह?
जानता क्या नहीं निज में बद्ध होकर है नहीं निर्वाह? —अज्ञेय

और तब वह अपने 'स्व' को 'पर' के लिए 'व्यष्टि' को 'समष्टि' के लिए समर्पित करने का विचार करने लगता है। लेकिन दूसरे ही क्षण उसका अहं जाग जाता है और वह अपने 'स्व-रति' का औचित्य प्रमाणित करने लगता है। उसकी शंका फिर सिर उठाने लगते हैं और समर्पण में भी उसके अहंकार की ऐंठ गूँजने लगती है। 'यह दीप अकेला' की पंक्तियाँ देखें—

यह दीप अकेला स्नेह भरा।
है गर्व भरा मदमाता, पर/इसको भी पंक्ति को दे दो।
यह जन है : गाता गीत जिन्हें फिर और कौन गायेगा?
पनडुब्बा : ये मोती सच्चे फिर कौन कृती लायेगा?
यह समिधा : ऐसी आग हठीला विरला सुलगायेगा
यह अद्वितीय : यह मेरा : यह मैं स्वयं विसर्जित। —अज्ञेय

कुण्ठा, निराशा, अनास्था, मृत्यु-बोध और पराजय-बोध

प्रयोगवादी कवियों ने इस भावनाओं से प्रेरित होकर जो कुछ भी लिखा है उसमें विकलांग विवेक, विकृत मानसिकता और कायर, नपुंसक, कुण्ठित, अधम और रीढ़

विहीन चरित्र ही लक्षित होते हैं। जिस अज्ञेय ने कभी 'उद्धत विद्रोह' की मानसिकता में आततायी परिवेश को ललकारते हुए चुनौती दी थी—

ठहर, ठहर आततायी! जरा सुनले।
मेरे क्रुद्ध वीर्य की पुकार आज सुन जा। (जनाह्वान-इत्यलम्)

उन्होंने कुछ समय बाद महसूस किया कि—

मैं ही हूँ वह पदक्रान्त रिरियाता कुत्ता-
मैं ही वह मीनार शिखर का प्रार्थी मुल्ला-
मैं वह छप्परतल का अहंलीन शिशु भिक्षुक
—(उषा काल की भव्य शांति-इत्यलम्)

मूत्र-सिंचित मृत्तिका के वृत्त में/तीन टाँगों पर खड़ा नत ग्रीव धैर्य धन गदहा।
—(शिविर की राका निशा)

इसी प्रकार अन्य प्रयोगवादी कवियों ने भी लिखा है—

हम सबके दामन पर दाग, हम सबकी आत्मा में झूठ
हम सबके माथे पर शर्म, हम सबके हाथों में टूटी तलवारों की मूठ
—(भारती)

जिनके सहारे लहरों से लड़ रहे हम! वे घड़े कच्चे हैं। —(सर्वेश्वर)

लगता सारा अस्तित्व किसी झूठ पर
टिका हुआ जाता है आप आप ही बिखर। (जगदीश गुप्त)

दुःख और पीड़ा को महत्त्व

प्रयोगवादी कविता में दुःख और पीड़ा की महिमा मण्डित अभिव्यक्ति हुई है। इन कवियों ने पीड़ा-बोध में भी एक तरह का 'रस' और आनन्द अनुभव किया। इनका दुःख भी ओढ़ा हुआ है। ये इसके बारे में तर्क देते हैं—'दुःखी और सुखी की कोई आत्यन्तिक श्रेणियाँ तो जीवन में हैं नहीं। दुःख, अपूर्णता, पीड़ा ये सर्वव्यापी हैं। गरीबों ने इनका ठेका नहीं लिया है।' इस आधार पर ये कवि यह निष्कर्ष निकालते हैं कि क्यों न हम दोनों वर्गों से ऊपर उठकर सम्पूर्ण मानवता के गीत गाएँ? इस वर्गातीत और सर्वातीत हो जाने के मूल में भी उनकी अराजक मानसिकता और अवसरवादी विचारधारा ही है। दुःख को गौरवान्वित करते हुए अज्ञेय लिखते हैं—

दुख सबको माँजता है/और
चाहे स्वयं सबको मुक्ति देना वह न जाने किन्तु,
जिनको माँजता है/उन्हें वह सीख देता है कि सबको मुक्त रखें।

क्षणवादी जीवन-दृष्टि और नग्न यौन प्रतीकों एवं बिम्बों का प्रयोग

प्रयोगवादी कविता पर डी०एच० लारेंस, बर्गसाँ, सार्त्र तथा फ्रेञ्च प्रतीकवादियों का प्रभाव क्षणवाद के रूप में दिखायी पड़ता है। यह दर्शन विश्वयुद्ध की भयावहता और जीवन की क्षणभंगुरता के भय से पैदा हुआ था। इसमें जीवन के एक तृप्तिदायी क्षण को सम्पूर्ण

जीवन से कहीं अधिक महत्त्वपूर्ण माना गया है। इन कवियों के अनुसार क्षण इतना पूर्ण और समग्र होता है कि उसे भोग लेने के बाद भविष्य में उससे अधिक भोगने की दुराशा नहीं रहती। इसके अतिरिक्त फ्रायडीय मनोविश्लेषणवाद से प्रेरित प्रकृतिवाद का प्रभाव भी इन कविताओं पर लक्षित होता है। नग्न यथार्थ का चित्रण और यौन प्रतीकों की बहुलता इसी प्रभाव के अन्तर्गत है। मनोग्रन्थियों और मनोरोगों के उपचार से सम्बन्धित मुक्त आसंग (फ्री एसोसिएशन) की पद्धति का भी काव्यीकरण हुआ। अज्ञेय का यह कथन इसी प्रवृत्ति की पुष्टि करता है—'आधुनिक युग का साधारण व्यक्ति यौन वर्जनाओं का पुंज है.... मन यौन परिकल्पनाओं से लदा हुआ है तथा वे परिकल्पनाएँ सब दमित और कुण्ठित हैं।' प्रतीक के बारे में वे कहते हैं कि 'प्रतीक के द्वारा कभी-कभी वास्तविक अभिप्राय अनावृत्त हो जाता है। तब वह उस स्पष्ट इंगित से घबराकर भागता है जैसे बिजली के प्रकाश में व्यक्ति चौंक जाय।' (तारसप्तक, पृ० 76) यह प्रवृत्ति धर्मवीर भारती, अज्ञेय, गिरिजाकुमार माधुर, प्रभाकर माचवे, शमशेर, श्रीकान्त वर्मा आदि की कविताओं में प्रचुर मात्रा में देखी जा सकती है। नकेनवादी कवियों में इनका अतिवादी रूप देखने को मिलता है। यहाँ कुछ उदाहरण देखें—

अज्ञेय की दृष्टि में मेघ—'भूमि के कम्पित उपोजों पर झुका सा,
विशद, श्वासाहत चिरातुर'
है और धरती—'स्नेह से आलिप्त/बीज के भवितव्य से उत्फुल्ल
बद्ध/वासना के पंक सी फैली हुई थी।
सत्य सी निर्लज्ज, नंगी/और समर्पित' है।

इन्होंने दमित काम-वासना को अत्यन्त नग्न और अश्लील रूप में प्रस्तुत किया—

'आह, मेरा श्वाँस है उत्तप्त-
धमनियों में उमड़ आयी है लहू की धार-
प्यार है अभिशप्त/तुम कहाँ हो नारि?' —अज्ञेय

या 'सो रहा है झोंप अँधियाला
नदी की जाँघ पर।' —अज्ञेय

बौद्धिकता और नये काव्य-प्रयोग

नयी राहों का अन्वेषण और नये काव्य-सत्य की खोज प्रयोगवादी कवियों का लक्ष्य था। पिछले काव्य-प्रयोगों से ये नये प्रयोग इस अर्थ में भिन्न थे कि उनमें प्रयोग की एक-एक निर्दिष्ट दिशा और मर्यादा बनी हुई थी, जबकि नये प्रयोग सीमाबद्धता और पारम्परिकता को आरम्भ से ही नकारते आ रहे थे। इस सन्दर्भ में नरेश मेहता ने लिखा है कि "प्रयोगों की नींव पर टिका आज का अधिकांश काव्य परम्परा के अस्वीकार का काव्य है।" (नयी कविता, अंक 3) प्रयोगवादी कविता में भावुकता एवं रसानुभूति के स्थान पर बौद्धिकता की प्रतिष्ठा हुई है। कवि अपने तथा अपने परिवेश के विषय में इतना सतर्क हो गया है कि हर जगह वह बौद्धिकता और सतर्कता का अभ्यस्त हो गया। प्रतिक्षण वह सतर्क रहने लगा—

आओ बैठो/क्षण भर तुम्हें निहारूँ
झिझक न हो कि निरखना/दबी वासना की विकृति है।
चलो उठें अब;/अब तक हम थे बन्धु/सैर को आये-
और रहे बैठे तो/लोग कहेंगे/धुँधले में दुबके दो प्रेमी बैठे हैं।
वह हम हों भी/तो यह हरी घास ही जाने।

प्रयोगवादी कवि की यह बौद्धिकता हर जगह आरोपित न होकर सामाजिक दबाव का परिणाम भी है।

प्रयोगवादी कवियों ने पूर्ववर्ती काव्य-परम्परा के समस्त काव्य-उपमानों, बिम्बों और प्रतीकों को अस्वीकार करते हुए नये उपमानों की तलाश की। इसके पीछे कारण यह भी था कि पूर्ववर्ती अधिकांश उपमान, प्रतीक व बिम्ब घिसते-घिसते अपनी ताजगी और अर्थवत्ता खो चुके थे। इसलिए कवि अपनी प्रेमिका से कहता है—

अगर मैं तुमको/ललाती साँझ के नभ की अकेली तारिका
अब नहीं कहता,/या शरद के भोर की नीहार-न्हायी कुईं,
टटकी कली चम्पे की/वगैरह तो
नहीं कारण कि मेरा हृदय उथला या कि सूना है
या कि मेरा प्यार मैला है। —अज्ञेय

एक दूसरे कवि ने चाँदनी के बारे में लिखा—

'चाँदनी चन्दन सदृश'/हम क्यों लिखें?
मुख हमें कमलों सरीखे क्यों दिखें?
हम लिखेंगे : /चाँदनी उस रुपये सी है कि जिसमें
चमक है पर खनक गायब है। —अजित कुमार

किन्तु ''यथार्थ के आग्रह से कोरी भावुकता और सरलता को छोड़ना एक बात है, लेकिन भाव-प्रवणता को एकदम तिलांजलि देकर हर समय शुष्क बौद्धिक व्यायाम करते रहना बिल्कुल दूसरी बात है—इससे यथार्थ-दर्शन की जगह वह दूसरे प्रकार की अवास्तविकता की सृष्टि होती है।'' (नामवर सिंह, आधुनिक साहित्य की प्रवृत्तियाँ, पृ० 144-45)। यही बौद्धिक विकलता जब रचनात्मक दृष्टि के साथ आती है, तो काव्य को कलात्मक शक्ल दे देती है। मानसिक विषाद की अस्पष्ट किन्तु खूबसूरत अभिव्यक्ति इस पंक्ति में देखें—

साँझ होते ही न जाने छा गयी कैसी उदासी। —नरेन्द्र शर्मा

इसी प्रकार गिरिजाकुमार माथुर की 'क्वार की सूनी दुपहरी' कविता में जिस उदासी का चित्रण है वह कहीं और अधिक गहनता एवं अनेक अर्थच्छायाओं को समाहित किये हुए हैं—

घरों में सुनसान आलस ऊँघता है।
थकी राहें ठहरकर विश्राम करतीं।
रिक्त कमरे की उदासी बढ़ रही है।
दूर से आते स्वरों से।

कुछ लोगों ने प्रयोगवाद को रूपवाद अथवा 'फॉर्मलिज़्म' के रूप में भी स्वीकार किया है, किन्तु रूपवाद प्रयोगवाद की एक प्रवृत्तिमात्र है। सभी प्रयोगवादी कवि ऐसे नहीं हैं जिन्होंने रूप-विधान पर विशेष जोर दिया हो। ऐसे कवियों की संख्या कम ही है। वास्तविकता यह है कि 'प्रयोगवाद' एक खास तरह की ह्रासोन्मुखी मध्यवर्गीय मनोवृत्ति और एक निश्चित विचारधारा का वाहक है जिसकी चर्चा ऊपर की गयी है। "ये कवि मध्यवर्गीय व्यक्ति जीवन की समस्त जड़ता, कुण्ठा, अनास्था और मानसिक संघर्ष के सत्य को बड़ी बौद्धिकता के साथ उद्‌घाटित करते हैं।..... छायावादी कवियों ने कल्पनालोक में नारी के साथ साहचर्य स्थापित कर अपनी प्यास मिटा ली, किन्तु यथार्थ आग्रही कवियों के लिए यह सम्भव नहीं था। उन्होंने कल्पना का रंगीन आवरण हटाकर सभी यौन-वासनाओं के नग्न रूप को स्पष्ट कर दिया। फ्रायड का काम-सिद्धान्त इनके लिए प्रधान जीवन-दर्शन बन गया।"

—(रामदरश मिश्र, हिन्दी साहित्य का इतिहास, सं० नगेन्द्र, पृ० 636)

इस प्रकार समग्रता में देखने पर यह स्पष्ट हो जाता है कि प्रयोगवादी कवियों का जीवन-दर्शन स्वस्थ नहीं था। इनके पास कोई ऐसी स्वस्थ दृष्टि और स्वस्थ मूल्य नहीं था जिससे ये कवि अपनी रचनाओं के माध्यम से समाज को कोई दिशा दे सकते या जीवन जगत् की समस्याओं से मुक्ति का कोई रास्ता दिखा सकते। लेकिन इतना होते हुए भी प्रयोगवादी कविता ने समाज के एक छोटे से हिस्से की ही सही, मनोवृत्तियों को सार्थक और प्रामाणिक अभिव्यक्ति दी है। साथ ही प्रयोगवाद ने काव्य-शिल्प को जो निखार प्रदान किया है, उसका अपना ऐतिहासिक महत्त्व है।

●

नयी कविता

हिन्दी साहित्य में 'नयी कविता' का आरम्भ 1951 में 'दूसरा सप्तक' के प्रकाशन के साथ माना जाता है। दूसरा सप्तक में भवानीप्रसाद मिश्र, शकुन्त माथुर, हरिनारायण व्यास, शमशेरबहादुर सिंह, नरेश मेहता, रघुवीर सहाय तथा धर्मवीर भारती की कविताएँ संकलित हैं। अज्ञेय के सम्पादन में ही 1959 में 'तीसरा सप्तक' प्रकाशित हुआ जिसके कवि थे— कुँवर नारायण, केदारनाथ सिंह, विजयदेव नारायण साही, सर्वेश्वरदयाल सक्सेना, कीर्ति चौधरी, मदन वात्स्यायन तथा प्रयागनारायण त्रिपाठी। इस 'दूसरा सप्तक' और 'तीसरा सप्तक' के बीच के समय को अर्थात् मोटी-मोटा सन् 1950 से 60 के बीच के दस वर्षों की अवधि को नयी कविता का समय माना जाता है किन्तु विस्तार से देखने पर प्रयोगवाद से लेकर समकालीन कविता के दौर तक नयी कविता का फैलाव लक्षित किया जा सकता है।

'नयी कविता' नाम अज्ञेय का दिया हुआ है। इस नाम का सर्वप्रथम प्रयोग उन्होंने एक रेडियोवार्ता में किया था जो 'नये पत्ते' के जनवरी-फरवरी 1953 अंक में 'नयी कविता' शीर्षक से प्रकाशित हुई थी। इस नाम पर अंग्रेजी के 'न्यू पोइट्री' काव्यान्दोलन का भी प्रभाव है। 'न्यू पोइट्री' के ही अनुकरण पर इलाहाबाद से जगदीश गुप्त आदि परिमल ग्रुप के रचनाकारों ने 'नयी कविता' नामक पत्रिका का प्रकाशन भी किया। 'नयी कविता' आन्दोलन को प्रतिष्ठा दिलाने में नई कविता 'क ख ग' 'नये पत्ते', 'निकष', 'कल्पना' आदि पत्रिकाओं ने महत्त्वपूर्ण भूमिका निभायी। सन् 1979 में 'तीसरा सप्तक' के बीस वर्षों बाद अज्ञेय ने 'चौथा सप्तक' भी प्रकाशित किया जिसमें अवधेश कुमार, राजकुमार कुम्भज, स्वदेश भारती, नन्दकिशोर आचार्य, सुमन राजे, श्रीराम वर्मा, और राजेन्द्र किशोर की कविताएँ संकलित हैं।

नयी कविता प्रयोगवादी कविता का नया संस्कार है। इसमें जो कुछ भी नयापन है, वह उस समय की तात्कालिक उपज न होकर साहित्य की क्रमश: विकासमान प्रक्रिया का परिणाम है। इस शताब्दी के चौथे दशक के आरम्भ तक छायावाद के भावतत्त्व और रूप-आकार के प्रति एक प्रकार का असन्तोष प्रकट होने लगा था। यह समझा जाने लगा कि छायावाद की वायवीय भाववस्तु और उसके अनुरूप अत्यन्त बारीक शिल्प आज के जीवन की अभिव्यक्ति में सफल नहीं हो सकता। इसी कारण छायावाद के प्रति प्रतिक्रिया हुई। इस तरह के रचनाकारों के दो अलग वर्ग बन गये। एक वर्ग ने अपने सामाजिक और राजनीतिक प्रयोजन से साम्यवादी जीवन-दर्शन को अपनाया और दूसरे ने बौद्धिक जागरूकता के साथ ही कविता के शिल्प में नवीनता का समावेश किया। पहले वर्ग को 'प्रगतिवाद' और दूसरे को 'प्रयोगवाद' के नाम से जाना जाता है। ''इस प्रकार 'छायावादी रोमानियत और कोमल संवेदना-कल्पना की चित्रवीथिका से निकलकर आधुनिक हिन्दी कविता 'प्रगति' और 'प्रयोग' के यथार्थोन्मुख रचना-संसार में पदार्पण करती है।'' (जगदीशप्रसाद श्रीवास्तव, अस्मिता, पृ० 2)

ये दोनों प्रवृत्तियाँ साथ चलती हुई और एक-दूसरे की खूबियों को ग्रहण करती हुई परस्पर काफी करीब आ जाती हैं। एक स्तर पर 'प्रगति' और 'प्रयोग' में कोई बड़ी

विभाजकता नहीं रह जाती। 'प्रगति' और 'प्रयोग' दोनों ही कल्पित कगार हैं जिन्हें समग्र नयी काव्यधारा तोड़ती हुई आगे बढ़ती है। नामवर सिंह के शब्दों में "छायावादोत्तर काल की यह सारी सार्थक काव्य-सर्जना उस नयी कविता के इर्द-गिर्द हुई है जो इस काल की मुख्य काव्यधारा रही है। स्पष्ट ही यहाँ नयी कविता से आशय....समग्र नयी काव्यधारा से है।" (कविता के नये प्रतिमान, पृ० 67) डॉ० जगदीश गुप्त ने इस द्वन्द्व को निर्णायक रूप देते हुए लिखा है—"नयी कविता समसामयिक हिन्दी काव्यधारा की प्रायः सर्वाधिक स्वीकृत अभिधा है। उसने अपनी उदार बाँहें फैलाकर प्रगतिवाद और प्रयोगवाद की यथार्थोन्मुखी चेतना को उन्मुक्त हृदय से अपने में समाहित कर लिया।" (कवितान्तर, पृ० 50)

डॉ० विजेन्द्र नयी कविता को अलग से काव्यान्दोलन न मानकर उसे पूर्ववर्ती कविता का विकास मानते हैं और प्रगतिवादी कविता को ही नयी कविता कहना पसन्द करते हैं। "दरअसल छायावाद के बाद प्रगतिवादी कविता पूर्ववर्ती कविता से एकदम भिन्न और अलग लगती है। ऐतिहासिक चेतना और कालक्रम के सन्दर्भ में भी यह प्रवृत्ति नवीन थी। एकदम अपूर्व। और इसी कविता को नयी कविता की संज्ञा मिलनी चाहिए थी। लेकिन प्रगतिवाद के पुरस्कर्ताओं ने जो नामकरण किया उसका आन्दोलनात्मक वैशिष्ट्य था। कौन कह सकता है कि यदि इस काव्यान्दोलन को नयी कविता का आन्दोलन कहा जाता तो आगे चलकर वह स्वीकृत न होता। दूसरे प्रयोगवाद तथा नयी कविता के पुरस्कर्ताओं ने केवल अपनी पहचान अलग करने को बड़े ही मनचाहे ढंग से नयी कविता का नामकरण किया। उनके सामने सिवा यूरोप के 'न्यू राइटिंग' वाले आन्दोलन के अतिरिक्त और कोई बुनियादी आधार नहीं था।" (हिन्दी कविता की प्रगतिशील भूमिका, पृ० 168) किन्तु प्रगतिवादी काव्यान्दोलन और नयी कविता में कुछ मूलभूत अन्तर हैं जो अब बिल्कुल स्पष्ट हो चुके हैं। यह न भूलना चाहिए कि नयी कविता का समय आजादी के बाद का समय है जहाँ सामाजिक-राजनीतिक परिदृश्य पहले से बदला हुआ है और साथ ही समाज के मूल अन्तर्विरोध काफी जटिल और उलझे हुए हैं।

नयी कविता की प्रवृत्तियों में क्षण का महत्त्व, लघु मानव की प्रतिष्ठा, पारम्परिक मूल्यों का निषेध, संशय, नैराश्य, कुण्ठा, संत्रास, हताश, टूटन, कटुता, विद्वेष-घृणा आदि नकारात्मक पक्षों के अतिरिक्त नये मूल्यों की स्थापना, जीवन और भविष्य के प्रति विश्वास, अनुभूति की सच्चाई, यथार्थ चित्रण, संघर्ष और विद्रोह की चेतना इत्यादि सकारात्मक पक्ष भी हैं। नयी कविता की प्रवृत्तियों को रेखांकित करते हुए इन्द्रनाथ मदान ने लिखा है—

"....नयी कविता में उन प्रतीकों, बिम्बों और साधनों का प्रयोग किया गया है जो यथार्थ जीवन से उपजे हैं। ....नयी कविता का विश्वास उस मानव के प्रति है जो लघु होने के साथ अपने प्रति जागरूक है। नयी कविता के लघु परिवेश में उस छोटे से छोटे क्षण के प्रति आस्था है जिसे महत्त्वहीन समझकर अवहेलना की दृष्टि से देखा जाता है।" (नयी कविता, पृ० 44-45) नयी कविता के बारे में जगदीश गुप्त का कहना है कि "नयी कविता आकर्षण को ही नहीं विकर्षण को भी टटोलती है। व्यंग्य करना, चोट करना, झकझोर देना, ध्यान में डूबे हुए को जैसे टोक देना और कुछ सोचने पर मजबूर

कर देना उसका स्वभाव है वह रिझाती तो कम है, सताती अधिक है।....कभी-कभी वह जीवन के भयानक तथ्यों की ओर संकेत करके हमें सहमा देती है।" (नयी कविता — स्वरूप और समस्याएँ, पृ० 83)

नयी कविता के महत्त्वपूर्ण कवियों में नागार्जुन, शमशेर बहादुर सिंह, त्रिलोचन, केदारनाथ अग्रवाल (सप्तकों से बाहर), मुक्तिबोध, रघुवीर सहाय, केदारनाथ सिंह, सर्वेश्वर दयाल सक्सेना इत्यादि हैं। इन कवियों ने नयी कविता के गर्भ से उत्पन्न व्यक्तिवादी, कलावादी, भाववादी और अन्य सभी प्रवृत्तियों से अलग हटकर कविता को एक महत्त्वपूर्ण मोड़ दिया। इतना ही नहीं, इन्होंने हिन्दी की प्रगतिशील कविता की चली आ रही जनवादी धारा को भी तेज किया। इन कवियों ने सामाजिक-आर्थिक-राजनीतिक स्थितियों पर सतर्क दृष्टि रखते हुए समाज के अन्तर्विरोधों को उद्घाटित किया तथा आम जनता की जिन्दगी में व्याप्त अभावों को न केवल चित्रित किया अपितु उनके समाधान की दिशा में संघर्ष के लिए प्रेरित भी किया। नयी कविता की मुख्य प्रवृत्तियाँ निम्नलिखित हैं—

रसवाद के प्रति असन्तोष

नयी कविता के प्रतिनिधि कवियों ने परम्परागत भारतीय रसवाद के प्रति असन्तोष व्यक्त किया, क्योंकि अब तक के सारे काव्य मूल्य किसी न किसी रूप में इसी से जुड़े हुए थे। रस के सम्बन्ध में अज्ञेय ने दो आपत्तियाँ प्रस्तुत कीं—पहली यह कि रस का आधार है—समाहिति, अद्वन्द्व, जबकि नयी कविता द्वन्द्व और असामंजस्य की कविता है। दूसरी आपत्ति शाश्वतता और क्षणिकता को लेकर है। रस का आधार शाश्वता के साथ जुड़ा है जबकि नयी कविता क्षण, बौद्धिकता और अपने परिवेश के साथ जुड़ी हुई है। नयी कविता वर्तमान पर केन्द्रित है जबकि रस की दृष्टि अतीतोन्मुख रहती है। रसानुभूति भावों के एक गहन सामंजस्य को लेकर चलती है, नयी कविता प्रायः पाठक को असमंजस में डाल देती है। इसीलिए नयी कविता में रसानुभूति के स्थान पर सहानुभूति पर बल दिया गया है। इस सन्दर्भ में डॉ० जगदीश गुप्त ने लिखा है कि, "रस सिद्धान्त अथवा अन्य किसी काव्य सिद्धान्त को सार्वभौतिक, शाश्वत और सर्वव्यापी मानने का मोह कभी-कभी नवीन साहित्य के मूल्यांकन में बाधक भी होता है।" (कवितान्तर, पृ० 21)

लघुमानव की प्रतिष्ठा—नयी कविता के रचनाकारों के मन में उस लघुमानव या आम आदमी के प्रति गहरी आत्मीयता और लगाव का भाव है जो अब उपेक्षित और अनादृत रहा है। इन कवियों ने निम्न मध्यवर्ग के छोटे और नीच कहे जाने वाले लोगों को सम्मान की दृष्टि से देखा और उनकी श्रम-शक्ति को महत्त्वपूर्ण ढंग से रेखांकित किया—

छोटे हाथ परिश्रम करते / ईंटों पर ईंटें धरते हैं
मधुमक्खी से तन्मय होकर / मधुकोषों से घर रचते हैं।

—केदारनाथ अग्रवाल

लघुता के प्रति यह गहरा आकर्षण श्रीकान्त वर्मा के यहाँ भी मिलता है—

मैं जंगलों पहाड़ों में खो जाना चाहता हूँ
मैं महुए के वन में / एक कंडे सा सुलगना, गुँगुवाना

धुँधुवाना चाहता हूँ
मैं कपास धुनना चाहता हूँ / या फावड़ा उठाना चाहता हूँ
या गारे पर ईंट बिटाना चाहता हूँ।..... —श्रीकान्त वर्मा

सामाजिक यथार्थ का चित्रण

नयी कविता के कवि अपने समाज के प्रति जागरूक थे। उनकी दृष्टि समाज की हर अच्छाई-बुराई पर थी। अपने समय में व्याप्त समस्याओं, विसंगतियों-विडम्बनाओं और भी तमाम सारी विकृतियों का इन कवियों ने बहुत साफ-साफ शब्दों में चित्रण किया है—

बाँध में दरार/पाखण्ड वक्तव्य में/घट तौल नाम में/मिलावट दवाई में
नीति में टोटका/अहंकार भाषण में/आचरण में खोट
हर हफ्ते मैंने विरोध किया। —रघुवीर सहाय

पारम्परिक मूल्यों का निषेध, अनास्था

नयी कविता जिस परिवेश में लिखी जा रही थी उसमें पूँजीवादी मूल्य विकसित हो चुके थे। लोगों का विश्वास पारम्परिक मूल्यों, धर्म, देवी-देवताओं आदि से उठने लगा था। बहुत सारे शब्द भी अपना अर्थ खो चुके थे। मनुष्य तर्कों और तथ्यों को ज्यादा महत्त्व देने लगा था—

मंदिरों में नहीं/देवियों के दर्शन
दुकानों में होते हैं/नाच-गानों में होते हैं। —केदारनाथ अग्रवाल
तुमने जहाँ लिखा है 'प्यार'/वहाँ लिख दो 'सड़क'/फ़र्क नहीं पड़ता
मेरे युग का मुहावरा है/फ़र्क नहीं पड़ता। —केदारनाथ सिंह

कुण्ठा, संत्रास, हताशा, अलगाव, अकेलापन, संशय और अविश्वास

समाज में भौतिक प्रगति के साथ ही संक्रामक पूँजीवादी कीटाणुओं का भी जन-जन में प्रवेश होता गया है जिसके कारण समूह की संस्कृति, साथ-साथ जीने, एक-दूसरे के सुख-दुःख में शरीक होने की स्वस्थ पद्धति भी छिन्न-भिन्न हो गयी है। मनुष्य की भौतिक पिपासा की अतृप्ति और पूँजीवादी व्यवस्था की अनिवार्य बुराइयों ने समाज में अनेक नकारात्मक मूल्यों को बढ़ावा दिया है जिसका चित्रण नयी कविता के कवियों ने किया है—

सहानुभूति और प्यार/अब एक ऐसा छलवा है जिसके जरिये
एक आदमी दूसरे को अकेले/अँधेरे में ले जाता है और
उसकी पीठ में छुरा भोंक देता है। —धूमिल

आजकल का ढंग भी विचित्र है/हमारे घर/जितने ही निकट-निकट होते हैं उतने ही दूर-दूर हमारे मन होते हैं/यानी लगे हुए हम कितने अलग-अलग हैं। —त्रिलोचन

मैं रथ का टूटा पहिया हूँ, लेकिन मुझे फेंको मत —धर्मवीर भारती

आज़ादी की व्यर्थता का बोध

सन् 1947 में हमारा देश आज़ाद हो गया था और सन् '50 में इसका स्वतन्त्र संविधान भी बन गया था। लम्बे समय से शोषण का शिकार होती हुई मेहनतकश और

संघर्षरत जनता के मन में आज़ादी को लेकर बड़ी आशाएँ बँधी थीं। लेकिन कुछ ही दिनों बाद लोगों ने महसूस किया कि वे जिस आज़ादी की कल्पना कर रहे थे यह वो आज़ादी नहीं है। '47 में सत्ता का हस्तान्तरण जैसा कुछ हुआ था, क्योंकि आम जनता का जीवन जैसा का तैसा था। अन्याय-अत्याचार, गरीबी, भुखमरी का क्रम पूर्ववत जारी था। आज़ादी किधर से आयी और किधर गयी, बहुसंख्यक लोगों को कुछ पता ही नहीं चला। आज़ादी की इस व्यर्थता बोध पर काफी सशक्त कविताएँ लिखी गयीं—

क्या आज़ादी तीन थके हुए रंगों का नाम है/जिन्हें एक पहिया ढोता है।
या इसका कोई खास मतलब होता है? —धूमिल

राष्ट्र गीत में भला कौन वह/भारत भाग्य विधाता है।
फटा सुथन्ना पहन के जिसका/गुनहरचरना गाता है —रघुवीर सहाय

असहज यौन चित्रण

नयी कविता प्रयोगवादी कविता का ही विकसित रूप है। इसमें प्रयोगवाद से जुड़े हुए सारे कवि भी शामिल थे। इन कवियों के माध्यम से प्रयोगवाद की सारी विकृतियाँ भी नयी कविता में चली आयी थीं। जो आगे चलकर अकविता के दौर में अपने चरम विकृत और बदबूदार रूप में सामने आती हैं। इन कवियों ने स्त्री-पुरुष सम्बन्धों को लेकर तमाम फूहड़, नग्न और वीभत्स कविताएँ लिखी हैं—

वह हाथ बढ़ाता है और पाता है/पसीने से चिपचिपाई हुई चोली है
वह घबराकर किसी और का हाथ पकड़ लेता है। —श्रीकान्त वर्मा

सुबह होने से लेकर दिन डूबने तक/मैं इन्तजार करती हूँ रात का
जब हम दोनों एक ही कोने में सिमटकर
एक-दूसरे को कुत्तों की तरह चाटेंगे। —मणिका मोहिनी

भविष्य के प्रति आशा एवं विश्वास

नयी कविता के अनेक कवियों की कविताओं में जहाँ अस्वस्थ और निराशावादी दृष्टि लक्षित होती है, वहीं ऐसे भी अनेक कवि हैं जिन्हें जीवन और जगत् के प्रति गहरा विश्वास है, जिन्हें उम्मीद है कि इन समस्याओं का अन्त सम्भव है। अँधेरा काफी घना है लेकिन आग भी कहीं न कहीं बची हुई है जिससे रोशनी पैदा की जा सकती है। यही आशावादी दृष्टि उनकी कविताओं में नया उत्साह, नयी प्रेरणा भर देती है—

संशय/इस भाव को मिटा दो/रोशनी जल उठेगी/तुममें निर्भय....
विपत्ति में तुम अकेले नहीं हो/असंख्य सोते कुलबुलाते हैं
चट्टानों में मिलकर एक धारा बनने को।
इसे पहचानो राह निकलेगी निश्चय।

—सर्वेश्वरदयाल सक्सेना

कल उगूँगा मैं/आज तो कुछ भी नहीं हूँ
झाड़ पत्ती फूल चिड़िया घास फुग्गी
आह कुछ भी तो नहीं हूँ/कल उगूँगा मैं। —केदारनाथ सिंह

संघर्षशीलता एवं युयुत्सभाव

नयी कविता से सम्बद्ध वे कवि जिनकी दृष्टि आशावादी और जिनका विवेक वैज्ञानिक है वे मानते हैं कि जीवन को बेहतर बनाया जा सकता है, अपने जीवन में प्रकाश भरा जा सकता है लेकिन इसके लिए ऐसे लोगों को संगठित और शिक्षित करना होगा जो आज शोषित हैं। इन कवियों ने पीड़ित मानवता की मुक्ति के लिए संगठित प्रयासों पर बल दिया और अपने हक के लिए संघर्ष की अनिवार्यता को रेखांकित किया—

हमारे हाथों की अब किसी तेज धार वाले चाकू
और जलती हुई मशाल की जरूरत है। —शलभ श्रीराम सिंह

अब अभिव्यक्ति के सारे खतरे/उठाने ही होंगे
तोड़ने होंगे ही मठ और गढ़ सब। —मुक्तिबोध

अभिव्यक्ति पक्ष

नयी कविता के रचनाकारों ने इस बात को महसूस किया था कि पुरानी भाषा शैली नये जीवन-सन्दर्भों को अभिव्यक्त करने में असमर्थ हो चुकी है। अतएव इन कवियों ने नवीन कथ्य के अनुरूप अभिव्यक्ति की नयी प्रणालियों और नवीन भाषा-शिल्प की अनवरत तलाश की है। काव्य-भाषा की तलाश और तराश पर इन कवियों ने विशेष ध्यान दिया है। अज्ञेय की तो स्पष्ट मान्यता है कि "काव्य सबसे पहले शब्द है और सबसे अन्त में भी यही बात बच जाती है। सारे कवि कर्म इसी परिभाषा से निःसृत होते हैं। शब्द का ज्ञान-शब्द की अर्थवत्ता की सही पकड़ ही कृतिकार को कृती बनाती है। ध्वनि, लय, छन्द आदि के सभी प्रश्न इसी से निकलते हैं और इसी में विलय होते हैं।" (तार सप्तक, द्वितीय संस्करण, पुनश्च) विषय के अनुकूल सटीक शब्दों की तलाश नयी कविता की खास विशेषता है। इन कवियों ने विषय की माँग पर कहीं बहुत ही तेज और आक्रामक भाषा का प्रयोग किया है—आखिर कब तक डरेगा आदमी/तोड़ना ही होगा उसे/अपनी छाती पर रखा प्रतीक्षा का यह शिला खण्ड/और स्वीकार करनी होगी ही होगी/अपने देश और अपनी किवाड़ों पर/दस्तकें देते समय की पहचान। (महेश्वर) तो कहीं पर अत्यन्त अनगढ़ और लोकभाषा के सीधे-सादे शब्दों का—मैं महुए के वन में/एक कंडे सा सुलगना, गुँगुवाना/धुँधुवाना चाहता हूँ (श्रीकान्त वर्मा)

इसी प्रकार नयी कविता के रचनाकारों ने पुराने बिम्बों, प्रतीकों के स्थान पर नये और सर्वथा अछूते बिम्बों और प्रतीकों के प्रयोग पर जोर दिया है। इस दृष्टि से अज्ञेय की 'कलगी बाजरे की' शीर्षक कविता उल्लेखनीय है—'अगर मैं तुमको/ललाली साँझ के नभ की अकेली तारिका/अब नहीं कहता/या शरद के भोर की नीहार न्हायी कुँई/टटकी कली चम्पे की/वगैरह तो/नहीं कारण कि मेरा हृदय उथला या कि सूना है याकि मेरा प्यार मैला है/बल्कि केवल यही/ये उपमान मैले हो गये हैं/देवता इन प्रतीकों के कर गये हैं कूच।' ऐसे ही इन कवियों ने अपनी अभिव्यक्ति को समर्थ बनाने के लिए लोक-प्रचलित कथाओं, लोकोक्तियों, फंतासियों, मिथकों और नाटकीयता आदि का सहारा लिया है। इन्होंने मुक्तियुक्त छन्द और अर्थ की लय पर बल दिया।

जनवादी कविता (समकालीन कविता)
(1967 से अब तक)

अकविता की अराजक पृष्ठभूमि

नयी कविता और आज की जनवादी कविता के मध्य सात-आठ वर्ष हिन्दी कविता के इतिहास में काफी अस्त-व्यस्त, गड्डु-मड्डु और अराजकता के वर्ष रहे हैं। राजनीतिक जगत् में उथल-पुथल, आजादी से मोहभंग, '62 में चीन के साथ युद्ध में भारत की शर्मनाक पराजय के बाद नेहरू के नेतृत्व से भी मोहभंग, आर्थिक समस्याएँ, खाद्यान्नों की कमी और आशा की किसी भी स्पष्ट किरण के लक्षित न होने के परिणाम स्वरूप देश की जनता और बुद्धिजीवी वर्ग में भी एक तरह का असन्तोष व्याप्त हो गया था। ऐसे में कुछ वैज्ञानिक दृष्टि-सम्पन्न रचनाकारों को छोड़कर अधिकांश रचनाकार एक तरह की निराशा, ऊहापोह और भ्रम की स्थिति में पहुँच गये थे। इनमें एक आवेग युक्त आक्रोश एवं विद्रोह का भाव था किन्तु वह आक्रोश दिशाहीन और विद्रोह आत्मघाती था। नेतृत्व के अभाव तथा लक्ष्य की अस्पष्टता के कारण इस दौर की रचनाओं में अनेक अस्वस्थ मूल्यों की अभिव्यक्ति हो रही थी। इस प्रकार सन् '60 के बाद हिन्दी कविता में पानी के बुलबुलों जैसे तमाम अल्पजीवी काव्यान्दोलन आये जिनमें से मुख्य इस प्रकार हैं—**अकविता, श्मशानी पीढ़ी की कविता, भूखी पीढ़ी की कविता, नंगी पीढ़ी की कविता, सहज कविता, नकविता, दिगम्बरी कविता, विद्रोही कविता आदि**। इन आन्दोलनों से जुड़े हुए कवियों ने अपनी विकृतियों, कुण्ठाओं, भटकावों, अतृप्त कामवासनाओं, असहजयौन चित्रों और निषेधात्मक एवं प्रतिगामी मूल्यों को अपनी रचनाओं में व्यक्त करके पूरे साहित्यिक परिवेश को अत्यन्त घृणास्पद और वीभत्स बना दिया था। इनकी कविताओं के कुछ नमूने देखे जा सकते हैं—

1. स्त्री कभी नग्न नहीं होती है
   अपनी त्वचा में ढकी हुई/उजाले में सोती है। —राजकमल चौधरी
2. सुनो दोस्तो/मरने के बाद
   मेरी लाश पर वीर्यपात कर मूत देना
   और किसी रजस्वला औरत के कपड़े में लपेटकर
   पार्लियामेंट के घर में फेंक देना
   कहाँ मिलेगी इतनी बड़ी मुर्दों की भीड़
   और इतनी बड़ी कब्रगाह हिन्दुस्तान में। —निर्भय मल्लिक
3. सुबह होने से लेकर दिन डूबने तक
   मैं इन्तजार करती हूँ रात का
   जब हम दोनों एक ही कोने में सिमटकर

एक दूसरे को/कुत्तों की तरह चाटेंगे
विवाह के बाद जिन्दा रहने के लिए
जानवर बनना बहुत जरूरी है। —मणिका मोहिनी

4. कि तुम कभी ऐय्याश परम्परा से मुक्ति/नहीं पाना चाहोगे
कि तुम्हें केवल अपने वीर्य में बहते हुए पिस्सू लगेंगे निरीह
कि तुम तमाम लोगों की भाँति एक सामान्य चेहरा ओढ़कर
नंगी औरतों की मोह के साथ बलात्कार करने के लिए
अपने पुट्ठों पर हाथ मार-मार
स्वयं को उत्तेजित करने की चेष्टा करोगे। —मोना गुलाटी

ठीक उसी समय जब इस बिरादरी के सारे कवि अपने मानसिक दिवालियेपन और अश्लील चिन्तन को काव्य में रूपायित करने में अपनी सारी प्रतिभा को दाँव पर लगाये हुए थे, सन् 1967 में नक्सलबाड़ी का प्रसिद्ध किसान विद्रोह फूट पड़ा जिसने देखते ही देखते एक बहुत बड़े क्षेत्र को अपनी चपेट में ले लिया। इस जनसंघर्ष की लपटें दूर-दूर तक फैल गयीं जिन्होंने हर व्यक्ति को अपना पक्ष चुनने के लिए मजबूर कर दिया। स्थानीय भू-स्वामियों के खिलाफ हथियारबन्द किसानों के इस आन्दोलन ने समूचे भारतीय साहित्य की निहलिस्ट अराजकतावादी धारा को या तो दफन कर दिया या जनवादी ताकतों के साथ नयी राजनीतिक चेतना से जुड़ने के लिए विवश कर दिया। हालाँकि नक्सलबाड़ी के इस संघर्ष ने देश की सामाजिक स्थिति में कोई बड़ा गुणात्मक परिवर्तन नहीं किया, फिर भी यह एक बहुत बड़ी सच्चाई है कि राजनीतिक दिशाहीनता के अँधेरे को भेदती हुई क्षितिज के एक कोने पर यह किसी लाल मशाल की तरह चमका जिसकी रोमैण्टिक आभा देश के सुदूर कोने-कोने में फैलती चली गयी। इसी समय पंजाब, उत्तर प्रदेश, बिहार और बंगाल में गैर-कांग्रेसी सरकारें भी बनीं। इन सारी स्थितियों के परिणामस्वरूप बहुत सारे रचनाकारों ने साहित्य की बदबूभरी संकुचित दीवार को फाँदकर विशाल जनता की जिन्दगी का साक्षात्कार किया और घोषित रूप से जन पक्षधर रचनाओं का सृजन किया। ऐसे कवियों में नागार्जुन, शमशेर बहादुर सिंह, केदारनाथ अग्रवाल, शील, मुक्तिबोध, रघुवीर सहाय, त्रिलोचन, सर्वेश्वर, कुमारेन्द्र पारसनाथ सिंह आलोकधन्वा, वेणु गोपाल, देवेन्द्र कुमार, केदारनाथ सिंह, राजेश जोशी, धूमिल, शलभ श्रीराम सिंह, लीलाधर जगूड़ी, मंगलेश डबराल, उदय प्रकाश, पंकज सिंह, ज्ञानेन्द्र पति, अरुण कमल, गोरख पाण्डेय आदि विशिष्ट हैं।

यद्यपि अपने मूल अर्थ में जनवादी काव्य से तात्पर्य सामन्तवाद-विरोधी काव्य से है, किन्तु भिन्न-भिन्न समयों में, भिन्न-भिन्न देशों की सामाजिक, आर्थिक, राजनीतिक और राष्ट्रीय-अन्तरराष्ट्रीय स्थितियों एवं चुनौतियों के अनुरूप इसका स्वरूप परिवर्तित होता रहा है। इसीलिए कभी यह सामन्तवाद-विरोधी, कभी सामन्तवाद-साम्राज्यवाद विरोधी तथा कभी सामन्तवाद-पूँजीवाद विरोधी रूप में लक्षित होता रहा है। कुल मिलाकर आज की परिस्थितियों में जनवादी काव्य से तात्पर्य व्यवस्था-विरोधी काव्य से है। उस व्यवस्था का विरोधी काव्य जिसमें नब्बे प्रतिशत की कमाई पर दस प्रतिशत लोग मौज कर

रहे हैं। जहाँ मेहनत करने वालों को उनके श्रम का उचित मूल्य नहीं मिलता, जहाँ खून-पसीना बहाकर उत्पादन करने वाले लोग भूखें रहते हैं, जहाँ कपड़ा बनाने वाले लोग नंगे रहते हैं, जहाँ मकान बनाने वाले खुद फुटपाथों पर सोते हैं, जहाँ बुढ़ापा बेसहारा रहने और बचपन होटलों की प्लेट धोने तथा भीख माँगने के लिए अभिशप्त हैं, जहाँ कुछ लोगों को लूट, हत्या और बलात्कार की पूरी स्वतन्त्रता है, जहाँ ऊँची डिग्रियाँ लिये बेरोजगारों की लम्बी फौज चप्पल चटकाते सड़कों और रोजगार कार्यालयों में भटकने और परिवार एवं समाज की उपेक्षा सहने के लिए मजबूर हैं, जहाँ लोगों की जिन्दगी भेड़ियों की कृपा पर निर्भर है, जहाँ न्याय के मन्दिरों में पूँजी की देवी प्रतिष्ठित है, जहाँ देश के शासक निहित स्वार्थों के चलते देश को बेंच देने के लिए आमादा हैं, जहाँ राजनीतिक पार्टियों का अस्तित्व साम्प्रदायिक दंगों और जातीय घृणाओं की खेतियों पर निर्भर है और जहाँ शोषकों को जनता का खून पीने तथा कुछ भी करने की पूरी आज़ादी है।

जनवादी काव्य मुट्ठी भर शोषक-शासक वर्ग के प्रति विशाल शोषित जन-समुदाय की मुक्ति का उद्घोष है। जनवादी काव्य के बारे में डॉ० शिवकुमार मिश्र का कहना है—"जनवादी कविता का आधार किसी राष्ट्र या देश की जनता का मुख्य जीवन प्रवाह होता है और इस जनता के अन्तर्गत किसी राष्ट्र या देश के निवासियों का मुख्यांश आता है जो समाज के प्रभुवर्गों के विपरीत अपनी जीविका का निर्वाह करता है। यह श्रम शारीरिक भी होता है और मानसिक भी.... जनवादी कविता इस जनता की जिन्दगी को उसकी सम्पूर्ण प्रतिनिधिकता तथा समग्रता से प्रस्तुत करती है और अपने इसी व्यापक और पुष्ट जनाधार के कारण किसी भी समय तथा किसी भी युग में शासक-शोषक वर्गों के समक्ष चुनौती के रूप में प्रस्तुत होती रही है। जनवादी कविता जनता की जिन्दगी के बीच में उगते हुए उसकी आशाओं-आकांक्षाओं, उसके स्वप्नों तथा संघर्षों को वाणी देती है। किसी भी राष्ट्र या देश की जनता की अपनी संस्कृति, उसके कर्म तथा आचरण को हम बड़े सहज रूप में उसमें प्रतिबिम्ब देख सकते हैं। वह एक स्तर पर जनता के जीवन से उसकी कर्मठता तथा संघर्षशीलता से प्रेरणा लेती है; दूसरे स्तर पर जनता को शिक्षित तथा जाग्रत् करते हुए उसके आकांक्षित जीवन को उसकी समग्र चित्रमयता तथा पैनेपन के साथ प्रस्तुत करते हुए उसे अपने इस प्राप्तव्य तक पहुँचने में मदद करती है।" (शिवकुमार मिश्र, उत्तरार्ध, अंक 20, जनवादी साहित्य विशेषांक, पृ० 21)

जनवादी लेखन के इसी व्यापक स्वरूप और उद्देश्य को स्पष्ट करते हुए डॉ० कुंवरपाल सिंह लिखते हैं—"जनवाद का वास्तविक अर्थ है—साम्राज्यवाद, पूँजीवाद और सामन्ती व्यवस्था और उसके जीवन-मूल्यों का सक्रिय विरोध, श्रमिक वर्ग और पीड़ित जन के साथ वास्तविक हमदर्दी। देश भक्त क्रान्तिकारी शक्तियों की एकता और उसके संकल्प का नाम है जनवाद। जनवाद का उद्देश्य है—साम्राज्यवादी, पूँजीवादी और सामन्ती व्यवस्था के स्थान पर जनता के प्रजातन्त्र की स्थापना। साहित्य और कला के क्षेत्र में शोषित, उत्पीड़ित वर्ग की भावनाओं, संकल्पों, सुख-दुख, जय-पराजय और संघर्षों की यथार्थ अभिव्यक्ति का नाम ही जनवाद है। पतनशील सामन्ती मूल्यों, साम्राज्यवादी और

बुर्जुआ संस्कृति के स्थान पर जनवादी संस्कृति की स्थापना की। जनवादी साहित्य का प्रमुख लक्ष्य होता है—जनता को शिक्षित करना उसके संघर्षों और जीवन को स्वर प्रदान कर उन्हें आगे बढ़ाने में जनवादी साहित्य प्रेरणा देता है। जो जनता मूल परिवर्तन में प्रमुख भूमिका अदा करती है, उस तक जनवादी साहित्य को पहुँचाना प्रतिबद्ध, जागरूक और जनवादी रचनाकार के लिए आवश्यक है। ऐसी भाषा और कला का विकास जनवादी साहित्यकार का लक्ष्य और दायित्व है।'' (कुँवरपाल सिंह, सन्दर्भ-1, पृ० 108)

आज की सामाजिक स्थितियों को देखते हुए यह अत्यन्त आवश्यक है कि साहित्य उस मनुष्य की वाणी बने जो संसार संग्राम में जूझ रहा है, लड़ रहा है। वह उसके उस सौन्दर्य-बोध को अपनी कला में रूपायित करे जिसके लिए ही महान् कलाकारों की विरासत को युद्ध की आँच से बचाने के लिए वह अपने प्राणों को भी दाँव पर लगाए हुए हैं। साहित्य ऐसा तभी बन सकता है और साहित्यकार अपने महान् पूर्ववर्तियों की परम्परा का तभी समर्थ उत्तराधिकारी कहला सकता है जब वह समस्त प्रकार के विघटन के बीच साहस के साथ इस लड़ते हुए मनुष्य, उसके द्वारा रचे जाने वाले इतिहास का पक्षधर बनकर सामने आये, उस मनुष्यता की हिमायत करे जो आज दलित है, त्रस्त है और त्रास से छुटकारा पाने के लिए उबल रही है, उस मनुष्य को कन्धे का सहारा दे जो संघर्ष में विजयी बनकर प्रकट तो हुआ है परन्तु निरन्तर संघर्ष ने जिनकी शक्ति के अधिकांश को चूस लिया है और इस बची हुई अल्प शक्ति के बल पर वह अपना और अपनी मिट्टी का नया संस्कार करने के लिए पुनः एक नये अभियान की तैयारी कर रहा है, वह उस मनुष्यता का स्वागत करे जो अत्याचारों की छाती पर नयी आकृति में ढल रही है, उस इतिहास का निर्माण कर रही है जो अभी भी हमारा प्राप्य है।

जनवादी साहित्य और जनता के साहित्य के विषय में कुछ लोगों की मान्यता है कि जनता का साहित्य वहीं होता है जो सीधे-सीधे जनता की समझ में आ जाये। किन्तु यह मान्यता सर्वथा उचित नहीं लगती। ऐसा करने से बहुत सारे जनता के लेखकों की बहुत सारी महत्त्वपूर्ण कृतियाँ इस घेरे के बाहर हो जाएँगी। इस विषय पर विचार करते हुए हमें जनता के विविध स्तरों को ध्यान में रखना होगा। कम शिक्षित जनता के लिए अत्यन्त आसान और शिक्षित जनता के लिए उसके अनुरूप स्तरीय साहित्य की जरूरत होती है। इस सन्दर्भ में गजानन माधव मुक्तिबोध के विचारों को प्रस्तुत करना उचित लग रहा है—''जनता का साहित्य का अर्थ जनता को तुरन्त ही समझ में आने वाले साहित्य से हरगिज नहीं है। अगर ऐसा होता तो 'किस्सा तोता मैना' और 'नौटंकी' ही साहित्य के प्रधान रूप होते।...... साहित्य का उद्देश्य सांस्कृतिक परिष्कार है, मानसिक परिष्कार है। किन्तु यह परिष्कार साहित्य के माध्यम द्वारा तभी सम्भव है जब स्वयं सुनने वाले या पढ़ने वाले की अवस्था शिक्षित की हो। यही कारण है कि मार्क्स का दास कैपिटल, लेनिन के ग्रन्थ, रोम्याँरोला के, तॉलस्तॉय और गोर्की के उपन्यास एकदम अशिक्षित और असंस्कृतों के न समझ में आ सकते हैं, न वे उनके पढ़ने के लिए होते ही हैं। जनता का साहित्य का अर्थ 'जनता के लिए साहित्य' से है और वह जनता ऐसी हो जो शिक्षा और

संस्कृति द्वारा कुछ स्टैण्डर्ड प्राप्त कर चुकी हो।....जो लोग 'जनता का साहित्य' से यह मतलब लेते हैं कि वह साहित्य जनता के तुरन्त समझ में आये, जनता उसका मर्म पा सके यही उसकी पहली कसौटी है—वे लोग यह भूल जाते हैं कि जनता को पहले सुशिक्षित और सुसंस्कृत करना है। वह फिलहाल अँधेरे में है। जनता को अज्ञान से उठाने के लिए हमें पहले शिक्षा देनी होगी। शिक्षित करने के लिए जैसे ग्रन्थों की आवश्यकता होगी, वैसे ग्रन्थ निकाले जायेंगे और निकाले जाने चाहिये। लेकिन इसका मतलब यह नहीं कि उसको प्रारम्भिक शिक्षा देने वाले ग्रन्थ श्रेष्ठ नहीं हैं। ठीक यही भेद साहित्य में भी है। कुछ साहित्य तो निश्चय ही प्रारम्भिक शिक्षा के अनुकूल होगा, तो कुछ सर्वोच्च शिक्षा के लिए। प्रारम्भिक श्रेणी के लिए उपयुक्त साहित्य तो साहित्य और सर्वोच्च श्रेणी के लिए उपयुक्त साहित्य जनता का साहित्य नहीं है, यह कहना जनता से गद्दारी करना है। ....जनता के साहित्य से अर्थ है ऐसा साहित्य जो जनता के जीवन-मूल्यों को, जनता के जीवनादर्शों को प्रतिष्ठापित करता हो, उसे अपने मुक्तिपथ पर अग्रसित करता हो। इस प्रकार वह समूचा साहित्य जो जनता के हित के लिए हो, तथा जिसकी वर्गीय पक्षधरता शोषित वर्ग के साथ हो, जनता साहित्य है, जनवादी साहित्य है।'' (मुक्तिबोध, आखिर रचना क्यों?, पृ० 56-57)

संक्षेप में जनवादी काव्य वह काव्य है जिसमें शोषक-शासक वर्गों की दमनकारी नीतियों का पर्दाफाश हो, जिसमें आज की भयावह जिन्दगी और खुरदरे यथार्थ का चित्रण हो, समस्याओं के जाल में चतुर्दिक् घिरे मेहनतकश अवाम के शोषण और उसकी बदहाली का चित्रण हो, और तमाम तरह के दहकते सवालों से सीधा साक्षात्कार हो। अर्थात् घुटते हुए, मार खाते हुए, लहूलुहान होते हुए, टूटते और दम तोड़ते हुए यथार्थ के साथ ही अपने हक और अधिकार के लिए सर उठाते हुए, एकजुट होते हुए, जूझते, टकराते एवं मुक्ति के लिए बेचैन तथा संघर्ष करते हुए परिवर्तन कामी यथार्थ का भी चित्रण हो, जिसमें जनता की आशाओं-आकांक्षाओं और वास्तविक आक्रोश की सार्थक अभिव्यक्ति हो, जो शोषित जनता के मन में विश्वास जगाता हो और शोषकों का मनोबल तोड़ देता हो।

जनवादी कविता कि पहली प्रवृत्ति है—**आम आदमी का चित्रण!** जनवादी कविता के केन्द्र में वह आदमी है, जो हर तरह के शोषण, दमन और अत्याचार का शिकार है, जो हर तरफ से उपेक्षित और तिरष्कृत है। जो दिन भर कठिन श्रम करने के बाद भी शाम को अपने परिवार के लिए भरपेट भोजन की व्यवस्था नहीं कर पाता, जिसकी जिन्दगी अभावों का पर्याय बन चुकी है। जनवादी कविता में निम्न वर्ग और उस निम्न मध्यम वर्ग की स्थितियों का चित्रण है जिस पर व्यवस्था की मार सर्वाधिक पड़ती है। एक गरीब किसान की पत्नी क्या-क्या सपने देखती है, इसका वर्णन करते हुए पंकज सिंह लिखते हैं—

वह किसान औरत नींद में क्या देखती है
वह शायद देखती है अपने तन की धरती/नींद में
वह शायद देखती है पसीने से भरा एक चौड़ा सीना
इतना चौड़ा कि वह ढक ले सारी धरती

वह शायद देखती है दु:स्वप्न में ठहरे दृश्य सा
एक थाली भात....

होटल में काम करने वाले बच्चे की दयनीय स्थिति की मार्मिक अभिव्यक्ति अरुण कमल की 'होटल' शीर्षक कविता में देखने को मिलती है—

जैसे ही कौर उठाया/हाथ रुक गया
सामने किवाड़ से लगकर/रो रहा था वह लड़का
जिसने मेरे सामने/रखी थी थाली।

रिक्शा चलाते हुए आदमी के लहूलुहान नंगे पैरों पर भी जनवादी रचनाकार की निगाहें जाती हैं और वह भी काव्य का विषय बनता है—

खुब गये/दुधिया निगाहों में
फटी बिवाइयों वाले खुरदरे पैर/धँस गये
कुसुम-कोमल मन में/गुट्ठल घट्ठों वाले कुलिश-कठोर पैर
रे रहे थे गति/रबड़-विहीन ठूँठे पैडलों को
चला रहे थे/एक नहीं, दो नहीं तीन-तीन चक्र
कर रहे थे मात त्रिविक्रम वामन के पुराने पैरों को
नाप रहे थे धरती का अनहद फासला
घण्टों के हिसाब से ढोये जा रहे थे। —नार्गाजुन

जनवादी कविता की दूसरी महत्त्वपूर्ण प्रवृत्ति है **सामाजिक विद्रूपताओं और विसंगतियों का उद्घाटन**। पूँजीवादी व्यवस्था के परिणाम स्वरूप उत्पन्न पतनशील मूल्यों एवं सामाजिक विकृतियों तथा विद्रूपताओं को जनवादी कवियों ने अपनी रचनाओं में बेनकाब करने की कोशिश की है। सामाजिक सम्बन्धों में अर्थ की निर्णायक भूमिका, टूटते-बिखरते परिवार, अलगाव, अजनबीपन, अमानवीयता, व्यवस्था की साजिशें, चौतरफा समस्याओं की मार और इन सारी तबाहियों के बीच में घुट-घुटकर जीते हुए आदमी के जीवन की त्रासदी का सशक्त चित्रण जनवादी कविताओं में हुआ है। सारी चीजें किस तरह बदल गयी हैं और अपना अर्थ खो चुकी हैं, इसे देवेन्द्र कुमार की 'पैराशूट' कविता में देखा जा सकता है—

आदमी/मकान से निकलकर सीधे पेड़ों पर/चढ़ जाये
इसकी कोशिश पहले करता है/और काफी तर्क-कुतर्क करने के बाद,
जैसे ही किसी घोसले के तरफ/हाथ लम्बा करता है
तो सहसा ख्याल हो जाता है/कि घोंसलों में चिड़ियों के बच्चे ही नहीं,
कभी-कभी साँप भी मिलता है।

देश में हर तरफ व्याप्त भ्रष्टाचार का नमूना गोरख पाण्डेय की इन पंक्तियों में भी देख सकते हैं—

मक्कार बाँटते हैं प्यार का/इश्तहार
अत्याचारी न्याय का प्रमाण-पत्र/संसद भवन और बूचड़खाने में
समान सम्मान से घूमती है/जादू की छड़ी/जो हर कानून से बड़ी है
ज्ञान की मंडियाँ/चलाते हैं कातिल/दलाल और रंडियाँ

जनवादी कविता की तीसरी प्रवृत्ति है उसका **वर्गीय दृष्टिकोण**। जनवादी रचनाकार वैज्ञानिक चेतना से लैस है। वह यह जानता है कि वर्ग विभाजित समाज में हर चीज की भाँति ही साहित्य का भी वर्गीय स्वरूप होता है और शोषक तथा शोषित वर्गों में से किसी एक के प्रति सबको अपनी पक्षधरता और प्रतिबद्धता घोषित करनी पड़ती है। बीच-बीच की तटस्थता की कोई स्थिति नहीं होती। अपने आपको तटस्थ बताने वाले लोग कहीं न कहीं से शोषकों के साथ होते हैं, उनकी सेवा कर रहे होते हैं और यथा-स्थिति को बनाये रखना चाहते हैं। जनवादी रचनाकार अपनी स्पष्ट पक्षधरता घोषित करता है, और करोड़ों मेहनतकश जनता के संघर्ष में सहभागी होता है। वह मुक्तिबोध की तरह कहता है कि 'तय करो कि ओर हो तुम?' व्यवस्था के वीभत्स रूप को बेनकाब करते हुए पंकजसिंह ने 'तुम किसके साथ हो' शीर्षक कविता में इस प्रश्न को गम्भीरता के साथ उठाया है—

दुनिया के इस बेरौनक/चरमराते हुए ढाँचे में कितनी कुशलता से
बंद रखे गये हैं/हमारे सपनों के अधजले फूल और छल एक साथ
इसे जानना है तुम्हें/क्योंकि तुम्हारी लड़ाई
उस निर्मम जंगल के खिलाफ गुस्सैल लकड़हारों की
लम्बी लड़ाई है। जिस जंगल में सिर्फ आदमखोर रहते हैं....
और यही वह सवाल है/कैलेण्डर की हर तारीख में गूँजता हुआ
तुम किसके साथ हो/और किस तरह।

शोषकवर्ग की कूटनीति और शोषण के बारीक तरीकों को स्पष्ट करते हुए उदय प्रकाश 'बहेलिये' शीर्षक कविता में लिखते हैं—

वे जो फूलों के कपड़े पहने/फूलों के रथ में आते हैं इधर
बहेलिये हैं वे/वे जिनके शब्द हैं बेहद कोमल
लचीले गर्म कोंपलों की तरह/शहद जैसी हथेलियाँ हैं जिनकी
पगथलियाँ हैं/कमल की पंखुड़ियों सी

× × × ×

वे बहेलिये हैं/एक न एक दिन/जब पहली बारिश की उमस के बाद
पौधे बढ़ना चाहेंगे/चिड़ियाँ उड़ना चाहेंगी
बच्चे हँसना, नदी बहना/लड़की जब ब्याह करना चाहेगी
वे अपने पैने दाँत निकालकर/गुर्राना शुरू कर देंगे
आखिरकार/बहेलिये हैं वे/बूढ़े बरगद की आँखें
धोखा नहीं खा सकतीं।

जनवादी कविता की चौथी प्रवृत्ति है—**व्यवस्था के दमन और तानाशाही का चित्रण**। अपने मुनाफे को बढ़ाने के लिए जनता का हर तरह से शोषण और इस शोषण की व्यवस्था को बनाये रखने के लिए रोज नये-नये काले कानूनों के जरिये जनता के अधिकारों में कटौती, हक और न्याय के लिए आवाज उठाने वालों का पुलिस और फौज के द्वारा बर्बर दमन, जुलूसों पर लाठी चार्ज, जनता के लीडरों की हत्या, फर्जी मुठभेड़ों

के नाम पर बेकसूर लोगों का एन्काउन्टर इत्यादि अत्याचारों के माध्यम से यह व्यवस्था जनता पर कहर बरपा रही है। जनवादी रचनाकार इन सारी स्थितियों का न केवल द्रष्टा है, बल्कि वह भोक्ता भी है और इनमें वह सीधे-सीधे शरीक है। आन्ध्र प्रदेश के दो नक्सलबन्दी, किश्ता गौड़ और भूमैया, जिन्हें आपातकाल के दौरान फाँसी दे दी गयी थी, का उल्लेख करते हुए अरुण कमल ने 'खबर' नामक कविता में लिखा है—

अखबारों में खबर थी :
कैलिफोर्निया की एक कुतिया ने तेरह बच्चे/एक साथ जने।
अखबारों में खबर थी :/युवराज ने कंगालों में कम्बल बाँटे।
अखबारों में खबर थी :/विश्वसुन्दरी का वजन 39 किलो है।
अखबारों में खबर थी :/राजनेता ने दाढ़ी मुड़ाई
एक खबर जो कहीं नहीं थी :
किश्ता गौड़ को फाँसी हो गयी/भूभैया को फाँसी हो गई।

व्यवस्था की तानाशाही का अत्यन्त उग्र रूप उस समय देखने को मिला जब सन् 1975 में इन्दिरा गाँधी ने आपात्काल घोषित कर पूरे देश पर कहर बरपाना शुरु कर दिया। तब गोरख पाण्डे ने 'खूनी पंजा' शीर्षक कविता में लिखा—

ये जो मुल्क पे कहर सा बरपा है,
ये जो शहर पे आग सा बरसा है,
बोलो यह पंजा किसका है
यह खूनी पंजा किसका है ?
सत्तर में कसा कलकत्ते पर
कुछ जवाँ उमंगों के नाते,
कस गया देश की गर्दन पर
पचहत्तर के आते-आते,
आसाम की गीली मिट्टी में
यह आग लगाता आया है
पंजाब के चप्पे-चप्पे पर
अब इसका फौजी साया है
बोलो यह पंजा किसका है ?...

दिनों दिन बढ़ते जा रहे खतरे और संगीनों एवं फौजी बूटों तले रौंदी जाती हुई जनता का जीना मुश्किल हो गया है, युद्ध की आशंकाएँ बढ़ती जा रही हैं। 'कल की लड़ाई के लिए' शीर्षक कविता में विश्वनाथप्रसाद तिवारी ने इस आतंक को बहुत ही रोमांचक रूप में व्यक्त किया है—

सोये हुए गाँवों/और कर्फ्यू में काँपते नगरों के बीच
कुछ निश्चित नहीं/सिवा एक बीमार सम्भावना के
कि पीड़ा से मुक्ति के लिए/सहनी होगी पीड़ा
लड़ाई से मुक्ति के लिए/लड़नी होगी लड़ाई।

कुछ नहीं हो सकता/संगीनों के साये में
सिर्फ बलात्कार हो सकता है। बन्दूक की नली निहत्थी भीड़ को
कहीं नहीं ले जा सकती/सिवा उन नरभक्षी मादों के जहाँ जंगल की भाषा में
लोकतन्त्र और मताधिकार जैसे शब्दों का/व्याकरण है

जनवादी कविता की पाँचवीं प्रवृत्ति है—**सामन्ती मूल्यों-ईश्वरीय सत्ता और अन्ध-विश्वासों का नकार।** चूँकि जनवादी रचनाकार वैज्ञानिक सोच से सम्पन्न है, इसलिए वह उन बातों का जो तथ्यों और तर्कों की कसौटी पर खरी नहीं उतरतीं, स्वीकार नहीं करता। वह अच्छी तरह जानता है कि ईश्वर, देवी-देवता, कर्मकाण्ड, धर्म-मजहब, पुनर्जन्म और भाग्य इत्यादि के सारे विधान झूठे हैं और सत्ताधारी वर्ग द्वारा आम जनता को दिग्भ्रमित करने तथा गुमराह करके अपने वश में किये रखने के लिए और अपनी लूट की व्यवस्था को कायम रखने के लिए एक घृणित, कुत्सित और खतरनाक साजिश है। अकस्मात् कोई चमत्कार होगा और सबकुछ ठीक हो जाएगा, जनवादी कवि इसमें विश्वास नहीं करता—

दादी की सारी बातें झूठी सिद्ध हुईं
न पुण्य का फल मिला/न पाप की कमाई गई
जीवन में कभी कोई चमत्कार न हुआ
और अनुमान ही कर सकता हूँ/मगर सच मानो
तुम्हारे साथ भी कोई चमत्कार नहीं होगा —विश्वनाथप्रसाद तिवारी

जैसे-जैसे लोग शिक्षित और समझदार होते जा रहे हैं, ईश्वर के बारे में उनका भ्रम टूटता जा रहा है। आज ईश्वर का स्थान मात्र कैलेण्डरों में ही रह गया है।

लीलाधर जगूड़ी ने लिखा है—

तुम किताबों से उठकर/बार-बार यहाँ क्यों चले आते हो
हमने तुम्हें कैलेण्डरों पर दे दिया है
जाओ जूते और घड़ियों के ऊपर रहो
आदमियों के ऊपर इस वक्त खतरा है।

आजादी, लोकतन्त्र, संविधान और कानून के खोखलेपन का उद्घाटन जनवादी कविता की छठी, प्रवृत्ति है। आज समाज का हर सचेत आदमी यह देख रहा है कि हमारे देश की आजादी मात्र कहने की है। वह धनवानों के लिए आजादी और गरीबों के लिए दमन का यन्त्र है। देश में लोकतन्त्र, संविधान और कानून सब पैसे वालों के लिए ही हैं और इनसे मात्र उन्हीं के हितों की हिफाजत हो रही है। साधारण जनता की बात कोई सुनने वाला नहीं है, उसे हर जगह छला जा रहा है। पुलिस और फौज भी उन्हीं की रक्षा कर रही है जिनके पास पूँजी है। इस स्थिति में जब व्यवस्था के आका आजादी, संविधान, न्याय और कानून तथा जनतन्त्र की बातें करते हैं उनकी स्थिति और भी हास्यास्पद हो जाती है। जनवादी कवियों ने अपनी रचनाओं में इन सारी चीजों का मजाक उड़ाया है, इन पर व्यंग्य किया है और इनकी सच्चाई को जनता के सामने खोलकर रख दिया है। आजाद देश में यात्रा की स्थिति का एक चित्र विनोद भारद्वाज की 'आजादी' कविता में इस प्रकार है—

अभी-अभी/एक आजाद आदमी आया
मुस्तैदी से अपना ब्रीफकेस उठाये/फोरसीटर की पाँचवीं सीट पर
फँसकर/चला गया/शायद फव्वारे की तरफ
वह मिनी बस में/लटककर भी जा सकता था
बहुत बुरी तरह फँसकर/आजादी को
बहुत करीब से महसूस करते हुए.....

भारत की आजादी, लोकतन्त्र और राष्ट्रगान पर व्यंग्य करते हुए रघुवीर सहाय प्रश्न उठाते हैं—

राष्ट्रगीत में भला कौन वह/भारत भाग्य विधाता है
फटा सुथन्ना पहने जिसका/गुन हरचरना गाता है

सरकार के समाजवाद, संविधान और संसद पर व्यंग्य करते हुए धूमिल टिप्पणी करते हैं—

मगर मैं जानता हूँ कि मेरे देश का समाजवाद
मालगोदामों में लटकती हुई।
उन बाल्टियों की तरह है जिस पर 'आग' लिखा है
और उसमें बालू और पानी भरा है।
यहां जनता एक गाड़ी है/एक ही संविधान के नीचे
भूखे से रिरियाती हुई फैली हथेली का नाम/'गया' है
और भूख में/तनी हुई मुट्ठी का नाम/नक्सलबाड़ी है।

× × × ×

अपने यहाँ संसद/तेली की वह घानी है
जिसमें आधा तेल है/आधा पानी है।

जनवादी कविता की सातवीं प्रवृत्ति है—**प्रेम के प्रति नया दृष्टिकोण**। जनवादी कविता में प्रेम का स्वरूप न तो सांसारिकता से अलग किसी दूसरी दुनिया में खो जाने जैसा है और न ही देश-दुनिया की चिन्ताओं से मुक्त, जमाने के दुःख से विमुख, महलों, वाटिकाओं और आज के पार्कों में लुका-छिपा खेलने, कच, कुच और कटि के बारे में सोचने, विरह में उसाँसें भरने और उसके साथ 'छ सातक हाथ' तक चले जाने और नयनों के तीर से आहत होकर आहें भरने जैसा है। यहाँ 'और भी गम है जमाने में मोहब्बत के सिवा' और 'प्यार की आग तो दिल में सुलगती लेकिन, पेट की आग से वह बार-बार हारी है' है। जनवादी कवि के यहाँ एक तरफ देश, समाज और व्यवस्था की तमाम समस्याएँ प्रेम को गौण बना देती हैं, सामाजिक रूढ़ियाँ उसके प्रेम में अवरोध बनती है; दूसरी तरफ प्रेम उसे शान्ति और चैन देता है, श्रम से थके हुए तन और मन को स्फूर्ति प्रदान करता हैं, उसे जिन्दगी की चुनौतियों से टकराने के लिए प्रेरित और उत्साहित करता है। विश्वनाथप्रसाद तिवारी की 'नौकरी और प्यार' शीर्षक कविता बेरोजगारी की समस्या को झेलते हुए नौजवान की मानसिक यन्त्रणाओं का तीखा एहसास कराती है—

क्योंकि नौकरी इस जन्म के लिए लिए जरूरी है
अतः प्यार को अगले जन्म के लिए
स्थगित करता हूँ।

प्रेम की प्रेरणा व्यक्ति को असमर्थताओं से मुक्त कर सम्भावनाओं से भर देती है—

तुम्हारे साथ रहकर/अक्सर मुझे लगा है
कि हम असमर्थताओं से नहीं/संभावनाओं से घिरे हैं,
हर दीवार में द्वार बन सकता है
और हर द्वार से पूरा का पूरा/पहाड़ गुजर सकता है।

—सर्वेश्वरदयाल सक्सेना

प्रेम की शक्ति और स्फूर्तिदायी प्रेरणा का सुन्दर चित्रण नागार्जुन की 'यह तुम थीं' में दर्शनीय है—

कर गयी चाक / तिमिर का सीना
जोत की पाँख / यह तुम थीं....
अचानक उमँगी डालों की सन्धि में / छरहरी टहनी
पोर-पोर में गसे थे टूसे / यह तुम थीं।

प्रेम पैदा होने वाली स्फूर्ति और उत्साह के स्वरूप को रेखांकित करते हुए केदारनाथ सिंह लिखते हैं—

उसका हाथ/अपने हाथ में लेते हुए मैंने सोचा/दुनिया को/हाथ की तरह गर्म और सुन्दर होना चाहिए।

जनवादी कविता की आठवीं प्रवृत्ति है—**संघर्ष एवं क्रान्ति का उद्घोष**। जनवादी काव्य के केन्द्र में जो 'जन' है और इसमें जिस जनता का चित्रण हुआ है, वह गरीबी, फटेहाली, बेरोजगारी एवं शोषण-दमन, अत्याचार और जुर्म का शिकार होती हुई तथा व्यवस्था के चौतरफा हमलों को झेलती हुई निरीह और कमजोर नहीं है। इस शोषण पर टिकी हुई व्यवस्था की वही नींव है, वही आधार है। साथ ही वह निराश नहीं है और यह जानती है कि जिस दिन वह संगठित होकर अपने हक के लिए आवाज उठायेगी, उस दिन दुनिया का कोई भी तानाशाह उसकी आवाज को नहीं दबा सकेगा। उसका यह विश्वास उसकी कविताओं में स्पष्ट लक्षित होता है। स्वप्निल श्रीवास्तव 'घुड़सवार' शीर्षक कविता में लिखते हैं—

तकलीफों के बीच/पौधे सा बढ़ते हुए/सुबह सा हँसते हुए
मैंने जाना कि बेहतर घुड़सवार हो सकता हूँ
पथरीली जमीन पर/मेरे पाँव घोड़े से भी ज्यादा तेज
दौड़ सकते हैं/मेरी चीखों से/पर्वतों में पड़ सकती है दरार।

और इसी आशा, विश्वास और और आकांक्षा के साथ वह क्रान्ति का उद्घोष करता है। जनवादी कवि यह बखूबी जानता है कि आज तक किसी को अपना अधिकार न तो हाथ पसारने पर मिला है, न मिलेगा। वह यह भी जानता है कि अधिकार भीख में नहीं मिलता बल्कि उसे छीन लेना पड़ता है। वह 'भय बिनु होहि न प्रीति' का समर्थक

है। इसलिए वह क्रान्ति का आह्वान करता है और उसके लिए सर्वहारा वर्ग तथा अन्य सभी शोषित, पीड़ित, मेहनतकश आवाम को जागृत, गोलबन्द और संगठित करके शोषक-शासक वर्ग के समूचे भेड़िया तन्त्र के खिलाफ जेहाद छेड़ने और उनके लूट के सिंहासन पर धावा बोलने का आह्वान करता है।

केदारनाथ अग्रवाल की अनेक कविताओं में जनता की शक्ति और उसकी संघर्षशीलता का अच्छा चित्रण हुआ है। एक उदाहरण देखें—

जो जीवन की धूल चाटकर बड़ा हुआ है
तूफानों से लड़ा और फिर खड़ा हुआ है
जिसने सोने को खोदा लोहा मोड़ा है
जो रवि के रथ का घोड़ा है
वह जन मारे नहीं मरेगा, नहीं मरेगा।

लीलाधर जगूड़ी ने 'उदासी के खिलाफ' कविता में मुसीबतों की मार से निराश हो गये लोगों को संघर्ष के लिये जागृत और उद्वेलित करते हुए लिखा है—

उदास लोगो!/यह वज्रपात है/इसके बाद तुम्हारे चेहरे पर
हिलती हुई इच्छा के अलावा/आक्रमण के लिए शेष
नहीं रह जाएगी कोई दूसरी जमीन
उदास लोगो! उठो और नामंजूर करो/उठो और विरोध करो
उठो और चोट करो/उदास लोगो! उठो उसे घोड़े की नाल बना दो
उसकी मजबूत हठवादिता को/उसकी दुर्भावनाओं को
सड़क पर मिला दो/क्योंकि हमें/मजबूत सड़कों की जरूरत है।

मुक्तिबोध ने इस क्रान्तिकारी चेतना को अन्तिम निर्णायक स्वर देते हुए सारे पुराने गढ़ों और मठों को तोड़ने के संकल्प को दृढ़ता से दुहराते हुए लिखा है—

अब अभिव्यक्ति के सारे खतरे/उठाने ही होंगे।
तोड़ने होंगे ही मठ और गढ़ सब।
पहुँचना होगा दुर्गम पहाड़ों के उस पार
तब कहीं देखने मिलेंगी हमको/नीली झील की लहरीली थाहें
जिसमें कि प्रतिफल काँपता रहता/अरुण कमल एक।

इधर के महत्त्वपूर्ण काव्य-संग्रहों में बाघ, टॉलस्टॉय और सायकिल—केदारनाथ सिंह, फिर भी कुछ रह जाएगा, बेड़ियों के विरुद्ध—विश्वनाथप्रसाद तिवारी, ख़बर का मुँह विज्ञापन से ढका है—लीलाधर जगूड़ी, दुख चिट्ठीरसा है—अशोक वाजपेयी, यकीन की आयतें—आशुतोष दुबे, मुझे दिखा एक मनुष्य, आवाज़ भी एक जगह है—मंगलेश डबराल, दुनिया रोज़ बनती है—आलोक धन्वा, इसी दुनिया में, स्याही ताल—वीरेन डंगवाल, रात में हारमोनियम, एक भाषा हुआ करती थी—उदय प्रकाश, चाँद की बर्तनी, दो पंक्तियों के बीच, धूप-घड़ी किस्सा कोताह—राजेश जोशी, कोई दूसरा नहीं, इन दिनों, बाजश्रवा के बहाने—कुंवर नारायण, कितने प्रश्न करूँ—ममता कालिया, मैं अभी वहीं हूँ—हरिमोहन, यह

भूमंडलीकरण की रात है—पंकज राग, अनंतिम—कुमार अंबुज, भीड़ के भवसागर में—विनय दुबे, अब और नहीं—ओमप्रकाश वाल्मीकि, भिनसार—ज्ञानेन्द्र पति, घर-घर घूमा, लिखे में दुक्ख—लीलाधर मंडलोई, उसे लौट आना चाहिये—सुदीप बनर्जी, गलत पते की चिट्ठी, समय के शहर में, खुरदुरी हथेलियाँ, कविता में औरत—अनामिका, खुदाई में हिंसा—बद्रीनारायण, इसी हवा में अपनी भी दो-चार साँस है—अष्टभुजा शुक्ल, बन्जारे नयन, रोशनी खतरे में है, रोशनी की कोपलें—वशिष्ठ अनूप, अक्षरारंभ, प्रिया मेरी प्रेयसी—सुरेन्द्र काले, सिर्फ कवि नहीं, हम जो नदियों का संगम हैं, खत्म नहीं होती बात—बोधिसत्व, याज्ञवल्क्य से बहस—सुमन केशरी, आत्महत्या के पर्याय—वन्दना देवेन्द्र, मरजानी—वर्तिकानन्दा, मछलियाँ देखती हैं सपने, माया नहीं मनुष्य—रंजना जायसवाल, कुछ सुनती ही नहीं लड़की—वन्दना मिश्रा आदि उल्लेखनीय हैं।

●

गीत, नवगीत, जनवादी गीत

गीत का इतिहास उतना ही पुराना है जितना मानव सभ्यता का। मनुष्य अपने सुख-दु:ख, आशा-निराशा, उत्साह और उल्लास तथा प्रेम और पीड़ा की अभिव्यक्ति गीतों में ही करता रहा है। गीत मनुष्य की स्वाभाविक और सहज भावनाओं की स्वत: स्फूत अभिव्यक्ति बनकर प्रकट होते रहे हैं। मानक साहित्य से बहुत पहले भी और बाद में उसके साथ-साथ भी लोक साहित्य के रूप में गीतों की रचना होती रही है। यद्यपि इन गीतों का लिखित रूप बहुत कम ही उपलब्ध है, तथापि ये गीत, मौखिक, श्रवण और स्मरण के माध्यम से एक लम्बे समय से आज तक तक चले आ रहे हैं। आगे चलकर बदलते समय और समाजार्थिक स्थितियों के अनुरूप ही गीतों का स्वरूप भी परिवर्तित होता गया है। वे गीत जो कभी मानव-मन के एकान्तिक क्षणों की सहज अभिव्यक्ति हुआ करते थे, युगीन समस्याओं के दबाव के फलस्वरूप वैज्ञानिक समझ और चिन्तन से सम्पन्न होकर विस्तृत जन-जीवन के दु:ख-दर्द और उनकी आशाओं-आकांक्षाओं के मुखर प्रवक्ता बन गये।

विभिन्न विद्वानों ने समय-समय पर गीत की परिभाषा, उसके विषय, क्षेत्र, उद्देश्य, महत्त्व आदि पर अपने विचार व्यक्त किये हैं। गीत काव्य को परिभाषित करते हुए महादेवी वर्मा ने लिखा है कि "सुख-दु:ख की आवेशमयी अवस्था विशेष का गिने-चुने शब्दों में स्वरसाधना के उपयुक्त चित्रण कर देना ही गीत है।" डॉ० जयनाथ नलिन का कहना है कि "हृदय की सघन और निर्बाध अनुभूति जब शब्दों के घुँघरू बाँध उद्दाम वेग से स्वर-ताल की चपलता में लिपट नाच उठती है, तब गीत बन जाता है।" जहाँ तक गीत के विषय और क्षेत्र की बात है, इस सन्दर्भ में आचार्य रामचन्द्र शुक्ल का मानना है कि "गीत काव्य में मधुर ध्वनि-प्रवाह के बीच कुछ चुने हुए पदार्थ और व्यापारों की झलक भर काफी होती है।" गीत के स्वभाव और सरोकार के विषय में डॉ० रामविलास शर्मा का मानना है कि "कविता के अन्य अंगों की अपेक्षा गीत का समाज से सीधा सम्बन्ध है। साहित्य स्वयं एक सामाजिक क्रिया है, गीत तो और भी।" डॉ० रमेश कुन्तल 'मेघ' की दृष्टि में—"गीत एक मनोदशा (मूड) और आवेग (इम्पल्स) है और इसका प्रधान तत्त्व है—तत्स्फूर्ति (स्पॉन्टेनिटी)।" कुमारेन्द्र पारसनाथ सिंह के अनुसार—"गीत रचनाकार की उदात्त आत्माभिव्यक्ति होने के साथ ही उसके समय और समाज की समग्र सांस्कृतिक चेतना की निष्पत्ति भी है और उसके रचे जाने के साथ-साथ एक समय भी अपने निर्माण की प्रक्रिया से गुजरता रहता है। गीतकार का रचना-साफल्य इसी में है कि वह यथासम्भव अपने से ऊपर उठकर अपने समय और उसकी तात्कालिता को पहचान, पकड़कर चले।" डॉ० शिवकुमार मिश्र का मानना है कि—"सामाजिक यथार्थ और जनवादी चिन्ता की, मनुष्य के प्रशस्त भाव-बोध और सौन्दर्य-बोध की, गहरी

मानवीय संवेदना की, जनता शब्द के दायरे में आने वाले मजदूर, किसान सामान्य मध्य वर्ग तथा दीगर साधारण जनों की जिन्दगी से जुड़े सुख-दुःख, स्वप्नों-संघर्षों, आशाओं-आकांक्षाओं और संकल्पों, मूल्यों की, लोक संस्कृति और लोक जीवन की ताजगी ऊष्मा और सुगन्ध से भरपूर कला के सारे जायज तकाजों को पूरा करने वाली, अनेक तेवरों और अनेक संवेदना, भाव तथा विचार के अनेक आयामों वाली रचनाएँ ही सच्चे अर्थों में गीत हैं।'' हडसन की दृष्टि में ''गीत काव्य की परिधि में विशाल मानव-समाज और व्यक्ति मात्र दोनों से सम्बन्ध रखने वाली सभी अनुभूतियाँ आ जाती हैं। प्रेम, आशा, आकांक्षा, निराशा, वेदना, उल्लास, देशभक्ति सभी गीत का विषय बन सकते हैं। यथार्थ अनुभूति, गहरी भावना के साथ भाषा-सौन्दर्य और कल्पना-सौष्ठव तो गीत में होना ही चाहिए। वर्ण्य-विषय और शिल्प साधना का सामञ्जस्य भी उसमें रहना चाहिए। एक ही संक्षिप्त सघन भाव का विकास इसमें होना चाहिए।'' हडसन के इस कथन में गीत काव्य का विस्तार और उसकी विशेषताएँ दोनों ही अच्छी तरह स्पष्ट हो जाती हैं।

अर्नेस्टरिस के अनुसार—''गीतिकाव्य एक ऐसी संगीतमय अभिव्यक्ति है जिसके शब्दों पर भावों का पूर्ण आधिपत्य होता है किन्तु जिसकी प्रभावशालिनी लय में सर्वत्र उन्मुक्तता रहती है।'' जॉन ड्रिंक्वाटर के अनुसार—''गीतिकाव्य एक ऐसी अभिव्यंजना है, जो विशुद्ध काव्यात्मक (भावात्मक) प्रेरणा से व्यक्त होती है तथा किसी अन्य प्रेरणा के सहयोग की अपेक्षा नहीं रहती।'' प्रो० गमर ने लिखा है कि ''गीतिकाव्य वह अन्तर्वृत्ति-निरूपिणी कविता है जो वैयक्तिक अनुभूतियों से पोषित होती है, जिसका सम्बन्ध घटनाओं से नहीं, अपितु भावनाओं से होता है तथा जो किसी समाज की परिष्कृत अवस्था में निर्मित होती है।''

गीत के महत्त्व को रेखांकित करते हुए डॉ० आनन्दप्रकाश दीक्षित ने लिखा है कि ''गीत वास्तव में सृष्टि की प्रकृति है। वायु की सनसनाहट, पानी की कल-कल, पक्षियों की काकली सभी कुछ तो संगीतमय है। मनुष्य तो हँसता-जीता भी गीत के साथ है। चाहे वह अकेला सुनसान पथ पर चले, चाहे स्नानघर में नहाये, चाहे कारखाने में मजदूरी करे और चाहे खेत-खलिहान में चरे-विचरे सभी कहीं वह गाता है। चक्की पीसती, धान कूटती, पानी भरती महिलाएँ गीत गा-गाकर अपना मन बहला लेती हैं। सभी सामाजिक धार्मिक कृत्यों, पर्वों, उत्सवों पर वातावरण गीतिमय हो उठता है। गीत गाना मानव का स्वभाव है।''

उपर्युक्त परिभाषाओं के आधार पर कहा जा सकता है कि गीत में मानवीय स्नेह-विश्वास, आशा-निराशा, करुणा, उदासी तथा उत्साह और उल्लास की अभिव्यक्ति होती है। इसमें वैयक्तिकता, आवेशदीप्ति, हार्दिकता, रागात्मकता और संगीतात्मकता का होना आवश्यक है।

गीतिकाव्य का आरम्भ आदिम मानव के अति पुरातन और आरम्भिक भावों के साथ ही हुआ। संवेगों की तीव्रता और उद्वेलन की परिस्थितियों में भावाकुल अभिव्यक्ति

ने स्वरों का रूप लिया। ऐसे शब्द अर्थ तथा उनकी पुनरावृत्ति यही गीतिकाव्य के आदिस्रोत हैं। महादेवीजी लिखती हैं, "सम्भव है, जिस प्रकार प्रभात की सुनहली रश्मि छूकर चिड़िया आनन्द से चहचहा उठती है, जिस प्रकार मेघ को घुमड़ता-घिरता देखकर मयूर नाच उठता है, उसी प्रकार मनुष्य ने भी पहले-पहल भावों का प्रकाशन ध्वनि और गति के द्वारा किया हो।" (मेरे प्रिय निबन्ध, पृ० 87) आरम्भिक अवस्था में मनुष्य के उल्लास और शोक के क्षण प्रायः आंगिक गतियों द्वारा व्यक्त होते थे। शब्दों की शक्ति की एक निश्चित सीमा होती है, शब्द अत्यधिक शोकाकुल और उल्लास के क्षणों को व्यक्त करने में असफल हो जाते हैं। ऐसी अवस्था में विकसित मानव भी आंगिक चेष्टाओं का सहारा लेता है। मनोविज्ञानवेत्ताओं की गीत के सन्दर्भ में मान्यता है कि अधिक तीव्र संवेगों की अवस्था में लोग प्रायः निरर्थक या अर्द्ध-सार्थक पदों को बार-बार बड़बड़ाते हैं। प्रायः यही अवस्था किसी न किसी रूप में गीतों के टेक के भीतर भी छिपी हुई है। गीतों के टेक अपनी अर्थहीनता और एकरसता के बावजूद बार-बार दुहराये जाने पर चित्त को प्रभावित करते हैं। इस प्रकार गीत काव्य अपने आदिम या अविकसित रूप में इन अभिव्यक्ति की अवस्थाओं से जुड़ा हुआ मालूम होता है।

साहित्य-चिन्तकों का एक बहुत बड़ा वर्ग है जो न केवल गीत-संगीत और कला-साहित्य को, अपितु समस्त ज्ञान-विज्ञान को भी श्रम की उपज मानता है। रैल्फफाक्स, क्रिस्टोफर काडवेल, जॉर्ज थॉमसन आदि विचारकों ने अपनी पुस्तकों में इस तथ्य को बहुत स्पष्ट ढंग से रखा है। इनकी मान्यता है कि साहित्य, संगीत और कला श्रम की उत्पत्ति भी हैं और श्रम में सहयोग करके उसे आसान भी बनाती हैं। लय, गीत, नृत्य, नाटक आदि सभी श्रम की ही देन हैं। जॉर्ज थॉमसन की स्थापना है कि "मनुष्य में लय का मानवीकरण किया गया है तथा इस मानवीकृत लय का उद्भव उपकरणों के उपयोग से हुआ।" इससे स्पष्ट है कि मनुष्य में लय श्रम से पैदा होती है जिसका सम्बन्ध भाषा, संगीत, नाटक, काव्य आदि सभी सांस्कृतिक उपकरणों या माध्यमों से है। एक श्रम करता हुआ आदमी संगीत या काव्य की रचना करने वाले कलाकार से भिन्न होते हुए भी श्रम की लय से समान रूप से आन्दोलित या गतिशील होता है। दोनों प्रकार के व्यक्तियों में गतिशीलता का बुनियादी कारण यह श्रम ही है। .....यदि लय, संगीत, नृत्य या काव्य-पाठ के क्रम में किये गये शारीरिक श्रम से उद्भूत होती है तो उसका निश्चित योग उनके पड़ने वाले प्रभाव के साथ होता है। इसका उदाहरण प्रस्तुत करते हुए थॉमसन ने लिखा है—"हम लोग अभी भी पश्चिमी यूरोप में श्रमगीतों के कारण लोकप्रिय हैं। मेरा अभिप्राय बुनाई-गीत, कटनी का गीत, नाव खेने का गीत आदि की लोकप्रियता से है। इन गीतों का कार्य उत्पादन श्रम को एक लयात्मक और सम्मोहक चरित्र प्रदान करते हुए उसे तीव्र करना है। सूत बुनने वाली इस विश्वास के साथ गाती है कि गीत उसके चरखे को घुमाने में सहायक होगा और चूँकि वह उसे घुमाने में सहायक होता है, इसलिए यह चरखे के घूमने में सहायक होता है।" (मार्क्सवाद और कविता, अनुवादक, सं०

रामनिहाल गुंजन, पृ० 28) थॉमसन ने अपनी बात की पुष्टि के लिए कई रोचक और प्रामाणिक उदाहरण प्रस्तुत किये हैं।

गीत के जन्म और उसकी रचना प्रक्रिया को श्रम के साथ जोड़ते हुए रमेश रंजक ने लिखा है कि "....सबसे पहले लोकगीत का अतिलघु रूप कार्यरत श्रमिक वर्ग के स्वरों में लघु पंक्ति के रूप में फूटा था। श्रम करते समय श्रम की एक विशेष पद्धति पर आधारित कुछ शब्दों का उच्चारण श्रम परिहार के लिए श्रमिकों द्वारा ही किया गया था। उदाहरण के लिए कपड़े धोते हुए श्रमिकों की 'छीओ राम' और बोझा उठाते हुए श्रमिकों की 'जोर लगाओ हइसा' पंक्तियों को उद्धृत किया जा सकता है। ....लोकगीत की रचना प्रक्रिया को चिह्नित करने के लिए हम एक कल्पना करें—मान लीजिए नाव जब गहरे पानी में मल्लाह के मनोनुकूल दिशा की ओर चलने लगी, जब नाविक का श्रम हल्का हुआ, उसने एक राहत-सी महसूस की और यहीं से उसने अल्प श्रम के अन्तराल में जिन पंक्तियों को जोड़ा, उनसे उसे सुख मिला, पंक्तियाँ बदल गयीं और श्रम परिहार हेतु जन्मी पंक्तियों के बाद टेक का विधान रचा। इस प्रकार 'हैया हो' की घुमावदार पुनरावृत्ति ने गीत का एक चरण पूरा किया और इसी प्रक्रिया को पूरा ढाँचा प्राप्त हुआ।" (पहल-12, पृ० 106-107)

हमारे देश में गीत का सर्वप्रथम लिखित रूप वेदों में प्राप्त होता है। सामवेद को मानव जाति का सबसे प्राचीन गीत-ग्रन्थ बताया जाता है। महाकवि कालिदास कृत 'ऋतु-संहार' और 'मेघदूत' श्रेष्ठ गीतिकाव्य हैं। जयदेव की 'गीत गोविन्द' तो संस्कृत गीतिकाव्य का सर्वोत्तम उज्ज्वल रत्न है।

हिन्दी में सरहपा की रचनाएँ गीतिकाव्य की प्राचीनतम कृति हैं। सरहपा के साथ ही अन्य सिद्धों एवं नाथों ने भी गीती-शैली अपनायी। इनके गीत अपेक्षाकृत लम्बे हैं। वेदों में गीत के दो प्रकार मिलते हैं—ऋक और गाथा। सिद्धों के गीत प्रथम प्रकार के हैं और नाथों के दूसरी प्रकार के। गाथा शैली की गीत-कृतियाँ ही 'बीसलदेवरासो' और 'आल्ह-खण्ड' हैं। 'आल्ह-खण्ड' कथात्मक गीत का सर्वोत्तम नमूना है।

अपभ्रंश की रचनाओं के बाद गीति-शैली का अच्छा नमूना अमीर खुसरो की रचनाओं में मिलता है। अपनी सुकुमारता और स्वरानुकूलता के लिए खुसरो के गीत अपना विशेष महत्त्व रखते हैं। खुसरो के बाद हिन्दी गीतकारों में पहला नाम विद्यापति का है। वस्तुतः विद्यापति हिन्दी गीति-काव्य परम्परा के आदि प्रवर्तक हैं। साहित्य और लोक मानस दोनों में विराजमान विद्यापति की पदावली ही हिन्दी की आदि गीति-शैली होने का दावा कर सकती है।

विद्यापति के बाद मध्ययुगीन भक्त कवियों ने अच्छे गीतों की प्रचुर रचना की है। नामदेव, कबीर, रैदास, गुरु नानकदेव, दादू, सूर, तुलसीदास एवं मीरा आदि कवियों ने मधुरभाव और भक्ति-भरे गीतों की रचना की है। इनके गीतों में प्रेम की विह्वलता, मिलन का आवेग, विरह की तीखी पुकार एवं अनुभूति की तीव्रता, सघनता तथा स्वर-झंकार और संगीतात्मकता दर्शनीय है। रीतिकाल में आकर यह गीतिधारा क्षीण-सी पड़ने लगती

है, किन्तु भारतेन्दु के उदय के साथ ही इसका पुनरोदय होता है और उस समय सामाजिक और राष्ट्रीय भावों से सम्पन्न अच्छे गीत लिखे जाते हैं। द्विवेदीयुग और छायावाद के सभी कवियों ने गीत को महत्त्वपूर्ण विधा के रूप में अपनाया है। इस दौर में काफी वैविध्यपूर्ण गीत लिखे गये. इन गीतों में गाँवों के विविध दृश्यों, प्रकृति-प्रेम, मानव-प्रेम और देश प्रेम को मुख्य रूप से विषय बनाया गया है। मैथिलीशरण गुप्त, माखनलाल चतुर्वेदी (एक भारतीय आत्मा), सुभद्राकुमारी चौहान आदि रचनाकारों के यहाँ उल्लास भरे गीत देखने को मिलते हैं। जयशंकर प्रसाद के हिमाद्रि तुंग शृंग से, 'अरुण यह मधुमय देश हमारा', पन्त का 'भारतमाता ग्राम वासिनी', निराला के 'मानव जहाँ बैल थोड़ा है', 'गहन है यह अन्धकारा', 'बाँधो न नाव इस ठाँव बन्धु' तथा महादेवी वर्मा के अनेक गीतों में वैयक्तिक-सामाजिक सन्दर्भों की मार्मिक अभिव्यक्ति हुई है। आगे चलकर बालकृष्ण शर्मा 'नवीन' दिनकर, नरेन्द्र शर्मा, बच्चन, रामाधार त्रिपाठी 'जीवन', अंचल, नागार्जुन, त्रिलोचन, शमशेर, भवानीप्रसाद मिश्र, केदारनाथ अग्रवाल, जानकीबल्लभ शास्त्री, शम्भुनाथ सिंह, रामावतार त्यागी, वीरेन्द्र मिश्र, शलभ श्रीराम सिंह, नेपाली, रमानाथ अवस्थी, विद्याधर द्विवेदी, 'विज्ञ' गिरिजाकुमार माथुर, शिवमंगल सिंह सुमन, रामदरश मिश्र, केदारनाथ सिंह आदि अनेक कवियों ने गीत की पुरानी जमीन तोड़कर उसे नये सन्दर्भ, नयी भाषा और ताजे सौन्दर्य-बोध से सम्पन्न किया। इसके आगे यह धारा प्रगीत, अगीत, नवगीत और जनगीत आदि नामों से आगे बढ़ती रही और बढ़ रही है।

नवगीत

गीत और कविता का विकास साथ-साथ होता रहा है। ये दोनों विधाएँ एक-दूसरे की पूरक हैं, विरोधी नहीं। विरोध करने वाले और साहित्यिक मोर्चेबन्दी करने वाले वैयक्तिक दुराग्रहों, मठाधीशी और साहित्यिक नेतागिरी से प्रेरित हैं। वास्तविकता तो यह है कि अधिकांश अच्छे रचनाकारों ने गीत भी लिखे हैं और कविता भी। नवगीत आन्दोलन नयी कविता के साथ-साथ विकसित हुआ। 'नवगीत' नाम भी 'नयी कविता' के तर्ज पर दिया गया है। नवगीत शब्द नवीनता का बोधक है। नवगीत नाम का उल्लेख सर्वप्रथम राजेन्द्रप्रसाद सिंह ने सन् 1958 ई० में 'गीतांगिनी' में किया। 'गीतांगिनी' के सम्पादकीय में राजेन्द्रप्रसाद सिंह ने नवगीत के गठन एवं उसकी विशिष्ट प्रवृत्तियों को रेखांकित करते हुए उसे पूर्वागत गीत परम्परा से अलगाने की कोशिश की।

लेकिन ध्यातव्य है कि जिस प्रकार छन्द मुक्त कविता की शुरुआत करने का श्रेय निराला को है उसी प्रकार नवगीत की भी शुरुआत का श्रेय भी निराला को ही जाता है। निराला के कुछ गीत जिनमें छायावाद की कृत्रिम भाषा-शैली, सामाजिक पदावली, रंगचेतना और भावुकता से एकदम अलग शिल्प की नवीनता, छन्दगत लचीलापन, सहजता और युग सापेक्ष भावबोध दिखायी पड़ता है, हमारा ध्यान अनायास ही आकृष्ट कर लेते हैं—

आम की यह डाल जो सुखी दिखी/कह रही है—अब यहाँ पिक या शिखी/नहीं आते पंक्ति मैं वह हूँ—लिखी/नहीं जिसका अर्थ-/जीवन दह गया है। (अणिमा) या - सुख का दिन डूबे डूबे जाय/तुमसे न सहज मन ऊब जाय। (आराधना)

गीतों में इन नये तरह के भावों-विचारों का विकास प्रयोगवादी काव्यधारा के साथ-साथ जाने-अनजाने रूप में होता रहा है। किन्तु इसी दौरान कुछ ऐसे कवि जो या तो गीत नहीं लिख सकते थे या गीत के कारण जिनकी मठाधीशी प्रभावित हो रही थी, उन्होंने गीत पर कई तरह के आरोपों की बौछार कर दी। जैसे—गीत पुरानी लिजलिजी श्रृंगारिता एवं भावुकता की मात्र तुकबन्दी है। गीत जैसी छन्दोबद्ध कविता आज के प्रगतिशील वैज्ञानिक युग की यथार्थपरक सामाजिक चेतना, आधुनिक बौद्धिकता तथा वैचारिकता की अभिव्यक्ति नहीं कर सकती आदि। यद्यपि ये आरोप अतिरंजित और साग्रह थे फिर भी सर्वथा असत्य नहीं थे। इन बातों को ध्यान में रखते हुए गीत विधा से जुड़े हुए गम्भीर रचनाकारों ने अपने आप को टटोला, आत्मालोचना की और उन्होंने बदलते हुए सामाजिक परिवेश के अनुकूल गीत के कथ्य और शिल्प दोनों में मूलभूत परिवर्तन किये। इस प्रक्रिया में नये और पुराने गीतों में काफी अन्तर दिखायी पड़ने लगा जिसे आगे चलकर नवगीत नाम दिया गया। नवगीत विधा को सशक्त आन्दोलन के रूप में विकसित और स्थापित करने वालों में शम्भुनाथ सिंह, राजेन्द्रप्रसाद सिंह, मुकुटबिहारी सरोज, दूधनाथ शर्मा 'श्रीष', रूपनारायण त्रिपाठी, भारत भूषण, सोमठाकुर, ओम प्रभाकर, नईम, ठाकुरप्रसाद सिंह, शिवबहादुर सिंह भदौरिया, देवेन्द्र कुमार, जगदीश अतृप्त, माहेश्वर तिवारी, अमरनाथ श्रीवास्तव, उमाकान्त मानवीय, रामबहादुर सिंह भदौरिया उमाशंकर तिवारी, रवीन्द्र भ्रमर, बुद्धिनाथ मिश्र, कुँवरबेचैन, मधुकर गौड़, श्रीकृष्ण तिवारी, गुलाब सिंह, सुरेन्द्र काले, सुरेन्द्र स्निग्ध, ओमप्रकाश सिंह, जयप्रकाश नायक, निर्मल शुक्ल, मधुकर अस्थाना आदि के नाम विशेष रूप से उल्लेखनीय हैं। डॉ० शम्भुनाथ सिंह नवनीत विधा के मुखिया और संगठनकर्ता के रूप में हमेशा याद किये जायेंगे। उनके द्वारा सम्पादित नवगीत दशक-एक, दो और तीन का विशेष महत्त्व है। उन्होंने सन् 1950 से 60 के बीच उभरे ख्याति प्राप्त नवगीतकारों को नवगीत दशक एक, सन् 1960 से 70 के बीच ख्याति प्राप्त करने वाले दस गीतकारों के दस-दस गीतों को नवगीत दशक-दो और सन् 1970 से 80 के बीच उभरे हुए गीतकारों को नवगीत दशक-तीन में शामिल किया। ये दशक क्रमशः 1982, 1983 और 1984 में प्रकाशित हुए।

नवगीत की विकास-यात्रा में सन् 1959 में प्रकाशित होने वाले ठाकुरप्रसाद सिंह के काव्य-संकलन 'बंशी और मादल' का महत्त्वपूर्ण स्थान है। यह पुस्तक देवेन्द्र कुमार के शब्दों में ''गीत काव्य के विकास में लैण्डमार्क है, 'माइलस्टोन' है।'' संथाली लोक जीवन पर आश्रित इस संकलन में प्रेम, दर्द उत्साह, द्वन्द्व और ईमानदारी को लोक भाषा और बिम्बों के माध्यम से व्यक्त किया गया है। ठीक इसी समय डॉ० जगदीश अतृप्त के गीतों का संकलन 'गीतिमा' भी प्रकाशित हुआ। इस संग्रह के गीत शिल्प और संवेदना दोनों ही स्तरों पर नवगीत की दुनिया में एक महत्त्वपूर्ण इजाफा करते हैं। सन् 1969 में

चन्द्रदेव सिंह और महेन्द्र शंकर ने 'पाँच जोड़ बाँसुरी' नामक एक वृहद् काव्य संकलन का सम्पादन किया। इस संकलन ने नवगीत की पहचान बनाने में महत्त्वपूर्ण भूमिका निभाई। मधुकर गौड़ ने भी गीत और गीत एक, दो, तीन और चार का सम्पादन कर नवगीत के विकास में उल्लेखनीय योगदान किया। इस दिशा में राधेश्याम बन्धु की भूमिका भी महत्त्वपूर्ण है।

नवगीत, परम्परागत गीत से अपने अन्तर्वस्तु और रूप दोनों स्तरों पर काफी अलग है। नवगीत में अन्ततः गीत ही है। किन्तु यह उसका अगला चरण है और गीत की सीमाओं का अतिक्रमण करता है। नवगीत की विशेषताओं को जानने के लिए कुछ विद्वान् रचनाकारों की टिप्पणियों पर ध्यान देना उपयुक्त होगा। नयी कविता और नवगीत के श्रेष्ठ हस्ताक्षर देवेन्द्र कुमार ने लिखा है कि—"गीत कविता की कोमलतम विधा है। एक तरह से वह कवि का अन्तरंग है और गवाह भी—जहाँ वह खुलकर अपने से बात करता है—जिसमें मन की गहरायी से उठने वाली संवेदना उभरकर सामने आती है। यही वजह है कि उसमें एक खास लय होती है, चाहे वह आन्तरिक दबाव से ही उत्पन्न क्यों न हो। अनुशासन से अलग गीत की सम्भावना हो ही नहीं सकती।.... नयी कविता में हम जिन बुनियादी सवालों को उठाते हैं, गीत में भी उनका अभाव नहीं है।.... गीत छोटा से छोटा होने पर भी फार्म में पूरा होता है। इसीलिए असम्प्रेषणीयता जैसे प्रश्न गीतों के साथ नहीं उठते। नवगीत नये मानव-मन की प्रतिक्रिया है, निर्मम नियति की अभिव्यक्ति है।.... आज का गीत अपने पूर्ववर्ती गीतों से अलग है और नया है तो इसलिए कि वह आज की जिन्दगी के खुरदरे धरातल पर खड़ा है। 'सोनार देश' की समतल भूमि पर नहीं। दूसरे इसके शब्द भी अजनबी नहीं हैं।" (नवगीत दशक-1)

नवगीत के उन्नायक डॉ० शम्भुनाथ सिंह का मत है कि—"नवगीत एक सापेक्ष शब्द है, जो अपनी नवीनता को प्रमाणित करने के लिए पुराने अथवा पारम्परिक गीत की अपेक्षा रखता है। वस्तुतः नवीनता पुराने की तुलना में ही दृष्टिगत होती है। गीत-रचना की पम्परागत पद्धति और रूढ़ भाव-बोध को अभिव्यक्त करने वाले गीत ही नवगीत हैं।" (नवगीत अर्ध शती, पृ० 5)

"यदि छायावादी कविता की प्रतिक्रिया के रूप में प्रयोगवादी और प्रगतिवादी कविता का जन्म हुआ, तो छायावादोत्तर गीतकाव्य के बासी और घिसे-पिटे स्वरूप से ऊबकर कुछ नये गीतधर्मी कवियों ने लोक जीवन और आंचलिक परिवेश से सम्पृक्त होकर पहले-पहल गीत को नयी दिशा में मोड़ने का प्रयास किया।" (नवगीत दशक-1, पृ० 9)

"सन्दर्भों के बदलने के परिणामस्वरूप जो नये सम्बन्ध पनपे, उनका परिणाम नवगीत है।" (नवगीत दशक-1, पृ० 17)

नवगीत के विषय में डॉ० उमाशंकर तिवारी का विचार है—"यह पॉपुलर राइटिंग से परे कलात्मक होते हुए भी लोक सम्पृक्त कविता है। इसमें अवचेतन में अवस्थित भोगे हुए सत्य, अनुभूति के स्तर पर बिम्बों का रूपाकार ग्रहण कर स्वतः स्फूर्त ढंग से व्यक्त होते हैं।" (नवगीत दशक-1, पृ० 69)

नवगीत की प्रवृत्तिगत विशेषताओं में गेयता, लयात्मकता, छन्दबद्धता, स्मरणीयता, लोक सम्पृक्ति, जातीय बोध, सांस्कृतिक चेतना, नवीनता की स्वीकृति सौन्दर्य एवं प्रेम, युग-बोध, यथार्थवादी दृष्टिकोण, संवेदनधर्मिता, भारतीय ढंग की आधुनिकता, प्रकृति एवं परिवेश से लगाव, सम्प्रेषणीयता, बिम्बधर्मिता, या चित्रात्मकता, कथ्यगत सघनता, सादगी एवं भावोच्छ्वासजन्य सहजता आदि महत्त्वपूर्ण हैं।

यदि हम नवगीत की परिभाषा देना चाहें तो कह सकते हैं कि नवगीत वह छन्द, बद्ध रचना है जो लयात्मकता और संगीतात्मकता के बावजूद परम्परागत गीतों के सख्त तुकाग्रह और रूढ़ियों से मुक्त है। लोक सम्पृक्ति, आधुनिकता-बोध, सघनता, संक्षिप्तता और व्यंजकता नवगीत की अनिवार्य विशेषताएँ हैं। नवगीत की नवीनता अन्तर्वस्तु की विविधता, व्यापकता और वैज्ञानिकता तथा शिल्प के लचीलेपन, भाषा की लोकोन्मुखता और प्रयोगधर्मिता में है।

अन्तर्वस्तु के स्तर पर नवगीत में लगभग वही बातें हैं जो नयीकविता में हैं। नवगीतकारों ने पारम्परिक गीत के संकुचित प्रेम और पीड़ा के दायरे को तोड़कर उसे समकालीन सामाजिक सरोकारों से जोड़ा है और समाज की यथार्थ स्थितियों की स्वाभाविक अभिव्यक्ति की है—

जिस जगह सूरज किसी का दास है/जिस जगह पानी नहीं है प्यास है
जिस जगह सपने नहीं हैं रात है/जिस जगह मरहम नहीं आघात है।
तुम बताओ उस जगह के गीत का आधार क्या हो? —मुकुटबिहारी सरोज

आज की स्थितियों का बहुत मार्मिक चित्र प्रस्तुत करते हुए एक रचनाकार ने लिखा है—

टुकड़े-टुकड़े नाते-रिश्ते
धज्जी-धज्जी प्यार
हुई जिन्दगी बनिये के
खाते की रकम उधार।
मौत भेजती रोज तकाज़े
कोई फर्क नहीं। —डॉ० सुरेश

इसीलिए नवगीतकारों ने युगीन परिवेश की संवेदनाओं को अपनी रचना का विषय बनाया है। पूँजीवादी विकास, अतिशय बौद्धिकता, यान्त्रिक जीवन, शहरीकरण और टूटते रिश्तों-सम्बन्धों की प्रामाणिक अभिव्यक्ति नवगीतों में देखी जा सकती है—

चले गये वे सब दिन नर्म हवाओं के
पड़ी रह गयी धरती/परती पाथर सी
बाँझ हुई ऋतुएँ/अनबाँचे आखर सी
टूट गये सारे संवाद अलावों के। —डॉ० जगदीश अतृप्त

हम ठहरे गाँव के/बोझ हुए रिश्ते सब/कन्धों के पाँव के
भेद-भाव सन्नाटा/ये साही का काँटा
सीने के घाव हुए/सिलसिले अभाव के। —देवेन्द्र कुमार

इसी प्रकार 'ये शहर होते हुए से गाँव/पहचानने नहीं जाते' (उमाशंकर तिवारी), 'बाहर से हँसते हैं लोग/अन्दर से रोते हैं लोग/जाने ये कैसी आबोहवा/जाने ये कैसे हैं लोग' (श्रीकृष्ण तिवारी), 'गुजरेगा एक और दिन/घंटे दो घंटे के बाद' (शम्भुनाथ सिंह) आदि गीतों में सम्बन्धहीनता, कृत्रिमता और यान्त्रिकता के दंश को महसूस किया जा सकता है।

कई-कई चरित्रवाली इस सदी में आम आदमी की स्थिति का यह चित्र देखें—

थप्पड़ के साथ/गयी पीठ थपथपायी/एक आँख हँसी/एक भीगी भर आयी, थपकी के हुए/कभी चाँटों के हो गये, पेट पाँव के/दुहरे पाटों के हो गये, चादर चीखी/ जब जब टाँगें फैलायीं। —गुलाब सिंह

मशीनीकरण और फैशनपरस्ती ने हमारी निष्कलुष सांस्कृतिक मान्यताओं का गला घोंटकर हमें संवेदनहीन और कृत्रिम बना दिया है—

'जिसे बनाया वृद्ध पिता के श्रम जल ने/दादी की हँसली ने माँ की पायल ने/उस कच्चे घर की कच्ची दीवारों पर/मेरी टाई टँगने से कतराती है।' —कुँवर बेचैन

पर्वों-त्योहारों लोक-विश्वासों और ग्रामीण जीवन के प्रति गहरी आत्मीयता का भाव नवगीत की एक खास विशेषता है। यह प्रवृत्ति किसी भी कवि के यहाँ देखी जा सकती है—

चन्द्रमा उगा/गणेश चौथ का/माँ तुमने अर्घ्य दिया होगा मेरे लिये,
दिन भर उपवास किया होगा मेरे लिये।
बेटा परदेश में न सो सका
भरी-भरी आँख ही सँजो सका।
चन्द्रमा उगा गणेश चौथ का। —उमाकान्त मालवीय

लोक-जीवन और लोक-संस्कृति के प्रति सम्पृक्ति का भाव सभी नवगीतकारों के यहाँ बहुत जीवन्त रूप में उपस्थित है। लोक-मन में रचे-बसे संस्कार, आस्थाएँ और विश्वास तथा इनमें पगा हुआ जीवन इन पंक्तियों में सजीव हो उठा है—

हरे लहरे खेत से टहकारती सोना पराती
ले रहे बाबा हरी का नाम।
खींचती अम्मा पकड़कर कोर चादर की
उठीं दीदी जगीं अँगड़ाइयाँ
खनकता आँगन सँवरते बर्तनों से
लीपतीं चौका-ओसारा भोर सी भौजाइयाँ
दोहनी में धार बजती है सितारों सी
सुबह के संगीत होते काम। —गुलाब सिंह

लोक-जीवन का दृश्य और लोक-मन की प्रसन्नता हरिवंश राय बच्चन के इस लोक धुन (गारी) वाले गीत में देखने लायक है—

महुआ के,
महुआ के नीचे मोती झरे,

महुआ के.
यह खेल हँसी, यह फाँस फँसी,
यह परी किसी से मत कह रे।
महुआ के,
महुआ के नीचे मोती झरे, महुआ के। —बच्चन

नवगीत में प्रकृति के प्रति गहरी आसक्ति दिखायी पड़ती है। खेत, वृक्ष, जंगल, नदी, पहाड़, झरने, पशु-पक्षी, ऋतुएँ, सूर्योदय, सूर्यास्त, रात, चाँदनी, फूल इत्यादि प्रकृति के समस्त उपादान नवगीत के अनिवार्य विषय बने हैं। कुछ उदाहरण प्रस्तुत हैं।

फिर फूले कचनार
प्रिया तुम बिन फूले कचनार!
द्वारे फूला है कदम्ब, पिछवारे फूला आम
आँगन फूला गुलाबाँस, अन्तरमन तेरा नाम
डाल-डाल और पात-पात, गिन-गिन फूले कचनार
प्रिया तुम बिन फूले कचनार! —ओम प्रभाकर

ओ महुवे के फूल! द्वार पर तुम ज्यों ही आये
शब्द, रूप, रस, गंध, स्पर्श के बिम्ब उभर आये।
लगता जैसे चाँद चू गया
खुली गदोरी पर
फुदके पंछी हँसी-किरन के
ओरी-ओरी पर
साधों की हंसिनी, मगन हो पाँखें थिरकाये।
ओ पूनम के फूल! कौन सा मौसम तुम लाये।

—रामसेवक श्रीवास्तव

अर्थ और स्वार्थ-केन्द्रित मनुष्य आज जिस तरह से प्रकृति का दोहन और विनाश कर रहा है तथा अपने आत्मघाती कर्मों से पर्यावरण को जिस प्रकार जहरीला बना रहा है, नवगीतकारों ने इस समस्या को भी जोरदार ढंग से उठाया है। वृक्ष-वध का यह वर्णन बहुत मार्मिक है—

वनों को निर्वृक्ष होते देखना कितना कठिन है।
देखना निष्प्राण होते मनों को कितना कठिन है।
एक किरिया-कर्म की पूरी बुनावट
मौत की नजदीक आती हुई आहट
वृक्ष-वध का दृश्य स्वर यह देखना कितना कठिन है। —नईम

नवगीत में व्यवस्था की वास्तविकताओं, उसकी जनविरोधी नीतियों, उसके वर्गीय चरित्र, उसकी कथनी और करनी की पृथकता, प्रभु वर्ग की तानाशाही, हिंसा, लूट, दमन, अत्याचार आदि का भी प्रभावशाली चित्रण हुआ है। सत्ता के शीर्ष पर बैठे हुए लोग आम आदमी की उलझनों को और भी बढ़ा रहे हैं। शायद इसी में उनका हित है—

दरअसल सुलझी नहीं हैं गुत्थियाँ
और भी उलझा रही हैं चुप्पियाँ।
ये सियासत है नहीं, रंगरेज है
देखिये जिसको वही अँगरेज है
कभी भाषा, कभी मजहब दरमियाँ। —यश मालवीय

कभी-कभार जनता के नाम पर कुछ सुविधाएँ चलती भी हैं, तो रास्ते में ही नेता, अधिकारी और समर्थ लोग हड़प जाते हैं। जनता के घाव ज्यों के त्यों बने रहते हैं—

सूरज जब देता है धूप के निवाले
हाथ बढ़ा देते, ऊँची फुनगी वाले
बौने पौधों पर है छाँह का चकत्ता। —अमरनाथ श्रीवास्तव

राजनीति में व्याप्त भ्रष्टाचार, विश्वासघात, शासक वर्ग की स्वार्थलिप्सा, भोगवादी वृत्ति, अराजकता, जनता के प्रति उपेक्षा-भाव आदि का व्यंग्यात्मक लहजे में बहुत प्रभावशाली और रोचक चित्रण 'काल चक्र' नामक बहुचर्चित गीत में द्रष्टव्य है—

भीलों ने बाँट लिया वन
राजा को खबर तक नहीं
पाप चढ़ा राजा के सिर
दूध की नदी हुई जहर।
गाँव-नगर धूप की तरह,
फैली गयी यह नयी खबर।
रानी हो गयी बदचलन
राजा को खबर तक नहीं। —श्रीकृष्ण तिवारी

तथाकथित नेताओं का यह वर्णन भी बहुत सटीक है—

झूठ का झाँझर कवच पहने हुए
झुनझुने-से बज रहे हैं लोग। —रवीन्द्र भ्रमर

नवगीतों की एक महत्त्वपूर्ण प्रवृत्ति यह है कि जिस प्रेम, मानवीय संवेदना और अन्य रागात्मक सम्बन्धों का नयी कविता के कवियों ने सायास निषेध किया, नवगीत में इन सबकी सहज और स्वाभाविक अभिव्यक्ति हुई है—

रात पिया, पिछवारे पहरू ठनका किया
पथराये तारों की जोत/डब डबा गयी/
मन की अनकही सभी/आँखों में आ गयी,
सुना क्या न तुमने यह दिल जो धड़का किया। —केदारनाथ सिंह

रूठो मत प्रानः पास में रहकर
झरती है चाँद किरन झर-झर-झर। —देवेन्द्र कुमार 'बंगाली'

हरक्षण तुमसे भरा भरा
फिर भी यह मन नहीं भरा...

साँस साँस है रितम्भरा
चलने दो यह परम्परा। —जगदीश अतृप्त

ये तुम्हारी कोंपलों सी नर्म बाँहें
और मेरे गुलमुहर के दिन।
आज कुछ अनहोनियाँ करके रहेंगे
प्यार के ये मनचले पल-छिन —बुद्धिनाथ मिश्र

तुम्हें निहारा करूँ नयन भर
सचमुच तुम कितनी सुन्दर हो।
फूलों भरी जमीन
लहरिया आँचल गोटेदार
खुला-खुला आकाश
सुरमई नैनों की अनुहार
तुम्हें दुलारा करूँ, प्राण भर
सचमुच तुम कितनी सुन्दर हो। —रवीन्द्र भ्रमर

फिर किसी ने कान में कुछ कह दिया
काँपते पत्ते पर कोई बूँद पड़ी
एक पीतल की अँगूठी / फिर लगी हीरे-जड़ी
नाम तेरा फिर किसी ने
हाशिये पर लिख दिया है। —सुरेन्द्र काले

शिल्प के स्तर पर नवगीत में कई तरह के परिवर्तन हुए। सबसे पहले तो नवगीतकारों ने परम्परागत गीत के जटिल और दृढ़ छन्दों के चौखड़ों को तोड़कर उसे लचीला और लोकधर्मी बनाया और जरूरत पड़ने पर मात्राओं की छूट भी ली। इसके साथ ही तुकाग्रहों और मुखड़ों तथा टेक के कठोर बन्धनों से आवश्यकतानुसार गीत को मुक्त किया।

गीतों को पारम्परिक रूढ़ियों, तुकानुप्रास और अनावश्यक विस्तार से मुक्ति के लिए एक बार डॉ० केदारनाथ सिंह ने यह माँग रखी थी कि—"दैनिक जीवन की लय और सांगीतिक आरोह-अवरोह की दृष्टि से भी यह आवश्यक नहीं प्रतीत होता कि गीत की पंक्तियाँ नपी-तुली और समचरणान्त हों ही। अनुभूति की मात्रा और संवेगों के फैलाव और संकोच के अनुसार पंक्तियों को घटाने या बढ़ाने की कलात्मक स्वतन्त्रता भी कवि को अवश्य मिलनी चाहिये।" इस विषय पर ठाकुरप्रसाद सिंह की राय थी कि—"यह आवश्यक नहीं है कि गीत छन्दबद्ध, तुकान्त-समस्त रूपाकार में ही सम्भव हो सकता है और गीत जैसी शक्तिमती, हृदयग्राही विधा के आकर्षण-विहीन होकर अनन्त बासीपन से भर जाने के लिए इसकी छन्दबद्ध तुकान्त शैली ही जिम्मेदार है.....।"

उपर्युक्त विचारों में कुछ छूट की बात तो ठीक है, किन्तु छन्दबद्धता से गीत को अलग करने की बात से गीत के अस्तित्व को ही खतरा हो सकता है, क्योंकि छन्दबद्धता

गीत की अनिवार्य शर्त है। इस विषय में नचिकेता की राय महत्त्वपूर्ण है कि—"आज के उद्योग-प्रधान नागरिक जीवन की गद्यात्मकता के भीतर छिपे कोमलतम मानवीय अनुभूतियों के क्षण और संघर्षशील मन:स्थितियों की संवेदनात्मकता को अर्थ सम्पृक्त शब्द संगीत के रूप में गीत के माध्यम से अभिव्यक्त करने के निमित्त गीतकार को इतनी स्वतन्त्रता मिलनी निहायत जरूरी है.....लेकिन इसका मतलब हरगिज नहीं है कि गीत नयी कविता की तरह लय-छन्दहीन, अतुकान्त और रूपबन्ध में इतना असंयमित हो जाय कि उसकी संगीतात्मक अनुगूँजात्मकता ही क्षत-विक्षत हो जाय।.....छन्द सारे शरीर में व्याप्त होने वाली एक चक्रीय उत्तेजना है, मन के स्रोतों से उमड़ने वाला एक उद्वेग प्रवाह है, जो भाव संगीत के माध्यम से सहजता से व्यक्त हो सकते हैं, भाषा के जरिये नहीं व्यक्त हो सकते और गीत भाषा और संगीत की लयात्मक अन्विति है।.....इसलिए गीत-रचना में छन्द का तिरस्कार अन्तत: उसे मुक्त छन्द की कविता बनाकर रख देगा, जिससे गीत का अस्तित्व ही खतरे में पड़ सकता है।" (गीत रचना की नयी जमीन, पृ० 13-14)

इन बातों के प्रकाश में जब हम नवगीतों को देखते हैं तो यह पाते हैं कि यहाँ छन्दों में लचीलापन और आवश्यक छूट लेने के बावजूद गीतात्मकता पूरी तरह सुरक्षित है। पहले के गीतों में गीत का केन्द्रीय भाव मुखड़े में केन्द्रित होता था और आगे उसी का विस्तार होता था, किन्तु अब मुखड़ा मात्र लयान्विति और तारतम्य को सन्तुलित करने का काम करता है। गीत के विस्तार के साथ-साथ अनुभूति सघन और पैनी होती जाती है। इसलिए नवगीत में पारम्परिक गीत की तुलना में सघनता और पैनापन अधिक है। एक उदाहरण पर्याप्त होगा—

मैना री! राजा के नाम ये दरख्त नदी झरने
तेरा बस पिंजरा, पंख की कतरनें।
झूठा आकाश हुआ सच तेरा जाल.....
मैना री! साँझ-भोर प्यास लगी फरने
पेट लगा चोंच में उतरने। —अनूप अशेष

नवगीतकारों ने लोकधुनों और लोकभाषा के संस्पर्श से शिल्प को ताजगी प्रदान की। नवगीत में ऐसे भी शब्दों का प्रयोग हुआ, जिन्हें अकाव्यात्मक कहा जाता था। रंगीन, कोमल एवं लाक्षणिक भाषा के स्थान पर नवगीत में खुरदरी और ऊबड़-खाबड़ भाषा के प्रयोग अधिक होने लगे। नवगीत के शिल्प की सबसे बड़ी ताकत हैं लोकधुनें और सीधे जीवन और जमीन से निकली हुई मिट्टी की गन्ध में रची-बसी भाषा। देवेन्द्रकुमार की ये पंक्तियाँ देखें—

चलो, चलें होलें/धन-खरियों के देश/धान परियों के देश।--
गहराया धरती का/रंग आसमानी/गोहुँवन सा ठनक रहा
सरिता का पानी/पानी पर लोटती गगरियों के देश
जल-गगरियों के देश। —देवेन्द्र कुमार

इसी प्रकार 'छूछी गागर/बैल पियास/इन्दर राजा पानी दे' (बद्रीप्रसाद गुप्त आर्य), 'झर झर फूल झरे निबिया की डालसे/जैसे रूमाल से' (महेन्द्र शंकर), 'महुवे की डाल

खुली बाँह सी, परदेशी अन्धड़ दबा गया' (हरिहर सिंह), 'फागुन तुम गये किन्तु एक गन्ध छोड़ गये' (ब्रजराज तिवारी अधीर) आदि पंक्तियाँ अपनी भाषागत संवेदना और सहज मानवीय सन्दर्भों के कारण मन पर अमिट प्रभाव छोड़ जाती हैं।

जनवादी गीत

जनवादी गीत की रचना के पीछे एक खास तरह की सामाजिक-राजनीतिक समझदारी और एक स्वस्थ वैज्ञानिक दृष्टिकोण काम कर रहा है। सन् '67 के नक्सलबाड़ी आन्दोलन एवं कई प्रान्तों में गैर-कांग्रेसी सरकारों के गठन ने सिर्फ राजनीतिक क्षेत्र में ही नहीं, सामाजिक-साहित्यिक क्षेत्रों में भी एक हलचल पैदा कर दी थी। यह वह दौर था जब साहित्यिक दुनिया में अकविता, नकविता, नंगीपीढ़ी, भूखपीढ़ी, श्मशानी पीढ़ी जैसी अनेक अराजकतावादी कविता पीढ़ियाँ अपनी विकृतियों, कुण्ठाओं और भटकावों को व्यक्त करके समूचे परिवेश को घृणास्पद और वीभत्स बनाने का आत्मघाती कुचक्र रच रही थीं और अपनी समस्त सांस्कृतिक विरासत का विक्षिप्त निषेध कर रही थीं। इन सबसे मुक्ति आवश्यक थी और इसके लिए दिशा मिली नक्सलबाड़ी के आन्दोलन से। इस आन्दोलन से प्रभावित होकर अनेक नये-पुराने रचनाकार नयी ऊर्जा के साथ सामने आये और उन्होंने बहुसंख्यक मेहनतकश जनता के जीवन और उनकी आशाओं-आकांक्षाओं को केन्द्र में रखकर रचनाएँ कीं। इन रचनाकारों में रमेश रंजक, शैलेन्द्र, शलभ श्रीराम सिंह, कान्ति मोहन, देवेन्द्र कुमार, माहेश्वर तिवारी, शान्तिसुमन, नचिकेता, गोरख पाण्डेय, चंचलचौहान, देवेन्द्रकुमार आर्य, महेश्वर, रामकुमार कृषक, अश्वघोष, राधेश्याम बन्धु, ब्रजमोहन, कुमार ब्रजेन्द्र, महेन्द्र नेह, प्रतीक मिश्र आदि महत्त्वपूर्ण हैं। जनवादी गीतकारों ने विशाल श्रमजीवी वर्ग के जीवन में व्याप्त विविध समस्याओं—भूख, गरीबी, शोषण, बेरोजगारी आदि को विषय बनाकर काफी अच्छे और प्रभावशाली गीत लिखे हैं—

रोटी इतनी बिखरा दी है इधर उधर
जिसे जुटाने में ही लग जाये दिन भर —रमेश रंजक

आसपास जंगली हवायें हैं मैं हूँ
पोर-पोर जलती समिधायें हैं मैं हूँ।
अगले घुटने मोड़े/झाग उगलते घोड़े
जबड़ों में कसती बल्गायें हैं मैं हूँ। —माहेश्वर तिवारी

उपले पाथेगी/बासन माँजेगी/पारबती अपने दिन यों ही काटेगी।
आँखों में जंगल का प्रान्तर होगा। माथे पर लकड़ी का गट्ठर होगा
गुमसुम आयेगी-गुमसुम जायेगी/सूरज या बादल की ओर नहीं ताकेगी।
—अखिलेश कुमार सिंह

इकड़म तिकड़म बम्बे-बौ/उनके बँगले पूरे सौ
उनके घर सड़ता है खाना/मुश्किल हमको अन्न जुटाना
आदमखोर इरादे लेकर/वे हँसते हैं हौ हौ हौ। —अश्वघोष

मत आना चाँद तुम्हें देखकर
बेटा रोटी-रोटी कहता है। —शिवकुमार 'पराग'

होरी और धनियाँ के गाँव आजादी के इतने दिनों बाद भी ज्यों के त्यों हैं। कभी वे मानवी प्रकोप के शिकार होते हैं, कभी दैवी। प्राकृतिक प्रकोप से त्रस्त गाँव की जिन्दगी के कुछ दृश्य देखें—'झुनिया उलटा तवा डालकर/भरे गले से बोली/अबकी बरस न ब्याज पटेगी/नहीं जलेगी होली/नहीं भुक भुके माँ की चाकी/खायेगी हिचकोले/उफ अधपकी फसल के ओले।' (रमेश रंजक) रमेश रंजक के ऐसे और भी बहुत से गीत हैं जो किसानों-मजदूरों की जिन्दगी के आत्मीय साक्षी हैं। ये ऐसे गीत हैं जो श्रम से पैदा हुए हैं और श्रम का परिहार भी करते हैं एक अछूत बालिका सावन के झूलों के बारे में अपनी सहेली से कहती है—'अरी कौन झुलावे हमें साथ री, ठहरी हमरी ओछी जात री, नियारे झूला डार दै।' इसी प्रकार एक गरीब स्त्री कहती है—'गिरवी धरी है म्हारी, गइया पगइया, हमको न भावै गुलाल, सजनवाँ—हमको न भावे गुलाल....।' इसी प्रकार बेरोजगार युवक की पत्नी का यह कथन कितना मार्मिक है—'लाल मेरे! जमुना की होड़ा-होड़ी मत रोवै, तेरो बाबुल बेरोजगार' —रमेश रंजक

साधारण किसान की आकांक्षाओं, कल्पनाओं और सपनों का बहुत स्वभाविक वर्णन इस गीत में द्रष्टव्य है—

निरछल सपना पंख पसारे दूर उड़ाये जाये रे,
टुटही खटिया रथ बन जाये मन राजा हो जाए रे।
अपना खेत फसल हो अपनी हल बैलों की जोड़ी अपनी
पकते चावल की खुशबू से घर सारा भर जाये रे।
—ओमप्रकाश मिश्र

पल-पल अभावों से जूझ रहे और हर प्रकार के कष्ट व अपमान सहने के बावजूद आम आदमी का जीवन लगातार मुश्किल होता जा रहा है। जनवादी गीतों में इसका मार्मिक चित्रण हुआ है—

घर के हालात नहीं कहने।
जूझ रहे दानवी अभावों से
भाभी के बचे-खुचे गहने।
कैसे जोड़ा जाता चूल्हे से तीली को
पिता ही समझते हैं, पेट को, पतीली को,
कच्ची ही उमर लिए, घर का
पकता नासूर हुई बहनें।
दाहिना अँगूठा है कागजात सादे
हर सुबह खड़े मिलते सामने तगादे
भरी-भरी आँखों से सहती माँ
तीजों त्योहारों के उलहने। —राघवेन्द्रप्रताप सिंह

शोषक शक्तियों की साजिशों और गरीबों की विशेषताओं का अच्छा चित्र इन पंक्तियों में भी उपस्थित हुआ है—

स्वार्थ-भोग लिप्सा ने जब, फेंकी साजिश की गोटी,
पट्टे चढ़ गई जवाँ बेटियाँ और पेट की रोटी।
दिन मायूसी भरे, रात में व्यथा बिछौना लोटे
थकी देह-धुँधवाती आँखें, करनी जिया कचोटे,
रो-रो किया कलेजा काला, छाती धरी सिलौटी। —अरुणा दुबे

आज की संसद की हकीकत पर यह टिप्पणी भी महत्त्वपूर्ण है—

संसद है अय्याशों का घर, जनता कहती
इसमें रहते तीनों बन्दर जनता कहती। —बुद्धिनाथ मिश्र

जनवादी गीत में वर्तमान व्यवस्था के शोषक, अमानवीय, दमनकारी और आतंककारी रूप का भी यथार्थ चित्रण हुआ है। दरअसल दमन और अत्याचार के बल पर ही तो यह हुकूमत कायम है। इस व्यवस्था का एक रूप देखें—

हाथ रँगे हैं ख़ून से और माथे पर चन्दन का टीका।
काँख दबाए संविधान जैसे बैठा हो एक चीता।
भूख की ऐंठन को भी हिन्दू-मुस्लिम करके देख रहा
नाप रहा है भूख की गहराई को सत्ता का फीता।

—देवेन्द्रकुमार आर्य

लेकिन सारी गरीबी, भुखमरी और दमन के बावजूद जनवादी गीतों में जरा भी निराशा नहीं है। इन गीतों में जनता के प्रति गहरी सहानुभूति और वर्ग शत्रुओं के प्रति तीखा आक्रोश है। ये गीत हौसला बुलन्दी और आशा-विश्वास के गीत हैं। ये गीत संघर्ष और क्रान्ति के गीत हैं, ये गीत ईंट का जवाब पत्थर से देने के लिए और अपना अधिकार बलपूर्वक छीन लेने के लिए प्रेरित करने वाले गीत हैं—

छोड़ रे/कद छोड़, पीछे छोड़/पत्थरों की पसलियों को तोड़
ओ सृजन के बीज आँखें खोल/पतझर सिर चढ़ा है। —रमेश रंजक

टकरायें तो ध्वनि होगी/चिंगारी फूटेगी
टकराने से ही चुप्पी-अँधियारी टूटेगी —पुरुषोत्तम प्रतीक

खूनी जबड़ा तोड़ेंगे हम/उनके कानूनों के
नया समाज गढ़ेंगे हम/समता के मजमूनों से।... —शान्ति सुमन

अगर उठे हुंकार कमाने वालों का फौलादी सीना
और लगे अधिकार माँगने सिर का चूता हुआ पसीना
गीत लिए विप्लवी होठ पर चहक रहा पंछी सा दिन है
जीना नहीं कठिन है! —नचिकेता

अन्याय अत्याचार और शोषण के विरुद्ध संघर्ष की प्रेरणा देते हुए एक गीत की कुछ पंक्तियाँ इस सन्दर्भ में द्रष्टव्य हैं—

इसलिए राह संघर्ष की हम चुनें, जिन्दगी आँसुओं में नहाई न हो,
शाम सहमी न हो रात हो ना डरी, भोर की आँख फिर डबडबाई न हो।
कोई अपनी खुशी के लिए गैर की, रोटियाँ छीन ले हम नहीं चाहते,
छींटकर थोड़ा चारा कोई उम्र की, हर खुशी बीन ले हम नहीं चाहते
हो किसी के लिए मखमली बिस्तरा और किसी के लिए इक चटाई न हो।
इसलिए राह संघर्ष की हम चुनें।...... —वशिष्ठ अनूप

इस दौर के तेजस्वी गीतकार यश मालवीय ने पीड़ित जन समुदाय को जागृत करते हुए बहुत धारदार भाषा में लिखा है कि—

अपने भीतर आग भरो कुछ, जिससे यह मुद्रा तो बदले
इतने ऊँचे तापमान पर, शब्द ठिठुरते हैं तो कैसे
शायद तुमने बाँध लिया है, खुद को छायाओं के भय से
इस स्याही पीते जंगल में, कोई चिनगारी तो उछले। —यश मालवीय

इसी प्रकार कान्तिमोहन के 'बोल मजूरे हल्ला बोल' शलभ श्रीराम सिंह के 'नफस्-नफस कदम-कदम', अश्वघोष के 'टूटेंगे, हाँ टूटेंगे, ये बन्धन/पूँजीवाद के', रमेश रंजक के 'बैठ मत बेकार/पत्तरों पर पत्थरों को मार चिनगारी उठेगी', महेश्वर के 'साथी तोड़ जुल्फ की कारा', नचिकेता के 'हमें खोने के लिए बस बेड़ियाँ हैं और पाने के लिए सम्पूर्ण धरती है', ब्रजमोहन के 'धरती को सोना बनाने वाले भाई रे! गोरख पाण्डे के गुलमियाँ अब हम नाहीं बजइबो, अजदिया हमारा के भावेले।' आदि गीतों में इस मुक्तिकामी संघर्षशील चेतना की खूबसूरत अभिव्यक्ति हुई है। नये जनवादी गीतकारों में अरुणा दुबे, सुधांशु उपाध्याय, शिवकुमार 'पराग', वशिष्ठ अनूप, कमलेश राय, शैलेश पण्डित, नरेन्द्र, यशोधरा राठौर, प्रकाश उदय और राघवेन्द्रप्रताप सिंह के नाम उल्लेखनीय हैं। जनवादी गीत आज की गीतधारा के प्रतिनिधि गीत हैं और आज का प्रत्येक सजग और दृष्टि-सम्पन्न रचनाकार घोषित या अघोषित रूप में इसी धारा से जुड़ा हुआ है।

इधर के गीतों में एक महत्त्वपूर्ण बात यह दिखायी पड़ती है कि तमाम नवगीतकार जो अमूर्तता को गीत का गुण मानते थे, स्पष्टता की ओर बढ़े हैं, साथ ही जनवादी गीतकार जो नारेबाजी की हद तक सपाटबयानी कर रहे थे, संयमित और सन्तुलित हुए हैं। इधर यह भी अनुभव होने लगा है कि कोई 'नवगीत' नाम दे या 'जनगीत' या 'जनवादी गीत' कुल मिलाकर सभी गीत ही हैं और सबको गीत ही कहा जाना चाहिये। जन-जीवन से कट चुकी कविता को पुनः समाज से जोड़ने में गीत महत्त्वपूर्ण भूमिका निभा सकते हैं।

●

हिन्दी ग़ज़ल का स्वरूप और विकास

ग़ज़ल हिन्दी की एक अपेक्षाकृत नयी विधा है, किन्तु देखते ही देखते हिन्दी काव्य की एक अत्यन्त सशक्त और महत्त्वपूर्ण विधा बन गयी है। विगत लगभग चार दशकों में ग़ज़ल को जो लोकप्रियता और ख्याति प्राप्त हुई है, वह हिन्दी साहित्य के लिए एक सुखद और महत्त्वपूर्ण उपलब्धि है। इससे पूर्व कि ग़ज़ल की विकास-यात्रा की पड़ताल की जाय, ग़ज़ल के सन्दर्भ में कुछ आवश्यक और बुनियादी बातों की चर्चा अपेक्षित है।

ग़ज़ल फारसी और उर्दू की अत्यन्त महत्त्वपूर्ण और लोकप्रिय विधा रही है, और है। ग़ज़ल की अन्तर्वस्तु और रूपगत संरचना को लेकर विद्वानों में काफी लम्बे समय से वाद-विवाद चलता रहा है। इस सन्दर्भ में कुछ विद्वानों की राय प्रस्तुत है—श्री मुहम्मद मुस्तफा खाँ 'मद्दाह' द्वारा सम्पादित 'उर्दू-हिन्दी-शब्दकोश' के पृष्ठ 177 पर ग़ज़ल का अर्थ है—"प्रेमिका से वार्तालाप, उर्दू-फारसी कविता का एक प्रकार विशेष जिसमें प्रायः 5 से 11 शेर होते हैं। सारे शेर एक ही रदीफ और काफिये में होते हैं।" पं० महादेवी शास्त्री जोशी के अनुसार—"ग़ज़ल का अर्थ प्रेमप्रलाप अर्थात् प्रेम-निवेदन है। अतः शृंगार ही ग़ज़लों का मुख्य रस होता है।" कुछ लोगों के अनुसार अरब में एक व्यक्ति था जिसने अपनी सारी उम्र शराब पीने और इश्क में गुजारी। वह हमेशा हुस्न और इश्क की तारीफ किया करता था। उस व्यक्ति का नाम 'ग़ज़ल' था। इसलिए ऐसे शेरों को ग़ज़ल कहने लगे जिनमें हुस्न और इश्क का बयान हो। कुछ लोग ग़ज़ल की व्युत्पत्ति ग़ज़ाला से मानते हैं, जिसका अर्थ है—मृगनयनी। किन्तु डॉ० ख्वाजा अहमद फारुकी 'ग़ज़ाला' शब्द का अर्थ 'हिरन' बताते हुए कहते हैं—"ग़ज़ल का एक अर्थ उस कराह से भी है, जो ग़ज़ाला (हिरन) तीर चुभने के बाद बेकसी के आलम में निकालता है।" (साप्ताहिक हिन्दुस्तान, 29 जनवरी, 1978) इसी कारण ग़ज़ल में एक अजीब-सी कसक, वेदना और टीस रहती है, जिसमें दुनिया की बेवफाई का जिक्र रहता है। कुछ लोग ग़ज़ल को फारसी के ग़ज़ाला से निकला हुआ नहीं मानते, उनके अनुसार 'ग़ज़ल' अरबी शब्द है, जिसका अर्थ है—कातना-बुनना। सचमुच ही ग़ज़ल में भावनाओं और विचारों की बड़ी बारीक कताई-बुनाई होती है। फारसी में ग़ज़ल का शाब्दिक अर्थ है—औरतों से बातें करना (जदीद उर्दू शायरी, पृ० 50) डॉ० कुँवर बेचैन के अनुसार "एक से रदीफ (समान्त) तथा भिन्न-भिन्न काफियों से सुसज्जित एक ही वजन तथा एक ही बहर में लिखे गये अलग-अलग शेरों के समूह को ग़ज़ल कहते हैं।" (शामियाने काँच के, पृ० 11) प्रेम, सौन्दर्य, सूक्तिमयमा, सांकेतिकता, संक्षिप्तता, संश्लिष्टता और संगीतात्मकता आदि ग़ज़ल की अनिवार्य विशेषताएँ हैं।

ग़ज़ल के आकारगत स्वरूप के अन्तर्गत रदीफ (समान्त) काफिया, (तुकान्त) शेर और बहर (छन्द) की विशेष भूमिका होती है। इन सबके सन्तुलित संगठन एवं समुचित निर्वाह से ही ग़ज़ल अपनी आकारगत पूर्णता को प्राप्त करती है। ग़ज़ल के पहले शेर की

दोनों पंक्तियों के अन्त में तथा बाद के प्रत्येक शेर की दूसरी पंक्ति के अन्त में बार-बार आने वाले समान शब्द समूह को 'रदीफ' (समान्त) कहते हैं। जैसे—

तूने लिक्खे मीन खंजन कमल से **प्यारे नयन**
हमने देखे हैं हजारों दर्द के **मारे नयन**
चार पैसे, चार दाने, चार रोटी के लिए
दरबदर दिन भर भटकते हैं ये **बंजारे नयन**

इसमें 'नयन' रदीफ है। इसी प्रकार ग़ज़ल के पहले शेर की दोनों पंक्तियों और बाद के प्रत्येक शेर की दूसरी पंक्ति में रदीफ से पहले आने वाला शब्द 'काफिया' (तुकान्त) कहलाता ह। पूर्वोक्त उदाहरण में 'प्यारे', 'बंजारे' रदीफ से पहले हैं, इसलिए ये क़फ़िया कहलायेंगे। क़ाफ़िये का निर्वाह आवश्यक माना गया है। किन्तु आजकल काफिये में कुछ छूट लेने की परम्परा भी चल पड़ी है। कई शेर मिलकर एक ग़ज़ल का निर्माण करते हैं। 'शेर' शब्द अरबी का है जिसका अर्थ है—जनाना जुल्फ या बाल। इसीलिए ग़ज़ल को यदि सुन्दरी कहा जाता है, तो शेर उसके गेसू (बाल) कहे जाते हैं। शेर की तुलना माशूक के चेहरे पर बनी दोनों भौंहों से की जाती है। फारसी, उर्दू और हिन्दी के शब्द जब एक विशिष्ट छन्द शास्त्र में बँधकर आते हैं तो उन्हें शेर की संज्ञा दी जाती है। शेर दो पंक्तियों का होता है। ग़ज़ल के पहले शेर को 'मतला' (उदय) और आखिरी शेर को 'मक़्ता' कहते हैं। ग़ज़ल की रचना में बहर (छन्द) का एक निश्चित अनुशासन होता है। ग़ज़ल के छन्दों में वर्ण, मात्रा, लय, गति, यति आदि का विशेष ध्यान रखा ज़ाता है। इस प्रकार किसी कवि या शायर द्वारा एक ही छन्द के साँचे में प्रस्तुत किये गये हम काफिया और हम रदीफ शेरों के विशिष्ट संगठन को ग़ज़ल कहते हैं। ग़ज़ल में शेरों की संख्या कम से कम तीन और अधिक से अधिक पच्चीस मानी गयी है, किन्तु अब इस तरह का कोई बन्धन नहीं है। हिन्दी में ग़ज़लें उर्दू बह्रों में तथा हिन्दी-संस्कृत के छन्दों में पिंगलशास्त्र के अनुसार भी लिखी जा रही हैं। (विस्तृत अध्ययन के लिए देखें—'हिन्दी ग़ज़ल का स्वरूप और महत्त्वपूर्ण हस्ताक्षर', वशिष्ठ अनूप, विश्वविद्यालय प्रकाशन, वाराणसी)

उर्दू साहित्य में ग़ज़ल ने एक समृद्ध और गौरवशाली यात्रा तय की है। उर्दू के अनेक प्रतिभाशाली और संवेदनशील शायरों ने ग़ज़ल को अपना प्यार और सम्मान देकर उसे असीम ऊँचाइयों तक पहुँचाया है। अमीर खुसरो, मुल्ला हैती, मुहम्मद हुसैन नजीरी, शेख सादी, नासिर, अफ़जल शाहाबादी, पं० चन्द्रभान, मुहम्मद अली कुतुबशाह, वली, दाग, मोमिन, मीर, गालिब, बहादुरशाह ज़फर, इकबाल, फिराक गोरखपुरी, फैज अहमद फैज, हाली, अकबर इलाहाबादी, चकबस्थ, मजाज, जिगर, मुरादाबादी जोश मलीहाबादी, जगन्नाथ, साहिर लुधियानवी, अलीसदार ज़ाफरी, बशीर बद्र आदि शायरों ने उर्दू शायरी को एक खूबसूरत व्यक्तित्व प्रदान किया है।

हिन्दी ग़ज़ल का आरम्भ भी अमीर खुसरो से ही माना जाता है। कुछ विद्वानों की मान्यता है कि ग़ज़ल फ़ारसी से उर्दू में आयी और उर्दू से हिन्दी में। जबकि अधिकांश विद्वान् यह मानते हैं कि हिन्दी में ग़ज़ल उर्दू से न आकर सीधे फ़ारसी से हिन्दी में आयी

और उर्दू के जन्म (मुगलकाल-1526 से 1857) से बहुत पहले अमीर खुसरो ने हिन्दी की पहली ग़ज़ल लिखी। तथ्यों और तर्कों की कसौटी पर दूसरी मान्यता ठीक लगती है। सैय्यद एहतेशाम हुसेन भी यही कहते हैं—"फ़ारसी की जो ग़ज़ल उर्दू में आयी, वह उर्दू से पहले हिन्दी अथवा हिन्दवी में लिखी गयी। उस हिन्दी अथवा हिन्दवी में फ़ारसी के शब्द बाद में आये, पहले तो उसमें ब्रज, अवधी जैसी लोकभाषाओं और बोलियों के शब्द ही ज्यादा थे। आम बोल-चाल की खड़ी बोली अर्थात् हिन्दी (हिन्दवी) मुसलमानों के भारत में आने के पहले भी हिन्दुस्तान में थी। उन्नीसवीं सदी के अन्त तक उर्दू शब्द का प्रयोग भाषा के अर्थ में नहीं मिलता।" (उर्दू साहित्य का इतिहास) इस तथ्य को अब ऐतिहासिक सच्चाई के रूप में स्वीकार कर लिया गया है। अमीर खुसरो की एक ग़ज़ल के कुछ शेर देखें—

जब यार देखा नैन भर दिल की गई चिन्ता उतर
ऐसा नहीं कोई अजब राखे उसे समझाय कर।
जब आँख से ओझल भया, तड़पन लगा मेरा जिया
हक्का इलाही क्या किया, आँसू चले भरलाय कर।

अमीर खुसरो ने यह ग़ज़ल महमूदशीरानी को 31वीं सदी हिजरी के आरम्भ में लिखी थी। इससे पहले की लिखी कोई भी ग़ज़ल अब तक देखने में नहीं आयी है। इसलिए इस ग़ज़ल को भारतीय भाषा की पहली ग़ज़ल मानने में किसी को कोई आपत्ति नहीं होनी चाहिए। वैसे श्री एम०ए० गनी ने कबीर को ऐसा पहला हिन्दी कवि माना है जिन्होंने ग़ज़ल लिखी है। कबीर की पंक्तियाँ देखें—

हमन हैं इश्क मस्ताना हमन को होशियारी क्या।
रहें आजाद या जग में हमन को इन्तिजारी क्या।
कबीरा इश्क का मारा, दुई को दूर कर दिल से
जो चलता राह नाजुक है, हमन सिर बोझभारी क्या।

लेकिन बहुत से आलोचकों एवं इतिहासकारों ने इसे कबीर की रचना मानने से इनकार कर दिया है। काव्य-भाषा के परिप्रेक्ष्य में इस ग़ज़ल का भाषा-वैज्ञानिक अध्ययन भी इसे कबीर की रचना नहीं मानता। वैसे इस ग़ज़ल को प्रामाणिक मान भी लिया जाय, तब भी समय के कारण अमीर खुसरो ही हिन्दी ग़ज़ल के पहले कवि माने जाएँगे। प्यारेलाल शोकी नाम के एक कवि जो जहाँगीर के समकालीन थे, ने मध्यकाल में भक्तिभाव की ग़ज़लें लिखीं। उनकी ग़ज़लों में भक्ति के साथ ही बाह्याडम्बरों का विरोध दिखायी पड़ता है—

जिन प्रेमरस चाखा नहीं, अमृत पिया तो क्या हुआ
जिन इश्क में सर ना दिया सो जग जिया तो क्या हुआ
जोगी न जंगम से बड़ा रंग लाल कपड़े पहन के
वाकिफ नहीं इस हाल से कपड़ा रँगा तो क्या हुआ।

हिन्दी साहित्य में ग़ज़ल के अध्येताओं ने मीराबाई के कुछ पदों एवं केशवदास की रामचन्द्रिका में ग़ज़ल के छन्दशास्त्र की लय लक्षित की है, किन्तु ग़ज़ल का व्यवस्थित लेखन भारतेन्दु युग में ही मिलता है। भारतेन्दुजी के पिता गिरिधर दास ने भी ग़ज़लें

लिखी हैं। भारतेन्दु हरिश्चन्द्र 'रसा', प्रतापनारायण मिश्र, बदरीनारायण चौधरी 'प्रेमघन' आदि ने इस युग में अच्छी ग़ज़लें लिखी हैं। भारतेन्दुजी के दो शेर प्रस्तुत हैं—

हिला देंगे अभी ऐ संगे दिल तेरे कलेजे को
हमारी आतिशेबारी से पत्थर भी पिघलते हैं।

गले मुझको लगा लो ऐ मेरे दिलदार होली में,
बुझे दिलकी लगी मेरी भी तो ऐ यार होली में।

द्विवेदी युगीन कवियों में श्रीधर पाठक, मैथिलीशरण गुप्त, केशवप्रसाद, मन्नन द्विवेदी, सत्यनारायण कविरत्न, बदरीनाथ भट्ट, ठाकुर गोपालशरण सिंह, रायदेवी प्रसाद पूर्ण, रामनरेश त्रिपाठी, लाला भगवानदीन श्रीधर पाठक, छेदालाल 'मूढ़', रामनारायण 'बेताब' जगदम्बाप्रसाद मिश्र 'हितैषी', शहीद रामप्रसाद बिस्मिल इत्यादि ने ग़ज़लें लिखीं। इन कवियों ने उर्दू लयाधारों और हिन्दी छन्दों को भी अपनाया। यहाँ ग़ज़ल की अन्तर्वस्तु मुख्य रूप से भक्ति और देश-प्रेम है। कुछ उदाहरण देखें—

इस देश को हे दीनबन्धो! आप फिर अपनाइये
भगवान भारतवर्ष को फिर पुण्यभूमि बनाइये। —मैथिलीशरण गुप्त

राह पर उसको लगाना चाहिए
जाति सोती है जगाना चाहिए। —हरिऔध

मैं ढूँढता तुझे था जब कुंज और वन में
तू खोजता मुझे था तब दीन के वतन में। —रामनरेश त्रिपाठी

छायावाद के कवियों में मुख्य रूप से जयशंकर प्रसाद और सूर्यकान्त त्रिपाठी 'निराला' ने ग़ज़लें लिखीं। प्रसाद के कविता-संग्रह एवं नाटकों में अनेक ग़ज़लें संकलित हैं। उनकी ग़ज़लों में ग़ज़ल के नियमों का बखूबी निर्वाह हुआ है। उनका कथ्य प्रकृति, प्रेम एवं देश-प्रेम है—

देश की दुर्दशा निहारोगे
डूबते को कभी उबारोगे।...
सरासर भूल करते हैं उन्हें जो प्यार करते हैं
बुराई कर रहे हैं और अस्वीकार करते हैं।.....

छायावादी कवियों में निराला ऐसे महत्त्वपूर्ण रचनाकार हैं जिन्होंने सामाजिक विद्रूपताओं, असमानताओं और शोषण को विषय बनाकर अनेक खूबसूरत ग़ज़लें लिखीं जो 'बेला' में संकलित हैं। 'बेला' के 'आवेदन' में उन्होंने लिखा है कि "बढ़कर नयी बात यह है कि अलग-अलग बहरों की ग़ज़लें भी हैं, जिनमें फारसी के छन्दशास्त्र का निर्वाह किया गया है।" निराला की ग़ज़लों की सबसे बड़ी विशेषता है उनकी जनपक्षधरता, राजनीतिक समझ और व्यंग्य की तीखी मार। उनके कुछ शेर देखें—

भेद खुल-खुल जाय वो सूरत हमारे दिल में है
देश को मिल जाय जो पूंजी तुम्हारी मिल में हैं।

किनारा वो हमसे किये जा रहे हैं
दिखाने को दर्शन दिये जा रहे हैं।
जड़े थे सुहागिन के मोती के दाने
वही सूत तोड़े लिये जा रहे हैं।

छायावादोत्तर हिन्दी ग़ज़ल के विकास में दुश्यन्त कुमार से पूर्व जिन रचनाकारों ने विशेष भूमिका निभायी है, उनमें जानकीबल्लभ शास्त्री, बलबीरसिंह रंग, विकल साकेती, हंसराज 'रहबर', शमशेरबहादुर सिंह, त्रिलोचन शास्त्री, रामावतार त्यागी और नीरज के नाम उल्लेखनीय हैं।

ग़ज़ल को लोकप्रियता प्रदान करने में स्त्री जानकीबल्लभ शास्त्री ने काफी रचनात्मक भूमिका अदा की है। शास्त्रीजी का स्वर इतना मधुर था कि निरालाजी मंचों पर इनसे अपनी ग़ज़लों का भी पाठ कराया करते थे अपनी बात को कहने का इनका अपना ही ढंग है। इनकी ग़ज़लों का तेवर रूमानी है—

जिन्होंने हो तुम्हे देखा नयन वे और होते हैं
कि बनते वन्दना के छन्द क्षण वे और होते हैं।

बलवीरसिंह रंग मूलतः रोमानी भावधारा के सशक्त गीतकार एवं ग़ज़लकार रहे हैं। उनकी ग़ज़लों में परम्परागत उर्दू ग़ज़लों की सारी विशेषताएँ लक्षित की जा सकती हैं। हिन्दी के तत्सम शब्दों का प्रयोग और छन्दों का निर्दोष निर्वाह उनकी अपनी खासियत है—

जब न कुछ दे सका प्रीति-पीयूष तो
अब उपेक्षा भरा विष निगल जाइये।
व्यर्थ सारा मनस्ताप मेरा गया
कोई पत्थर न कह दे पिघल जाइये।....
जिन को हमने बनाकर के घर दे दिया
वे ही कहते हैं घर से निकल जाइये।

हंसराज रहबर हिन्दी-उर्दू दोनों भाषाओं के प्रतिष्ठित ग़ज़लकार हैं। वे साहित्य की जनपक्षधरता और प्रगतिशीलता के समर्थक हैं। वे ग़ज़ल इसलिए लिखते हैं क्योंकि यह जनप्रिय विधा है। उनका विचार है—"जब शायर जनता के लिए लिखता है, तो भाषा के साथ-साथ विधा भी ऐसी चुनता है, जो उसकी बात को अधिक से अधिक लोगों तक पहुँचाये, यानी कि वह विधा लोकप्रिय हो।" यहां उनका एक शेर प्रस्तुत है—

लोग-बाग चुप क्यों हैं, शहर की हवा क्या है ?
पूछते हैं हमसे आप, आप से छिपा क्या है ?

नयी कविता के वरिष्ठ कवि शमशेर बहादुर ने काफी अच्छी ग़ज़लें भी लिखी हैं। इनकी ग़ज़लों में नाज़ुक-ख्याली भी है, मर्मस्पर्शिनी क्षमता भी और चट्टानी साहस भी। इनकी ग़ज़लें 'कुछ और कविताएँ' तथा 'सुकून की तलाश' में संकलित हैं। भाषा का लोच और अभिव्यक्ति की सादगी इनकी विशेषता है—

कभी राह में यूँही मिल लेने वाले
बड़े आये हैं मेरा दिल लेने वाले।

वो दुश्मन मेरा इतना अच्छा है क्यों
जो अपना नहीं है वो अपना है क्यों ?
आज फिर काम से लौट हूँ बड़ी रात गये
ताक पर ही मेरे हिस्से की धरी है शायद।
जहाँ मैं अब तो जितने रोज अपना जीना होना है
तुम्हारी चोटें होनी हैं हमारा सीना होना है।

इनकी कुछ ग़ज़लें बिल्कुल फारसी की समास-पद्धति एवं फारसीनिष्ठ भाषिक संरचना की हैं, जो इन्हें हिन्दी-ग़ज़लकार नहीं मानने देतीं। 'कदम रंजा है सूएबाम एक शोखी कयामत की' जैसे वाक्य विन्यास हिन्दी-ग़ज़ल के लिए अपाच्य हैं।

श्री त्रिलोचन शास्त्री की ग़ज़लें 'गुलाब और बुलबुल' में संकलित हैं। त्रिलोचनजी ने प्रेम और क्रान्ति दोनों भावनाओं की ग़ज़लें लिखी हैं। इनकी दृष्टि में प्रेम, क्रान्ति का विरोधी न होकर उसका पूरक और प्रेरक है। जनोन्मुखता और आम आदमी की विभिन्न दशाओं का वर्णन इनकी ग़ज़लों का केन्द्रीय कथ्य है। इनकी ग़ज़लों में फारसी के प्रचलित प्रतीकों का निषेध और भारतीय संस्कृति की स्पष्ट छाप है। इनका मन्तव्य है— ''हिन्दी ग़ज़ल में हिन्दीपन नहीं आया तो वह ग़ज़ल होकर भी हिन्दी की न होगी।'' इनकी ग़ज़लों के कुछ उदाहरण देखें—

अकस्मात देखा, अजब चीज़ पा ली
तुम्हारी हँसी याद कर ली चुरा ली

बिस्तरा है न चारपाई है
जिन्दगी खूब हमने पाई है।
कल अँधेरे में जिसने सर काटा
नाम मत लो हमारा भाई है।
न कुछ भी धूलि धक्कड़ हो तो पथ कैसे चला जाये
कहा है चिकने पत्थर पर कदम जाकर फिसलता है।
कहूँ क्या बात आँखों की इन्हें पर्दा नहीं आता
कहीं कुछ वेदना देखी कि आँसू बह निकलता है।

रामावतार त्यागी यद्यपि मूलत: गीतकार थे लेकिन ग़ज़लों के विकास में भी उन्होंने महत्त्वपूर्ण काम किया है। उनकी ग़ज़लें 'सपने महक उठे' तथा 'गुलाब और बबूल वन' में संकलित हैं। त्यागीजी की ग़ज़लों का मूलस्वर यथास्थिति-विरोधी और क्रान्तिकारी है—

बन न जाये ये शहर की जिन्दगी जैसी कहीं
जोर से पत्थर उछालो झील को सोने न दो।
गाँव ही केवल बचा है रोशनी के नाम पर
कुछ करो इस आखिरी कन्दील को सोने न दो।
जंजीरों ने कर दी जो किसी रोज बगावत
बांधोगे मुझे किससे बताना मेरे यारो!

महत्त्वपूर्ण गीतकार श्री गोपालदास 'नीरज' की ग़ज़लें भी कम महत्त्वपूर्ण नहीं हैं। नीरज की ग़ज़लें उर्दू के बजाय हिन्दी के मात्रिक छन्दों को आधार बनाकर लिखी गयी हैं। इसीलिए इन्होंने अपनी ग़ज़लों को 'गीतिका' नाम दिया है। इन्होंने प्रेम और सामाजिक यथार्थ दोनों हो अपनी ग़ज़लों का विषय बनाया है—

जब चले जाएँगे हम लौट के सावन की तरह,
याद आएँगे प्रथम प्यार के चुम्बन की तरह।
ज़िक्र जिस दम भी छिड़ा उनकी गली में मेरा
जाने शर्माये वह क्यों गाँव की दुल्हन की तरह।
समय ने जब भी अँधेरों से दोस्ती की है
जला के अपना ही घर हमने रोशनी की है।
सुबूत हैं मेरे घर में धुएँ के ये धब्बे
कभी यहाँ पे उजालों ने खुदकुशी की है।

इस बीसवीं सदी के सातवें दशक में हिन्दी साहित्य के इतिहास में एक महत्त्वपूर्ण परिवर्तन और विकास हुआ, जब नई कविता के अत्यन्त समर्थ और प्रतिष्ठित कवि दुष्यन्त कुमार (जन्म-27 सितम्बर 1931, स्कूली दस्तावेज़ों में सितम्बर 1933, निधन-30 दिसम्बर 1975) ग़ज़ल विधा की तरफ उन्मुख हुए। दुष्यन्त कुमार के साथ ही उनके अनेक समकालीन रचनाकारों ने भी ग़ज़ल को अपनी मुख्य विधा के रूप में अपनाया। यह कोई मामूली बात न होकर एक युगान्तरकारी घटना थी जिसके कारणों की तलाश आवश्यक है।

वस्तुतः तारसप्तक (1943) के साथ आरम्भ होने वाली और 'दूसरा सप्तक' (1951) के साथ प्रतिष्ठित होने वाली 'नयी कविता' एक लम्बे समय तक काव्य की केन्द्रीय विधा रही है। किन्तु अपनी सपाटबयानी, गद्यात्मकता, अरोचकता और प्रभावहीनता के कारण वह लगातार अपना पाठकीय आधार खोती गयी है। नयी कविता के कुछ महत्त्वपूर्ण कवियों को छोड़कर इस झुण्ड में तमाम ऐसे लोग शामिल होते गये, जिन्हें कविता का न तो कोई संस्कार था, न समझ और न ही था जिनका कोई सामाजिक सरोकार! मुक्त छन्द के नाम पर इन्हें अपनी अराजक सोच, बौद्धिक दिवालियेपन, बनावटी आधुनिकता और सारहीन वक्तव्यों को पेड़, चिड़िया, हवा, बच्चे, फूल, तितली आदि प्रतीकों तथा आड़ी-तिरछी रेखाओं और 'बैलमुत्ती इबारतों' के माध्यम से व्यक्त करने की खुली छूट मिल गयी। परिणामस्वरूप भारी मात्रा में ऐसी उबाऊ और फालतू कविताएँ लिखी गयीं जो व्यापक जन-समुदाय को कौन कहे, मुट्ठीभर पढ़े-लिखे लोगों से भी कटकर कवियों तक ही सीमित रह गयीं। इन हालातों में ऐसे रचनाकार जो सही अर्थों में साहित्य के माध्यम से सामाजिक परिवर्तन की व्यापक महत्त्वाकांक्षा पाले हुए थे, उन विधाओं की तलाश में लगे जिनके माध्यम से सममुच विराट् जन-समुदाय तक पहुँचा जा सके। ऐसे में उन्हें दो विधाएँ मिलीं— गीत और ग़ज़ल। कुछ ने गीत को अपनाया, कुछ ने ग़ज़ल को, कुछ ने तो दोनों को एक साथ, और कुछ कवि साथ ही मुक्त छन्द की कविताएँ भी लिखते रहे।

इन्हीं स्थितियों में नयी कविता के छद्मों से ऊबकर दुष्यन्त कुमार ने लिखा था— "मैं बराबर महसूस करता हूँ कि कविता में आधुनिकता का छद्म कविता को बराबर

पाठकों से दूर करता चला गया है। कविता और पाठकों के बीच इतना फासला कभी न था, जितना आज हैं। इससे भी ज्यादा दुःखद बात यह है कि कविता शनैः-शनैः अपनी पहचान और कवि अपनी शख्सियत खोता चला गया है। ऐसा लगता है गोया दो दर्जन कवि एक ही शैली और शब्दावली में, एक ही कविता लिख रहे हैं। और इस कविता के बारे में कहा जाता है कि यह सामाजिक और राजनैतिक क्रान्ति की भूमिका तैयार कर रही है। मेरी समझ में यह दलील खोटी और वक्तव्य भ्रामक है। जो कविता लोगों तक पहुँचती ही नहीं, वह किसी क्रान्ति की संवाहिका भला कैसे हो सकती है?'' (सारिका, मई-1976, पृ० 36)

सामाजिक उपादेयता को रचना की सार्थकता मानने वाले दुष्यन्तकुमार को अपनी अनुभूतियों को सशक्त और कलात्मक अभिव्यक्ति देने के लिए ग़ज़ल सबसे उफयुक्त विधा लगी। उन्होंने लिखा है—''ग़ज़ल मुझ पर नाजिल नहीं हुई है। एक लम्बे अरसे तक मैंने उसे सुना और सराहा है। कभी चोरी-छिपे हाथ भी आजमाया है। लेकिन ग़ज़ल लिखने या कहने के पीछे एक जिज्ञासा मुझे अक्सर तंग करती रही है कि भारतीय कवियों में सबसे प्रखर अनुभूति के कवि गालिब ने अपनी पीड़ा की अभिव्यक्ति के लिए आखिर ग़ज़ल का माध्यम ही क्यों चुना? और अगर ग़ज़ल के माध्यम से गालिब अपनी तकलीफ को इतना सार्वजनिक बना सकते हैं, तो मेरी दोहरी तकलीफ (जो व्यक्तिगत भी है और सामाजिक भी) इस माध्यम के सहारे एक अपेक्षाकृत व्यापक पाठक वर्ग तक क्यों नहीं पहुँच सकती?'' (सारिका, मई-1976, पृ० 36)

यह चिन्ता अकेले दुष्यन्तकुमार की ही नहीं थी। उनके अनेक समकालीनों एवं बाद के रचनाकारों ने भी इसी व्यापक चिन्ता और विशाल जन-समूह तक अपनी बातें पहुँचाने के उद्देश्य से ग़जल को अपनाया। चूँकि ग़ज़ल के शेर अपने अन्दाजे बयाँ और सहज सम्प्रेषणीयता के कारण लोगों के मन-मस्तिष्क पर सीधा असर करते हैं और जुबान पर चढ़ जाते हैं, इसीलिए व्यापक जनता तक पहुँचने का इससे बेहतर कोई और माध्यम नहीं हो सकता। दुष्यन्त के अलावा जिन लोगों ने अच्छी ग़ज़लें लिखीं और लिख रहे हैं उनमें बालस्वरूप राही, सूर्यभान गुप्त, चन्द्रसेन विराट, शलभ श्रीरामसिंह, अवधनारायण मुद्गल, कुँअर बेचैन, विकलसाकेती, शेरजंगगर्ग, माधवमधुकर, उर्मिलेश, जानकीप्रसाद शर्मा, राजेन्द्रप्रसाद सिंह, भवानीशंकर, विनोद तिवारी, माहेश्वर तिवारी, अदमगोण्डवी, पुरुषोत्तम प्रतीक, कमलकिशोर श्रमिक और रामकुमार कृषक आदि का उल्लेख किया जा सकता है। समकालीन हिन्दी ग़ज़ल में जिन कवियों ने गुणात्मक ढंग से इजाफा किया वे हैं—दुष्यन्तकुमार, कुँअर बेचैन और अदमगोण्डवी।

दुष्यन्तकुमार ने हिन्दी ग़ज़ल को सर्वाधिक प्रभावित किया। उन्होंने ग़ज़ल को निरर्थक ख्यालों और कोरी कल्पनाओं की रंगीन और नाजुक दुनिया से उतारकर समकालीन जीवन से परिचित कराया। उनकी ग़ज़ल ने जिस दुनिया को देखा उसमें—

कहीं पे धूप की चादर बिछा के बैठ गए
कहीं पे शाम सिरहाने लगा के बैठ गए।

उन्होंने ग़ज़ल की नयी परिभाषा देते हुए उसे नये दायित्व से जोड़ा—

मैं जिसे ओढ़ता-बिछाता हूँ,
वह ग़ज़ल आपको सुनाता हूँ।
मुझमें रहते हैं करोड़ों लोग चुप कैसे रहूँ,
हर ग़ज़ल अब सल्तनत के नाम एक बयान है।

दुष्यन्तकुमार ने देश की आजादी की सच्चाई, जनतन्त्र की निरर्थकता और आजाद भारत के वास्तविक स्वरूप को बहुत करीब से देखा था। इन सबका दृश्य देखें—

आजादी— ये रोशनी है हकीकत में एक छल लोगो
कि जैसे जल में झलकता हुआ महल लोगो।

संविधान— सामान कुछ नहीं है फटेहाल है मगर
झोले में उसके पास कोई संविधान है।

देश— कल नुमाइश में मिला वो चीथड़े पहने हुए
मैंने पूछा नाम तो बोला कि हिन्दुस्तान है।

नेता— तेरी जुबान है झूठी जम्हूरित की तरह
तू एक जलील सी गाली से बेहतरीन नहीं।

इसलिए वे ऐसी तानाशाह क्रूर, मक्कार और शोषण पर टिकी हुई व्यवस्था को जिसमें अधिकांश लोग गरीबी, भुखमरी और बेरोजगारी के शिकार हैं, उखाड़ फेंकने का आह्वान करते हैं—

अब तो इस तालाब का पानी बदल दो
ये कँवल के फूल कुम्हलाने लगे हैं।

या हो गई है पीर पर्वत सी पिघलनी चाहिए
इस हिमालय से कोई गंगा निकलनी चाहिए।

दुष्यन्तकुमार के पास जहाँ समाज के विभिन्न रूपों का अनुभव है वहीं उसे व्यक्त करने के लिए एक समर्थ भाषा और शिल्प भी है। उन्होंने उस भाषा की तलाश की है जो हिन्दी-उर्दू के विवाद से हटकर आम आदमी की जबान है। उनका कहना है कि "उर्दू और हिन्दी अपने अपने सिंहासन से उतरकर जब आम आदमी के पास आती हैं तो उनमें फर्क कर पाना बड़ा मुश्किल होता है। मेरी नीयत और कोशिश यह रही है कि इन दोनों भाषाओं को ज्यादा से ज्यादा करीब ला सकूँ इसलिए ये ग़ज़लें उस भाषा में कही गयी हैं, जिसे मैं बोलता हूँ।" (साये में धूप की भूमिका)

इस प्रकार दुष्यन्तकुमार ने ग़ज़ल को नयी दिशा, संवेदना, अनुभव और शिल्प देकर उसे जन-जन तक पहुँचा कर और लोकप्रिय बनाकर जो ऐतिहासिक कार्य किया इसके लिए वे हिन्दी-ग़ज़ल के मूल प्रेरणा-स्रोत के रूप में हमेशा याद किये जायेंगे। उनकी ग़ज़ल पुस्तक 'साये में धूप' हिन्दी की सर्वाधिक बिकने वाली पुस्तकों में से है।

कुँअर बेचैन हिन्दी-ग़ज़ल के एक ऐसे समर्थ रचनाकार हैं जिन्होंने ग़ज़ल विधा को दुष्यन्तकुमार के बाद सर्वाधिक समृद्ध किया। यह समृद्धि सिर्फ परिमाण की दृष्टि से

ही नहीं, गुणात्मक दृष्टि से भी उल्लेखनीय है। कुँअर बेचैन के पास अध्ययन, अभ्यास और प्रतिभा तीनों का सन्तुलन है। साथ ही विराट्, जीवनानुभव और अत्यन्त संवेदनशील हृदय भी है। उन्हें हिन्दी-उर्दू छन्दशास्त्र का पूरा ज्ञान भी है और उन्होंने अपनी ग़ज़लों में उनका सफल निर्वाह भी किया है। विषय-वस्तु और शिल्प-साधन दोनों ही स्तरों पर उन्होंने जितने वैविध्यपूर्ण प्रयोग किये हैं, उस पर गर्व किया जा सकजगदम्बा प्रसाद मिश्र 'हितैषी', शहीद रामप्रसाद बिस्मिल ता है। महावर इन्तजारों का, शामियाने काँच के, रस्सियाँ पानी की तथा पत्थर की बाँसुरी आदि संग्रहों में उनकी ग़ज़लें संकलित हैं। उन्होंने प्रेम परक और सामाजिक चेतना सम्पन्न दोनों तरह की ग़ज़लें लिखीं हैं। उनकी ग़ज़लों में वर्तमान सामाजिक, राजनीतिक, आर्थिक परिस्थितियों के प्रतिक्षोभ भी है तथा प्रतिवाद और संघर्ष का संकल्प भी। यहाँ इस तरह के कुछ शेर देखें—

जहाँ इन्सान की औकात से दौलत बड़ी होगी
महल तनकर खड़े होंगे झुकी हर झोपड़ी होगी।
जरा सोचो कि मुँह तक रोटियाँ क्यों नहीं पाईं
तुम्हारी ही कलाई में कहीं कुछ गड़बड़ी होगी।

डॉ० कुँअर बेचैन की प्रेमपरक ग़ज़लों का भी अपना अलग ही महत्त्व है, क्योंकि इनमें रेगिस्तान के प्यासे होठों पर उतरती हुई शीतल तरंग की उमंग है, घने अन्धकार में टहलती हुई चिंगारी है, नींद से पहले का सपना है और जागरण के बाद का उल्लास है। ये सौन्दर्य और प्यार की एक के बाद एक खूबसूरत छवियों को उकेरते चले जाते हैं। अलग-अलग ग़ज़लों से कुछ शेर प्रस्तुत हैं—

अपने मन में ही अचानक यूँ सजल हो जाएँगे
क्या खबर थी आपसे मिलकर ग़ज़ल हो जाएँगे।
भोर की पहली किरन बनकर जरा छू दीजिए
आप की सौगन्ध हम खिलकर कमल हो जाएँगे।

बात दिल की किस तरह खोलूँ तुम्हारे सामने
मैं सुदामा की तरह हूँ बात तंदुल की तरह।

तेरे घर से मेरे घर तक एक खुशबू की लकीर
खींच दी जिसने उसी का नाम शायद प्यार है।

अदमगोण्डवी की ग़ज़लों का एक अलग ही अन्दाज है। उनमें हर-तरह से शोषित होती हुई बेगार करती हुई मार खाती और आँसू पीती हुई, ध्वस्त हो चुके जमींदारों और नवधनाढ्य वर्ग के द्वारा तरह-तरह से पीड़ित होती हुई भूखी-नंगी जनता की मार्मिक गाथा भी है और ताकत के साथ खड़े हो रहे विद्रोही पौरुष का प्रखर ताप भी है। वे आधुनिक साहित्य के कबीर हैं। उन्हीं जैसे फक्कड़ और मस्तमौला। कभी लोक-व्यथा से पीड़ित कभी शोषकों को ललकारते-फटकराते हुए। कबीर जैसी ही सहज, बेलाग, दो टूक और दरेरा देती हुई भाषा भी है उनके पास। भाषा के इस दरेरे से ग़ज़ल जैसी नाजुक विधा के कन्धे भी कहीं-कहीं छिल गये हैं, किन्तु इससे उनकी ग़ज़लों की प्रभाव-क्षमता जरा भी कम नहीं होती। लगभग यही बात कमलकिशोर श्रमिक, बल्ली सिंह चीमा और कमलेश

भट्ट 'कमल' की ग़ज़लों के विषय में भी सत्य है। अदम गाँव में रहने वाले सीधे-सादे किसान हैं। उनके गाँव की स्थिति हिन्दुस्तान के हजारों शोषित-पीड़ित गाँवों जैसी ही है—

फटे कपड़ों से तन ढाँपे जिधर हो जा रहा कोई
समझ लेना वो पगडण्डी अदम के गाँव जाती है।

और— रोटी के लिए बिक गई धनिया की आबरू
लमही में प्रेमचंद का होता उदास है।

अदम खाँटी जनता के कवि हैं। उनके लिए साहित्य की सार्थकता जीवन में, और जीवन को बेहतर बनाने के लिए है—

अदब गर जिन्दगी के दायरे से दूर होता है
तो वह तहजीब के सीने में इक नासूर होता है।
रवायत आहनी जंजीर बन जाती है पाँवों में
बगावत के लिए इन्सान तब मजबूर होता है

सत्ता के लिए मनुष्य को जाति-धर्म के नाम पर बाँटने और साम्प्रदायिक दंगे कराने वालों के लिए अदम की स्पष्ट चुनौती है—

हिन्दू या मुस्लिम के एहसासात को मत छेड़िए
अपनी कुर्सी के लिए जज्बात को मत छेड़िए।
हैं कहाँ हिटलर हलाकू जार और चंगेज़ख़ाँ
मिट गये सब, कौम की औकत को मत छेड़िए।

'धरती की सतह पर' और 'समय से मुठभेड़' उनकी ग़ज़लों के संग्रह हैं।

हिन्दी ग़ज़ल का यदि प्रवृत्तिगत विश्लेषण करें तो हम देखेंगे कि ग़ज़ल यहाँ आकर अपनी परम्परागत मान्यताओं-हुस्न और इश्क और प्रेमी-प्रेमिका के बीच के मधुर वार्तालाप तक सीमित न रहकर अन्य विधाओं की भाँति ज़िन्दगी की धड़कनों से स्पन्दित और सामाजिक राजनीतिक स्थितियों से रू-ब-रू हो जीवन-जगत् की जटिल समस्याओं से आँखें चार करती दिखायी पड़ती है। इसमें वंशी की धुन मन्द और शंकर के प्रलय के डमरू की आवाज तीव्र सुनायी पड़ती है। शिव ओम अम्बर के शब्दों में, "आज ही हिन्दी ग़ज़ल किसी शोख नाजनीन की इँगुरी हथेली पर अंकित मेंहदी की दन्त कथा नहीं, युवा आक्रोश की मुट्ठी में थमी हुई प्रलयकारी मशाल है।" कुछ ग़ज़लकारों की ग़ज़ल के बारे में टिप्पणियाँ देखें—

मैं जिसे ओढ़ता-बिछाता हूँ
वो ग़ज़ल आपको सुनाता हूँ। —दुष्यन्तकुमार

जो ग़ज़ल माशूक जलवों से वाकिफ हो चुकी
उसको अब बेवा के माथे की शिकन तक ले चलो। —अदमगोण्डवी

ग़ज़ल कोठे से उतर कर आ गई फुटपाथ में
पाँव में घुँघरू नहीं पत्थर लिये है हाथ में। —कमलकिशोर श्रमिक

कल गुफ्तगू थी हुस्न और इश्क की मगर
भूखी जमात की पुकार आज है ग़ज़ल। —वशिष्ठ अनूप

कौन कहता कि आकाश-फल है ग़ज़ल,
वक़्त के रूबरू आजकल है ग़ज़ल।
एक माँ की पुलक एक कृषक की खुशी
रूप रस गन्ध पूरित कमल है ग़ज़ल। —वशिष्ठ अनूप

जिसमें व्यथा है दर्द है गूँगी जुबान है।
मेरी ग़ज़ल ग़ज़ल नहीं, हिन्दोस्तान है। —नूतन कपूर

ये सारी उद्घोषणाएँ आज की ग़ज़ल के स्वरूप को रेखांकित करती हैं। समकालीन ग़ज़ल में आज की सामाजिक-आर्थिक स्थितियों, नौकरी पेशा मध्यवर्ग और श्रमजीवी किसान-मजदूर वर्ग के जीवन की तमाम सारी समस्याओं की प्रामाणिक अभिव्यक्ति हुई है—

वो जो सबके दिये जलाता है
खुद अँधेरे में छटपटाता है।
ये उसी के बनाये छाते हैं।
रोज बारिश में जो नहाता है। —डॉ० उर्मिलेश

हैं बेशकीमती हीरे सजे दुकानों में
मगर निकालने वाले दबे खदानों में। —वीरेन्द्र कुमार 'हमदम'

गरीब माँ-बाप हर एक पल अग्नि-परीक्षा के दौर से गुजरते हैं। इस त्रासद बेबसी के कुछ चित्र देखें—

क्या बतलायें, कहाँ-कहँ हम हर पल तुलते रहते हैं,
आँगन में बच्चों की ठनगन, बाहर कुछ ठेले वाले हैं। —महेश अश्क
बच्चे न कहीं माँग दे हाथों के खिलौने
मेले में थपकी देके सुलाने लगे हैं लोग। —श्रवणकुमार राय

पापा पहले तो डाटेंगे,
फिर बोलेंगे हाँ, ला देंगे।
कुछ लेने की जिद मत क़रना
पापा मेला दिखला देंगे। —दीक्षित दनकौरी

एक लम्बी प्रतीक्षा के बाद अकूत त्याग, बलिदान और संघर्षों के परिणामस्वरूप हमारे देश को आज़ादी मिली। एक स्वतन्त्र संविधान बना और एक तथाकथित लोकतन्त्र की स्थापना भी हुई। किन्तु यह जनतन्त्र एक पूँजीवादी जनतन्त्र था जिसमें दस प्रतिशत के लिए आज़ादी थी और नब्बे प्रतिशत के लिए गुलामी की जंजीरें। इसका वास्तविक स्वरूप बहुत शीघ्र ही सामने आ गया और फिर अनेक सवाल उठने लगे। इससे लोगों का मोहभंग होने लगा—

हमको पता नहीं था हमें अब पता चला
इस मुल्क में हमारी हुकूमत नहीं रही। —दुष्यन्त कुमार

आज़ादी की यह कैसी उपलब्धि मिली हमको यारो
तूफानों से बच निकले पर डूब गए हम नावों में। —माधव मधुकर

मेरे हाथों पर, मेरे सीने, मेरे मस्तिष्क पर
एक बन्धन था मगर इतने कड़े पहरे न थे। —भवानीशंकर

हमारे देश की व्यवस्था कितनी पक्षपातपूर्ण और दोमुँही है, इसका प्रमाण इसकी तमाम सारी नीतियों में बहुत साफ-साफ लक्षित होता है। इस हुकूमत की नीतियाँ, सुविधाएँ और इसके नियम-कानून कुछ मुट्ठी भर चुने हुए सुविधाभोगी लोगों के हितों के लिए ही हैं। आम जनता तो इनसे त्रस्त और तबाह ही होती है। इन भावों की अभिव्यक्ति ग़ज़लों में बहुत खूबसूरत ढंग से हुई है—

खूब बरसे मेघ सागर के करीब
और सारे खेत सूखे रह गये। —विनोद तिवारी

ये कैसी धूप है जो झोपड़े जलाती है
महल के छत पे यही गीत गुनगुनाती है। —शलभ श्रीराम सिंह

कोठियों के पाँव धोता बदगदों को सींचता
झोपड़ी पर कहर बरपाता हुआ सावन मिला। —वशिष्ठ अनूप

इस व्यवस्था के चरित्र के अनुरूप ही इस देश के कर्णधारों-नेताओं का भी चरित्र है। अब तो यह आम धारणा बन गयी है और वास्तविकता भी है कि समाज के जितने भी लुच्चे, लफंगे, चोर-बेईमान, गुण्डे-आवारे, डकैत और कातिल हैं, ज्यादातर वही नेता और मन्त्री होते हैं। शरीफ और शिक्षित वर्ग तो अब राजनीति से अलग होता जा रहा है। देश के इन पहरेदारों और जनता के प्रतिनिधियों की ग़ज़लों में खूब खबर ली गयी है। इनके अनेक रूपों के दर्शन कराते कुछ शेर देखें—

सर्प बनकर जो हमेशा विष वमन करते रहे
एक तख्ती टाँग कर वे लोग शंकर हो गए। —ज़हीर कुरैशी

इन रहबरों की रहबरी पर क्या गुमाँ करें
अपनों से बोलते जो जमींदार की तरह। —रमेश रंजक

चाट समझो देश को फिर चाट जाओ देश को
आप खाओ और बच्चों को खिलाओ देश को। —पुरुषोत्तम प्रतीक

पहाड़ों के कदों की खाइयाँ हैं
बुलन्दी पर बड़ी नीचाइयाँ हैं। —सूर्यभानु गुप्त

अन्य विधाओं की भाँति लोक-प्रचलित मिथकों का भी ग़ज़लों में बेहतरीन प्रयोग हुआ है—

ये गली है देवताओं की गली
मत अहल्या को इधर ले जाइये। —शिव ओम अम्बर

राम का आचरण देखकर
फिर अहल्या शिला हो गई। —मधुर नज्मी

असमानता की खाइयों को गहराने वाली, गरीबों को और गरीब तथा अमीरों को और अमीर बनाने वाली, अपनी सत्ता को बनाये रखने के लिए अनेक काले कानूनों एवं

दमनात्मक नीतियों को अपनाने वाली, मेहनतकश वर्ग को जाति, धर्म एवं सम्प्रदाय के नाम पर बाँटने वाली इस जन-विरोधी, प्रगति विरोधी व्यवस्था के खिलाफ, जन-जन में जो गुस्सा, आक्रोश और विद्रोह की चिंगारियाँ पल रही हैं, इन सबकी अभिव्यक्ति वर्तमान हिन्दी ग़ज़ल का मुख्य स्वर है। ये ग़ज़लें जनता की शक्ति, आशा और विश्वास को और पोख्ता भी करती हैं और इस हुकूमत को उखाड़ फेंकने का प्रबल आह्वान भी—

मुट्ठियों में भीख अपनी और तन पर चीथड़े
लूट में जो रह गया उस शेष की चर्चा करें।
जो निकट में ही किसी विस्फोट की आश्वस्ति दे।
हम उसी बारूद जन-आवेश की चर्चा करें। —चन्द्रसेन विराट

एक गुस्सा मेरे सीने में पल रहा है यूँ
जैसे खुद अपनी ही औलाद को पाला जाए।
सुर्ख शोलों को मुट्ठियों में दबाकर ऐ दोस्त
बदचलन रात के चेहरे पे उछाला जाए। —कमलकिशोर 'श्रमिक'

हिन्दी ग़ज़ल की बढ़ती हुई लोकप्रियता एवं तेजी के साथ मजबूत होती हुई इसकी स्थिति से जहाँ इसके महत्त्व को स्वीकृति मिली है वहीं इसके अस्तित्व एवं स्वरूप को लेकर कुछ सवाल और आरोप भी सामने आने लगे हैं। कुछ लोगों के आरोप हैं कि ग़ज़ल बहुत नाजुक और संकुचित विधा है, क्योंकि इसमें काफिया-रदीफ और बहरों की पाबन्दी के कारण जीवन के विस्तृत यथार्थ को नहीं समेटा जा सकता। इस तरह के सवाल उठाने वालों को यह समझना चाहिए कि सीमाएँ हर विधा की हैं और जीवन के विराट् यथार्थ को किसी भी विधा की किसी एक रचना में चित्रित नहीं किया जा सकता। वह मुक्तछन्द या नयी कविता का ही शिल्प क्यों न हो। यही कारण है कि मुक्तिबोध जैसे समर्थ कवि को अपनी तमाम लम्बी कविताएँ भी अधूरी लगती हैं जिसकी चर्चा बार-बार अपने लेखों (एक लम्बी कविता का अन्त आदि) एवं कविताओं में (नहीं होती खत्म कविता नहीं होती..., कि मैं अपनी अधूरी दीर्घ कविता में..) किया करते हैं। इस प्रकार ऐसे आरोप निराधार एवं साग्रह हैं। ग़ज़ल की स्थिति आज यह है कि यह हर पत्रिका के लिए आवश्यक हो गयी है। अपनी बात की पुष्टि और उसे प्रभावशाली बनाने के लिए संसद से सड़क तक और मन्त्री, प्राध्यापक एवं विद्यार्थी तक ग़ज़ल के शेरों का सहारा लेने लगे हैं। जो काम कबीर, तुलसी और रहीम की पंक्तियों से लिया जाता रहा है, अब ग़ज़ल के शेरों से भी लिया जाने लगा है। यह हिन्दी ग़ज़ल की क्षमता का प्रमाण और हिन्दी साहित्य की उपलब्धि है।

ग़ज़ल की लोकप्रियता से बौखलाकर कुछ लोगों ने इसे गीत के विरोध में खड़ा करने की नासमझ कोशिश की है। एक ग़ज़ल-पीड़ित समीक्षक के अनुसार, "आज गीतों और नवगीतों को सर्वाधिक क्षति ग़ज़लों से हो रही है। दुष्यन्त कुमार ने गीतों के समुद्र में ग़ज़लों का इतना भयानक मगरमच्छ छोड़ दिया कि वह गीतों के सारे अण्डे और बच्चे निगल रहा है....।" (राधेलाल विजधावने, आइना, नवगीत, समालोचनांक-1, पृ० 67-68) मुझे इस सन्दर्भ में मात्र इतना ही कहना है कि यदि गीत, गीत के

लिए या कविता, कविता के लिए हो, तब तो यह चिन्ता स्वाभाविक है। किन्तु यदि साहित्य का कुछ और उद्देश्य हो तो ग़ज़ल उस उद्देश्य की ओर बढ़ने का एक और सशक्त माध्यम है। यहाँ विभिन्न विषयों से सम्बन्धित कुछ अच्छे शेर द्रष्टव्य हैं—

कुछ नमक से भरी थैलियाँ खोलिए,
फिर मेरे घाव की पट्टियाँ खोलिए। —ओमप्रकाश यती

एक तो बोलना वह भी सच
सिरफिरा तो नहीं हो गया। —दीक्षित दनकौरी

ज़िन्दा हूँ सच बोल के भी
देख के खुद हैरान हूँ मैं। —राजेश रेड्डी

स्वयँ रावण खड़ा है सिर झुकाए
अवध में आजकल वो आचरण है। —अनिल गौड़

पास रखेगी नहीं सबकुछ लुटाएगी नदी,
शंख सीपी रेत पानी जो भी पाएगी नदी।
हमने सदियों विष पिलाकर आजमाया है इसे
अब हमें भी विष पिलाकर आजमाएगी नदी। —कमलेश भट्ट 'कमल'

गर्म तपती दोपहर है लड़कियों की ज़िन्दगी
एक पथरीली डगर है लड़कियों की ज़िन्दगी। —कीर्ति भागवत

चोटियों में दर्द के धागे गुँथे हैं छोर तक
खोखली मुस्कान ओढ़े जी रही लड़कियाँ। —वर्षा सिंह

प्यार तो दूब-सा पनपता है
फाइवर की दरी नहीं है ये? —देवेन्द्र आर्य

उपर्युक्त ग़जलकारों के अतिरिक्त आजकल जो लोग अच्छी ग़ज़लें लिख रहे हैं, उनमें वेद प्रकाश अमिताभ, कमलेश भट्ट कमल, मुनीर बख़्श आलम, देवेन्द्र आर्य, मधुरिमा सिंह, दीक्षित दनकौरी, सुल्तान अहमद, राम मेश्राम, मिथिलेश गहमरी, घनश्याम पाण्डेय, सुरेश कुमार, विनय मिश्र, शंकरप्रसाद करगेती, रामनारायण स्वामी, अशोक अंजुम, ओमप्रकाश यती, चन्द्रभाल 'सुकुमार', विनय कुमार, अशोक रावत, गुलाब, महेश अश्क, सुरेन्द्र शास्त्री, ज्ञानप्रकाश विवेक, नरेन्द्र वशिष्ठ, मधुर नज्मी, वीरेन्द्र कुँवर, एहतराम इस्लाम, ज़हीर कुरेशी, बल्ली सिंह चीमा, माधव कौशिक, अहमद निसार, प्रभा ठाकुर, विजयकुमार सिंघल, शिवकुमार 'पराग', शिव ओम अम्बर, द्विजेन्द्र द्विज, विज्ञान व्रत, शशि तिवारी, सुश्री शरद सिंह, वर्षा सिंह, रेनू राय, अनिल गौड़, अनिरुद्ध सिन्हा, सैयद मुहम्मद असलम, रंजना अग्रवाल, विजय किशोर मानव, छन्दराज, नूर मुहम्मद नूर, रोहिताश्व अस्थाना, ज्ञानेन्द्र, नरेन्द्र, केशव तिवारी 'केशू', जयकृष्ण राय 'तुषार' आदि के नाम उल्लेखनीय हैं।

आधुनिक काल

गद्य-खण्ड

हिन्दी खड़ी बोली गद्य का विकास

आधुनिक काल से पहले आदिकाल और मध्यकाल में गद्य के दर्शन होने लगे थे। वे गद्य मुख्यत: अपभ्रंश, राजस्थानी, ब्रजभाषा और दक्खिनी में उपलब्ध होते हैं। उनका प्रयोग शिलालेखों, दानपत्रों, पट्टों, परवानों, वचनिका, चम्पू काव्यों, टीकाओं और अनुवादों में हुआ है। गद्य की आरम्भिक रचनाओं में सूरति मिश्र की 'वैताल पचीसी' अधिक लोकप्रिय हुई। इस दिशा में लाला हीरा लाल द्वारा सन् 1795 में अबुल फजल कृत 'आइने अकबरी' का ब्रज भाषा गद्य में 'अकबरी की वचनिका' नाम से किया गया अनुवाद महत्त्वपूर्ण है।

आचार्य रामचन्द्र शुक्ल ने खड़ी बोली गद्य का आरम्भ गंग कवि द्वारा रचित 'चन्द छन्द बरनन की महिमा' (1570 ई०) से माना है। जॉर्ज ग्रियर्सन, नलिनीमोहन सान्याल आदि विद्वानों ने गद्य का आरम्भ लल्लू लाल तथा सदल मिश्र की रचनाओं से माना है। डॉ० रामचन्द्र तिवारी ने उपर्युक्त विद्वानों से असहमति व्यक्त करते हुए फोर्ट विलियम कॉलेज से पूर्व गुरुमुखी गद्य की लम्बी परम्परा दिखाते हुए नेपाल में सन् 1830 ई० के आसपास राजकीय पत्र, दरबार की कार्यवाहियों के विवरण तथा धार्मिक नाटकों में खड़ी बोली की उपलब्धि का प्रमाण दिया है।

हिन्दी गद्य के विकास में अंग्रेजों की भूमिका भी उल्लेखनीय है। उन्होंने अपने धर्मग्रन्थों के प्रचार-प्रसार के लिए प्रेस की स्थापना की थी जिनका लाभ भारतीय लेखकों को भी मिला। गद्य के विकास के लिए प्रेस का होना आवश्यक था। खड़ी बोली हिन्दी के विकास में जिन लोगों का योगदान रेखांकित करने योग्य है उनमें लल्लू लाल, मुंशी सदासुख लाल, इंशा अल्ला खाँ, सदल मिश्र, राजा शिवप्रसाद 'सितारेहिन्द', राजा लक्ष्मण सिंह और भारतेन्दु हरिश्चन्द्र महत्त्वपूर्ण हैं।

लल्लू लाल : ये आगरा के रहने वाले गुजराती ब्राह्मण थे। इन्हें उर्दू का अच्छा ज्ञान था। फोर्ट विलियम कॉलेज में नियुक्ति के बाद इन्होंने भागवत पुराण के दशम स्कन्ध के आधार पर 'प्रेमसागर' नामक गद्य ग्रन्थ की रचना की। इसके अतिरिक्त इन्होंने बैताल पचीसी और सिंहासन बत्तीसी नामक ग्रन्थों की रचना की। शकुन्तला नाटक, ब्रजभाषा व्याकरण, सभा विलास, माधव विलास, लाल चन्द्रिका आदि भी इनकी उल्लेखनीय कृतियाँ हैं। लल्लू लाल की भाषा में पण्डिताऊपन अधिक है। संस्कृत के तत्सम शब्दों के साथ इन्होंने अरबी, फारसी तथा ब्रजी का भी प्रयोग किया है।

सदासुख लाल : सदासुख लालजी दिल्ली के रहने वाले थे। इनका उपनाम 'नियाज' था। इन्होंने उर्दू और फारसी में कई पुस्तकें लिखी हैं। ये पहले ईस्ट इण्डिया कम्पनी में नौकर थे। इन्होंने विष्णु पुराण का अनुवाद 'सुखसागर' नाम से किया। इन्होंने सुखसागर नामक निबन्ध भी लिखा था। इन्होंने पूर्वी प्रान्त में रहने वाले हिन्दुओं की बोलचाल की भाषा में संस्कृत के तत्सम शब्दों का पुट देकर उसे साहित्यिक रूप दिया। इनकी भाषा में कहीं-कहीं फारसी का भी प्रभाव दिखायी पड़ता है।

सदल मिश्र : सदल मिश्र भी फोर्ट विलियम कॉलेज में काम करते थे। ये बिहार के रहने वाले थे। इनके विषय में आचार्य रामचन्द्र शुक्ल ने लिखा है कि ''उन्होंने व्यवहारोपयोगी भाषा लिखने का प्रयत्न किया है और जहाँ तक हो सका है खड़ी बोली का ही व्यवहार किया है।'' फोर्ट विलियम कॉलेज में रहते हुए इन्होंने 'नासिकेतोपाख्यान' नामक महत्त्वपूर्ण रचना की थी। चन्द्रावती, रामचरित, हिन्दी पर्शियन वॉकेबुलरी आदि इनकी अन्य कृतियाँ हैं। इनकी भाषा में खड़ी बोली के साथ ही अरबी-फारसी, बंगला और ब्रजी के शब्द मिलते हैं।

मुंशी इंशाअल्ला खाँ : ये मुर्शिदाबाद के रहने वाले थे। ये उर्दू के बहुत अच्छे शायर भी थे। दिल्ली में शाह आलम द्वितीय के दरबार में रहने के बाद ये लखनऊ के नवाब सआदत अली खाँ के दरबार में भी रहे। इनकी कीर्ति का आधार 'रानी केतकी की कहानी' है। रानी केतकी नाम की कहानी इन्होंने इस उद्देश्य से लिखी थी कि उसमें 'हिन्दवी की छुट और किसी बोली का पुट न मिले'। हिन्दवीपन भी न निकले और भाषापन भी न हो। भाषापन से उनका अभिप्राय संस्कृत मिश्रित हिन्दी से था। दरबार में रहने के कारण नयी-नयी कल्पनायें करने में ये पारंगत थे। इनकी शैली में परिहास और चुटीलापन मिलता है।

राजा शिवप्रसाद 'सितारेहिन्द' : राजा शिवप्रसाद 'सितारेहिन्द' शिक्षा विभाग से सम्बद्ध थे। इनके प्रयत्न से हिन्दी को स्कूलों में स्थान मिला। उन्होंने बनारस से 'बनारस अखबार' नाम का एक पत्र निकाला और उसके माध्यम से हिन्दी का प्रचार-प्रसार किया। इनकी भाषा में अरबी- फारसी शब्दों का अधिक प्रयोग होता था और इसी लिए वह उर्दू के अधिक निकट थी। उन्हें उर्दूमय हिन्दी लिखना अधिक पसन्द था। उन्हें समाज का उच्चवर्ग ही रचनाओं का पाठक प्रतीत होता था। अत: भाषा के साधारण रूप से उन्हें भी लगाव नहीं था। उनकी रचनाओं में राजा भोज का सपना, आलसियों का कोड़ा, वर्णमाला, वामामनरंजन, विद्यांकुर, भूगोलहस्तामलक, इतिहास तिमिर नाशक, सिक्खों का उदय और अस्त इत्यादि महत्त्वपूर्ण हैं।

राजा लक्ष्मण सिंह : राजा लक्ष्मण सिंह आगरा के रहने वाले थे। इन्होंने राजा शिवप्रसाद 'सितारेहिन्द' का उर्दूनामा हिन्दी के विपरीत संस्कृतनिष्ठ हिन्दी का पक्ष लिया। हिन्दी के प्रचार-प्रसार के लिए इन्होंने आगरा से 'प्रजा हितैषी' नामक पत्र निकाला। इनकी भाषा में संस्कृत के तत्सम् शब्दों के साथ आगरा के स्थानीय शब्द घुले-मिले हैं। इन्होंने अभिज्ञान- शाकुन्तलम्, रघुवंश और मेघदूत का हिन्दी में अनुवाद भी किया। इनकी भाषा संस्कृत निष्ठ होने के बावजूद आसान और लोक ग्राह्य है।

भारतेन्दु हरिश्चन्द्र : हिन्दी खड़ी बोली गद्य और समग्र हिन्दी साहित्य के विकास में भारतेन्दु हरिश्चन्द्र का योगदान अत्यन्त महत्त्वपूर्ण है। उन्होंने हिन्दी गद्य की कई विधाओं में विपुल साहित्य की रचना करके हिन्दी साहित्य को समृद्ध किया। उन्होंने राजा शिवप्रसाद 'सितारेहिन्द' की उर्दूप्रियता और राजा लक्ष्मण सिंह की संस्कृतप्रियता के बीच मध्य मार्ग की तलाश की और हिन्दी को उसका वास्तविक रूप प्रदान किया। उन्होंने

आवश्यकतानुसार सभी प्रकार के शब्दों का प्रयोग किया किन्तु उनकी भाषा में बोलचाल के शब्दों की प्रधानता होती थी। वे उन्हीं शब्दों का प्रयोग करते थे जिन्हें आम जनता बोलती और समझती थी। हिन्दी के प्रचार-प्रसार के लिए उन्होंने 'कविवचनसुधा', 'हरिश्चन्द्र मैगजीन', 'हरिश्चन्द्र चन्द्रिका' और स्त्री शिक्षा के लिए 'बाल-बोधिनी' नामक पत्रिकायें निकालीं।

उपर्युक्त विद्वानों और रचनाकारों के अतिरिक्त फोर्ट विलियम कॉलेज, ईसाई मिशनरियाँ, आर्य समाज और दूसरी सामाजिक सांस्कृतिक संस्थाओं की भूमिका भी हिन्दी गद्य के विकास में उल्लेखनीय रही है।

हिन्दी निबन्ध का स्वरूप और विकास

निबन्ध आधुनिक हिन्दी गद्य की एक महत्त्वपूर्ण विधा है, जिसका उद्भव 19वीं शताब्दी में औद्योगिक क्रान्ति, राष्ट्रीय जागरण, मुद्रण कला के प्रचार, गद्य के प्रसार, समाचार-पत्रों के प्रकाशन, पाश्चात्य सभ्यता के सम्पर्क, सामाजिक-राजनीतिक, पुनर्जागरण, सांस्कृतिक पुनरुत्थान और लेखक-पाठक के सामीप्य की उत्कृष्ट लालसा के फलस्वरूप हुआ, निबन्ध रचना के लिए गद्य की प्रौढ़ता नितान्त रूप से अपेक्षित होती है। 'गद्य कवियों की कसौटी है तो निबन्ध गद्य की'। प्रायः प्रत्येक देश की भाषा का प्राचीन साहित्य पद्यमय रहा है। गद्य का विकास बाद में हुआ और गद्य के परिमार्जित और परिष्कृत हो जाने के बाद ही निबन्ध का आविर्भाव हुआ है।

हिन्दी का 'निबन्ध' शब्द अंग्रेजी के 'ESSAY' शब्द का अनुवाद है। अंग्रेजी का 'ESSAY' शब्द फ्रैन्च 'ESSAI' से बना है। 'ESSAI' का अर्थ होता है—'TO ATTEMPT' अर्थात् 'प्रयास करना'। 'ESSAY' esa 'ESSAYIST' अपने व्यक्तित्व को अभिव्यक्त करता है, अर्थात् 'निबन्ध' में निबन्धकार अपने सहज, सवभाविक रूप को पाठक के सामने प्रकट करता है। आत्मप्रकाशन ही निबन्ध का प्रथम और अन्तिम लक्ष्य है।

आधुनिक निबन्धों के जन्मदाता फ्रान्स के मौन्तेन माने गये हैं, निबन्ध की परिभाषा देते हुए उन्होंने लिखा है कि "निबन्ध विचारों, उद्धरणों एवं कथाओं का सम्मिश्रण है।" अपनी बात को स्पष्ट करते हुए वे आगे लिखते हैं—"अपने निबन्धों का विषय स्वयं मैं हूँ, ये निबन्ध अपनी आत्मा को दूसरों की आत्मा तक पहुँचाने के प्रयत्नमात्र हैं। इनमें मेरे निजी विचार और कल्पनाओं के अतिरिक्त कोई नूतन खोज नहीं है।" यह परिभाषा निबन्ध की दो विशेषताओं की ओर संकेत करती है—(1) निबन्ध में निबन्धकार स्वयं को अभिव्यक्त करता है तथा (2) यह पाठक से आत्मीयता स्थापित करता है, उसे शिक्षा या उपदेश नहीं देता। आचार्य रामचन्द्र शुक्ल भी इस सत्य को स्वीकार करते हैं कि निबन्धकार की आत्मभिव्यक्ति ही निबन्ध की प्रमुख विशेषता है। उनके शब्दों में "आधुनिक पाश्चात्य लक्षणों के अनुसार निबन्ध उसी को कहना चाहिए, जिसमें व्यक्तित्व अथवा व्यक्तिगत विशेषता हो।" तात्पर्य यह है कि निबन्ध में निबन्धकार खुलकर पाठक के सामने आता है। कोई दुराव नहीं किसी प्रकार का संकोच अथवा भय नहीं—वह जो कुछ अनुभव करता है, उसे अभिव्यक्त कर देता है। राग तत्त्व की प्रधानता एवं हृदय का आग्रह निबन्ध की विशिष्टता है।

निबन्ध का सौन्दर्य है—प्रवाह

पाठक को निबन्धकार भावधारा में अनायास प्रवाहित करता है। सघन और तीव्र अनुभूतियों का निबन्ध में भावात्मक प्रकाशन होता है। भाव आकुल-व्याकुल होकर सहज ही फूट पड़ते हैं कहीं रुकावट नहीं कहीं ठहराव नहीं। "मानो हरिद्वार से गंगा की

धारा फूटती हो तो सीधे उछलती-कूदती अनेक विचार-पत्थरों, चिन्तन-कारीगरों से टकराती प्रयाग में आकर सरस्वती और यमुना के साथ मिलती हो।'' यही कारण है कि निबन्ध के विषय की कोई सीमा रेखा नहीं है।

निबन्ध, प्रबन्ध और लेख

कुछ लोग निबन्ध, प्रबन्ध और लेख—इन तीनों में कोई अन्तर नहीं मानते। लेकिन निबन्ध, प्रबन्ध और लेख में स्पष्ट अन्तर होता है। ''प्रबन्ध में व्यक्तित्व उभरकर नहीं आता लेखक परोक्ष रूप में रहकर अपनी ज्ञानचातुरी, दृष्टिसूक्ष्मता, प्रकाशन-पद्धति और भाषा शैली उपस्थित करता है। प्रबन्ध आकार में निबन्ध से दस-बीस गुना बड़ा भी हो सकता है, उसमें निबन्ध की अपेक्षा विद्वत्ता अधिक रहती है। निबन्ध में निजी अनुभूति और विचार का प्राधान्य रहता है और प्रबन्ध में समाजशास्त्र, लोकसंग्रह और पुस्तकीय ज्ञान का।'' मराठी के प्रसिद्ध लेखक **ही० गो० देशपाण्डे** के शब्दों में, ''प्रबन्ध में लेखक पाठकों को उपदेशरूपी कड़वी कुनैन की गोली चलाने का आदेश देता है, किन्तु 'निबन्ध' में लेखक उन्हें सुगरकोटेड कुनैन की गोली निगलने को कहता है और पाठक हँसते-हँसते वैसा करते हैं। प्रबन्धकार अपने बारे में कुछ नहीं कहता, किन्तु निबन्धकार अपनी पसन्दगी-नापसन्दगी, आचार-विचार के सम्बन्ध में खुलकर पाठकों से विचार-विमर्श करता है, प्रबन्ध की भाषा और शैली प्रौढ़, गम्भीर और नपी-तुली होती है, किन्तु निबन्ध की लेखन-शैली रमणीय और स्वच्छन्द होती है, प्रसाद गुण निबन्ध की आत्मा है, भावगीतों की तरह निबन्ध भी सुगम और सरस होता है। प्रबन्ध के विषय गम्भीर और ज्ञानपूर्ण होते हैं, किन्तु निबन्ध का विषय कोई प्रसंग, भावना या कोई क्षुद्र वस्तु या स्थल बनता है, क्योंकि यहाँ विषय की अपेक्षा निषयी (निबन्धकार) अधिक महत्त्वपूर्ण होता है।''

'निबन्ध' और 'प्रबन्ध' की तरह 'निबन्ध' और 'लेख' में भी अन्तर होता है। 'लेख' को अंग्रेजी में 'RTICKE' कहते हैं और पत्र, समाचार-पत्र, विश्वकोश इत्यादि में पायी जाने वाली वह रचना, जो विषय का स्पष्ट एवं स्वतन्त्र निरूपण करती है, 'लेख' कहलाती है। अस्तु, प्रबन्ध की तरह लेख भी विषयगत होता है। सांगोपांग रूप से विषय का प्रतिपादन ही लेख की प्रधान विशेषता है। इसमें लेखक की आत्माभिव्यक्ति का अभाव नहीं रहता पर उसकी प्रधानता भी नहीं रहती, जबकि आत्माभिव्यक्ति निबन्ध का लक्ष्य है, अत: निबन्ध और लेख दोनों भिन्न साहित्यिक विधाएँ हैं।

विशेषताएँ

निबन्ध की चार विशेषताएँ हैं—(1) व्यक्तित्व का प्रकाशन, (2) संक्षिप्तता, (3) एकसूत्रता तथा (4) अन्विति का प्रभाव

(1) निबन्ध रचना का प्रथम लक्ष्य है—व्यक्तित्व का प्रकाशन। निबन्ध में निबन्धकार अपने सहज स्वाभाविक रूप में पाठक के सामने प्रकट होता है। वह पाठकों से मित्र की तरह खुल कर सहज संलाप करता है। यही कारण है कि मैदान की स्वच्छ

हवा में कुछ देर टहलने से चित्त को जिस प्रसन्नता और उत्साह की प्राप्ति होती है, निबन्ध पढ़ने पर मन को वैसा ही आह्लाद होता है।

(2) निबन्ध की दूसरी विशेषता है—संक्षिप्तता। निबन्ध जितना छोटा होता है, जितना अधिक गठा होता है, उसमें उतनी ही सघन अनुभूतियाँ होती हैं और अनुभूतियों में गठाव-कसाव के कारण तीव्रता रहती है। फलत: निबन्ध का प्रभाव पाठक पर सर्वाधिक पड़ता है। निबन्ध की सफलता-श्रेष्ठता उसकी संक्षिप्तता है। शब्दों का व्यर्थ प्रयोग निबन्ध को निकृष्ट बनाता है।

(3) श्रेष्ठ और सरल निबन्ध की तीसरी विशेषता है—एकसूत्रता। कुछ लोगों के विचारानुसार निबन्ध में क्रम अथवा व्यवस्था की आवश्यकता नहीं होती। ऐसा कहना ठीक नहीं। निबन्ध में निबन्धकार स्वयं को अभिव्यक्त करता है, साथ ही उसमें भावों का आवेग भी रहता है, फिर भी निबन्ध में वैयक्तिक विशेषता का अर्थ कदापि नहीं होता है कि निबन्धकार पागलों की तरह अर्थहीन भावहीन प्रलाप करे, बल्कि सफल निबन्धकार में चिन्तन का प्रकाश रहता है। आचार्य शुक्ल के शब्दों में—''व्यक्तिगत विशेषता का यह मतलब नहीं कि उसके प्रदर्शन के लिए विचारों की शृंखला रखी ही न जाय या जान बूझकर उसे जगह-जगह से तोड़ दिया जाय, भावों की विचित्रता दिखाने के लिए अर्थ योजना की जाय जो अनुभूति के प्रकृत या लोकसामान्य स्वरूप से कोई सम्बन्ध ही न रखे अथवा भाषा से सरकसवालों की-सी कसरतें या हठयोगिया के-से आसन कराये जायँ, जिनका लक्ष्य तमाशा दिखाने के सिवा और कुछ नहीं।''

(4) निबन्ध की अन्तिम विशेषता है—अन्विति का प्रभाव (Effect of Totality) ''जिस प्रकार एक चित्र की अनेक असम्बद्ध रेखाएँ आपस में मिलकर एक सम्पूर्ण चित्र बना पाती हैं अथवा एक माला के अनेक पुष्प एकसूत्रता में ग्रथित होकर ही माला का सौन्दर्य ग्रहण करते हैं, उसी प्रकार निबन्ध के प्रत्येक विचार चिन्तन, प्रत्येक भाव तथा प्रत्येक आवेग आपस में अन्वित होकर सम्पूर्णता के प्रभाव से सृष्टि करते हैं।''

वस्तुत: प्रत्येक देश के साहित्य की एक अपनी परम्परा और प्रकृति होती है। संस्कृत साहित्य में 'निबन्ध' का जो प्रयोग हुआ है उसका अर्थ लिया गया है 'बाँधना' 'गूँथना' अर्थात् जिसमें विचार बाँधा या गूँथा जाता है वह निबन्ध है—निबध्यते आस्मिनं इति अधिकरणे निबन्धनम् दूसरे मत से किसी विषय पर निश्चित रूप से विचारों की शृंखला बाँधने या संग्रह करने को निबन्ध कहते हैं—निश्चितार्थेन विषयम् अधिकृत्य बन्धनम्। संस्कृत में लिखित भोजपत्रों को सँवारने, बाँधने या सीने की क्रिया को भी निबन्ध कहते थे।

हिन्दी निबन्ध : उद्भव और विकास

हिन्दी निबन्ध का प्रारम्भ आधुनिक काल में हुआ। निबन्ध गद्य की एक विधा है। गद्य का आरम्भ और विकास आधुनिक युग में हुआ है और गद्य के परिष्कृत हो जाने पर निबन्ध की रचना का प्रारम्भ हुआ। राष्ट्रीय जागरण, देश-प्रेम, मुद्रण कला का प्रचार,

समाचार-पत्रों का प्रकाशन, अंग्रेजी साहित्य के सम्पर्क आदि निबन्ध के विकास में सहायक बने—उदंतमार्तण्ड (30 मई, 1826) हिन्दी का प्रथम समाचार-पत्र माना जाता है जो कलकत्ता से प्रकाशित हुआ था। उसके बाद बंगदूत (सन् 1829), बनारस अखबार (सन् 1845), सुधाकर (सन् 1950) आदि समाचार-पत्र निकले। किन्तु निबन्ध के अभ्युत्थान में भारतेन्दु द्वारा प्रकाशित 'कवि वचन सुधा' (सन् 1868), हरिश्चन्द्र मैगजीन (सन् 1873), हिन्दी प्रदीप (सन् 1877), ब्राह्मण (सन् 1883) आदि पत्रिकाओं का विशेष योग रहा है। प्रारम्भिक हिन्दी निबन्ध इन्हीं पत्रों में पल्लवित हुआ। इस नवीन गद्य विधा को अंग्रेजी 'एसे' 'ESSAY' का समानार्थी मानकर 'निबन्ध' कहा गया। भारतेन्दु युग की हिन्दी-गद्य की एक सामान्य रूपरेखा निश्चित हो चुकी थी और इसके माध्यम से किसी विषय पर विचार व्यक्त किया जा सकता था। इस प्रकार भारतेन्दु-युग में ही हिन्दी साहित्य में पहली बार निबन्ध का जन्म हुआ।

हिन्दी के लगभग सभी विद्वानों ने निबन्धों की परम्परा भारतेन्दु युग से ही मानी है। भारतेन्दुजी ही वह प्रतिभा थे जिन्होंने सबसे पहले हिन्दी साहित्य के सभी अंगों पर ध्यान दिया। जिस समय इनका जन्म हुआ उस समय साहित्य में क्रान्ति की आवश्यकता थी। हिन्दी कविता पर रीतिकाल का जादू छाया हुआ था। न तो नाटकों की कोई रूपरेखा थी और न तो उपन्यासों की। निबन्ध का तो कहना ही क्या है। ऐसे समय में भाषा और साहित्य दोनों पर भारतेन्दु के प्रतिभाशाली व्यक्तित्व का प्रभाव पड़ा। निबन्ध के सभी तत्त्व भारतेन्दु की ही रचनाओं में मिलते हैं।

भारतेन्दु युग के प्रमुख निबन्धकारों में भारतेन्दु हरिश्चन्द्र के अतिरिक्त पं० बालकृष्ण भट्ट, प्रतापनारायण मिश्र और बद्रीनारायण चौधरी 'प्रेमघन' विशेष रूप से उल्लेखनीय है। इसके अतिरिक्त अम्बिकादत्त व्यास, लाला श्रीनिवासदास, राधाचरण गोस्वामी, मोहनलाल विष्णुलाल पण्ड्या तथा काशीनाथ खत्री आदि ने भी निबन्ध लिखे।

भारतेन्दुजी के निबन्धों का उद्देश्य समाज-सुधार और आह्वान तथा व्यंग्य द्वारा जनता को शिक्षित और प्रबुद्ध करना रहा है। उन्होंने व्यंग्यप्रधान शैली में धर्म, पुरातत्त्व, इतिहास, कला, समाज-सुधार, जीवनी, यात्रावृतान्त, भाषा आदि अनेक विषयों पर निबन्ध लिखे हैं।

बालकृष्ण भट्ट भारतेन्दु युग के सर्वाधिक महत्त्वपूर्ण निबन्धकार हैं। भट्टजी संस्कृत के पण्डित थे। अंग्रेजी साहित्य से भी उनका अच्छा परिचय था। वे अपने युग का वैज्ञानिक प्रगति से भी अच्छी तरह परिचित थे। अपने युग के वे सर्वाधिक प्रगतिशील व्यक्ति थे। भट्टजी सामान्यत: अपने विचारात्मक निबन्धों के लिए प्रसिद्ध थे किन्तु उनके विचारात्मक निबन्धों में भी उनकी खीझ, आक्रोश, भावावेश, झुँझलाहट और खरापन रह-रह कर उभर आता है। विचारात्मक निबन्धों में उन्होंने सबसे अधिक बल देश-भक्ति पर दिया। उन्होंने अंग्रेजों की शोषण की प्रवृत्ति का स्पष्ट विरोध किया। अंग्रेजों द्वारा लगाये जाने वाले टैक्स, पुलिस का अत्याचार, कृषि की दुर्गति, हिन्दी की उपेक्षा, हिन्दुओं और मुसलमानों में फूट

डालने की नीति, इन सभी बातों का विरोध भट्टजी ने निर्भय होकर किया है। **प्रतापनारायण मिश्र** 'ब्राह्मण' के सम्पादक थे। बालकृष्ण भट्ट की तरह ये भी हिन्दी के प्रारम्भिक युग के अत्यन्त विशिष्ट निबन्धकार हैं। आचार्य शुक्ल ने इन दोनों को हिन्दी का 'स्टील और एडिसन' कहा है। इनका भी उद्देश्य जनता को जागृत करते हुए नये समाज की रचना के लिए प्रेरित करना था। विषय की सीमाओं से मुक्त उनके निबन्ध सही अर्थों में अपनी परिभाषा को सार्थक करते हैं। 'आप', 'धोखा', 'नारी', 'मूँछ', 'परीक्षा', 'समझदार की मौत है', 'मनोयोग' आदि शीर्षक निबन्धों के अन्तर्गत अपनी मौज में विशिष्ट और सार्थक बातें कही गयी हैं। **'प्रेमघन'** 'आनन्द कादम्बिनी' के सम्पादक थे। काव्यात्मक शैली में लिखे गये इनके निबन्ध सामयिक विषयों पर की गयी टिप्पणियाँ हैं। भारतेन्दु युग के निबन्धकारों ने तत्कालीन समाज-सुधार और सांस्कृतिक जागरण के क्षेत्र में अपने निबन्धों के माध्यम से महत्त्वपूर्ण भूमिका का निर्वहन किया है। इस युग के निबन्धों की सबसे बड़ी विशेषता राष्ट्रीय सांस्कृतिक जागरण है।

भारतेन्दु-काल में पत्र-पत्रिकाओं के माध्यम से प्रारम्भ हुई व्यक्ति-व्यंजक निबन्धों की परम्परा द्विवेदी युग में कुछ क्षीण दिखायी देती है। इस युग के महत्त्वपूर्ण निबन्धकार हैं—महावीरप्रसाद द्विवेदी (1868-1938), गोविन्दनारायण मिश्र (1859-1926), बालमुकुन्द गुप्त (1865-1907), माधवप्रसाद मिश्र (1871-1907), श्यामबिहारी मिश्र (1873-1947), शुकदेवबिहारी मिश्र (1978-1951), सरदार पूर्ण सिंह (1881-1939), चन्द्रधर शर्मा गुलेरी (1883-1920), जगन्नाथप्रसाद चतुर्वेदी (1875-1939), श्यामसुन्दर दास (1875-1945), पद्मसिंह शर्मा (1876-1932), रामचन्द्र शुक्ल (1884-1940), कृष्णबिहारी मिश्र (1890-1963) आदि।

भारतेन्दु युग में भाषा प्रौढ़ नहीं हुई थी। व्याकरण के नियम स्थिर नहीं हुए थे। भाषा का स्वरूप द्विवेदी युग में निश्चित हुआ। भाषा के परिमार्जन से गद्य शैली में प्रौढ़ता आयी। पं० महावीरप्रसाद द्विवेदी ने भाषा और शैली की अव्यवस्था को दूर किया। द्विवेदी-युग ने उस एकत्र सामग्री को सुव्यवस्थित रूप देने का प्रयत्न किया। 20वीं शताब्दी में शिक्षितों की संख्या में पर्याप्त वृद्धि हुई। हिन्दी लेखकों का ध्यान 'सामाजिक मनुष्य' की ओर आकृष्ट हुआ क्योंकि इस युग में लेखकों और पाठकों दोनों में ही प्रतिष्ठा की भावना बहुत अधिक आ गयी थी। लेखकों से यह अपेक्षा की जाने लगी थी कि वे भारतेन्दु युगीन **उच्छृंखलता** को छोड़कर सुसंस्कृत ढंग से शिष्टतापूर्वक बातें करें।

अध्यापक पूर्णसिंह इस युग के एक प्रखर निबन्धकार हैं। इनकी शैली भावात्मक और आवेगपूर्ण है। 'सच्ची वीरता', 'मजदूरी और प्रेम', 'आचरण और सभ्यता' जैसे निबन्धों में इनका अप्रतिम शैलीकार दिखायी देता है। इनके निबन्धों के विषय नैतिक और सामाजिक सन्दर्भों से सम्पृक्त हैं। श्यामसुन्दर दास ने सांस्कृतिक साहित्यिक और भाषा सम्बन्धी विषयों पर निबन्ध लिखे। चन्द्रधर शर्मा गुलेरी पुरातत्त्व के मूर्धन्य विद्वान् थे। कहानी और निबन्ध-लेखन के क्षेत्र में इनका स्थान अप्रतिम है। इन्होंने 'कछुआ धर्म'

और 'मारेसि मोहि कुठाँव' निबन्ध लिखा है। आचार्य रामचन्द्र शुक्ल का निबन्ध लेखन छायावाद के समानान्तर चलता है। इनके निबन्धों में विचार और व्यक्तित्व का अद्भुत समन्वय है। चिन्तामणि, भाग-एक के निवेदन में लेखक ने स्वयं लिखा है—"इस पुस्तक में मेरी अन्तर्यात्रा में पड़ने वाले कुछ प्रदेश हैं। यात्रा के लिए निकलती रही है बुद्धि पर हृदय को भी साथ लेकर।" इनके निबन्ध दो प्रकार के हैं—एक भावों या मनोविकारों से सम्बन्धित जैसे—उत्साह, करुणा, श्रद्धा और भक्ति, ईर्ष्या, क्रोध, आदि और—दो सैद्धान्तिक और व्यावहारिक आलोचना सम्बन्धी जैसे—कविता क्या है ? काव्य में लोक-मंगल की साधना अवस्था, मानस की धर्म भूमि आदि।

गुलाब राय ('ठलुआ क्लब', फिर निराश क्यों, मेरी असफलताएँ), पदुमलाल पुन्नालाल बख्शी (अतीत स्मृति, उत्सव), शान्तिप्रिय द्विवेदी (कवि और काव्य साहित्यिक), शिवपूजन सहाय, बेचन शर्मा 'उग्र' आदि के अधिकांश निबन्ध निजता की छाप लिए हुए भावात्मक कोटि के हैं।

आचार्य रामचन्द्र शुक्ल ने हिन्दी निबन्ध को उत्कर्ष के जिस शिखर पर पहुँचाया था, वहीं से हजारीप्रसाद द्विवेदी ने उसे नवीन जीवन बोध और उत्कट जिजीविषा से सम्पृक्त कर नया रूप दिया। हजारीप्रसाद द्विवेदी के मन में भारतीय संस्कृति के प्रति अटूट निष्ठा है और वे एक अच्छे ललित निबन्धकार है। 'अशोक के फूल', 'देवदारु', 'कुटज', 'शिरीष के फूल', 'आम फिर बौरा गये', 'बसन्त आ गया' 'मेरी जन्मभूमि', 'घर जोड़ने की माया', 'नाखून क्यों बढ़ते हैं', 'भारतीय संस्कृति की देन', 'परम्परा और आधुनिकता' जैसे निबन्ध साहित्य की अमूल्य निधि हैं। कथा-साहित्य के अतिरिक्त जैनेन्द्र ने अनेक विषयों—धर्म, राजनीति, संस्कृति, प्रेम विवाह आदि को आधार बनाकर निबन्ध भी लिखे हैं। शान्तिप्रिय द्विवेदी के निब्रन्धों में भावुकता, संवेदना और अन्तरंगता की गहरी झलक मिलती है। 'संचारिणी' युग और 'साहित्य', 'सामयिकी', 'धरातल', 'प्रतिष्ठान', 'वृन्त और विकास' आदि इनके प्रसिद्ध निबन्ध संग्रह हैं। राय कृष्णदास, वियोगी हरि, माखनलाल चतुर्वेदी और डॉ० रघुवीर सिंह ने भावात्मक निबन्धों की रचना की है।

डॉ० नगेन्द्र के निबन्ध समीक्षात्मक हैं। साहित्यिक और मनोवैज्ञानिक दृष्टि इनके निबन्धों का प्रधानतत्त्व है। रामवृक्ष बेनीपुरी के निबन्ध ललित निबन्ध की कोटि में आते हैं। 'गेहूँ और गुलाब' और 'बन्देवाणी विनायकौ' इनके प्रमुख संग्रह हैं। कला और संस्कृति को विषय बनाकर लिखे गये इनके निबन्धों की भाषा स्पष्ट एवं आवेशमयी है।

विद्यानिवास मिश्र और कुबेरनाथ राय, हजारीप्रसाद द्विवेदी की परम्परा के विशिष्ट ललित निबन्धकार हैं। इन दोनों के निबन्धों में भारतीय संस्कृति के प्रति निष्ठा, लोकमंगल की भावना, शास्त्र और लोक का समन्वय, सरस भावुकता, सौन्दर्यानुभूति और प्रकृति प्रेम के तत्त्व एक साथ उपलब्ध हैं।

सामाजिक समस्याओं पर लिखे गये ठाकुरप्रसाद सिंह के निबन्धों में व्यंग्य की तीखीधार उपस्थित है। बेढब बनारसी और हरिशंकर परसाई के निबन्धों में भी व्यंग्य के

माध्यम से विसंगतियों को उभारने की चेष्टा की गयी है। विष्णुकान्त शास्त्री (कुछ चन्दन की कुछ कपूर की), प्रभाकर माचवे (खरगोश के सींग), रघुवीर सहाय, डॉ० शिवप्रसाद सिंह, डॉ० महेन्द्रनाथ पाण्डेय, डॉ० माताप्रसाद त्रिपाठी, विद्याबिन्दु सिंह (घर की भाषा का भाव, लोक विमर्श), नीरजा माधव (चैत चितमहुआ, यह राम कौन हैं?), रवीन्द्र श्रीवास्तव (परिचय दास) आदि ने भी महत्त्वपूर्ण आत्मपरक निबन्धों की रचना की है। निबन्धों की इस स्थिति को देखते हुए एक बात स्पष्ट होती है कि समकालीन समय में ललित निबन्धकारों की संख्या अपेक्षाकृत कम है। आलोचनात्मक निबन्ध तो खूब लिखे गये हैं और आज भी लिखे जा रहे हैं, पर अपने आदर्श रूप में निबन्ध कम लिखे जा रहे हैं।

वर्तमान काल में समीक्षात्मक निबन्धों की रचना बहुत हुई है। इस प्रकार के निबन्धों को आलोचना की कोटि में रखना ही समीचीन होगा। शुद्ध अर्थों में ललित निबन्धों की रचना इस समय अपेक्षाकृत कम हो रही है। हालांकि वर्तमान काल में निबन्ध साहित्य अनेक दृष्टियों से समृद्ध हुआ है।

●

हिन्दी कहानी का उद्भव और विकास

कहानी एक महत्त्वपूर्ण साहित्य-विधा है। यद्यपि गप्प और किस्से के रूप में कहानी का जन्म प्राचीन काल में हो चुका था लेकिन आधुनिक युग में कहानी स्वरूप, तत्त्व और उद्देश्य की दृष्टि से प्रौढ़ और विकसित हुई है। कहानी को परिभाषित करते हुए एडगर एलन पो ने कहा कि—कहानी रसोद्रेक करने वाला ऐसा आख्यान है जो एक ही बैठक में पढ़ा जा सके। इसी प्रकार एच०जी० वेल्स का कहना है कि—"कहानी बस वही है जो लगभग 20 मिनट में साहस और कल्पना के साथ पढ़ी जाय"। कथा साहित्य सम्राट् मुंशी प्रेमचन्द के अनुसार, "कहानी एक ऐसा उद्यान नहीं जिसमें भाँति-भाँति के फूल और बेलें हुई हैं बल्कि एक ऐसा बगीचा है जिसमें एक ही गमले का माधुर्य अपने समुन्नत रूप में दृष्टिगोचर होता है" यह स्पष्ट है कि कहानी को अनेक दृष्टियों से परिभाषित किया जा सकता है। सीमित कथानक, गतिशील संवाद, सघन वातावरण, योजना, रोचकता और स्वाभाविकता कहानी की मूलभूत विशेषताएँ हैं। इस तथ्य को ध्यान में रखते हुए डॉ० श्रीकृष्ण लाल ने कहानी के सम्बन्ध में अपना मत प्रकट करते हुए कहा है कि "आधुनिक कहानी साहित्य का वह विकसित कलात्मक रूप है जिसमें लेखक कल्पना शक्ति के सहारे कम से कम पात्रों अथवा चरित्रों के द्वारा कम से कम घटनाओं और प्रसंगों की सहायता से मनोवांक्षित कथानक, चरित्र, वातावरण, दृश्य अथवा प्रभाव प्रस्तुत करता है।" पाश्चात्य साहित्य के विद्वान इसनबोन के अनुसार 'प्रभाव की एकता, कथानक की श्रेष्ठता, घटनाओं की प्रधानता, एक प्रधान पात्र तथा किसी एक समस्या का समाधान नामक पाँच गुण किसी भी कहानी में अपेक्षित हैं।" वास्तव में कहानी एक भूख है जो निरन्तर समाधान पाने की कोशिश करती है। कहानी की समस्त विशेषताओं को समन्वित करते हुए डॉ० गुलाब राय ने कहा है—"छोटी कहानी एक स्वतः पूर्ण कहानी है जिसमें एक दिन या एक प्रभाव को अग्रसर करने वाली व्यक्ति केन्द्रित घटनाओं का आवश्यक परन्तु कुछ-कुछ अप्रत्याशित ढंग से उत्थान-पतन और मोड़ के साथ पात्रों के चरित्र पर प्रकाश डालने वाला कौतूहलपूर्ण वर्णन हो।"

साहित्य चिन्तकों ने कहानी के छः तत्त्व निर्धारित किये हैं—कथानक, चरित्र-चित्रण, संवाद, देशकाल और वातावरण, भाषा-शैली और उद्देश्य। **कथानक** को कथा वस्तु अथवा अंग्रेजी में प्लॉट कहा जाता है। कहानी में उसका वही महत्त्व है जो शरीर में अस्थियों का है। कथानक सम्पूर्ण कहानी को दिशामूलक अन्विति प्रदान करता है। रिचर्ड्स ने कहानी को सृजनात्मक साहित्य का बीज मानते हुए वस्तु को अत्यन्त महत्त्व दिया है। प्राचीन भारतीय आचार्यों ने कथानक के प्रख्यात, उत्पाद्य और मिश्रित नामक तीन प्रकार माने हैं। स्वरूप की दृष्टि से कहानी के घटनाप्रधान, चरित्रप्रधान, भावप्रधान और वर्णनप्रधान चार प्रकार होते हैं। कथानक के विकास की पाँच अवस्थाएँ मानी गयी हैं—आरम्भ रोचक होना चाहिए, आरोह में प्रमुख पात्र की मानसिक स्थिति का विकास

दिखाना चाहिए, चरम स्थिति के अन्तर्गत कहानी की रोचकता में क्षणभर के लिए स्तब्धता आ जाती है। चरम स्थिति या समाधान ही अवरोह है तथा अन्त में कहानी का परिणाम निहित रहता है। कथानक में संक्षिप्तता और घटनाओं की परस्पर सम्बद्धता भी आवश्यक है तथा कहानी का शीर्षक सुन्दर रोचक और स्वभाविक होना चाहिए।

चरित्र कहानी का महत्त्वपूर्ण अंग है। कुशल कहानी-लेखक पात्रों के जीवन को गति प्रदान करने वाली या उनमें परिवर्तन लाने वाली घटनाओं को कलात्मक रूप प्रदान करता है और मानवीय संघर्षों एवं युग जीवन के प्रतीक पात्रों को ही अपनी कहानियों में अंकित करता है। डॉ० श्री कृष्णलाल का कहना है कि कहानी में उपन्यास की भाँति किसी चरित्र का अनेक कार्यों और प्रसंगों के बीच में यथाविधि विस्तृत चित्रण सम्भव नहीं है, इसलिए कहानी का केन्द्रबिन्दु, चरित्र-चित्रण नहीं हो सकता। कहानियों में नि:सन्देह चरित्र-चित्रण का महत्त्वपूर्ण स्थान है। जिस प्रकार रंग स्वास्थ्य आदि गुणों से युक्त मूक व्यक्ति हमें लुभाने की भमता नहीं रखता, उसी प्रकार कहानी में चाहे कितने ही गुणों का समावेश क्यों न हो, पर जब तक पात्रों का चरित्र-चित्रण नहीं होता, तब तक कहानी का प्रभाव पाठकों पर स्थायी रूप से नहीं पड़ता। इसलिए एक विचारक ने यह माना है कि कहानीरूपी दर्पण में चरित्र की छवि छाया हमें अमरत्व प्रदान करती है। कहानी में कथोपकथन या संवाद भी अनिवार्य है और उनकी उत्कृष्टता के लिए कहानीकार को इस बात पर पूर्ण ध्यान देना चाहिए कि संवाद पात्रानुकूल सरल, शिष्ट, लाक्षणिक व प्रभावपूर्ण भाषा में हों। संवाद लघु और अभिनयात्मक हों, क्योंकि यथार्थ जीवन में जब दो-चार व्यक्तियों में बातचीत होने लगती है तो एक ही व्यक्ति बहुत देर तक नहीं बोल सकता। बीच-बीच में, संवाद को सजीव बनाने के अभिप्राय से या तो बोलने वाला बोलते-बोलते कुछ क्षण के लिए रुक जायेगा अथवा परिस्थिति के अनुरूप पहले की बात काट दूसरा स्वयं बोल उठेगा। इस प्रकार के व्यवधान स्वाभाविकता का अच्छा उदाहरण उपस्थित करेंगे।

उपन्यास के सदृश कहानी में देश, काल और वातावरण का चित्रण अवश्य किया जाता है तथा कुशल कहानीकार अत्यन्त संक्षेप में ही घटना एवं पात्रों से सम्बन्धित स्थान, काल और वातावरण का चित्रण करता है। न केवल ऐतिहासिक कहानियों में बल्कि सामाजिक कहानियों में भी देश, काल तथा परिस्थितियों का चित्रण अपेक्षित है। साथ ही कहानी में वातावरण भौतिक व मानसिक दोनों ही प्रकार का होता है और वातावरण का समग्र प्रभाव भी अनेक कहानियों में दृष्टिगोचर होता है।

कहानी के तत्त्वों में भाषा-शैली का अत्यधिक महत्त्व है। पोकाक नामक एक पाश्चात्य विचारक के अनुसार कहानी का प्रत्येक भाग प्रसंगानुकूल एवं उचित होना चाहिए। इस प्रकार प्रत्येक शब्द, शब्द-समूह और वाक्य का कथा वस्तु, पात्र या वातावरण से सम्बन्धित होना आवश्यक है जिससे कि कहानी पढ़ने के पश्चात् हमें ऐसा प्रतीत हो कि यदि हम किसी एक भी पंक्ति को छोड़ जाते तो कहानी ही अपूर्ण रह जाती। सामान्यतया कथा-वस्तु के प्रकार भेद के अनुसार भाषा-शैली में भी विभिन्नता

दीख पड़ती है। हमें हिन्दी कहानियों में बोल-चाल की भाषा, गम्भीर व परिष्कृत भाषा और अलंकृत तत्सम भाषा दृष्टिगोचर होती है। साथ ही कहानी लेखन की वर्णनात्मक प्रणाली, आत्मचरित्र प्रणाली, संलाप या कथोपकथनात्मक प्रणाली, पत्रात्मक प्रणाली व डायरी प्रणाली नामक पाँच प्रणालियाँ भी प्रचलित हैं, पर कभी-कभी कहानी-निर्माण में नवीन प्रयोगों के भी दर्शन होते हैं।

साहित्य के अन्य अंग-उपांगों की भाँति कहानी में भी एक **निश्चित उद्देश्य या लक्ष्य** अवश्य रहता है। कहानीकार जीवन के जिस लक्ष्य की ओर संकेत करता है या जो आदर्श हमारे सामने प्रस्तुत करता है, उसी को उद्देश्य कहते हैं। प्रत्येक सफल कहानी में जीवन की कोई न कोई अनुभूति भी आवश्यक है, क्योंकि एक मात्र मनोरंजन ही कहानी का उद्देश्य नहीं। सुप्रसिद्ध साहित्यकार टॉल्सटॉय ने भी अपनी प्रसिद्ध कृति 'कला क्या है?' में कला का मूल लक्ष्य सौन्दर्य प्रदर्शन या केवल आनन्द प्रदान करना ही नहीं माना, बल्कि वे साहित्य या कला की उत्कृष्टता का मापदण्ड लोकरंजन व लोककल्याण को ही मानते हैं। अतएव उद्देश्य कहानी का सम्बल है और जीवन की अनन्त सुख-दुःखात्मक मर्मस्पर्शी अनुभूतियों का प्रकाशन ही कहानी का लक्ष्य है।

उद्देश्य के अनुसार कहानी के यथार्थवादी और आदर्शवादी नामक दो प्रकार भी होते हैं। यथार्थवादी कहानियों में जीवन के प्रतिबिम्ब का यथातथ्य चित्रण किया जाता है और आदर्शवादी कहानियों में जीवन कैसा होना चाहिए, इसका चित्रांकन होता है। प्रेमचंद जी प्रत्येक उत्तम कलाकृति में यथार्थ और आदर्श का समन्वय आवश्यक मानते थे। प्रत्येक साहित्य में सर्वदा इस प्रकार की कृतियाँ श्रेष्ठतम समझी गयी हैं जिनमें कि मानव जीवन की अभिव्यक्ति की गयी है। टॉमस सेल्फर ने उचित ही लिखा है—कहानियों को जीवन का सच्चा दर्पण होना चाहिए। कहानियों को जीवन के लिए लाभप्रद होना चाहिए।

कहानियों के मुख्यतः दस भेद हैं—कथानकप्रधान कहानी, चरित्रप्रधान कहानी, वातावरणप्रधान कहानी, भावप्रधान कहानी, सामाजिक कहानी, ऐतिहासिक कहानी, साहसिक कहानी, मनोविश्लेषण प्रधान कहानी, रोमांटिक कहानी तथा जासूसी कहानी। कहानी लिखने की पाँच शैलियाँ प्रचलित हैं—आत्म-चरित्रप्रधान शैली, ऐतिहासिक अथवा वर्णनात्मक शैली, कथोपकथनात्मक शैली, पत्रात्मक शैली, डायरी शैली।

हिन्दी कहानी का विकास

वेद, ब्राह्मण, उपनिषद्, पुराण, रामायण, महाभारत में अनेक कथाएँ विद्यमान हैं। वस्तुतः भारत में सामान्य जन के मध्य ज्ञान का प्रसार करने के लिए कहानी की परम्परा प्राचीनकाल से चली आ रही है। बौद्ध जातक, पंचतन्त्र, हितोपदेश, वैताल पंचविशतिक, शुक्र सप्तशती, दशकुमार चरित्र, आदि संस्कृत-ग्रन्थों में कहानियों के रोचक उदाहरण देखने को मिलते हैं। हिन्दी कहानी के विकास की दृष्टि से गोकुलनाथ रचित 'चौरासी वैष्णवों की वार्ता' तथा 'दो सौ बावन वैष्णवों की वार्ता', सदासुखलाल कृत 'सुख

सागर', लल्लूलाल कृत 'प्रेमसागर' तथा सदल मिश्र कृत 'नासिकेतोपाख्यान' महत्त्वपूर्ण रचनाएँ हैं। हिन्दी कहानी का वास्तविक विकास सन् 1900 से प्रारम्भ होता है। किशोरीलाल गोस्वामी कृत इन्दुमति, रामचन्द्र शुक्ल कृत ग्यारह वर्ष का समय, भारतेन्दु हरिश्चन्द्र कृत एक अद्‌भुत अपूर्व स्वप्न और बंग महिला के नाम से प्रसिद्ध राजेन्द्रबाला कृत दुलाई वाली प्रारम्भिक कहानियाँ हैं। हिन्दी पहली कहानी के सम्बन्ध में विद्वानों की राय एक जैसी नहीं है। बहुत दिनों तक इंशाअल्ला खाँ की रचना (सन् 1778 से 1803 के बीच लिखित) 'उदयभान चरित्र' या 'रानी केतकी की कहानी' को हिन्दी की पहली कहानी माना गया। लेकिन उसमें मौलिकता और आधुनिकता का अभाव लक्षित किया गया। आचार्य रामचन्द्र शुक्ल ने किशोरीलाल गोस्वामी की 'इन्दुमती' (सन् 1900) को पहली कहानी माना, किन्तु अध्येताओं ने उसे शेक्सपीयर के 'टेम्पेस्ट' से प्रभावित माना। इसके बाद आचार्य रामचन्द्र शुक्ल की 'ग्यारह वर्ष का समय' (सन् 1903) को हिन्दी की प्रथम कहानी की मान्यता दी गयी, किन्तु देवीप्रसाद वर्मा ने माधवप्रसाद सप्रे की कहानी 'टोकरी भर मिट्टी' को प्रथम कहानी माना जो सन् 1901 में 'छत्तीसगढ़मित्र' में प्रकाशित हुई थी। इस पर अधिकांश लोगों की सहमति रही है, क्योंकि इसमें आधुनिक कहानी के बीज मौजूद हैं। आगे चलकर डॉ० बच्चन सिंह ने अपनी आलोचना-स्थापना के साथ 'सारिका' पत्रिका में (सन् 1976 दिसम्बर) किशोरीलाल गोस्वामी की एक दूसरी कहानी 'प्रणयिनी-परिणय' प्रकाशित करायी जो सन् 1887 में लिखी गयी थी। डॉ० सिंह ने इसे हिन्दी की प्रथम कहानी सिद्ध किया है। अब तक प्राप्त हिन्दी की सभी कहानियों में पुरानी और शिल्प एवं मौलिकता की दृष्टि से हिन्दी की आरम्भिक स्थिति का परिचय कराने में समर्थ होने के कारण '**प्रणयिनी-परिणय**' को हिन्दी को प्रथम कहानी होने का गौरव दिया जा सकता है। कहानियों के आरम्भिक विकास की दृष्टि से 'सरस्वती' पत्रिका (सन् 1900) का सम्पादन महत्त्वपूर्ण है। जयशंकर प्रसाद ने 'इंदु' मासिक (सन् 1909) पत्रिका के माध्यम से कहानियों के विकास को नया आयाम प्रदान किया। कहानी का प्रथम उत्थान काल 1900 से 1910 ई० तक था। 1911 से 1919 ई० द्वितीय उत्थान काल स्वीकार किया जाता है। इस युग के कहानीकारों में विश्वम्भरनाथ कौशिक, चन्द्रधर शर्मा गुलेरी, प्रेमचंद, चतुरसेन शास्त्री, ज्वालादत्त शर्मा के नाम महत्त्वपूर्ण हैं। 1913 में कौशिकजी की चर्चित कहानी 'रक्षा बन्धन' सरस्वती में प्रकाशित हुई। इसी समय राजा राधिकारमण सिंह की कहानी 'कानों में कंगना', 'इन्दु' में प्रकाशित हुई। सन् 1914 में ज्वालादत्त शर्मा की विधवा और तस्कर नामक कहानियाँ प्रकाशित हुईं। चन्द्रधर शर्मा गुलेरी ने तीन महत्त्वपूर्ण कहानियाँ लिखीं—सुखमय जीवन, बुद्धू का काँटा और उसने कहा था। प्रेम और कर्त्तव्य की दृष्टि से 'उसने कहा था' हिन्दी की सर्वोत्कृष्ट कहानियों में से एक है। इस कहानी के विषय में आचार्य रामचन्द्र शुक्ल ने कहा था—''इसमें पक्के यथार्थवाद के बीच सुरुचि की चरम मर्यादा के भीतर भावुकता का चरम उत्कर्ष अत्यन्त निपुणता के साथ सम्पुटित है। घटना इसकी ऐसी है जैसी बराबर हुआ करती है पर उसमें से प्रेम का एक स्वर्गीय स्वप्न झाँक रहा है, केवल झाँक रहा है, निर्लज्जता के साथ पुकार

या कराह नहीं रहा है।" इन्हीं दिनों प्रेमचंद ने अपनी कहानियों के माध्यम से भारत के सामाजिक जीवन को नयी दशा और दिशा प्रदान की, प्रेमचंद वस्तुतः युगपुरुष थे। उन्होंने कथा साहित्य को मनोवैज्ञानिकता एवं अन्तर्द्वन्द्व दिया। शतरंज के खिलाड़ी, ठाकुर का कुआँ, पूस की रात, ईदगाह, कफन प्रेमचंद की चर्चित कहानियाँ हैं। जहाँ प्रेमचंद प्रगतिशीलता मानवीय सहानुभूति और यथार्थवाद के द्वारा एक रोचक रचना संसार का सृजन करते हैं, वहीं जयशंकर प्रसाद ने प्रेम और कर्त्तव्य द्वन्द्व में कर्त्तव्य के आदर्श को वरीयता दी है। प्रतिध्वनि, आकाशदीप, आँधी तथा इन्द्रजाल जयशंकर प्रसाद के प्रमुख कहानी संग्रह हैं। जयशंकर प्रसाद की कहानियों में दार्शनिकता एवं काव्यात्मक संवेदना विशेष रूप से देखने को मिलती है।

हिन्दी कहानी का तृतीय उत्थान काल 1920 से 1935 तक स्वीकार किया गया है। सुदर्शन, पदुमलाल पुन्नालाल बख्शी, शिवपूजन सहाय, रायकृष्णदास, जैनेन्द्र कुमार, भगवतीचरण वर्मा इस अवधि के महत्त्वपूर्ण कहानीकार हैं। इस काल में कहानी समाज के विभिन्न वर्गों एवं उनकी अभिव्यक्ति का माध्यम बनी। प्रेमचंद का दृष्टिकोण यथार्थवादी था जबकि प्रसाद ने आदर्शवाद को अपनाया। जैनेन्द्र कुमार एक मनोवैज्ञानिक कथाकार थे। उनके अन्दर का वास्तविक कहानीकार मनोवैज्ञानिक कहानियों में ही दिखाई देता है। सियारामशरण गुप्त ने इसी समय अपनी कहानियाँ लिखीं और उनमें नवीन शिल्प विधान को महत्त्व प्रदान किया। 'पथ में से', 'काकी', 'मुंशीजी' और 'झूठ सच' जैसी कहानियों में साधारण ढंग का मनोविश्लेषण देखने को मिलता है।

'अज्ञेय' विलक्षण प्रतिभा के धनी साहित्यकार रहे हैं। उन्होंने साहित्य की सभी प्रमुख विधाओं को नवीन मोड़ दिया है। उन्होंने घटनाप्रधान कहानियों को और चरित्र-प्रधान कहानियों को नया स्वरूप प्रदान किया है। चरित्रों के अन्तर्द्वन्द्वों का चित्रण मनोविश्लेषण और चिन्तन के आधार पर पहली बार विश्वसनीय रूप से 'अज्ञेय' की कहानियों में देखने को मिला। भारतीय नारी के प्रताड़ित जीवन का बड़ा ही सजीव चित्रण 'अज्ञेय' की कहानियों में देखने को मिलता है। कथात्मक, आत्मकथात्मक, नाटकीय, पत्रात्मक, प्रतीकात्मक तथा मिश्रित आदि शैलियों का सफल निर्वाह भी 'अज्ञेय' की कहानियों में देखने को मिलता है। 'कड़ियाँ', 'अमर वल्लरी', 'मैना', 'रेल की सीटी', 'रोज़', 'शरणदाता', 'शत्रु', 'हरसिंगार' आदि उनकी प्रमुख कहानियाँ हैं। इलाचन्द्र जोशी को भी प्रतिनिधि मनोवैज्ञानिक कहानीकार के रूप में स्वीकार किया जाता है। मध्यवर्गीय ह्रासोन्मुखी जीवन को चित्रित करने वाली 'जोशी' की कहानियों में 'चरणों की दासी', 'होली', 'अनाश्रित', 'रोगी', 'परित्यका', 'जारज', 'एकांकी' और 'पतिब्रता या पिशाची' प्रमुख हैं। इनमें इतिवृत्तात्मक शैली अपनायी गयी है तथा आरम्भ, मध्य और अन्त पूर्ण सुनिश्चित एवं व्यवस्थित है।

भगवतीचरण वर्मा की कहानियों का ढाँचा प्रेमचंद मण्डल की कहानियों के अत्यधिक निकट दिखायी पड़ता है। चरित्र चित्रण के प्रति उनका आकर्षण मानव मन की लाचारी, उसकी कमजोरी और विवशता को पहचानने की मनोवैज्ञानिक पैठ के प्रति उनकी

आसक्ति, जीवन की कुरूपताओं और उसके बाद वाह्य जगत् के उत्कृष्ट संघर्षों की यथार्थ झाँकी प्रस्तुत करने का आग्रह तथा दु:खी मानवता के प्रति कट्टर सहानुभूति का आग्रह उन्हें क्रमश: 'प्रेमचंद', 'अज्ञेय', 'उग्र' और प्रगतिवादी विचारधारा के निकट ले जाता है।

हिन्दी कहानी का चतुर्थ उत्थान काल 1936 से 1950 ई० तक है। जैनेन्द्र कुमार, इलाचन्द्र जोशी एवं अज्ञेय ने मनोविश्लेषणात्मक कहानियाँ लिखीं, जबकि उपेन्द्रनाथ अश्क, धर्मवीर भारती, श्रीराम शर्मा, प्रभाकर माचवे आदि कहानीकारों ने रोमानी कहानियों की रचना की। आदर्शों से मोह भंग, जीवन मूल्यों की त्रासदी, बिगड़ते-बनते सम्बन्ध, दिशाहीन समाधान इस युग की प्रमुख प्रवृत्तियाँ हैं। यही समय भारतीय स्वतन्त्रता संग्राम का है। जीवन के बिखरे हुए अनुभवों को संयोजित करने में कहानीकारों ने सफलता पायी है। इस रूप में उन्होंने कथ्य और शिल्प के मिथक को भी तोड़ा है। सन् '50 के बाद कहानी का रूप पूरी तरह बदल गया। इस अवधि की कहानियों को 'नयी कहानी' कहा गया। नयी कहानी समकालीन जीवनानुभवों का जटिल रोचक एवं प्रामाणिक दस्तावेज है। निर्मल वर्मा, मोहन राकेश, कमलेश्वर, ज्ञानरंजन, मारकण्डेय, शिवप्रसाद सिंह, राजेन्द्र यादव, मुन्नू भण्डारी, काशीनाथ सिंह, रमेश उपाध्याय, रवीन्द्र कालिया, ममता कालिया, रामदरश मिश्र, नवनीत मिश्र प्रमुख नये कहानीकार हैं। काल के प्रवाह में सामाजिकता का बोध एवं स्थिति नयी कहानी का प्रतिपाद्य है। इसमें क्लाइमेक्स का आग्रह नहीं है, क्योंकि इसमें विशेष मन:स्थिति का निरूपण है। नयी कहानियों में सांकेतिकता एवं प्रकृति विधान विशेष रूप से महत्त्वपूर्ण है। डॉ० रामदरश मिश्र ने नयी कहानी के सम्बन्ध में अपनी मान्यता इन शब्दों में प्रकट की है—"नयी कहानी ने नयी कविता की तरह स्वाधीनता के पश्चात् के मानवीय यथार्थ को अनुभव के स्तर पर अभिव्यक्त किया। इस यथार्थ के अनुभव में निरन्तर टूटते हुए सम्बन्धों, मूल्यों और मान्यताओं की उपस्थिति तो है ही एक बनने वाले मूल्य का हल्का-हल्का आभास भी है। इसलिए नयी कहानी में यथार्थ की क्रूरता के निरन्तर बढ़ते हुए दबाव के साथ-साथ एक स्वप्न भी है जो निरन्तर हल्का और धुँधला होता जाता है और एक स्थिति ऐसी आती है जब स्वप्न एकदम टूट जाता है। मोहभंग हो जाता है। नयी कहानी में सांकेतिकता, बिम्बविधान और प्रतीक योजना मिलती है।" डॉ० रमेश पाण्ड्या के शब्दों में, "सांकेतिकता का प्रयोग केवल अन्त में या किसी विशेष स्थल पर नहीं होता है। कहानी के पूरे ढाँचे में इधर-उधर बिखरा मिलता है। इससे कहानी लेखक को प्रभावोत्पादन में विशेष सहायता मिलती है। निर्मल वर्मा की परिन्दे और कमलेश्वर की पत्नी की तस्वीर कहानी में सांकेतिक रूप में देखी जा सकती है।" शैली शिल्प की दृष्टि से नयी कहानी के सात रूप मिलते हैं—लोककथा शैली, आन्तरिक शैली, लघु कथा शैली, प्रतीक शैली, नायकहीन शैली, चित्रात्मक शैली और अनुभूति पूर्ण शैली। नयी कहानी आगे चलकर अकहानी, सचेतन कहानी जैसे आन्दोलनों का रूप धारण कर लेती है। विषय-वस्तु का विस्तार निश्चित रूप से समकालीन कहानी की उपलब्धि है। लेकिन सकारात्मक जीवन-मूल्यों से दूर हटना इसकी विफलता भी स्वीकार की जायेगी। वस्तु

स्थिति के प्रति कथाकार जागरूक रहे हैं। लेकिन विखण्डित दृष्टि जीवन में स्पन्दन नहीं ला सकती। कहानी के विकास में जनवादी कहानीकारों—भैरवप्रसाद गुप्त, मार्कण्डेय, शेखर जोशी, दूधनाथ सिंह, असगर वजाहत, नमिता सिंह, डॉ० माहेश्वर, रामदेव शुक्ल, बादशाह हुसेन रिजवी, काशीनाथ सिंह, संजीव, प्रयाग शुक्ल, उदय प्रकाश, राकेश वत्स, शिवमूर्ति, वीरराजा, स्वयं प्रकाश, महेश कटारे, विजयकान्त, बलराम, मधुकर सिंह, सुरेशकांटन, सृंजय, उषा श्रीवास्तव, प्रभा खेतान, मधु कांकरिया, अलका सरावगी, महुआ माजी आदि का योगदान उल्लेखनीय है। हिन्दी कहानी ने विकास के अनेक आयाम ग्रहण किये हैं। विशेष रूप से अनुभव की प्रामाणिकता की दृष्टि से ये कहानियाँ महत्त्वपूर्ण हैं। समकालीन कहानी समाज के राजनीतिक, आर्थिक, सांस्कृतिक, पारिवारिक और व्यक्तिगत सन्दर्भों को गहरी व्यंजनाओं के साथ रेखांकित करती है।

इधर के नये कहानी-संग्रहों में वक्त है एक ब्रेक का, वहाँ तक पहुँचने की दौड़ (राजेन्द्र यादव), खुशकिस्मत, छुटकारा (ममता कालिया), मुबारक पहला कदम (सम्पादक राजेन्द्र यादव, संजीव), देवता का जन्म तथा अन्य कहानियाँ (बलवन्त सिंह), सीढ़िया, माँ और उसका देवता (भगवानदास मोरवाल), रात-दिन (विष्णु नागर), बखरी के लोग, बाघ बाबा का चौरा (विद्याबिन्दु सिंह), हुड़क लुल्लु (पंकज मित्र), कथा यात्रा (विद्यासागर नौटियाल), प्रतिरोध (शैलेन्द्र सागर), रास्ता छोड़ो डार्लिंग (क्षमा शर्मा), दूर से देखा हुआ (सुनील गंगोपाध्याय), एक धनी व्यक्ति का बयान (अमरकान्त), सुरक्षा तथा अन्य कहानियाँ (श्रीलाल शुक्ल), नयी तारीख, सदी का सबसे बड़ा आदमी (काशीनाथ सिंह), नौरंगी बीमार है (शेखर जोशी), आएँगे अच्छे दिन भी (स्वयंप्रकाश), बदचलन बीबियों का द्वीप (कृष्ण बलदेव वैद), दूसरी कहानी (अलका सरावगी), आदिमगन्ध तथा अन्य कहानियाँ, चुप चंतारा रोना नहीं, चिटके आकाश का सूरज (नीरजा माधव), शापग्रस्त (अखिलेश), खाकी में इंसान (अशोक कुमार), पिंकस्लिप डैडी (गीत चतुर्वेदी), रात बाकी एवं अन्य कहानियाँ (रणेन्द्र), यूटोपिया (वन्दना राग), मैंने चाँद-तारे तो नहीं माँगे थे (नीलिमा सिंह) आदि उल्लेखनीय हैं।

●

हिन्दी उपन्यास का स्वरूप एवं विकास

आधुनिक साहित्य की विधाओं में उपन्यास का महत्त्वपूर्ण स्थान है। स्वरूप और प्रभाव दोनों ही दृष्टियों से उपन्यास समकालीन जीवन का पर्याय बन गया है। डॉ० श्यामसुन्दर दास ने उपन्यास को परिभाषित करते हुए लिखा है—"मनुष्य के वास्तविक जीवन की काल्पनिक कथा उपन्यास है।" कहने का तात्पर्य यह है कि मनुष्य का यथार्थ जीवन उपन्यासों की विषय-वस्तु के रूप में ग्रहण किया जा सकता है। उपन्यास के और अधिक तर्कसंगत रूप से विवेचित करते हुए गुलाब राय ने कहा है—"उपन्यास कार्यकारण श्रृंखला में बँधा हुआ वह गद्य कथानक है जिसमें अपेक्षाकृत अधिक विस्तार तथा पेंचीदगी के साथ वास्तविक जीवन का प्रतिनिधित्व करने वाले व्यक्तियों से सम्बन्धित वास्तविक, काल्पनिक घटनाओं के द्वारा मानव जीवन के सत्य का रचनात्मक रूप से उद्घाटन किया गया है।" वास्तव में विस्तार और रोचकता दो ऐसे तत्त्व हैं जिनके कारण उपन्यास अन्य विधाओं की तुलना में अधिक उपयोगी विधा है। उपन्यास का विकास भारतेन्दु युग से ही प्रारम्भ होता है। इसका सम्बन्ध भारतीय नवजागरण से जोड़ा गया है। आचार्य रामचन्द्र शुक्ल ने लाला श्रीनिवासदास कृत 'परीक्षागुरु' (सन् 1882) को हिन्दी का पहला उपन्यास स्वीकार किया है।

उपन्यास के तत्त्व

साहित्य के आचार्यों ने उपन्यास के छ: तत्त्व वर्गीकृत किये हैं—

(1) कथावस्तु (2) चरित्र-चित्रण (3) संवाद

(4) भाषा-शैली (5) देशकाल वातावरण (6) उद्देश्य

कथावस्तु उपन्यास का केन्द्रीय तत्त्व है। क्रमबद्धता, रोचकता, संगति, अच्छे कथानक की महत्त्वपूर्ण विशेषताएँ हैं। वस्तुत: उपन्यास कला की पूर्ण सफलता कथानक के चयन पर ही निर्भर करती है। मानव-चरित्र ही वह तत्त्व है जो कथावस्तु को जीवन्त बनाता है। जीवन के उतार-चढ़ाव से युक्त सुख-दु:ख का अनुभव करने वाले पात्र उपन्यास की यात्रा को गतिशील बनाते हैं। उपन्यास को हेनरी जेम्स ने 'जीवन का दर्पण', बालजाक ने 'मनुष्य की यथार्थताओं से बना घर' और प्रेमचंद ने 'मानव चरित्र का चित्र' माना है : उपन्यास के अन्तर्गत प्रधान पात्र एवं गौण पात्र होते हैं। प्रधान पात्रों के अन्तर्गत नायक और नायिका के साथ कथावस्तु को केन्द्रीय रूप से प्रभावित करने वाले पात्र आते हैं। जबकि गौण पात्र कथावस्तु को गति प्रदान करने की दृष्टि से होते हैं। उद्देश्य की दृष्टि से आदर्श और यथार्थ सम्भावनाओं पर आधारित दो प्रकार के पात्र हो सकते हैं। हिन्दी उपन्यास में मानव चरित्रों का रोचक, मार्मिक और प्रतिबद्ध संसार देखने को मिलता है।

उपन्यास की सफलता हेतु संवाद की संजीवता और सार्थकता अनिवार्य है। संवाद शृंखलाबद्ध, प्रभावशाली और नाटकीय होना चाहिए। किसी भी उपन्यास में संवाद दो दृष्टियों से अत्यन्त महत्त्वपूर्ण होते हैं—पहला कथानक का विकास और दूसरा पात्रों के चरित्रों का वर्गीकरण। सहजता, स्वाभाविकता और मनोवैज्ञानिकता अच्छे संवादों के गुण हैं।

देशकाल और वातावरण उपन्यास को औचित्य तथा वास्तविकता प्रदान करने वाला तत्त्व हैं। इसका सम्बन्ध उपन्यासकार की मानसिकता, प्रतिभा, दृश्य विधान की रचना और निर्माण की योग्यता से है। डॉ० गुलाब राय के शब्दों में, "व्यक्ति के निर्माण में वातावरण का बहुत कुछ हाथ होता है जिस प्रकार बिना अँगूठी के नगीना शोभा नहीं देता उसी प्रकार बिना देश-काल के पात्रों का व्यक्तित्व भी स्पष्ट नहीं होता और घटनाक्रम को समझाने के लिए भी इसकी आवश्यकता होती है। आजकल बढ़ते हुए वस्तुवाद के समय में देश-काल में वास्तविकता लाने के लिए स्थानीय ज्ञान अत्यन्त आवश्यक है।"

भावों की अभिव्यक्ति का माध्यम भाषा है और अभिव्यक्ति का ढंग या प्रणाली ही शैली है। सरल प्रांजल, मधुर भाषा, प्रभावोत्पादक कही जाती है। कथानक के प्रस्तुतीकरण की अनेक शैलियाँ प्रचलित हैं। इनमें आत्मकथानक शैली, वर्णनात्मक शैली, पत्रात्मक शैली, डायरी शैली अधिक महत्त्वपूर्ण है। उद्देश्य किसी उपन्यास को सार्थकता प्रदान करने वाला तत्त्व है। उपन्यासकार विविध सामाजिक राजनीतिक और मनोवैज्ञानिक उद्देश्यों से उपन्यासों की रचना करते हैं। जो उपन्यास जितने ही उदात्त जीवन दर्शन पर आधारित होता है वह उतना ही श्रेष्ठ स्वीकार किया जाता है। गोदान, कंकाल, परख, मृगनयनी जैसे उपन्यास अपने उद्देश्यों की दृष्टि से ही महत्त्वपूर्ण हैं। श्रेष्ठ उपन्यासों में उपर्युक्त सभी छः तत्त्व स्वाभाविक संतुलन के साथ विद्यमान होते है।

उपन्यास के भेद या प्रकार

उपन्यास का वर्गीकरण अनेक आधारों पर किया गया है। उपन्यास के प्रमुख भेद इस प्रकार हैं—

(1) यथार्थवादी उपन्यास
(2) प्रकृतिवादी उपन्यास
(3) मनोविश्लेषणवादी उपन्यास
(4) समाजवादी उपन्यास
(5) व्यक्तिवादी उपन्यास
(6) सामाजिक उपन्यास
(7) ऐतिहासिक उपन्यास
(8) आंचलिक उपन्यास
(9) पारिवारिक उपन्यास
(10) राजनीतिक उपन्यास
(11) चरित्रप्रधान उपन्यास
(12) अस्तित्ववादी उपन्यास
(13) आदर्शवादी उपन्यास

अधिकांश विचारक तत्त्व, वर्ण्य-विषय एवं शैलीगत विशेषताओं को ध्यान में रखकर उपन्यास के चार भेद स्वीकार करते हैं—

(क) घटनाप्रधान
(ख) चरित्रप्रधान
(ग) नाटकीय
(घ) ऐतिहासिक

उपन्यास का विकास

हिन्दी उपन्यास का वास्तविक विकास भारतेन्दु युग से प्रारम्भ होता है यद्यपि इसके पूर्व ऐसी कई धाराएँ प्रचलित थीं जिन्हें विद्वानों ने उपन्यास के अन्तर्गत रखा है।

हिन्दी उपन्यासों की परम्परा का सम्बन्ध संस्कृत के उपन्यास 'कादम्बरी' और 'दश कुमारचरित' से जोड़ा गया है। कुछ विद्वान् सूफी प्रेमाख्यानक काव्यों से औपन्यासिक परम्परा जोड़ते हैं। जहाँ तक हिन्दी के प्रथम उपन्यास का सम्बन्ध है आचार्य रामचन्द्र शुक्ल ने लाला श्रीनिवास दास कृत 'परीक्षागुरु' (1882) को हिन्दी का प्रथम उपन्यास माना है। श्रद्धा राम फुल्लौरी कृत 'भाग्यवती' (1877) को भी हिन्दी का प्रथम उपन्यास माना गया है। परीक्षागुरु में अंग्रेजी शिक्षा प्राप्त मध्यवर्ग की बुराइयों में जकड़े एक व्यापारी का चित्रण किया गया है। यह मध्यवर्ग के सामाजिक जीवन का प्रतिनिधि उपन्यास है। बालकृष्ण भट्ट ने 'नूतन ब्रह्मचारी' (1886) और 'सौ अजान एक सुजान' (1892) नामक उपन्यासों में ब्रिटिश प्रभाव के विपरीत भारतीय आदर्शों को चित्रित किया है। राधाकृष्णदास के उपन्यास 'निस्सहाय हिन्दू' में राष्ट्रीय एकता का तत्त्व प्रधान है। इसमें दो मित्रों द्वारा गोवध के विरुद्ध आन्दोलन का चित्रण किया गया है। अयोध्यासिंह उपाध्याय 'हरिऔध' ने 'ठेठ हिन्दी का ठाट' और 'अधखिला फूल' नामक उपन्यासों में अनमेल विवाह के दुष्परिणाम और जनता के अन्धविश्वासों का चित्रण किया है। तिलस्मी उपन्यासों के अन्तर्गत देवकीनन्द खत्री (सन् 1861-1913) कृत 'चन्द्रकान्ता' (1882) और 'चन्द्रकान्ता संतति' (1896) तथा हरेकृष्ण जौहर कृत 'कुसुमलता' (1899) उल्लेखनीय हैं। इन उपन्यासों में चमत्कार प्रदर्शन, कौतूहल वृद्धि, प्रेम प्रसंग का सरल और प्रवाहमय वर्णन किया गया है।

जासूसी उपन्यासों के अन्तर्गत गोपालराम गहमरी कृत 'अद्भुत लाश' और 'गुप्तचर' उल्लेखनीय हैं। इन उपन्यासों में रहस्य और रोमांच की प्रधानता होती थी। ठाकुर जगमोहन सिंह का 'श्यामास्वप्न' रोमानी उपन्यास है। प्रगाढ़ प्रेमानुभूति और सामाजिक रूढ़ियों का द्वन्द्व उपन्यास में गहरी करुणा के साथ अंकित है। विषय-वस्तु और शिल्प दोनों ही दृष्टियों से भारतेन्दु युग के उपन्यास एक नयी परम्परा का प्रारम्भ करने की दृष्टि से अत्यन्त महत्त्वपूर्ण हैं। इस काल में सामाजिक उपन्यासों की अधिकता रही। मानवीय प्रेम के विविध पक्षों का भावात्मक चित्र खींचने में इस युग के उपन्यासकारों को विशेष सफलता मिली है।

द्विवेदी युग में मुख्य रूप से सामाजिक, ऐतिहासिक, तिलस्मी, जासूसी आदि प्रकार के उपन्यास लिखे गये। सामाजिक उपन्यासों में लज्जाराम शर्मा का 'आदर्श दम्पति', 'बिगड़े का सुधार' और 'नव समाज', अयोध्यासिंह उपाध्याय का 'अधखिला फूल' और राधिकारमण प्रसाद सिंह का 'वनजीवन' विशेष रूप से चर्चित हैं। इन उपन्यासों में सुधारवादी जीवन-दर्शन का आरोपण है। हिन्दू संस्कृति के अनुरूप जीवन-मूल्य इस काल के उपन्यासों में मिलते हैं। ऐतिहासिक उपन्यासों में किशोरीलाल गोस्वामी का 'तारावाक्षात्रकुलकमलिनी', 'सुल्ताना रजिया बेगम' तथा 'मल्लिका देवी', गंगाप्रसाद गुप्त का 'नूरजहाँ', जयरामदास गुप्त कृत 'कश्मीर पतन' तथा 'चाँदबीबी' आदि महत्त्वपूर्ण उपन्यास हैं। तिलस्मी उपन्यासों में देवकीनन्दन खत्री कृत 'काजर की कोठरी', 'अनूठी बेगम' तथा 'भूतनाथ' हरेकृष्ण जौहर कृत 'मायामहल', 'कमलकुमारी'

तथा 'भयानक खून' तथा किशोरीलाल गोस्वामी कृत 'तिलस्मी शीशमहल' उल्लेखनीय हैं। जासूसी उपन्यासों में गोपालराम गहमरी कृत 'सरकटी लाश', 'चक्करदार चोरी', 'जासूस की भूल', 'जासूस पर जासूसी' महत्त्वपूर्ण उपन्यास हैं। द्विवेदी युग के उपन्यासों में किसी गहरी प्रतिबद्धता के दर्शन नहीं होते। एक नयी बात यह हुई कि इस युग में मौलिक उपन्यासों के अतिरिक्त अनूदित उपन्यास खूब लिखे गये। विषय-वस्तु में यह विस्तार नहीं दिखाई देता जैसा प्रेमचंद युग में दिखायी पड़ता है।

प्रेमचंद युग में हिन्दी उपन्यास को एक नयी दिशा मिली। न केवल विषय वस्तु की विविधता की दृष्टि से अपितु शिल्प पक्ष की प्रौढ़ता की दृष्टि से प्रेमचंद युग उपन्यास साहित्य का स्वर्णकाल है। इस युग के उपन्यासकारों में प्रेमचंद, जयशंकर प्रसाद, विश्वम्भरनाथ शर्मा 'कौशिक', चतुरसेन शास्त्री, प्रतापनारायण श्रीवास्तव, वृन्दावनलाल वर्मा, शिवपूजन सहाय, जैनेन्द्र कुमार आदि के नाम महत्त्वपूर्ण हैं। प्रेमचंद ने सेवासदन, प्रेमाश्रम, कर्मभूमि, रंगभूमि, गबन, गोदान, मंगलसूत्र आदि उपन्यासों के माध्यम से सामाजिक यथार्थ के विविध पक्षों का चित्रण किया। प्रेमचंद के पूर्व उपन्यास शिक्षा, उपदेश अथवा मनोरंजन के लिए लिखे जाते थे। परन्तु प्रेमचंद के लिए उपन्यास सृजन एक रचनात्मक दायित्व था। प्रेमचंद हिन्दी साहित्य में आदर्शोन्मुख यथार्थवाद के प्रणेता थे। उनका दृष्टिकोण मानवतावादी था। विविध सामाजिक समस्याओं—दहेज प्रथा, शोषण की समस्या, अनमेल विवाह की समस्या, रूढ़ियों और पाखण्डों की समस्या का चित्रण उन्होंने अपने उपन्यासों में गम्भीरतापूर्वक किया है। इसी काल में जयशंकर प्रसाद ने 'कंकाल', 'तितली और इरावती' की रचना की। सामाजिक यथार्थवाद प्रसादजी के उपन्यास की विषय-वस्तु है। उनके उपन्यासों की भाषा अत्यन्त मोहक और भावपूर्ण है। विश्वम्भरनाथ शर्मा 'कौशिक' ने अपने दो उपन्यासों 'माँ' और 'भिखारिणी' में आदर्श और यथार्थवाद के तनाव को व्यंजित किया है। माँ के गोद लिए पुत्र के प्रति वास्तविक और गोद लेने वाली माँ के व्यवहार को तुलनात्मक दृष्टि से आँकने का प्रयास किया गया है। 'भिखारिणी' नामक प्रेम-कथा में रामनाथ नामक एक धनी युवक भिखारी नन्दू और उसकी युवा पुत्री जस्सो को अपने यहाँ शरण देता है। रामनाथ और जस्सो की प्रेम-कथा के रूप में उपन्यास की कथावस्तु विकसित होती है।

चण्डीप्रसाद शर्मा 'हृदयेश' ने 'मनोरमा' और 'मंगलप्रभात' नामक उपन्यासों की रचना की। इनमें भारत के सांस्कृतिक मूल्यों की जीवन्तता पर बल दिया गया है। इन उपन्यासों की नैतिक पृष्ठभूमि आदर्शवादी साँचे से जुड़ने के कारण गम्भीर बन जाती है। शिवपूजन सहाय कृत 'देहाती दुनिया' में सामाजिक यथार्थ को नये सिरे से रेखांकित किया गया है। देहाती दुनिया का गाँव भारत का एक प्रतिनिधि गाँव है। सियारामशरण गुप्त रचित उपन्यासों में 'अन्तिम आकांक्षा' और 'नारी' चर्चित रहे हैं। वृन्दावनलाल वर्मा एक ऐतिहासिक उपन्यासकार थे। उन्होंने 'मृगनयनी', 'झाँसी की रानी', 'गढ़ कुंठार' आदि उपन्यासों के माध्यम से इतिहास के झंझावत के बीच कथा रस उत्पन्न करने की सफल चेष्टा की। प्रेमचंद का युग उपन्यासों के रचनात्मक विकास का युग है। इस समय

के रचनाकारों ने एक नयी कथा भाषा का निर्माण किया। सामाजिक जागरूकता, प्रगतिशीलता, मानवीय सहानुभूति इस काल के उपन्यासों की मुख्य विशेषताएँ हैं। प्रेमचंद के उपरान्त हिन्दी उपन्यासों की कई धाराएँ प्रचलित हो जाती हैं। विशेष रूप से सामाजिक, व्यक्तिवादी, समाजवादी, ऐतिहासिक और मनोविश्लेषणात्मक कोटि के उपन्यास रचे गये। जैनेन्द्र, भगवतीप्रसाद वाजपेयी, उपेन्द्रनाथ अश्क, भगवतीचरण वर्मा, रांगेय राघव, नागार्जुन, अमृतलाल नागर, राजेन्द्र यादव, मोहन राकेश, कमलेश्वर, नरेन्द्र कोहली और श्रीलाल शुक्ल जैसे रचनाकारों ने हिन्दी उपन्यास परम्परा को समृद्ध बनाया है। जैनेन्द्र कुमार ने 'परख', 'सुनीता', 'त्यागपत्र' और 'कल्याणी' आदि उपन्यासों के माध्यम से मानव चरित्र का एक नया संसार रचा। संस्कार और नैतिकता का द्वन्द्व उनके उपन्यासों की उल्लेखनीय विशेषता है। 'परख' में उन्होंने विधवा कट्टो को केन्द्र में रख कर उसके जीवन में घटित विरोधाभासों और तनावों का चित्रण किया है। हिंसा और अहिंसा का द्वन्द्व 'सुनीता' का केन्द्रीय कथ्य है। सुनीता हरि प्रसन्न की हिंसा का उत्तर अहिंसा देती है। विवाह और स्वेच्छाचार, प्रेम और घृणा, व्यक्ति और समाज, जीवन और जगत की विविध समस्याओं को जैनेन्द्र गाँधीवाद और मनोविश्लेषणवाद का पुट देकर हल करने का प्रयत्न करते हैं। इलाचन्द्र जोशी ने मुख्य रूप से 'घृणामयी', 'जहाज का पंछी','मुक्तिपथ', 'सुबह के भूले' तथा 'संन्यासी' नामक मनोवैज्ञानिक उपन्यासों की रचना की है। जोशीजी के उपन्यास के नायक आत्मरति, दम्भ और कुण्ठाओं के शिकार हैं। वे एक स्वाभाविक जीवन नहीं जीते तथा प्रतिक्रिया स्वरूप विक्षिप्त व्यवहार करते हैं। अज्ञेय ने 'शेखर एक जीवनी', 'नदी के द्वीप', 'अपने-अपने अजनबी' आदि उपन्यासों की रचना की है। विशेष रूप से 'शेखर : एक जीवनी' एक विशिष्ट उपन्यास है। शेखर और शशि के सम्बन्धों के माध्यम से अज्ञेय ने मानव अस्तित्व की स्वतन्त्रता की समस्या को सुलझाने का प्रयास किया है। अज्ञेय के उपन्यास मानवीय संवेदना की तरलता के मूल में प्रेम और पीड़ा के चरम अनुभव से सम्बद्ध हैं। विशेष रूप से अस्तित्ववादी दर्शन और मनोविश्लेषणवाद को उपयुक्त सन्दर्भ प्रदान करने में उन्हें सफलता मिली है।

प्रेमचन्दोत्तर युग के सामाजिक उपन्यासों में पाण्डेय बेचन शर्मा 'उग्र' रचित 'चन्द हसीनों के खतूत', 'दिल्ली का दलाल', 'बुधुआ की बेटी', 'काँटा', निराला कृत 'अप्सरा', 'अलका', 'प्रभावती', 'निरूपमा', भगवतीचरण वर्मा रचित 'चित्रलेखा', 'टेढ़े मेढ़े रास्ते', 'बूले बिसरे चित्र', 'सामर्थ्य और सीमा', 'सीधी सस्ती बातें', उपेन्द्रनाथ अश्क कृत 'गिरती दीवारें', 'गर्म राख', 'बड़ी-बड़ी आँखें', 'शहर में घूमता आइना', विष्णु प्रभाकर रचित 'आवारा मसीहा', 'स्वप्नमयी' और 'दर्पण का व्यक्ति', अमृतलाल नागर कृत 'बूँद और समुद्र', 'शतरंज के मोहरे', 'अमृत और विष', 'नाच्यो बहुत गोपाल', 'मानस का हंस', 'खंजन नयन' प्रमुख हैं। इस प्रकार के उपन्यासों में सामाजिक जीवन की समस्याएँ, अन्तर्विरोध और विषमता प्रकट हुई है। प्रगतिवादी उपन्यासों में साम्राज्यवाद विरोधी चेतना प्रकट हुई है। राहुल सांकृत्यायन, यशपाल, नागार्जुन, रांगेय राघव, अमृत राय, भैरवप्रसाद गुप्त प्रगतिशील आन्दोलन से जुड़े उपन्यासकार हैं। इनमें

यशपाल रचित 'देशद्रोही', 'दिव्या', 'पार्टी कामरेड', 'मनुष्य के रूप', 'झूठा सच', नागार्जुन कृत 'रतिनाथ की चाची', 'बलचनमा', 'नयी पौध', 'बाबा बटेसरनाथ', रांगेय राघव रचित 'विषाद मठ', 'घरौंदे', 'कब तक पुकारूँ', 'धरती मेरा घर', भैरवप्रसाद गुप्त रचित 'मशाल', 'गंगा मइया', 'सती मइया का चौरा', 'कालिन्दी', भीष्म साहनी कृत 'कड़ियाँ', 'तमस और बसंती' प्रमुख उपन्यास हैं। प्रगतिवादी उपन्यासकारों ने व्यक्तिगत, पारिवारिक और सामाजिक मूल्यों के प्रति गहन प्रतिबद्ध दृष्टि अपनायी।

स्वतन्त्रता के उपरान्त हिन्दी उपन्यासों का स्वरूप निरन्तर बदलता रहा है। विशेष रूप से आधुनिकता बोध पर आधारित उपन्यासों की परम्परा प्रारम्भ हुई। मोहन राकेश रचित 'अँधेरे बन्द कमरे', 'न आने वाला कल', निर्मल वर्मा कृत 'वे दिन', राजकमल चौधरी कृत 'मछली मरी हुई', 'ताश के पत्तों का शहर', कमलेश्वर रचित 'डाक बंगला', गंगाप्रसाद विमल कृत 'अपने से अलग', नरेश मेहता कृत 'यह पथ बंधु था' महत्त्वपूर्ण उपन्यास हैं। इन उपन्यासों में आस्थाहीनता, व्यर्थता, अजनबीपन और आत्मनिर्वासन आदि आधुनिक जीवन-मूल्यों के रूप में उभरे हैं।

समकालीन पीढ़ी में शिवानी, कृष्णा सोबती, उषा प्रियंवदा, मृणाल पाण्डेय, राजकुमार भ्रमर, ममता कालिया, रमेशचन्द्र शाह, पंकज विष्ट, गोविन्द मिश्र, गिरिराज किशोर, आदि सशक्त हस्ताक्षर हैं। इन्होंने समकालीन जीवन की विसंगतियों को अनुभव कर उससे गहरायी से जुड़कर देखा और समझा है। इस कारण इनकी जीवन विषयक दृष्टि में प्रामाणिकता विद्यमान है। पंकज विष्ट का उपन्यास 'लेकिन दरवाजा' पहाड़ से दिल्ली में बसे कलाकारों और बुद्धजीवियों पर केन्द्रित है। अब्दुल विसिमिल्लाह का 'झीनी-झीनी बींनी चदरिया', बनारस के साड़ी बुनकरों के शोषण और अभावों की अन्तरंग झाँकी प्रस्तुत करता है। रमेशचन्द्र शाह की रचना 'किस्सा गुलाम' एक बुद्धिजीवी दलित पात्र कुन्दन के माध्यम से गाँधी दर्शन और जड़ों की ओर वापसी की चिन्ता को व्यक्त किया है। आज का उपन्यास जीवन के संघर्षों का प्रतीक है। आजादी के बाद के काल को मोहभंग के बाद संक्रमण का समय कहा गया है। आधुनिकता, मूल्यहीनता, अकेलापन, पलायन, यौन स्वच्छन्दता और प्रवृत्तियों से हिन्दी उपन्यासों का रचना संसार किसी प्रभावी विषय वस्तु का आविष्कार नहीं कर सकता है। यद्यपि यथार्थ के स्तर पर जो समकालीन मानव नियति है, उस सन्दर्भ में इन उपन्यासों को निश्चय ही विश्वसनीय स्वीकार किया जा सकता है। गोविन्द मिश्र के 'लाल-पीली जमीन' में शहरी जीवन के यथार्थ और मनुष्यत्व की समस्याओं का चित्रण है। अमृतलाल नागर के 'नाच्यो बहुत गोपाल' में भंगी जीवन की सामाजिक आर्थिक विसंगतियों का प्रकटीकरण है। जगदीश चन्द्र ने 'धरती धन न अपना' नामक उपन्यास में समकालीन गाँवों के जीवन में आते हुए बदलावों को विवेचित किया है। इस काल के आँचलिक उपन्यासों में ग्रामीण जीवन के सौन्दर्य के नष्ट होने की व्यथा, गहरी टीस के साथ व्यंजित है। महिला कथा लेखन के माध्यम से स्त्री-मुक्ति और दलित कथा लेखन के माध्यम से दलित मुक्ति के प्रश्न को दृढ़तापूर्वक व्यंजित किया गया है।

इधर के महत्त्वपूर्ण उपन्यासों में रामदेव शुक्ल का 'ग्रामदेवता', सुरेन्द्र वर्मा का 'मुझे चाँद चाहिए' और 'दो मुर्दों के लिए गुलदस्ता' उषा प्रियंवदा का 'रुकोगी नहीं राधिका', मन्नू भण्डारी का 'आपका बंटी', कृष्णा सोबती का 'मित्रो मरजानी', प्रभा खेतान का 'छिन्न मस्ता', सुषमा मुनीन्द्र का 'मीरा', मृणाल पाण्डेय का 'पटरंग पुराग', अलका सरावगी का 'कलिकथा वाया बाई पास' एक ब्रेक के बाद, मैत्रेयी पुष्पा का 'अल्मा कबूतरी', 'गुनाह-बेगुनाह', विनोदकुमार शुक्ल का 'दीवार में खिड़की रहती थी', 'और बौना पहाड़', कमलाकान्त त्रिपाठी का 'पाहीघर', कमलेश्वर का 'कितने पाकिस्तान', गिरिराज किशोर का 'पहला गिरमिटिया', विवेकी राय का 'सोना माटी', विभूतिनारायण राय का 'शहर में कर्फ्यू', 'तबातला', काशीनाथ सिंह का 'काशी का अस्सी', 'रेहन पर रग्घू', अब्दुल बिस्मिल्लाह का 'अपवित्र आख्यान', अनामिका का 'दस द्वारे का पींजरा', मधु कांकरिया का 'सेज पर संस्कृति', अजय नावरिया का 'उधर के लोग', भगवानदास मोरवाल का 'रेत', ममता कालिया का 'अँधेरे का ताला', 'दुक्खम-सुक्खम', संजीव का 'सरकश', 'रह गयीं दिशाएँ इसी पार', पंकज विष्ट का 'पंखवाली नाव', नरेन्द्र कोहली का 'सैरन्ध्री', नासिरा शर्मा का 'संगसार', विजय तेन्दुलकर का 'झुंड से बिछड़ा', मनोज सिंह का 'बंधन', 'हास्टल के पन्नों से', रवीन्द्र कालिया का '17 रानाडे रोड', मधुकर सिंह का 'बेनीमाधो तिवारी की पतोह', अमरकान्त का 'सुन्नरपांडे की पतोह', तेजिन्दर का 'सीढ़ियों पर चीता', नीरजा माधव का 'ईहा मृग', 'गेशेजम्पा', 'स्वधा', रमणिका गुप्ता का 'सीता मौसी', मनीषा कुलश्रेष्ठ का 'शिगाफ', रणेन्द्र का 'ग्लोबल गाँव के देवता' आदि उल्लेखनीय हैं। कुल मिलाकर यह कहा जा सकता है कि हिन्दी उपन्यास मानवीय नियति से जूझते हुए आज की समस्याओं के समाधान के लिए संघर्षरत है।

●

हिन्दी नाटक का उद्‌भव और विकास

'काव्येषु नाटकम् रम्यम्'—संस्कृत के इस वाक्य के अनुसार नाटक काव्य-कला का सर्वश्रेष्ठ अंग माना गया है। इसका कारण यह है कि नाटक की प्रभावोत्पादक शक्ति वाङ्मय के अन्य अंगों की अपेक्षा अधिक स्थायी गहरी, रोचक और व्यापक होती है, क्योंकि उसमें हम वास्तविकता का, जीवन के यथार्थ का अनुभव करते हैं। नाटक हमारे जीवन से बड़े गहरे रूप से सम्बद्ध रहता है। श्रव्य-काव्य अर्थात् पाठ्यकाव्य में शब्दों द्वारा कल्पना की सहायता से मानसिक चित्र उपस्थित किये जाते हैं, परन्तु दृश्य-काव्य में हमें कल्पना पर इतना बल नहीं देना पड़ता, वहाँ कल्पना की कमी पात्रों की भावभंगिमा पूरी कर देती है। श्रव्य-काव्य में अमूर्त का विधान होता है और दृश्य-काव्य में मूर्त का। साधारण व्यक्ति के लिए मूर्त और प्रत्यक्ष जितना बोध गम्य होता है उतना अमूर्त नहीं, इसलिए नाटक, साहित्य के अन्य अंगों की अपेक्षा, साधारण जनता के अधिक नजदीक होने के कारण उसकी अपनी चीज है।

आज के कुछ वर्ष पूर्व विद्वानों की यह धारणा थी कि नाटक का उद्‌भव और विकास 19वीं शती में हुआ, किन्तु डॉ० दशरथ ओझा ने अपने महत्त्वपूर्ण अनुसन्धान द्वारा यह सिद्ध करने की चेष्टा की है कि नाटक का उद्भव 13वीं शती में हुआ। इनके मतानुसार हिन्दी का सर्वप्रथम नाटक 'गाय सुमार रास' है, जिसकी रचना सन् 1232 में हुई उन्होंने रास नामधारी नाटकों के तीन रूपों की रचना की है किन्तु डॉ० ओझा द्वारा चर्चित नाटक रासकों में नाटकीय तत्त्वों, अभिनेयता आदि का सर्वदा अभाव देखते हुए उन्हें हिन्दी का सर्वप्रथम नाटक घोषित करना सर्वथा निरापद नहीं है।

डॉ० ओझा ने मैथिली नाटकों, तथा पद्यबद्ध नाटकों की भी चर्चा की है। मैथिली भाषा में उपलब्ध ये नाटक वास्तव में हिन्दी के प्राचीनतम नाटक माने जा सकते हैं, क्योंकि इनमें अपेक्षित नाटकीय तत्त्वों का समावेश मिलता है। महाकवि विद्यापति द्वारा रचित अनेक नाटक बताये जाते हैं जिनमें 'गोरख विजय' उपलब्ध है। इसका गद्य-भाग संस्कृत में तथा पद्य भाग मैथिली भाषा में है। मैथिली भाषा में अनेक नाटक प्रणीत हुए। मैथिली नाट्य परम्परा का प्रभाव नेपाल, आसाम तथा उड़ीसा प्रान्त की भाषाओं पर भी पड़ा।

रासलीला सम्बन्धी नाटकों का विकास ब्रज प्रदेश में हुआ। रासलीला सम्बन्धी नाटकों में नृत्य, गीत और कविताओं की प्रधानता और नाटक के अपेक्षित तत्त्वों का समावेश कम है। इस प्रकार के नाटक आज भी देश के विभिन्न भागों में रास-मण्डलियों द्वारा दिखलाये जाते हैं। 17वीं, 18वीं शताब्दियों में कतिपय पद्यबद्ध नाटकों की रचना हुई, जिनमें रामायण, महानाटक, हनुमान्नाटक, प्रबोध-चन्द्रोदय और अमानत का 'इन्दर सभा' जिसे थियेट्रिकल कम्पनियों ने प्रस्तुत किया था आदि उल्लेखनीय हैं। इस प्रकार के पद्यबद्ध नाटकों की परम्परा 19वीं शती तक चलती रही। इन नाटकों के विषय में यह

स्मरण रखना होगा कि इनमें कविता की अत्यधिक प्रधानता है और नाटकीय तत्त्वों का अपेक्षाकृत अभाव है। 'प्रबोध चन्द्रोदय' को इस कथन का भले ही अपवाद समझा जा सकता है। हिन्दी साहित्य में नाटकों का वास्तविक आरम्भ भारतेन्दु काल से हुआ। यद्यपि यह परम्परा प्रबद्ध नाटकों के रूप में हिन्दी और मैथिली भाषा में सबसे पहले से चली आ रही थी। इन पद्यबद्ध नाटकों पर संस्कृत नाटकों की ह्रासोन्मुख परम्परा का स्पष्ट प्रभाव है। भारतेन्दु काल से पूर्व हिन्दी में नाटकों के अपेक्षाकृत अभाव को देखकर कुछ विद्वानों ने इसके नाना कारण बताये हैं। (क) गद्य का अभाव, (ख) मूर्तिपूजा-विरोधी मुसलमानों का शासन काल, (ग) सन्तों की निराशामूलक वाणी। किन्तु ये सभी कारण सतही हैं। नाटकों के उदय और अभीष्ट विकास के लिए राष्ट्रीय जीवनोल्लास एवं सांस्कृतिक चेतना का प्रायः लोप हो चुका था और रीतिकाल में चिन्तनहीनता अपनी चरम सीमा पर पहुँची थी। इसके अतिरिक्त हिन्दी-साहित्य को ह्रासोन्मुख संस्कृत-नाटकों की पिछली परम्परा मिली जिसमें जीवन के प्रेरक तत्त्वों का अभाव था। ऐसी स्थिति में भारतेन्दु-काल से पूर्व यदि हिन्दी-साहित्य में नाटकों का अभीष्ट विकास नहीं भी हो सका तो उसमें कोई आश्चर्य की बात नहीं।

नये उन्मेष का युग : भारतेन्दु-काल

भारतेन्दु-काल राष्ट्रीय जागरण तथा नव सांस्कृतिक चेतना उन्मेष का युग है। इसमें जहाँ एक ओर जन-सामान्य में राष्ट्रीय भावना का उदय हुआ वहीं दूसरी ओर सामाजिक और धार्मिक जागरूकता आयी। नव जागृति के संक्रमण काल में जन-जीवन में राष्ट्रीयता और सांस्कृतिक चेतना के लिए उस युग में नाटकों का माध्यम अत्यन्त उपयोगी सिद्ध हुआ।

भारतेन्दु के सजग व्यक्तित्व ने तत्कालीन जागरण के सभी प्रमुख तत्त्वों को कलात्मक रूप से आत्मसात् किया। भारतेन्दु का आधुनिक हिन्दी साहित्य में वहीं स्थान है जो रूसी साहित्य में पुश्किन का। भारतेन्दु तथा उनके समसामयिक नाटककारों की कृतियों में जनता की आशाओं और आकांक्षाओं का सर्वप्रथम सजीव चित्रण हुआ। भारतेन्दु ने अपने पिता द्वारा लिखे गये 'नहुष' नाटक का भी उल्लेख किया है। किन्तु वह आधुनिक नाटकों के लक्षणों की पूर्ति नहीं करता। वह एक पद्यबद्ध नाटक है। भारतेन्दु कृत नाटक हिन्दी के सर्वप्रथम नाटक माने जाते हैं। भारतेन्दुजी ने संस्कृत, अंग्रेजी और बँगला भाषा के नाटकों का विस्तृत अध्ययन किया था और उन्होंने तत्कालीन रंगमंच की आवश्यकताओं को खूब समझा था। भारतेन्दु ने पारसी कम्पनियों की अर्थोपार्जन तथा सस्तेपन की दूषित प्रवृत्तियों को खुले नेत्रों से देखा था, अतः उनके हिन्दी नाटकों का सर्वप्रथम लक्ष्य जनता की रुचि का परिष्कार करना था।

विषय

भारतेन्दु तथा उनके समकालीन नाटककारों ने जीवन के विभिन्न क्षेत्रों से कथा वस्तु का चयन किया है। कहीं उनमें सामाजिक और धार्मिक समस्याएँ हैं तो कहीं

ऐतिहासिक और पौराणिक इतिवृत्त के बहाने सांस्कृतिक जागरण का दिव्य सन्देश है और कहीं-कहीं ऐकान्तिक प्रेम का चित्रण है। भारतेन्दु के 'सती प्रताप' और 'नीलदेवी' में आर्य ललनाओं के लिए भारतीय संस्कृति की महानता का शुभ सन्देश है। कुछ आलोचकों ने इस नाटक को देखकर इस प्रवृत्ति को पलायनवादी दृष्टिकोण कहा है, किन्तु यह संगत नहीं है। भारतेन्दु के इन नाटकों का उद्देश्य चरित्र-सुधार है, जिसे इन्होंने अपने 'सत्य हरिश्चन्द्र' की भूमिका में स्पष्ट कर दिया था। शालिग्राम का 'मोरध्वज', भोजदेव उपाध्याय का 'सुलोचना सती', राधाकृष्ण दास का 'महाराणा प्रताप', श्रीनिवासदास का 'संयोगिता स्वयंवर' तथा प्रतापनारायण मिश्र का 'हरी गम्भीर' आदि ऐतिहासिक एवं पौराणिक नाटक इसी सांस्कृतिक जागरण के फलस्वरूप लिखे गये।

'प्रेमयोगिनी' में भारतेन्दु ने अनेक प्रकार की सामाजिक समस्याओं का चित्रण किया है। राधाकृष्ण दास का 'दुखिनीबाला' तथा प्रतापनारायण मिश्र का 'गोसंकट' ऐसे नाटक हैं जिनमें बाल-विवाह और गोहत्या-सम्बन्धी समस्याएँ हैं। भारतेन्दु के 'भारत दुर्दशा' में राष्ट्रप्रेम सर्वोपरि है। इस नाटक के आरम्भ में ही भारतेन्दु ने कह दिया—

अंग्रेज राज सुख साज सजे सब भारी।
पै धन विदेश चलि जात इहै अति ख्वारी॥

इस नाटक का अन्त अत्यन्त निराशा एवं दुःख में होता है। भारतेन्दु के इस नाटक के आधार पर बद्रीनारायण चौधरी 'प्रेमघन' ने 'भारत सौभाग्य' नाटक लिखा।

इस काल में व्यंग्य-विनोदपूर्ण प्रहसनों की भी सुन्दर सृष्टि हुई। इन नाटकों में सामाजिक जीवन की असंगतियों तथा धर्म के मिथ्या आडम्बरों पर तीखी-मीठी चोट की गयी है। भारतेन्दु के 'वैदिकी हिंसा-हिंसा न भवति' में मांसभक्षियों पर गहरा व्यंग्य है और उनके 'अन्धेर नगरी' में अव्यवस्थित राज्य पर गहरी चोट है। बालकृष्ण भट्ट का 'शिक्षा दान' प्रतापनारायण मिश्र का 'कलि कौतुक' और राधाचरण गोस्वामी का 'बूढ़े मुख मुहासे' आदि भी प्रहसन हैं।

हिन्दी नाटकों के इस प्रारम्भिक काल में लेखकों का ध्यान अनुवाद की ओर भी गया। संस्कृत के कर्पूरमंजरी, पाखण्ड विडम्बना, धनंजय विजय, उत्तररामचरित, मृच्छकटिक, वेणीसंहार, रत्नावली और मुद्राराक्षस आदि नाटकों का अनुवाद किया गया। विद्यासुन्दर बंगला का अनुवाद है। भारतेन्दु ने मौलिक, अनूदित तथा रूपान्तरित तीन प्रकार के नाटकों का प्रणयन किया।

शैली

शैली की दृष्टि से भारतेन्दु एवं उनके समकालीन लेखकों के नाटकों में बहुत कुछ संस्कृत के नाटकों की परम्परा का पालन हुआ है। नान्दीपाठ, भरतवाक्य, अंकावतार और विष्कंभक का प्रयोग इस तथ्य का स्पष्ट द्योतक है। नाटकों में संस्कृत नाटकों के समान काव्यात्मक वातावरण भी ज्यों है। और साथ-साथ रीतिकालीन कविता की चमत्कार-प्रदर्शन की प्रवृत्ति भी दिखायी पड़ती है।

द्विवेदी युग

भारतेन्दु युग के नाटकों में जन-जीवन की जिस निकटता का परिचय मिलता है वह प्रस्तुत युग के नाटकों में नहीं। इस युग के नाटककारों को एक तो परम्परागत रंगमंच उपलब्ध नहीं हो सका दूसरे इस बीच लगातार मध्य वर्ग की वृद्धि के कारण लोक-जीवन से इनका सहज सम्बन्ध भी टूट गया। इस युग के लेखक आर्य समाज की नैतिकता तथा गाँधीजी की सात्विकता एवं आदर्शवादिता से अत्यन्त प्रभावित हैं। तत्कालीन देशव्यापी सांस्कृतिक और राजनीतिक आन्दोलनों का भी इस युग पर पर्याप्त प्रभाव पड़ा फलतः सुधारवाद इस युग के समूचे साहित्य का प्रधान स्वर था। इस युग की समस्त साहित्यिक चेतना महावीरप्रसाद द्विवेदी के हाथों में थी। द्विवेदीजी तथा इस काल के अन्य लेखकों ने वस्तु, शैली और भाषा सभी क्षेत्रों में सुधार एवं संस्कार लाने के लिए सक्रिय योग दिया। इतिवृत्तात्मकता की प्रधानता के कारण मौलिक उद्भावनाओं के लिए बहुत कम अवकाश रह गया, अतः इस युग में नाटकों के अनुवादों की भरमार रही, मौलिक नाटक बहुत कम लिखे गये। भारतेन्दु युग में नाटक-साहित्य का विकास जिस तीव्रता से हुआ था उसमें प्रसादजी के आगमन से पूर्व तक कुछ भी उन्नति नहीं हुई।

भारतेन्दु युग की अपेक्षा इस युग में ऐतिहासिक नाटक लिखे गये। विषयों के चुनाव में सात्विकता को अधिक ध्यान में रखा गया। जगन्नाथप्रसाद चतुर्वेदी का तुलसी दास, वियोगी हरि का विकास यामुने, मिश्र-बन्धुओं का शिवाजी इस प्रकार के नाटक हैं। कर्बला नाटक में प्रेमचंद ने मुस्लिम संस्कृति के प्रति सहानुभूति रखी है। इस काल के अन्य नाटककार तथा उनकी रचनाएँ हैं—माखनलाल चतुर्वेदी का कृष्णार्जुन युद्ध तथा गोविन्द बल्लभ पंत का वरमाला आदि विषय की दृष्टि से इस काल के नाटकों को निम्न भागों में विभक्त किया जा सकता है—(1) कृष्ण चरित्र पर लिखे गये नाटक, (2) सन्तचरित से सम्बद्ध, (3) पौराणिक नाटक, (4) ऐतिहासिक तथा राष्ट्रीय नाटक, (5) सामाजिक नाटक, (6) हास्य व्यंग्य पूर्ण नाटक तथा (7) अनूदित नाटक।

प्रसाद एवं प्रसादोत्तर युग

भारतेन्दु के पश्चात् जयशंकर प्रसाद जैसा सर्वांगीण प्रतिभाशाली रचनात्मक व्यक्तित्व-सम्पन्न दूसरा कोई भी कलाकार हिन्दी में उत्पन्न नहीं हुआ। हिन्दी नाटकों के विकास का जो आरम्भ भारतेन्दु युग में हुआ था वह प्रसाद युग में अपने पूर्ण उत्कर्ष को पहुँचा है। वस्तुतः वे इस क्षेत्र के सम्राट् हैं और इसलिए नहीं कि उन्होंने नवीन शैली से नाटकों का श्रृंगार किया, बल्कि इसलिए कि उन्होंने सर्वप्रथम हिन्दी नाटक के पात्रों को स्वतन्त्र व्यक्तित्व प्रदान किया और उनके अन्तर्द्वन्द्वों का कलात्मकता पूर्ण चित्रण किया। जयशंकर प्रसाद ने अपने नाटकों तथा भारतीय नाट्य कला का सुन्दर सामंजस्य किया है। इनके नाटक रस संवलित तथा चारित्रिक अन्तर्द्वन्द्व से सम्पन्न हैं। भारतीय नाटकों का उद्देश्य रस-संचार करना है, जबकि पाश्चात्य नाट्य-परम्परा इससे भिन्न है, उसमें विषय-वस्तु तथा चरित्र-चित्रण पर बहुत जोर दिया जाता है।

ऐतिहासिक नाटक

प्रसादजी ने अनेक प्रकार के नाटक लिखे हैं—चन्द्रगुप्त, स्कन्दगुप्त, अजातशत्रु, विशाख, राजश्री इनके ऐतिहासिक नाटक हैं। ध्रुवस्वामिनी ऐतिहासिक नाटक होते हुए भी समस्यामूलक नाटक है। जनमेजय का नाग यज्ञ-पौराणिक नाटक है। सज्जन, कल्याणी, परिणय, प्रायश्चित्त, एक घूँट और करुणालय इनके एकांकी हैं। कामना एक प्रतीकात्मक नाटक है। ऐतिहासिक नाटकों में 'राजश्री' उनकी प्रथम कृति है जिसमें उन्होंने सम्राट् राज्यवर्धन तथा हर्षवर्धन की बहिन कान्यकुब्ज-नरेश ग्रहवर्मा की पत्नी राजश्री की कथा को लिया है। इस नाटक में राजश्री के वृत्तान्त के साथ-साथ हर्षकालीन भारत का भी चित्रण किया गया है। विशाख का कथानक कल्हण की राजतंरगिणी से लिया गया है। प्रसाद ने अजातशत्रु-सम्बन्धी मिथ्या धारणा का कि उसने अपने पिता का वध करके राज्य प्राप्त किया जहाँ निवारण किया वहीं बौद्धकालीन भारत को प्रतिबिम्बित किया गया है। चन्द्रगुप्त इनका सबसे बड़ा नायक है, जिसकी कथा वस्तु अत्यन्त जटिल है, इसमें उन्होंने यह सिद्ध किया है कि चन्द्रगुप्त मौर्य पिपली कानन के क्षत्रिय थे। इस नाटक में मौर्य राज्य की स्थापना का विस्तृत चित्रण किया गया है। स्कन्दगुप्त विक्रमादित्य द्वारा भारत से हुणों को खदेड़ना, भारत का केन्द्रीयकरण तथा रामगुप्त के लिए स्कन्दगुप्त का आत्मोसर्ग दिखाया है। ध्रुवस्वामिनी का कथानक भी गुप्तकाल से सम्बद्ध है। इसमें उन्होंने गुप्तकाल के रहस्य पर प्रकाश डाला है। जनमेजय का नामयज्ञ में उन्होंने आर्य और राग जातियों का संघर्ष दिखाया है।

प्रसाद ने अपने नाटकों द्वारा भारतीय इतिहास की विच्छिन्न कड़ियों को जोड़ने का स्तुत्य प्रयास किया है। उन्होंने इस सम्बन्ध में 'विशाख' की भूमिका में लिखा है—"मेरी इच्छा भारतीय इतिहास के अप्रकाशित अंश में से उन प्रकाण्ड घटनाओं का दिग्दर्शन कराना है, जिन्होंने हमारी वर्तमान स्थिति को बनाने का बहुत कुछ प्रयत्न किया है।" उनकी यह दृढ़ धारणा है कि किसी आदर्श के निर्माणार्थ ऐतिहासिक अनुशीलन परमावश्यक है और इससे जाति का वर्तमान प्रकाशमय होता है। इस उद्देश्य की पूर्ति के लिए कहीं-कहीं पर काल्पनिक घटनाओं और पात्रों की भी कल्पना की गयी है किन्तु इससे ऐतिहासिकता पर कोई आघात नहीं पहुँचा है। प्रसाद के नाटकों पर प्राय: ये दोष लगाये जाते हैं कि उनकी भाषा क्लिष्ट है, शैली दुरूह है, उनमें काव्यमयता और यत्र-तत्र दार्शनिकता है, इसलिए साधारण पाठक उसे समझ नहीं सकता और कदाचित् वे अभिनय के योग्य नहीं, अस्तु। प्रसाद को तत्कालीन सांस्कृतिक वातावरण को उपस्थित करने के लिए ऐसी शैली का आश्रय लेना पड़ा है। रही उनके नाटकों की अभिनेयता की बात, इस सम्बन्ध में शिवदानसिंह चौहान के शब्दों में कह सकते हैं—"उनके अधिकतर नाटक अभिनेय हैं, किन्तु श्रेष्ठ कला के राष्ट्रीय रंग-मंच की सम्भावनाओं का अभी हमारे देश में पूरी तरह विकास ही नहीं हुआ। अत: पहले से ही ऐसी धारणाएँ ठहरा देना अनुचित है।" इधर डॉ० (श्रीमती) गिरीश रस्तोगी ने रूपान्तर नाट्यमंच एवं ब० व० कारन्त ने रंगमण्डल के माध्यम से प्रसाद के नाटकों का कई जगहों पर सफल मंचन किया है।

प्रसाद के समय में तथा उनके बाद अनेक ऐतिहासिक नाटक लिखे गये, किन्तु न उनमें ऐतिहासिक गहनता है, तथा न ही कलात्मकता की श्रेष्ठता है। ऐतिहासिक नाटककारों में हरिकृष्ण प्रेमी, उदयशंकर भट्ट, सेठ गोविन्द दास, अश्क और जगदीश-चन्द्र प्रमुख हैं। प्रेमी ने अपने नाटकों का विषय मुगलकाल के इतिहास से चुना है। उनके रक्षाबन्धन तथा शिवसाधना प्रसिद्ध नाटक हैं, उन्होंने शपथ नाटक की कथावस्तु हूण-काल से ली है। इनकी शैली सरल है पर इनमें प्रसाद का औदात्य नहीं है। उदयशंकर भट्ट का सिंघपतन और विक्रमादित्य ऐतिहासिक नाटक हैं। गोविन्द बल्लभ पन्त का राजमुकुट सरल शैली में लिखा हुआ ऐतिहासिक नाटक है। सेठ गोविन्द दास का हर्ष भी अच्छा नाटक है। अश्क के जय-पराजय का कथानक राजपूती इतिहास से सम्बद्ध है। नाटकीय दृष्टि से यह रचना बहुत सुन्दर बन पड़ी है। जगदीशचन्द माथुर के ऐतिहासिक नाटक कोणार्क का कथानक उड़ीसा के वस्त-मन्दिर से सम्बद्ध है। प्रसाद के बाद इस क्षेत्र में कोणार्क के प्रकाशित होने पर हिन्दी को आशा बँधी कि उदीयमान यह नवीन प्रतिभा इस दिशा में और भी रचनात्मक कार्य करेगी। लक्ष्मीनारायण मिश्र का 'विवस्ता की लहरें' इस दिशा में एक श्रेष्ठ नाटक है। इधर के श्रेष्ठ नाटककारों में भुवनेश्वर, धर्मवीर भारती (अन्धायुग), मोहन राकेश (आषाढ़ का एक दिन, आधे अधूरे, अण्डे के छिलके), भारतभूषण अग्रवाल (मादा कैक्टस, रातरानी, दर्पण, पं० अभिमन्यु, कलंकी, सूर्यमुखी, कर्फ्यू, अब्दुल्ला दीवाना, एक सत्य हरिश्चन्द्र, यज्ञ प्रश्न आदि), रमेश वक्षी, सर्वेश्वरदयाल सक्सेना, गिरिराज किशोर, भीष्म साहनी, शंकर शेष (एक और ब्राह्मण), (एक और दिन), शरद जोशी (एक था गधा), मृणाल पाण्डेय (जो राम रुचि राखा, आदमी जो मछुआरा नहीं था, मुक्तिकथा) दूधनाथ सिंह (यम गाथा) आदि के नाम उल्लेखनीय हैं।

पौराणिक और सामाजिक नाटक

प्रसाद के पौराणिक नाटक 'जनमेजय के नाग-यज्ञ' का उल्लेख किया जा चुका है। पौराणिक नाटक-लेखकों में सुदर्शन, गोविन्द बल्लभ पन्त, सेठ गोविन्द दास, माखनलाल चतुर्वेदी, उदयशंकर भट्ट के नाम उल्लेखनीय हैं। गोविन्द बल्लभ पन्त का 'वरमाला' मार्कण्डेय पुराण से सम्बद्ध है। सुदर्शन का 'अंजना' और उग्र का 'गंगा का बेटा' साधारण नाटक है। पौराणिक नाटककारों में उदयशंकर प्रतिनिधि कहे जा सकते हैं। इनके 'अम्बा' और 'सागर-विजय' प्रमुख पौराणिक नाटक हैं। गोविन्द बल्लभ पंत का 'अंगूर की बेटी', सेठ गोविन्द दास का 'प्रकाश' और 'पाकिस्तान' और उदयशंकर भट्ट के 'कमला' और 'अन्तहीन' सामाजिक नाटक है।

प्रतीकात्मक नाटक

प्रसाद का कामना और पन्त का ज्योत्स्ना हिन्दी के प्रतीकात्मक नाटक हैं। कामना में सन्तोष, विनोद और कामना आदि भावनाओं का मानवीकरण किया गया है। कामना की अपेक्षा ज्योत्स्ना का विषय तो व्यापक है पर इसमें नाटकीय शिथिलता है।

समस्यामूलक नाटक

इधर इब्सन और शॉ से प्रभावित होकर हिन्दी में बहुत से समस्यामूलक नाटक लिखे गये हैं। समस्यामूलक नाटककारों में उपेन्द्रनाथ अश्क तथा लक्ष्मीनारायण मिश्र के नाम विशेष उल्लेखनीय हैं। उपेन्द्रनाथ अश्क के स्वर्ग की झलक, छठाँ बेटा, अलग-अलग रास्ते, कैद, उड़ान और आदि मार्ग नामक नाटकों में सामाजिक समस्याओं के उद्‌घाटन में आशातीत सफलता मिली है। अश्कजी एक लब्धख्याति उच्चकोटि के नाटककार हैं। मिश्रजी प्रसाद के बाद दूसरी अद्वितीय प्रतिभा हैं। समस्यामूलक नाटककारों में इनका उच्चतम स्थान है। इन्होंने नारी की चिरन्तन समस्या को लिया है। इन्होंने नारी और पुरुष के सम्बन्ध तथा मनोवैज्ञानिक समस्याओं का अत्यन्त कलात्मक विश्लेषण किया है। इनके नाटक सिन्दूर की होली, राक्षस का मन्दिर, संन्यासी, मुक्ति का रहस्य तथा गुड़िया का घर आदि महत्त्वपूर्ण बन पड़े हैं।

उपेन्द्रनाथ अश्क ने सर्वप्रथम हिन्दी नाटक को रोमांस के कटघरे से निकालकर उसको युग जीवन की समस्याओं के साथ जोड़ा। इनके नाटक—'जय पराजय', 'छठाँ-बेटा', 'उड़ान' में आज के युगीन सन्दर्भों में अर्थ सम्बन्ध को ही मुख्य बताया गया है और सम्बन्ध के पुराने आधारों को ढहता दिखाया गया है। 'कैद' और 'उड़ान' एक-दूसरे के पूरक नाटक हैं। कैद में सामाजिक रूढ़ियों में बँधी हुई नारी का चित्र है। तो उड़ान में रूढ़ियों को तोड़कर खुले वातावरण में साँस लेती हुई नारी का चित्र है, 'अलग-अलग रास्ते' में मध्यवर्गीय समाज की स्थूल समस्याओं का वर्णन है। 'अंजो दीदी' अश्कजी की प्रौढ़तम रचना है। इसमें नायिका अंजो दीदी की आवश्यकता से भी अधिक अनुशासन दृढ़ता के बहाने आज के जीवन में बुरी तरह समायी यान्त्रिकता को दिखाया गया है और अंजो के भाई श्रीपति को उक्त मशीनीकरण की प्रवृत्ति का उग्र विरोधी चित्रित किया गया है। अश्क ने हिन्दी नाटक को यथार्थ और मंच के निकट लाने में सराहनीय कार्य किया है। विष्णु प्रभाकर ने 'समाधि' और 'डॉक्टर' नाटक लिखे। इनका बहुचर्चित नाटक 'डॉक्टर' एक मनोवैज्ञानिक-सामाजिक नाटक है। जगदीशचन्द्र माथुर के तीन नाटक—'कोणार्क', 'शारदीया' और 'पहला राजा' उपलब्ध हैं। ये सभी नाटक लगभग ऐतिहासिक हैं। कोणार्क में राजसत्ता और एक गरीब शिल्पी की कला के बीच संघर्ष को चित्रित किया गया है। 'शारदीया' में प्रेम और सृजन प्रक्रिया की समस्या को उठाया गया है। 'पहला राजा' में परोक्ष रूप से आज के भारत के नाना सन्दर्भों को रूपायमान कर दिया गया है।

डॉ० लक्ष्मीशंकर लाल ने अनेक महत्त्वपूर्ण नाटकों की रचना की है—'अन्धा कुआँ', 'मादा कैक्टस', 'तीन आँखों वाली मछली', 'सुन्दर रस', 'सूखा सरोवर', 'रक्तमाल', 'रातरानी' तथा 'दर्पण' आदि। इनमें 'मादा कैक्टस' अत्यन्त उत्कृष्ट कृति है। इसका नायक चित्रकार अरविन्द कला साधना के मार्ग में विवाह को एक बाधक वस्तु समझकर अपनी पत्नी सुजाता से विच्छेद कर लेता है। वह कला प्रेरणा के लिए प्राध्यापिका आनष्टा से प्रेम-सम्बन्ध स्थापित करता है। मोहन राकेश के तीन नाटक—

'आषाढ़ का एक दिन', 'लहरों के राजहंस' तथा 'आधे अधूरे' कथ्य और शिल्प की दृष्टि से अत्यन्त प्रशंसनीय और महत्त्वपूर्ण हैं। 'आषाढ़ का एक दिन' महाकवि कालिदास के परिवेश, रचना-प्रक्रिया तथा प्रेरणास्रोत आदि से सम्बद्ध है। 'लहरों के राजहंस', अश्वघोष के सौन्दरानन्द चरित्र पर आधारित है। 'आषाढ़ का एक दिन' रोमानी भावुकता से युक्त है। जबकि 'लहरों के राजहंस' में नन्द के माध्यम से वर्तमान युगीन मानव की अनिश्चयात्मक स्थिति को दर्शाया गया है। रोमानीपन इसमें भी विद्यमान है। 'आधे-अधूरे' सामाजिक विसंगतियों का नाटक है। 'आधे-अधूरे' में चित्रित विडम्बनाग्रस्त मध्यवर्गीय परिवार का प्रत्येक व्यक्ति अपने आपको आधा-अधूरा अनुभव करता है और संत्रास भोगता है। लेखक ने मध्यवर्गीय व्यक्ति की अपूर्णता और रिक्तता के दोनों कारणों आर्थिक और मनोवैज्ञानिक को कलात्मक रूप से प्रस्तुत किया है। ये कारण ही पात्रों के परस्पर आकर्षण-विकर्षण के मूल हैं। तनावों में जीना और भोगना प्रत्येक पात्र की नियति है। 'आधे-अधूरे' हिन्दी नाट्य साहित्य में एक अद्भुत सफल प्रयोग है।

छायावादोत्तर काल के कतिपय पुराने नाटककारों का उल्लेख भी आवश्यक है, वे हैं—सेठ गोविन्ददास, हरिकृष्ण प्रेमी, गोविन्द बल्लभ पन्त, उदयशंकर भट्ट तथा जगन्नाथ प्रसाद मिलिन्द आदि। सेठ गोविन्ददास के नाटकों में यथार्थ की अपेक्षा आदर्श की अधिकता है। इनके नाटक हैं—'कर्ण', 'शशि', 'गुप्त', 'हिंसा या अहिंसा', 'संतोष कहाँ', हरिकृष्ण प्रेमी के नाटक—'आहुति', 'स्वप्न भंग', 'विषपान', 'साँपों की सृष्टि' आदि में मध्यकालीन इतिहास का चित्रण है। 'बन्धन', 'छाया' इनके समस्यामूलक नाटक हैं। गोविन्द बल्लभ पन्त का 'सुहाग की बिन्दी' एक प्रसिद्ध सामाजिक नाटक है और 'ययाति' एक पौराणिक नाटक है। उदयशंकर भट्ट के नाटकों में 'शक-विजय', 'क्रान्तिकारी', 'नया समाज' और 'पार्वती' मुख्य हैं जिनमें बौद्धिकता व्यंग्य और यथार्थ के साथ आदर्शवाद का पुट है। स्वातन्त्र्योपरान्त लिखे गये नाटकों में चन्द्रगुप्त विद्यालंकार के 'न्याय की रात' विनोद रस्तोगी के 'आजादी के बाद' तथा 'नया हाथ में देश' में व्याप्त भ्रष्टाचार की अभिव्यक्ति है।

नरेश मेहता के 'सुबह के घंटे' और 'खंडित प्रतिमायें' तथा मन्नू भण्डारी के 'बिना दीवारों का घर' में पीढ़ीगत संघर्ष और बदलते हुए सामाजिक मूल्यों का चित्रण है। 'बिना दीवारों का घर' आधुनिक बोध की एक महत्त्वपूर्ण नाट्यकृति है। इसमें आज के पढ़े-लिखे पति-पत्नी के बीच पैदा हुए तनावों की अतीव कलात्मक अभिव्यंजना हुई है।

शिवप्रसाद सिंह का नाटक 'घंटियाँ बजती हैं' तथा ज्ञानदेव अग्निहोत्री के 'नेफा की एक शाम' में चीनी आक्रमण से सम्बद्ध घटनाओं एवं प्रतिक्रियाओं का अंकन हुआ है।

बी०एम०शाह, ज्ञानदेव और सुरेन्द्र वर्मा के नाटकों में समसामयिक जीवन और समाज का यथार्थ चित्रण है। इनमें नया उपबन्ध है और आधुनिकता को रूपायित किया गया है। सुरेन्द्र वर्मा रचित 'द्रौपदी' में द्रौपदी के पौराणिक मिथ का सम-सामयिक सामाजिक जीवन के सन्दर्भ में कलात्मक सांकेतिक उपयोग किया गया है।

स्वतन्त्रता के बाद भारत में अनेक हिन्दी नाटक रंगमंचों की स्थापना हुई। इनके परिणामस्वरूप हिन्दी नाटकों के सृजन और उनकी रंगमंचीय अर्हता पर पर्याप्त अनुकूल

प्रभाव पड़ा है। इस व्यापक परिवेश और रंगमंच चेतना के कारण हिन्दी के अनेक महत्त्वपूर्ण रंगमंचोपयोगी नाटकों—'मादा कैक्टस', 'अंधायुग', 'आषाण का एक दिन', 'रात रानी', 'लहरों का राजहंस' तथा 'दर्पण' आदि का उदय हुआ, जिनमें रंगमंच और साहित्य पक्ष दोनों का स्वस्थ व सुन्दर समन्वय हुआ है। इधर हिन्दी जगत् में मौलिक कृतियाँ सामने आयी हैं, जैसे 'आधे-अधूरे', 'शुतुरमुर्ग', 'कलंकी', 'सूर्यमुख', 'मिस्टर अभिमन्यु' तथा 'बिना दीवारों का घर'। इन नाटकों में समसामयिक भारतीय समाज का यथार्थ चित्र प्रस्तुत किया गया है, 'चार अपाहिज' और 'बिना दीवारों का घर' नाटकों में शौकिया रंगमंच को काफी प्रोत्साहन मिला है। गिरिराज किशोर का 'नरमेध', श्याम अभाठे के—'औरत', 'प्राण और पत्थर', सुरेन्द्र वर्मा रचित 'द्रौपदी, शोभना भूटानी का 'शायद हाँ' तथा आ०जी० आनन्द का 'भूचाल' विजय तेन्दुलकर का 'विट्ठला' और 'मसाज', मनोहरश्याम जोशी का 'गाथा कुरुक्षेत्र की', सुशीलकुमार सिंह का 'चार यारों की यार', नादिरा जहीर बब्बर का 'सुकुबाई' आदि हिन्दी के महत्त्वपूर्ण मौलिक नाटक हैं।

अनूदित-रूपान्तरित नाटक

भारतेन्दु तथा द्विवेदी युग में हिन्दी में अनूदित नाटकों की चर्चा हम पहले कर चुके हैं। अनुवादों की परम्परा अबतक अक्षुण्ण रूप से चल रही है। अन्य भारतीय भाषाओं के महनीय नाटकों के अनुवादों से हिन्दी नाट्य और समृद्ध बना है। श्रीकृष्ण कुमार ने उत्पलदत्त के बँगला नाटक 'छाया नट' तथा मोहित चटर्जी के 'निषाद' प्रतिभा अग्रवाल ने बादल सरकार के बँगला नाटकों एवं 'इन्द्रजीत', 'बाकी इतिहास', 'सारी रात' और 'पगला घोड़ा' का, अनिल मुखर्जी ने 'जरासंध की कहानी', 'लोहे की दीवार', रामचन्द्र काव्यायन ने सुत बोस के घटना-दुर्घटना आदि का अनुवाद किया। बंगला के अतिरिक्त मराठी और कन्नड़ भाषाओं के नाटकों का अनुवाद हिन्दी में हुआ। समग्रतः यह कहा जा सकता है कि आधुनिक हिन्दी साहित्य की अन्य विधाओं के मुकाबले में हिन्दी नाटकों का विकास अपेक्षाकृत मन्द गति से हुआ है। इसका एक कारण है हिन्दी में रंगमंच का अपेक्षाकृत अभाव तथा दूसरा कारण है इस विधा का स्वरूप। निःसन्देह नाटक लोक जीवन का अनुकरण है, किन्तु इसमें समाज और लोकजीवन का निजी गहन चिन्तन एवं अनुभव अपेक्षित है। नाटक में उस देश के समाज की स्थिति का होना अनिवार्य होता है अन्य विधाओं में विदेशी उधारी सामग्री का उपयोग सम्भव है, किन्तु नाटक में एतद्देश्य जन-जीवन का प्रतिफलन अनिवार्यतः आवश्यक है। इन परिसीमाओं के होते हुए भी हिन्दी नाटक के विकास की काफी सम्भावनाएँ हैं।

●

हिन्दी एकांकी का विकास

हिन्दी साहित्य में जिस नाट्यरूप को एकांकी कहा जाता है, वह पाश्चात्य साहित्य की देन है और उसका अपना विशिष्ट शिल्प है। एकांकी वह लघु नाट्य रूप है जिसमें जीवन का कोई एक मार्मिक अंश मात्र एक अंक में चित्रित होता है। इस प्रकार एक अंक की सीमा में की गयी जीवन के किसी मार्मिक प्रसंग, घटना, चरित्र, परिपार्श्व अथवा किसी एक जीवन्त अनुभूति की संक्षिप्त, संवादात्मक प्रस्तुति को एकांकी कहते हैं।

एकांकी का अनेकांकी नाटक के साथ वैसा ही सम्बन्ध है, जैसा उपन्यास के साथ कहानी का। एकांकी अन्विति की दृष्टि से अपने आपमें पूर्ण होते हुए भी वास्तव में जीवन का एक खण्ड-चरित्र होता है। इसमें अत्यन्त सीमित कथावस्तु बहुत थोड़े से पात्र (प्राय: पाँच-छ:), संक्षिप्त और सारगर्भित कथोपकथन के साथ देशकाल की एक झलक भर अपेक्षित है। इसका मुख्य उद्देश्य किसी जीवन-सत्य की अभिव्यक्ति, किसी समस्या की प्रस्तुति या समाधान अथवा मात्र मनोरंजन होता है। इससे पूर्व की हम एकांकी के तत्त्वों और अन्य पक्षों पर बात करें कुछ विद्वानों द्वारा दी गयी एकांकी की परिभाषाओं पर दृष्टिपात करना उचित होगा।

सिडनी बॉक्स ने एकांकी के स्वरूप पर प्रकाश डालते हुए लिखा है—"एकांकी का स्वरूप ऐसा नहीं होता जिसमें चरित्र चित्रण की सूक्ष्मताओं को महत्त्व दिया जा सके। एकांकी साहित्य की वह नियन्त्रित और संयमित विधा है जिसमें एक ही घटना को इस प्रकार अभिव्यक्त किया जाता है कि उसके प्रभाव-ऐक्य से पाठकों का मन आकृष्ट और आक्रान्त हो जाय।" पिंकर्ड इटन के अनुसार—"एकांकी की प्रकृति ऐसी होती है कि उसमें नाटककार को किसी एक समस्या, परिस्थिति या घटना का इस प्रकार चित्रण करना होता है कि वह धीरे-धीरे अपने आप विकसित हो जाय।"

हिन्दी एकांकी के जन्मदाता कहे जाने वाले नाटककार डॉ० रामकुमार वर्मा ने अपने प्रसिद्ध एकांकी संग्रह 'पृथ्वीराज की आँखें' की भूमिका में एकांकी के स्वरूप और शिल्प पर विचार करते हुए लिखा है—

"एकांकी नाटक में अन्य प्रकार के नाटकों से विशेषता होती है। उसमें एक ही घटना होती है और वह घटना नाटकीय कौशल से ही कौतूहल का संचार करती हुई चरम सीमा तक पहुँच जाती है। उसमें अप्रधान प्रसंग नहीं रहता है। एक-एक वाक्य और एक-एक शब्द प्राण की तरह आवश्यक रहते हैं। पात्र चार या पाँच ही होते हैं जिनका नाटकीय घटना से पूर्णतया सम्बन्ध रहता है। वहाँ केवल मनोरंजन के लिए अनावश्यक पात्र की गुंजाइश नहीं रहती है। प्रत्येक व्यक्ति की रूप-रेखा पत्थर पर खिंची हुई रेखा की भाँति स्पष्ट और गहरी होती है। विस्तार के अभाव में प्रत्येक घटना कली की भाँति खिल कर पुष्प की भाँति विकसित हो उठती है। उसमें लता के समान फैलने की उच्छृंखलता नहीं होती।" श्री उदयशंकर भट्ट की दृष्टि में—"एकांकी नाटक में जीवन का एक अंश,

परिवर्तन का एक क्षण, सब प्रकार के वातावरण से प्रेरित एक झोंका, दिन में एक घण्टे की तरह, मेघ में बिजली की तरह, बसन्त में फूल की बास की तरह व्यक्त होता है।'' श्री उपेन्द्रनाथ अश्क समय को ध्यान में रखते हुए लिखा है कि—''एकांकी दस मिनट से लेकर आधे घण्टे, पैंतालिस मिनट तक समाप्त हो जाता है। चाहे उसमें एक दृश्य हो या दो-तीन।'' डॉ० नगेन्द्र के अनुसार—''एकांकी नाटक एक अंक वाले नाटक को कहा जा सकता है, जिसमें जीवन का क्रमबद्ध विवेचन न मिलकर उसके एक पहलू, एक महत्त्वपूर्ण घटना, एक विशेष परिस्थिति अथवा एक उद्दीप्त क्षण का चित्रण मिलेगा। उसके लिए एकता और एकाग्रता अनिवार्य है।''

प्रो० सद्‌गुरुशरण अवस्थी के शब्दों में—''एकांकी नाटक के वेगवान प्रवाह में किसी प्रकार के अन्त:प्रवाह का स्थान नहीं होता। वह समूचा ही केन्द्रीय आकर्षण है। विवरण में शैथिल्य उसके लिए घातक है। कथावस्तु, परिस्थिति, व्यक्तित्व—इन सबके निर्देशन में मितव्ययिता एवं चातुरी का जो रूप अच्छे एकांकी नाटक में मिलता है, वह साहित्य कला की अमूल्य निधि है।''

हिन्दी साहित्य कोष के अनुसार—''एकांकी नाटक साहित्य का वह नाट्यप्रधान रूप है जिसके माध्यम से मानव-जीवन के किसी एक पक्ष, एक चरित्र, एक कार्य, एक परिपार्श्व, एक भाव की ऐसी कलात्मक व्यंजना की जाती है कि ये एक अविकल भाव से अनेक की सहानुभूति और आत्मीयता प्राप्त कर लेते हैं।'' उपर्युक्त उद्धरणों से स्पष्ट है कि एकांकी का एक आधार छोटा होता है, उसमें एक ही अंक होते हैं, दृश्य एकाधिक होते हैं परन्तु तीन-चार से अधिक नहीं। इसका कथानक किसी एक घटना को लेकर चलता है जो मार्मिक और ध्यानाकर्षक होती है। अन्तर्द्वन्द्व ऐसे कथानक का प्राण है। एकांकी में पात्रों की संख्या कम रहती है। एकांकी का संवाद संक्षेप, नपे-तुले और चुस्त होने चाहिए। अनावश्यक और व्यर्थ विस्तार से नितान्त दूर रहना चाहिए जिसमें दर्शकों के लिए उबाऊ नहीं बल्कि प्रभावोत्पादक बना रहे। एकांकी में समय और स्थान की एकता के साथ कार्य की एकता भी होनी चाहिए। इसी एकता के निर्वाह से एकांकी के बाह्य एवं आन्तरिक रूपों में क्षिप्रता और गति आती है। एकांकी में कौतूहल और मनोरंजन आरम्भ में चरमावस्था तक रहना आवश्यक है।

एकांकी और नाटक में अन्तर

नाटक और एकांकी दोनों ही दृश्य काव्य के अन्तर्गत आते हैं परन्तु दोनों में मौलिक अन्तर है। नाटक सम्पूर्ण जीवन की क्रमबद्ध विवेचना है जबकि एकांकी नाटकों में किसी एक घटना का पात्रों के संवादों तथा कार्यों के द्वारा स्वाभाविक चित्रण होता है। इसी बुनियादी अन्तर के कारण बहुअंकीय नाटक एवं एकांकी नाटक अलग-अलग मार्गों पर चल पड़ते हैं। एकांकी जीवन की किसी घटना का वर्णन मात्र नहीं होता। एकांकीकार उस घटना का सूत्र समग्र जीवन से जोड़ता है। एकांकी नाटक के लिए यह भी जरूरी नहीं है कि उसमें कोई घटना हो। उसमें जीवन के कुछ क्षणों का ऐसा चित्र खींचा जा सकता है जो किसी मानव मन की रहस्य-परतें खोलें अथवा अन्तर्द्वन्द्व को प्रकाशित करें। इसके विपरीत

बड़ा नाटक जीवन के विस्तृत भाग को घेरे रहता है। उसमें वर्णनात्मकता रहती है और नाटककार कथानक के सभी पहलुओं पर दृष्टि डालता है। ऐसा करने में प्रधान प्रसंग के साथ-साथ अनेक अप्रधान प्रसंग भी आ जाते हैं, परन्तु एकांकीकार अपने को मूल घटना पर केन्द्रित रखता है, उसे अप्रधान प्रसंगों को समाविष्ट करने की स्वतन्त्रता नहीं है। एकांकी नाटक में गतितीव्र रहती है। प्रारम्भ से अन्त तक यह गति तीव्रतर होती जाती है और चरमावस्था आने पर विश्राम लेती है। बड़े नाटक में कथानक मन्थर गति से चलता रहता है और नाटककार कथानक का विस्तार करता चलता है। चरमावस्था भी एक बिन्दु पर नहीं पहुँचती, उसका भी विस्तार होता है। एकांकी नाटक में प्रारम्भ से अन्त तक कौतूहल और मनोरंजन पर ध्यान दिया जाता है साथ ही अन्त में दर्शकों पर प्रभाव छोड़ने के लिए भी तकनीक का उपयोग होता है। बड़े नाटकों में कौतूहल, मनोरंजन एवं प्रभविष्णुता पर इतना जोर नहीं दिया जाता है। बड़े नाटकों मे ंतीन या पाँच अंकों का विधान होता है और प्रत्येक अंक में तीन-चार दृश्य होते हैं। पूरा नाटक मंचित करने में लगभग तीन घण्टे लगते हैं। इसके विपरीत एकांकी में एक अंक के अन्तर्गत अधिक से अधिक तीन-चार दृश्य रखे जाते हैं और मंचन का समय आधे घण्टे तक हो सकता है। बड़े नाटकों में पात्रों की संख्या अधिक रहती है परन्तु एकांकी में पात्रों की संख्या चार-पाँच से अधिक नहीं रखी जाती है। एकांकी में समय, स्थान एवं कार्य की एकता से रंगमंच व्यवस्था सुविधाजनक होती है। जबकि बड़े नाटकों में रंगमंच व्यवस्था श्रम-साध्य होती है।

एकांकी के तत्त्व

कथानक

कथानक, कथावस्तु अथवा घटना एकांकी का प्रमुख तत्त्व है। एकांकी की कथावस्तु अनेकांक्षी नाटकों के समान विस्तारपूर्ण नहीं होती। उसका संयोजन एकांकी लेखक के द्वारा इस प्रकार किया जाता है कि उसमें अन्विति, उत्तेजना, उद्देश्योन्मुखता और स्पष्टता का सहज रूप से समावेश हो जाता है। एकांकी कथानक में वर्णन की अपेक्षा स्पष्टता-तत्त्व की प्रमुखता रहती है। कौतूहल की स्थिति प्रारम्भ से ही दिखायी पड़ने लगती है। कथानक के संक्षिप्त होने के कारण उसकी गति में पर्याप्त क्षिप्रता होती है। एकांकी की कथावस्तु में प्रारम्भ और प्रयत्न दो ही कार्य अवस्थायें होती हैं, प्राप्त्याशा और नियताप्ति की स्थितियों के पूर्व ही कथानक का चरम बिन्दु आ जाता है और फलागम की स्थिति भी प्रत्यक्ष हो जाती है। इस प्रकार पूरा घटना-व्यापार तीव्र वेग के साथ लक्ष्य तक पहुँच जाता है। अनेकांकी नाटकों की भाँति एकांकी के लिए भी संघर्ष की स्थिति आवश्यक एवं महत्त्वपूर्ण है। यह संघर्ष चाहे एक पात्र का दूसरे पात्र से अथवा समाज के किसी अंश से अथवा किन्हीं भी विरोधी प्रवृत्तियों या आदर्शों के बीच हो।

कथावस्तु के अन्तर्गत **संकलन-त्रय** पर भी विचार कर लेना आवश्यक है। **संकलन-त्रय से अभिप्राय है काल, स्थान** और **कार्य** की एकता इस सम्बन्ध में विद्वानों में काफी मतभेद है। कुछ लोग काल एवं स्थान की एकता को एकांकी के लिए अनिवार्य नहीं मानते जबकि अन्य कुछ लोग काल, कार्य की एकता को स्वीकार करते हैं। लेकिन

स्थान की एकता की सीमा अस्वीकार करते हैं। वैसे एकांकी के लघु कलेवर को देखते हुए यदि संकलन-त्रय का निर्वाह कर लिया जाय तो हमारी समझ से एकांकी दर्शकों पर अधिक प्रभाव डाल सकेगा। संकलन-त्रय की उपेक्षा से एकांकी सम्बद्धता नष्ट होती है।

पात्र

कथानक की सूक्ष्मता के अनुरूप ही पात्रों की संख्या भी कम होती है। पाँच-छः पात्रों से अधिक की गुंजाइश एकांकी में नहीं होती। इन पात्रों का घटना से घनिष्ठ सम्बन्ध है। अनावश्यक अथवा केवल मनोरंजन के लिए लाये गये पात्रों को एकांकी में कोई स्थान नहीं होता। संक्षिप्त घटनाक्रम और कालावधि के बीच कार्य करने वाले पात्र अपने चरित्र का सम्पूर्ण रूप तो प्रकट नहीं कर पाते पर घटना से सन्दर्भित जो भी चरित्रगत विशेषताएँ प्रकाश्य हैं, वे इस निपुण्ता के साथ उद्घाटित की जाती हैं कि पात्रों के व्यक्तित्व खिल उठते हैं। वे सजीव और आकर्षण दिखायी पड़ते हैं। पात्रों की सजीवता के लिए 'अन्तर्द्वन्द्व' का समावेश भी आवश्यक है।

संवाद

संवाद एकांकी का सर्वाधिक प्रमुख तत्त्व है, क्योंकि कथानक और चरित्र, दोनों ही अभिव्यक्ति उसके माध्यम से होती है। एकांकी में संवाद संक्षिप्त, स्वाभाविक और प्रभावशाली होने चाहिए। उनमें विदग्धता और विनोदशीलता भी हो तो और अच्छा। संवादों की भाषा सरस, सुबध और व्यंजक होनी चाहिए। उसमें देश-काल अथवा वातावरण के अनुरूप ओज अथवा माधुर्य गुणों का समावश होना चाहिए। पात्रों की आन्तरिक मन:स्थिति का चित्र उपस्थित करने के लिए स्वगत अथवा पृथक् सम्भाषण की पुरानी पद्धति के साथ स्थान पर किसी अन्य उपाय का आवलम्बन ग्रहण किया जाता है।

रंग-संकेत

कथा के परिपार्श्व को ध्यान में रखते हुए रंग-संकेतों का उल्लेख एकांकी में करना आवश्यक समझा गया है। रंग-संकेत वस्तुतः वे निर्देश हैं जिन्हें एकांकीकार घटना, चरित्र व संवाद के प्रभाव की अभिवृद्धि के लिए उपस्थित करता है। इन निर्देशों के पालन से नाटक की अभिनेयता सिद्ध होती है। संस्कृत नाटकों में रंग-संकेत नहीं मिलते। पश्चिमी साहित्य में इन पर विशेष ध्यान दिया गया है। हिन्दी के एकांकी नाटकों में इनका उपयोग प्रचुरता से हो रहा है। रंग-संकेतों की सीमा में रंगभूमि की सज्जा घटना के समय और स्थान तथा पात्रों की व्यवस्था, वेशभूषा आदि का निर्देशन, उनके अन्तर्द्वन्द्व की व्यंजना आदि का समावेश होता है।

उद्देश्य

एकांकी में उद्देश्य की अभिव्यक्ति स्थूल ढंग से नहीं की जाती। वास्तव में एकांकीकार किसी घटना को उसके चरम बिन्दु पर ले जाकर चमका देता है। जैसा कि आरम्भ में कहा जा चुका है, इसका उद्देश्य प्राय: किसी जीवन-सत्य की अभिव्यक्ति, किसी समस्या की प्रस्तुति या समाधान अथवा मात्र मनोरंजन हो सकता है।

एकांकी का उद्भव एवं विकास

एकांकी बीसवीं सदी के पाश्चात्य साहित्य की देन है। वैसे तो इससे मिलते-जुलते अनेक नाटक रूप संस्कृत के प्राचीन और मध्य युगीन नाट्य साहित्य तथा लोक नाटकों में भी देखे जा सकते हैं। संस्कृत नाट्य-शास्त्र में नाटक के रूपक और उपरूपक—दो मुख्य भेद स्वीकार किये गये हैं। रूपक के दस भेदों में छः अर्थात् भाण, व्यायोग, अंक, वीथी, ईहामृग और प्रहसन एकांकी कहे गये हैं। इसी प्रकार अठारह उपरूपकों में गोष्ठी, रासक, नाट्य रासक, विलासिका, काव्य, प्रेंखण, श्री गदित, हल्लीश और भाणिका भी एकांकी ही हैं, 'उरुभंग' और 'मध्यम व्यायोग' (भास), 'किरातार्जुनीय' (वत्सराज), 'पार्थ-पराक्रम' (प्रह्लाद देव), 'धनजंय विजय' (कांचनाचार्य), 'निर्भय भीम' (रामचन्द्र) और 'सौगन्धिका हरण' (विश्वाथ) इत्यादि व्यायोग और लटक-मलक (शंखधर), 'मकुन्दानन्द' (काशिपति कविराज), 'धूर्त्त समागम' (ज्योतीश्वर), 'हास्यार्णव' (जगदीश्वर), 'कौतुक सर्वस्व' (गोपीनथ), 'धूर्त नर्तक' (सोमराज), 'उभयसारिका' (वररुचि), 'धूर्तविट संवाद' (ईश्वरदत्त), 'कर्पूर चरित' (वत्सराज) इत्यादि भाण हैं। इसी प्रकार अन्य नाट्य रूपों के उदाहरण भी मिलते हैं पर वैविध्य से युक्त संस्कृत नाटकों की यह समृद्ध परम्परा मध्य युग में क्षीण हो गयी। आगे चलकर इन शास्त्रीय नाट्य रूपों के स्थान पर स्वांग, नकल जैसे लोक नाट्यों का प्रचलन हुआ।

संस्कृत के इन प्राचीन नाटकों से आधुनिक एकांकी के स्वरूप की तुलना करने पर कई महत्त्वपूर्ण अन्तर दिखायी पड़ते हैं। सबसे पहले तो संस्कृत एकांकी नाटकों में अन्तर्द्वन्द्व और संघर्ष का वह स्वरूप देखने को नहीं मिलता जो आधुनिक एकांकी में अनिवार्य रूप से रहता है। इसके अतिरिक्त जीवन-यथार्थ के चित्रण की प्रवृत्ति भी वहाँ विरल है। राजाओं की विलास लीला का चित्रण ही उनका मुख्य उद्देश्य प्रतीत होता है। नियति के प्रहारों से विकल अथवा परिस्थितियों के थपेड़ों से आहत मनुष्य के जीवन का वास्तविक चित्रण आज के एकांकियों में सर्वाधिक मुखर किन्तु उन प्राचीन नाटकों में नितान्त मौन है। वहाँ नायक की विजय की निश्चित धारणा लेखक को उन कठोर जीवन-परिस्थितियों की ओर देखने ही नहीं देती जिनकी उथल-पुथल के बीच नाटक के चरित्र का उतार-चढ़ाव चित्रित किया जा सकता था। इसी के साथ कथानक का 'चरम-विकास' (क्लाइमेक्स) भी वहाँ नहीं मिलता जो आधुनिक एकांकी के लिए अनिवार्य माना गया है। इसीलिए अधिकांश विद्वान् आधुनिक एकांकी को संस्कृत के एकांकी नाटकों की परम्परा से जोड़ने के पक्ष में नहीं हैं।

पश्चिम में एकांकी नाटकों की परम्परा 'मिरिकिल्स', 'मॉरेलिटीज' (दसवीं शताब्दी) और 'इन्टल्यूड्स' जैसे नाट्य रूपों में विकसित हुई। उन्नीसवीं शताब्दी के पेरिस, बर्लिन, लन्दन, डबलिन, शिकागो इत्यादि नगरों के लघुमंचीय आन्दोलन (लिटिल थियेटर मूवमेंट) और 'प्रीति भोजों' में भोजन के पूर्व के समय का उपयोग करने के लिए प्रणीत प्रहसनों तथा प्रेक्षागृहों में मुख्य नाटक के पूर्व उत्सुक भीड़ को शान्त एवं नियन्त्रित रखने के लिए लिखे गये 'पटोत्तोलन' (कर्टेन रेज़र) जैसे नाट्य रूपों में पुष्ट होकर आज

के एकांकी का प्रौढ़ स्वरूप धारण कर चुकी है। ऐसा कहा जाता है सन् 1903 में लन्दन के 'वेस्ट एंड थियेटर' में हुई एन०पार्टन ने डब्लू०जेकाब की लघु कथा 'दिर मंकीज़ पा' (बन्दर का पंजा) का नाटकीय रूपान्तर 'कर्टेन रेजर' के रूप में प्रस्तुत किया था। उनकी अभूतपूर्व सफलता के साथ ही एकांकी अपने स्वतन्त्र रूप में प्रतिष्ठित हो गया और फिर उसकी परम्परा निर्वाध रूप से चल निकली।

हिन्दी एकांकी

हिन्दी में एकांकी रूपकों की रचना का आरम्भ भी भारतेन्दु युग में हुआ। भारतेन्दु का 'वैदिकी हिंसा-हिंसा न भवति' कुछ विद्वानों की राय में हिन्दी का पहला एकांकी है। यद्यपि यह तीन अंकों का नाटक है पर इन अंकों में घटित व्यापार की अति सूक्ष्मता इन अंकों के अस्तित्व की व्यर्थता सिद्ध कर देती है। इन अंकों को आसानी से दृश्यों में परिणत किया जा सकता है। इसी प्रकार उनका 'नील देवी' भी एकांकी ही कहा जा सकता है। भारतेन्दु पर संस्कृत के प्राचीन नाटकों की परम्परा का प्रभाव कम नहीं था इसलिए इस युग के नाटकों में एक ओर संस्कृत के प्राचीन रूपक—एकांकियों जैसे भाव, प्रहसन, व्यायोग इत्यादि और दूसरी ओर जन-समाज में प्रचलित रास-पद्धति के अनुकरण की प्रवृत्ति मिलती है। भारतेन्दु-युग के प्रसिद्ध एकांकी रूपकों में स्वयं भारतेन्दु के 'नील देवी', बालकृष्ण भट्ट के 'कलिराज सभा', 'बाल विवाह', 'रेल का विकट खेल', प्रतापनारायण मिश्र के 'कलिकौतुक', 'भारत दुर्दशा', लाला श्रीनिवास दास के 'प्रह्लाद चरित्र', रुद्रदत्त शर्मा के 'स्वर्ग में सब्जेक्ट कमेटी', 'पाखण्ड मूर्ति', 'अपूर्व सन्यासी', बद्रीनारायण चौधरी के 'भारत सौभाग्य', राधाकृष्ण दास के 'दु:खिनी बाला', अम्बिकादत्त व्यास के 'भारत सौभाग्य नाटक', काशीनाथ खत्री के 'सिन्धु देश की राजकुमारियाँ' एवं 'गुन्नौर की रानी' तथा राधाचरण गोस्वामी के 'सती चन्द्रावती', 'अमर सिंह राठौर' की गणना होती है।

भारतेन्दु और द्विवेदी-युग के एकांकी रूपकों में आधुनिक युग के एकांकी रूपकों की संवेदना अथवा शिल्प देखने को नहीं मिलता। ये संस्कृत की प्राचीन नाट्य परम्परा और मध्य युग से चली आ रही लोक-नाट्य परम्परा का ही अनुसरण करते हैं। सन् 1929 में प्रसादजी का 'एक घूँट' प्रकाशित हुआ। यह एकांकी रूपक अपनी सभी पूर्ववर्ती रचनाओं में पर्याप्त भिन्न स्तर की रचना है। यद्यपि इसमें भी आधुनिक एकांकी के सभी तत्त्व प्राप्त नहीं होते, फिर भी चरित्र-चित्रण की मनोवैज्ञानिक स्वाभाविकता, कथानक की सुसंगठित योजना, समय और स्थल-संकलन का निर्वाह संघर्ष की उत्तरोत्तर तीव्रगामी स्थिति, वातावरण की प्रभावपूर्ण सृष्टि, मार्मिकता इत्यादि विशेषताओं के कारण अधिकांश विद्वान् इसे हिन्दी का पहला एकांकी मानते हैं। 'एक घूँट' के बाद हिन्दी में पश्चिमी ढंग के आधुनिक एकांकियों की परम्परा अक्षुण्ण रूप से चल पड़ी और एकांकी एक स्वतन्त्र साहित्यिक विधा के रूप में प्रतिष्ठित हुआ।

एकांकी लेखन के क्षेत्र में डॉ० रामकुमार वर्मा और भुवनेश्वर के आगमन से उसका स्वरूप एकदम बदल गया। उसमें नवीन शिल्प का आकर्षण परिधान तो आया ही,

बौद्धिक जिज्ञासा, आन्तरिक संघर्ष की व्यंजना, मनोविश्लेषण, हास्य-व्यंग्य की फुलझड़ियाँ, जीवन-यथार्थ के चित्रण की प्रवृत्ति, किसी समस्या के समाधान का हार्दिक प्रयास इत्यादि विशेषताओं का समावेश भी हुआ।

डॉ० रामकुमार वर्मा ने सन् 1929 में अपने प्रथम एकांकी 'बादल की मृत्यु' की रचना की। सन् 1935 में उनका प्रथम एकांकी संग्रह 'पृथ्वीराज की आँखें' प्रकाशित हुआ। उसके बाद 'रेशमी टाई', 'चार ऐतिहासिक एकांकी', 'रूपरंग' इत्यादि संग्रह प्रकाशित हुए। वर्माजी ने एकांकी के सृजन में भारतीय आदर्शों का सदैव ध्यान रखा है। उनके ऐतिहासिक एकांकी इस दृष्टि से विशेष सफल माने जा सकते हैं।

भुवनेश्वर पश्चिमी ढंग की नयी सामाजिक और यान्त्रिक युग की समस्याओं को लेकर आगे बढ़े। उनका प्रथम एकांकी 'श्यामा वैवाहिक विडम्बना' दिसम्बर सन् 1933 में 'हंस' में प्रकाशित हुआ था। सन् 1936 में प्रकाशित एकांकी संग्रह 'कारवाँ' में उपर्युक्त एकांकी के अतिरिक्त 'प्रतिमा का विवाह', 'शैतान', 'एक साम्यहीन साम्यवादी', 'रोमांस-रोमांच' और 'लाटरी' संकलित हुए। उनके अन्य प्रसिद्ध एकांकी में 'स्ट्राइक', 'ऊसर', 'ताँबे के कीड़े' विशेष रूप से स्मरणीय हैं। भुवनेश्वर ने सन् 1948-50 में कुछ सुन्दर ऐतिहासिक एकांकियों की भी रचना की। 'आजादी की नींव', 'जेरूसलम', 'सिकन्दर', 'अकबर' और 'चंगेजखाँ' कलात्मकता की दृष्टि से अधिक सफल हैं। भुवनेश्वर पर बर्नार्ड शा, डी०एच० लारेन्स और फ्रायड का गहरा प्रभाव पड़ा था। बदलते हुए सामाजिक जीवन के कटु यथार्थ को उन्होंने बड़ी सफलता के साथ चित्रित किया। परम्परा से एकदम भिन्न पाश्चात्य ढंग की शैली में आज के शिक्षित धनी वर्ग की खोखली और हास्यास्पद मानसिकता को नंगा करने में भुवनेश्वर विशेष सफल हुए. स्त्री पुरुष के सम्बन्धों-विशेष रूप प्रेम विवाह और सेक्स से जुड़ी हुई समस्याओं को उन्होंने बड़ी निर्भीकता से उठाया।

आधुनिक एकांकी के अन्य समर्थ रचनाकारों में उपेन्द्रनाथ 'अश्क', उदयशंकर भट्ट, सेठ गोविन्ददास और जगदीश चन्द्र माथुर के नाम विशेष महत्त्वपूर्ण हैं। 'अश्क' ने अपने एकांकियों में ज्वलन्त सामाजिक समस्याएँ उठायी हैं। मध्यवर्गीय जीवन की विकृतियों के चित्रण में वह बेजोड़ हैं। अनुभूति की सच्चाई, शिल्प की कसावट, वैविध्य और प्रयोगशीलता उनके लेखन की प्रमुख विशेषताएँ हैं। उनके प्रसिद्ध एकांकियों में 'पापी', 'लक्ष्मी का स्वागत', 'तौलिये', 'देवताओं की छाया में', 'सूखी डाली', 'परदा उठाओ', 'तूफान से पहले' विशेष रूप से उल्लेखनीय हैं।

उदयशंकर भट्ट के एकांकी संग्रहों में 'स्त्री का हृदय', 'आदिम युग', 'धूमशिक्षा', 'परदे के पीछे', 'अन्धकार और प्रकाश', 'समस्या का अन्त' और 'आज का आदमी' महत्त्वपूर्ण कृतियाँ हैं। उनमें वैदिक युग के सांस्कृतिक परिवेश से लेकर आज के समाज की समस्याओं तक के चित्र भरे हैं। आदिम युग से सम्बन्धित एकांकियों में उनकी अनुसन्धानात्मक प्रवृत्ति और वर्तमान सामाजिक जीवन से सम्बन्धित एकांकियों में समाज की विकृतियों के प्रति तिरस्कार की दृष्टि दिखायी पड़ती है।

सेठ गोविन्द दास के एकांकी संग्रहों में 'सप्तरश्मि', 'एकादशी', 'चतुष्पंथ' और 'पंचभूत' उल्लेखनीय हैं। सेठजी ने अपने एकाकियों में पौराणिक ऐतिहासिक और सामाजिक सभी प्रकार के कथानक लिए हैं। 'चतुष्पंथ' में उनके चार एक पात्रीय एकांकी संग्रहीत हैं। इस प्रकार के एकांकियों के वे प्रथम लेखक माने जाते हैं।

एकांकी रचना के क्षेत्र में हिन्दी के यशस्वी नाटककार जगदीशचन्द्र माथुर का योगदान भी विशिष्ट है। 'भोर का तारा', 'ओ सपने' उनके प्रसिद्ध एकांकी संग्रह हैं। माथुरजी के एकांकियों में कुछ घटना-प्रधान और कुछ विचार-प्रधान एकांकी मिलते हैं। उदाहरण के लिए 'घोसले', 'खिड़की की राह', 'विजय की बेला' और रीढ़ की हड्डी घटना-प्रधान एकांकी हैं। 'मकड़ी जाला', 'बंदी', 'खण्डहर' और 'कलिंग विजय' उनके प्रसिद्ध विचार प्रधान एकांकी हैं। आधुनिक जीवन की परिवर्तित परिस्थितियों और पुराने ग्राम्य जीवन के आदर्शों और जीवन-शैली के बीच झूलते हुए आज के मनुष्य की दुविधाग्रस्त मन:स्थिति का सशक्त चित्रण उनके सामाजिक एकांकियों में मिलता है। उसके ऐतिहासिक एकांकी आधुनिक युग की परिस्थितियों और संवेदना से सामंजस्य के कारण विशेष आकर्षक हैं।

लक्ष्मीनारायण मिश्र, हरिकृष्ण प्रेमी, गोविन्द बल्लभ पंत, सद्गुरुशरण अवस्थी और आचार्य वृहस्पति ने भी कुछ सुन्दर एकांकियों की रचना की। स्वतन्त्रता के बाद के एकांकीकारों में विष्णु प्रभाकर, डॉ० लक्ष्मी नारायणलाल, धर्मवीर भारती, प्रभाकर माचवे, लक्ष्मीकान्त वर्मा, मोहन राकेश, चिरंजीत, सत्येन्द्र शरत, विनोद रस्तोगी, सिद्धनाथ कुमार, भारतभूषण अग्रवाल, गिरिराज किशोर, शम्भुनाथ सिंह, रेवतीसरन शर्मा, मुद्राराक्षस, सुरेन्द्र वर्मा आदि के नाम महत्त्वपूर्ण हैं। इनके अतिरिक्त गुरुशरण सिंह, सफदर हाशमी और 'इप्टा' का योगदान भी उल्लेखनीय है। हिन्दी के नुक्कड़ नाटक भी एकांकी जैसे ही हैं।

●

हिन्दी आलोचना का विकास

किसी व्यक्ति, वस्तु या कृति को देखने के बाद उससे उत्पन्न प्रभाव की चर्चा करना मनुष्य का सहज स्वभाव है। आलोचना भी इसी मानवरुचि का परिष्कृत रूप है। सामान्य जीवन में आलोचना शब्द का प्रयोग निन्दा या शिकायत के अर्थ में किया जाता है, लेकिन यह इसका सही अर्थ नहीं है। 'आलोचना' के केन्द्र में 'लोचन' शब्द है। 'लोचन' अर्थात् आँख का धर्म है—देखना। 'आ' का अर्थ है—अच्छी तरह या समग्रता में। अर्थात् 'अच्छी तरह या समग्रता में देखना।' इस प्रकार सामान्य अर्थ में किसी कृति को समग्रता में देखने और उसका मनन करने पर उससे उत्पन्न प्रभाव तथा गुण-दोषों को यथा तथ्य प्रस्तुत कर देने की क्रिया आलोचना कहलाती है। यह एक प्रकार की प्रतिक्रिया होती है, किन्तु यह प्रतिक्रिया उच्छृंखल न होकर विवेक, दृष्टि और संयम से अनुशासित होती है। 'आलोचना' के अर्थ में ही 'समीक्षा' और 'समालोचना' शब्द भी प्रयुक्त होते हैं जिनका व्युत्पत्तिपरक अर्थ है—'सम्यक् निरीक्षण'। समीक्षा आम तौर पर किसी कृति-विशेष पर केन्द्रित होती है। अंग्रेजी में आलोचना को 'क्रिटिसिज़्म' कहते हैं। आरम्भ में बहुत दिनों तक 'आलोचना' का अर्थ कृति का गुण-दोष विवेचन मात्र माना जाता रहा, किन्तु बाद में इसके अर्थ का विस्तार हुआ और इसी के साथ आलोचक का दायित्व भी गम्भीर होता गया। बाबू गुलाब राय के अनुसार—"आलोचना का अर्थ है—कवि की कृति का सभी दृष्टियों से आस्वाद कर पाठकों को उस प्रकार के आस्वाद में सहायता देना।" इसलिए आवश्यक होता है कि एक आलोचक में विषय का गहन बोध, कविवत भावुकता, चिन्तन की कोमलता, भावों की प्रवणता, रस ग्राहिता तथा व्याख्या-विश्लेषण एवं मूल्यांकन की क्षमता हो। इन गुणों के होने पर ही आलोचक रचना और पाठक के बीच सही अर्थों में अपने सेतु-धर्म का निर्वाह कर सकेगा। श्रद्धेय डॉ० रामचन्द्र तिवारी ने एक श्रेष्ठ आलोचक के निम्नलिखित दायित्व बताए हैं—"एक श्रेष्ठ आलोचक अपने दायित्व का निर्वाह करते हुए—काव्य को परिभाषित करता है, परम्परागत मूल्यों का पुनराख्यान करता है, नये मूल्यों की स्थापना एवं नवीन पद्धति की प्रतिष्ठा करता है, काव्यानुभूति एवं जीवनाभूति के सम्बन्धों की व्याख्या करता है। काव्य के आस्वादन का स्वरूप निर्धारित करता है, अवांछित पद्धतियों एवं मूल्यों का विरोध करता है, काव्य वस्तु एवं काव्य-शिल्प के संलिष्ट सम्बन्ध का विश्लेषण करता है तथा कालजयी कृतियों और अपनी प्रिय रचनाओं का मूल्यांकन करता है।" एक अच्छे आलोचक में इन सभी गुणों को होना आवश्यक होता है। डॉ० वासुदेव सिंह ने आलोचक के दायित्व को बताते हुए लिखा है कि—"वस्तुतः आलोचना के द्वारा किसी कृति के गुण-दोष विवेचन के साथ ही उसमें निहित सौन्दर्य का उद्घाटन भी किया जाता है। आलोचक का यह दायित्व होता है कि वह इस तथ्य का पता लगाये कि किसी रचना के मूल लेखक का क्या प्रयोजन रहा है और वह अपने प्रयोजन को अभिव्यक्त करने में कितना सफल रहा है।"

भारतेन्दु-पूर्व हिन्दी आलोचना

भारतेन्दु युग से पूर्व आलोचना का कोई व्यवस्थित और स्वस्थ स्वरूप नहीं दिखायी पड़ता। रीतिकाल में लक्षण-ग्रन्थों का प्रचलन था जिनमें से अधिकांश संस्कृत साहित्य पर आधारित थे। संस्कृत में सैद्धान्तिक आलोचना के छः सिद्धान्त प्रचलित थे— रस, रीति, अलंकार, वक्रोक्ति, ध्वनि और औचित्य। इन्हीं सिद्धान्तों के आधार पर हिन्दी में रस, ध्वनि, अलंकार, छन्दशास्त्र आदि के लक्षण और उदाहरण देने की परम्परा का दूसरा रूप महत्त्वपूर्ण ग्रन्थों की टीकाओं के रूप में देखने को मिलता है। टीकाकार टीका लिखते समय कहीं-कहीं कवियों के विषय में अपनी राय भी व्यक्त कर देते थे। इस दृष्टि से 'रामचरितमानस' और 'बिहारी सतसई' पर लिखी गयी टीकाएँ महत्त्वपूर्ण हैं। केशवदास, कुलपति, चिन्तामणि, सोमनाथ आदि की टीकाएँ वचनिका, वार्ता, तिलक आदि नामों से मिलती है। सरदार कवि ने 'रामचरितमानस' की टीका 'मानस-रहस्य' के नाम से लिखी जिसमें सैद्धान्तिक और व्यावहारिक दोनों आलोचना-पद्धतियों का समन्वित रूप दिखायी पड़ता है। आलोचना का तीसरा रूप सूक्तियों के रूप में सामने आता है। जैसे 'सूर सूर, तुलसी ससी, उडगन केशवदास', 'और कवि गढ़िया, नन्ददास जड़िया', 'सतसैया के दोहरे ज्यों नावक के तीर....', 'समुझै कविता घनआनन्द की, हिय-आँखिन नेह की पीर तकी' आदि।

भारतेन्दु युग

पाश्चात्य शिक्षा के सम्पर्क, गद्य के विकास एवं मुद्रण-पत्रों के विकास के परिणाम स्वरूप गद्य की अन्य विधाओं की भाँति आलोचना का भी इस युग में विकास हुआ। भारतेन्दु युग में पहले से चली आ रही आलोचना की तीनों परम्पराएँ तो दिखायी पड़ती ही हैं, दो नये रूप भी सामने आते हैं—

(क) पत्र-पत्रिकाओं में पुस्तकों की समीक्षा प्रकाशित होने लगी।

(ख) ग्रन्थों में कवियों के परिचय के साथ-साथ उनकी आलोचनाएँ भी होने लगीं।

इस युग की टीकाओं में सरदार कवि द्वारा लिखी गयी केशव की 'कविप्रिया' और 'रसिकप्रिया' की टीकाएँ तथा लल्लू लाल द्वारा लिखी गयी बिहारी सतसई की टीका 'लाल सतसई' महत्त्वपूर्ण हैं। लल्लू लाल की टीका भारतेन्दु युग से कुछ पूर्व लिखी गयी थी, जिसका भारतेन्दु युग में पण्डित सुधाकर द्विवेदी और जॉर्ज ग्रियर्सन ने मिलकर परिष्कार किया। इतिहास-ग्रन्थों के रूप में मिलने वाली आलोचना शिवसिंह सेंगर के शिवसिंह सरोज (1879 ई०) और जॉर्ज ग्रियर्सन के 'द मार्डन वरनाक्युलर लिटरेचर ऑफ हिन्दुस्तान' में दिखायी पड़ती है। भारतेन्दु नाटक (1883 ई०) शीर्षक निबन्ध, जगन्नाथ प्रसाद 'भानु' का 'छन्द प्रकार' (1897 ई०) तथा नागरी प्रचारिणी पत्रिका (1897 ई०) में प्रकाशित गंगाप्रसाद अग्निहोत्री का 'समालोचना' नाटक लेख में इस समय की सैद्धान्तिक आलोचना अपना स्वरूप ग्रहण करती हुई दिखायी पड़ती है।

व्यावहारिक समीक्षा का स्वरूप इस युग में निकलने वाली पत्रिकाओं में दिखायी पड़ता है। 'कविवचनसुधा', 'हरिश्चन्द्र चन्द्रिका', 'हिन्दी प्रदीप', 'ब्राह्मण', 'भारतमित्र', 'सारसुधानिधि' और 'आनन्द कादम्बिनी' आदि पत्रिकाएँ इस दृष्टि से महत्त्वपूर्ण हैं। भारतेन्दु हरिश्चन्द्र ने 1872 में 'कविबचनसुधा' में 'हिन्दी कविता' नाम से पहला आलोचनात्मक निबन्ध लिखा था। इस युग में आलोचना का स्वस्थ स्वरूप पं० बालकृष्ण भट्ट और बदरीनारायण चौधरी 'प्रेमघन' द्वारा लिखी गयी समीक्षाओं में देखने को मिलता है। इन्होंने लाल श्रीनिवास दास के 'संयोगिता स्वयंवर' की समीक्षा अपने-अपने पत्रों 'हिन्दी प्रदीप' (1886 ई०) और 'आनन्दकादिम्बिनी' में लिखी थी। इन आलोचनाओं की प्रकृति मुख्यतया गुण और दोष-निरूपण की थी।

द्विवेदी युग

द्विवेदी युग में आलोचना का क्षेत्र विस्तृत होता हुआ दिखायी पड़ता है। यहाँ पारम्परिक आलोचना के साथ-साथ आलोचना की कुछ नयी प्रवृत्तियाँ और पद्धतियाँ लक्षित होती हैं। डॉ० रामचन्द्र तिवारी ने इस युग में आलोचना के पाँच रूप (प्रकार) लक्षित किये हैं—(1) शास्त्रीय आलोचना, (2) तुलनात्मक मूल्यांकन, (3) अन्वेषण एवं अनुसन्धानपरक आलोचना, (4) परिचयात्मक आलोचना तथा (5) व्याख्यात्मक आलोचना।

शास्त्रीय आलोचना

शास्त्रीय आलोचना में वे आलोचनाएँ हैं जो संस्कृत-आचार्यों और रीति-ग्रन्थों की पद्धति और परम्परा के आधार पर लिखी गयी हैं। इस तरह की आलोचनाओं में लाला भगवानदीन की 'अलंकार मंजूषा' (1916 ई०), जगन्नाथप्रसाद 'भानु' की 'छन्दसारावली' (1917 ई०) और महाराज प्रतापनारायण सिंह कृत 'रस कुसुमाकर' उल्लेखनीय हैं। भानुजी ने भूमिका अंग्रेजी में लिखी है। उन्होंने हिन्दी अलंकारों से मिलते-जुलते अंग्रेजी, फारसी और अरबी के अलंकारों का भी परिचय दिया है। साथ ही कुछ नई कल्पनाएँ भी की हैं।

तुलनात्मक आलोचना

तुलनात्मक आलोचना इस युग की विशिष्ट प्रवृत्ति और उपलब्धि है। तुलनात्मक आलोचना की शुरुआत शिवनन्दन सहाय ने की थी। उन्होंने 1905 में भारतेन्दु की कविताओं की समीक्षा करते हुए 'शेखर', 'पद्माकर', 'तुलसीदास' आदि कवियों से उनकी तुलना की है, पर उसे व्यवस्थित रूप मिला पद्मसिंह शर्मा की बिहारी और फारसी कवि शेखसादी की तुलनात्मक आलोचना में। उन्होंने 1908 से 1912 ई० के बीच कई कवियों का तुलनात्मक अध्ययन किया है। 1910 ई० में मिश्र बन्धुओं का हिन्दी नवरत्न प्रकाशित हुआ जिसमें उन्होंने देव को सबसे ऊँचा कवि माना और बिहारी को उनके बाद। इसके बाद लाला भगवानदीन ने 'बिहारी और देव' तथा पं० कृष्णबिहारी मिश्र ने

'देव और बिहारी' नामक पुस्तकों के माध्यम से इस परम्परा को आगे बढ़ाया। इस प्रकार की आलोचनाओं से तुलनात्मक आलोचना की परम्परा समृद्ध हुई।

अन्वेषण एवं अनुसन्धानपरक आलोचना

अन्वेषण एवं अनुसन्धानपरक आलोचना का आरम्भ 'नागरी प्रचारिणी पत्रिका' (1817 ई०) से हुआ। बाबू श्यामसुन्दर दास, राधा कृष्णदास, जगन्नाथदास रत्नाकर और सुधाकर द्विवेदी आदि लेखकों ने इस पत्रिका में कई अनुसन्धानपरक लेख लिखे। मिश्र बन्धुओं ने 'मिश्र बन्दु विनोद' (1913 ई०) में अनुसन्धानपरक दृष्टि का परिचय दिया। आचार्य महावीरप्रसाद द्विवेदी ने सन् 1900 ई० में 'सरस्वती' का सम्पादन सम्हाला। दूसरे वर्ष ही उन्होंने 'पुस्तक-परीक्षा' नाम से एक स्तम्भ शुरू किया जिसमें समीक्षाएँ वे स्वयं लिखा करते थे। 1902 में जयपुर से चन्द्रधर शर्मा गुलेरी की प्रेरणा से 'समालोचक' निकली जिसकी 'समालोचना-समिति' में श्री दुर्गाप्रसाद मिश्र, आचार्य महावीरप्रसाद द्विवेदी, राय देवीप्रसाद पूर्ण, श्रीधर पाठक, विश्वनाथ शर्मा, गंगाप्रसाद अग्निहोत्री आदि साहित्यकार थे। इन्होंने शोधपरक समीक्षाओं और लेखों से इस परम्परा को समृद्ध किया।

परिचयात्मक आलोचना

परिचयात्मक आलोचना की शुरुआत भारतेन्दु युग में निकलने वाली पत्रिकाओं में छपने वाली पुस्तक-समीक्षाओं में ही हो चुकी थी। उसे मजबूत आधार आचार्य महावीरप्रसाद द्विवेदी और 'सरस्वती' के माध्यम से मिला। पुस्तक-समीक्षाओं के साथ रचनाकारों और उस विधा से सम्बन्धित जानकारियाँ भी दी जाती थीं। इस क्षेत्र में 'भारतमित्र', 'समालोचक', 'इन्दु' तथा 'छत्तीसगढ़मित्र' आदि पत्रिकाओं ने भी महत्त्वपूर्ण भूमिका निभायी।

व्याख्यात्मक आलोचना

व्याख्यात्मक आलोचना में आलोचना के लिए प्रस्तुत पुस्तक या विषय की सामाजिक उपयोगिता को ध्यान में रखकर समीक्षा की जाती है। इसमें सामाजिक, सांस्कृतिक, नैतिक, राष्ट्रीय एवं सौन्दर्यपरक मूल्यों पर ध्यान दिया जाता था। ऐसी आलोचनाओं में बालकृष्ण भट्ट द्वारा की गयी 'हिन्दी प्रदीप' में 'नील देवी', 'परीक्षागुरु' और 'संयोगिता स्वयंवर' की समीक्षाएँ महत्त्वपूर्ण हैं। इस शैली को आचार्य रामचन्द्र शुक्ल ने आगे चलकर गम्भीर और वैज्ञानिक रूप प्रदान किया।

द्विवेदी युग के आलोचकों में आचार्य महावीरप्रसाद द्विवेदी का स्वर सबसे प्रखर, स्पष्ट और निर्भय था। उन्होंने अपनी आलोचनाओं और साहित्यिक क्रियाकलापों से हिन्दी का परिष्कार और परिनिर्माण किया। द्विवेदी युग के आखिरी दिनों में आलोचना के क्षेत्र में आचार्य रामचन्द्र शुक्ल का प्रवेश हुआ।

शुक्ल युग

सन् 1920 ई० में आचार्य महावीरप्रसाद द्विवेदी का 'सरस्वती' के सम्पादक पद से संन्यास ग्रहण करना आलोचना में एक युग के अन्त का सूचक था। इस समय निकलने

वाली 'माधुरी', 'मर्यादा', 'सुधा', 'इन्दु', 'श्रीशारदा' आदि पत्र-पत्रिकाओं का प्रकाशनारम्भ आकस्मिक नहीं था। इन पत्रिकाओं ने आलोचना की बदली हुई चेतना का वहन किया है। छायावाद की विशेषताओं को स्पष्ट करते हुए मुकुटधर पाण्डेय ने इस विषय पर चार लेखों की लेखमाला 'श्रीशारदा' पत्रिका (1920 ई०) में लिखी थी। द्विवेदी युग की समीक्षा नैतिक और सुधारवादी थी। आचार्य रामचन्द्र शुक्ल ने प्रतिमानों और दृष्टिकोण में परिवर्तन करते हुए 'रस' को महत्त्व दिया। उनका रसवाद ऐसे मूल्यों की प्रतिष्ठा पर बल देता था जो लोक के लिए आदर्श उपस्थित करते हुए उसका पूर्ण समर्थन प्राप्त कर सकें। इसके लिए उन्होंने ऐसे नायक को आधार बनाया जो कि लोक-पीड़ा को दूर कर सकता था। मर्यादापुरुषोत्तम राम का शील, शक्ति और सौन्दर्य से युक्त व्यक्तित्व इसके लिए सर्वोत्तम उपयुक्त था। इसीलिए तुलसी उनके आदर्श कवि थे। शुक्लजी की आलोचना के सैद्धान्तिक पक्ष का श्रेष्ठ ग्रन्थ 'रसमीमांसा' है। उन्होंने रस-सिद्धान्त को आलोचना का मानदण्ड माना और हृदय की मुक्तावस्था को कविता की श्रेष्ठता का प्रतिमान माना। रस दशा की व्याख्या की। उनकी व्यवहारिक समीक्षा तुलसी, जायसी, सूर की पुस्तकों की भूमिकाओं और हिन्दी 'साहित्य का इतिहास' में दिखायी पड़ती है। शुक्लजी के अतिरिक्त उस युग के आलोचकों में आचार्य विश्वनाथप्रसाद मिश्र, बाबू गुलाब राय, पीताम्बर दत्त बड़थ्वाल, जगन्नाथप्रसाद शर्मा, श्यामसुन्दर दास, आचार्य हजारीप्रसाद द्विवेदी, चन्द्रबली पाण्डेय आदि महत्त्वपूर्ण हैं। इस युग में हिन्दी आलोचना ने गुण-दोष-विवेचन, तारतमिक श्रेणी विभाजन और रीतिकालीन कवियों के बीच श्रेष्ठत्व की ऊहापोह से आगे बढ़कर सही और सार्थक रूप ग्रहण किया तथा अन्तर्वृत्तियों के अन्वेषण में प्रवृत्त हुई।

छायावाद (स्वच्छन्दतावादी) युग

छायावादी या स्वच्छन्दतावादी आलोचना का प्रस्फुटन द्विवेदी युग में ही हो चुका था। आगे चलकर छायावादी काव्य के विकास के साथ-साथ ही स्वच्छन्दतावादी आलोचना का विकास हुआ। छायावादी काव्य की विशेषताओं के आधार पर ही स्वच्छन्दतावादी समीक्षा विकसित हुई। छायावादी कविता ने जिन मूल्यों और आलोचकों का निर्माण किया उनमें भी यह व्यक्तिवाद विशेष रूप से लक्षित होता है। विद्वानों ने स्वच्छन्दतावादी समीक्षा को पाश्चात्य रोमांटिक समीक्षा का भारतीय संस्करण कहा है। पन्त के 'पल्लव' की तुलना वर्ड्सवर्थ और कॉलरिज के 'लिरिकल वैलेड्स' से करते हुए उसे रोमांटिक कविता का 'मेनीफेस्टो' बताया गया है। छायावादी आलोचना और रोमांटिक साहित्यशास्त्र में प्रवृत्तिगत समानता दिखायी पड़ती है। दोनों में ही वैयक्तिकता, काव्य की स्वतन्त्रता, भावात्मकता, मानवतावाद, कल्पना की प्रधानता, प्रकृति के प्रति जिज्ञासा, प्रेम भावना आदि विशेषताएँ समान रूप से पायी जाती हैं। अंग्रेजी में स्वच्छन्दतावादी आलोचना का समय 'लिरिकल बैलेड्स' की भूमिका के प्रकाशन (1800 ई०) से लेकर हॉजलिट की समीक्षा कृति 'द स्पिरिट ऑफ द एज' के प्रकाशन (1825 ई०) तक स्वीकार किया गया है।

छायावादी आलोचकों में **आचार्य नन्ददुलारे वाजपेयी** सर्वाधिक महत्त्वपूर्ण हैं। उन्होंने भारतीय रससिद्धान्त को पाश्चात्य सौष्ठववाद से जोड़ते हुए यह घोषणा की कि—"काव्य का महत्त्व तो काव्य के अन्तर्गत ही है, किसी बाहरी वस्तु में नहीं। काव्य और साहित्य की स्वतन्त्र सत्ता है। काव्य तो मानव की उद्भावनात्मक या सर्जनात्मक शक्ति का परिणाम है। उसके उत्कर्ष का नियन्त्रण स्थूल व्यापार या वाह्य बौद्धिक संस्कार और आदर्श थोड़ी ही मात्रा में कर सकते हैं।" लगभग यही बातें 'इन्दु' में प्रसादजी ने भी कही थीं—"साहित्य का कोई लक्ष्य विशेष नहीं होता और उसके लिए कोई विधि या निबन्धना नहीं है, क्योंकि साहित्य स्वतन्त्र प्रकृति, सर्वतोगामी प्रभा के प्रकाशन का परिणाम है।" इस प्रकार हम देखते हैं कि उस समय के कवियों-आलोचकों की दृष्टि में समानता थी। वाजपेयीजी ने अपनी समीक्षा के माध्यम से छायावादी काव्य की विशेषताओं को रेखांकित करते हुए उसे प्रतिष्ठित करने का महत्त्वपूर्ण कार्य किया। 'हिन्दी साहित्य : बीसवीं शताब्दी', 'आधुनिक साहित्य', 'जयशंकर प्रसाद', 'कवि निराला', 'नया साहित्य नये प्रश्न', 'प्रेमचंद', 'रस सिद्धान्त : नये सन्दर्भ' आदि उनकी महत्त्वपूर्ण कृतियाँ हैं। **शान्तिप्रिय द्विवेदी** और **डॉ० नगेन्द्र** भी इस युग के महत्त्वपूर्ण आलोचक हैं। शान्तिप्रिय द्विवेदी को प्रभाववादी आलोचक कहा जाता है। 'हमारे साहित्य निर्माता', 'कवि और काव्य', 'युग और साहित्य', 'साहित्यिकी' इत्यादि उनकी उल्लेखनीय कृतियाँ हैं। डॉ० नगेन्द्र ने भारतीय रसवाद की पुनर्व्याख्या और प्रतिष्ठा की। 'सुमित्रानन्द पंत', 'रीतिकाल की भूमिका', 'देव और उनकी कविता', 'साकेत एक अध्ययन', 'कामायनी के अध्ययन की समस्याएँ', 'विचार और अनुभूति' इत्यादि नगेन्द्रजी की आलोचना-पुस्तकें हैं।

छायावादी आलोचना के विकास में उस युग के कवियों का योगदान भी उल्लेखनीय है। छायावादी कवियों ने आलोचना को नयी दिशा देने के लिए प्राचीन शास्त्रवादी साहित्यिक मूल्यों का विरोध करने के साथ-साथ नये मूल्यों के प्रश्न पर आचार्य महावीरप्रसाद द्विवेदी और आचार्य रामचन्द्र शुक्ल से टक्कर भी ली। इस दृष्टिकोण से **सुमित्रानन्दन पंत** के 'पल्लव' का प्रवेश (1926 ई०) नये सृजन का ही नहीं बल्कि आलोचना के नये प्रतिमानों का भी पहला प्रभावशाली घोषणापत्र है। उन्होंने लिखा है कि—"हिन्दी में सत्समालोचना का बड़ा अभाव है। रस, गंगाधर, काव्यादर्श आदि की वीणा के तार पुराने हो गये, वे स्थायी, संचारी, व्यभिचारी आदि भावों का जो कुछ संचार या व्यभिचार करवाना चाहते थे, करवा चुके। जब तक समालोचना का समयानुकूल रूपान्तरण न हो जाय तब तक हिन्दी में सत्साहित्य की सृष्टि भी नहीं हो सकती।" पन्तजी ने काव्य भाषा के विषय में नवीन विचार प्रस्तुत किये। 'पल्लव' में उन्होंने कविता की नयी परिभाषा देते हुए कहा है कि "कविता हमारे परिपूर्ण क्षणों की वाणी है।" उन्होंने काव्य-भाषा में योजना पर बल देते हुए कहा है कि—"कविता के लिए चित्र भाषा की आवश्यकता पड़ती है।" उन्होंने आधुनिक कवि का 'पर्यालोचन' (1941 ई०) लिखते हुए छायावाद और प्रगतिवाद दोनों काव्यधाराओं का सन्तुलन मूल्यांकन भी प्रस्तुत किया है।

सूर्यकान्त त्रिपाठी 'निराला' की समीक्षा-दृष्टि बहुत स्पष्ट और व्यावहारिक रही है। 'पन्त और पल्लव' (1927 ई०) शीर्षक निबन्ध माला में उन्होंने पन्त की कविताओं का विश्लेषण बड़ी सूक्ष्मता से किया है। 'मेरे गीत और कला' शीर्षक निबन्ध में भी उनकी आलोचकीय दृष्टि स्पष्ट होती है। इसमें उन्होंने 'जूही की कली' शीर्षक कविता के विषय में लिखा है कि—''यह ऐसी रचना नहीं है कि सूक्ति रूप में इसका एक अंश भी उद्धृत किया जा सके। मेरी छोटी रचनाएँ 'लीरिक्स और गीत (सांग्स)' प्राय: ऐसे ही हैं। इनकी कला सम्पूर्ण रूप में है। खण्ड में नहीं।'' (प्रबन्ध प्रतिमा, पृ० 210) 'परिमल' की भूमिका (1930 ई०) भी हिन्दी आलोचना की अनूठी उपलब्धि है। इसमें उन्होंने मुक्तछन्द के पक्ष में तर्क दिये हैं। **जयशंकर प्रसाद** की आलोचकीय दृष्टि उनकी रचना, 'काव्य कला तथा अन्य निबन्ध' में दिखायी पड़ती है। इस संग्रह के निबन्धों में उन्होंने छायावाद पर लगाये गये आरोपों का जवाब दिया और छायावाद की मनोभूमि को स्पष्ट करते हुए काव्य से सम्बन्धित अनेक प्रश्नों पर विचार किया। **महादेवी वर्मा** ने 'यामा' और 'दीपशिखा' की भूमिकाओं तथा 'साहित्यकार की आस्था तथा अन्य निबन्ध' नामक पुस्तक में विभिन्न विषयों पर विचार किया है। उन्होंने छायावाद से सम्बन्धित प्रश्नों का उत्तर देने के साथ ही छायावाद की परिभाषा भी दी है। अपने 'गीत' विषयक निबन्ध में उन्होंने लोकगीतों के आधार पर गीत काव्य की विशेषताएँ बतायी हैं और 'छायावाद' नामक निबन्ध में प्रगतिशील आन्दोलन के प्रकाश में छायावाद की सामाजिक भूमिका स्पष्ट की है।

प्रभाववादी आलोचना

प्रभाववादी आलोचना स्वच्छन्दतावादी आलोचना का ही एक दूसरा रूप है। इसमें आलोचक कोई रचना को पढ़ने के बाद मन पर पड़ने वाले प्रभाव को ज्यों का त्यों प्रकट कर देता है। यह 'काव्यवस्तु के प्रति सहृदय की मार्मिक प्रतिक्रिया' होती है। अर्थात् किसी कृति के प्रति आलोचक की जो सहज, स्वच्छन्द प्रतिक्रिया होती है उसकी निर्बाध अभिव्यक्ति का नाम प्रभाववादी आलोचना है। यह आलोचक की स्वच्छन्द आत्माभिव्यक्ति होती है जिसकी धारा में प्रस्तुत रचना की चेतना भी बह जाती है। इसलिए इसे स्वतन्त्र आलोचना का प्रकार माना गया है। इसमें आलोचक के दो आवश्यक गुणों पर ध्यान दिया जाता है—पहला यह है कि आलोचक में किसी रचना की प्रेषणीयता ग्रहण करने की पूर्ण क्षमता हो और दूसरा यह कि वह उस प्रेषणीयता की उचित ढंग से माप कर सके तथा उसे उचित ढंग से अभिव्यक्त कर दूसरों तक पहुँचा सके। प्रभाववादी आलोचना के दर्शन सर्वप्रथम पद्मसिंह शर्मा की 'बिहारी सतसई' में होते हैं। **शान्तिप्रिय द्विवेदी** (1906-1967 ई०) प्रभाववादी आलोचना के महत्त्वपूर्ण आलोचक रहे हैं। इनकी मान्यता थी कि—''प्रभाववादी आलोचना द्वारा आलोचना में अनुभूति का परिचय मिलता है। अनुभूति के लिए रसज्ञता ही नहीं रसार्द्रता भी चाहिए।'' वे साहित्य की धारा को ऐतिहासिक-सांस्कृतिक परम्परा के क्रमिक विकास के सन्दर्भ में रख कर देखते थे और उसमें अन्तर्व्याप्त सांस्कृतिक-सामाजिक सूत्रों को स्पष्ट करते चलते थे। ''भारतेन्दु

युग से लेकर छायावाद युग तक एक ही मनोजगत् का उत्तरोत्तर विकास है, क्योंकि इनका सांस्कृतिक धरातल एक है।'' उन्होंने छायावाद को गाँधीवाद का साहित्यिक संस्करण कहा है और उस युग के समस्त साहित्यकारों में एक ही सांस्कृतिक धरातल के विकास को लक्ष्य किया—''गाँधीवाद के साहित्यकार प्रेमचंद, मैथिलीशरण गुप्त, सियाराम शरण और जैनेन्द्र तथा छायावाद के कलाकार प्रसाद, पन्त, निराला और महादेवी ये सब एक ही परिवार की प्रजाएँ हैं, इनमें शिल्प भेद हैं, मनोभेद नहीं।'' (सामयिकी, पृ० 255) 'हमारे साहित्य निर्माता' उनकी प्रसिद्ध कृति है। भगवतशरण उपाध्याय ने गुरुभक्त सिंह 'भक्त' की 'नूरजहाँ' की आलोचना प्रभाववादी ढंग से ही की है। हिन्दी में प्रभाववादी आलोचना का समुचित विकास नहीं हो सका किन्तु कहीं-कहीं यह प्रवृत्ति दृष्टिगत हो जाती है।

प्रगतिवादी या मार्क्सवादी आलोचना

छायावादी काव्य की अतिशय कल्पनाशीलता की प्रतिक्रिया और उसमें विद्यमान यथार्थवादी चेतना के विकास स्वरूप प्रगतिवादी कविता का प्रादुर्भाव हुआ। प्रगतिवाद के वैचारिक चिन्तन को मार्क्सवादी दर्शन से प्रेरणा मिली थी इसलिए प्रगतिवाद को मार्क्सवादी जीवनदर्शन की साहित्यिक अभिव्यक्ति कहा जाता है। मार्क्सवाद दर्शन के क्षेत्र में द्वन्द्वात्मक भौतिकवाद के आधारभूत सिद्धान्तों पर आधारित है तथा समाज, साहित्य और संस्कृत की व्याख्या इसी द्वन्द्वात्मक भौतिकवाद से उत्पन्न ऐतिहासिक भौतिकवादी दृष्टि से करता है। द्वन्द्ववादी प्रकृति को अनवरत रूप से गतिशील और परिवर्तनशील मानते हैं। द्वन्द्ववाद प्रत्येक वस्तु के मूल में अन्तर्विरोध को स्वीकार करता है। उसके अनुसार अन्तर्विरोध अनवरत रूप से चला करते हैं और इन्हीं के कारण विकास होता है। मार्क्स के अनुसार चेतना मनुष्य के अस्तित्व का निर्धारण नहीं करती, बल्कि उसका सामाजिक अस्तित्व उसकी चेतना का निर्धारण करता है। भौतिक जीवन की उत्पादन-प्रणाली और आर्थिक व्यवस्था ही वह आधार है जिससे सभी राजनीतिक, सामाजिक, सांस्कृतिक और धार्मिक क्रिया कलाप निर्धारित और संचालित होते हैं।

प्रगतिवादी रचनाकार और आलोचक यह मानते हैं कि यह समाज वर्गों में बँटा हुआ है। सभी रचनाकार भी जाने-अनजाने किसी न किसी वर्ग के पक्ष में खड़े हैं। प्रगतिवादी रचनाकार की पक्षधरता शोषित वर्ग के साथ है। वह बहुसंख्यक किसान-मजदूर और अन्य मेहनतकश समुदाय के दुखों का कारण सामन्ती मानसिकता और पूँजीवादी व्यवस्था को मानते हैं। वे यह भी मानते हैं कि शोषित और दलित वर्ग के प्रति मात्र सहानुभूति से काम नहीं चलेगा, बल्कि उन्हें संगठित करके अन्यायी व्यवस्था के विरुद्ध संघर्ष करना होगा और साम्यवादी व्यवस्था की स्थापना करनी होगी। साहित्य की भी यही सामाजिक भूमिका होती है। इस उद्देश्य के लिए प्रगतिशील रचनाकारों ने रचना की अभिव्यक्ति के उपादानों—भाषा, शैली, छन्द, अलंकार आदि में भी सहजता को महत्त्व दिया जिससे उनकी रचनाएँ सामान्य आदमी की समझ में आ सकें। इन्हीं मानदण्डों और सामाजिक उपयोगिता को ध्यान में रखते हुए प्रगतिशील आलोचकों ने साहित्य का मूल्यांकन किया है। प्रगतिशील आलोचना के हिसाब से हिन्दी साहित्य

काफी समृद्ध और विकसित है। प्रगतिवादी आलोचकों में डॉ० रामविलास शर्मा, शिवदान सिंह चौहान, अमृतराय, प्रकाशचन्द्र गुप्त, नामवर सिंह, गजानन माधव मुक्तिबोध, शिवकुमार मिश्र, रमेश कुन्तल मेघ, रांगेय राघव, बच्चन सिंह, निर्मला जैन, विश्वम्भर नाथ उपाध्याय, परमानन्द श्रीवास्तव, डॉ० मैनेजर पाण्डेय, अजय तिवारी, पुरुषोत्तम अग्रवाल इत्यादि महत्त्वपूर्ण हैं।

मनोविश्लेषणवादी आलोचना

(मनोवैज्ञानिक या अन्तश्चेतनावादी आलोचना) मनोविश्लेषणवादी या मनोवैज्ञानिक अथवा अन्तश्चेतनावादी आलोचना के पीछे फ्रायड, एडलर और युंग के विचार हैं। फ्रायड के अनुसार—"मानव मन के अनेक वासनाएँ धार्मिक, नैतिक एवं सामाजिक प्रतिबन्धों के कारण अन्तर्मन में दबी रह जाती है। ये वासनाएँ अवचेतन मन से चेतन मन से आने तथा व्यक्त होने के लिए निरन्तर प्रयत्नशील रहती हैं। मानव का यह अवचेतन मन अधिक सक्रिय होता है।....ये दमित वासनाएँ काम-मूला होती हैं। कला और साहित्य के माध्यम से इन वासनाओं की अभिव्यक्ति सुन्दरतम रूप में होती है, क्योंकि यहाँ इनका उदात्तीकरण हो जाता है। कलाकार अन्तर्मुखी प्रवृत्ति का होता है। जब उसकी प्रेम, यश, धन, शक्ति सम्बन्धी एषणाएँ यथार्थ जगत् में पूर्ण नहीं हो पातीं तो वह अपनी वासनाओं की तुष्टि कल्पनालोक में करने लगता है।" इस व्याख्या के अनुसार डॉ० रामचन्द्र तिवारी ने यह निष्कर्ष निकाला है कि—"काव्यकला दमित काम-भावना की ही उदात्त काल्पनिक अभिव्यक्ति है। मनोवैज्ञानिक आलोचना कवि के व्यक्तिगत जीवन के अध्ययन के बल पर उन वासनाओं का विश्लेषण करती है जो कवि के मन में रह गयी होती हैं और जिनकी अभिव्यक्ति उसकी काव्य कृतियों में होती है।" फ्रायड के शिष्य एडलर (1870-1937 ई०) ने कामभावना से अधिक महत्त्व अधिकार भावना और हीनतग्रन्थि को दिया तथा युंग (1875-1961 ई०) ने 'काम-भावना' और 'अधिकार भावना' को एकांगी बताते हुए जीवनेच्छा को मनुष्य की मूल वृत्ति माना तथा कहा कि कला और साहित्य मनुष्य की जीवनेच्छा की अभिव्यक्ति हैं। यह समष्टिमन की अवचेतन गति है जो दमित वासनाओं को ही न व्यक्त कर आदर्श की भी स्थापना करती है।

हिन्दी के मनोविश्लेषणवादी आलोचकों में इलाचन्द्र जोशी, अज्ञेय, डॉ० देवराज और डॉ० नगेन्द्र आदि महत्त्वपूर्ण हैं। डॉ० नगेन्द्र ने एक जगह लिखा है कि—"हमारी आत्मा का निर्माण जिन प्रवृत्तियों से होता है, उनमें काम वृत्ति का प्राधान्य है, अतएव व्यक्तित्व में होने वाले आत्मा और अनात्मा का संघर्ष मुख्यतः काममय है और चूँकि ललित साहित्य तो मूलतः रसात्मक होता है, अतः उसकी प्रेरणा में कामवृत्ति की प्रमुखता असंदिग्ध है।" मनोविश्लेषणवादी आलोचना की दृष्टि से इलाचन्द्र जोशी की 'साहित्य-सर्जना', 'विवेचना', 'विश्लेषण', 'देखा-परखा', अज्ञेय की 'त्रिशंकु', 'आत्मनेपद', 'हिन्दी साहित्य : एक आधुनिक परिचय', डॉ० देवराज का शोध-प्रबन्ध—'आधुनिक हिन्दी कथा साहित्य और मनोविज्ञान', ज्वालाप्रसाद खेतान की 'अज्ञेय की रचना में कामतत्त्व और उसकी परिणति' आदि महत्त्वपूर्ण कृतियाँ हैं।

नयी समीक्षा

हिन्दी साहित्य में नयी समीक्षा का आरम्भ नयी कविता के साथ-साथ हुआ। किन्तु इंग्लैण्ड में नयी आलोचना का जन्म बहुत पहले हो चुका था। उसका विकास अमेरिका में हुआ। उसका नामकरण सन् 1911 में कोलम्बिया विश्वविद्यालय के प्रोफेसर स्पिनगर्न द्वारा 'न्यूक्रिटिसिज़्म' के सम्बोधन से माना जाता है। स्पिनगर्न ने इस बात पर बल दिया था कि नये समीक्षक समीक्ष्य विषय पर ही अपना ध्यान केन्द्रित रखें, क्योंकि ऐतिहासिक सामाजिक सन्दर्भों से रचना का सीधा सम्बन्ध नहीं होता। ऐसा माना जाता है कि नयी समीक्षा की आधार भूमि रिचर्ड्स और इलियट की काव्य सम्बन्धी स्थापनाओं से ही तैयार होने लगी थी लेकिन 1941 में जॉन क्रौरैन्सम की पुस्तक 'नयी समीक्षा' के प्रकाशन के साथ ही नयी समीक्षा प्रतिष्ठित हुई। इससे पूर्व काफी समय तक नयी समीक्षा का स्वरूप स्थिर नहीं हो पाया था। नयी समीक्षा को प्रतिष्ठित करने वालों में रैन्सम के अतिरिक्त ऐलेनटेट, क्लीन्थ बुक्स, ब्लैकमूर, राबर्ट पेनवारेन, आई०ए० रिचर्ड्स, आइवर विंटर इत्यादि विशेष रूप से उल्लेखनीय हैं। इनकी मान्यता है कि "काव्य स्वतः वस्तु है।" या "काव्य पूर्णतः स्वायत्त भाषिक संरचना है।" नयी समीक्षा सम्प्रेषण और आस्वाद को महत्त्व नहीं देती। इसलिए भाषा के सर्जनात्मक तत्त्वों का विश्लेषण करना ही समीक्षा का मुख्य उद्देश्य मानती है।

हिन्दी के नये समीक्षकों में नयी समीक्षा की मान्यताओं को यथावत् स्वीकार न करके उसमें अपेक्षित संशोधन भी किये। नया समीक्षक मानता है कि सर्जक के सामने प्रेषणीयता का ही नहीं अभिव्यक्ति का प्रश्न रहता है। वह अपने को पूरी ईमानदारी से व्यक्त करना चाहता है, लेकिन साहित्यकार का माध्यम शब्द है और शब्द समूह सम्पत्ति है। अतः वह अपने को व्यक्त करने के लिए प्रेषित भी होता है। प्रेषित होने में उसकी कला-कुशलता और पाठक की जागरूकता, दोनों सहायक होते हैं। निष्कर्षतः कहा जा सकता है कि—नवीनता के प्रति आग्रह, प्रेषण और तदर्थ शिल्पगत नये प्रयोग को महत्त्व, व्यक्तिवादी आत्मपरक दृष्टि, नूतन अर्थवत्ता, व्यापक मानवतावादी दृष्टिकोण, यथार्थ और समकालीन वास्तविकता की अभिव्यक्ति पर बल, रचना-प्रक्रिया का विश्लेषण, रचना के भाषिक विश्लेषण के लिए उसके गहन पाठ पर बल आदि नयी समीक्षा की प्रमुख विशेषताएँ हैं। हिन्दी के नये आलोचकों में डॉ० जगदीश गुप्त, डॉ० रामस्वरूप चतुर्वेदी, अज्ञेय, डॉ० रघुवंश, विजयदेव नारायण साही, रामदरश मिश्र, प्रभाकर श्रोत्रिय, रमेशचन्द्र शाह, नेमिचन्द्र जैन, अशोक वाजपेयी, देवीशंकर अवस्थी, डॉ० रामचन्द्र तिवारी आदि महत्त्वपूर्ण हैं।

हिन्दी आलोचना के उपर्युक्त विकास क्रम को देखते हुए हम इस निष्कर्ष पर पहुँचते हैं कि हिन्दी की आलोचना आज काफी विकसित और समृद्ध है। इसमें साहित्य के पुराने और पारम्परिक मापदण्डों से लेकर पाश्चात्य और नवीन मान्यताओं का भी विकास देखा जा सकता है। आज की समकालीन आलोचना में उत्तर आधुनिकतावादी विचारों और विखण्डनवाद आदि के प्रयोगों को भी देखा जा सकता है। समकालीन

आलोचना में सक्रिय आलोचकों में डॉ० विश्वनाथप्रसाद तिवारी, डॉ० विश्वनाथ त्रिपाठी, चंचल चौहान, डॉ० शम्भुनाथ, अजय तिवारी, प्रदीप सक्सेना, वीरभारत तलवार, पुरुषोत्तम अग्रवाल, डॉ० राजेन्द्र कुमार वेदप्रकाश अभिताम इत्यादि के नाम विशेष रूप से लिये जा सकते हैं।

इधर की महत्त्वपूर्ण आलोचना-पुस्तकों में हिन्दी कहानी का इतिहास (गोपाल राय), कवि का अकेलापन (मंगलेश डबराल), अकथ कहानी प्रेम की, संस्कृति : वर्चस्व और प्रतिरोध (पुरुषोत्तम अग्रवाल), रंगमंच के सिद्धान्त (देवेन्द्रराज अंकुर, महेश आनन्द), प्रगतिशील आन्दोलन के इतिहास पुरुष (खगेन्द्र ठाकुर), आलोचक और आलोचना सिद्धान्त (रतनकुमार पाण्डेय), हिन्दी आलोचना की पारिभाषिक शब्दावली (अमरनाथ), उत्तर आधुनिकता और दलित साहित्य, दलित साहित्य : बुनियादी सरोकार (कृष्णदत्त पालीवाल, अथातो सौन्दर्य जिज्ञासा (रमेश कुन्तल 'मेघ'), साहित्य, इतिहास और संस्कृति (शिवकुमार मिश्र), उत्तर आधुनिक समय और मार्क्सवाद (सुधीर पचौरी), हिन्दी का गद्य पर्व, जमाने से दो-दो हाथ, प्रेमचंद और भारतीय समाज, कविता की जमीन और जमीन की कविता (नामवर सिंह), हिन्दी की जनवादी कविता, हिन्दी ग़ज़ल का स्वरूप और महत्त्वपूर्ण हस्ताक्षर, गीत का आकाश (वशिष्ठ अनूप), तारसप्तक के काव्य-चिन्तन (बोधिसत्व), कहानी : समकालीन चुनौतियाँ (शम्भु गुप्त), नागार्जुन की कविता (अजय तिवारी), कविता का अर्थात (परमानन्द श्रीवास्तव), विश्वनाथप्रसाद तिवारी (सं० ओम निश्चल), लोक गीतों में वेदना और विद्रोह के स्वर (माता प्रसाद), अवधी लोकगीत : समीक्षात्मक अध्ययन (विद्याबिन्दु सिंह) आदि उल्लेखनीय हैं।

●

हिन्दी गद्य की लघु विधाएँ

जीवनी

सामाजिक, धार्मिक, राजनैतिक और साहित्यिक परिवेश को प्रभावित करने वाली किसी महत्त्वपूर्ण व्यक्ति की जीवन-कथा को जो परवर्ती या समवर्ती व्यक्ति लिखते हैं, 'जीवनी' कहते हैं। छायावादोत्तर काल में जीवनी-साहित्य का बहुमुखी विकास हुआ है। लोकप्रिय नेताओं, सन्तों, महात्माओं, साहित्यकारों, विदेशी महापुरुषों, वैज्ञानिकों खिलाड़ियों आदि से सम्बन्धित जीवनियाँ प्रचुर परिमाण में लिखी गयी हैं। महात्मा गाँधी इस युग के सर्वाधिक लोकप्रिय नेता थे, फलस्वरूप उनसे सम्बद्ध जीवनियाँ सर्वाधिक संख्या में प्राप्त होती हैं। इस प्रगतिशील युग में मानववादी दृष्टिकोण के परिणामस्वरूप किसान और साधारण मजदूर की भी जीवनी लिखी जा रही है जिसके माध्यम से मानव-मूल्यों का विश्लेषण किया जाता है। स्वतन्त्रता के उपरान्त जो उल्लेखनीय जीवनी-साहित्य हिन्दी में लिखा गया उसमें चन्द्रशेखर शुक्ल का 'रामचन्द्र शुक्ल', डॉ० रामविलास शर्मा का 'निराला की साहित्य साधना' (खण्ड-1), अमृतराय का 'प्रेमचंद- कलम का सिपाही', विष्णु प्रभाकर का 'आवारा मसीहा', विष्णुचन्द्र शर्मा द्वारा लिखित 'मुक्तिबोध की आत्मकथा' प्रसिद्ध है।

भारतीय इतिहास से सम्बद्ध महापुरुषों की जीवनी लिखने में सीताराम कोहली, लाजपत राय, द्वारकाप्रसाद शर्मा, भीमसेन विद्यालंकार, श्रीनिवास बालाजी हार्डीकर आदि की विशेष अभिरुचि रही है। जैनेन्द्र कुमार ने महात्मा गाँधी की जीवनी तथा हरिकृष्ण त्रिवेदी, छविनाथ पाण्डेय, गिरीशचन्द्र जोशी आदि ने नेताजी सुभाष की जीवनियाँ लिखी हैं। जवाहरलाल नेहरू की जीवनी लिखने वालों में मातासेवक पाठक, लक्ष्मणप्रसाद भारद्वाज, देवीप्रसाद धवन आदि प्रमुख हैं। इसी प्रकार रामनाथ 'सुमन', जगदीश झा 'विमल', रामवृक्ष बेनीपुरी, बाल्मीकि चौधरी, इन्द्र विद्यावाचस्पति आदि लेखकों ने राष्ट्रनेताओं से सम्बद्ध प्रेरणास्पद जीवनी-ग्रन्थों का प्रणयन किया है। विदेशी महापुरुषों के जीवन को आधार बनाकर लिखनेवालों में बनारसीदास चतुर्वेदी, रामइकबाल सिंह, त्रिलोकीनाथ, अनन्तप्रसाद विद्यार्थी, राहुल सांकृत्यायन आदि के नाम लिये जा सकते हैं।

किसी कवि या लेखक के व्यक्तित्व और कृतित्व पर शोध करने के बाद अपने शोध-ग्रन्थों में अनेक शोधार्थियों ने व्यक्तित्व खण्ड के अन्तर्गत उस विशेष व्यक्ति का संक्षिप्त जीवन-क्रम भी प्रस्तुत किया है। डॉ० कमलाकान्त पाठक-कृत 'मैथिलीशरण गुप्त : व्यक्ति और काव्य' डॉ० शुभकार कपूर-कृत 'आचार्य चतुरसेन का कथा-साहित्य', डॉ० रामेश्वरलाल खण्डेलवाल-कृत 'जयशंकर प्रसाद : व्यक्ति और काव्य' और डॉ० लक्ष्मीनारायण दुबे-कृत 'बालकृष्ण शर्मा 'नवीन' : व्यक्तित्व और कृतित्व' जैसे शोध-ग्रन्थ प्रमाण के रूप में प्रस्तुत किये जा सकते हैं, लेकिन सच्चे अर्थ में इन्हें जीवनी-ग्रन्थ नहीं कहा जा सकता।

जीवनी-साहित्य के सन्दर्भ में धुलेकर प्रेमनारायण टण्डन तथा एस०पी० भट्टाचार्य द्वारा सम्पादित 'मातृभूमि-शब्दकोश', 'हिन्दी साहित्यकार-कोश', 'भारतवर्ष की विभूतियाँ' तथा 'स्वतन्त्रता-संग्राम के सैनिक' का उल्लेख भी आवश्यक है। विष्णु प्रभाकर लिखित शरदचन्द्र की जीवनी 'आवारा मसीहा' अपने समय में पर्याप्त चर्चित हुई थी और आज भी पढ़ी जाती है। इसी तरह रामविलास शर्मा ने 'निराला की साहित्य-साधना' के प्रथम खण्ड में निरालाजी की जीवनी को प्रामाणिकता के साथ प्रस्तुत किया है। रामविलास शर्मा की यह कृति हिन्दी-साहित्य में अब तक की सर्वश्रेष्ठ जीवनी है। जीवनीकार ने अत्यन्त तटस्थ होकर निराला के जीवन-सन्दर्भों को तरतीब से रखकर प्रस्तुत किया है।

सत्य का उद्‌घाटन, यथार्थ चित्रण, मनोवैज्ञानिक विश्लेषण और लेखकीय तटस्थता जीवनीकार के लिए अत्यन्त आवश्यक है। अन्त में कहा जा सकता है कि वर्तमानकालीन जीवनी-साहित्य विषय और परिमाण की दृष्टि से पर्याप्त समृद्ध है।

आत्मकथा

निजी-जीवन के अतीत और वर्तमान की स्मृतियों के तथ्यपूर्ण साहित्यिक रूपान्तर को 'आत्मकथा' कहते हैं।

इसका लेखक स्वयं अपने जीवन की कथा को पाठकों के समक्ष आत्मीयता के साथ रखता है। यह संस्मरणात्मक होती है। लेखक अपने जीवन की विभिन्न परिस्थितियों तथा दशाओं में अपने मानसिक तथा भावात्मक विकास की कहानी कहता है। उसका यह वर्णन उसके जीवन-काल की पारिवारिक, सामाजिक, आर्थिक तथा राजनीतिक पृष्ठभूमि के सन्दर्भ में होता है। वह अपने जीवन में घटी हुई महत्त्वपूर्ण तथा मार्मिक घटनाओं का ही क्रमबद्ध विवरण प्रस्तुत नहीं करता, वरन् अपने जीवन पर पड़े हुए विभिन्न प्रभावों का भी उल्लेख करता चलता है। इसमें लेखक अपने जीवन की महत्त्वपूर्ण ऐतिहासिक तथा सामाजिक घटनाओं पर अपनी प्रतिक्रिया प्रकट करता है तथा यह भी बताता है कि अपने समय की विचारधारा को समृद्ध करने में उसका क्या योगदान है। इसमें वह कल्पना का सहारा नहीं लेता बल्कि व्यक्तिगत जीवन के तथ्यपरक और प्रामाणिक इतिहास को प्रस्तुत करता है। व्यक्तिगत राग-द्वेष से अलग होकर उसका कार्य एक तटस्थ और ईमानदार सर्वेक्षण प्रस्तुत करना होता है। डॉ० रामचन्द्र तिवारी ने लिखा है, " 'आत्मकथा' की रचना के लिए खुला मन जो अपनी समस्त दुर्बलताओं को स्वीकार कर सके, आवश्यक है।" (हिन्दी का गद्य साहित्य) आत्मकथा साहित्य की कुछ विशेषताएँ इस प्रकार हैं—

1. आत्मकथा का चरितनायक लेखक स्वयं होता है।
2. आत्मकथा में लेखक अपने विषय में सच्चाई और ईमानदारी से वर्णन करता है।
3. आत्मकथा में काल्पनिक प्रसंगों के लिए कोई स्थान नहीं होता। काल्पनिक प्रसंग के जुड़ जाने से वह 'आत्मकथा' न रहकर उपन्यास बन जाती है।
4. आत्मकथा में लेखक सामाजिक परिस्थितियों और देश-काल का प्रसंगानुसार वर्णन करता है, किन्तु निजी रागद्वेष का वर्णन करना आत्मकथा के लिए अशोभनीय माना जाता है।

हिन्दी की प्रथम 'आत्मकथा' जैन कवि बनारसीदास-कृत 'अर्द्धकथानक' (1641 ई०) है जिसकी रचना पद्यात्मक रूप में हुई है इसके अतिरिक्त पूरे मध्यकाल में किसी अन्य आत्मकथा का उल्लेख नहीं मिलता। 'आत्मकथा' लिखने की परम्परा का विकास आधुनिक युग में हुआ है। स्वामी दयानन्द लिखित, 'जीवन-चरित', श्यामसुन्दर दास लिखित 'मेरी आत्म कहानी', डॉ० राजेन्द्रप्रसाद-कृत 'आत्मकथा', राहुल सांकृत्यायन-कृत 'मेरी जीवन-यात्रा', वियोगहरि-कृत 'मेरा जीवन-प्रवाह' आचार्य चतुरसेन-कृत 'बचपन के दो दिन' महत्त्वपूर्ण आत्मकथाएँ हैं।

महात्मा गाँधी की आत्मकथा, 'सत्य के प्रयोग' (गुजराती), सन् 1926 में हरिभाऊ उपाध्याय ने इसका हिन्दी अनुवाद किया।

जवाहरलाल नेहरू की 'मेरी कहानी' (1936 ई०) का अनुवाद श्री हरिभाऊ उपाध्याय ने किया।

नेताजी सुभाषचन्द्र बोस की आत्मकथा 'तरुण के स्वप्न' का अनुवाद श्री गिरीश चन्द्र जोशी ने किया।

डॉ० राधाकृष्णन् की आत्मकथा 'सत्य की खोज' का अनुवाद श्री शालिग्राम ने किया।

राजेन्द्र प्रसाद की 'आत्मकथा' 1941 ई० में प्रकाशित हुई। हिन्दी के प्रसिद्ध गीतकार हरिवंश राय बच्चन ने चार खण्डों में अपनी आत्मकथा लिखी है। 'दस द्वार से सोपान तक'—1965 ई०, 'क्या भूलूँ क्या याद करूँ'—1969 ई०, 'नीड़ का निर्माण फिर'—1970 ई०, 'बसेरे से दूर'—1977 ई०। अन्य साहित्यकारों में सियारामशरण गुप्त, यशपाल, शान्तिप्रिय द्विवेदी, चतुरसेन शास्त्री, बाबू गुलाबराय, पाण्डेय बेचन शर्मा 'उग्र' ने आत्मकथाएँ लिखी हैं।

इस प्रकार आत्मकथा-साहित्य हिन्दी में समृद्ध होता जा रहा है और लेखक क्रमशः अपने आत्मचरित को प्रस्तुत करने में निर्मम और तटस्थ होता जा रहा है। इधर दलित और महिला कथाकारों ने भी कई उल्लेखनीय आत्मकथाएँ लिखी हैं।

रिपोर्ताज

रिपोर्ताज हिन्दी गद्य की आधुनिकतम विधाओं में से एक है। रिपोर्ताज फ्रांसीसी भाषा का शब्द है और अंग्रेजी की 'रिपोर्ट' का समानार्थी है। 'रिपोर्ट' के कलात्मक और साहित्यिक रूप को ही रिपोर्ताज कहते हैं। (हिन्दी साहित्य कोश, पृ० 716)

इसमें प्रत्यक्ष-दर्शन के आधार पर लेखक किसी घटना का यथातथ्य वर्णन करता है। वह देखी हुई घटना की रिपोर्ट तैयार करता है और यही रिपोर्ट शैली के लालित्य के कारण रिपोर्ताज हो जाती है।

इसमें किसी स्थान, घटना का तथ्यपूर्ण चित्रण ही आवश्यक नहीं है बल्कि लेखक की कल्पनाशीलता, कला एवं प्रतिभा भी आवश्यक है। इसमें संघर्ष के क्षणों को जीवन्त शब्दों में प्रस्तुत कर दिया जाता है। एकाएक घटित हो जाने वाली घटना इस विधा के लिए उपादान बन जाती है। घटना की तात्कालिक प्रतिक्रिया से भावावेश-प्रधान शैली में लिखी गयी रचना ही 'रिपोर्ताज' है।

बाबू गुलाब राय का मत है कि "रिपोर्ट में घटना या घटनाओं का वर्णन तो अवश्य होता है, किन्तु उसमें लेखक के हृदय का निजी उत्साह रहता है जो वस्तुगत सत्य पर बिना किसी प्रकार का आवरण डाले उसको प्रभावमय बना देता है।" (काव्य के रूप, पृ० 267)

डॉ० रामविलास शर्मा का विचार है कि "रिपोर्ताज साहित्य का सबसे लचीला रूप है, जिसकी सीमा एक पृष्ठ से लेकर कई सौ पृष्ठों की मोटी पुस्तक हो सकती है।"

(प्रगति और परम्परा, पृ० 177)

रिपोर्ताज की उत्पत्ति के सम्बन्ध में कहा जाता है कि इस विधा का जन्म द्वितीय विश्व-युद्ध के आस-पास हुआ। युद्ध-क्षेत्र की विभीषिका को देखकर उसकी स्थिति की भयंकरता का चित्रण पाश्चात्य लेखकों ने अपने लेखों में किया और यहीं से यह विधा प्रारम्भ हुई।

हिन्दी में सबसे पहला रिपोर्ताज शिवदानसिंह चौहान का 'लक्ष्मीपुरा' माना जाता है जो 1938 ई० में 'रूपाभ' में प्रकाशित हुआ। हंस में शिवदानसिंह चौहान-कृत 'मौत के खिलाफ जिन्दगी की लड़ाई' शीर्षक रिपोर्ताज प्रकाशित हुआ। 1938 में रांगेय राघव ने 'अदम्य जीवन' नाम से रिपोर्ताज लिखा। अन्य लेखकों में उपेन्द्रनाथ अश्क (रेखाएँ और चित्र), अमृतलाल नागर (गदर के फूल), भदन्त आनन्द कौशल्यायन (जब देश की मिट्टी बुलाती है) आदि हैं। इस प्रकार शिवदानसिंह चौहान एवं रांगेय राघव ये ही दोनों लेखक रिपोर्ताज साहित्य के पहले लेखक माने जा सकते हैं। सन् 1943-44 ई० के बंगाल के महाअकाल में रांगेय राघव भी घटना के निरीक्षण के लिए गए थे। वहाँ से लौटने के बाद उन्होंने अनेक रिपोर्ताज लिखे जिन्होंने पाठकों के अन्तर्मन को झकझोर कर रख दिया। भाषा की आग, कलम की शक्ति और शैली में विद्रोह के कारण ये रिपोर्ताज बहुचर्चित हुए। रिपोर्ताज-लेखन की दिशा में. कतिपय अन्य उल्लेखनीय हस्ताक्षर हैं—धर्मवीर भारती, फणीश्वरनाथ रेणु, शमशेरबहादुर सिंह, प्रभाकर माचवे, विवेकी राय, श्रीकान्त वर्मा आदि ने रिपोर्ताज-लेखन को नये आयाम दिये हैं। रिपोर्ताज के विकास में अनेक पत्र-पत्रिकाओं, नयापथ, ज्ञानोदय, कल्पना, माध्यम, धर्मयुग, साप्ताहिक हिन्दुस्तान तथा 'आज' का योगदान उल्लेखनीय है।

संस्मरण

संस्मरण आधुनिक गद्य की विधा है, जिसका अर्थ है 'सम्यक् स्मरण' अर्थात् संस्मरण में लेखक स्वयं अपनी अनुभव की हुई किसी वस्तु, व्यक्ति अथवा घटना को आत्मीयता तथा कलात्मकता के साथ प्रस्तुत करता है। इसका सम्बन्ध प्रायः महापुरुषों से होता है। इसमें लेखक अपनी अपेक्षा उस व्यक्ति को अधिक महत्त्व देता है जिसका वह संस्मरण लिखता है।

इसमें किसी विशिष्ट व्यक्ति का स्वरूप आकार-प्रकार, रूपरंग, स्वभाव, भाव-भंगिमा, व्यवहार, जीवन के प्रति दृष्टिकोण, अन्य व्यक्तियों के साथ सम्बन्ध, बातचीत आदि सभी बातों का विश्वसनीय रूप में आत्मीयता के साथ वर्णन होता है।

हिन्दी साहित्य कोश के अनुसार, ''संस्मरण में लेखक जो स्वयं देखता है, जिसका वह स्वयं अनुभव करता है, उसी का वर्णन करता है। उसके वर्णन में उसकी अपनी अनुभूतियाँ एवं संवेदनाएँ भी रहती हैं।''

संस्मरण किसी खास व्यक्ति से ही अनिवार्यतः जुड़ा न रहकर किसी विशेष काल, घटना, स्थिति और नगर से भी जुड़ा हो सकता है।

संस्मरण जीवन के खण्डरूप को लेकर चलता है। सामयिक परिवेश और विशिष्ट चरित्र का साक्षी होने के कारण संस्मरणकार इतिहास के लिए महत्त्वपूर्ण सामग्री देता है, फिर भी वह इतिहास की तरह तथ्य-निरूपण में विश्वास नहीं करता। तटस्थता इस विधा के लिए एक महत्त्वपूर्ण गुण है।

महादेवी वर्मा ने संस्मरण साहित्य की परिभाषा देते हुए लिखा है, ''संस्मरण में स्मृति का सामंजस्यपूर्ण पुनः अवतरण है। अतः इसमें हमारी मानसिक क्रियायें अधिक सक्रिय होकर भी स्मृति के आधारों से हमें एक आत्मीय सम्बन्ध में जोड़ती हैं। संस्मरण पुरातत्त्व का उत्खनन नहीं है, जिसमें आश्चर्यजनक तथा अपरिचित सामग्री मूल्यांकन या अनुदान के लिए प्राप्त होती है। संस्मरण में हम अपनी स्मृति के आधारों पर से समय की धूल पोंछ-पोंछ कर उन्हें अपने मनोजगत् के निभृत कक्ष में बैठकर उनके साथ जीवित रहते हैं और अपने आत्मीय सम्बन्धों को पुनः जीवित करते हैं।'' (चिन्तन के क्षण, पृ० 8)

हिन्दी में संस्मरण लेखन का कार्य महावीरप्रसाद द्विवेदी के समय से प्रारम्भ हुआ। संस्मरण लेखन की परम्परा को विकसित करने में 'सरस्वती' की विशेष भूमिका थी।

स्वयं महावीरप्रसाद द्विवेदी ने 'अनुमोदन का अन्त' (1905 ई०), 'सभा की सभ्यता' (1907 ई०), 'विज्ञानाचार्य बसु का विज्ञान मन्दिर' (1918 ई०) आदि की रचना करके संस्मरण साहित्य की श्रीवृद्धि की।

अन्य महत्त्वपूर्ण लेखकों में श्रीराम शर्मा—'सेवाश्रम की डायरी' (1936 ई०), राहुल सांकृत्यायन 'बचपन की स्मृतियाँ' (1943 ई०), काका कालेलकर—'स्मरणयात्रा' (1943 ई०), गुलाबराय—'मेरी असफलताएँ' (1946 ई०), राजा राधिकारमण प्रसाद सिंह—'वे और हम' (1946 ई०), 'तब और अब' (1949 ई०), शान्तिप्रिय द्विवेदी—'पथचिह्न' (1946 ई०), महादेवी वर्मा—'अतीत के चलचित्र, स्मृति की रेखाएँ' (1943 ई०), 'पथ के साथी' (1946 ई०), कन्हैयालाल मिश्र 'प्रभाकर'—'दीप जले शंख बजे' (1948 ई०), 'जिन्दगी मुस्करायी', 'बाजे पायलिया के घुँघरू', भदन्त आनन्द कौशल्यायन--'जो न भूल सका' (1948 ई०), देवेन्द्र सत्यार्थी—'रेखाएँ बोल उठीं' (1949 ई०), भगवतीचरण वर्मा—'वे सात और हम', डॉ० रामविलास शर्मा-कृत 'निराला की साहित्य-साधना' जिसमें उन्होंने निराला के जीवन की अनेक घटनाओं के जीवन संस्करण लिखे हैं, उल्लेखनीय हैं। बनारसीदास चतुर्वेदी अपनी शैली और भाषा की विशिष्ट भंगिमा के लिए प्रख्यात हैं। महत्त्वपूर्ण पत्रकार होने के नाते वे स्वाधीनता-काल के इतिहास-पुरुषों के निकट रहे। गाँधी, रवीन्द्रनाथ टैगोर, श्री निवास शास्त्री आदि पर लिखे उनके संस्मरण अत्यन्त प्रभावोत्पादक हैं।

सन् '40 के आसपास लिखना शुरू करने वाली पीढ़ी में विद्यानिवास मिश्र, शिवप्रसाद सिंह, रघुवंश, फणीश्वरनाथ रेणु, विष्णुचन्द्र शर्मा, प्रेमशंकर, डॉ० नगेन्द्र, जगदीश चन्द्र माथुर, अज्ञेय, रामदरश मिश्र, विश्वनाथप्रसाद तिवारी, विश्वनाथ त्रिपाठी आदि ने भी संस्मरण-लेखन में उल्लेखनीय योगदान दिया है।

रेखाचित्र

रेखाचित्र अंग्रेजी के 'स्केच' शब्द का पर्याय है, जिसे हिन्दी में शब्दचित्र भी कहते हैं। जो चित्र शब्दों द्वारा निर्मित होते हैं, वे रेखाचित्र कहलाते हैं। चित्रकार 'स्केच' खींचते समय रेखाओं का सहारा लेता है, लेकिन जब साहित्यकार किसी वस्तु, व्यक्ति या घटना का चित्र खींचता है, तब वह शब्दों से काम लेता है। चित्रकार की रेखाओं के स्थान पर शब्द ही उसके काम आते हैं। इस बात को हिन्दी के प्रमुख आलोचक शिवदानसिंह चौहान ने इस प्रकार स्पष्ट किया है, "रेखाचित्र पढ़कर किसी वस्तु का चित्र ही हमारे सामने नहीं खिंच जाता, बल्कि अभिव्यक्ति और चित्रण के पीछे अनासक्तिभाव का उपक्रम किये लेखक की छिपी सहानुभूति से भी अप्रत्यक्ष रूप से पाठक प्रभावित होता है, वास्तविकता के उस टुकड़े को उस विराट् सन्दर्भ से हटाकर जैसे खुर्दबीन से देखकर वह उसे पूरी तौर पर जान लेता है और उसके सम्पूर्ण स्वरूप से उसके आन्तरिक सम्बन्धों को पहचान लेता है।" इससे स्पष्ट है कि रेखाचित्र या शब्दचित्र खींचना सरल कार्य नहीं है।

यद्यपि व्यवस्थित रूप से रेखाचित्रों का लेखन हिन्दी में तीसरे दशक से आरम्भ हुआ, फिर भी भारतेन्दुकालीन कुछ लेखकों की टिप्पणियों या निबन्धों में इसके तत्त्व मिलते हैं। पं० बालकृष्ण भट्ट, प्रतापनारायण मिश्र, बालमुकुन्द गुप्त, पद्मसिंह शर्मा के 'हिन्दी-प्रदीप', 'ब्राह्मण', 'हरिश्चन्द चन्द्रिका' जैसी पत्रिकाओं में अनेक ऐसे निबन्ध प्रकाशित हुए जो रेखाचित्र के बहुत निकट थे। पर उनकी संख्या इतनी न्यून रही कि उनसे रेखाचित्र का प्रारम्भ नहीं माना जा सकता। हिन्दी के प्रारम्भिक रेखाचित्रकारों में बनारसीदास चतुर्वेदी, श्रीराम शर्मा, वृन्दावनलाल वर्मा, सियारामशरण गुप्त, महादेवी वर्मा, शान्तिप्रिय द्विवेदी, रामवृक्ष बेनीपुरी, प्रकाशचन्द्र गुप्त और कन्हैयालाल मिश्र 'प्रभाकर' के नाम महत्त्वपूर्ण हैं। हिन्दी रेखाचित्र साहित्य में महादेवी वर्मा का नाम सर्वप्रथम उल्लेखनीय है। 1947 ई० में 'स्मृति की रेखाएँ' प्रकाशित हुआ जो संस्मरण और रेखाचित्र दोनों है। इसके पूर्व 1941 ई० में उनका 'अतीत के चल-चित्र' प्रकाशित हो चुका था। महादेवीजी ने उपेक्षितों एवं शोषित व्यक्तियों और पशु-पक्षियों को रेखाचित्रों में अपार ममता दी है। इनसे महादेवीजी का भी व्यक्तित्व उजागर होता है। 'पथ के साथी' तथा 'स्मारिका' उनके अन्यतम रेखाचित्र हैं।

छायावादोत्तर काल में रेखाचित्र-साहित्य के विकास की दिशा में 'हंस' का 'रेखाचित्र-विशेषांक' सर्वप्रथम उल्लेखनीय है, क्योंकि इसमें हिन्दी के अतिरिक्त अन्य भारतीय भाषाओं के लेखकों के भी रेखाचित्र प्रकाशित किये गये थे। इन विधाओं के हिन्दी लेखकों में बनारसीदास चतुर्वेदी का स्थान सर्वोच्च है। 'हमारे आराध्य', 'संस्मरण', 'सेतुबन्ध' तथा 'रेखाचित्र' उनकी अनुपम कृतियाँ हैं। पं० श्रीराम शर्मा के

रेखाचित्रों का पहला संग्रह 'बोलती प्रतिमा' शीर्षक से सन् 1937 ई० में प्रकाशित हुआ था। उनका संग्रह 'वे जीते कैसे हैं' सन् 1947 में प्रकाशित हुआ। इन रेखाचित्रों में लोक-जीवन और गाँव की माटी की गमक मिलती है। शर्माजी का दृष्टिकोण यथार्थवादी रहा है। सीधे-सादे गरीब पात्रों को इनकी लेखनी ने मुखर बना दिया है। रामवृक्ष बेनीपुरी अप्रतिम शब्द-शिल्पी थे। शैली का चमत्कार इन्हें अन्य लेखकों से अलग कर देता है। सन् 1938 ई० में 'लाल तारा' शीर्षक से इनका पहला संग्रह प्रकाशित हुआ था। रामवृक्ष बेनीपुरी ने यथार्थ के साथ कल्पना और भावुकता का समन्वय कर 'माटी की मूरतें' (1946 ई०), 'गेहूँ बनाम गुलाब' (1940 ई०), 'मील के पत्थर' आदि उल्लेखनीय कृतियों की रचना की। बेनीपुरी के रेखाचित्रों जैसे चित्र दूसरों के रेखाचित्रों में नहीं मिलते। विषय की विविधता के बीच उनकी भाषा फुदकती हुई चलती है।

प्रकाशचन्द्र गुप्त द्वारा रचित 'पुरानी स्मृतियाँ' में स्मृति चित्र अंकित हैं और 'रेखाचित्र' में निर्जीव वस्तुओं, स्थानों आदि पर लिखे गये रेखाचित्र हैं। अपनी विशिष्ट शैली, सजीव-सशक्त और प्रवाहपूर्ण भाषा के कारण कन्हैयालाल मिश्र 'प्रभाकर' के रेखाचित्र अत्यन्त महत्त्वपूर्ण बन पड़े हैं। 'प्रभाकर' द्वारा विरचित 'जिन्दगी मुस्कायी', 'महके आँगन चहके द्वार', 'माटी हो गयी सोना' एवं 'दीप जले शंख बजे' में उनके रेखाचित्र संकलित हैं।

उपेन्द्रनाथ 'अश्क' के रेखाचित्र 'रेखाएँ और चित्र', 'मंटो मेरा दुश्मन' और 'ज्यादा अपनी कम परायी' में संकलित हैं। विष्णु प्रभाकर ने 'कुछ शब्द : कुछ रेखाएँ' तथा राहुल सांकृत्यायन ने 'बचपन की स्मृतियाँ', 'जिनका मैं कृतज्ञ हूँ' एवं 'मेरे असहयोग के साथी' नाम से रेखाचित्र लिखे हैं। हिन्दी के संस्मरणात्मक रेखाचित्र-साहित्य को उन्नत करने वालों में सत्यजीवन वर्मा, ओंकार शरद, रायकृष्ण दास, महेन्द्र भटनागर, कुन्तल गोयल, लक्ष्मीनारायण 'सुधांशु' आदि के नाम उल्लेखनीय हैं। इनके अतिरिक्त सत्यवती मल्लिक (अमिट रेखाएँ), 'स्मृति की रेखाएँ', देवेन्द्र सत्यार्थी-कृत 'क्या गोरी क्या साँवरी', रेणु, रामविलास शर्मा, मन्मथनाथ गुप्त, अक्षय कुमार जैन आदि ने भी रेखाचित्र लिखे हैं।

डायरी

दैनिक जीवन में ऐसी घटनाएँ होती हैं, जो हमारे मन को प्रभावित करती हैं। कुछ घटनाएँ हमें हर्ष-मग्न करती हैं, कुछ अवसादग्रस्त। कुछ से खीझ उत्पन्न होती है, कुछ से वितृष्णा। साहित्यकार अधिक संवेदनशील होता है। इन घटनाओं की उस पर तीव्र प्रतिक्रिया होती है। एकान्त क्षणों में जब वह इन घटनाओं की मीमांसा करता है या इनके प्रति अपनी प्रतिक्रिया व्यक्त करता है तो 'डायरी' शैली का प्रयोग आवश्यक हो जाता है। अर्थात् यह कह सकते हैं कि कोई व्यक्ति जब अपने दैनन्दिन के उन क्षणों, विचारों घटनाओं या अनुभूतियों को जो उसे उद्वेलित या विवश कर देने वाली हैं, तिथिक्रम से नोट करता है तो उसे डायरी कहते हैं।

इन डायरियों में तिथि और स्थान का निर्देश विश्वसनीयता उत्पन्न करने के लिए किया जाता है। वास्तविक घटनाओं को क्रमबद्ध अंकित करने वाली डायरियों का महत्त्व इतिहास की दृष्टि से अधिक होता है। हिन्दी में स्वतन्त्र कृति के रूप में डायरियाँ बहुत कम लिखी गयी हैं। सन् '60 के पूर्व घनश्यामदास बिड़ला—'डायरी के पन्ने', डॉ० धीरेन्द्र वर्मा—'मेरी कालिज डायरी', सुन्दरलाल त्रिपाठी—'दैनंदिनी' तथा सियारामशरण गुप्त—'दैनिकी', उपेन्द्रनाथ 'अश्क'—'ज्यादा अपनी कम परायी' (1959 ई०) प्रमुख हैं। साहित्यकारों की डायरियों में 'प्रवास की डायरी' (1971 ई०) हरिवंशराय बच्चन, 'दिनकर की डायरी' (1973 ई०) रामधारी सिंह 'दिनकर', 'दिल्ली मेरा परदेश' (1976) रघुवीर सहाय, 'एक साहित्यिक की डायरी' मुक्तिबोध उल्लेखनीय हैं। कुछ साहित्यकारों ने अपने अन्य गद्य-संग्रहों में डायरियाँ भी संगृहीत कर दी हैं। इस प्रकार के संग्रहों में 'स्मृतियों की जन्मपत्री' (1979 ई०) रवीन्द्र कालिया और 'पंचरत्न' (1980 ई०) रामविलास शर्मा उल्लेखनीय हैं।

राजनीतिक डायरियों में जमनालाल बजाज की—'डायरी' (1966 ई०), 'एक मुख्यमंत्री की डायरी' (1977 ई०) शान्ताकुमार—'मेरी जेल डायरी' (1975-77 ई०), जयप्रकाश नारायण—'मेरी जेल डायरी' (1977 ई०) चन्द्रशेखर आदि डायरियाँ विशिष्ट और महत्त्वपूर्ण हैं। इसी प्रकार इलाचन्द्र जोशी, राजकमल चौधरी, शुभा वर्मा आदि ने अपनी कहानियों में डायरी शैली का प्रयोग किया है। अमृता प्रीतम ने अपनी आत्मकथा 'रसीदी टिकट' में डायरी शैली का प्रयोग किया है। त्रिलोचन शास्त्री, मलयज, चन्द्रकला त्रिपाठी आदि की डायरियाँ भी महत्त्वपूर्ण हैं।

अन्ततः कहा जा सकता है कि डायरी विधा अभी भी समृद्ध विधा का रूप लेने में बहुत पीछे है। पत्र-पत्रिकाओं में स्फुट रूप से डायरियाँ प्रकाशित होती रहती हैं। यह सब होने पर भी अभी हम यह नहीं कह सकते कि हिन्दी में 'डायरी' एक समृद्ध विधा है।

स्त्री-विमर्श और साहित्य

स्त्री जो परिवार, प्रेम और वात्सल्य की केन्द्र है, सृष्टि और सृजन की धुरी है, उसे कभी देवी बताया गया, कभी भोग्या और कभी दासी। वह किसी की बेटी, किसी की पत्नी और किसी की माँ होती है। उसका कोई नाम नहीं होता, वह स्वयं भी धीरे-धीरे अपना नाम भूल जाती है। उसकी कोई अपनी पहचान, कोई अस्मिता, कोई निजता, कोई महत्त्वाकांक्षा नहीं होती। वह सिर्फ देह होती है जिस पर उसका अपना अधिकार नहीं होता। स्त्री-विमर्श वह नारी-केन्द्रित चिन्तन है जो स्त्री को उसकी पहचान देने, सम्मान देने, उसे सशक्त बनाने, स्वाभिमानी और आत्मनिर्भर बनाने तथा सही अर्थों में उसे इंसान बनाने के लिए प्रयत्नशील है। स्त्री-विमर्श ने स्त्रियों की दबी-कुचली इच्छाओं-आकांक्षाओं और दमित कामनाओं को व्यक्त करने तथा उनके सपनों को उड़ान भरने के लिए मुक्त आकाश दिया है। इस उड़ान में कई तरह के खतरे भी हैं, आरोप भी हैं, लेकिन अनन्त सम्भावनाएँ भी हैं।

स्त्रियों के शोषण और दमन का इतिहास बहुत पुराना है, किन्तु उसे दुहराने के लिए यहाँ अवकाश नहीं है। यहाँ संक्षेप में स्त्री-मुक्ति के प्रयत्नों की चर्चा अपेक्षित है। चूँकि पहले का समूचा चिन्तन तथा कला और साहित्य पुरुषवादी मानसिकता और उन्हीं के वर्चस्व से प्रेरित था, अत: स्त्री के लिए उसमें सम्मानजनक स्थान नहीं था। स्वाधीनता और समानता जैसे शब्द स्त्री के लिए नहीं थे। स्त्रियाँ हज़ारों सालों से गुलामों जैसी जिन्दगी जीती रही हैं। उन्होंने कभी आवाज उठाने की कोशिश की तो कभी डराकर और कभी छलपूर्वक उन्हें दबा दिया गया। गार्गी और विद्योत्तमा की कहानियाँ सबको मालूम हैं। यहाँ सीता को अग्नि-परीक्षा के बाद भी वनवास झेलना पड़ा और द्रौपदी को वस्तु की तरह पाँच भाइयों में बाँट दिया गया।

पुरुषों द्वारा रचे गये धर्मशास्त्र भी स्त्रियों को बेड़ियाँ ही पहनाते रहे। मनुस्मृति में कहा गया है कि—"जप, तपस्या, तीर्थ-यात्रा, संन्यास-ग्रहण, मन्त्र-साधन और देवताओं की आराधना इन छ: कर्मों को करने से स्त्री और शूद्र पतित हो जाते हैं।" (मनुस्मृति, 5/134) "स्त्री को स्वतन्त्रता का अधिकार नहीं है। उसे कौमार्यावस्था में पिता के, युवावस्था में पति और वृद्धावस्था में पुत्र के अधीन रहना चाहिये।" (वही, 9/3) कुरान में भी स्त्रियों की स्थिति अच्छी नहीं है—"तुम्हारी बीबियाँ (गोया) तुम्हारी खेतियाँ हैं, अपनी खेती में जिस तरह चाहो जाओ और अपने लिए आइन्द: का भी बन्दोबस्त करो।" (पारा-5, सू० 4, आयत-34)। अब्दुल रहीम खानखाना के पिता बैरम खाँ के अनुसार रईस को चार बीबियाँ रखनी चाहिये—"बातचीत के लिए ईरानी, सेज के लिए हिन्दुस्तानी, खाना बनाने के लिए तुरानी और पिटाई के लिए खुरासानी, ताकि उसकी दुर्गति होते देखकर बाकी तीनों बीबियाँ ख़ौफ़ खाती रहें।" (भारत में विवाह और परिवार, के०एम० कापड़िया, पृ० 212) बाकी धर्मों एवं देशों में भी स्त्री की स्थिति ऐसी

ही थी। ग्रीक में सुकरात, प्लेटो और अरस्तू के समय में स्त्रियों और दासों को नागरिकता नहीं प्राप्त थी। सुकरात ने ईश्वर को धन्यवाद देते हुए लिखा कि, "प्रभु का शुक्र है कि मैं पुरुष पैदा हुआ, स्त्री नहीं।"

लैटिन में स्त्री को फेमिना कहते हैं। उसी से अंग्रेजी में फैमिनिज़्म (स्त्रीवाद) शब्द बना। यह शब्द स्त्री अधिकारवाद के लिए पश्चिमी देशों में उन्नीसवीं शताब्दी के उत्तरार्ध में प्रयुक्त होने लगा था। बाद में यह स्त्री-मुक्ति और महिला सशक्तिकरण से जुड़ गया। नारी मुक्ति-आन्दोलन ग्रेट ब्रिटेन और संयुक्त राज्य अमेरिका में 18वीं शती में शुरू हुआ। इससे पूर्व फ्रांसीसी क्रान्ति में महिला रिपब्लिकन क्लबों ने बिना लिंग-भेद के आज़ादी, समानता और भ्रातृत्व की माँग की थी। उस समय कानून और धर्मशास्त्र दोनों ने ही स्त्रियों की पराधीनता की व्यवस्था दे रखी थी। 1848 ई० में न्यूयॉर्क में स्त्रियों ने एक महिला सम्मेलन किया और उसके घोषणा-पत्र में स्त्रियों को पूर्ण कानूनी सहायता, पूर्ण शैक्षिक और व्यावसायिक अवसर, समान मुआवजा और मजदूरी कमाने का अधिकार और वोट देने के अधिकार की माँग की थी। यह आन्दोलन एलिजाबेथ कैन्डी आदि के नेतृत्व में पूरे यूरोप में फैल गया। लम्बे संघर्ष के बाद 1920 ई० में स्त्रियों को वोट का अधिकार प्राप्त हुआ। 1946 ई० में स्त्रियों की दशा पर संयुक्तराष्ट्र संघ ने एक आयोग गठित किया। इन्हीं दिनों फ्रांसीसी लेखिका **सिमोन द बोउवार** (जन्म 9 फरवरी 1908 ई० पेरिस में - निधन 14 अप्रैल 1986 ई०) की पुस्तक **'द सेकेण्ड सेक्स'** (1949 ई०) तथा **बेट्टी फाइडेन** की पुस्तक **'द फेमिनिन मिस्टिक'** (1963 ई०) ने नारी-आन्दोलनों को तेज़ करने में मदद की। इन लेखिकाओं ने स्त्री को भोग्या बनाये जाने और मात्र माँ, पत्नी और गृहिणी की भूमिका तक सीमित रखने का विरोध किया। 'द सेकेण्ड सेक्स' के प्रकाशन के बाद स्त्रियों ने हज़ारों पत्र लिखकर उसका समर्थन किया और इसकी लोकप्रियता ने पुरुषों में खलबली मचा दी। इस पुस्तक की अनुवादिका और प्रसिद्ध लेखिका डॉ० प्रभा खेतान ने लिखा है कि, "स्त्री को, अमीर हो या ग़रीब, श्वेत हो या काली, अपनी लड़ाई खुद लड़नी होगी। यह दुनिया पुरुषों ने बनायी, पर स्त्री से पूछकर नहीं। फ्रांस की राज्य-क्रान्ति हो या विश्वयुद्ध, स्त्री से पुरुष सहारा लेता है और पुनः उसे घर लौट जाने को कहता है। वह सदियों से ठगी गयी है। यदि उसने कुछ स्वतन्त्रता हासिल भी की है, तो उतनी ही जितनी कि पुरुष ने अपनी सुविधा के लिए उसे देनी चाही। अतः सीमोन का मुक्ति-सन्देश उस आधी दुनिया के लिए है जो स्त्री कहलाती है।" (स्त्री उपेक्षिता, भूमिका, पृ० 19) परिणामस्वरूप 1970 ई० तक अमेरिका में महिलाएँ हाथों में पोस्टर लेकर 'हमें आज़ाद करो' के नारे लगातीं सड़कों पर उतर गयीं। यह आन्दोलन स्त्री-पुरुष प्रतिद्वन्द्विता और संघर्ष में बदल गया और वैवाहिक सम्बन्ध टूटने लगे। इस प्रकार यह आन्दोलन अतिवादी होकर अपने लक्ष्य से भटक गया।

सन् 1889 ई० में पेरिस में आयोजित अन्तरराष्ट्रीय मजदूर सम्मेलन में प्रसिद्ध कम्युनिस्ट नेत्री **क्लारा जेटकिन** ने स्त्री-पुरुष के बराबर अधिकारों की माँग की। सन् 1907 ई० में उनकी प्रेरणा से जर्मनी में **'प्रथम अन्तरराष्ट्रीय समाजवादी नारी सम्मेलन'**

हुआ और स्त्रियों के अन्तरराष्ट्रीय संगठन की स्थापना हुई। क्लारा जेटकिन को इस संगठन का सचिव चुना गया। उनके नेतृत्व में स्त्रियों के मताधिकार की माँग को लेकर अन्तरराष्ट्रीय स्तर पर आन्दोलन आरम्भ हुए। 1908 ई० में डेनमार्क के कोपेनहेगेन में द्वितीय अन्तरराष्ट्रीय समाजवादी नारी सम्मेलन हुआ। इस सम्मेलन में यह निर्णय लिया गया कि 1908 की 8 मार्च को डेनमार्क की दर्जी महिलाओं के ऐतिहासिक आन्दोलन की याद में 8 मार्च को हर साल अन्तरराष्ट्रीय महिला दिवस के रूप में मनाया जाएगा।

भारत में ईश्वरचन्द्र विद्यासागर ने महिलाओं की दशा सुधारने के लिए विधवा-विवाह का समर्थन किया और बाल-विवाह पर रोक लगाने की माँग की। राजा राममोहन राय ने सती-प्रथा का विरोध किया। नारी मुक्ति आन्दोलन की वास्तविक शुरुआत करने का श्रेय एक अंग्रेज महिला **मारग्रेट ई० कॅजिनन** को जाता है। उन्होंने 1926 ई० में 'अखिल भारतीय महिला सम्मेलन' की स्थापना की और महिलाओं के जागरण और उनके हक के लिए प्रयास किया। 5 फरवरी 1926 ई० को बड़ौदा की महारानी चिम्मनबाई गायकवाड़ की अध्यक्षता में महिलाओं का एक अधिवेशन हुआ। **चिम्मनबाई गायकवाड़** ने 1931 ई० में 'पोजीशन ऑफ वीमेन इन इंडियन लाइफ' लिखकर स्त्रियों की व्यथा को व्यक्त किया। यह आन्दोलन मूलतः सुधारवादी था और इसमें उस समय की सम्पन्न और शिक्षित महिलाओं की प्रमुख भूमिका थी। यह आन्दोलन सामान्य स्त्रियों से नहीं जुड़ सका।

स्वाधीनता के पश्चात् शिक्षा और आधुनिकता के प्रचार-प्रसार के कारण भारतीय स्त्रियों में अपने अधिकारों के प्रति विशेष जागरूकता की भावना उत्पन्न हुई। स्त्रियों के अनेक संगठन बने तथा स्त्री केन्द्रित कई पत्रिकाएँ प्रकाशित होने लगीं। इनमें मानुषी, सहेली, महिला दक्षता समिति, दिल्ली स्टेट महिला फेडरेशन, दहेज-विरोधी महिला समिति, दिल्ली कोआर्डिनेशन कमेटी ऑफ वर्किंग वीमेन, अखिल भारतीय जनवादी महिला समिति, भारतीय कामगार महिला समन्वय समिति, वायस ऑफ वर्किंग वीमेन, नारी अत्याचार-विरोधी मंच, सखी केन्द्र, देवदासी संगठन, दहेज-विरोधी चेतना मंच, मानिनी परिषद्, श्रमिक महिला संघ, गुड़िया आदि के नाम विशेष रूप से उल्लेखनीय हैं। (ये तथ्य प्रो० अमरनाथ की पुस्तक 'नारी का मुक्ति-संघर्ष' से लिये गये हैं।) इन सारे आन्दोलनों, संघर्षों और वैचारिक विमर्शों ने साहित्यकारों को भी आन्दोलित किया!

स्त्री-विमर्श में स्त्री की समस्याओं और उन समस्याओं से मुक्ति के प्रयत्नों को उठाया जा रहा है। स्त्री की समस्याएँ सीधी, सपाट और एकांगी नहीं हैं। इनमें सामाजिक-आर्थिक समस्याओं के साथ ही धार्मिक और सांस्कृतिक समस्याएँ भी शामिल हैं। स्त्रीवाद स्त्रियों के शोषण-दमन के विविध रूपों का अध्ययन और चित्रण करता है। इसमें राजनीति, समाज और साहित्य में उनकी उपेक्षा तथा सामाजिक और वैयक्तिक स्तर पर उनके शोषण का यथार्थांकन और प्रतिरोध दर्ज हो रहा है। यह साहित्य नये ढंग के आस्वादन और समीक्षा के नये प्रतिमानों की भी माँग करता है। स्त्री-लेखन के विषय में **निर्मला जैन** कहती हैं कि, ''अजब होती है यह जीने, भोगने, रचने, सम्प्रेषित करने और

अपने अवचेतन/चेतन में विराजमान लक्ष्यीभूत पाठक तक अपनी बात पहुँचाने की जद्दोजहद....।'' (कथा समय में तीन हमसफर) निर्मला जैन की बातों में स्त्री सिर्फ अपने अनुभवों को व्यक्त करने के लिए लिखती है, किन्तु **तस्लीमा नसरीन** धर्म-अनुमोदित पुरुष तन्त्र के खिलाफ़ हैं—''स्त्री दलित है, स्त्री की कोई जाति नहीं होती, उसका कोई धर्म नहीं होता। वह सिर्फ इस्तेमाल की वस्तु है। चूँकि धर्म में उसके इस्तेमाल का प्रावधान है। इसलिए मैं नास्तिक हूँ, धर्म के ख़िलाफ़ हूँ। धर्म से मजबूत होता है पुरुष-तन्त्र। मैं पुरुषों के ख़िलाफ नहीं हूँ, किन्तु, धर्म-अनुमोदित पुरुष तन्त्र के खिलाफ हूँ।'' (उद्धृत, हिन्दी साहित्य की वैचारिक पृष्ठभूमि, डॉ० विनयकुमार पाठक, पृ० 137) इस विषय में **प्रभा खेतान** के विचार बहुत स्पष्ट और सटीक हैं, ''समकालीन स्त्री चिन्तन का विषय है स्त्री, उसका जीवन और उस जीवन की समस्याएँ। नारीवाद का सही उद्देश्य दलन के अनुभवों की अभिव्यक्ति ही है।'' (अतीत होती सदी और स्त्री का भविष्य, सं० राजेन्द्र यादव, अर्चना वर्मा, पृ० 181)

इस प्रकार आज की शिक्षित और जागरूक स्त्री अपने अस्तित्व और अधिकारों के लिए लड़ और लिख रही है। उसकी अभिव्यक्ति साहित्य की हर विधा में दिखायी पड़ रही है।

कविता

कविता अभिव्यक्ति का सर्वाधिक प्राचीन माध्यम है। आदिम समाज गीतों में अपने सुख-दुःख के क्षणों को व्यक्त करता था। यह परम्परा लोकगीतों में आज भी चली आ रही है। आज की कवयित्रियाँ काव्य के सभी रूपों—गीत, ग़ज़ल, मुक्त छन्द सबमें उत्कृष्ट रचना कर रही हैं। वे स्त्री के दुःख-दर्द की मार्मिक तस्वीर प्रस्तुत करने के साथ ही तमाम वर्जनाओं का निषेध करते हुए एक नये व्यावहारिक समाज की स्थापना के लिए भी प्रयत्नशील हैं। कवयित्रियाँ शास्त्र-अनुमोदित पुरुष वर्चस्ववादी व्यवस्था को प्रश्नांकित कर रही हैं। इस समय की तेजस्वी कवयित्री अनामिका अपनी 'बेवजह' शीर्षक कविता में कहती हैं कि—

> याद था हमें एक एक अक्षर / आरंभिक पाठों का—
> 'राम, पाठशाला जा! / राधा, खाना पका! / राम, आ बताशा खा!
> राधा, झाड़ू लगा! / भैया अब सोयेगा, / जाकर बिस्तर बिछा।
> अहा, नया घर है! / राम, देख यह तेरा कमरा है।'
> 'और मेरा? / ओ पगली / लड़कियाँ हवा, धूप, मिट्टी होती हैं
> उनका कोई घर नहीं होता।'
> जिनका कोई घर नहीं होता / उनकी होती है भला कौन जगह?

अनामिका की कविताओं में एक तरफ स्त्री की पारम्परिक छवि है जो पुरुष द्वारा बनायी गयी है, तो उसका दूसरा रूप भी है जहाँ वह स्वाभिमान और दर्प से भरी हुई है। इस दृष्टि से उनकी 'मानिनी' कविता की ये पंक्तियाँ महत्त्वपूर्ण हैं—

> मैंने पानी पिया चार बार / पैंतीस बार घड़ी देखी / सत्रह बार खिड़की
> पूरा घर साफ किया सातेक बार / फोन मगर नहीं किया।

स्त्री के कदम-कदम पर बेड़ियाँ और अनेक प्रकार की वर्जनाएँ हैं। उसके जीवन

की शर्तें बहुत कठिन हैं। मर-मरकर जीने की यह विवशता अरुणा दुबे की इन पंक्तियों में देखने लायक है—

एक ज़िन्दगी जीने को हम कितनी बार मरे। /
हरदम औरों की शर्तों पर /
जीना नियति बनी / मनमारे लटकी गर्दन, तिस पर बन्दूक तनी
सूनी आँखें, मुँदे अधर / अंतस् अवसाद भरे /
तपे मरुस्थल ढोए देह पर मेह नहीं बरसे,
कहने को हम बहू-लक्ष्मी / पर कौड़ी को तरसे /
क्षमा सदा माँगी हमने
कोई अपराध करे।

स्त्रियों और लड़कियों की ज़िन्दगी कितनी मुश्किलों और काँटों-भरी है, तथा उन्हें हर वक़्त किन-किन अग्नि-परीक्षाओं से गुज़रना पड़ता है, इन सबके साथ ही आज दहेज आदि की समस्याओं के कारण भी उन्हें कितनी उपेक्षाओं और मानसिक यन्त्रणाओं को जीना पड़ता है, इनका बहुत प्रभावशाली वर्णन स्त्री-रचनाकारों ने किया है—

चोटियों में दर्द के धागे गुँथे हैं छोर तक
खोखली मुस्कान ओढ़े जी रही हैं लड़कियाँ। —वर्षा सिंह

गर्म तपती दोपहर है लड़कियों की ज़िन्दगी
एक पथरीली डगर है लड़कियों की ज़िन्दगी।
हर घड़ी हर पल सताए पत्थरों का डर जिसे
वो चमकता काँच-घर है लड़कियों की ज़िन्दगी। —कीर्ति भागवत

लेखबद्ध है सारा जीवन गेरू रची दीवारों में
बँटा हुआ है सम्वेदन भी नाते-रिश्तेदारों में
नन्हें बच्चे, पसरे खेतों में खरगोशों-से लगते
जो दूजे पल ही लगते हैं बदले लक्कड़हारों में। — सुश्री शरद सिंह

कवयित्री और रंगकर्मी आभा गुप्ता ठाकुर की कविताओं में भी स्त्री की वेदना और वर्जना के साथ ही उन स्थितियों और पुरुषवादी मानसिकता का प्रतिरोध और उसे चुनौती का शक्तिशाली स्वर सुनायी पड़ता है। यहाँ उनके दो काव्यांश देखें—

दिन-दिन / क्षण-क्षण / अनुभव की आँच पर पकते हुए / मैंने जाना है कि
बिना जलाए / बिना दागे भी / खामोशी से / आपके वजूद को / इस तरह
झूठलाया जा सकता है / जैसे वह कभी था ही नहीं

(दूसरे दर्जे का जीवन)

मेरे बिना, मनु तुम्हारा अस्तित्व क्या है ? / तुम्हारी हर रचना का
आधार हूँ मैं— / तुम्हारी हर सृष्टि का / आरम्भ हूँ मैं....
तुम्हारे जीवन का अर्थ है—मात्र तुम्हारा आरोपित कवचित कर्म
और तुम्हारे हर कर्म की संचालिका / मैं हूँ—केवल मैं।

(तुम शिव नहीं हो)

विज्ञान की प्रगति के साथ आधुनिक मशीनों और चिकित्सा-उपकरणों ने मनुष्य के जीवन की मुश्किलों को बहुत आसान कर दिया है, किन्तु उनके दुरुपयोग ने नयी मुश्किलें भी पैदा कर दी हैं। आज गर्भ में स्थित कन्या भ्रूण का पता करके उसकी जन्म से पहले ही हत्या स्त्री जाति के प्रति एक जघन्य आपराधिक कर्म बनता जा रहा है। इस सबके बावजूद मशीन की पकड़ से बचकर लड़कियाँ पैदा हो रही हैं और सम्भावनाओं से भरी ये लड़कियाँ अपने होने का एहसास भी करा रही हैं। वन्दना मिश्र की ये पंक्तियाँ यही कह रही हैं—

पर बड़ी जिद्दी होती हैं लड़कियाँ /
छूट जाती हैं कभी-कभी मशीन की गिरफ़्त से
और तमाम वर्जनाओं को मुँह चिढ़ाती /
करती जाती हैं प्रेम बार-बार धोखा खाने पर भी
यहाँ तक कि धोखा देने वाला भी सिर धुनने लगे /
डरती लड़कियाँ धीरे धीरे
काबिज हो रही हैं अंतरिक्ष पर /
और सिकुड़ती जा रही है
आकाश की परिधि / विस्तार से लड़की के।

(सिकुड़ती जा रही है आकाश की परिधि)

चूँकि आज की स्त्रियाँ शिक्षित हैं, उनकी दृष्टि वैज्ञानिक है तथा वे जीवन-जगत् की गतिशीलता और शोषण-प्रतिरोध-संघर्ष की द्वन्द्वात्मकता से परिचित हैं, अतः वह सारी प्रतिकूलताओं के बावजूद टूटती-हारती नहीं। उनकी कविताओं में एक प्रकार की आशा-विश्वास और दृढ़ता का भाव लक्षित होता है। साथ ही वे परिवर्तन और प्रतिरोध की भी बातें करती हैं। यहाँ कुछ उदाहरण देखे जा सकते हैं—

गणित पढ़ती है ये लड़की / हिन्दी में विवाद करती /
अंग्रेजी में लिखती है
मुस्कराती है / जब भी मिलती है /
गलत बातों पर / तनकर अड़ती
खुला दिमाग़ लिए / ज़िन्दगी से निकलती है ये लड़की।

—इन्दु जैन

नहीं, यह सबसे कठिन समय नहीं! /
अभी भी दबा है चिड़िया की
चोंच में तिनका / और वह उड़ने की तैयारी में है।

—जया जादवानी

मैं हूँ एक स्त्री /
कौन कह सकता है मैं शर-विद्या सीखना चाहती हूँ
मैं उस धूर्त और दयनीय ब्राह्मण द्रोणाचार्य की
मूर्ति भी नहीं बना सकती / क्योंकि वह पर पुरुष है

मैं एकलव्य नहीं बन सकती / मेरा अँगूठा है मेरे पति का
मैं शम्बूक भी नहीं बन सकती /
क्योंकि मुझको एक बलात्कारी से गर्भ धारण करना है
एकलव्य और शम्बूक मैं तुम्हारे एकान्त से / ईर्ष्या करती हूँ
क्योंकि मैं एक स्त्री हूँ और ब्राह्मणों की दुनिया
भंग करना चाहती हूँ। —शुभा

अपने अधिकारों के प्रति जागरूक स्त्री का प्रतिरोधी स्वर बहुत बेबाक ढंग से यशोधरा राठौर की कविताओं में भी सुना जा सकता है—

क्यों घरों की खिड़कियाँ खोलूँ नहीं ?
बंद कमरे में बहुत होगी घुटन,
बदल लेंगी हवाएँ भी आचरण
शब्द को क्यों अर्थ से तोलूँ नहीं।....
यहाँ आयेगी नहीं खुशबू कभी
बर्फ में तब्दील होगा प्यार भी
नियति के विपरीत क्यों बोलूँ नहीं ?

स्त्री-विमर्श और स्त्री-मुक्ति आन्दोलन में भटकाव भी आये हैं। ये भटकाव यूरोपीय आन्दोलनों में भी देखे गये थे और यहाँ भी। बहुत सी स्त्रियों ने इसे स्त्री बनाम पुरुष करके प्रस्तुत किया और स्त्री-पुरुष के बीच संघर्ष पैदा किया। जबकि वास्तविकता यह है कि स्त्री की मुक्ति पुरुष से नहीं, पुरुषवादी मानसिकता और परम्परागत संस्कारों से होनी है। दोनों एक-दूसरे के पूरक हैं, शत्रु नहीं। दूसरी बात यह है कि स्त्री की मुक्ति पुरुष की मुक्ति के साथ ही सम्भव है और यह एक शोषण-उत्पीड़न-मुक्त समाजवादी समाज में ही सम्भव है। इस दृष्टि से रंजना जायसवाल ने बहुत ठीक लिखा है कि, 'मेरा युद्ध पुरुष जाति से नहीं उस साँचे से है / जिसमें फिट होना बना दी गयी है स्त्री की नियति / मैं मनुष्य हूँ और इसी रूप में व्याकुल हूँ / पहचान के लिए / सम्मान के लिए / शायद इसीलिए मैं बागी हूँ / विद्रोही हूँ।' इन कवयित्रियों में ज्योत्सना मिलन, कुसुम कुमार, सुनीता जैन, राजी सेठ, कमल कुमार, गगन गिल, निर्मला गर्ग, अर्चना वर्मा, सविता सिंह, क्षमा कौल, नीलेश रघुवंशी, शान्ति सुमन, निर्मला पुतुल, सुस्मिता पाठक, विभा रानी, चन्द्रकला त्रिपाठी, कीर्ति चौधरी, मधुरिमा सिंह, वन्दना मिश्र, पूनम सिंह, रंजना श्रीवास्तव, अमिता शर्मा, हरजीत अर्नेस्ट, वन्दना देवेन्द्र, रश्मि रेखा, वर्तिका नन्दा, रेनू राय, आभा गुप्ता ठाकुर आदि प्रमुख हैं।

कथा साहित्य

साहित्य के इतिहास में स्त्रियों से सम्बन्धित बहुत सारी कहानियाँ और उपन्यास लिखे गये हैं, किन्तु उन्हें लिखने वाले पुरुष रहे हैं। कुछेक अपवादों को छोड़कर स्त्रियों ने आज़ादी के बाद ही अपने हाथों में कलम उठायी है। मीरा और कुछ सन्त नारियों के बाद राजेन्द्र बाला घोष (बंग महिला—दुलाई वाली) के अलावा महादेवी वर्मा ने कविता

के साथ ही गद्य में भी स्त्री-जीवन का प्रभावशाली चित्रण किया। पश्चिम और पूर्व के नारी-आन्दोलनों के प्रभावस्वरूप अपने अनुभवों को अपनी भाषा में स्वयं लिखने की चेतना ने लेखिकाओं को प्रेरित किया। स्त्रियों का लेखन पुरुषों से वाकई अलग होता है। वर्जीनिया वुल्फ ने लिखा है, ''स्त्री का लेखन स्त्री का होता है, वह स्त्रीवादी होने से बच नहीं सकता। अपने सर्वोत्तम में वह स्त्रीवादी ही होगा।'' इसी प्रकार शोवाल्टर महिला रचनाकारों की कृतियों में अनेक विशेषताएँ देखती हैं। ये विशेषताएँ जैविक, भाषायी, सांस्कृतिक और मनोवैज्ञानिक स्तर पर होती हैं। मनुष्य की जैवीय संरचना स्त्री-पुरुषों में भिन्न-भिन्न होती है। अत: जीवशास्त्रीय आधार पर स्त्रीवादी समीक्षकों की मान्यता है कि महिला रचनाकार अपनी रचनाओं में देह-बिम्बों का प्रयोग अधिक करती हैं।

भारतीय साहित्य में महाश्वेता देवी, इस्मत चुगताई, अनिता देसाई, प्रतिभा राय, अमृता प्रीतम, अरुन्धती राय आदि ने अच्छा लेखन किया है। हिन्दी की कथाकारों में बीसवीं सदी के आरम्भिक चरण में राजेन्द्र बाला घोष, शारदा कुमारी देवी, हेमन्त कुमारी चौधरी, यशोदा देवी, लीलावती देवी, सरस्वती गुप्ता, जनकदुलारी देवी, शिवरानी देवी आदि के नाम आते हैं जिन्होंने अपने घरेलू जीवन की समस्याओं और मर्यादा के प्रश्न उठाये हैं। इन्होंने परम्परा के साथ कोई छेड़छाड़ नहीं की है।

दूसरे दौर की कथाकारों में उषादेवी मित्रा, सुमित्राकुमारी सिनहा, सत्यवती मलिक, कमला चौधरी, हीरावती देवी, महादेवी वर्मा तथा सुभद्राकुमारी चौहान आदि हैं। इन्होंने स्त्रियों की समस्याओं—वैधव्य जीवन, वेश्याओं की समस्या, अनमेल विवाह आदि सवालों को उठाया। इनके पात्र प्राणवान और चिन्तनशील हैं। बाद की महिला कथाकारों में कृष्णा सोबती (1931 ई०), मन्नू भण्डारी (1931 ई०), उषा प्रियंवदा (1931 ई०), मृदुला गर्ग (1938 ई०), शिवानी, मंजुल भगत, ममता कालिया, सूर्यबाला, राजी सेठ, नमिता सिंह, चन्द्रकिरण सोनरिक्सा, नासिरा शर्मा, मैत्रेयी पुष्पा, चित्रा मुद्गल, प्रतिभा वर्मा, मणिका मोहिनी, कृष्णा अग्निहोत्री, सुनीता जैन, दीप्ति खण्डेलवाल, मेहरून्निसा परवेज, मृणाल पाण्डे, प्रभा खेतान, अलका सरावगी, सुषमा मुनीन्द्र, गीतांजलिश्री, सोमावीरा आदि महत्त्वपूर्ण हैं। इन लेखिकाओं की रचनाओं में हर प्रकार की स्वाधीनता की आकांक्षी और संघर्षरत स्त्री-मन का प्रतिबिम्ब हुआ है। इनमें गाँव से लेकर शहर तक की, घर से लेकर ऑफिसों और फैक्ट्रियों तक काम करने वाली महिलाओं की आत्मिक और दैहिक समस्याओं, उत्पीड़न, शोषण के साथ ही उनकी आंकाक्षाओं की स्पष्ट और उन्मुक्त अभिव्यक्ति हुई है।

महिला कथाकारों में कृष्णा सोबती का लेखन अत्यन्त महत्त्वपूर्ण है। उनका लेखन पुरुष द्वारा निर्मित, आरोपित तमाम मिथ्या धारणाओं और आडम्बरों का निषेध एवं खण्डन करता है। 'डार से बिछुड़ी', 'मित्रो मरजानी', 'यारों के यार', 'तिन पहाड़', 'बादलों के घेरे', 'सूरजमुखी अँधेरे के', 'ज़िन्दगीनामा', 'ऐ लड़की', 'दिलो दानिश', 'हम हशमत' तथा 'समय सरगम' उनकी प्रसिद्ध कृतियाँ हैं। इनके उपन्यासों में अन्य समस्याओं के साथ ही स्त्री की यौनाकांक्षा को नग्न रूप में प्रस्तुत किया गया है। उनकी मित्रो

सामाजिक मर्यादाओं और चरित्रहीनता के आरोपों की परवाह किये बिना अपनी यौनेच्छा को अपनी जेठानी से साफ-साफ व्यक्त करती है—"अब तुम्हीं बताओ जिठानी, तुम जैसा सत-बल, कहाँ से पाऊँ लाऊँ? देवर तुम्हारा मेरा रोग नहीं पहचानता.....बहुत हुआ हफ्ते पखवारे....और मेरी इस देह में इतनी प्यास है, इतनी प्यास है कि मछली-सी तड़पती हूँ।" उनके अन्य उपन्यासों और कहानियों की स्त्री-पात्र भी पुरुष-वर्चस्व तथा पारम्परिक मर्यादाओं और निषेधों को नकारती हुई अपना स्वतन्त्र व्यक्तित्व बनाने की कोशिश करती हैं। 'मित्रो' के विषय में राजेन्द्र यादव ने लिखा है कि—"मित्रो हिन्दी साहित्य की एकमात्र नारी है जो अपनी जरूरत को अपनी ज़बान में कहती है, अपनी भाषा में अपने होने की घोषणा करती है। यानी सम्बन्धों और मर्यादाओं पर हिकारत और उपेक्षा से हँसकर अपनी तरह चलती है।" (आदमी की निगाह में औरत, पृ० 129)

मन्नू भण्डारी (3-4-1931) को श्रेष्ठ कथा-लेखिका होने का गौरव प्राप्त है। उन्होंने कहानी और उपन्यास दोनों विधाओं में सफल लेखनी चलायी है। 'आपका बंटी' और 'महाभोज' उनके चर्चित उपन्यास हैं। उनकी लम्बी कहानी 'यही सच है' पर 'रजनीगन्धा' फिल्म बनी थी जो सफलतम फिल्म थी। उनका 'महाभोज' राजनीतिक-सामाजिक समस्याओं पर केन्द्रित है तो 'आपका बंटी' (1971) बिल्कुल नये विषय तलाक से उत्पन्न समस्याओं की मार्मिक कथा है। शिक्षित पति-पत्नी अजय और शकुन के अहं के टकराव से उत्पन्न 'तलाक' की समस्या का दण्ड अबोध बंटी को झेलना पड़ता है। जब विवाह टूटता है तो उसका सर्वाधिक कुप्रभाव बच्चों पर पड़ता है। 'आपका बंटी' में इस समस्या का समाजशास्त्रीय और मनोवैज्ञानिक विश्लेषण हुआ है। अहं के टकराव के कारण अजय और शकुन का विवाह के तीन साल बाद ही तलाक हो जाता है। अजय मीरा के साथ और शकुन डॉ० जोशी के साथ विवाह कर लेती है। ऐसे में बंटी उपेक्षित और अवांछित हो जाता है। वह न तो पिता को स्वीकार कर पाता है, न नयी माँ को। बंटी के माँ-बाप एक-दूसरे को टॉर्चर करने के लिए उसका इस्तेमाल हथियार की तरह करते हैं। उसकी इच्छा और पीड़ा की परवाह उन्हें नहीं है। अजय और शकुन दोनों लगातार तनावग्रस्त हैं, किन्तु माँ होने के कारण शकुन में तनाव अधिक है। यह उपन्यास यह दिखाता है कि पहले स्त्रियाँ दबकर, सहकर समझौता कर लेती थीं किन्तु, आधुनिक स्त्रियाँ वैसी नहीं रहीं, इसलिए परम्परागत पुरुष मानसिकता से उनका सामंजस्य नहीं बन पा रहा है। यह उपन्यास पाठक को विक्षुब्ध करता है और एक बड़ी समस्या से परिचित तथा आगाह कराता है।

मृदुला गर्ग (1938 ई०) ने कई विधाओं में स्तरीय लेखन किया है। उनके कथानक में विविधता के साथ ही विषयगत नवीनता भी है। 'उसके हिस्से की धूप', 'वंशज', 'चित्तकोबरा', 'अनित्या', 'मैं और मैं' और 'कठ गुलाब' उनके प्रसिद्ध उपन्यास हैं। उन्होंने स्त्री के प्रेम-सम्बन्धों तथा दाम्पत्य-जीवन को बहुत बेबाकी से प्रस्तुत किया है। उनकी कृतियों में स्त्री के प्रेम और वासनात्मक जीवन को बड़ी निर्भीकता के साथ अभिव्यक्ति मिली है। उनके उपन्यास 'उसके हिस्से की धूप' में एक

स्त्री की काम अतृप्ति और पति के अतिरिक्त दूसरे पुरुष के सम्पर्क की कथा है। इसमें तीन पात्र हैं—मनीषा, जितेन तथा मधुकर। मनीषा बंगलौर में एक कॉलेज में हिन्दी की अध्यापिका है तथा उसका पति जितेन व्यवसायी है। काम की व्यस्तता के कारण वह पत्नी को समय नहीं दे पाता। ऐसे में वह मधुकर के प्रति आकर्षित हो जाती है और सारी मर्यादाएँ लाँघ जाती है। वह मधुकर के साथ चली जाती है, किन्तु चार साल बाद एक पुस्तक-विक्रेता के यहाँ जितेन से मुलाकात होने पर वह पुनः जितेन के प्रति आकर्षण अनुभव करने लगती है और मधुकर से नफ़रत करने लगती है। इस प्रकार यह उपन्यास एक स्त्री की अतृप्ति और भटकाव को व्यक्त करता है। उनके उपन्यास 'चित्तकोबरा' में भी स्त्री-पुरुष सम्बन्धों को ही प्रस्तुत किया गया है। इसमें मनु एक विवाहिता स्त्री है और रिचर्ड एक विवाहित पादरी है। दोनों ही अपने जीवन से ऊबे हुए हैं और एक-दूसरे के प्रेम में खो जाते हैं तथा एक नयी स्फूर्ति का अनुभव करते हैं। उनके उपन्यासों में प्रेम के बगैर सेक्स को प्रस्तुत किया गया है जो अतृप्ति और ऊब से पैदा होता है और जिसकी परिणति भी अतृप्ति और ऊब में ही होती है। 'कठ गुलाब' में भी एक स्त्री के विविध रूपों में शोषण का चित्रण हुआ है। उनके उपन्यासों में देह की अत्यधिक हाजिरी और मन की गैरहाजिरी दिखायी पड़ती है।

ममता कालिया (1940 ई०) ने साहित्य की सभी महत्त्वपूर्ण विधाओं में लेखन-कार्य किया है। 'उसका यौवन', 'एक अदद औरत', 'औरत बोलने वाली मशीन' उनकी कहानियों के संग्रह तथा 'बेघर', 'नरक दर नरक', 'प्रेम कहानी' और 'दौड़' उनके प्रमुख उपन्यास हैं। उनका बेघर उपन्यास यौन शुचिता और कुँवारेपन की मर्यादा को प्रश्नांकित करता है। इस क्रूर यथार्थ को लेखिका ने बड़े साहस और रोचक ढंग से प्रस्तुत किया है। परमजीत नामक एक पंजाबी युवक संजीवनी नाम की एक गुजराती लड़की से प्रेम करता है किन्तु उसे सन्देह होता है कि वह संजीवनी के जीवन में 'पहला' पुरुष नहीं है। यह शक उसके प्रेम की जड़ें हिला देता है और वे अलग हो जाते हैं। बाद में वह माँ-बाप द्वारा तय किये रिश्ते में रमा के साथ बँध जाता है। उसे इस बात का सन्तोष है कि उसके जीवन में वह 'पहला' पुरुष है। रमा और परमजीत की रुचियाँ अलग हैं। रमा फूहड़, कंजूस और संकुचित स्वभाव की है। ऐसे में परमजीत की कल्पना का वह घर जिसमें मद्धिम संगीत, खूबसूरत कमरे और कलात्मक पत्नी थी, टूटकर बिखर जाता है। वह एक मशीन बनकर रह जाता है और असमय मृत्यु को प्राप्त हो जाता है। कोई दुर्घटना या उसका शक किस तरह से एक स्त्री के और उसके साथ ही पुरुष के भी जीवन को नर्क बना देती है, यह उपन्यास इसका खूबसूरत दस्तावेज़ है।

प्रभा खेतान (1-11-1942 - 19-9-2008 ई०) ने स्त्री-यन्त्रणा के खिलाफ लगातार रचनात्मक संघर्ष किया। आज स्त्री-विमर्श को विमर्श के केन्द्र में लाने में जिन लोगों का योगदान है, प्रभा खेतान उनमें अनन्य हैं। उन्होंने लेखन की शुरुआत कविता से की थी। उनका 'अपरिचित उजाले' नामक संग्रह 1981 ई० में छपा था। बाद में उनके पाँच और काव्य-संग्रह प्रकाशित हुए। उनका पहला उपन्यास 'आओ पेपे घर चलें' 1990

ई० में आया। 'तालाबंदी', 'अग्नि संभवा', 'एड्स', 'छिन्नमस्ता', 'अपने-अपने चेहरे', 'पीली आँधी' और 'स्त्री पक्ष' उनके प्रसिद्ध उपन्यास हैं। उन्होंने सिमोन द बोडवार की प्रसिद्ध पुस्तक 'द सेकेण्ड सेक्स' का अनुवाद 'स्त्री उपेक्षिता' के नाम से किया। 'अन्या से अनन्या' उनकी आत्मकथा है। अपनी औपन्यासिक कृतियों में वह एक समर्थ, परिपक्व और उत्कृष्ट कथाशिल्पी के रूप में सामने आयीं। उनका प्रसिद्ध उपन्यास 'छिन्नमस्ता' (1993 ई०) एक स्त्री के जीवन-संघर्ष का आख्यान है। एक स्त्री के रूप में उन्होंने बचपन से ही घर के भीतर और बाहर जो यन्त्रणा देखी-भोगी थी, वह इस उपन्यास में देखी जा सकती है। 'प्रिया' एक सम्पन्न मारवाड़ी परिवार में एक अनचाही सन्तान के रूप में पैदा होती है। वह छः भाई-बहनों में सबसे छोटी है। उसकी साधारण शक्ल-सूरत तथा साँवला रंग उसकी अयोग्यता का प्रमाण बन जाता है। उसको जन्म देने वाली माँ भी उसकी उपेक्षा करती है। उसके भाई-बहन भी उसे भाटा, पत्थर, भंगिन आदि कहकर उसका उपहास करते हैं। उसे थोड़ा सा प्यार पिता से मिलता है। किन्तु नौ वर्ष की उम्र में पिता की मृत्यु के बाद वह भी समाप्त हो जाता है। उसका पालन-पोषण दाई माँ के हाथों होता है। उसे कभी भी माँ का प्यार नहीं मिला। प्रिया कहती है, ''माँ ने मुझे कभी प्यार नहीं किया, कभी गोद में लेकर चूमा नहीं। मैं चुपचाप घण्टों उनके दरवाजे पर खड़ी रहती। शायद अम्मा मुझे भीतर बुला लें। शायद.... हाँ, अपनी रजाई में सुला लें। मगर नहीं, एक शाश्वत दूरी बनी रही हमेशा हम दोनों के बीच में।'' ऐसे में वह दाई माँ के करीब होती चली गयी। वह घर में बड़े भाई द्वारा और कॉलेज में भावनात्मक रिश्ते की तलाश में प्रो० मुखर्जी के यौन-शोषण का शिकार होती है। एक स्त्री घर, बाहर तथा भावना और शरीर दोनों जगहों पर टूटती है। लेकिन प्रिया ऐसी स्त्री है जो बार-बार टूटने के बावजूद उठ खड़ी होती है। वह नौकरी करती है और नरेन्द्र नाम के एक धनवान व्यक्ति से शादी कर लेती है। लेकिन नरेन्द्र भी उसे खिलौना और भोग की वस्तु ही समझता है। ऐसे में उसके भावहीन व्यवहार के कारण वह उससे अलग रहकर अपने स्वयं के व्यक्तित्व का निर्माण करती है। उसे प्रेम, सेक्स, विवाह जैसे शब्द निरर्थक लगने लगते हैं। वह अपना व्यवसाय करती है और सफलता की बुलन्दी तक पहुँचती है। इस प्रकार छिन्नमस्ता एक ऐसी स्त्री की संघर्ष-गाथा है जो पुरुष सत्तात्मक रूढ़िग्रस्त समाज की समस्त संरचनाओं के विरुद्ध खड़ी होकर हर स्तर पर अपनी एक स्वतन्त्र पहचान बनाती है। वह स्वयं तो शोषण-मुक्त होती है, सभी स्त्रियों को शोषण-मुक्त होने की प्रेरणा देती है। प्रभा खेतान के उपन्यास 'आओ पेपे घर चलें' और 'पीली आँधी' में भी स्त्री की स्थिति का अच्छा चित्रण हुआ है।

मैत्रेयी पुष्पा (1944 ई०) ऐसी कथाकार हैं जिन्होंने ग्रामीण जीवन और ग्रामीण महिलाओं की स्थितियों को कथा का विषय बनाया है। 'चाक', 'अल्मा कबूतरी', 'कस्तूरी कुंडल बसै', 'इदन्नमम', 'स्मृति-दंश', 'कहैं ईसुरीफाग', 'झूला नट' और 'बेतवा बहती रही' उनके चर्चित उपन्यास हैं। उनके 'चाक' उपन्यास में प्राचीन नैतिकता का उल्लंघन करती हुई विधवा रेशम अवैध गर्भ धारण करती है। वह सोचती है कि पेड़

हरा-भरा रहे तो फल-फूल क्यों नहीं लगेंगे? क्या ऐसा हो सकता है कि ऋतु आये और वल्लरी न फूले? उसे अपने किये पर न तो अफसोस है, न बदनामी का डर। लेकिन उसकी और उसके गर्भस्थ शिशु की हत्या हो जाती है। उसकी ममेरी बहन सारंग और उसका पति रंजीत थाने में इसकी रिपोर्ट करते हैं किन्तु हत्यारे अपने रसूख के बल पर छूट जाते हैं। सारंग तमाम विरोधों को झेलती हुई तथा पति के असहयोग के बावजूद मास्टर श्रीधर के सहयोग से इस लड़ाई को लड़ती है तथा चुनाव लड़कर विजयी होती है। पति की गलत संगति के कारण वह श्रीधर के निकट आती जाती है और उससे सम्बन्ध स्थापित करती है, जिसका उसे कोई अफसोस नहीं है। यह उपन्यास महिला के आत्मनिर्णय और सशक्तिकरण का उदाहरण प्रस्तुत करता है। उनका 'झूला नट' भी विवाह संस्था पर प्रश्न-चिह्न खड़ा करता है। उपन्यास की शीलो का पति उसे पसन्द नहीं करता तो उसकी सास अपने दूसरे बेटे जो शीलो से पाँच साल छोटा है, को शीलो को सौंप देती है और वह सारी मर्यादाओं एवं वैवाहित शर्तों को दरकिनार करती हुई रहने लगती है। 'इदन्नमम' की मन्दा भी जिसके साथ उसका रिश्ते का मामा बलात्कार करता है, आगे चलकर एक सशक्त स्त्री के रूप में सामने आती है और हर प्रकार के शोषण के ख़िलाफ़ संघर्ष करती है। स्त्री का यह रूप उनकी कहानियों में भी दिखायी पड़ता है, 'गोमा हँसती है' इसका सर्वोत्तम उदाहरण है।

स्त्री-विमर्श की दृष्टि से मंजुलभगत—'अनारो', 'टूटा हुआ इन्द्रधनुष', 'लेडीज़ क्लब', मृणाल पाण्डे—'विरुद्ध', नासिरा शर्मा—'शाल्मली', 'कुइयाँ जान', 'अक्षय वट', 'जी० टी० रोड', 'सात नदियाँ एक समंदर', मेहरून्निसा परवेज—'आँखों की दहलीज', 'उसका घर', चन्द्रकिरण सोनरिक्सा—'चन्दन चाँदनी', 'वंचिता', मीरा महादेवन्—'अपना घर', रजनी पनिकर—'बदलते रंग', 'जाड़े की धूप', 'पानी की दीवार', 'काली लड़की', 'सोनाली दी', 'मोम के मोती', उषा प्रियंवदा—'पचपन खंभे लाल दीवारें', 'रुकोगी नहीं राधिका', शशिप्रभा शास्त्री—'नावें', 'सीढ़ियाँ', 'परछाइयों के पीछे', चित्रा मुद्गल—'एक ज़मीन अपनी', 'आवाँ', चन्द्रकान्ता—'अपने-अपने कोणार्क', मृदुला सिन्हा—'ज्यों मेंहदी के रंग', 'नयी देवयानी', 'घरवास', मधुकांकरिया—'खुले गगन के लाल सितारे', 'पत्ता खोर', 'सेज पर संस्कृति', अलका सरावगी—'कलिकथा वाया बाईपास', 'शेष कादम्बरी', 'कोई बात नहीं!', 'एक ब्रेक के बाद', शारदा सिंह—'पिछले पन्ने की औरतें', गीतांजलिश्री—'माई', महुआ माजी—'मैं बोरिशाइल्ला', सुषमा मुनीन्द्र—'मीरा' आदि उल्लेखनीय उपन्यास हैं।

महिला रचनाकारों ने **आत्मकथाएँ** भी लिखी हैं जिनमें उन्होंने अपने जीवनानुभवों को बहुत बेबाक ढंग से लिपिबद्ध किया है। ये आत्मकथाएँ स्त्री-जीवन को जानने-समझने की एक नयी दृष्टि देती हैं। इनमें 'कागजी है पैरहन'—इस्मत चुगताई, 'रसीदी टिकट'—अमृता प्रीतम, 'मेरे आका'—तहमीना दुर्रानी, 'मेरी कहानी'—कमला दास, 'जो कहा नहीं गया'—कुसुम अंसल, 'लगता नहीं है दिल मेरा', 'और और औरत'—कृष्णा अग्निहोत्री, 'बूँद बावड़ी', 'अमराई'—पद्मा सचदेव, 'खानाबदोश'—अजीत कौर, 'नंगे

पैरों का सफर'—दिलीप कौर टिंबाड़ा, 'कुछ कही कुछ अनकही'—शीला झुनझुनवाला, 'बुरी औरत की कथा'—किश्वर नाहिद, 'नाचरी घूमा'—माधवी देसाई, 'हादसे'—रमणिका गुप्ता, 'शब्दकाया'—सुनीता जैन, 'पिंजरे की मैना'—चन्द्रकिरण सोनरिक्सा, 'मोड़ ज़िन्दगी के', 'दस्तक ज़िन्दगी की'—प्रतिभा अग्रवाल, 'अन्या से अनन्या'—प्रभा खेतान, 'गुड़िया भीतर गुड़िया, 'कस्तूरी कुंडल बसे''—मैत्रेयी पुष्पा, 'एक कहानी यह भी'—मन्नू भण्डारी, 'कितने शहरों में कितनी बार'—ममता कालिया, 'शिकंजे का दर्द'—सुशीला टाकभौरे, 'दोहरा अभिशाप'—कौसल्या बैसंत्री, 'मेरे बचपन के दिन', 'उत्ताल हवा', 'द्वि खंडिता' (अनूदित)—तसलीमा नसरीन आदि महत्त्वपूर्ण हैं।

महिला रचनाकारों ने अनेक विषयों सहित 'सेक्स' जैसे स्त्रियों के लिए वर्जित विषय पर भी बहुत बोल्ड होकर लिखा है और अपने मन की सारी कुण्ठाओं-इच्छाओं को खुलकर व्यक्त किया है। उन्होंने इस कार्य में अपनी देह को भी हथियार की तरह इस्तेमाल किया है। उनका मानना है कि देह उनकी अपनी है, अत: किसी और को वह उसका मनमाना इस्तेमाल नहीं करने देंगी। इस प्रकार स्त्रीवादी-विमर्श और लेखन ने पितृसत्तात्मक व्यवस्था के धर्म, संस्कृति और समस्त नियमों को बेनकाब करके उनकी वास्तविकता को प्रस्तुत किया है और पुरुष-वर्चस्व को चुनौती दी है।

●

दलित-विमर्श और दलित साहित्य

दलित साहित्य दलित साहित्यकारों द्वारा अपने भोगे हुए दुःख-दर्द, उपेक्षा, अपमान, शोषण, अत्याचार और प्रताड़नाजन्य अनुभवों की रचनात्मक अभिव्यक्ति है। उसमें वर्ण-व्यवस्था, छुआछूत, असमानता और सामन्ती मूल्यों के प्रति गहरा असन्तोष, विरोध और विद्रोह है। 'दलित' शब्द का अर्थ 'संक्षिप्त हिन्दी शब्द सागर' में डॉ० रामचन्द्र वर्मा ने—"विनष्ट किया हुआ, मसला हुआ, मर्दित, दबाया, रौंदा या कुचला हुआ, खण्डित, विनष्ट किया हुआ" दिया है। दलित के लिए पहले अस्पृश्य, चण्डाल, पंचमा, द्रविड़, चमार, हरिजन, शूद्र आदि प्रयुक्त होते थे। इस शब्द का प्रयोग आर्य समाज ने दलितोद्धार कार्यक्रम में किया था। दलित पैंथर्स ने इस शब्द को 1970 ई० में अखिल भारतीय स्तर पर प्रचारित किया। ओमप्रकाश वाल्मीकि की दृष्टि में, "दलित शब्द का अर्थ है जिसका दलन और दमन हुआ है, दबाया गया है, उत्पीड़ित, शोषित, सताया हुआ, गिराया हुआ, उपेक्षित, घृणित, रौंदा हुआ, मसला हुआ, विनष्ट, मर्दित, पस्त-हिम्मत, हतोत्साहित, वंचित आदि।" (दलित साहित्य का सौन्दर्यशास्त्र, पृ० 13) इसमें दलित शब्द के सारे अर्थ-रूप आ गये हैं। डॉ० विमल थोराट ने लिखा है कि, "दलित कविता जीवन के यथार्थ की कविता है।.... वह क्रान्ति का सन्देश देने वाली और अन्धकार से प्रकाश की ओर ले जाने वाली एक प्रखर विचारधारा की काव्यात्मक अभिव्यक्ति है।" (उद्धृत, दलित-निर्वाचित कविताएँ, सं० कंवल भारती, पृ० 23) विमल थोराट की यह बात समस्त प्रगतिशील-जनवादी साहित्य के लिए भी सत्य है। कंवल भारती की मान्यता है कि, "दलित कविता सिर्फ इसलिए दलित कविता नहीं है कि वह दलित जीवन से जुड़ी है, बल्कि वह इसलिए भी दलित कविता है कि उसने शोषण करने वाली व्यवस्था को बेनकाब किया है। वह न सिर्फ राजसत्ता से बल्कि धर्मसत्ता से भी टक्कर लेती है। दलित स्वभावतः क्रान्ति चाहता है, अन्यथा वह धर्मान्तरण नहीं करता।" (वही)

दलित साहित्य की वैचारिक पृष्ठभूमि

दलित आन्दोलन हर प्रकार के शोषण से मुक्ति तथा दलित सशक्तिकरण का आन्दोलन है। जाति-व्यवस्था और उसकी विकृतियों का विरोध 19वीं सदी में आरम्भ हुआ था। वैचारिकी के स्तर पर राजा राममोहन राय ने जो पहल जाति-व्यवस्था के विरुद्ध की थी, उसका स्वर आगे तीव्र हुआ। दक्षिण में पेरियार रामास्वामी नायर, महात्मा ज्योतिबा फुले, नारायण गुरु तथा डॉ० भीमराव अम्बेडकर इस परिवर्तन के अग्रदूत माने जाते हैं। दलित आन्दोलन के मुख्यतः तीन चरण हैं।

महाराष्ट्र में सबसे पुराने एवं चर्चित आन्दोलनकारियों में प्रमुख रूप से महात्मा ज्योतिबा राव फुले (1827-1890 ई०) हैं। महात्मा फुले शूद्रों, अतिशूद्रों और स्त्रियों का अज्ञान दूर करके उनकी गुलामी की जंजीरें तोड़ना चाहते थे। फुले ने 1848 ई० में पुणे के

बुधवार पेठ में अस्पृश्य बच्चों के लिए एक विद्यालय की स्थापना की। अशिक्षा को वे सबसे बड़ा अभिशाप मानते थे। इसीलिए स्त्रियों के लिए भी उन्होंने 3 जुलाई 1853 ई० में एक विद्यालय की स्थापना की। उन्होंने 24 सितम्बर 1873 ई० में 'सत्यशोधक समाज' की स्थापना की। सभी धार्मिक अनुष्ठानों से ब्राह्मणों के वर्चस्व को समाप्त करने का बीड़ा सत्यशोधक समाज ने उठाया था।

महात्मा फुले की क्रान्तिकारी पुस्तक 'गुलामगीरी' 1873 ई० में प्रकाशित हुई थी। फुले ने इस पुस्तक की प्रस्तावना में दक्षिण अफ्रीका और अमेरिका के काले गुलामों के जीवन का रोंगटे खड़े कर देने वाला वर्णन किया है। इसमें अछूतों की पीड़ादायक गुलामी के जो चित्र मिलते हैं उससे 19वीं शताब्दी के आधुनिक भारत के समाज की उस वास्तविक तस्वीर का पता चलता है जिसे ब्राह्मणों ने बनाया था। उन्होंने लिखा है कि "...गुलाम जातियों को कितनी यातनाएँ सहनी पड़ती हैं, इसे स्वयं अनुभव किये बिना अन्दाजा करना मुश्किल है। जो सहता है, वही जानता है।"

केरल में नारायण गुरु (1854 ई०) ने जाति-प्रथा के विरुद्ध आन्दोलन चलाया था। वह केरल की 'ईझवा' नामक दलित जाति में पैदा हुए थे। इनका लोकप्रिय नारा था, 'जाति मत पूछो, जाति मत बताओ और जाति के बारे में मत सोचो।' इस आन्दोलन ने साहित्य में नयी रचनाशीलता को जन्म दिया। उन्होंने मन्दिरों का विरोध न करके ऐसे मन्दिर बनवाये जिनमें अछूत बिना-टोक जा सकते थे। यह ब्राह्मणों के प्रति खुला विद्रोह था। नारायण गुरु के आन्दोलन ने नयी रचनाशीलता को जन्म दिया। कुरुप्पन् और कुमार आशान जैसे महत्त्वपूर्ण कवि इसी आन्दोलन की उपज थे।

दक्षिण भारत में जाति-प्रथा और ब्राह्मणवाद के विरुद्ध आन्दोलन चलाने वाले पेरियार रामास्वामी का नाम अत्यन्त महत्त्वपूर्ण है। इनका जन्म 17 सितम्बर 1879 को 'गड़ेरिया' जाति में तमिलनाडु प्रान्त में हुआ था। वे परिवार के मना करने के बावजूद अछूत बालकों के साथ खेलते थे। अछूत बालकों के पढ़ने पर रोक के कारण उन्होंने स्वयं भी स्कूल जाने से इनकार कर दिया, अतः प्राथमिक कक्षा तक ही पढ़ सके। वे कांग्रेस के साथ राष्ट्रीय आन्दोलन से जुड़े थे। 1944 ई० में उन्होंने 'द्रविड़ कड़गम' पार्टी की स्थापना की। इन्होंने वायकोम सत्याग्रह (1925 ई०) चलाया जिससे 'एझवा' और 'पुलैया' नामक दलित जातियों को मन्दिरों में प्रवेश मिला। रामास्वामी ने स्पष्ट घोषणा की थी, "भारत में जब तक ईश्वर का अस्तित्व रहेगा, तब तक छुआछूत रहेगी।" रामास्वामी अछूत और पिछड़ी जातियों तथा स्त्रियों की शिक्षा के इस हद का समर्थक थे कि उन्होंने इसमें बाधा बनने वाले ब्राह्मणों को हमेशा के लिए शिक्षा से वंचित कर देने की आवाज उठायी थी। उन्होंने रामायण का जबर्दस्त विरोध किया और रावण-दहन के विरुद्ध राम, लक्ष्मण और भरत के पुतले जलवाये थे।

चाँद गुरु (1850-1930 ई०) बंगाल की एकनाम शूद्र जाति में पैदा हुए थे। दलित जाति को वहाँ चण्डाल कहा जाता था। वे लोग शिक्षा से वंचित थे। उन्होंने स्वयं पाठशाला खोलकर उसमें दलित बच्चों की शिक्षा की व्यवस्था की। 1891 ई० में उन्होंने

'चण्डाल' शब्द के विरुद्ध आन्दोलन चलाया, जो सफल हुआ। चाँद गुरु ने ब्राह्मणवादी व्यवस्था से टक्कर लेने के लिए 'मतुआ' धर्म चलाया था। 1912 ई० में उन्होंने 'नम:शूद्र' नाम से एक पत्रिका का प्रकाशन आरम्भ किया। इसके सम्पादक आदित्य चौधरी थे।

मध्यप्रदेश एवं छत्तीसगढ़ के इलाकों में जागरण की ज्योति गुरु घासीदास ने जलायी। इनका जन्म गिरौर गाँव में एक दलित परिवार में हुआ था। उन्होंने 'सतनामी सम्प्रदाय' स्थापित किया और उसके माध्यम से दलित जातियों को सम्प्रदाय में शामिल कर सतनामी बनाया। दलितों के बीच जातीय भेदभाव को दूर करने में सतनामी आन्दोलन ने बहुत बड़ी भूमिका निभायी। इस समय के आन्दोलनकारियों ने दलित समाज की कुरीतियों को दूर करने, शिक्षित करने, मद्यपान तथा मरे हुए जानवरों के मांस खाना छुड़ाने के लिए विशेष प्रयत्न किये।

स्वामी अछूतानन्द उत्तर भारत में 'आदि हिन्दू आन्दोलन' के प्रवर्तक थे। वे दलित जातियों को आदिनिवासी मानकर उन्हें 'आदि हिन्दू' कहते थे। इस आन्दोलन का मकसद दलित जातियों को उनके इतिहास से जोड़ना था और उन्हें यह बताना था कि ब्राह्मणों ने किस तरह उन्हें इतिहासहीन बनाकर अपना गुलाम बनाया है। स्वामीजी ने आर्य समाज के मोह-जाल से दलितों को निकालने और आन्दोलन के लिए 'आदि हिन्दू' प्रेस स्थापित किया और 'आदि हिन्दू' (1918 ई०) तथा 'अछूत' नामक अखबारों का प्रकाशन किया। वे उत्तर भारत में दलित-चेतना के संवाहक थे।

दलित आन्दोलन के द्वितीय चरण में डॉ० भीमराव अम्बेडकर (जन्म-14 अप्रैल 1891 ई०, महू छावनी, इन्दौर, निधन-6 दिसम्बर 1956, नयी दिल्ली) ने दलितोत्थान के लिए सर्वाधिक महत्त्वपूर्ण कार्य किया। उन्होंने दलितोत्थान के लिए शिक्षा और राजनीति को हथियार बनाया। उनकी यह राजनीतिक यात्रा 1919 ई० से शुरू हुई। सर्वप्रथम इस वर्ष वे 'साउथबरो कमेटी' के समक्ष दलितों का पक्ष रखने हेतु प्रस्तुत हुए। इसके पश्चात् उन्होंने 'मूक नायक' (1920 ई०) समाचार पत्रिका का सम्पादन शुरू किया और फिर 1920 ई० में ही उन्होंने दो दलित रैलियों को सम्बोधित किया। उन्होंने दलित आन्दोलन को नयी धारा दी। उन्होंने जाति और वर्गहीन समाज बनाने पर बल दिया तथा दलितों के सवाल को राष्ट्रीय आन्दोलन का सवाल बना दिया। उन्होंने दलितों में नया जोश भरा और शिक्षण संस्थाओं, पत्रकारिता और साहित्यिक जगत् में भी हलचल पैदा की। उन्होंने 1927 ई० में महाड़ के चावदार नामक सार्वजनिक तालाब से पानी लेने के लिए आन्दोलन किया। इस आन्दोलन का बड़ा व्यापक असर हुआ। कई कवियों ने इस पर कविताएँ लिखीं। उन्होंने 1936 ई० में 'स्वतन्त्र मज़दूर पार्टी' की नींव डाली तथा अपने अनुयायियों को समझाया कि राजनीतिक चेतना से ही राजनीतिक शक्ति आती है और राजनीतिक शक्ति से ही वे अपनी सब समस्याओं को दूर कर सकते हैं और दलित शासक बन सकते हैं।

गाँधीजी ने दलितों के कल्याण के लिए 'हरिजन सेवक संघ' की स्थापना की। गाँधीजी के हरिजन आन्दोलन में मुख्य तथ्य अछूतों के लिए पाठशालाएँ खोलने तथा मन्दिर-प्रवेश के कार्यक्रम थे। वे 'हरिजन' नाम से एक अखबार भी निकालते थे।

दलित आन्दोलन के तृतीय चरण में दलित आन्दोलन दो भागों में बँट गया। एक शाखा में जगजीवन राम के साथ कांग्रेस एवं सवर्ण जातियाँ मिलकर दलितोत्थान की कोशिश कर रही थीं जबकि दूसरी शाखा में उनका आन्दोलन स्वतन्त्र रूप से विकसित हुआ। आज ब०स०पा०, आर०पी०आई०, लोक जनशक्ति पार्टी एवं कहीं-कहीं दलित पैंथर्स को स्वतन्त्र शाखा के रूप में रख सकते हैं।

स्वतन्त्रता के बाद दलितोत्थान के लिए एक दूसरी शक्ति उभरकर आयी जिसे वाम चिन्तन-धारा कहते हैं। देश के गरीबों एवं दलितों के बीच जुझारूपन पैदा करने तथा समानता एवं अधिकार चेतना से लैस करने में वामपंथी चिन्तन-धारा की भूमिका को नकारा नहीं जा सकता।

कांशीरामजी ने 1978 ई० में 'बामसेफ' की स्थापना की थी। इसके माध्यम से उन्होंने दलितों के लिए कार्य किए। इस आन्दोलन को तेज करने के लिए 1981 ई० में उन्होंने 'दलित शोषित समाज संघर्ष समिति' की स्थापना की एवं राजनीति में भी कदम रखा। 1984 ई० में 'बहुजन समाज पार्टी' का गठन कर दलित-आन्दोलन को नयी दिशा दी। वर्तमान में इसका नेतृत्व मायावतीजी कर रही हैं।

दलित कविता

उत्तर से दक्षिण के ध्रुव तक, अब गरीब का राज बनेगा
फिर से नयी बसेगी दुनिया, फिर से नया समाज बनेगा।

दलित कवि नन्दकिशोर न्यायी की ये पंक्तियाँ एक प्रकार से दलित साहित्य की प्रस्तावना हैं। इससे पूर्व हीरा डोम ने सन् 1914 ई० में 'अछूत की शिकायत' लिखकर ईश्वर और उसकी समूची व्यवस्था को प्रश्नांकित किया था। दलित साहित्य दलित समुदाय के जागरण और अस्तित्व-बोध की अभिव्यक्ति है। पिछले कुछ दशकों में दलितों में जो अस्मित-बोध जगा है, दलित साहित्य, उसी अस्मिता-बोध की अभिव्यक्ति है। सम्पूर्ण दलित साहित्य का मूल स्वर विद्रोह और परिवर्तन का है। उसकी संवेदना का आधार वर्ण-भेद, जाति-भेद और धार्मिक असमानता-बोध रहा है। उसमें सहानुभूति के बजाय स्वानुभूति की प्रधानता है। जहाँ तक दलित कविता का प्रश्न है, वह निर्गुण सन्त कवि कबीर, रैदास, दादू, पलटू आदि से होते हुए हीरा डोम और अछूतानन्द तक आयी। दलित कविता की विधिवत शुरुआत बीसवीं सदी के आठवें दशक के आस-पास से हुई। इसकी पृष्ठभूमि में डॉ० अम्बेडकर की विचारधारा तो थी ही, साथ ही महात्मा फुले, पेरियार आदि का संघर्ष और कुछ-कुछ मार्क्स, एंगेल्स, लेनिन की क्रान्ति चेतना भी थी। इसका आरम्भ माताप्रसादजी के खण्ड काव्य 'एकलव्य' (1981 ई०) के प्रकाशन से माना जा सकता है, क्योंकि इस खण्ड काव्य में भी दलित चेतना विद्यमान है जो वर्ण एवं परम्परावादी छद्म और अन्याय का प्रतिवाद और पर्दाफाश करती है। तत्पश्चात् अनेक दलित कवियों व कवयित्रियों के नाम आते हैं जिन्होंने दलित कविता को एक प्रतिष्ठित रूप प्रदान किया। हिन्दी के दलित कवियों में ओमप्रकाश वाल्मीकि, मोहनदास नैमिशराय, जयप्रकाश कर्दम, श्यौराज सिंह वेचैन, मलखान सिंह, डॉ० धर्मवीर, सुदेश

तनवर, सूरजपाल चौहान, पुरुषोत्तम सत्यप्रेमी, दयानन्द बटोही, सोहनपाल सुमनाक्षर, ईश कुमार गंगानिया, जयप्रकाश लीलवान, कुसुम वियोगी, सुशीला टाकभौरे, रजनी तिलक, रमणिक गुप्ता आदि रचनाकार प्रमुख हैं जो अपनी कविताओं के माध्यम से दलित जीवन के यथार्थ को गहरे सामाजिक सरोकारों से जोड़ते हैं।

ओमप्रकाश वाल्मीकि दलित साहित्यकारों में अग्रगण्य हैं। इनके तीन कविता संग्रह—'सदियों का सन्ताप' (1989 ई०), 'बस्स बहुत हो चुका' (1997 ई०) तथा 'अब और नहीं' (2009 ई०) प्रकाशित हो चुके हैं। इनकी कविताओं में गरीबी के कारणों की पड़ताल करते हुए जातिवादी व्यवस्था पर चोट की गयी है। इनकी कविता अस्पृश्यता, अन्धविश्वास, कर्मकाण्ड, सामाजिक-धार्मिक विषमता आदि को समाप्त करने के लिए प्रेरित करती है। इनकी कविताओं में अनुभूति की गहनता के साथ ही शिल्प की प्रौढ़ता भी देखने को मिलती है।

वे भूखे हैं / पर आदमी का मांस नहीं खाते / प्यासे हैं / पर लहू नहीं पीते
नंगे हैं / पर दूसरों को नंगा नहीं करते / उनके सिर पर छत नहीं है
पर दूसरों के लिए / छत बनाते हैं। —वे भूखे हैं

(दलित निर्वाचित कविताएँ, सं० कंवल भारती, पृ० 71)

समकालीन दलित कवियों में कंवल भारती का नाम भी महत्त्वपूर्ण है। अपनी कविताओं में वे सर्वथा नये तेवर और नयी अनुभूति के लिए चर्चित हैं। उनका प्रमुख काव्य संग्रह 'तब तुम्हारी निष्ठा क्या होती' (1996 ई०) न सिर्फ भारतीय संस्कृति एवं इतिहास का मूल्यांकन करती है, बल्कि वर्ण और जाति-व्यवस्था के खिलाफ विद्रोह की पृष्ठभूमि भी तैयार करती है। यहाँ उनकी 'तब तुम्हारी निष्ठा क्या होती' शीर्षक कविता को देख सकते हैं, जिसमें कवि ने सामाजिक असमानता, अलगाव, अस्पृश्यता, धर्मशास्त्र, देवता, परम्परा आदि का विरोध करने के साथ ही उस समूची व्यवस्था को प्रश्नांकित किया है—

यदि वेदों में लिखा होता / ब्राह्मण ब्रह्मा के पैर से हुए हैं पैदा। / उन्हें उपनयन का अधिकार नहीं। तब तुम्हारी निष्ठा क्या होती?
यदि धर्मसूत्रों में लिखा होता / तुम ब्राह्मणों, ठाकुरों और वैश्यों के लिए विद्या, वेद-पाठ और यज्ञ निषिद्ध है। / यदि तुम सुन लो वेद का एक भी शब्द / तो कानों में डाल दिया जाय पिघला शीशा / यदि वेद-विद्या पढ़ने की करो धृष्टता तो काट दी जाय तुम्हारी जिह्वा ......तब तुम्हारी निष्ठा क्या होती?

(वही, पृ० 208)

इस क्रम में जयप्रकाश कर्दम जिन्होंने दलित साहित्य को निश्चित मुकाम तक पहुँचाने में अपनी विशिष्ट एवं अग्रगण्य भूमिका का निर्वहन किया है, के दो कविता संग्रह 'गूँगा नहीं था मैं' तथा 'तिनका-तिनका आग' न सिर्फ दलित चेतना की दृष्टि से महत्त्वपूर्ण हैं बल्कि दलितों द्वारा भोगे हुए अनुभवों का बेबाकी के साथ चित्रण की दृष्टि से भी उल्लेखनीय हैं। इनकी कविताओं में क्रान्ति की मशाल तो है ही साथ ही

सामाजिक बदलाव की अनुगूँज भी सुनायी पड़ती है। उनकी 'वर्णवाद का पहाड़ा' कविता में हम इस बदलाव की चेतना को देख सकते हैं—

....मास्टर जी हम शुक्रगुजार हैं कि तुमने / हमें पढ़ाया, / प्रगति का रास्ता दिखाया / लेकिन समता के मार्ग पर तुम / खुद नहीं चल पाए / हमने रखा तुम्हें / वर्ण और जाति से ऊपर / पर नहीं उठ पाए तुम अपनी जातीय अहंमन्यता की संकीर्णता से / तुमने सुनायीं हमें / प्रेम की कहानियाँ / सिखाया भाई चारे का सबक / जगाए तुमने राष्ट्रीयता के भाव भी / हमारे भीतर / लेकिन, नहीं चूक पाए तुम / पढ़ाने से—वर्णवाद का पहाड़ा।

(दलित निर्वाचित कविताएँ, सं० कंवल भारती, पृ० 77)

समकालीन दलित कवियों में सुदेश तनवर का भी नाम प्रमुख है। इनके दो कविता संग्रह 'रात के शहर में' (1991 ई०) तथा 'नियति नहीं यह मेरी' प्रकाशित है। सुदेश तनवर की कविताएँ तमाम कुरीतियों, अन्धविश्वासों और अव्यवस्थाओं के खिलाफ दलित समाज को आगाह करती हैं। कवि सारे धर्मशास्त्र और नियतिवाद को तोड़ फेंकना चाहता है। अपनी कविता 'हैरान हूँ मैं' में वह देवत्व और श्रद्धा की आड़ में किये गये छल और अमानवीय कृत्यों का पर्दाफाश करते हैं—

मैं हैरान हूँ यह सोचकर / किसी औरत ने / उठाई नहीं उँगली
तुलसी पर / जिसने कहा—'ढोल गँवार शूद्र पशु नारी......'
मैं हैरान हूँ / किसी औरत ने, क्यों जलाई नहीं / मनुस्मृति
पहनाई जिसने / उन्हें गुलामी की बेड़ियाँ / मैं हैरान हूँ
किसी औरत ने / धिक्कारा नहीं उस राम को / जिसने गर्भवती माँ को
अग्नि-परीक्षा के बाद भी / निकाल दिया घर से / धक्के मारकर।....

(भारतीय दलित साहित्य का विद्रोही स्वर, पृ० 64)

दलित कवयित्रियों में सुशीला टाकभौरे, रजनी तिलक, शान्ति यादव, कुसुम वियोगी आदि की कविताएँ दलित जीवन की समस्याओं से तो टकराती ही हैं, महिला होने के कारण दुहरे शोषण का शिकार होती हुई स्त्री और उसके दुःखों के कारणों का भी पर्दाफाश करती हैं। यहाँ रजनी तिलक की एक कविता 'शिक्षा का परचम' द्रष्टव्य है—

तू पढ़ महाभारत / न बन कुन्ती, न द्रौपदी /
पढ़ रामायण
न बन सीता / न कैकेयी। / पढ़ मनुस्मृति /
उलट महाभारत, पलट रामायण।
पढ़ कानून / मिटा तिमिर, लगा हलकार।
पढ़ समाजशास्त्र, बन जावित्री / फहरा शिक्षा का परचम

(दलित निर्वाचित कविताएँ, पृ० 146)

दलित काव्य संग्रहों में 'गूँगा नहीं था मैं', 'तिनका-तिनका आग'—जयप्रकाश कर्दम, दलित निर्वाचित कविताएँ—'कंवल भारती', 'क्यों विश्वास करूँ?', 'प्रयास'

सूरजपाल चौहान, 'मूकघाटी की मुखरता', 'महकते जंगल के फूल', 'द्वार पर दस्तक'—पुरुषोत्तम सत्यप्रेमी, 'क्रौंच हूँ मैं', 'नयी फसल'—श्यौराज सिंह बेचैन, हीरामन, कम्पिला - धर्मवीर, विरसा - जियालाल आर्य, 'स्वाती बूँद और खारे मोती', 'टुकड़े-टुकड़े दंश'—सुशीला टाकभौरे, 'व्यवस्था के विषधर', 'उत्थान-पतन', 'उठरे बँधुआ', 'दलित मुक्ति गीत'—कुसुम वियोगी, 'एकलव्य'—माताप्रसाद, 'आग आन्दोलन', 'सफदर का बयान'—मोहनदास नैमिशराय, 'हार नहीं मानूँगा'—ईश कुमार गंगानिया, 'हरिवंश का डंका'—स्वामी अछूतानन्द, 'सुनो ब्राह्मण'—मलखान सिंह, 'यातना की आँखें', 'नवगीत'—दयानन्द बटोही, 'तोड़ूँगी मौन'—शान्ति यादव, 'दलितों में दलित'—हरिकिशन सन्तोषी, 'जिन्दा कौमों का दस्तावेज़'—भगवान स्वरूप कटियार, 'हम उन्हें अच्छे नहीं लगते'—सुरेशचन्द्र आदि उल्लेखनीय हैं।

आत्मकथा

दलित लेखन में सर्जनात्मक साहित्य की तुलना में आत्मकथाएँ अधिक लिखी गयी हैं। ये आत्मकथाएँ अनुभव के ताप के कारण अत्यन्त प्रभावशाली बन पड़ी हैं। दलित लेखन में अन्य विधाओं की तरह आत्मकथाएँ भी पहले मराठी में लिखी गयीं। मराठी की प्रसिद्ध आत्मकथाओं में दया पवार की 'बलूत' (अछूत), प्र० ई० सोन काम्बले की 'यादों के पंछी', शंकरराव खरात की 'तगल-अन्तराल', लक्ष्मण माने की 'अपरा' (पराया), डॉ० किशोर शान्ताबाई काले की 'छोरा कोल्हाटी का', शरणकुमार लिम्बाले की 'अक्करमाशी', लक्ष्मण गायकवाड़ की 'उठाईगीर', बेबी कांबले की 'हमारा जीवन', दादा साहब मोरे की 'डेरा डंगर', अरुण खोरे की 'भूले-बिसरे दिन', अरुण ठाकुर की 'नरक सफाई' और नामदेव ढसाल की 'पत्नी मल्लिका', अमरशेख की 'मैं खाक में मिल जाना चाहती हूँ' आदि हैं। इसके अलावा कन्नड़ में डॉ० सिद्धलिंगप्पा की 'अरुकेरी', अरविन्द मालंगति की 'गवर्नमेंट ब्राह्मण', मुललूक नागराज की 'मरण मण्डल मध्यदोलगे', तुंबाढ़ी रामैय्या की 'मणेगार' आदि प्रसिद्ध आत्मकथाएँ हैं। पंजाबी में लाल सिंह दिल की आत्मकथा 'दास्तान', प्रेम गोरखी की 'गैर हाजिर आदमी', बलबीर माधोपुरी की आत्मकथा 'छांग्या रुख', द्वारका भारती की 'मोची', बचिन्त कौर की पगडंडियाँ आदि चर्चित दलित आत्मकथाएँ हैं। इसके अलावा भी विभिन्न भारतीय भाषाओं में दलित आत्मकथाएँ लिखी गयी हैं।

हिन्दी में दलित आत्मकथा लेखन की शुरुआत मोहनदास नैमिशराय की आत्मकथा 'अपने-अपने पिंजरे' से हुई। इसके बाद ओमप्रकाश वाल्मीकि की चर्चित आत्मकथा 'जूठन', सूरजपाल चौहान की 'तिरस्कृत' और 'सन्तप्त', माता प्रसाद की 'झोपड़ी से राजभवन', भगवानदास की 'मैं भंगी हूँ', डॉ० श्यौराज सिंह बेचैन की 'मेरा बचपन मेरे कंधों पर', रूपनारायण सोनकर की 'नागफनी', रमाशंकर आर्य की 'घुटन', जयप्रकाश कर्दम की 'मेरी जात', डी० आर० यादव की 'मेरा सफर मेरी मंजिल', डॉ० तुलसी राम की 'मुर्दहिया', कौशल्या बैसंत्री की 'दोहरा अभिशाप', सुशीला टाकभौरे की 'शिकंजे का दर्द' आदि हिन्दी की प्रसिद्ध आत्मकथाएँ हैं। इधर अंग्रेजी में भी कुछ

आत्मकथाएँ लिखी गयी हैं जिनमें हजारी की आत्मकथा 'आई वाज़ इन आउट कास्ट इण्डियन' और प्रो० श्यामलाल जोला की 'अनटोल्ड स्टोरी ऑफ ए भंगी वाइस चांसलर' आदि उल्लेखनीय हैं।

मोहनदास नैमिशराय की आत्मकथा 'अपने-अपने पिंजरे' दो भागों में प्रकाशित है। इसका प्रथम भाग 1995 ई० तथा दूसरा भाग सन् 2000 ई० में प्रकाशित हुआ। इसे हिन्दी की प्रथम आत्मकथा माना जाता है जिसमें भारतीय समाज की वर्ण-व्यवस्था तले दबे दलितों के उपेक्षित जीवन, उनकी महत्त्वाकांक्षा, समस्या और संघर्ष को मार्मिकता के साथ चित्रित किया गया है। इस आत्मकथा में दलितों की गरीबी, अशिक्षा, दलित स्त्रियों के यौन शोषण और बलात्कार आदि की चर्चा की गयी है।

भगवानदास की आत्मकथा 'मैं भंगी हूँ' का प्रथम संस्करण 1981 ई० में प्रकाशित हुआ। यह आत्कथा सिर्फ भगवानदास की ही आत्मकथा नहीं है बल्कि सम्पूर्ण भंगी जाति का जीवन-परिचय है जो सिर पर मैला ढोने पर मजबूर हैं, उनके प्रति ऊँची जातियों के व्यवहार, घृणा, शोषण, अत्याचार आदि का इसमें अच्छा चित्रण हुआ है।

ओमप्रकाश वाल्मीकि की बहुचर्चित आत्मकथा 'जूठन' का प्रकाशन 1997 ई० में हुआ। इस आत्मकथा में लेखक ने भंगी जाति का होने के कारण भोगी गयी यातनाओं, अपमान और उपेक्षा तथा प्रताड़ना का अत्यन्त मार्मिक वर्णन किया है। अस्पृश्यता के दंश और एक दलित व्यक्ति के जीवन-संघर्षों का इसमें प्रामाणिक चित्रण हुआ है।

सूरजपाल चौहान की आत्मकथा 'तिरस्कृत' का प्रकाशन 2002 ई० में हुआ। यह आत्मकथा तिरस्कार की आत्मकथा है। इसमें लेखक उच्च वर्ग के व्यक्ति द्वारा तो प्रताड़ित होता ही है साथ ही निम्न वर्ग का व्यक्ति भी उसे घृणा की दृष्टि से देखता है। 'संतप्त' सूरजपाल चौहान की दूसरी आत्मकथा है जो 2006 ई० में प्रकाशित हुई। 'तिरस्कृत' में जो संकेतों में कहा गया है, 'संतप्त' में उसका स्पष्ट उल्लेख हुआ है। यह आत्मकथा अत्यन्त त्रासद है और बेचैनी पैदा करने वाली है। इसे पढ़कर मन गहरे अवसाद में डूब जाता है।

रूपनारायण सोनकर की आत्मकथा 'नागफनी' का प्रकाशन सन् 2007 ई० में हुआ। इसमें लेखक मुख्यरूप से दलित समाज को शिक्षा दिलाने की बात करता है जिससे वे सदा से वंचित रहे हैं। दलित समुदाय में पैदा होने के कारण रचनाकार अपने आत्मसम्मान के लिए संघर्षरत है और सवर्ण समाज को ईंट का जवाब पत्थर से देता है। इसके विषय में राजेन्द्र यादव ने लिखा है कि—"अभी तक जितने भी दलित लेखकों की आत्मकथा आयी हैं उनमें 'हाय मार डाला' की चीत्कार सुनायी पड़ती है। पहली बार किसी दलित लेखक की आत्मकथा में ऐसी चीत्कार सुनायी नहीं पड़ती है, बल्कि इसमें संघर्ष है, विरोध है जिसे अंग्रेजी में साइलेन्ट रेवेल्यूशन कहा जाता है।"

श्यौराज सिंह बेचैन की आत्मकथा 'मेरा बचपन मेरे कन्धों पर' का प्रकाशन 2009 ई० में हुआ। यह आत्मकथा दलित छात्रों को प्रेरणास्रोत के रूप में ऊर्जा देती है। लेखक अपने जीवन में अनेक प्रकार के संघर्ष करते हुए उच्च शिक्षा प्राप्त करता है। लेखक के

दादा, पिता एवं माता सभी लोग अन्धे थे। बचपन में ही पिता का देहान्त हो गया था और माता का दूसरा विवाह हो गया। लेखक का जीवन-संघर्ष बचपन में ही शुरू हो जाता है और कठिन से कठिन तथा खतरनाक काम जैसे—ईंट, पत्थर, जूता सिलना, नीबू-पानी बेचना, रेलवे स्टेशन पर बूट-पॉलिश करना, कुएँ में ईंट जोड़ना आदि करते हुए अपना अध्ययन करता है और अपने संघर्षों और लगन के बल पर दिल्ली विश्वविद्यालय में प्रो० के पद तक पहुँच जाता है।

श्यौराज सिंह की ये पंक्तियाँ बहुत सार्थक और प्रेरक हैं—

मेरे बचपन के नाजुक वे नन्हें कदम,
जिस तरफ मुड़ गये रास्ता बन गया।
धूप में, छाँव में, शहर में, गाँव में,
भूख लेकर चली और मैं चलता गया।
दुख का एहसास बेचैन करता गया,
मुक्ति का भाव मानस में बढ़ता गया।
पूरा संसार पुस्तक-सा खुलता गया,
जितना पढ़ पाया मैं उतना पढ़ता गया।
इतनी काली अँधेरी विरासत मिली,
मेरे भीतर का दीपक था जलता गया।

(मेरा बचपन मेरे कन्धों पर, पृ० 326)

मराठी में शरणकुमार लिम्बाले की आत्मकथा 'अक्करमाशी' (1984 ई०) में प्रकाशित हुई। हिन्दी में इसका अनुवाद सूर्यनारायण रणसुभे ने किया था। यह आत्मकथा रोंगटे खड़े कर देने वाली है। " 'अक्करमाशी' का अर्थ है जारज पुत्र, अवैध सन्तान, समाज द्वारा अमान्य सम्बन्धों से जन्मी सन्तति, स्त्री की मजबूरी को देखकर उसे रखैल बनाने वाले सम्पन्न और अमानवीय पुरुष-सम्बन्धों से जन्मी सन्तति, ऐसी सन्तति को मराठी में 'अक्करमाशी' कहते हैं।" (सूर्यनारायण रणसुभे, अक्करमाशी, पृ० 35)

इस पुस्तक के विषय में लेखक की कुछ बातें बहुत महत्त्वपूर्ण हैं—"अक्करमाशी का अभिधार्थ है ग्यारह माशे! बारह माशे का एक तोला होता है। ग्यारह माशे का एक तोला हो नहीं सकता, क्योंकि एक माशे की कमी जो है। अक्करमाशी व्यक्ति की भी ऐसी ही स्थिति होती है। उसका जन्म पारम्परिक सम्बन्धों (पति-पत्नी) से नहीं होता।" (वही, पृ० 17) "मेरी माँ अछूत तो पिता सवर्ण! माँ झोपड़ी में, पिता कोठी में, पिता जमींदार, माँ भूमिहीन। और मैं? अक्करमाशी। गाँव, भाषा, माँ, पिता, जाति, धर्म इन सभी दृष्टियों से मैं खण्डित हूँ।.... मेरे जन्म को ही यहाँ अनैतिक घोषित किया गया है।" (वही, पृ० 27) अक्करमाशी दलित आत्मकथाओं में सबसे विलक्षण है। इसमें दर्द भी है और दाह भी। 'बारामाशी' (1988 ई०) और राणीमाशी (1992 ई०) भी लिम्बाले की आत्मकथाएँ हैं।

बेबी कांबले की आत्मकथा 'जीवन हमारा' 1995 ई० में प्रकाशित हुआ। इसमें दलित स्त्रियों की त्रासदी का वर्णन है। इस आत्मकथा को पढ़ना महाराष्ट्र के डोम समाज

ही नहीं वरन् समस्त पददलित जातियों के हाहाकार और विलाप को अपने रक्त में बजता हुआ अनुभव करना है। यह शोषण, दमन और रुदन का जीवन्त दस्तावेज है।

डॉ० धर्मवीर की आत्मकथा 'मेरी पत्नी और भेड़िया' का प्रकाशन 2009 ई० में हुआ। पति-पत्नी के आपसी सम्बन्धों में अगर कोई खटास है या उनके बीच कोई तीसरा व्यक्ति (भेड़िया) घुस आया है तो उन्हें क्या करना चाहिये? साथ रहना चाहिये या तलाक ले लेना चाहिये। कुछ ऐसे प्रश्नों को इसमें बहुत गम्भीरता से उठाया गया है।

डॉ० तुलसी राम की आत्मकथा 'मुर्दहिया' का प्रकाशन 2010 ई० में हुआ। इस आत्मकथा में लेखक के शैक्षिक जीवन के संघर्षों एवं अन्य समस्याओं का बहुत व्यवस्थित और रोचक वर्णन है। इसमें लेखक ने दलित समाज की अन्य समस्याओं के साथ ही उनमें व्याप्त अशिक्षा और अन्धविश्वासों का भी वर्णन किया है। दलित समाज का व्यक्ति मुर्दहिया नामक स्थान पर पहुँचने के बाद अन्धविश्वास के कारण अस्वस्थ होने पर भूत-प्रेत जैसे भ्रम में पड़ कर डॉक्टरी इलाज से वंचित रह जाता है और अन्ततः उसकी मृत्यु हो जाती है। लेखक ने आत्मकथा के प्रारम्भ में कहा है कि 'मूर्खता मेरी जन्मजात विरासत थी।'

कौसल्या बैसंत्री (8 सितम्बर 1926-2011 ई०) की आत्मकथा 'दोहरा अभिशाप' का प्रकाशन 2009 ई० में हुआ है। यह दलित महिलाओं की प्रथम आत्मकथा है। इसमें लेखिका ने अपने जीवन की त्रासदी का बहुत स्वाभाविक चित्रण किया है। कौसल्या बैसंत्री की इस आत्मकथा में दलित जीवन का एक सम्यक् और सर्वांगपूर्ण चित्र प्रस्तुत हुआ है। इसमें पारिवारिक प्रेम विशेषकर बच्चों के लिए माँ के संघर्ष का खूबसूरत चित्र है। वह अपने बच्चे को पढ़ाने के लिए अनेक कष्टों को सहते हुए दुःखों का सामना करती है और स्वयं भूखी रह कर मजदूरी, बर्तन माजने का काम, सिर पर मैला ढोने का काम, मेस्तर के काम तक करती है और बच्चों को पढ़ाने का प्रयास करती है।

दलित महिला लेखिका सुशीला टाकभौरे की आत्मकथा 'शिकंजे का दर्द' का प्रकाशन 2011 ई० में हुआ। यह आत्मकथा लेखिका का जीवन संघर्ष है, जो बचपन से लेकर शिक्षिका बनने तक और उसके बाद भी जारी रहता है।

मराठी दलित लेखक लक्ष्मण गायकवाड़ की आत्मकथा 'उचक्का' (उठाईगीर) का प्रकाशन 1978 ई० में हुआ। इस आत्मकथा में लेखक ने दलित समुदाय पर जमींदारों और पुलिस के अत्याचारों का वर्णन किया है। झूठे इल्जाम के कारण पुलिस दलितों को पकड़कर थाने ले जाती है और उन्हें पीटती है तथा उनके घावों पर नमक-मिर्च डालती है। पुलिस के आतंक से अक्सर गाँव के पुरुष घर छोड़कर भाग जाते हैं और पुलिस दलित औरतों के साथ बलात्कार करती है।

डॉ० किशोर शान्ताबाई काले की आत्मकथा 'छोरा कोल्हाटी का' में कोल्हाटी समाज की समस्या को उठाया गया है। उस समाज की औरतें एक अच्छी माँ और एक अच्छी पत्नी बनकर जीना चाहती हैं। लेकिन वे नाच-गाने का व्यवसाय करके अपने परिवार का भरण-पोषण करती हैं और अन्ततः वेश्यावृत्ति अपनाने को मजबूर हो जाती हैं।

माताप्रसाद की आत्मकथा 'झोपड़ी से राजभवन' एक महत्त्वपूर्ण आत्मकथा है जिसमें उनका जीवन-संघर्ष बहुत व्यवस्थित ढंग से वर्णित है।

साहित्य की अन्य विधाओं में भी दलित रचनाकारों ने उल्लेखनीय कार्य किया है जिनका संक्षिप्त परिचय इस प्रकार है—

कहानी

दलित कथाकारों के महत्त्वपूर्ण संग्रहों में 'सलाम', 'घुसपैठिया'—ओमप्रकाश वाल्मीकि, 'दलित जीवन की कहानियाँ'—गिरिराज किशोर, 'सुरंग'—दयानन्द बटोही, 'चार इंच कलम', 'समकालीन दलित कहानियाँ', 'दलित महिला कलाकारों की चर्चित कहानियाँ'—सं० कुसुम वियोगी, 'आवाजें'—मोहनदास नैमिशराय, 'मृत्युभय', 'ज़िन्दगी के टेढ़े-मोड़'—निशान्त, 'हमारा जवाब'—मोहनदास, 'द्रोणाचार्य के अंकुर'—कावेरी, 'दलित कहानी संचयन'—सं० डॉ० रमणिका गुप्ता, 'अनुभूति के घेरे में'—सुशीला टाकभौरे, 'कटीली मुट्ठी', 'सत्य का सफर', 'न्याय', 'अलग-अलग रास्ते'—डॉ० नीरा परमार, 'हाशिए के बाहर'—रजत रानी मीनू, 'अपमान', 'औरत', 'नदी', 'खिलौना'—प्रेम कपाड़िया, 'बुधिया की तीन रातें'—परदेशीराम वर्मा, 'धुँधली यादें'—शत्रुघ्न सिंह, 'अँधेरे की आँखें', 'काँपती आवाज', 'स्पन्द चौपाए', 'अनुगूँज'—श्रवण कुमार, 'घास के गहने'—प्रेम कुमार मणि, 'एक और आसमान'—विपिन बिहारी आदि।

उपन्यास

दलित उपन्यासकारों के महत्त्वपूर्ण उपन्यास इस प्रकार हैं—

'छप्पर'—जयप्रकाश कर्दम, 'पहली बात'—धर्मवीर, 'अमर ज्योति'—डी०पी० वरुण, 'बन्धन मुक्त'—रामजी लाल सहायक, 'जस तस भई सबेर'—सत्य प्रकाश, 'दूध का कर्ज'—हरिकिशन सन्तोषी, 'मुक्ति पर्व', 'कफन'—मोहनदास नैमिशराय, 'मिट्टी की सौगन्ध'—प्रेम कपाड़िया, 'प्रस्थान'—परदेशीराम वर्मा, 'डूब जाती है नदी'—गुरुचरण सिंह, 'अरुणदीप शिखा'—अरुण कुमार, 'भूमि पुत्र'—राणा प्रताप, 'नर-बानर'—शरण-कुमार लिम्बाले, 'प्रेम', 'यात्रा', 'गणित'—श्रवण कुमार 'पूर्ण सत्य', 'रमरतिया'—बाबूलाल मधुकर, 'हमलावर'—विपिन विहारी, 'तीसरी सुहागिन'—हरनाम, 'काली रेत'—कावेरी आदि।

नाटक

दलित नाटककारों ने नाटक-विधा में भी अपनी सक्रियता का प्रमाण दिया है। उनके महत्त्वपूर्ण नाटकों की सूची इस प्रकार है—

'शम्बूक वध'—ललई सिंह यादव, 'समाज की नाक' (एकांकी संग्रह)—रत्न कुमार सांभरिया, 'कठौती में गंगा'—एन० सिंह, 'मान सम्मान', 'फाँसी', 'झूठा अहंकार', 'श्रेष्ठ कौन', 'आज़ादी किसकी'—कर्मशील भारती, 'एकलव्य'—मीरा, 'दो चेहरे'—ओमप्रकाश वाल्मीकि, 'हैलौ कामरेड'—मोहनदास नैमिशराय, 'भूख'—आचार्य

गुरुप्रसाद, 'रोम जल रहा था' (एकांकी)—कंवल भारती, 'अछूत का बेटा'—माता प्रसाद, 'वीरांगना झलकारी बाई'—वीरांगना ऊदा देवी पासी, 'अन्तहीन बेड़ियाँ' (एकांकी नाटक), 'जातियों का जंजाल', 'दिल्ली की गद्दी पर खुसरो भंगी'—माताप्रसाद।

दलित समीक्षा एवं विमर्श सम्बन्धी पुस्तकें

दलित साहित्य पर दलित साहित्यकारों और गैर-दलित आलोचकों-विचारकों ने भी समीक्षाएँ लिखने के साथ-साथ वैचारिक पुस्तकें भी लिखी हैं। उनका संक्षिप्त परिचय यहाँ दिया जा रहा है—

'दलित साहित्य में चिन्तन आयाम'—डॉ० एन० सिंह, 'हिन्दी दलित कविता'—वी०पी० राही, 'नवें दशक की हिन्दी दलित कविता'—रजत रानी मीनू, 'भारतीय संविधान बनाम रामचरितमानस'—डॉ० एन०के० सन्त, 'कबीर के आलोचक', 'कबीर पपीहा भी कपोत भी बाज भी'—डॉ० धर्मवीर, 'दलित साहित्य का सौन्दर्यशास्त्र'—ओमप्रकाश वाल्मीकि, 'दलित साहित्य का सौन्दर्यशास्त्र'—शरणकुमार लिम्बाले, 'उत्तर आधुनिकता और दलित साहित्य'—कृष्णदत्त पालीवाल, 'आधुनिक साहित्य में दलित विमर्श'—देवेन्द्र चौबे, 'जूठन : एक विमर्श'—शिवबाबू मिश्र, 'हिन्दी की चर्चित दलित आत्मकथाएँ'—डॉ० ललिता कौशल, 'दलित साहित्य : सृजन के सन्दर्भ'—डॉ० पुरुषोत्तम सत्यप्रेमी, 'भारतीय दलित आन्दोलन'—मोहनदास नैमिशराय, 'डॉ० हजारी प्रसाद द्विवेदी का प्रक्षिप्त चिन्तन'—डॉ० धर्मवीर, 'आज का दलित साहित्य'—डॉ० तेज सिंह, 'दलित विमर्श की भूमिका'—कंवल भारती, 'दलित चेतना और समकालीन हिन्दी उपन्यास'—डॉ० मुन्ना तिवारी, 'रैदास : एक विश्लेषण', 'लोकतन्त्र में भागीदारी का सवाल'—कंवल भारती, 'दलित-विमर्श की भूमिका', 'धर्मान्तरण और दलित', 'वर्तमान दलित आन्दोलन : दशा और दिशा'—डॉ० जयप्रकाश कर्दम, 'दलित-विमर्श', 'विकल्प का साहित्य', 'कुछ टिप्पणियाँ', 'कुछ सवाल'—मूलचन्द्र सोनकर, 'आदिम चमार जाति : इतिहास, धर्म एवं संस्कृति'—डॉ० सोहन पाल सुमनाक्षर, 'दलित साहित्य में सामाजिक सांस्कृतिक चेतना'—डॉ० श्यौराज सिंह बेचैन, 'अम्बेडकरी आलोचना के प्रतिमान'—ईश कुमार गंगानिया, 'हिन्दी उपन्यासों में दलित वर्ग'—डॉ० कुसुम मेघवाल, 'दलित साहित्य चिन्तन के सन्दर्भ में'—डॉ० चमनलाल, 'दलित दखल'—डॉ० श्यौराज सिंह बेचैन, रजत रानी मीनू (सम्पा०), 'आधुनिकता के आइने में दलित'—अभय कुमार दुबे, 'दलित मुक्ति का प्रश्न और दलित साहित्य'—दिनेश राम आदि।

आदिवासी या जनजातीय विमर्श और साहित्य

आदिकाल से आदिवासी देश-प्रदेश में नंगे घूमते हुए जंगलों और पहाड़ों में रह रहे हैं। जीविकोपार्जन के लिए ये लोग जंगली फूलों, फलों, शिकार, पशु-पालन, जड़ी-बूटियों आदि पर निर्भर रहे हैं। इनकी मुख्य समस्या जमीन, जंगल एवं जल है। विकास के नाम पर विस्थापित कर जंगल, जल और जमीन तीनों से वंचित कर उन्हें आज जंगलों से बाहर खदेड़ा जा रहा है। इन सारी समस्याओं का चित्रण आदिवासी साहित्य में हो रहा है।

'मोहोल' आदिवासी कवियों का पहला प्रतिनिधि काव्य संग्रह है। इसका सम्पादन 'प्रभु राजगड़कर' ने किया है। इसमें राजगड़करजी की 'महाकाय शहर' शीर्षक कविता सिर्फ आदिवासियों का चित्रण ही नहीं करती बल्कि इस देश के सभी शोषित, दलित और पीड़ित मनुष्य इस कविता के विषय हैं। इस कविता में दु:खी मन से नायक कहता है—'मैं बोलना जानता हूँ क्रान्ति की भाषा / पर यहाँ तो / सूखकर डबरा बने वीरान पेट में / कुछ भी नहीं था / इसलिए मेरी क्रान्ति की भाषा का / हो गया है गर्भपात।'

आदिवासियों में चेतना जगने लगी है। उनके पाँव जो थिरकते थे, अब अपनी लय और ताल को 'कदम ताल' में बदलने लगे हैं। उनके स्वर जो सरहुल परब पर या फसलों के आने पर गीतों में फूटते थे, अब नेतरहाट के फायरिंग रेंज के विस्तार के विरुद्ध ललकार और सामूहिक गान बनकर गूँजने लगे हैं—

सेना आई है फायरिंग करने / यह हमारी लड़ाई का कारण / होशियार बनो भाइयो / शक्तिमान बनो बहनो / और फिर 'विजय बिगुल खरकने लगा है'।

हिन्दी में जिन आदिवासी रचनाकारों ने कविताएँ लिखी हैं उनमें ग्रेस कुजूर, हरिराम मीणा, डॉ० रामदयाल मुण्डा, महादेव टोप्पो, सहदेव सोरी, मोतीलाल, लक्ष्मण-सिंह कावड़े, मीराँ रामनिवास, निर्मला पुतुल एवं अनुज लुगुन इत्यादि उल्लेखनीय हैं।

अनुज लुगुन युवा कवि हैं। उन्हें 2011 ई० के भारत भूषण अग्रवाल पुरस्कार से हाल ही में नवाजा गया है। इनकी कविताओं में आदिवासी जीवन के प्रति गहरी आत्मीयता और आदिवासी समाज के बुनियादी मूल्यों पर सहज आस्था बेहद स्वाभाविक ढंग से प्रकट होती है। अनुज लुगुन की 'अघोषित उलगुलान' (अघोषित संघर्ष) कविता आन्तरिक और बाह्य उपनिवेशवाद के लगातार बर्बर होते हमलों को झेलते पृथ्वी के प्रथम नागरिकों के संघर्ष और उत्कट जिजीविषा की अभिव्यक्ति है। यहाँ इस कविता का एक अंश प्रस्तुत है—

...वे जो शिकार खेला करते थे निश्चिन्त
जहर बुझे तीर से / या खेलते थे
रक्त-रंजित होली / अपने स्वत्व की आँच से
खेलते हैं शहर के कंक्रीटीय जंगल में /

जीवन बचाने का खेल। / शिकारी शिकार बने फिर रहे हैं शहर में
अघोषित उलगुलान में / लड़ रहे हैं जंगल
नक्शे में अपने घटते घनत्व के ख़िलाफ़
जनगणना में घटती संख्या के खिलाफ़
गुफाओं की तरह टूटती अपनी ही जिजीविषा के खिलाफ़
.... कोई नहीं बोलता इनके हालात पर कोई नहीं बोलता
जंगलों के कटने पर / पहाड़ों के टूटने पर / नदियों के सूखने पर
ट्रेन की पटरी पर पड़ी / तुरिया की लावारिस लाश पर
कोई कुछ नहीं बोलता बोलते हैं बोलने वाले
केवल सियासत की गलियों में / आरक्षण के नाम पर बोलते हैं
लोग केवल / उनके धर्मांतरण पर / चिंता है उन्हें
उनके 'हिन्दू' या 'ईसाई' हो जाने की
यह चिंता नहीं कि / रोज कंक्रीट की ओखल में पिसते हैं
उनके तलवे / और लोहे की ढेंकी में / कुटती है उनकी आत्मा....

युवा कवयित्री निर्मला पुतुल की कविताओं में भी आदिवासी समाज का विस्थापन और उनकी जिजीविषा का बहुत जीवन्त चित्रण हुआ है। उनकी कविताओं में समाप्त होते जंगल का जो दर्द है, वह मिट रहे आदिवासी समाज का भी दर्द है। उनकी कविताएँ सिर्फ पीड़ा को ही व्यक्त नहीं करतीं, प्रतिरोध के लिए भी प्रेरित करती हैं। यहाँ 'बेटी मुर्मू के लिए' कविता का प्रथम अंश द्रष्टव्य है—

उठो कि अपने अँधेरे के खिलाफ उठो
उठो अपने पीछे चल रही साजिश के खिलाफ
उठो कि तुम जहाँ हो वहाँ से उठो
जैसे तूफान से बवंडर उठता है
उठती है जैसे राख में दबी चिनगारी
देखो अपनी बस्ती के सीमांत पर
जहाँ धराशायी हो रहे हैं पेड़
कुल्हाड़ियों के सामने असहाय
रोज नंगी होती बस्तियाँ एक रोज माँगेगी तुमसे
तुम्हारी खामोशी का जवाब
सोचो—तुम्हारे पसीने से पुष्ट हुए दाने
एक दिन लौटते हैं तुम्हारा मुँह चिढ़ाते
तुम्हारी ही बस्ती की दुकानों पर कैसा लगता है तुम्हें जब
तुम्हारी ही चीज़ें तुम्हारी पहुँच से दूर होती दिखती हैं....

आदिवासी **कथा लेखन** भी अब समय के साथ चल रहा है। आदिवासी लेखक कहानी, उपन्यास, व्यंग्य, नाटक आदि लिख रहे हैं। रचनाकार अपनी रचनाओं में अपने

समाज एवं देश की समस्याओं को उजागर कर रहे हैं। रामधन मीणा की 'अप्रत्याशित', 'कहानी के बाहर की औरत', वाल्टर मेंगरा की 'खखरा काजतरु', कृष्णचन्द टुडू की 'एक बित्ता जमीन', रोज केरकेट्टा की 'भँवर', मंजू ज्योत्स्ना की 'प्रायश्चित्त', पीटर पॉल एक्का की 'राजकुमारों के देश में', कोमल की 'साहूकार की मछली', 'पहचान', मीराँ राम निवास की 'अन्तिम टारगैट', हजारीलाल मीणा की 'विरासत', कौशल्या, प्यारे केरकट्टा (खडिया) की 'बेरथऊ बिहा', 'लोदरो समधी', दीनानाथ मनोहर (मराठी) 'जंगल शान्त हुआ', 'स्थित्यन्तर' आदि प्रसिद्ध आदिवासी कथा कृतियाँ हैं।

प्यारे केरकेट्टा की कहानी 'बेरथऊ बिहा' उस आदिवासी समाज की कहानी है जो धर्म-परिवर्तन के बाद भी अपनी संस्कृति को कायम रखता है क्योंकि संस्कृति को वह धर्म नहीं मानता—जीने की शैली मानता है। यह कहानी आज भी प्रासंगिक है, क्योंकि आदिवासी पहले आदिवासी है, ईसाई या हिन्दू बाद में। वैसे हिन्दू तो वह कभी रहा भी नहीं। इसी कहानी में पहाड़ पर गाये जा रहे पाडू की आवाज से आदिवासी युवतियों का मन विचलित हो उठता है। कहानी की नायिका जवाब में जो गीत गाती है, वह दूल्हे के लड़की से छोटे होने की परम्परा का द्योतक है जो आज भी उस समाज में कहीं-कहीं दिखायी पड़ रहा है

आदिवासी जीवन केन्द्रित उपन्यास साहित्य का उद्देश्य अन्य उपन्यास साहित्य की तुलना में बिल्कुल भिन्न है। आदिवासी जीवन से जुड़े उपन्यासों का उद्देश्य है इस गतिमान समय में जीते हुए आदिवासियों के समग्र पहलुओं को उद्घाटित करना। आदिवासी लेखकों द्वारा उपन्यास कम ही लिखे गये हैं। इनमें शंकरलाल मीणा का 'सपनों वाली वह दुबली लड़की', पीटर पॉल एक्का का 'जंगल के गीत', साधना का 'रागो' (तेलुगु), श्रवणकुमार का 'चक्रव्यूह', जयप्रकाश भारती का 'कोहरे में खोये चाँदी के पहाड़', नारायण का 'दुलरी मैया' (मलयालम), दामोदर सदन का 'नदी के मोड़ पर' एवं रणेन्द्र का 'ग्लोबल गाँव के देवता' आदि प्रमुख हैं।

युवा कथाकार रणेन्द्र का पहला उपन्यास 'ग्लोबल गाँव के देवता' समय-गाथा होने के साथ ही एक मृत्यु-कथा भी है—

'हमारे कदमों के पीछे / हमारा दुर्भाग्य चल रहा है।
अपने पीछे भागते शिकारी की आवाज सुनकर
अपने आपको / अपनी पूर्ण मृत्यु के लिए / तैयार
कर रहा है....।'

उपन्यास में उद्धृत किसी आदिवासी लोकगीत की ये पंक्तियाँ औद्योगिक विकास की आड़ में चल रहे सांस्कृतिक शिकार के खतरनाक खेल और इस उपन्यास के अन्तः-केन्द्र, दोनों को एक ही साथ रेखांकित करती हैं। विकास के आधुनिक मॉडल में पूरा व्यवस्था-तन्त्र किस तरह शिकारी बन गया है और हाशिये पर बैठे समाज के साधनहीन लोग जो अपनी जिन्दगी की लड़ाई लड़ते हुए मरने को मजबूर हो रहे हैं, किस तरह अपनी पूर्ण मृत्यु का एक जख्मी हिरण की तरह इन्तजार कर रहे हैं, इस सच्चाई पर से

यह उपन्यास न सिर्फ पर्दा उठाता है बल्कि इसके कारणों और इसके पीछे की साजिशों का भी पर्दाफाश करता है। यह नयी व्यवस्था सिर्फ लोगों को ही नहीं, उनकी पहचान और उनकी पूरी संस्कृति को ही पुनर्वास-रहित विस्थापन की ओर धकेल रही है। इसका दस्तावेजी और प्रामाणिक सच रणेन्द्र ने इस उपन्यास में दर्ज किया है।

इस प्रकार अपने अस्तित्व के लिए जूझ रहे आदिवासी समाज के जीवन-संघर्षों और उनकी संस्कृतियों को स्वर देता आदिवासी साहित्य एक नये ढंग का विमर्श लेकर उपस्थित हुआ है, जिसमें जीवन के सर्वथा नये और अपरिचित पहलू उजागर हो रहे हैं।

●

उत्तर आधुनिकता, भूमण्डलीकरण और साहित्य

उत्तर आधुनिकता की पहली परिकल्पना **आर्नल्ड टॉयनबी** ने की थी। उन्होंने उन्नीसवीं सदी के उत्तरार्ध में अपनी पुस्तक A Study of History में आधुनिक युग की समाप्ति की घोषणा की थी। उन्होंने 1848-1869 ई० के बीच के समय के लिए उत्तर आधुनिक शब्द का प्रयोग किया था। उनके अनुसार उत्तर आधुनिकता के मसीहा नीत्से थे। लेकिन उत्तर आधुनिक शब्द का चलन बाद में आया। एडोर्नो-होर्खिमार ने इसे नये दार्शनिक अर्थ दिये। बाद में फ्रांसीसी दार्शनिक ल्योतार ने इसे एक स्थिति के रूप में स्थिर करने का प्रयत्न किया। इतिहास में उत्तर आधुनिक शब्द का प्रयोग सबसे पहले 1979 ई० में **ल्योतार** ने किया था। इसके संस्थापकों और व्याख्याताओं में टॉयनबी और ल्योतार के अलावा डेन्युअलवेल, बौद्रीआ, जॉनबार्थ, पीटर बर्जर आदि हैं। देल्युज, देरिदा सॉस्यूर, फूकोयामा, मिशेल फूको तथा माइकेल फूको ने जिन संरचनावादी कृतियों को रेखांकित किया वे सब उत्तर आधुनिकता को भी अनुप्राणित करती हैं।

उत्त आधुनिकता की मूल चेतना आधुनिक ही है। क्योंकि इसके विकास एवं इसकी अस्मिता का आधार वही उद्योग हैं जो आधुनिकता की देन हैं। टॉयनबी के अनुसार आधुनिकता के बाद उत्तर आधुनिकता तब शुरू होती है जब लोग कई अर्थों में अपने जीवन, विचार एवं भावनाओं में तार्किकता एवं संगति को त्याग कर अतार्किकता एवं असंगतियों को अपना लेते हैं। इसकी चेतना विगत को एवं विगत के प्रतिमानों को भुला देने में सक्रिय दिखायी पड़ती है।

उत्तर आधुनिक विमर्श मूलतः बीसवीं सदी के उत्तरार्ध की देन है। यह संकल्पना भारतीय न होकर पश्चिमी है। असल में आधुनिकता का अगला कदम उत्तर आधुनिकता है। उत्तर आधुनिकतावाद 'Post Modernism' का हिन्दी पर्याय है। पाश्चात्य जगत् में डैन्युअल वेल ने 'द कॉमेंट ऑफ पोस्ट इंडस्ट्रियल सोसायटी' ग्रन्थ में 'वस्तु महत्त्वपूर्ण नहीं, वस्तु का मूल्य महत्त्वपूर्ण है', इस बात को समझाते हुए उत्तर-आधुनिकता की प्रवृत्ति पर प्रकाश डाला है। **जॉन फ्रान्सिस ल्योतार** ने अपनी पुस्तक 'द पोस्ट मॉडर्निज़्म एक्स्प्लेन' में उत्तर आधुनिकता के सन्दर्भ में लिखा है कि इसमें 'इन प्रजेंटेबल' को प्रस्तुति मिलती है। फ्रैटिक जेनेशन ने वृद्ध पूँजीवाद की पहल के जरिये उत्तर आधुनिकता की चर्चा करते हुए आवश्यकता को अनदेखा कर विलासिता को प्रोत्साहित करने की, स्टेटस सिंबल की और 'जो धनी है, वही सर्वशक्तिमान है' आदि की चर्चा की है।

यह विचारधारा न भारतीय चिन्तन से उपजी है और न ही भारतीय जीवन का अंग मानी जा सकती है। फिर भी ऐसा नहीं है कि उत्तर आधुनिकता की स्थिति हमारे समाज में बिल्कुल नहीं है और साहित्यिक कृतियों में उत्तर आधुनिकता की प्रवृत्ति को कोई स्थान नहीं मिल पाया है। अर्थात् उत्तर आधुनिकता भले ही हमारी सभ्यता और संस्कृति की

विचारधारा न हो तथा यह हमारे समाज के अनुरूप और अनुकूल न हो फिर भी पश्चिम में स्थित उसकी जड़ें अपनी शाखाओं का फैलाव हमारे यहाँ तक पहुँचा रही हैं। उत्तर आधुनिकता के बारे में राघवेन्द्र प्रताप सिंह की मान्यता है कि "उत्तर आधुनिकता किसी एक दार्शनिक के प्रति नहीं बल्कि सम्पूर्ण आधुनिक यूरोपीय दर्शन के प्रति तीव्र प्रतिक्रिया है।"

डॉ० सुधीश पचौरी के अनुसार, "उत्तर आधुनिकता आधुनिकता का विस्तार भी है और अन्तिम बिन्दु भी है। वह 'अनुपस्थित' की 'उपस्थिति' है। वह 'प्रतिनिधि-रहित' की उपस्थिति है।" (आधुनिकता और मार्क्स उद्धृत स्त्रवंति, फरवरी 2011, पृ० 16)

पिछले दस वर्षों में संचार क्रान्ति ने सम्पूर्ण विश्व को ग्लोबल विलेज बना दिया। माइण्ड, मनी और मसल तीनों ने मिलकर परिवर्तन के विराट् चक्र को मनुष्य के सामने खड़ा कर दिया है। कृष्णदत्त पालीवाल की मान्यता है कि "नये ग्लोबल मैन की ग्लोबल सोसायटी में चीजों के साथ 'रिलेशनशिप' की उम्र छोटी हो गयी है—'यूज़ एण्ड थ्रो कल्चर' का नया विचार दर्शन आ गया है। सभी मानव सम्बन्ध टूट-फूट गये हैं तथा प्रत्येक अवधारणा अनिश्चित हो गयी है। डेजर्ट + पोलिश + ओलम्पियंस तीनों मिलकर 'पोस्ट मॉडर्निज़्म' का चौखटा तैयार करते हैं।"

(कृष्णदत्त पालीवाल, उत्तर आधुनिकतावाद की ओर, भूमिका से)

प्राय: आधुनिकता और उत्तर आधुनिकता के बीच कोई बड़ी विभाजन-रेखा नहीं है। उत्तर आधुनिकता को आधुनिकता का उत्कर्ष अथवा अवसान माना जाता है। अत: आधुनिकता के बिना उत्तर आधुनिकता की कल्पना नहीं कर सकते हैं। आधुनिकता में ....व्यापार के विस्तार से पूँजीपति वर्ग का अभ्युदय हुआ जिससे पुराने सम्बन्ध बदले। संस्कृति के केन्द्र ग्राम न होकर नगर हो गये। मनुष्य सृष्टि का केन्द्र हो गया।"

(रमेश कुन्तल 'मेघ', आधुनिकता बोध और आधुनिकीकरण, पृ० 10)

आधुनिकता ने उपभोग की संस्कृति दी है तो उत्तर आधुनिकता ने व्यक्ति को महत्त्व दिया है। बाकी सारी बातें उसके लिए गौण हैं। उत्तर आधुनिकता में हमेशा कुछ नया करने पर जोर दिया जाता है। उसकी दृष्टि समग्रता पर न होकर विखण्डन पर ही रहती है। वह हर बात को तोड़कर देखने में ही विश्वास रखती है। अत: किसी भी बात को बनाना-बिगाड़ना ही अब उत्तर आधुनिक कला है। उत्तर आधुनिकता के प्रवर्तक विद्वान् ल्योतार के अनुसार, "उत्तर आधुनिकता नया अर्थ सन्दर्भ अवश्य ग्रहण किये हुए है—किन्तु यह आधुनिकता के युग का ही नया विस्तार है। यह कहना कठिन है कि उत्तर आधुनिकता आधुनिकता की पराकाष्ठा है या अवसान। वस्तुत: उत्तर आधुनिकता 'अदर' या 'अन्य' अर्थात् उपेक्षितों की प्रतिनिधि होने का दावा करती है। अर्थात् 'अदर वर्ल्ड' (अन्य या उपेक्षितों) की दुनिया ही उत्तर आधुनिकतावाद का केन्द्रीय मुद्दा है। इसके फलस्वरूप जो समूह आज तक हाशिये पर हैं, वे व्यवस्था से बदलने वाले नहीं हैं। हाशिये वालों की जिन्दगी में बदलाव तब आता है जब वर्चस्व को चुनौती मिलती है।"

(जगदीश्वर चतुर्वेदी, उत्तर आधुनिकता, पृ० 66)

वागीश शुक्ल के अनुसार, ''उत्तर आधुनिकता एक ऐसी विचारधारा है जिसमें उदाहरणस्वरूप यदि कोई इमारत है और उस इमारत के पास ही अगर कोई झोपड़ी है तो उस झोपड़ी से भले ही इमारत का सौन्दर्य क्षरित हो रहा हो, परन्तु हम उस झोपड़ी की तरफ से अपना ध्यान नहीं हटा सकते। क्योंकि उसका भी अपना अस्तित्व है। उत्तर आधुनिकता में हम उसके महत्त्व को स्वीकारते हैं।''

(उद्धृत, डॉ० मीना खरात, उत्तर आधुनिकता और मनोहर श्याम जोशी, पृ० 78)

उत्तर आधुनिकता की सबसे पहले शुरुआत वास्तुकला के क्षेत्र में दिखायी देती है। 1960 ई० के दशक में इसका उदय न्यूयॉर्क के कलाकारों से माना जाता है। जर्मनी में इसकी शुरुआत नीत्शे और हाइडेगर से बतायी जाती है। फ्रांस में मिशेल फूको, रोलाबार्थ, जॉक देरिदा से होते हुए अमेरिका के विश्वविद्यालयों में इसका प्रवेश हुआ।

''उत्तर आधुनिकता के मूल में बुनियादी बात सृजन की आजादी एवं अर्थ पर बैठाये हुए पहरे को निरस्त करना है। उत्तर आधुनिकता एक खुली बौद्धिक अभिवृत्ति है—सर्जनात्मक आजादी की अपनी सांस्कृतिक अस्मिता पर आग्रह करने की, सर्वस्वीकृत मान्यताओं के बारे में नये सिरे से विचार करने और प्रश्न उठाने की, प्रदत्त साहित्यिक लीक की निरंकुशता को तोड़ने की तथा अर्थ के रूढ़ पहलू के साथ उसके दमित या उपेक्षित पक्ष को देखने-दिखाने की। इसका मानना है कि साहित्य जीवन एवं समाज के मूल्यों का ही हिस्सा है। साहित्य की कोई भी परिभाषा अथवा व्याख्या जीवन, समाज एवं संस्कृति से हटकर शक्य ही नहीं।''

(गोपीचन्द नारंग, संरचनावाद-उत्तर संरचनावाद एवं प्राच्य काव्यशास्त्र, पृ० 393)

कोई भी बड़ा परिवर्तन सहज स्वीकार्य नहीं होता कम से कम सांवेदनिक स्तर पर तो जरूर ही। उसमें टूटने-बिखरने का क्रम जुड़ने और व्यवस्थित होने का सलीका समय और परिणाम की माँग करता है। किन्तु यह बात भी अपनी जगह पर सच है कि जिस तरह मार्क्स ने इतिहास को विकेन्द्रित कर दिया था या फ्रायड ने व्यक्ति को केन्द्रहीन कर दिया था, बिल्कुल उसी तरह सॉस्यूर ने भाषा को तथा देरिदा ने अर्थ के ऐक्य को अपकेन्द्रित कर दिया है। ज्ञान और बुद्धि का परिवर्तन साधारण परिवर्तन नहीं है। फिर बकौल आचार्य शुक्ल 'चित्तवृत्ति' का परिवर्तन साहित्य में परिलक्षित, प्रतिबिम्बित तो होगा ही।

भूमण्डलीकरण और उत्तर आधुनिकता वैचारिक स्तर पर साहित्य और संस्कृति में अनेकरूपता की बात करती हैं, किन्तु व्यावहारिक स्तर पर भूमण्डलीकरण के कारण स्थानीयता एवं विविधता नष्ट हो रही है और खान-पान, वेश-भूषा, भाषा-संगीत, मनोरंजन आदि सबकुछ एक रंग और एक रूप होता जा रहा है, जो शुभ नहीं है।

आज इण्टरनेट, ब्लॉगिंग, फेसबुक, ई-मेल के द्वारा अभिव्यक्ति की यह नयी दुनिया बेढंगी, बेतरतीब तथा क्षणजीवी होती जा रही है। दूसरी बात यह कि साहित्य में जो स्थानीयता की रंगत होती है, वह भूमण्डलीकरण की एकरूपताओं और मानकों के प्रभाव में विलुप्त होती जा रही है। इसी प्रकार लोक-जीवन में लोक-कथाओं और

लोक-कविताओं के माध्यम से जनजीवन अपनी जो साहित्यिक अभिव्यक्ति करता आया है, उसकी परम्परा कमजोर होती जा रही है।

सुधीश पचौरी का मानना है कि उत्तर आधुनिकता एक 'ज्ञानदशा' या 'जीवनदशा' है। हमारे अनुभव उत्तर आधुनिक बन रहे हैं। हमारी बहसों में अचेत रूप में हमारे बदलते हुए जगत् के चित्र आने लगे हैं। इसलिए विज्ञान के मुकाबले अनुभव की वापसी, योजना की जगह बाजार की वापसी, सेकुलरिज़्म की जगह धार्मिक पहचानवादी, जातिवादी, स्त्रीवादी उपकेन्द्रों की वापसी और मनुष्य-केन्द्रित प्रगति की जगह प्रकृति-केन्द्रित विकास के बीच लगातार बहस जारी है।

(सुधीश पचौरी, आलोचना से आगे, पृ० 9-10)

उत्तर आधुनिकतावादी विचारधारा के कुछ प्रधान तत्त्व तथा प्रवृत्तियाँ कुछ दिनों में चिन्तनपरक ग्रन्थों में तथा साहित्यिक कृतियों में उभरकर आयी हैं। ये आधुनिकता की भी विशेषताएँ कही जा सकती हैं।

सच कहें तो उत्तर आधनिकता को लेकर जितने विचार आये हैं, वे काफी धुँधले और अस्पष्ट हैं। कहीं-कहीं तो ये परस्पर-विरोधी भी हैं। इसमें आधुनिकता का विस्तार भी है और उससे मोहभंग भी। मशीनीकरण और बुद्धिवाद का चरम, तकनीकी का विकास और उसका विध्वंसक उपयोग, हथियारों की होड़, विश्वयुद्ध, हिटलर की तानाशाही, यातना-शिविर, हिरोशिमा और नागासाकी पर परमाणु बमों का प्रयोग आदि के कारण लोगों का आधुनिक विकास के स्वरूप से मोहभंग हुआ। सत्य और सौन्दर्य के मिथक भी टूटे। साम्राज्यवादी लूट से कुछ देश अत्यन्त सम्पन्न हुए तो बाकी अत्यन्त ग़रीब।

उत्तर आधुनिकता सम्पन्न साम्राज्यवादी पाश्चात्य देशों के विचारकों का सोचा-समझा दर्शन है। उदारीकरण और भूमण्डलीकरण जिस बाजारवादी मानसिकता के नारे हैं, उत्तर आधुनिकता उसी की साहित्यिक-सांस्कृतिक अभिव्यक्ति है। अत्यधिक उत्पादन, उपभोग और फिर मन्दी से घिरे इन व्यापारियों को बाज़ार की तलाश है, इसलिए वे विकासशील और तीसरी दुनिया के देशों से व्यापारियों के लिए (मुक्त व्यापार के लिए) अपनी चौहद्दियाँ समाप्त करने या अपने दरवाजे खोल देने का आह्वान कर रहे हैं। इनका दावा है कि ऐसे वातावरण में टुटपुँजिये व्यवसायी और बहुराष्ट्रीय कम्पनियाँ स्वच्छन्द व्यापार करेंगी और सबका लाभ होगा जो कि व्यावहारिक नहीं है। निश्चय ही बड़ी मछली छोटी को निगल जाएगी। उत्तर आधुनिकता बूढ़े साम्राज्यवाद का सांस्कृतिक तर्क है। यह यूरोपीय आधुनिकता है जो सार्वभौम मानवीय सरोकारों तथा मूल्यों एवं संस्कारों के अस्तित्व से इनकार करती है। उदारीकरण, मुक्त व्यापार, वैश्वीकरण, भूमण्डलीकरण, ग्लोबल गाँव (विश्व ग्राम) ये शब्द बाहर से चमकदार और खूबसूरत हैं, किन्तु भीतर से अत्यन्त विद्रूप और खतरनाक इरादे वाले हैं। यह धूर्त और अघाए हुए लोगों का छलशास्त्र है। 'विषकुम्भ पयोमुखम्'। इस स्वर्ण-पात्र में विष भरा है। यह सारा उद्यम बाज़ार पर कब्ज़ा करने के लिए है। सारी लड़ाई दुनिया को सिर्फ़ बाज़ार और इंसान को

सिर्फ उपभोक्ता के रूप में बदल देने के लिए है। विगत वर्षों में विकासशील और तीसरी दुनिया के देशों में विश्व सुन्दरियों का चयन उन देशों में बहुराष्ट्रीय कम्पनियों के विज्ञापन के लिए मॉडल्स का चयन है जो कि बाज़ारवाद का ही हिस्सा है। आज मीडिया में भीषण विज्ञापन-युद्ध छिड़ा हुआ है। बकौल लीलाधर जगूड़ी 'ख़बर का मुँह विज्ञापन से ढँका है'।

भूमण्डलीकरण और मुक्त बाज़ार की छूट के कारण आज विदेशी बहुराष्ट्रीय कम्पनियाँ मनमानी और जोर-जबर्दस्ती करने लगी हैं। भारत के जल, जंगल और ज़मीन पर कब्जा कर ये उनका असीम दोहन कर रही हैं। उनके वास्तविक मालिकों पर अनेकानेक प्रकार के अत्याचार करके उन्हें बेदखल किया जा रहा है। पूँजीवादी चरित्र की अपनी सरकारें भी उनकी मदद कर रही हैं।

उत्तर आधुनिकता विमर्श में कुछ बातें समान और अधिकांश परस्पर-विरोधी हैं। इन विमर्शों से जो बातें छनकर आ रही हैं उनमें यह दिखायी पड़ रहा है कि इसमें समाज की जगह व्यक्ति और व्यक्ति की जगह उपभोक्ता, प्रेम की जगह वासना, आत्मा की जगह देह, हृदय की जगह बुद्धि, ज्ञान की जगह सूचना, एकता की जगह एकरूपता, आवश्यकता की जगह विलासिता और समग्रता की जगह विखण्डन की स्थापना हो रही है। पहले ज़रूरत के कारण ख़रीददारी होती थी, अब यह फैशन है। अब शॉपिंग के लिए शॉपिंग हो रही है, नायक-खलनायक का, नेता और अपराधी का अन्तर समाप्त हो रहा है। उत्तर आधुनिकता में महावृत्तान्त के अन्त (ल्योतार) और केन्द्र बनाम परिधि अर्थात् हाशिये के लोगों द्वारा केन्द्रीय वर्चस्व को चुनौती की भी चर्चा हो रही है। इसके अन्तर्गत दलित-विमर्श, स्त्री-विमर्श, जनजातीय या आदिवासी-विमर्श तथा पर्यावरणीय-विमर्श को रखा जा सकता है। कुछ लोगों की ऐसी भी मान्यता है कि उत्तर आधुनिकता आधुनिकता का निषेध करती है, उसे चुनौती देती है तथा आधुनिक मूल्यों के टूटने का विश्लेषण भी करती है।

इस प्रकार कोई विचार अन्तिम नहीं है, कोई विकास अन्तिम नहीं है, उन्नति की कोई सीमा नहीं है, एक ओर विकास है तो दूसरी ओर विनाश, यथार्थ एवं सम्पूर्णता का दावा व्यर्थ है, परिवर्तन की प्रक्रिया अनवरत और अखण्ड है, पूँजीवाद का विकास उत्तर आधुनिकता का अभिन्न अंग है, जो हाशिये पर है उन्हें केन्द्र में लाया जा रहा है, बिखराव, टूटन, विखण्डन तथा विघटन आदि इसके अभिन्न अंग हैं, आधा-अधूरापन अस्पष्टता, रीमिक्स, फ्यूजन आदि इसके अनिवार्य हिस्से हैं तथा उदारीकरण, निजीकरण, पूँजीवाद तथा उपभोक्तावाद इसके विभिन्न पक्ष है।

उपर्युक्त सारे लक्षण उत्तर आधुनिक विमर्श के लक्षण हैं। हिन्दी साहित्य में उत्तर आधुनिकता के सैद्धान्तिक पक्ष पर चर्चाएँ अधिक हो रही हैं। साहित्य में ये प्रवृत्तियाँ कम दिखाई पड़ रही हैं। साहित्य में विशेषकर साम्राज्यवाद और बाज़ारवाद को लेकर अधिक लिखा जा रहा है और समाज को यही तत्त्व अधिक प्रभावित भी कर रहे हैं। उत्तर आधुनिक विमर्श के अन्तर्गत आने वाले सभी लक्षण किसी एक उपन्यास, कहानी या

कविता में मिलेंगे, ऐसा नहीं है। लेकिन कुछ लक्षण या विचार प्रवृत्ति के रूप में अवश्य अभिव्यक्त हो रहे हैं।

हिन्दी उपन्यासों में उत्तर आधुनिक विचारधारा का आरम्भ बीसवीं सदी के अन्तिम दो दशक से ही मानना होगा। विदेशों में भले ही सन् 1960 ई० के बाद ही उत्तर आधुनिकता पर चिन्तन और लेखन प्रारम्भ हो गया था, लेकिन भारत में इसका श्रीगणेश मनोहर श्याम जोशी के उपन्यास 'कुरु-कुरु स्वाहा' (1980 ई०) से मानना पड़ेगा। अन्य लेखकों की तुलना में मनोहर श्याम जोशी के लेखन में उत्तर आधुनिक चिन्तन को सर्वाधिक स्थान मिला है। 'हमजाद' हो चाहे 'कसप', 'हरिया हरक्यूलिस की हैरानी' हो चाहे 'क्याप' अथवा 'ट-टा प्रोफेसर' इन सबमें उत्तर आधुनिक विचार केन्द्र में रहे हैं।

समकालीन हिन्दी कथा-साहित्य में सुरेन्द्र वर्मा का 'मुझे चाँद चाहिए' तथा 'दो मुर्दों के लिए गुलदस्ता', वीरेन्द्र जैन का 'डूब', मैत्रेयी पुष्पा का 'चाक', गीतांजलिश्री का 'हमारा शहर उस बरस', चित्रा मुद्‌गल का 'आवाँ', प्रभा खेतान का 'आओ पेपे घर चलें', उदय प्रकाश का 'वारेन हेस्टिंग्स का साँड़ एवं अन्य कहानियाँ' तथा कमलेश्वर का 'कितने पाकिस्तान' में उत्तर आधुनिक विमर्श को अभिव्यक्ति मिली है।

वैध-अवैध से कोई लेना-देना न होना भी उत्तर आधुनिकता का एक लक्षण है। मनोहर श्याम जोशी के 'हमजाद' और 'कुरु-कुरु स्वाहा' में यह प्रवृत्ति परिलक्षित होती है। 'कुरु-कुरु स्वाहा' के एक प्रसंग में यह स्थिति साफ नज़र आती है। पहुँचेली के बीते हुए जीवन की कथा को लेकर तथा पिता-पुत्री के रिश्ते को लेकर लेखक लिखता है, "मैं एक कहानी लिखने वाला हूँ। पिता और पुत्री के चुम्बन की कहानी जिसमें नायिका के आइन्दा जीवन के तमाम और चुम्बनों का पूर्वाभास था। मैं बचपन में मिले उस चुम्बन को सारी कहानी में टेक की तरह इस्तेमाल करने वाला हूँ। बहुत प्रगीतात्मक-सी होगी यह कहानी।" (मनोहर श्याम जोशी, कुरु-कुरु स्वाहा, पृ० 49)

इससे समझने में देर नहीं लगती है कि वैध और अवैध या नैतिक-अनैतिक का लिहाज किये बिना लेखन किया जा रहा है। बनाना तथा बिगाड़ना, बनाना तथा उजाड़ना, विकास तथा विनाश ये सब उत्तराधुनिकता की प्रवृत्तियाँ हैं। नर्मदा बाँध ने मेधा पाटकर के नेतृत्व को जन्म दिया है। वीरेन्द्र जैन के 'डूब' उपन्यास में उत्तर आधुनिक विमर्श अर्थात् विकास के नाम पर हो रहे विनाश को यथार्थता के साथ अंकित किया गया है। मुआवजा न मिलने तथा विस्थापितों का उचित प्रबन्ध न होने के कारण 'डूब' उपन्यास के भाते नामक पात्र को सरकार के झूठेपन का एहसास होता है। सरकार की बाँध-पीड़ितों के प्रति उदासीनता और लापरवाही तथा विस्थापन की समस्या को हल करने में नियोजन का अभाव स्पष्ट होने में देर नहीं लगती। इससे एक तथ्य सामने आता है कि हमारे यहाँ आधुनिक बनने तथा विकास को पाने के लिए प्रयास तो किये गये, लेकिन विकास से ज्यादा विनाश ही उभरकर सामने आ रहा है।

बिना पति के बच्चा पैदा करना, कुँआरी होकर भी मातृत्व स्वीकार करना उत्तर आधुनिक विमर्श का लक्षण है। सुरेन्द्र वर्मा के 'मुझे चाँद चाहिये' में इसका चित्रण देख

सकते हैं। उपन्यास की नायिका वर्षा वशिष्ठ अपने प्रेमी हर्ष से न केवल प्रेम करती है बल्कि उसे अपना शरीर भी दे देती है। बाद में जब हर्ष की मौत हुई तो वर्षा गर्भवती थी। हर्ष से रहे गर्भ को वह न केवल पालती है बल्कि उसे बच्चे के रूप में देखना चाहती है। वर्षा का कुँआरी होकर भी मातृत्व को चाहना उत्तर आधुनिकता की ही प्रवृत्ति है। स्वयं वर्षा के शब्दों में, ''मैं हर्ष के बच्चे को स्वीकार करूँगी।'' (मुझे चाँद चाहिये, पृ० 533) इसी प्रकार मैत्रेयी पुष्पा के 'चाक' उपन्यास की विधवा रेशम अवैध गर्भधारण करती है। उसका सोचना है कि—'पेड़ हरा-भरा रहे तो फल-फूल क्यों नहीं लगेंगे ? क्या ऐसा हो सकता है कि ऋतु आए और वल्लरी न फूले ?'

नाजायज सम्बन्ध से उत्पन्न सन्तान हमारे यहाँ निश्चय ही निन्दा का विषय रही है। वर्तमान काल में स्त्री की आत्मनिर्भरता तथा पश्चिमी सभ्यता के प्रभावस्वरूप बिना विवाह के बच्चे पैदा करने की प्रवृत्ति पनपती जा रही है। नौकरी करने वाली स्त्री को माता बनने पर जो सुविधाएँ प्राप्त होती हैं वे कुँआरी माता बनने वाली स्त्री को नहीं मिलतीं। लेकिन आज पत्नी बने बिना माता बनने वाली स्त्री भी अपने कार्यालय से प्रसूति के काल में मिलने वाली सुविधाओं को पाना चाहती है। चित्रा मुद्गल के 'आवाँ' उपन्यास की सुनन्दा इसका उदाहरण है। सुनन्दा का व्यवहार उत्तर आधुनिक कहा जा सकता है।

बिखराव तथा टूटन से युक्त मानसिकता उत्तराधुनिक विमर्श का एक अभिन्न हिस्सा है। अनिश्चितता इस चिन्तन का एक अंग है। गीतांजलिश्री के 'हमारा शहर उस बरस' में इसका चित्रण मिलता है। इस उपन्यास के पात्र दद्दू के कथन में उत्तराधुनिक विमर्श का परिचय मिलता है। वह सोचता है—''हममें से कोई रिअल नहीं है, यहाँ कुछ असल नहीं है, हर तरफ फैले खालीपन को चाहे पशुता से भरो, चाहे प्रेम से, दोनों भ्रम हैं, सिर्फ हवा।'' (पृ० 348)। दद्दू के उक्त कथन में आधा-अधूरापन, खालीपन तथा झूठा, नकार आदि का इजहार होता है। ये सारे पात्र उत्तरआधुनिक मानसिकता से प्रभावित हैं। ये प्रवृत्तियाँ आधुनिकता का विस्तार भी हैं।

बहुराष्ट्रीय कम्पनियाँ अपनी जड़ों को दुनिया के कोने-कोने में फैला रही हैं। अपने उत्पाद को विभिन्न देशों के विभिन्न अंचलों तक पहुँचाने में बहुराष्ट्रीय कम्पनियाँ सफल भी हो रही हैं। उनकी चपेट से भारत भूमि भी बच नहीं पायी है। असल में उत्तर आधुनिकता का माहौल एक अजीबोगरीब माहौल है जहाँ पीने के लिए पानी नहीं है वहाँ पेप्सी और अन्य कोल्डड्रिंक्स पहुँच चुके हैं। कमलेश्वर के 'कितने पाकिस्तान' के अर्दली कहते हैं—''आप ठीक फरमा रहे हैं अदीबे आलिया। आज भी इंडिया के हजारों गाँवों में जहाँ पीने के लिए साफ पानी नहीं पहुँच पाया है, वहाँ पेप्सी और कोक पहुँच चुका है।'' (कितने पाकिस्तान, पृ० 291)

अत: कहा जा सकता है कि समकालीन हिन्दी उपन्यासों में उत्तर आधुनिक विचार तीव्र गति से न सही लेकिन मंथर गति से जरूर आ रहे हैं। मनोहर श्याम जोशी, वीरेन्द्र जैन, कृष्णा सोबती, प्रभा खेतान, मैत्रेयी पुष्पा, चित्रा मुद्गल, गीतांजलिश्री, सुरेन्द्र वर्मा, कमलेश्वर आदि के उपन्यासों में उत्तर आधुनिक विमर्श के कुछ लक्षण देखे जा सकते हैं।

हिन्दी कविता में उत्तर आधुनिकता की कुछ प्रवृत्तियाँ अभिव्यक्त हो रही हैं। इनमें विशेषकर भूमण्डलीकरण, उदारीकरण, बाज़ारवाद, उत्तर संरचनावाद आदि प्रवृत्तियों के दर्शन हो रहे हैं। हिन्दी कवि इन लुभावने शब्दों की हकीकत और इनके ख़तरों से वाकिफ़ हैं, इसलिए इन प्रवृत्तियों पर वे कहीं तिलमिला देने वाले अन्दाज़ में टिप्पणी कर रहे हैं तो कहीं व्यंग्यात्मक लहजे में इनकी वास्तविकता का पर्दाफाश कर रहे हैं। पूँजीनिवेश के लिए बहुराष्ट्रीय कम्पनियों को भारत में आमन्त्रित करने पर ये पंक्तियाँ बहुत सार्थक व्यंग्य करती हैं—

आ बाघ! / इस तरह से आ / हमें अच्छा लगे /
किसी सुन्दर आवरण में आ
बस, पंजे छिपा ले हमारे दादा! दाँत ढक ले हमारे
आका! / आ आ / आ हमारे बाबा!
हाथ जोड़ते हैं / पाँव पड़ते हैं। / सच नहीं बोलना
है / मत बोल / कुछ बोल /
झूठ ही सही / कुछ बोलते रह / लगे कि नया-
नया / बहुत कुछ होने जा रहा है
हम भी तुम्हारे साथ / कुछ-कुछ बोलते रहेंगे /
हवाई सपनों की खुमारी में
सबको डुबोये रखेंगे / ...हमने संसद में उदारता के
झंडे / मजबूती से गाड़ दिये हैं....
काँटे / कंकड़-पत्थर / हम साफ कर रहे हैं /
रास्तों पर कालीन बिछा रहे हैं
घबराओ नहीं / जनता को मना लेंगे / तुम्हें सारी
सुविधाएँ देंगे। अन्दर काफी रस है
आओ हमारे बाबा! / आओ हमारे दादा!

(शम्भु बादल, आ बाघ)

सभ्यताओं को दफन कर देने और किसानों-मजदूरों की रोजी-रोटी छीनकर उन्हें उनके अधिकारों से वंचित कर देने की साजिशों का प्रतिरोध भी कविताओं में उभर रहा है—

शर्म करो / भूखी, शोषित, असहाय / और पराजित
जनता की / छाती पर सवार विजेताओं, शर्म करो।

(एकान्त श्रीवास्तव, नागकेसर का देश)

बिकने के लिए व्याकुल इस कठिन और असभ्य हो रहे समय में कुछ भी सम्हाल-बचाकर रखना बड़ा कठिन है। बाज़ारवाद और उसकी सेना में शामिल ताकतें मनुष्य के अस्तित्व और उसके स्वप्न सबकुछ दाँव पर लगा चुकी हैं—

सपने! / सपनों की बात मत करो
वे तो न जाने कब के / बेचे जा चुके।

(भगवत रावत, देश एक राग है)

आज का नये ढंग का बाज़ार बहुत ताकतवर है। यह हज़ार हाथों-आँखों वाला है, साथ ही बहुत चालाक, धूर्त, मायावी और छली भी। आज का प्रचार तन्त्र इसकी बड़ी शक्ति है। मीडिया के माध्यम से घरों में घुसपैठ करके यह घर को बाज़ार बना रहा है—

हदों के पार होता जा रहा है
समय खूँखार होता जा रहा है।
चलो बाज़ार से घर आ गए पर
ये घर बाज़ार होता जा रहा है।
लड़ाई अब नहीं टैंकों-बमों की
शहद हथियार होता जा रहा है।

(वशिष्ठ अनूप, रोशनी की कोपलें)

उत्तर आधुनिकता ने ऐसा मायाजाल और धुंधलका फैलाया है कि बहुत सारी चीज़ें गड्ड-मड्ड हो गयी हैं। जो दिख रहा है, वह सच नहीं है। उत्तर आधुनिकता किसी कृति के निर्माण या पाठ-संरचना में पूर्व निर्धारित सिद्धान्तों, परम्पराओं और पाठ तथा पूर्व-प्रतिष्ठित अर्थ का निषेध करती है। यह उत्तर संरचनावादी यथार्थ है कि शब्दों से अर्थ अलग हो रहे हैं—

कितनी तेजी से कविताओं में सबकुछ बे अर्थ होने लगा है
यह ज़रूर इस सभ्यता का सर्वग्रासी संकट है
कि शब्दों से अलग हो गये हैं भाव। (बद्रीनारायण, खुदाई में हिंसा)

बद्रीनारायण की यह चिन्ता एक दूसरी कविता में भी व्यक्त होती है। स्वीकृत मानदण्डों की अस्वीकृति और असहमतियों का क़त्लेआम करने वाले नव साम्राज्यवाद और बाज़ारवाद की भयावहता का चित्र बहुत प्रभावशाली है—

शब्दों, प्रतीकों, सिद्धान्तों की करता / अमानुषिक व्याख्या
संवैधानिक रूप से शपथ शक्ति से पूरित /
इंटरनेट, वेबसाइट, इलेक्ट्रॉनिक मीडिया पर
असवार / असहमतियों का करता ज़िन्दा क़त्लेआम /
राष्ट्र, जन, लोक के अर्थ को
अपने रथ में जोतता / आ रहा है वह हमारी ही ओर.... (वही)

उत्तर आधुनिकता, जो भाषाओं और संस्कृतियों की विविधता, बहुरंगता और खुशबू है, उसे भी समाप्त कर देना चाहती है। वह चाहती है कि सारी दुनिया में सिर्फ़ एक ही सभ्यता (या असभ्यता) और एक ही भाषा का साम्राज्य हो। बहुराष्ट्रीय कम्पनियाँ अंग्रेजी जानने वाले युवकों, युवतियों को नौकरी दे रही हैं। अंग्रेजी का आतंक किसी बमवर्षक विमान जैसा फैलता रहा है—

शेक्सपियर ने यह नहीं चाहा था। / इतने नरमदिल थे जान उन,
मिल्टन, विलियम ब्लेक / अगर जानते वे यह
—उनको हो जाता बुखार!
वर्ड्सवर्थ अपना चश्मा उतारकर /
टिंटर्न ऐबी पार करते और कहते—
'ये क्या हो रहा है? अंगरेजी क्या कर रही है? /
भेज रही है क्यों बमवर्षक विमान?'
'कैसा बमवर्षक विमान?' चौंके टोनी ब्लेयर, /
अब तो दुनिया भर में अंगरेजी
पैगम्बर-सी घूमती है / मुस्कराकर हौले से चूमती है /
दूसरे भाषा-घरों के बच्चों का
उत्तप्त माथा— / उनके हाथों में थमा अपनी दुनिया का /
कोई भी चकर-पकर तोहफा—बुके / बुकर / फूलों का
ताज़ / विश्व सुंदरी का ख़िताब' इतना सुनना था कि
येट्स बढ़े आए /
(बसती थी उनकी आत्मा यहीं)
और बीच में काटकर बात ब्लेयर की /
बोले—'ये तोहफ़े...ये तोहफ़े दरअसल हैं
बमवर्षक विमान।'....

(अनामिका, कवि ने कहा, पृ० 40-41)

इस प्रकार कह सकते हैं कि उत्तर आधुनिकता के सच का पर्दाफाश हिन्दी कविता में होने लगा है। साथ ही एक बात यह भी देखी जा रही है कि पहले कविता या साहित्य के आधार पर काव्य-सिद्धान्त बनते थे, लेकिन इधर उत्तर आधुनिकता के फैशन में और उसे सिद्ध कहने के लिए कुछ कवि कविताएँ लिख रहे हैं। ठीक उसी तरह जैसे पहले आवश्यकता आविष्कार की जननी होती थी, पर बाज़ारवाद ने इसे उलटकर आविष्कार को आवश्यकता में बदल देने की ठान रखी है।

●